LE FRANÇAIS

LE FRANÇAIS
Départ-Arrivée

JOHN A. RASSIAS
Dartmouth College

with Jacqueline de La Chapelle-Skubly
Housatonic Community College

1817
HARPER & ROW, PUBLISHERS, New York
Cambridge, Hagerstown, Philadelphia, San Francisco,
London, Mexico City, São Paulo, Sydney

Sponsoring Editor: *Ellen Antoville*
Project Editor: *Brigitte Pelner*
Designer: *Frances Torbert Tilley*
Production Manager: *Marion A. Palen*
Photo Researcher: *Myra Schachne*
Compositor: *Syntax International Pte. Ltd.*
Printer and Binder: *Halliday Lithograph Corporation*
Art Studios: *Bridget Shupp, Michèle Ratté Vantage Art, Inc., and Edward Malsberg*

Library of Congress Cataloging in Publication Data

Rassias, John.
Le français.

English or French.
Includes index.
1. French language—Grammar—1950- I. La Chapelle-Skubly, Jacqueline de, joint author.
II. Title.
PC2112.R27 448.2'421 80-225
ISBN 0-06-045316-8

To my students
without whom this would have been
completed ten years ago,
but without whom there would have
been nothing

ACKNOWLEDGMENTS

Page 63. Extrait de *On a marché sur la lune* (Les Aventures de Tintin et Milou) par Hergé © Editions Casterman, Paris.

Pages 109, 154, 185. Jacques Prévert, "L'accent grave," "Le Message," "Déjeuner du matin," extraits de *Paroles.* Editions Gallimard, Paris, 1949.

Page 332. Guy Tirolien, "Prière d'un petit enfant nègre," tiré de *Balles d' Or*, Société Nouvelle, Présence Africaine, Paris, 1961.

Page 352. L. S. Senghor, *La Lumière de Paris*, extrait de *Poètes d'Aujourd'hui.* Editions Seghers, Paris, 1961.

Page 497. Drawing by Opie © 1973. The New Yorker Magazine, Inc.

Photo Credits

Photos by Stuart Bratesman: Pages 43, 175, 209, 244, 294, 462.

Page 18: Antman, Monkmeyer/45: French Embassy Press & Information/67 left: French Embassy Press & Information; right: Dityon-Viva, Woodfin Camp/111: Mahoney, Monkmeyer/1966: Tapie, French Embassy Press & Information/197, 253: French Embassy Press & Information/340: Antman, Monkmeyer/353: French Cultural Services/393, 394: Gouvernement du Québec/395: Canadian Consulate General/416 left: Broudulin, De Wys; right: Bijur, Monkmeyer/437 left and right: Lüthy, De Wys/446: French Embassy Press & Information/455 left: Krainin, Frederic Lewis; right: UPI

TABLE DES MATIERES

CHAPITRE 9 Robert s'installe 192

CHAPITRE 10 La Mobylette 222

CHAPITRE 11 Devant la cathédrale 250

PREFACE

LE FRANÇAIS: Départ-Arrivée is a complete introductory program of the basic structures and vocabulary of French. Because language is a reflection of culture, the text combines both and incorporates colloquial French expression and behaviors. Our purpose is to prepare the student to communicate freely with a French speaker who may be found anywhere in the world.

The text is designed to give both instructor and student the greatest flexibility in completing a thoroughly tested approach to language learning. A variety of presentations and activities are offered, but not all of them are required for study.

The text itself is part of an integrated learning package geared to develop and strengthen the student's ability to speak fluently, listen, read, and write. A complete set of tapes, keyed to each chapter and containing additional dictation exercises, can be used for independent study in the language laboratory. The text is marked throughout with a ◖◗ symbol to indicate coordinated tape exercises. The Student Workbook reviews grammar and vocabulary in each chapter, concentrates on writing and offers various exercises, many based on illustrations, for further application and verification. The instructor's manual contains lesson plans and a sequenced curriculum, as well as an abundance of teaching aids to test and supplement the textual material.

LE FRANÇAIS: Départ-Arrivée is an outgrowth of the nationally known Dartmouth Intensive Language Model, a program developed over fifteen years to teach students a maximum amount of language in a minimum amount of time. Through years of classroom testing at a number of colleges and universities across the country, the program has been reworked and adapted into a comprehensive text for use in traditional language courses with standard learning objectives, as well as for any program of an intensive nature. The text is suitable for French programs in all two-year and four-year colleges and universities, and can be adapted to either the semester or quarter system.

ORGANIZATION OF THE TEXT

LE FRANÇAIS: Départ-Arrivée contains 25 chapters. Chapters 6, 12, 19, and 25, comprehensive review chapters, cover every element in the preceding five chapters, and incorporate a special aural comprehension section. Chapter 13 is intended for self-study outside the classroom.

Each chapter begins with a unique *scénario* that serves as a springboard for the detailed study of grammar and vocabulary, and the additional readings in the remainder of the chapter. Collectively, the *scénarios* tell a credible story of two young Americans embarking on a term of study in France. The tale of their progress, including descriptions of their difficulties in adjusting to French language and culture, maintains a sense of interest and suspense as students work their way from chapter to chapter.

Each *scénario* is constructed in four graded steps. The first contains basic grammatical constructions so that students can immediately *comprehend* what the story is about and what the chapter will concentrate on. The second step adds more basic vocabulary to the grammatical structures so that students can begin to *learn* and manipulate the material. The third step fleshes out the basic structures and vocabulary with additional words and phrases so that students begin to *read* the story as normal, flowing prose.

In addition, there is a fourth step at the end of each chapter in the form of a cartoon illustration. The dialogue balloons are left blank for students to fill in when they have completed the chapter. The cartoons can also be used effectively in tandem with the first step to facilitate comprehension.

Synonymes et expressions approximatives

By introducing colloquial and standard words and phrases to vary and expand the meaning of descriptions in the *scénarios*, this section builds interest in contemporary usage as well as vocabulary.

Vocabulaire illustré

An illustrated section increases vocabulary through drawings, thus avoiding the use of English definitions.

Questions sur le scénario

This section consists of a series of questions to test comprehension of the basic vocabulary and structures in the scenario.

Notes culturelles

Written in English, these notes describe important aspects of everyday life in France. The notes relate directly to activities described in the *scénario* of the chapter.

Notes de grammaire

Using a combination of inductive and deductive approaches to the problems of understanding various structures, this section provides students with a clear presentation of the grammar in each chapter, often contrasting French forms with those used in English. Each section has numerous examples and contains a comprehensive set of graded exercises that reinforce the student's grasp of each structure.

Micrologues

Many of the chapters contain these brief, culturally oriented French passages. They can be used with a variety of pedagogical techniques to develop auditory comprehension, reading, or dictation skills.

Questions générales and *Exercices de manipulation*

Both the general questions and manipulation exercises transcend rote review and encourage students to think in French by demanding the creation of new word and thought combinations.

Lectures

Longer cultural readings also appear throughout the book. These deal with life in France and other French-speaking regions, such as Québec, Louisiana, and West Africa. Like the *micrologues*, they can be used for a variety of purposes, at the instructor's discretion.

Création et récréation

Toward the end of each chapter, students are invited to stretch their imaginations and apply the skills they have acquired by engaging in the communications exercises suggested in this section. These may involve role-playing, mini-dramas, or other forms the teacher may wish to employ. Using these exercises, students can experience their growing knowledge of the language.

Coup d'œil

This final review at the close of each chapter encapsulates all of the grammatical concepts covered in the chapter into a series of "*oui*" or "*non*" queries. It provides a final check on comprehension, encouraging students to turn back and review any points that still elude their understanding. This section may also be used as an introduction to the chapter.

Pas à pas

Located in each review chapter, this special section is designed to develop aural comprehension and visual recognition. While the instructor reads a descriptive passage aloud, the student examines four similar illustrations in order to identify the one that corresponds to the listening passage.

Vocabulaires

Vocabulary lists, indicating active and passive words, appear at the end of each chapter, as well as in a full glossary in both languages at the end of the book.

NOTE TO THE STUDENT

Every language contains five components in which competence should be acquired before any claim to knowledge of a language may be made. A word on each is appropriate, for you may have been exposed to conflicting views in these areas. We list these components in the order of their importance:

A. *Grammar:* Grammar provides an organized approach to learning a language. We attempt to instruct grammar through *scénarios* and different types of pattern drills. Sometimes the grammar is taught inductively (by presenting examples of a structure before explaining it) and sometimes deductively (by explaining how a structure works and then presenting examples).
B. *Comprehension:* Comprehension of the spoken word may be developed with relative ease if you are alert in class, manipulate the various *étapes* thoroughly, and participate in the language laboratory.
C. *Vocabulary:* Vocabulary is acquired through active use of the words you learn in each chapter. A word atrophies quickly not only when it is not used, but also when it is used in a non-real sense. You will not, for instance, have to memorize any isolated lists of words. Vocabulary is always taught and reinforced within a meaningful context.
D. *Fluency:* Views on fluency are confused and even frightening. Many students have been led to believe that fluency means speed, and they try to perform the

miracle of changing their personalities when speaking a foreign language by speeding up the movements of their speech apparatus.

Webster's Third New International Dictionary (unabridged) defines fluency as "smoothness, ease and readiness . . . of utterance." Fluency, then, is the ability to express your concepts logically, without stumbling too often in the expression of what you want to say, but without regard to the rate of speed (measured in words per minute) of delivery. You are best advised to speak French at the same rate of speed with which you speak your native tongue.

E. *Accent:* Cultivate as accurately as possible the pronunciation of your teacher, who will be alert to your steady development in speaking. Do not expect to develop a "perfect" pronunciation—whatever that is!

About the best advice we can give you is to have the courage to be "bad," that is, to make mistakes. Nothing will be communicated or understood by anyone unless people speak to each other. Language must be spoken, and from the beginning! Give yourself completely to the task! Learning a language is fun.

Be alert in class! Come prepared! An exciting adventure awaits you. Since language study demonstrates the limitations and the potentialities of communication, it gives us insight on how we view the world and how language influences the ways in which we think and perceive. To acquire another language is to acquire another vision. You have obviously chosen French. Congratulations, and do have a productive journey.

ACKNOWLEDGMENTS

The author is deeply indebted to all of the instructors, apprentice teachers, and students at Dartmouth College who worked with the text in class and made many suggestions for its improvement. I should particularly like to cite D. H. Buckley, M. Cinotti, M. J. Green, V. Kogan, M. Lyons, R. P. Shupp, J. B. Sices, N. Vickers, and K. Walker. Others throughout the country who class-tested this program and to whom I am equally indebted include colleagues at Burke Mountain Academy, Harvard University, Hope College, University of Idaho, Lebanon College (adult education), Lenoir-Rhyne College, Loma Linda University, Norwich University, St. Olaf College, State University of New York at Stonybrook, Temple University, Western Carolina University, and College of William and Mary, among others.

I thank the following conscientious reviewers for their many particular suggestions: Fanny Aragno of Madison Area Technical College; Margaret Breslin of Northwestern University; Andrew Campagna of the University of Maryland; Jean-Pierre Cauvin of the University of Texas, Austin; Anthony Ciccone of the University of Wisconsin, Milwaukee; Thelma Fenster of Fordham University; Sheila Gaudon of Wesleyan University; Norma Klayman of SUNY Buffalo; Loring Knecht of Saint Olaf College; Constance Knop of the University of Wisconsin, Madison; Bohdan Kuropas of Lenoir-Rhyne College; Jeannette Ludwig of SUNY Buffalo; Bernice Melvin of the University of Texas, Austin; Deborah Nelson of Rice University; Michael Rengstorf of Columbia University; Gladys Saunders of the University of Virginia; Jacqueline Simons of the University of Santa Barbara; Ruth Solis of Cuyahoga Community College; and Albert Valdman of Indiana University.

I owe a particular debt of gratitude to Howard "Buck" Becker who was exceptionally helpful in the production of the first test version of this text. A host of other assistants and students who contributed in various indispensable ways to the final product include David Birdsong, William Browning, Charles Cavanaugh, William Deevey, Joel Goldfield, Alexandra Maeck, Peter Maeck, Richard Mosenthal, Daniele and Richard Newbold, and especially Katherine Puerschner.

For the artwork in the text I thank Bridget Shupp, Michèle Ratté, Andrew Sices, and Wayne Waggoner.

Lastly, this work would not have been possible without the close collaboration of my patient co-author Jacqueline de La Chapelle-Skubly of Housatonic Community College.

JAR

A WORD ON PHONETICS

THERE ARE TWENTY-SIX LETTERS in the French alphabet. The written and spoken forms are as follows:

WRITTEN	PHONETIC SOUND & SIGN		WRITTEN	PHONETIC SOUND & SIGN	
a	a	a	n	enne	ɛn
b	bé	be	o	o	o
c	sé	se	p	pé	pe
d	dé	de	q	ku	ky
e	e	ə	r	eRRe	ɛR
f	effe	ɛf	s	esse	ɛs
g	ze	ʒe	t	té	te
h	hache	aʃ	u	u	y
i	i	i	v	vé	ve
j	ji	ʒi	w	double vé	dubləve
k	ka	ka	x	iks	iks
l	elle	ɛl	y	i grec	igRɛk
m	emme	ɛm	z	zède	zɛd

Before we turn to a brief study of the phonetic transcriptions, remember that all French speakers do not pronounce words in exactly the same way—just as we do not all pronounce English in the same way.

Correct pronunciation will never be drilled to the exclusion of getting you to speak. Listen carefully to your teacher, the tapes, and, whenever you have the opportunity, to native speakers.

To pronounce anything—to communicate anything—you must open your mouth. Rule Number One for pronunciation and communication: OPEN YOUR MOUTH! To acquire a good pronunciation you must be attentive and you must speak!

The two columns above represent the ways French is written and spoken. The phonetic transcriptions are the signs of the International Phonetic Alphabet.

The following section deals with the phonetic alphabet. It is intended to help you master basic sounds, and to help you pronounce words encountered for the first time.

I. In French there are 16 basic vowel sounds. These are divided into three groups:

Oral vowels
Nasalized vowels
Composed vowels

ORAL VOWELS In this group we have the following sounds and phonetic symbols:

A	a	table	O	o	pot
	ɑ	classe		ɔ	robe
E	e	thé	U	u	vous
	ɛ	tête			
I	i	si			

Note: Each of the vowels behaves in a certain way and requires particular adjustments of the organs of speech, that is, the mouth and tongue.

Vowels are said to be open or closed, depending on whether the mouth is open or closed when they are pronounced.

Some vowels are formed by the position of the tongue in front of the mouth, others in the back of the mouth.

A — a → table

The sound [a] is made from the middle part of the mouth. Tip of tongue against the lower teeth. Most words containing an **a** reproduce this sound:

table	tabl(ə)	gare	gaʀ
la	la	article	aʀtikl
avocat	avɔka		

A — ɑ → pas

The [ɑ] is a posterior sound, that is, it is made from the back of the mouth. It occurs in words usually ending in **-s: pas, las.** *Notable exceptions to this rule are:*

bras	bʀa	EXCEPTIONS
embarras	ɑ̃baʀa	
verglas	vɛʀgla	

It approximates the sound "ah" when you gargle:

las	lɑ	classe	klɑs	pâté	pɑte
pas	pɑ	tasse	tɑs	château	ʃɑto
passer	pɑse				

If you pronounce these with an [a] sound, it is not a criminal offense. However, avoid at all costs the sound *a* in the English word *pat*.

E — e → thé

The [e] is a closed sound. The mouth is practically closed. Tip of tongue against the lower teeth. Lips drawn tightly back. The sound is made from the front part of the mouth.

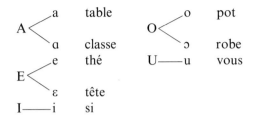

A common rule of thumb: When you have an open syllable, that is, one which ends phonetically on a vowel sound, you have a closed vowel:

thé	te	
dîner	dine	
nez	ne	Open syllable > Closed vowel
pied	pje	
école	ekɔl	
et (*as a conjunction*)	e	

The final consonants of **dîner, nez, pied, et** are not pronounced.

E → ɛ → père

The [ɛ] is an open sound. The mouth is open. Tip of tongue against lower teeth. The sound is made from the front part of the mouth.

A common rule of thumb: When you have a closed syllable, that is, one which ends phonetically on a consonant sound, you have an open vowel:

tête	tɛt (t *pronounced*)	
sel	sɛl (l *pronounced*)	Closed syllable > Open vowel
fête	fɛt (t *pronounced*)	

Here are some other words which take the [ɛ] sound. Note the **accent grave (`):**

père pɛʀ mère mɛʀ frère fʀɛʀ

Note the **accent circonflexe (ˆ):**

bête bɛt même mɛm

Other combinations are possible, of course, in the pronunciation. For instance:

ai	lait	lɛ
et	billet	bijɛ
	ballet	balɛ

I–i → si

The mouth is practically closed. Draw tightly back on the corners of the mouth. Tip of tongue against lower teeth. The sound is made from the front part of the mouth. Common words:

si	si	ici	isi
rire	ʀiʀ	il finit	il fini

---

0 ↗ o → pot

The mouth is slightly open. The lips are pursed, as though you are going to whistle. It is a closed sound. Tip of tongue against lower teeth. The sound is made from the front part of the mouth. Common words:

eau	o	chaud	ʃo	pot	po
beau	bo	dos	do		

---

0 ↘ ɔ → robe

The vowel [ɔ] is open. The mouth is open. Tip of tongue against lower teeth. The sound is made from the middle part of the mouth. Common words:

robe	ʀɔb	homme	ɔm
notre	nɔtʀ	comme	kɔm

In each of the cases above the final consonant is *pronounced*, thus creating closed syllables and open vowels.

U——u → vous

The mouth is slightly open. Tip of tongue slightly back from lower teeth. The [u] sound is made from the front part of the mouth (tongue slightly raised). Common words:

vous	vu	toujours	tuʒuʀ
cou	ku	écouter	ekute

REVIEW

Vowels are said to be open or closed, depending on whether the mouth is open or closed when they are pronounced.

2. Some vowels are formed in front of the mouth, some in the middle of the mouth, others in the back of the mouth.

3. All the oral vowels are pronounced with the tip of the tongue against the lower teeth, except for [u].

NASAL VOWELS

There are four nasal vowels: [œ̃], [õ], [ɛ̃], [ɑ̃]. The word nasal is misleading when one believes that one speaks French better when one has a cold. This erroneous idea stems from the notion that French is best pronounced with full nasalization. The following vowels are considered nasal only because a minor percentage of air passes through the nasal passages.

œ̃ → un

The mouth is open slightly. Common words:

un	œ̃	brun	bʀœ̃
lundi	lœ̃di	chacun	ʃakœ̃

õ / ɔ̃ } → bon

Mouth is open wider. Common words:

on	õ	bonté	bõte
bon	bõ	nom	nõ

ɛ̃[1] → vin

The mouth is still more widely open. The lips are not as round as for [õ]. Common words:

		pain	pɛ̃
vin	vɛ̃	faim	fɛ̃
impossible	ɛ̃pɔsibl	main	mɛ̃

ɑ̃ → blanc

The mouth is widest open for this sound. Common words:

blanc	blɑ̃		
an	ɑ̃	lent	lɑ̃
lampe	lɑ̃p	Jean	ʒɑ̃

NOTE: Nasalization usually stops when one of the nasal vowels is followed by a vowel, or by an **m** or an **n**:

mon bon ami	mõ bɔnami	immédiat	imedja
inoubliable	inublijabl(ə)	innocent	inɔsɑ̃

COMPOSED VOWELS

There are four composed vowels: [ə], [y], [ø], [œ̃],

ə → je (the mute **-e**)

Common words: **me, te, se, ce, de**

Mouth closed. Lips protrude. Lips are rounded.

NOTE 1: A mute **e** in the initial syllable of a word beginning with a consonant is pronounced:

d**e**main, d**e**mander, v**e**nir

NOTE 2: When a mute **e** (an unaccented **-e**) is preceded by one pronounced consonant and followed by another, you do not pronounce the **-e**:

souvenir	suvniʀ	avenue	avny
boulevard	bulvaʀ		

When a mute **-e** is preceded by two consonants, you pronounce the mute **-e**:

justement ʒystəmɑ̃

[1] There is a tendency to pronounce the [œ̃] sound as [ɛ̃]: **lundi** [lɛ̃di].

The following combinations are the sole exceptions, and they are invariable:

je me	ʒəm	de me	dəm
je ne	ʒən	de ne	dən
je le	ʒəl	de le	dəl

Otherwise the rule of the two preceding consonants applies between words in a sentence:

Je me demande.	ʒəm dəmɑ̃d
Je me le demande.	ʒəm lə dmɑ̃d

---

y → tu

The mouth is practically closed. The tongue is flat on the mouth and "swollen." Project lips. Common words:

tu	ty	rue	ʀy
sur	syʀ	vu	vy

NOTE: or any **-u** alone or followed by a mute **-e**.

The difference between [i] and [y] is that the lips are rounded and they project to produce [y], while the lips are drawn for [i].

ø → feu

The mouth is in position to pronounce the mute **-e**, but lips do not protrude as much. Lips are rounded. Note "open" syllable phenomenon in these common words:

feu	fø	peu	pø	œufs	ø

œ → cœur

The mouth is open. Note "closed" syllable phenomenon in these common words:

cœur	kœʀ	sœur	sœʀ
peur	pœʀ	œuf	œf

REVIEW

1. A syllable is considered closed when it ends on a pronounced consonant sound. In these cases the vowel in that syllable is open.
2. A syllable is considered open when it ends on a vowel sound. In these cases the vowel in that syllable is closed.

II. Study this chart which indicates approximate openings of the mouth in pronouncing each letter, as well as whether the lips are spread or rounded:

A.

SPREAD				ROUNDED			
si	thé	père	table	classe	robe	pot	vous
[i]	[e]	[ɛ]	[a]	[ɑ]	[ɔ]	[o]	[u]
o	o	o	o	0	0	0	0

NOTE: Tip of tongue is always against lower teeth, except for [u].

B. Order of approximate openings. Note similar openings:

i ________	y ________	u	*smallest opening*
e ________	ø ________	o	*slightly more open*
ɛ _______	œ _______	ɔ	*open*
a			*quite open*
	ɑ		*widest opening*

Zones of Origin of Vowels (same relative position of tongue)

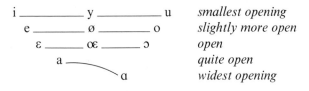

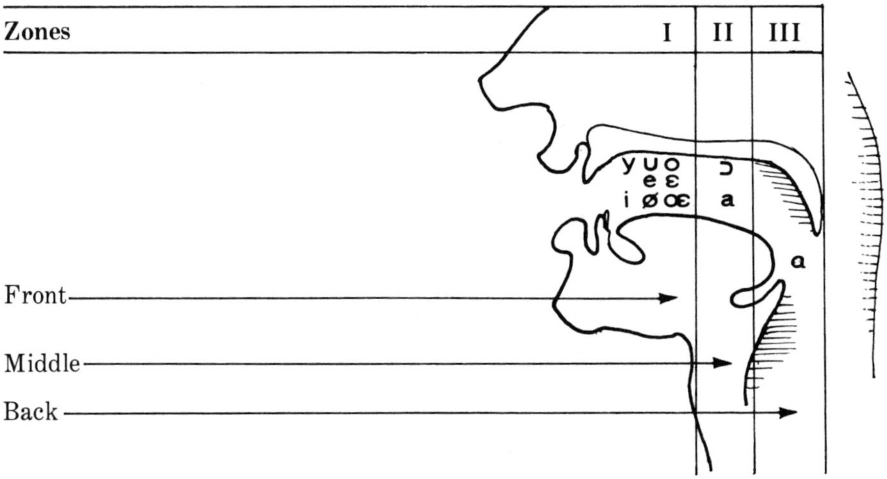

III. There are three semi-consonants.

A. [j] called "yod". It appears in the following endings:

fille	fij	grenouille	gʀənuj	BUT NOT: ville	vil
Bastille	bastij	œil	œj	tranquille	tʀɑ̃kil
pareil	paʀɛj	seuil	sœj	mille	mil
abeille	abɛj	feuille	fœj	Gilles	ʒil
travail	tʀavaj	cercueil	sɛʀkœj	Lille	lil
paille	pɑj	cueille	kœj		
fenouil	fənuj				

B. [ɥ] wherever a vowel other than a mute **-e** follows the letter **-u**. Both semi-consonant and vowel are quickly pronounced:

nuit	nɥi	je suis	ʒə sɥi	nuage	nɥaʒ
bruit	bʀɥi			juin	ʒɥɛ̃

C. [w] the sign for the **ou** followed by a vowel other than a mute **-e**, and the combination **oi**:

oui	wi	toi	twa	nous jouons	nu ʒwõ
moi	mwa	trois	tʀwɑ	coin	kwɛ̃
				loin	lwɛ̃

IV. Consonants. Just note the sign and the sound:

PHONETIC SOUND	PHONETIC SIGN	EXAMPLE	PHONETIC TRANSCRIPTION
be	b	beau	bo
se	s	cela	səla } [s] *sound when followed by*
	s	ceci	səsi } *vowels* **-i** *and* **-e**
	k	cousin	kuzɛ̃
	k	crier	kRje
de	d	donner	dɔne
ɛf	f	faire	fɛR
ʒe	ʒ	mangeais	mɑ̃ʒɛ [ʒ] *followed by* **-e**
	g	garçon	gaRsɔ̃
	ʒ-g	gigot	ʒigo [ʒ] *followed by* **-i**
aʃ	{	habit, héros	abi, eRo
	No h *in French sounds.*		
ʒi	ʒ	jardin	ʒaRdɛ̃
ka	k	kilo	kilo
ɛl	l	libre	libR(ə)
ɛm	m	maman	mamɑ̃
ɛn	n	ne	nə
pe	p	père	pɛR
ky	k	qualité	kalite
	k	quand	kɑ̃
ɛR	R	rare	RɑR
	R	rapport	RapɔR

NOTE: The [R] is best rendered in French by opening the mouth wide, placing the tongue on the bottom of the mouth, with the tip of the tongue against the lower teeth. One way to master the sound is to repeat the formula: ɛk · · · ɛk · · · ɛk · · · R The sound [ɛk] automatically positions the mouth to pronounce the [R] correctly.

ɛs	s[2]	si	si
	z	rose, magasin	
te	t	table	tabl(ə)
ve	v	victoire	viktwaR
dubləve	w	week-end	wikɛnd
	v	wagon	vagɔ̃
		W.C.	vese (familiar): dubləvese
iks	ks	extra	ɛkstRa } [ks] *before a*
	ks	excellent	ɛksɛlɑ̃ } *consonant*
	gz	examen	ɛgzamɛ̃ } [gz] *before a vowel*
igRɛk	i	bicyclette	bisiklɛt
zɛd	z	zéro	zeRo
		zone	zon

[2] **-s** is pronounced [z] between two vowels.

Other combinations:	ch	ʃ	chose	ʃoz
		ʃ	machine	maʃin
	yn	ɲ	accompagner	akõpaɲe
		ɲ	ignoble	iɲɔbl(ə)

Zones of Origin of Sounds of Consonants

Zones		I	II	III	IV	V

Lips close: **p, b, m**

Lower lip and upper teeth contact: **f, v**

Tip of tongue contacts back of upper teeth: **t, d, s, z, n, l**

Tongue contacts upper palate: **ʃ, ʒ, ɲ**

Back of tongue: **k, g, ʀ**

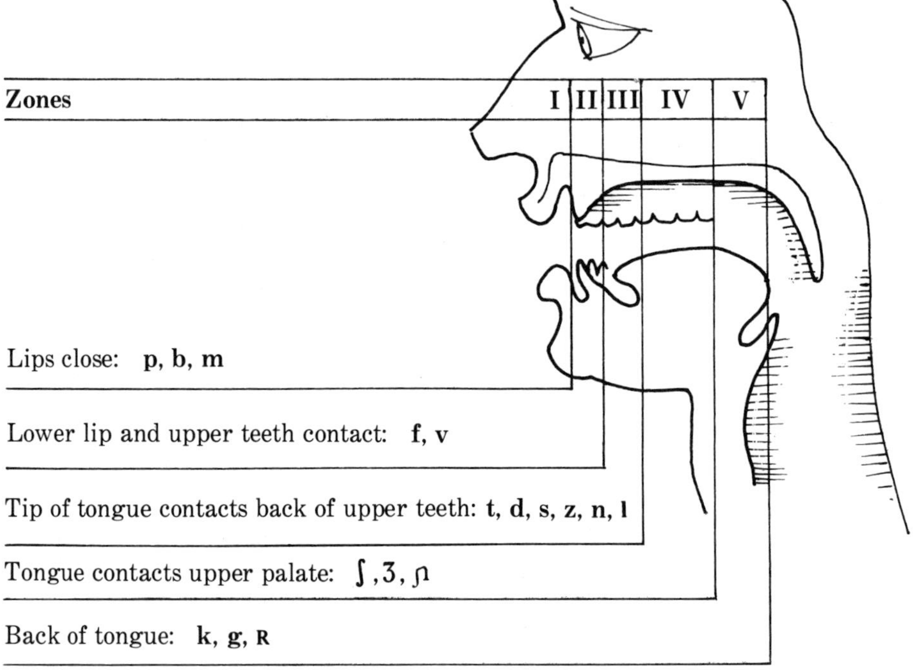

EXERCICES ORAUX *(note the vowel combinations)*

Orals
1. [a] table, la, avocat, gare, article, art, chat, cheval; moi, toi, loi, fois, boîte; fe(m)me
2. [ɑ] pas, passer, classe, tasse; pâté, âge; trois, bois
3. [e] thé, école, métier, été; dîner, nez, pied, clef[3]; j'ai[4]
4. [ɛ] père, mère, frère; tête fête, fenêtre, même; lait, je savais; terre, verre[5], neige
5. [i] si, rire, ici, il finit, lit, six, vie
6. [o] pot, dos, trop, le nôtre, eau, beau, chapeau, veau, chaud
7. [ɔ] robe, notre, homme, comme, joli, pomme, Paul, album
8. [u] vous, cou, toujours, écouter, nous, tout, bout, où, ou, août

Nasals
1. [õɛ] un, lundi, brun, chacun
2. [õ] [ɔ̃] on, bon, bonté, non, nom, oncle, compter
3. [ɛ̃] vin, vingt, impossible; pain, main, faim; il peint
4. [ɑ̃] blanc, an, lampe, lent, Jean, anglais, cent, temps, sans, chambre

[3] The final consonants of **dîner, nez, pied, clef** are not pronounced.
[4] As a final vowel sound.
[5] An **-e** followed by two **r**'s is always [ɛ].

Compound vowels
1. [ə] **je**, **me**, **te**, **se**, **ce**, **de**, v**e**nir, d**e**main, d**e**mander
2. [y] **tu**, **sur**, **rue**, **vu**, stat**u**e, vend**u**
3. [ø] **feu**, **peu**, oeufs, vi**eux**, bl**eu**, nombr**eux**, d**eux**
4. [œ] c**œur**, p**eur**, s**œur**, **œuf**, fl**eur**

ACCENTS

1. (´) **aigu** (*acute*)

If the **-e** in an open syllable is to be pronounced, it takes an **accent aigu:**

é-té, es-pé-rer, thé

2. (`) **grave** (*grave*)

a. The **-e** is pronounced [ɛ]: pè-re, col-lè-ge, cé-lè-bre

b. The **accent grave** serves to distinguish between words otherwise spelled similarly and does not affect their pronunciation:

verb: **a**	conjunction: **ou**
preposition: **à**	adverb: **où**

3. (ˆ) **circonflexe** (*circumflex*)

a. Replaces an **-s** and lengthens the vowel sound: hâte, bête, hôtel

b. It also distinguishes between words:

past participle: **dû** partitive article: **du**

4. (,) **cédille** (*cedilla*)

The **cédille** indicates that **-c** is to be pronounced [s] and not [k] before **a**, **o**, **u**:

français leçon reçu

5. (¨) **tréma**

The **tréma** separates the pronunciation of two adjacent vowels into two distinct syllables:

Noël Israël

SYLLABICATION

1. French syllables, wherever possible, begin with a consonant:

fa-**c**ile, **ch**e-**v**al, é-**c**ole, **d**î-**n**er, **r**e-**p**as

2. Consonants may be separated to begin new syllables:

lai**s**-**s**er	gou-**v**er-**n**e-**m**ent
a**d**-**j**ec-**t**if	co**n**-**c**lu-**s**ion

But NOT the combinations **ch, ph, th, gn,** any consonant plus **l** or **r**:

di-man-**ch**e	ma-**gn**i-fi-que	**dr**a-peau
phi-lo-so-**ph**ie	fai-**bl**e	com-**pr**en-**dr**e
ca-**th**o-li-que	rem-**pl**ir	mé-**tr**o

CHAPITRE 1

LE DEPART

Scénario 1 : Le Départ

◖◗ PREMIERE ETAPE *

INSTRUCTIONS: The **Première Etape** is for comprehension.
Listen carefully as your teacher reads the **Première Etape.** It will be read several times. Do not repeat, just listen. The **Première Etape** isolates some of the basic elements of the **Scénario.** Do not look at the text of the **Scénario** as it is read. Look only at the cartoon illustrating it, which can be found at the end of the chapter. Try to follow the story line as shown in the cartoon.

Deux étudiants vont en France. Les amis s'appellent Robert et Henry. Ils sont dans un avion. Ils décident de parler français.
(*L'hôtesse apporte les dîners.*)
L'HOTESSE: Bonsoir. Comment allez-vous?
HENRY: Je vais bien.
L'HOTESSE: Est-ce que vous êtes fatigué?
ROBERT: Oui, je suis très fatigué.
L'HOTESSE: Voulez-vous regarder le film?
ROBERT: Moi, je désire dormir.

◖◗ DEUXIEME ETAPE

INSTRUCTIONS: The **Deuxième Etape** is for learning after the teacher presents the **Scénario.**
Either keep your books closed throughout the presentation, or look only at the cartoon at the end of the chapter. You should memorize the **Deuxième Etape** for the next class. You should be able to present the **Scénario** as a dramatic skit.

Deux étudiants américains vont en France. Ils sont avec un groupe. Les amis s'appellent Robert et Henry. Ils voyagent ensemble.
Ils sont dans un avion. Ils décident de parler français.
(*L'hôtesse de l'air apporte les dîners.*)
L'HOTESSE: Bonsoir. Voici vos dîners. Comment allez-vous?
HENRY: Je vais bien, merci, mais mon ami va mal.
L'HOTESSE: Est-ce que vous êtes fatigué ou malade, Monsieur?
ROBERT: Fatigué, Mademoiselle. Oui, je suis très fatigué.
L'HOTESSE: Voulez-vous dormir ou regarder le film?
HENRY: Je veux regarder le film.
ROBERT: Moi, je désire dormir. N'oubliez pas de me réveiller.
L'HOTESSE: Bon appétit, Messieurs. Je vais apporter les écouteurs.
HENRY: Merci.

---

* Throughout the book, the symbol ◖◗ is used to point out items that are on the tapes.

TROISIEME ETAPE

INSTRUCTIONS: The **Troisième Etape** is for reading.
Your teacher will explain new vocabulary in the **Troisième Etape** and can further reinforce the vocabulary of the **Scénario** by working with the **Synonymes et expressions approximatives.**

Deux étudiants américains vont en France. Ils sont avec un groupe de camarades. Les amis s'appellent Robert et Henry. Ils voyagent ensemble. Ils sont dans un avion qui vole vers la France. Ils décident de parler français pendant cette «expérience française». (L'hôtesse de l'air apporte les dîners.)

L'HOTESSE: Bonsoir. Voici vos dîners. Comment allez-vous?
HENRY: Je vais bien, merci, mais mon ami va mal.
L'HOTESSE: Est-ce que vous êtes fatigué ou malade, Monsieur?
ROBERT: Fatigué, Mademoiselle. Oui, je suis très fatigué.
L'HOTESSE: Voulez-vous dormir ou regarder le film après le repas?
HENRY: Je suis fatigué aussi, mais je veux regarder le film.
ROBERT: Moi, je désire dormir. N'oubliez pas (*il cherche ses mots*) . . . n'oubliez pas de me réveiller à Paris.
L'HOTESSE: (*elle rit*) Bon appétit, Messieurs. Je vais vous apporter les écouteurs plus tard.
HENRY: Merci et à tout à l'heure.

SYNONYMES ET EXPRESSIONS APPROXIMATIVES[1]

1 de camarades = d'amis, d'amies; de copains, de copines; → de jeunes gens
3 pendant cette «expérience française» = pendant ce séjour en France, durant ce séjour en France
7 vous êtes . . . malade = vous allez mal; vous êtes souffrant
9 le repas → le déjeuner: *lunch* (déjeuner = *to have lunch*), le dîner: *dinner* (dîner = *to have dinner*), manger (*to eat*), see page 31.
10 Je suis fatigué . . . = Je suis épuisé; Je suis crevé°
15 à tout à l'heure = à bientôt

[1] An equal sign (=) indicates a direct synonym; an arrow (→) indicates an extended meaning in the same vein.
Words followed by this sign (°) are slang expressions and should be used with discretion. Do not, for instance, use them with older people you do not know, or on formal occasions. They would be appropriate among peers.

VOCABULAIRE ILLUSTRE L'hôtesse de l'air apporte les dîners. Sur le plateau il y a

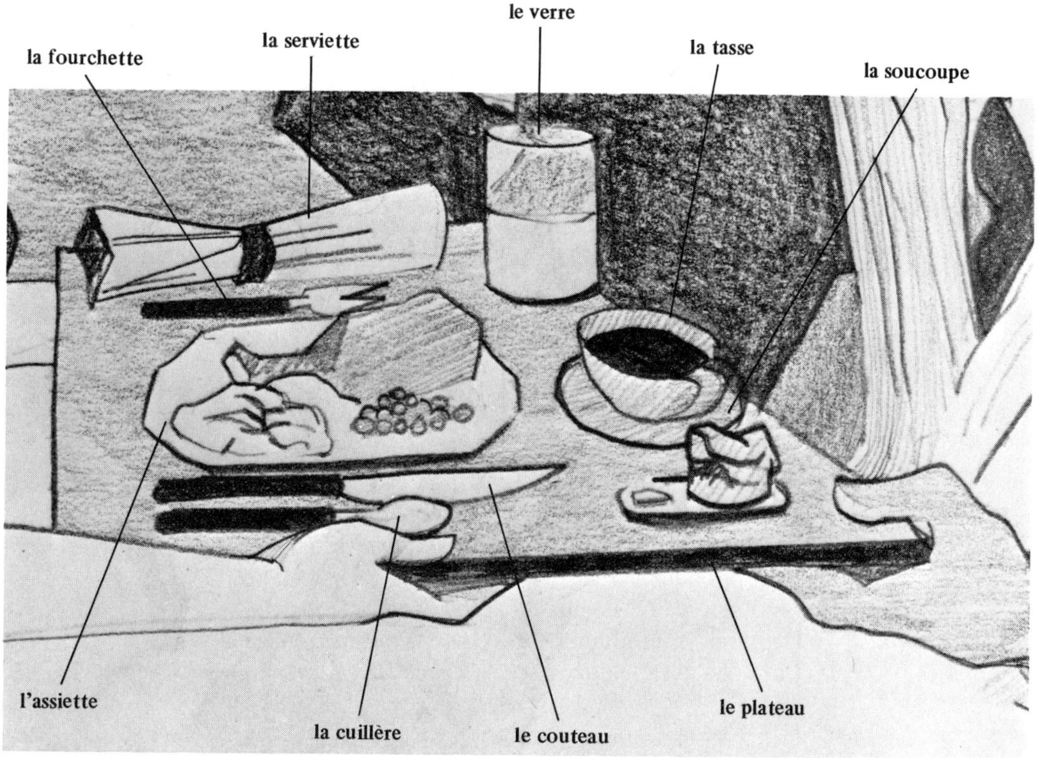

EXERCICES D'APPLICATION

1. Les amis s'appellent Robert et Henry.
   Il s'appelle Robert.
   Il s'appelle Henry.
   Je m'appelle (*name of teacher*).
   Comment vous appelez-vous?
   Je m'appelle ________.
2. Elle s'appelle (*name of female student*).
   Elle s'appelle ________.
3. Comment s'appelle l'étudiant?
   Il s'appelle Robert.
   Il s'appelle Henry.
4. Comment s'appelle l'étudiante?[2]
   Elle s'appelle ________.
5. Comment va-t-il?
   Henry va bien.
   Robert va mal.
6. Je vais bien.
   Comment allez-vous?
   Je vais ________.

EXPRESSIONS UTILES

INSTRUCTIONS: Listen to your teacher as each expression is pronounced and acted out. Perform each command and expression presented to you by your teacher.

1.	Ouvrez la porte!	*Open the door!*
2.	Ouvrez vos livres!	*Open your books!*
3.	Fermez la porte!	*Close the door!*
4.	Fermez vos livres!	*Close your books!*
5.	Levez-vous!	*Get up!*
6.	Asseyez-vous!	*Sit down!*
7.	Réveillez-vous!	*Wake up!*
8.	Ecoutez!	*Listen!*
9.	Ouvrez le livre!	*Open the book!*
10.	Fermez le livre!	*Close the book!*
11.	Répétez!	*Repeat!*
12.	Répétez plus fort!	*Repeat louder!*
13.	Répondez!	*Answer!*
14.	Voici le professeur.	*Here is the teacher.*
15.	Voici les étudiants.	*Here are the students.*
16.	Voici la salle de classe.	*Here is the classroom.*

---

[2] It is often possible to add an **-e** to the end of a masculine noun (as well as to the end of an adjective) to form the feminine:

L'étudiant est fatigué. (*masculine*) L'étudiant**e** est fatigué**e**. (*feminine*)

Simples substitutions

Modèle:	*Teacher:*	Bonjour, *Monsieur.*[3]
	Class repeats:	Bonjour, *Monsieur.*
	Teacher gives cue:	*Mademoiselle*
	Student responds:	Bonjour, *Mademoiselle.*
	Teacher gives other cues:	*Madame*
	Students respond individually:	Bonjour, *Madame.*

1. Bonsoir, *Monsieur.*
   (*Mademoiselle, Madame, Monsieur*)
2. A tout à l'heure, *Monsieur.*
   (*Mademoiselle, Madame, Monsieur*)
3. Bon appétit, *Monsieur.*
   (*Mademoiselle, Madame, Monsieur*)
4. Levez-vous, *Monsieur!*
   (*Mademoiselle, Madame, Monsieur*)
5. Ouvrez la porte, *Monsieur!*
   (*Mademoiselle, Madame, Monsieur*)
6. Fermez la porte, *Monsieur!*
   (*Mademoiselle, Madame, Monsieur*)
7. Ecoutez, *Monsieur!*
   (*Mademoiselle, Madame, Monsieur*)
8. Ouvrez le livre, *Monsieur!*
   (*Mademoiselle, Madame, Monsieur*)
9. Fermez le livre, *Monsieur!*
   (*Mademoiselle, Madame, Monsieur*)
10. Répétez, *Monsieur!*
    (*Mademoiselle, Madame, Monsieur*)
11. Répétez plus fort, *Monsieur!*
    (*Mademoiselle, Madame, Monsieur*)
12. Répondez, *Monsieur!*
    (*Mademoiselle, Madame, Monsieur*)
13. Réveillez-vous, *Monsieur!*
    (*Mademoiselle, Madame, Monsieur*)

Questions

1. Robert et Henry, où sont-ils?
   Ils sont dans l'avion.
2. Où vont-ils?
   Ils vont en France.

---

[3] The **-r** of **Monsieur** [məsjø] is not pronounced.
The first **-e** of **Mademoiselle** [madmwazɛl] is not pronounced.

Où êtes-vous?
Je suis **derrière** les étudiants.
Je suis **dans** la classe.
Je suis **devant** la classe.

3. Où êtes-vous?
   Je suis dans la classe.
   Je suis devant la classe.
   Je suis devant les étudiants.
   Je suis derrière la classe.
   Je suis derrière les étudiants.

EXERCICES D'APPLICATION

Substitutions progressives

1. Ils vont en France.
   Ils vont *avec un groupe de camarades.*
   Ils sont avec un groupe de camarades.
   Ils sont *avec deux étudiants.*
   Ils vont avec deux étudiants.
   Ils vont *en France.*
2. Il va avec Robert.
   Il va *avec un groupe.*
   Il est avec un groupe.
   Il est *en France.*
   Il va en France.
   Il va *avec Robert.*

Simples substitutions

1. Où est *le camarade?*
   (*l'ami, l'étudiant, l'hôtesse de l'air, l'Américain, l'Américaine, l'étudiant américain, l'étudiante américaine, le camarade*)

2. Où sont *les camarades?*
   (*les amis, les étudiants, les hôtesses de l'air, les Américains, les Américaines, les étudiants américains, les étudiantes américaines, les camarades*)

Substitutions progressives

1. Voici vos dîners.
   Voilà vos dîners.
   Voilà *le repas.*
   Voici le repas.
   Voilà *le dessert.*
   Voici le dessert.
   Voilà *vos dîners.*
   Voici vos dîners.
2. Voici la fourchette.
   Voilà la fourchette.
   Voilà *la cuillère.*
   Voici la cuillère.
   Voici *la tasse.*
   Voilà la tasse.
   Voilà *la fourchette.*
   Voici la fourchette.

Simples substitutions

1. Sur le plateau il y a *le couteau.*
   (*la fourchette, la tasse, la cuillère, le verre, le menu, le couteau*)
2. Elle apporte *les dîners.*
   (*le verre, le couteau, le dessert, la soucoupe, la salade, les dîners*)
3. Je suis devant *les étudiants.*
   (*les amis, les camarades, les jeunes gens, les Américains, les Américaines, les étudiants américains, les étudiantes américaines, les étudiants*)
4. Je suis derrière *les étudiants.*
   (*les amis, les camarades, les jeunes gens, les Américains, les Américaines, les étudiants américains, les étudiantes américaines, les étudiants*)
5. Je vais *dormir.*
   (*chercher le repas, regarder le film, parler français, apporter les écouteurs, voyager, dormir*)
6. Voulez-vous *dormir?*
   (*me réveiller, parler français, voyager, étudier, répéter, fermer la porte, ouvrir le livre, dormir*)

NOTE DE GRAMMAIRE 1: Les Pronoms personnels sujets

FRENCH PRONOUN	ENGLISH PRONOUN	USAGE
je	*I*	First person singular: subject speaker
tu	*you*	Second person singular: used among friends or "equals"; used to address children and generally by children to address their parents. It may sometimes be used in an argument to indicate scorn. In general one does not use this form in speaking to older people.
il	*he or it*	Third person singular: person or thing (masculine)
elle	*she or it*	Third person singular: person or thing (feminine)
on	*one or "they"*	Third person singular: person or persons (See **Chapitre 8** for complete discussion)
nous	*we*	First person plural
vous	*you*	Second person plural: it is used in formal address to one person; it is also the collective form used to address several persons, even if you would call each of these people **tu.**
ils	*they*	Third person plural: persons or things (masculine)[4]
elles	*they*	Third person plural: persons or things (feminine)

[4] One masculine noun and one feminine noun, or several feminine nouns and one masculine noun are always replaced by a *masculine plural pronoun*.

NOTE DE GRAMMAIRE 2: Le Verbe irrégulier **être**

1. Verbs are parts of speech which indicate that some kind of action is involved. Verbs may also convey the idea of motion, condition, existence or relationship.

2. Verbs are *regular* or *irregular* and may be conjugated. By conjugation we mean the way the *verb* changes in relation to its *subject*.

3. **Etre** (*to be*) is an irregular verb. It is irregular because it does not follow regular patterns of conjugation.

4. In declarative usage (i.e., a sentence which is neither a question nor a command) the verb is generally preceded by a subject. Study some of the possibilities present in the first **Scénario.** Note that the *subject* is either a *noun* or a *pronoun*.

SUBJECT NOUN	SUBJECT PRONOUN	VERB	
	Je	**suis** [sɥi]	dans l'avion.
	Tu	**es** [ɛ]	dans l'avion.
(Robert) (L' étudiant)	Il	**est** [ɛ]	dans l'avion.
	On	**est**	dans l'avion.
(L'hôtesse de l'air)	Elle	**est**	dans l'avion.
	Nous	**sommes** [sɔm]	dans l'avion.
	Vous	**êtes** [ɛt]	dans l'avion.
(Robert et Henry) (Deux étudiants américains) (Robert, Henry et l'hôtesse de l'air)	Ils	**sont** [sõ]	dans l'avion.
(Les hôtesses de l'air)	Elles	**sont**	dans l'avion.

Simples substitutions

1. *Je suis* fatigué.[5]
   (*Nous sommes, Tu es, Henry est, Vous êtes, Ils sont, On est, Elle est, Elles sont, Je suis*)
2. *Tu es* content.
   (*On est, Vous êtes, Nous sommes, Ils sont, Je suis, L'Américaine est, Elle est, Les copains sont, Tu es*)
3. *Nous sommes* dans la salle de classe.
   (*Je suis, Vous êtes, Elle est, On est, Il est, Elles sont, Les deux amis sont, Nous sommes*)
4. *Vous êtes* devant la porte.
   (*Il est, Nous sommes, On est, L'hôtesse de l'air est, Henry et Robert sont, Les deux amis sont, Tu es, Je suis, Vous êtes*)

[5] As we have seen before, it is often possible to add an **-e** to a masculine noun or adjective to form the feminine. Similarly, it is often possible to add an **-s** to the singular noun or adjective to form a plural. (See **Chapitre 5.**)

Exercices de transformation

Modèle: Il est dans un avion. (*Nous*)
Nous sommes dans un avion.

1. *Il est* dans un avion.
   . (*Tu*, *Vous*, *Mon ami*, *Robert*, *On*, *Les étudiants*, *Je*, *Il*)
2. *Ils sont* avec un groupe de copains.
   (*Je*, *L'hôtesse*, *Les amis*, *Nous*, *Vous*, *On*, *Tu*, *Ils*)

Exercices de transformation

Noun Person > Pronoun

Modèle: Henry est avec son ami.
Il est avec son ami.

1. Les deux étudiants vont en France.
2. Les camarades sont dans l'avion.
3. Les deux amis s'appellent Robert et Henry.
4. Henry et Robert voyagent ensemble.
5. L'hôtesse de l'air apporte les dîners.

Noun Thing > Pronoun

Modèle: Le couteau est sur le plateau.
Il est sur le plateau.

1. La cuillère est sur le plateau.
2. Le menu est sur le plateau.
3. La tasse et la soucoupe sont sur le plateau.
4. La serviette et le verre sont sur le plateau.
5. Le dessert et le menu sont sur le plateau.

NOTE DE GRAMMAIRE 3: Le Verbe irrégulier **aller**

1. The verb **aller** is also irregular:

je vais [vɛ]	nous allons [alõ]
tu vas [va]	vous allez [ale]
il va [va]	ils vont [võ]
elle va	elles vont
on va	

2. In the **Scénario** you saw **aller** used in the following forms:

Je vais bien. *I am well.*	Je vais mal. *I am not well.*
Elle va bien. *She is well.*	Elle va mal. *She is not well.*

Aller is used with the adverbs **bien** and **mal** to describe one's state of health.

3. Aller is used mainly to mean *to go:*

Ils vont en France.
***They are going** to France.*

4. Aller may also serve as a helping verb to form the *near* or *immediate future:*

Je vais apporter les écouteurs plus tard.
***I am going** to bring the earphones later.*

We will study the *near future* in **Chapitre 3.**

Simples substitutions

Modèle: Nous allons en France. (*Tu vas*)
Tu vas en France.

1. *Nous allons* en France.
(*Tu vas, Il va, Vous allez, Elles vont, Je vais, Robert va, On va, Nous allons*)
2. *Je vais* apporter le plateau.
(*L'hôtesse va, Nous allons, On va, Vous allez, Il va, Elles vont, Tu vas, Je vais*)

Substitution progressive

Je vais bien.	*Tu vas* mal.
Robert va bien.	Tu vas *bien.*
Robert va *mal.*	*Je vais* bien.

Exercices de transformation

Modèle: Je vais à l'aéroport. (*L'hôtesse*)
L'hôtesse va à l'aéroport.

1. *Je vais* à l'aéroport.
(*Tu, Nous, Ils, Robert, Vous, On, L'hôtesse, Je*)
2. *Les étudiants vont* à Paris.
(*Nous, Vous, Ils, L'avion, Je, On, Robert et Henry, Tu, Nous, Les étudiants*)

Exercices de transformation

Modèle: Nous allons en France. (*Nous sommes*)
Nous sommes en France.

1. Je vais en France.
2. Il va à Paris.
3. Vous allez devant la porte.
4. Ils vont avec un groupe.
5. Les jeunes gens vont dans la classe.
6. Nous allons devant le groupe.
7. Tu vas à New York.
8. Elle va à Boston.

NOTE DE GRAMMAIRE 4: L'Article défini

1. The definite article **le, la, l'** (*the*, in English) indicates that the noun which follows it is referring to something specific. Nouns in French have gender: they are either *masculine* or *feminine*.

MASCULINE SINGULAR	FEMININE SINGULAR
le dîner	la France
le film	la classe
le repas	la fourchette
l'avion	l'expérience
le menu	l'hôtesse de l'air

Drop the vowel of the definite article (**le** or **la**) before a word beginning with a vowel (**l'avion, l'expérience**) or a mute **h** (**l'hôtesse de l'air**).[6]

There are no simple rules for learning the gender of a noun. Most often the description "masculine" or "feminine" does not refer to sex. You are best advised to learn the noun with its article to help you remember its gender.

2. Definite articles and nouns also have number: they may be singular, as in the examples above, or they may be plural. There is one plural form: **les.** A noun is usually made plural by adding **-s** to the singular form:

MASCULINE PLURAL	FEMININE PLURAL
les dîners	
les films	les classes
les repas[7]	les fourchettes
les‿avions (z)	les‿expériences (z)
les menus	les‿hôtesses de l'air (z)

3. **Monsieur** has the plural form: **Messieurs.**
Mademoiselle has the plural form: **Mesdemoiselles.**
Madame has the plural form: **Mesdames.**
When preceded by the definite article the above assume the following forms:

les messieurs (*the gentlemen*)
les demoiselles (*the young ladies*)
les dames (*the ladies*)

Exercices de transformation

Singular > Plural

Modèle: Voici la serviette.
Voici les serviettes.

1. Voici le dîner.
2. Voici la fourchette.
3. Voici le menu.
4. Voici la soucoupe.

---

[6] A mute **h** is not pronounced. You can tell that the word is masculine or feminine in the dictionary by the abbreviation *m* (masculine) or *f* (feminine) following the word.
[7] If the noun already has an -**s** ending, do not add another -**s**.

5. Voici l'assiette.
6. Voici le dessert.
7. Voici le verre.
8. Voici la tasse et la cuillère.
9. Voici le verre et la fourchette.

Plural > Singular

Modèle: Les étudiants sont dans la salle de classe.
L'étudiant est dans la salle de classe.

1. Les camarades sont dans la salle de classe.
2. Les amis sont dans la salle de classe.
3. Les Américains sont dans la salle de classe.
4. Les copains sont dans la salle de classe.
5. Les groupes sont dans la salle de classe.
6. Les hôtesses de l'air sont dans la salle de classe.
7. Les Américaines sont dans la salle de classe.
8. Les copines sont dans la salle de classe.

EXERCICES D'APPLICATION

ARBRE GENEALOGIQUE DE ROBERT:

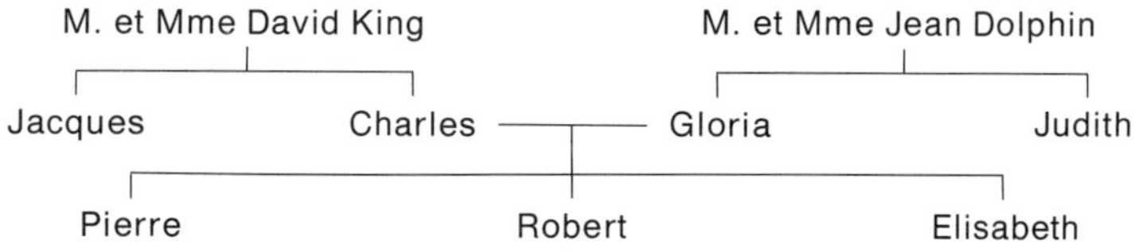

1. Charles et Gloria King sont les parents de Robert.[8]
2. Charles est le père.
3. Gloria est la mère.
4. Jacques King est l'oncle de Robert.
5. Judith Dolphin est la tante de Robert.
6. Les fils s'appellent Pierre et Robert.
7. La fille s'appelle Elisabeth.
8. Pierre, Robert et Elisabeth sont les enfants de Charles et Gloria King.
9. Pierre est le frère de Robert.
10. Elisabeth est la sœur de Pierre et de Robert.
11. Pierre et Robert sont des garçons.
12. Elisabeth est une fille.
13. Ils sont cinq dans la famille de Robert.
14. M. et Mme David King sont les grands-parents de Robert.[9]

---

[8] French youngsters refer to their parents in slang as **les Gaulois** (*the Gauls*) or **les Charlemagne** (named after the first emperor of France).

[9] **Monsieur** *Mister* is abbreviated **M.; Madame** *Mrs.* is abbreviated **Mme; Mademoiselle** *Miss* is abbreviated **Mlle. M.** is the only abbreviation of the three that requires a period.

VOCABULAIRE

l'arbre (m.) *the tree*
les parents *the parents*
le père *the father*
la mère *the mother*
l'oncle (m.) *the uncle*
la tante *the aunt*
le fils *the son*
cinq *five*
la fille *the daughter, the girl*[10]
les enfants *the children*
le frère *the brother*
la sœur *the sister*
le garçon *the boy*
la famille *the family*
les grands-parents *the grandparents*

Questions

1. Comment s'appellent les parents de Robert?
2. Comment s'appelle le père de Robert?
3. Comment s'appelle la mère de Robert?
4. Comment s'appelle l'oncle de Robert?
5. Comment s'appelle la tante de Robert?
6. Comment s'appelle le frère de Robert?
7. Comment s'appelle la sœur de Robert?
8. Comment s'appellent les enfants de M. et Mme Charles King?
9. Comment s'appellent les grands-parents de Robert?
10. Comment vous appelez-vous?
11. Comment allez-vous?
12. Où êtes-vous?
13. Etes-vous fatigué(e)?
14. Etes-vous étudiant(e)?
15. Etes-vous américain(e)?

Exercices de transformation

Modèle: Comment va le frère de Robert?
Il va bien.

1. Comment va la sœur de Robert?
2. Comment va la tante de Robert?
3. Comment va le père de Robert?
4. Comment va la mère de Robert?
5. Comment va l'oncle de Robert?
6. Comment vont les parents de Robert?
7. Comment va le copain de Robert?
8. Comment va la copine de Robert?

Simples substitutions

Modèle: Les garçons sont ensemble. (*Les amis*)
Les amis sont ensemble.

1. *Les garçons* sont ensemble.
(*Les fils, Les filles, Les mères, Les pères, Les frères, Les sœurs, Les amis, Les garçons*)
2. *Le groupe* est dans l'avion.
(*Le garçon, Le monsieur, La fille, La mère, Le père, L'ami, Le pilote, L'hôtesse de l'air, Le groupe*)

---

[10] **une jeune fille** is also *a girl*, but may not mean *a daughter*.

3. *Les parents* vont en France.
   (*Les oncles*, *Les tantes*, *Les enfants*, *Les familles*, *Les camarades*, *Les garçons*, *Les copains*, *Les parents*)

NOTE DE GRAMMAIRE 5: Interrogations

Questions may be asked in several ways:

1. By adding **est-ce que** to a declarative sentence:

Vous êtes fatigué.
Est-ce que vous êtes fatigué?

2. By inverting (reversing) the order of the subject pronoun and the verb:

Vous êtes fatigué.
Etes-vous fatigué?

When the verb in the third person singular ends with a vowel, a **-t-** is inserted between the inverted verb and pronoun:

va-t-il
va-t-elle
regarde-t-elle

3. By beginning the sentence with the noun subject and adding the appropriate third person subject pronoun *after* the verb:

Henry est fatigué.
Henry est-**il** fatigué?

Les camarades sont contents.
Les camarades sont-**ils** contents?

L'hôtesse de l'air est contente.
L'hôtesse de l'air est-**elle** contente?

Les étudiantes sont ensemble.
Les étudiantes sont-**elles** ensemble?

4. By adding **n'est-ce pas?** to the end of the sentence:

Vous êtes fatigué.
Vous êtes fatigué, **n'est-ce pas?**
Oui, je suis fatigué.

N'est-ce pas anticipates an affirmative (yes) answer.

5. In spoken French, usually by raising the voice (intonation) at the end of the sentence:

Vous êtes fatigué.
Vous êtes fatigué?

Exercices de transformation

Est-ce que . . . ?
Oui, ...

Modèle: Est-ce que vous êtes fatigué(e)?
Oui, je suis fatigué(e).

1. Est-ce que vous êtes américain(e)?
2. Est-ce que les amis sont dans l'avion?
3. Est-ce que l'hôtesse de l'air apporte les dîners?
4. Est-ce que Robert va mal?
5. Est-ce qu' Henry va bien?
6. Est-ce qu' Henry est fatigué?
7. Est-ce que le père de Robert s'appelle Charles?
8. Est-ce que le mère de Robert s'appelle Judith?

Est-ce que . . . ?

Modèle: Ils sont avec un groupe de camarades. (*Est-ce que*)
Est-ce qu'ils sont avec un groupe de camarades?

1. Ils s'appellent Robert et Henry.
2. Ils voyagent ensemble.
3. Ils sont dans un avion.
4. Ils décident de parler français.
5. Ils sont avec un groupe de camarades.

Modèle: L'hôtesse de l'air apporte les dîners. (*Est-ce que*)
Est-ce que l'hôtesse de l'air apporte les dîners?

1. Henry va bien.
2. Robert va mal.
3. Le professeur est fatigué.
4. Deux étudiants américains vont en France.
5. L'hôtesse de l'air apporte les dîners.

Verb + Pronoun

Modèle: Ils sont avec un groupe de camarades.
Sont-ils avec un groupe de camarades?

1. Ils voyagent ensemble.
2. Ils sont dans un avion.
3. Ils décident de parler français.
4. Vous êtes fatigué.
5. Vous voulez dormir.
6. Nous allons regarder le film.
7. Ils vont en France.
8. Vous êtes américain.
9. Il est dans la classe.
10. Elle est devant les étudiants.
11. Je suis derrière la classe.
12. Elles vont bien.

Noun + Verb + Pronoun

Modèle: Les deux étudiants vont en France.
Les deux étudiants vont-ils en France?

1. Robert et Henry voyagent ensemble.
2. Le groupe de camarades est dans l'avion.
3. Robert est malade.
4. Les professeurs vont en classe.
5. Les filles apportent les serviettes.

6. Le frère et la sœur sont ensemble.
7. Les parents de Robert sont américains.
8. Les étudiants désirent dormir.

... n'est-ce pas?

Modèle: Vous êtes fatigué. (*n'est-ce pas*?)
Vous êtes fatigué, n'est-ce pas?

1. Les amis sont dans un avion.
2. Henry va bien.
3. Robert va mal.
4. Elle apporte les dîners.
5. Ils voyagent ensemble.
6. Ils sont dans la salle de classe.
7. Henry désire dormir.
8. Tu veux regarder le film.
9. Robert cherche ses mots.
10. Vous êtes fatigué.

Give each of the three written interrogative forms for the sentences in the following exercise:

Modèle: Vous êtes devant les étudiants.
Etes-vous devant les étudiants?
Est-ce que vous êtes devant les étudiants?
Vous êtes devant les étudiants, n'est-ce pas?

Les deux étudiants vont en France.
Les deux étudiants vont-ils en France?
Est-ce que les deux étudiants vont en France?
Les deux étudiants vont en France, n'est-ce pas?

1. Les amis décident de parler français.
2. Ils vont mal.
3. Tu vas regarder le film.
4. Les amis sont contents.
5. Vous êtes derrière les étudiants.
6. Vous voulez dormir.
7. Nous sommes devant la porte.

Exercices de manipulation

Modèle: Demandez à ________ (nom d'une personne dans la classe) comment il/elle va.
Ask ________ (*name of a person in the class*) *how he/she is.*

1. Demandez à ________ où il est.
2. Demandez à ________ comment s'appelle la sœur de Robert.
3. Demandez à ________ comment s'appelle le frère de Robert.
4. Demandez à ________ d'ouvrir la porte.
5. Demandez à ________ de fermer la porte.
6. Demandez à ________ d'ouvrir le livre.
7. Demandez à ________ de fermer le livre.
8. Demandez à ________ de répéter son nom.

> It is quite easy to answer questions by using the same verb in the appropriate form in the response. This may be done with the verbs we have seen thus far:
>
> Où **êtes-vous?**
> **Je suis** dans la salle de classe. } Où = *Where*
>
> Later we shall see verbs where this is not always possible.

QUESTIONS SUR LE SCENARIO

1. Où vont les étudiants américains?
2. Sont-ils avec un groupe de camarades?
3. Comment s'appellent les deux amis?
4. Voyagent-ils ensemble?
5. Où sont-ils?
6. Est-ce que l'avion vole vers la France?
7. Est-ce qu'ils vont parler français?
8. Comment va Robert?
9. Comment va Henry?
10. Est-ce que Robert va regarder le film après le repas?
11. Est-ce qu' Henry veut dormir après le repas?
12. Est-ce que l'hôtesse de l'air va apporter les écouteurs?

CREATION ET RECREATION

1. Bring in a photograph of your family or friends and identify each of them. Try to add as many details about them as you can, such as their names, their relationship to you, their state of health. The following is an example:

> Voici la famille. Voici le père, il s'appelle __________. Il va bien. Voici la mère, elle s'appelle __________. Elle va bien. Voici le frère et la sœur. Ils s'appellent __________ et __________. Le père et la mère sont avec les enfants. Les enfants sont avec le père et la mère, etc.

Un dîner chez des Français

2. Write a parallel version of the story of Robert and Henry to apply to Monique Golaud and Pierre Dubout, two French students who will spend a term studying in the United States. Describe what could happen to such French students. Try to convey how they would react to American culture. In each **Création et Récréation** you will find lead sentences to help you tell your story. Try to use your new vocabulary in each episode.

Monique et Pierre sont copains. Ils sont français. Ils sont étudiants. Ils vont étudier aux U.S.A., etc.

Chapitre 1: COUP D'ŒIL

For each item below, check **oui** if you know it well and **non** if you do not. Then go back and review carefully the sections in the chapter dealing with items for which you have checked **non.**

OUI **NON**

_____ _____ 1. The subject personal pronouns in French are:

je	nous
tu	vous
il	ils
elle	elles
on	

_____ _____ 2. **Etre** is an irregular verb. It conjugates this way:

je suis	nous sommes
tu es	vous êtes
il est	ils sont
elle est	elles sont
on est	

_____ _____ 3. **Aller** is an irregular verb. It conjugates this way:

je vais	nous allons
tu vas	vous allez
il va	ils vont
elle va	elles vont
on va	

_____ _____ **Aller** is used mainly to mean *to go.*
Aller may also serve as a helping verb to form the *near* or *immediate* future.

Elle va apporter les dîners.
She is going to bring *the dinners.*

4. The definite article in French is **le, la, l'** in the singular, and **les** in the plural.

   le film
   la classe
   l'avion
   l'hôtesse de l'air
   les menus

5. The interrogative in French is formed in several ways:

   Est-**il** fatigué?
   Est-ce qu'il est fatigué?
   Il est fatigué, **n'est-ce pas?**
   Robert est-**il** fatigué?
   Il est fatigué?

6. Normally, to form the feminine of an adjective, add **-e** to the masculine, unless the adjective already ends in **-e**:

MASCULINE	FEMININE
français	française
content	contente
américain	américaine
brave	brave

   The same is generally true of nouns:

   l'étudiant   l'étudiante

7.[11] In the **Scénario** you saw some uses of prepositions. Note that to say "in" or "to" a city, you use **à** before the name of a city:

   Il est **à** Paris.
   Il va **à** New York.
   Elle est **à** Boston.

   To say "in" or "to" feminine countries you use **en:**

   Ils vont **en** France.
   Elles sont **en** Grèce.
   Il va **en** Italie.

8. **Voici** means *here is* or *here are;* **voilà** means *there is* or *there are.* **Voici** and **voilà** are used to announce or to present something or someone.

Voici le livre.	*Here is the book.*
Voilà Henry.	*There is Henry.*

[11] This sign ("No U-Turn") indicates that the material has not been taught in this chapter and you cannot thus check a previous grammatical reference.

VOCABULAIRE

1. Words in boldface are **actifs;** words in normal type are **passifs.**
2. The sign * indicates verbs whose conjugations are presented in the chapter and are to be learned.

Verbes

aller*
(s') appeler
apporter
chercher
décider (de)
demander
désirer
dormir
écouter
être*
fermer
(se) lever
manger
oublier (de)
ouvrir
parler
regarder
répéter
répondre (à)
(se) réveiller
rire
voler
voyager

Noms

arbre généalogique (m.)
enfant (m.)
famille (f.)
fille (f.)
fils (m.)
frère (m.)
garçon (m.)
grands-parents (m.pl.)
jeune fille (f.)
mère (f.)
oncle (m.)
parents (m.pl.)
père (m.)
sœur (f.)
tante (f.)

déjeuner (m.)
dîner (m.)
menu (m.)
petit déjeuner (m.)
repas (m.)
assiette (f.)
couteau (m.)
cuillère (f.)
dessert (m.)
fourchette (f.)
plateau (m.)
serviette (f.)
soucoupe (f.)
tasse (f.)
verre (m.)

aéroport (m.)
avion (m.)
départ (m.)
écouteurs (m.pl.)
expérience (f.)
film (m.)
hôtesse de l'air (f.)

le français
la France

ami/amie
camarade (m. or f.)
copain/copine
groupe (m.)
jeunes gens (m.pl.)

étudiant/étudiante
leçon (f.)
porte (f.)
professeur (m.)
salle de classe (f.)

Madame (Mme), Mesdames
Mademoiselle (Mlle), Mesdemoiselles
Monsieur (M.), Messieurs

Adjectifs

américain/américaine
cinq
content
crevé°
deux
épuisé
fatigué
français/française
malade

Prépositions

à
après
avec
dans
de
derrière
devant
durant
en
pendant
sur
vers

Conjonctions

et
mais
ou

Adverbes

aussi
bien
comment
ensemble
mal
où
plus fort
plus tard
très

Expressions utiles

à bientôt
à tout à l'heure
bon appétit
bonsoir
il y a
merci
voici
voilà

Scénario 1: Le Départ
QUATRIEME ETAPE

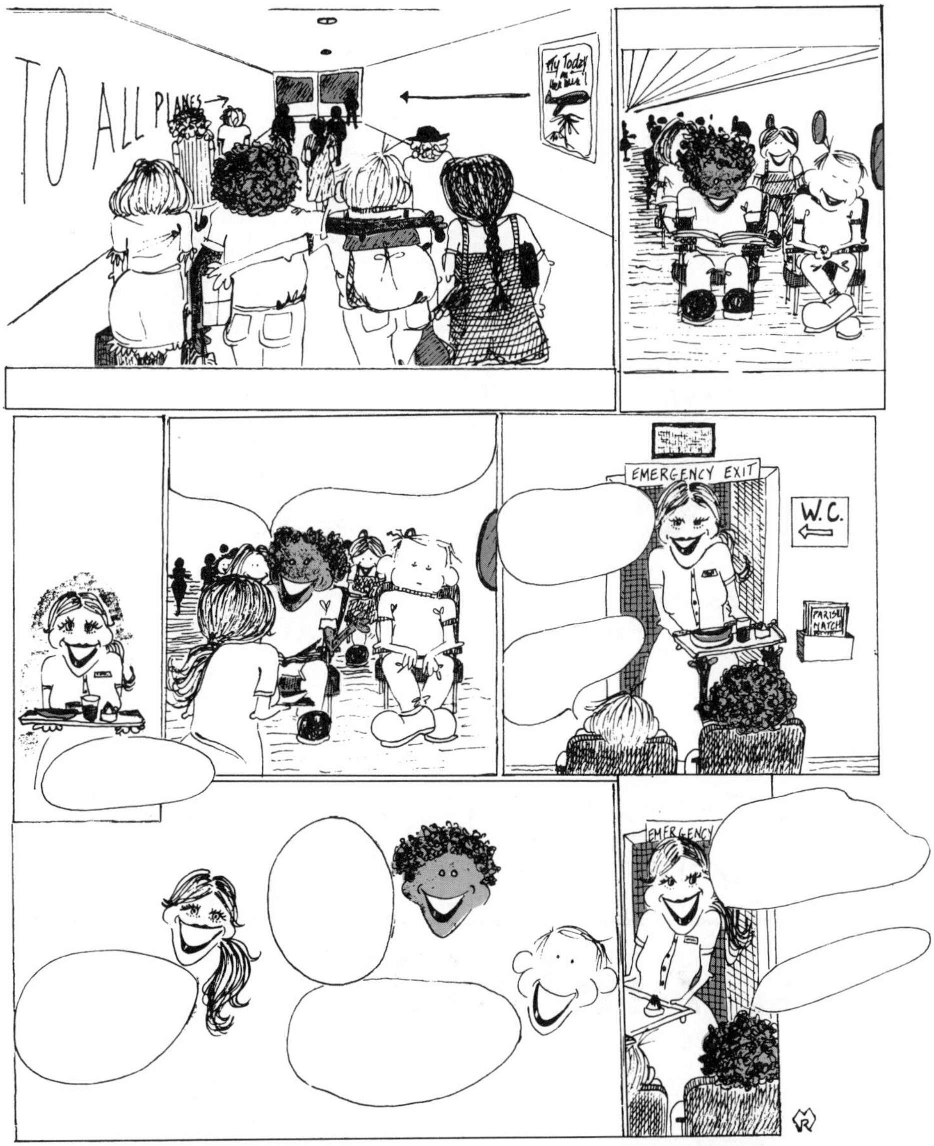

CHAPITRE 2

L' ARRIVEE

Scénario 2: L'Arrivée

PREMIERE ETAPE

L'avion arrive à huit heures. Les étudiants cherchent leurs valises au service des bagages.

HENRY: As-tu toutes tes affaires?

ROBERT: Non, je n'ai pas mon sac de couchage. (*Ils cherchent.*)

HENRY: Ah, le voilà!

Ils trouvent l'autobus. Ils vont à la gare.

ROBERT: (*au chauffeur*) Sommes-nous à la gare?

LE CHAUFFEUR: Vous y voilà!

ROBERT: Bien. Merci.

DEUXIEME ETAPE

L'avion arrive à huit heures du matin. Les étudiants cherchent leurs valises au service des bagages.

HENRY: As-tu toutes tes affaires?

ROBERT: Non, j'ai mes valises, mais je n'ai pas mon sac de couchage. (*Ils cherchent.*)

HENRY: Ah, le voilà! (*Il le pose sur le chariot.*)

Ils trouvent l'autobus pour aller à l'aérogare. Ils vont en taxi à la gare.

ROBERT: (*Au chauffeur*) Sommes-nous à la gare?

LE CHAUFFEUR: C'est ce que vous voulez, non? Vous y voilà!

ROBERT: (*intimidé*) Bien. Merci. Combien est-ce que je dois?

LE CHAUFFEUR: Douze francs, et quatre francs pour les valises.

ROBERT: Voici seize francs. (*Il compte seize francs. Il donne l'argent à l'homme.*)

TROISIEME ETAPE

L'avion arrive à Charles de Gaulle à huit heures du matin. Les étudiants cherchent leurs valises au service des bagages qui est au rez-de-chaussée de l'aéroport.

HENRY: As-tu tous tes trucs . . . euh, toutes tes affaires?

ROBERT: Non, j'ai mes valises, mais je n'ai pas mon sac de couchage. (*Ils cherchent.*)

HENRY: Ah, le voilà! (*Il le pose sur le chariot.*)

Ils trouvent l'autobus pour aller à l'aérogare des Invalides. De là, ils vont en taxi directement à la gare d'Austerlitz.

ROBERT: (*au chauffeur*) Sommes-nous déjà à la gare d'Austerlitz?

LE CHAUFFEUR: Ben oui! C'est ce que vous voulez, non? (*Il s'irrite.*) Vous y voilà!

ROBERT: (*intimidé*) Bien. Merci. Combien est-ce que je vous dois?
LE CHAUFFEUR: Douze francs, et quatre francs pour les valises.
ROBERT: Voici seize francs. (*Il compte seize francs. Il donne l'argent à l'homme.*)
LE CHAUFFEUR: (*irrité*) Et tout ça sans pourboire! Ça alors!

SYNONYMES ET EXPRESSIONS APPROXIMATIVES

1 à Charles de Gaulle = à Roissy-en-France (*former name*), → à l'aéroport
2 valises (f.pl.) (*suitcases*) → malles (f.pl.) (*trunks*)
3 toutes tes affaires = toutes tes choses
9 il s'irrite = il se fâche
10 intimidé = troublé
14 irrité = en colère, fâché, agacé, exaspéré
9 Ben oui!° (*familiar usage for "naturally", "of course"*)

VOCABULAIRE ILLUSTRE

une auto/une voiture

un autobus/un car

une bicyclette

un métro (un tube°)

une mobylette

un café/un bistro

un cinéma

une boutique

un bureau de poste

un bureau de tabac

NOTES CULTURELLES

1. A very short paragraph on the airports of Paris appears on page 45 of this chapter. This passage is to be handled as a **micrologue** (see *Introduction* for instructions).
2. **Le rez-de-chaussée** is the ground-floor.
3. There are five major railroad stations in Paris in addition to **la gare d'Austerlitz: la gare Montparnasse, la gare de Lyon, la gare de l'Est, la gare du Nord, la gare St. Lazare.**
4. Buses provide connecting service between the airports and the **aérogare des Invalides** (in central Paris) for a reasonable price. For traveling between points within the city of Paris, however, the **métro** (subway) is the least expensive and often the quickest means of transportation.
5. It is customary to give a 15 percent tip to **chauffeurs de taxi.**

Vocabulaire pour les questions

1. **Que** cherche-t-il?
   Qu'est-ce qu'il cherche?
   What is he looking for?
2. **Comment** va-t-il à la gare?
   How is he going to the train station?
3. **Qui** est avec elle?
   Who is with her?
4. **A quelle** heure déjeunez-vous?
   At what time do you eat lunch?
5. **Où est** le bâtiment?
   Where is the building?
6. **Quand** vont-ils en France?
   When are they going to France?

QUESTIONS SUR LE SCENARIO

1. A quelle heure l'avion arrive-t-il à Charles de Gaulle?
2. Que cherchent les étudiants?
3. Où cherchent-ils leurs valises?
4. Où est le service des bagages?
5. Est-ce que Robert a toutes ses affaires?
6. Où Henry pose-t-il le sac de couchage?
7. Que trouvent-ils pour aller à l'aérogare des Invalides?
8. Comment vont-ils à la gare d'Austerlitz?
9. Est-ce que Robert est intimidé?
10. Combien est-ce que Robert doit au chauffeur?
11. Combien est-ce que Robert donne au chauffeur pour les valises?

NOTE DE GRAMMAIRE 1: L'Article indéfini

1. The *indefinite articles* are **un** and **une. Un** and **une** are singular in number.[1]

MASCULINE	FEMININE
un avion	une fourchette
un repas	une hôtesse

2. The *indefinite article* indicates that the noun which follows it is to be taken in a nonspecific sense. This is illustrated by contrasting its use with that of the *definite article:*

Definite article: L'avion de New York arrive à Charles de Gaulle.

The plane from New York arrives at Charles de Gaulle.

Indefinite article: Un avion arrive à Charles de Gaulle.

A plane . . . i.e., any plane which arrives at Charles de Gaulle.

Simples substitutions

1. A Charles de Gaulle ils cherchent *un café.*
   (*un cinéma, une boutique, un bureau de tabac, un bureau de poste, un café*)
2. A Charles de Gaulle ils trouvent *le café.*
   (*le restaurant, la boutique, le bureau de tabac, le bureau de poste, le café*)
3. Je veux *un taxi.*
   (*un couteau, un plateau, un menu, un verre, un sac de couchage, un taxi*)

Exercices de transformation

Definite Article > Indefinite Article

Modèle: Elle apporte la fourchette.
Elle apporte une fourchette.

[1] Plural forms of the *indefinite articles* are dealt with later.

1. L'avion arrive à Charles de Gaulle.
2. Henry a la valise.
3. L'étudiant cherche sa valise.
4. Henry a la malle.
5. Ils trouvent l'autobus.
6. Je vous donne le pourboire.
7. On pose le sac de couchage sur le chariot.

Indefinite Article > Definite Article

Modèle: Il apporte un verre.
Il apporte le verre.

1. Sur le plateau il y a un menu.
2. Il trouve une serviette.
3. Elle cherche une assiette.
4. Il pose une cuillère sur le plateau.
5. Je vous donne une soucoupe et une tasse.
6. Elles ont un plateau et un verre.
7. Voilà un dessert.

NOTE DE GRAMMAIRE 2: Le Verbe irrégulier **avoir**

1. Avoir (*to have*) is an irregular verb. It may, like **être,** be used separately or as a helping (auxiliary) verb. Its conjugation in the present *indicative* (**le présent de l'indicatif**) is:

j'**ai** [e]	nous **avons** [avõ] (z)
tu **as** [a]	vous **avez** [ave] (z)
il **a** [a]	ils **ont** [õ] (z)
elle **a**	elles **ont** (z)
on **a**	

2. The *interrogative:*

ai-je *or* est-ce que j'ai	avons-nous
as-tu	avez-vous
a-t-il	ont-ils
a-t-elle	ont-elles
a-t-on	

Note that when a verb ends in a vowel and is followed by **il, elle,** or **on,** you add **-t-** between the verb and the subject pronoun:

A-**t**-il le plateau?
A-**t**-elle les écouteurs?
A-**t**-on l'argent?

ATTENTION

Henceforth, all conjugations will show only the form **il** for the third person singular. REMEMBER that the pronouns **elle** and **on** take the same verb form.
Similarly, **ils** alone will be shown, but obviously **elles** takes the same verb form.

Simples substitutions

1. J'ai *la valise.*
   (*le sac de couchage, le taxi, la valise*)
2. Tu as *les bagages.*
   (*le chariot, le pourboire, les bagages*)
3. Il a *douze francs.*
   (*quatre francs, seize francs, douze francs*)
4. Elle a *une auto.*
   (*une bicyclette, une mobylette, une voiture, une auto*)
5. Nous avons *un chauffeur.*
   (*une auto, un taxi, un chauffeur*)
6. Vous avez *l'argent.*
   (*le pourboire, la valise, l'argent*)
7. Elles ont *sept francs.*
   (*quatorze francs, sept francs*)

Exercices de transformation

1. *Il* a une malle.
   (*Nous, Robert, Elle, Tu, Vous, Les hôtesses, Ils, Il*)
2. *Nous* avons *une bicyclette.*
   (*Robert, Ils, Vous, Tu, Les garçons, Je, Nous*)

Exercices de transformation

Modèle: Nous avons un taxi. (*Avons-nous*)
Avons-nous un taxi?

1. *Nous* avons un taxi.
   (*vous, elle, je, on, ils, tu, vous, nous*)

Modèle: Henry a le chariot. (*a-t-il*)
Henry a-t-il le chariot?

2. *Henry* a le chariot.
   (*L'hôtesse de l'air, Le garçon, Le père, La tante, L'oncle, Henry*)

Simples substitutions

1. *Avez-vous* les bagages?
   (*As-tu, A-t-il, A-t-elle, Ont-ils, Avons-nous, Avez-vous*)
2. *A-t-il* le pourboire?
   (*Avez-vous, Avons-nous, Ont-ils, As-tu, Est-ce que j'ai, A-t-il*)

NOTE DE GRAMMAIRE 3: Les Verbes réguliers en -er

1. There are *three types* of *regular* verbs in French. They are known as *regular* because they follow unvarying patterns in conjugation. They are classified as three groups or classes with distinctive endings in the infinitive.

2. The first of these is identified by the **-er** ending, as illustrated by the verb **parler.** The present indicative tense of these verbs is formed by dropping the **-er** ending of the infinitive. The stem of **parler** is **parl-.** To the stem you add the following verb endings:

-e, -es, -e, -ons, -ez, -ent.

3. The present indicative conjugation of **parler** is:

SUBJECT PRONOUN	STEM		ENDING		
je	parl	+	**e**	(*not pronounced*)	[parl]
tu	parl	+	**es**	(*not pronounced*)	[parl]
il	parl	+	**e**	(*not pronounced*)	[parl]
nous	parl	+	**ons**	(*pronounced* [õ])	[parlõ]
vous	parl	+	**ez**	(*pronounced* [e])	[parle]
ils	parl	+	**ent**	(*not pronounced*)	[parl]

4. Only three different sounds are involved in this conjugation.
The written forms look like this:

je parle	nous parlons
tu parles	vous parlez
il parle	ils parlent

Each of the verbs within the box is pronounced the same way.

5. Interrogatives are formed in the same way we saw in **Chapitre 1.**

a. With regular verbs the form **Est-ce que** is used with the first person singular to ask questions:

Est-ce que je cherche la valise?

b. Remember that verbs ending in a vowel require **-t-** in inversion:

A-**t**-il le plateau?
Parle-**t**-il français?
Cherche-**t**-elle la valise?

6. Verbs of this category thus far encountered are:

amuser	compter	dîner	intimider	oublier	réveiller
(s') appeler[3]	continuer	donner	irriter	parler	trouver
apporter	décider	étudier	lever[2]	poser	voler
arriver	déjeuner	(se) fâcher[3]	manger[2]	regarder	voyager[2]
chercher	désirer	fermer	montrer	répéter[2]	

[2] Certain changes in spelling are required when conjugating these verbs. They will be dealt with later.
[3] These are *pronominal verbs* which we will study later.

Simples substitutions

1. *Je parle* au camarade.
   (*Nous parlons, Il parle, Tu parles, Ils parlent, On parle, Vous parlez, Elles parlent, Je parle*)
2. *Elle apporte* les dîners.
   (*J'apporte, Nous apportons, Vous apportez, On apporte, Tu apportes, Elles apportent, Elle apporte*)
3. *On ferme* la porte.
   (*Je ferme, Tu fermes, Ils ferment, Vous fermez, Elle ferme, Nous fermons, On ferme*)

Exercices de transformation

1. *Ils* posent les valises.
   (*Je, Elle, Nous, Tu, Vous, On, Les deux étudiants, Ils*)
2. *Ils* trouvent les affaires.
   (*Vous, Les deux amis, Tu, On, Nous, Je, Ils*)

Simples substitutions

1. *Cherchent-ils* les malles?
   (*Est-ce que je cherche, Cherchons-nous, Cherchez-vous, Cherches-tu, Cherche-t-on, Cherche-t-elle, Les étudiants cherchent-ils, Cherchent-ils*)
2. *Est-ce qu'elle apporte* les dîners?
   (*tu apportes, j'apporte, ils apportent, nous apportons, on apporte, vous apportez, elle apporte*)
3. *Regardez-vous le film?*
   (*Est-ce que je regarde, Robert regarde-t-il, Regardes-tu, Regarde-t-on, Les camarades regardent-ils, Regarde-t-elle, Regardons-nous, Regardez-vous*)
4. *Les jeunes gens trouvent-ils* le taxi?
   (*Trouvez-vous, Est-ce que je trouve, Trouve-t-on, L'hôtesse de l'air trouve-t-elle, Trouves-tu, Henry trouve-t-il, Les jeunes gens trouvent-ils*)

Exercices de transformation

Modèle: Vous oubliez la leçon.
Oubliez-vous la leçon?

1. Nous montrons la carte.
2. Ils décident de parler.
3. Je cherche le métro.
4. Elle donne le pourboire.
5. Elles étudient le français.
6. Tu continues le scénario.
7. Je voyage en avion.

Exercices de transformation

1. *L'avion arrive* à huit heures, n'est-ce pas?
   (*Vous, Je, Elle, Nous, On, Il, L'hôtesse de l'air, L'avion*)

2. *La mère oublie-t-elle* le sac de couchage?
   (*Le père*, *La tante*, *Les frères*, *Les sœurs*, *Les copains*, *Les copines*, *La mère*)
3. *Ils trouvent* l'autobus.
   (*Nous*, *Il*, *Robert*, *Vous*, *Les étudiantes*, *Je*, *Tu*, *Ils*)
4. *Trouvent-ils* l'autobus?
   (*nous*, *il*, *Robert*, *vous*, *Les étudiantes*, *je*, *tu*, *ils*)
5. *Elle apporte* les dîners.
   (*Nous*, *Je*, *Tu*, *On*, *Les messieurs*, *Les demoiselles*, *Vous*, *Elle*)
6. *Apporte-t-elle* les dîners?
   (*nous*, *je*, *tu*, *on*, *Les messieurs*, *Les demoiselles*, *vous*, *elle*)
7. *Je compte* seize francs.
   (*Robert et Henry*, *Nous*, *Vous*, *Tu*, *La dame*, *Une demoiselle*, *Je*)
8. *Est-ce que je compte* seize francs?
   (*Robert et Henry*, *nous*, *vous*, *tu*, *la dame*, *une demoiselle*, *je*)
9. *Il donne* l'argent.
   (*Un monsieur*, *Elles*, *Tu*, *Vous*, *Les jeunes filles*, *Je*, *Nous*, *On*, *Il*)
10. *Donne-t-il* l'argent?
    (*Un monsieur*, *elles*, *tu*, *vous*, *Les copines*, *je*, *nous*, *on*, *il*)
11. *Ils cherchent* les valises.
    (*Je*, *Tu*, *Vous*, *Robert et Henry*, *Le chauffeur*, *On*, *La mère*, *Nous*, *Ils*)
12. *Cherchent-ils* les valises?
    (*je*, *tu*, *vous*, *Robert et Henry*, *Le chauffeur*, *on*, *La mère*, *nous*, *ils*)

NOTE DE GRAMMAIRE 4: Les Nombres cardinaux

1. Numbers are used as adjectives. There are two kinds of numbers:

Cardinal numbers, used in simple counting: one, two, three . . .
Ordinal numbers, used in indicating order: first, second, third . . .

2. As in English the cardinal numbers precede the nouns they modify:

deux livres *two books*

3. The following are the cardinal numbers from 1 to 20:

1. un, une	un frère, une soeur un étudiant, une étudiante
2. deux	deux frères; deux étudiants
3. trois	trois frères; trois étudiants
4. quatre	quatre frères; quatre étudiants
5. cinq	cinq frères; cinq étudiants
6. six	six frères; six étudiants[4]

[4] Note the **z** sound in **dix étudiants** and **six étudiants.**

7.	sept	sept frères; sept étudiants
8.	huit	huit frères; huit étudiants
9.	neuf	neuf frères; neuf étudiants[5]
10.	dix	dix frères; dix étudiants
11.	onze	onze frères; onze étudiants
12.	douze	douze frères; douze étudiants
13.	treize	treize frères; treize étudiants
14.	quatorze	quatorze frères; quatorze étudiants
15.	quinze	quinze frères; quinze étudiants
16.	seize	seize frères; seize étudiants
17.	dix-sept	dix-sept frères; dix-sept étudiants
18.	dix-huit	dix-huit frères; dix-huit étudiants
19.	dix-neuf	dix-neuf frères; dix-neuf étudiants
20.	vingt	vingt frères; vingt étudiants

4. Notice the occasions when the final consonant is pronounced and is linked to the following word beginning with a vowel or an unpronounced (mute) **h.** This phenomenon is called **liaison** (*linking*) and is indicated by this sign: ‿.

5. Note that when the numbers **cinq, six, huit,** and **dix** stand alone the final consonant is pronounced. If, however, one of these numbers is followed by a noun beginning with a consonant, the final consonant is *not* pronounced. (The final consonant of **sept** is always pronounced. The final consonant of **neuf** is pronounced when **neuf** precedes a word beginning with a consonant.)

Nous avons hui(t) livres.
Combien? (*How many?*) **Huit.**

Exercice de manipulation

Modèle: Un et un font (*equals*) deux. (*un et deux*)
Un et deux font trois.

1. *un et trois, un et quatre, un et cinq*
2. *deux et deux, deux et trois, deux et quatre, deux et cinq, deux et six*
3. *trois et trois, trois et quatre, trois et cinq, trois et six, trois et sept*
4. *quatre et quatre, quatre et cinq, quatre et six, quatre et sept, quatre et huit*
5. *cinq et cinq, cinq et six, cinq et sept, cinq et huit, cinq et neuf*
6. *six et six, six et sept, six et huit, six et neuf, six et dix*
7. *sept et sept, sept et huit, sept et neuf, sept et dix, sept et onze*
8. *huit et huit, huit et neuf, huit et dix, huit et onze, huit et douze*

[5] Note the **v** sound in **neuf étudiants.**

Exercice de manipulation

Réunissez les points suivant l'ordre donné: (*Connect the points according to the order given:*)

1. un à deux
2. six à sept
3. quatre à neuf
4. huit à treize
5. dix-sept à dix-huit
6. vingt à dix-neuf
7. trois à sept
8. un à trois
9. cinq à douze
10. sept à onze
11. quinze à seize
12. treize à quatorze
13. deux à six
14. trois à cinq
15. onze à douze
16. huit à dix
17. quinze à dix-neuf
18. treize à dix-sept

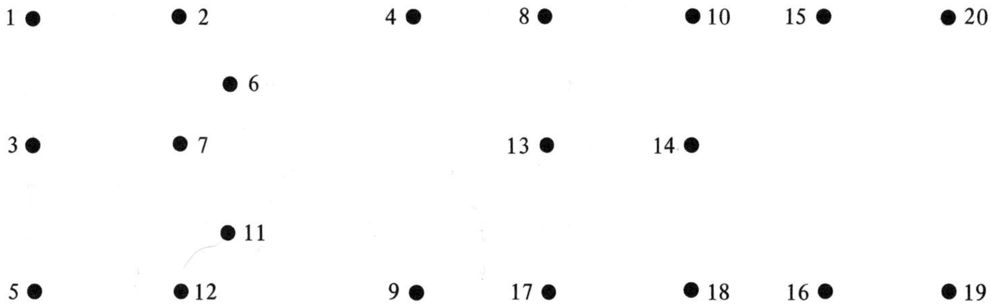

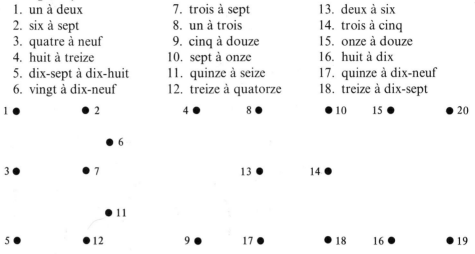

NOTE DE GRAMMAIRE 5: L'Heure

1. Il est precedes the telling of time:
Quelle heure est-il? *What time is it?*

Il est une heure.

Il est neuf heures.

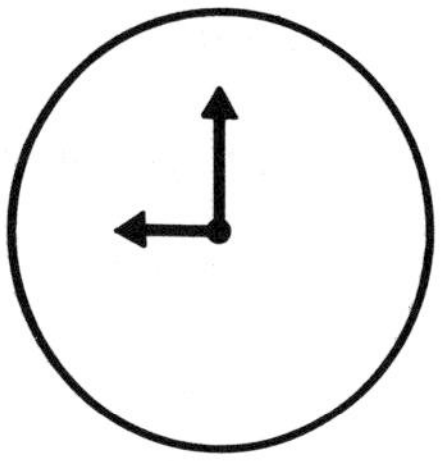

2. Minutes *after* the hour are indicated as follows:

Il est cinq heures cinq.

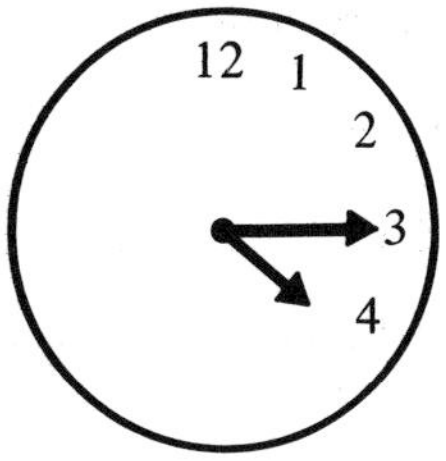

Il est quatre heures et quart.

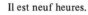

Il est huit heures et demie.

3. Minutes *before* the hour are stated as follows:

Il est deux heures moins le quart.

Il est une heure moins dix.

4. Midnight is **minuit.** Noon is **midi**.

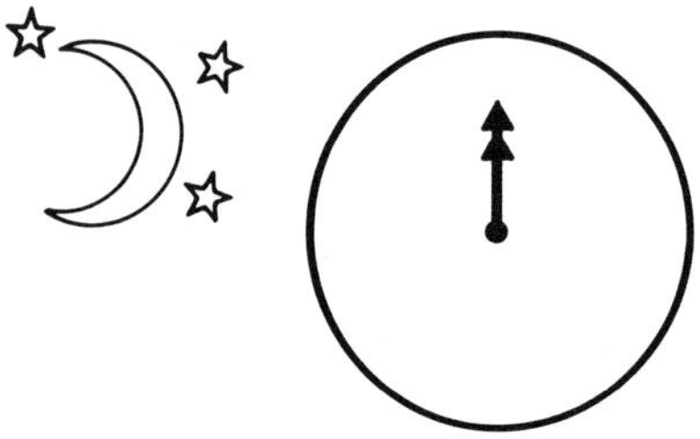

Il est minuit.

Il est midi.

5. Note the following usages in telling time:

du matin *in the morning* (*a.m.*)

Il est huit heures du matin.

de l'après-midi *in the afternoon* (*p.m.*)

Il est quatre heures de l'après-midi.

du soir *in the evening* (*p.m.*)

Il est huit heures du soir.

une heure et demi**e**

Demie agrees in gender with **heure** when **heure** *precedes.*

une demi-heure

Demi does not agree with **heure** when **heure** *follows.*

cinq heure**s**

Heure takes an **-s** when it is plural.

Exercice de manipulation

Quelle heure est-il?

1. ____________

2. ____________

3. ____________

4. ____________

5. ____________

6. ____________

Vrai	Faux	Exercice de manipulation
		1. Il est huit heures du soir.
______	______	Robert prend le petit déjeuner.
		2. Il est neuf heures moins le quart du matin.
______	______	Henry arrive à l'école.
		3. Il est midi.
______	______	La classe commence.
		4. Il est midi.
______	______	Les jeunes gens déjeunent.
		5. Il est quatre heures de l'après-midi.
______	______	La classe termine.
		6. Il est huit heures du soir.
______	______	Robert dîne.

Vocabulaire

prend le petit déjeuner *has breakfast*
à l'école *at school*

Questions

1. A quelle heure Robert prend-il le petit déjeuner?
2. A quelle heure Henry arrive-t-il à l'école?
3. A quelle heure la classe commence-t-elle?
4. A quelle heure les jeunes gens déjeunent-ils?
5. A quelle heure la classe termine-t-elle?
6. A quelle heure Robert dîne-t-il?

NOTE DE GRAMMAIRE 6: ne . . . pas

1. The negation is formed by adding **ne** before the verb and **pas** after the verb:

Je vais bien. Je **ne** vais **pas** bien.

2. Drop the final **-e** of **ne** before a verb beginning with a vowel or a mute **h:**

J'ai la valise. *I have the suitcase.*	Je **n'**ai **pas** la valise. *I don't have the suitcase.*
J'habite à Paris. *I live in Paris.*	Je **n'**habite **pas** à Paris. *I don't live in Paris.*

3. Note the use of **ne** . . . **pas** with two verbs together:

Je vais apporter les écouteurs.
Je **ne** vais **pas** apporter les écouteurs.

Exercices de transformation

Modèle: Elle apporte les dîners.
Elle n'apporte pas les dîners.

1. L'avion arrive à Charles de Gaulle.
2. Les étudiants cherchent leurs valises.
3. Il a ses affaires.
4. J'ai mon sac de couchage.
5. Nous avons le chariot.
6. Il est devant la gare.
7. Ils trouvent l'autobus.
8. Ils vont à l'école en taxi.
9. Nous sommes ensemble.
10. On déjeune à midi et quart.
11. Nous parlons français.
12. Je donne seize francs.
13. Ils ont les malles.
14. Elles voyagent ensemble.
15. La classe termine à deux heures.
16. Robert regarde le film.
17. Je vais bien.
18. On est malade.
19. Tu manges.
20. Vous fermez la porte.
21. Elles arrivent ensemble.
22. Je dois douze francs.

Modèle: L'avion va arriver à huit heures.
L'avion ne va pas arriver à huit heures.

1. Nous allons aller à la gare.
2. Je vais donner seize francs.
3. Il va compter l'argent.
4. Il va poser la valise.
5. Elle va répéter la leçon.
6. Tu vas fermer le livre.
7. Ils vont trouver le métro.
8. Vous allez étudier le scénario.
9. Elle va apporter le déjeuner.
10. Le chauffeur va intimider Robert.

Modèle: Tu vas bien.
Tu ne vas pas bien.

1. Elle va mal.
2. Tu es française.
3. Vous êtes avec un groupe.
4. Tu regardes la mobylette.
5. On cherche le métro.
6. Il apporte la tasse et la soucoupe.
7. Vous trouvez le verre.
8. Nous montrons la bicyclette.
9. Ils oublient la serviette.
10. Robert déjeune à midi.
11. Il est cinq heures dix.

ATTENTION

A negative answer to a question such as:

Avez-vous *une sœur?*

requires **de** instead of the indefinite article:

Je n'ai pas **de** sœur.

This will be treated later in **Chapitre 8.**

Exercices de transformation

Modèle: Il a une valise.
Il n'a pas de valise.

1. Il trouve un autobus.
2. On donne un pourboire.
3. Elle apporte un couteau.
4. Ils cherchent un taxi.
5. Nous avons une assiette.
6. Elles trouvent une boutique.

NOTE DE GRAMMAIRE 7: Questions négatives

1. We have already seen the negative of the present indicative with a noun or pronoun as the subject:

SUBJECT	**ne**	VERB	**pas**	. . .
Ils	ne	vont	pas	en taxi.
L'avion	n'	arrive	pas	à Charles de Gaulle.

2. Note how **ne** . . . **pas** surrounds the inverted subject and verb in a question when a pronoun is the subject:

Vont-ils en taxi?
Ne vont-ils **pas** en taxi?

3. If a noun is the subject of the question, the negative is formed as follows:

L'avion va-t-il à Charles de Gaulle?
L'avion **ne** va-t-il **pas** à Charles de Gaulle?

4. **Ne** directly precedes the verb; **pas** follows the pronoun:

SUBJECT	**ne**	VERB		SUBJECT PRONOUN	**pas**	. . .?
	Ne	va	-t-	il	pas	à l'école
L'avion	ne	va	-t-	il	pas	à Charles de Gaulle?

5. With **est-ce que** there is no inversion:

Est-ce qu'il ne va pas à l'école en taxi?
Est-ce que l'avion ne va pas à Charles de Gaulle?

6. **Si** is used instead of **oui** to answer affirmatively a negative question:

Ne va-t-il pas en France?
Si, il va en France.

Est-ce qu'ils ne vont pas en taxi?
Si, ils vont en taxi.

Exercices de transformation

Negative > Negative Question

Modèle: Ils ne sont pas avec un groupe de camarades.
Ne sont-ils pas avec un groupe de camarades?

1. Vous ne voyagez pas vers Paris.
2. Tu n'es pas dans l'avion.
3. Nous ne sommes pas fatigués.
4. Elle n'est pas américaine.
5. Je ne désire pas voler.
6. On ne continue pas la leçon.

Affirmative > Negative

Modèle: Les deux étudiants vont arriver à l'aéroport.
Les deux étudiants ne vont pas arriver à l'aéroport.

1. Elle va poser le sac de couchage.
2. Il va donner l'argent.
3. Nous allons trouver l'autobus à une heure et quart.
4. Il va fermer la porte.
5. On va apporter le dîner à sept heures et demie.
6. Je vais étudier le scénario.
7. Vous allez répéter le verbe.
8. Les amis vont chercher le métro.

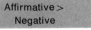

Affirmative > Negative Question **Si** + Affirmative

Modèle: Henry va bien.
Henry ne va-t-il pas bien?
Si, Henry va bien.

1. L'avion arrive à Charles de Gaulle.
2. Les étudiants cherchent leurs valises.
3. L'hôtesse de l'air apporte le plateau.
4. Le chauffeur est irrité.
5. Le garçon est intimidé.
6. Les jeunes filles vont au service des bagages.
7. Pierre, Robert et Elisabeth sont les enfants des King.

Est-ce que . . . ?

Modèle: Tu n'as pas toutes tes affaires. (*Est-ce que*)
Est-ce que tu n'as pas toutes tes affaires?

1. Les étudiants ne cherchent pas leurs valises.
2. On ne pose pas le sac de couchage.
3. Nous ne trouvons pas l'autobus.
4. Tu ne donnes pas l'argent.
5. Vous n'êtes pas à la gare d'Austerlitz.
6. Ils voyagent ensemble.
7. Il est dix heures et demie.

Negative Question > **Si,** . . .

Modèle: Ne vont-ils pas à Charles de Gaulle?
Si, ils vont à Charles de Gaulle.
Ne fermes-tu pas la fenêtre?
Si, je ferme la fenêtre.

1. Ne regardez-vous pas l'heure?
2. Est-ce qu'ils ne voyagent pas en avion?
3. Est-ce que je ne compte pas l'argent?
4. N'irrite-t-on pas le chauffeur?
5. N'est-il pas l'heure du dîner?
6. Ne déjeune-t-on pas à midi?

NOTE DE GRAMMAIRE 8: La Préposition **à**

1. The preposition **à** (*to*, *at*, *into*) contracts with the definite article **le** to form **au** when followed by a masculine noun.

Je vais **au** service des bagages.
Robert est **au** rez-de-chaussée.
Ils parlent **au** chauffeur.

2. It is not contracted when it is followed by the feminine form of the definite article (**la**):

Robert va **à la** gare d'Austerlitz.
Henry parle **à la** mère.

3. When the noun begins with a vowel or mute **h** it does not contract, regardless of the gender of the noun:

Ils arrivent **à l'**aérogare. (*feminine singular*)
Il parle **à l'**hôtesse de l'air. (*feminine singular*)
Elle parle **à l'**homme. (*masculine singular*)

4. The plural of both masculine and feminine usages is invariable. The preposition **à** always contracts with the plural definite article **les** to form **aux:**

Nous parlons **aux** chauffeurs de taxi.
Henry parle **aux** hôtesses de l'air.
Robert parle **aux** mères.

Exercices de transformation

Modèle: Vous parlez au *camarade*. (*chauffeur*)
Vous parlez au chauffeur.

1. Vous parlez au *garçon*.
   (*groupe, frère, monsieur, pilote, camarade, chauffeur, garçon*)
2. Elle parle à la *famille*.
   (*tante, fille, mère, sœur, Française, jeune fille, copine, famille*)
3. Je parle à *l'hôtesse de l'air*.
   (*homme, étudiant, étudiante, ami, Américaine, hôtesse de l'air*)
4. Il arrive au *rez-de-chaussée*.
   (*boutique, café, bureau de poste, aérogare, service des bagages, métro, rez-de-chaussée*)
5. Je vais à la *gare*.
   (*hôtel, salle de classe, porte, aéroport, avion, autobus, gare*)
6. Paul parle aux *camarades*.
   (*étudiants, étudiantes, hommes, amies, frères, sœurs, pères, filles, camarades*)
7. Tu parles au *père*.
   (*garçon, frère, monsieur, camarade, pilote, père*)
8. Vous parlez aux *filles*.
   (*familles, mères, tantes, jeunes filles, sœurs, filles*)
9. Il donne de l'argent à la *famille*.
   (*chauffeur, père, groupe, oncle, hôtesse, tante, monsieur, famille*)
10. A Paris, où va-t-on? On va au *cinéma*.
    (*bureau de tabac, bureau de poste, gare, métro, boutique, aérogare, aéroport, bistrot, cinéma*)

Substitutions progressives

1. Sommes-nous au rez-de-chaussée?
   Est-elle au rez-de-chaussée?
   Est-elle *au café?*
   Arrive-t-il au café?
   Arrive-t-il *à la gare?*
   Allez-vous à la gare?
   Allez-vous *au rez-de-chaussée?*
   Sommes-nous au rez-de-chaussée?

Deux étudiants américains arrivant en France

2. Parlez-vous aux étudiants?
   Parles-tu aux étudiants?
   Parles-tu *aux hôtesses de l'air?*
   Parle-t-on aux hôtesses de l'air?
   Parle-t-on *aux enfants?*
   Parle-t-elle aux enfants?
   Parle-t-elle aux étudiants?
   Parlez-vous aux étudiants?

EXERCICES D'APPLICATION

ARBRE GENEALOGIQUE DE ROBERT:

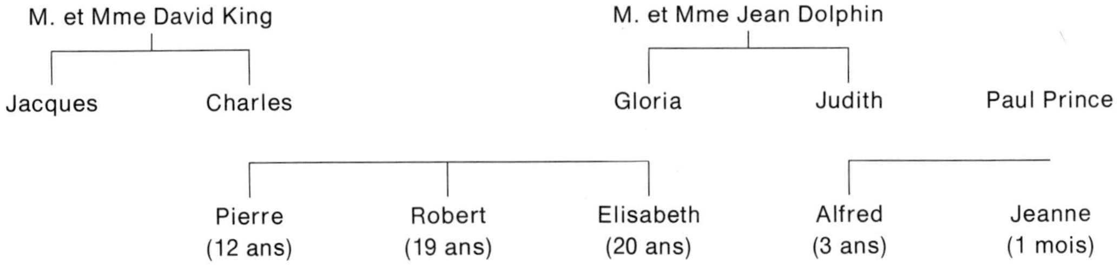

1. Charles est le mari de Gloria.
2. Gloria est la femme de Charles.
3. Pierre est le cadet de la famille.
4. Elisabeth est l'aînée de la famille.
5. Robert et Pierre sont les neveux de Jacques King et de Judith Dolphin.
6. Elisabeth est la nièce de Jacques King et de Judith Dolphin.
7. M. King est le grand-père de Robert.
8. Mme King est la grand-mère de Robert.
9. Alfred Prince est le cousin de Robert.
10. Jeanne Prince est la cousine de Robert.

Vocabulaire

l'aîné/l'aînée *the eldest*
un an *a year*
le cadet/la cadette *the youngest*
le cousin/la cousine *the cousin*
la femme *the wife*
la grand-mère *the grandmother*
le grand-père *the grandfather*
le mari *the husband*
le neveu/les neveux *the nephew(s)*
la nièce *the niece*

Questions

1. Quel âge Robert a-t-il?
2. Quel âge sa sœur a-t-elle?
3. Quel âge son frère a-t-il?
4. Quel âge avez-vous?
5. Quel âge a votre (*your*) sœur?
6. Quel âge a votre frère?
7. Qui est l'aîné de votre famille?
8. Qui est le cadet/la cadette de votre famille?
9. Qui est l'aîné de la famille King?
10. Quel âge a-t-elle?
11. Qui est le cadet de la famille King?
12. Quel âge a-t-il?
13. Comment s'appelle le cousin de Robert?
14. Comment s'appelle la cousine de Robert?

Exercice de manipulation

Demandez à __________

1. quel âge il/elle a.
2. à quelle heure il/elle déjeune.
3. à quelle heure il/elle dîne.
4. à quelle heure il/elle va à l'école.
5. où on trouve les valises à l'aéroport.
6. à quelle heure termine la classe.
7. comment s'appelle l'étudiant/l'étudiante devant vous.
8. comment s'appelle le professeur.
9. de compter de un jusqu'à dix-neuf par nombres **impairs** (*count from one to nineteen by* ODD *numbers*).
10. de compter de zéro jusqu'à vingt par nombres **pairs** (*even*).

MICROLOGUE: L'Aéroport

in the suburbs/the trip
does not exceed
there
land

Il y a trois aéroports à Paris. Ils s'appellent Orly, Le Bourget et Charles de Gaulle. Ils sont situés **en banlieue. Le trajet** entre les aéroports et Paris **ne dépasse pas** vingt minutes. On fait le trajet en autobus ou en train. Les autobus et les trains passent régulièrement. Charles de Gaulle est l'aéroport le plus important; c'est **là** que les vols intercontinentaux **atterrissent.**

Vue intérieure de l'Aéroport Roissy-Charles de Gaulle

L' Aéroport de Roissy-Charles de Gaulle

Questions

1. Combien d'aéroports y a-t-il à Paris?
2. Comment s'appellent-ils?
3. Où sont-ils situés?
4. Est-ce que le trajet entre les aéroports et Paris dépasse vingt minutes?
5. Quel aéroport est le plus important?
6. Comment fait-on le trajet?
7. Est-ce que les autobus et les trains passent régulièrement?
8. Où les vols intercontinentaux atterrissent-ils?

CREATION ET RECREATION

1. Make up your own **arbre généalogique.** Seek as many family relationships as you can.

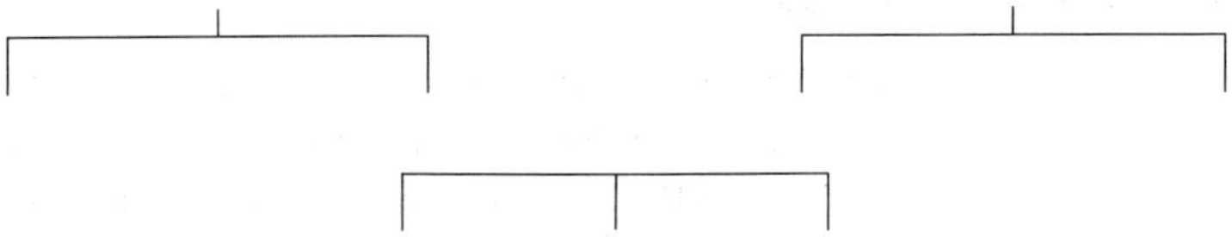

2. One of your friends is spending a week with you at your school. You meet him/her at the local airport or train/bus station. When do you arrive? Describe your friend and his/her belongings, how you return to school and what you do upon your arrival there. For example:

J'arrive à ________ à ________ heures du ________. Mon ami(e) s'appelle ________. Il/Elle a ________ ans et il/elle est ________. Il/Elle a ________, ________ et ________. Nous allons à l'école ________, etc.

3. Monique et Pierre arrivent à New York. Ils cherchent leurs bagages. Ils désirent un taxi pour aller à Grand Central Station, etc.

Chapitre 2: COUP D'ŒIL

OUI	NON
______	______

1. The indefinite article is **un** or **une.** It means *a* or *an*. The noun it precedes is taken in a nonspecific sense:

   Un étudiant cherche sa valise.

OUI	NON
______	______

2. **Avoir** (*to have*) is an irregular verb. It may be used separately, or it may be used as an auxiliary verb. We will deal with it as an auxiliary in **Chapitre 8.**

OUI	NON
______	______

3. **Parler** (*to speak*) is typical of all regular *first class* verbs. It is called *regular* because it follows unvarying patterns in conjugation.
   To form the present tense of **parler,** add the following endings to the stem **parl-:**

   -e, -es, -e, -ons, -ez, -ent

4. Cardinal numbers function as adjectives and precede nouns. Except for **un, une,** they are invariable.
5. The formula for telling time: *It is . . . (o'clock)*, is always: **Il est** . . .
6. To negate a verb, put **ne** before the verb and **pas** after the verb. (∧_∨_∧)
7. In the *negative interrogative* (the inverted form) the **ne** precedes the verb and the **pas** follows the subject pronoun attached to the verb:

   N'est-il **pas** content?

   When the subject of the sentence is a noun, the question is asked in the same way with the noun preceding the negation and the subject pronoun agreeing with the noun in gender and number:

   Henry **n'**est-il **pas** content?
   L'hôtesse de l'air **n'**est-elle **pas** contente?

8. **Si** is used instead of **oui** to answer affirmatively a negative question:

   N'est-elle pas contente?
   Si, elle est contente.

9. The preposition **à** contracts with the definite article **le** to form **au:**

   Je parle **au** garçon.

   A also contracts with **les** (masculine and feminine plural of the definite article) to form **aux:**

   Nous parlons **aux** messieurs.
   Nous parlons **aux** femmes.

   The preposition **à** never contracts with **la** or **l':**

   Ils parlent **à la** fille.
   Ils parlent **à l'**homme.
   Tu parles **à l'**hôtesse de l'air.

VOCABULAIRE

Verbes

arriver*
avoir*
commencer
compter*
continuer*
devoir
donner*
étudier*
(se) fâcher
intimider*
irriter*
poser*
prendre
terminer*
trouver*
voler*
vouloir

Noms

aérogare (f.)
affaires (f.pl.)
arrivée (f.)
carte (f.)
chariot (m.)
choses (f.pl.)
gare (f.)
malle (f.)
sac de couchage (m.)
service des bagages (m.)
trucs (m.pl.)
valise (f.)

argent (m.)
chauffeur (m.)
franc (m.)
gare (f.)
pourboire (m.)
taxi (m.)

auto (f.)
autobus (m.)
bicyclette (f.)
car (m.)
métro (m.)
mobylette (f.)
voiture (f.)
bistrot (m.)
boutique (f.)
bureau de poste (m.)
bureau de tabac (m.)
café (m.)
cinéma (m.)

école (f.)
église (f.)
magasin (m.)
musée (m.)
rez-de-chaussée (m.)

après-midi (m. or f.)
demie (f.)
heure (f.)
matin (m.)
midi (m.)
minuit (m.)
quart (m.)
soir (m.)

aîné/aînée
cadet/cadette
cousin/cousine
femme (f.)
grand-père (m.)
grand-mère (f.)
homme (m.)
mari (m.)
neveu/neveux (m.)
nièce (f.)

âge (m.)
an (m.)

Adjectifs

agacé
exaspéré
fâché
intimidé
irrité
troublé

Adverbes

combien
déjà
directement
là
moins
quand
y

Prépositions

pour
sans

Expressions utiles

A quelle heure . . . ?
Ça alors!
Et tout ça!
être en colère
un et un font deux
prendre le petit déjeuner
quel âge avez-vous?

Scénario 2: L'Arrivée

QUATRIEME ETAPE:

CHAPITRE 3

A LA GARE

Scénario 3: A la gare

PREMIERE ETAPE

Les deux amis sont bouleversés. Ils n'aiment pas ce chauffeur. Ils ramassent leurs affaires.

ROBERT: Il est impatient ce chauffeur!
HENRY: Vite! Nous sommes en retard.
ROBERT: Quelle heure est-il?
HENRY: Il est neuf heures moins le quart.
ROBERT: Alors, nous sommes en avance.
ROBERT: Deux billets, s'il vous plaît.
L'EMPLOYE: Première ou seconde?
ROBERT: Deux billets de seconde.
L'EMPLOYE: Soixante francs.
ROBERT: Voici cent francs.
L'EMPLOYE: Voilà vos deux billets et votre monnaie, quarante francs.
HENRY: Quel jour sommes-nous aujourd'hui?
ROBERT: Nous sommes le 15 avril.

DEUXIEME ETAPE

Les deux amis sont bouleversés. Ils n'aiment pas ce chauffeur de taxi. Ils ramassent leurs affaires.

ROBERT: Il est impatient ce chauffeur!
HENRY: Vite! Nous sommes en retard pour le train de neuf heures trois.
ROBERT: Quelle heure est-il?
HENRY: Il est neuf heures moins le quart.
ROBERT: Alors, nous sommes en avance..
(*Au guichet.*)
ROBERT: Deux billets pour Bourges, s'il vous plaît.
L'EMPLOYE: Quelle classe? Aller et retour?
ROBERT: Est-ce que vous voulez dire . . .?
L'EMPLOYE: Première ou seconde?
ROBERT: Je ne sais pas.
L'EMPLOYE: Allez, allez! Je suis occupé, moi! Il y a du monde. C'est un jour de congé.
ROBERT: Deux billets de seconde. Deux allers simples.
L'EMPLOYE: Soixante francs.
ROBERT: Voici cent francs.
L'EMPLOYE: Voilà vos deux billets et votre monnaie, quarante francs. Dépêchez-vous, le train est toujours à l'heure.
HENRY: Congé? Quel jour sommes-nous aujourd'hui?
ROBERT: Nous sommes le 15 avril.

TROISIEME ETAPE

Les deux amis sont toujours bouleversés par l'attitude du chauffeur de taxi. Ils n'aiment pas ce chauffeur de taxi. Ils ramassent leurs affaires.

ROBERT: Ho! Qu'il est impatient ce chauffeur!

HENRY: Vite! Nous sommes en retard pour le train de neuf heures trois.

ROBERT: Quelle heure est-il?

HENRY: Il est neuf heures moins le quart.

ROBERT: Alors, nous sommes en avance.

(*Au guichet. Ils font la queue.*)

ROBERT: Deux billets pour Bourges, s'il vous plaît.

L'EMPLOYE: Quelle classe? Aller et retour?

ROBERT: (*sans comprendre*) Quelle classe? Aller et retour? Est-ce que vous voulez dire . . .?

L'EMPLOYE: Oui, jeune homme, première ou seconde? Désirez-vous un aller simple?

ROBERT: Je ne sais pas.

L'EMPLOYE: (*exaspéré*) Allez, allez, dépêchez-vous! Je suis occupé, moi! Il y a du monde. C'est un jour de congé aujourd'hui.

ROBERT: (*désorienté*) Bon, deux billets de seconde. Deux allers simples.

L'EMPLOYE: Soixante francs.

ROBERT: (*intimidé*) Oui, voici cent francs.

L'EMPLOYE: Voilà vos deux billets et votre monnaie, quarante francs. Dépêchez-vous, le train est toujours à l'heure.

HENRY: Congé? Quel jour sommes-nous aujourd'hui?

ROBERT: Nous sommes le 15 avril, c'est le lundi de Pâques.

SYNONYMES ET EXPRESSIONS APPROXIMATIVES:

1 bouleversés = émus
4 Vite! = Dépêche-toi!
8 Ils font la queue → Ils attendent leur tour
11 sans comprendre = sans piger°, sans saisir
17 désorienté = déconcerté
19 intimidé → troublé

VOCABULAIRE ILLUSTRE

Il est **exaspéré.**

Il est **désorienté.**

Il est **intimidé.**

Il est **fâché**.

Il est **irrité**.

Il est **impatient.**

Il est **bouleversé**.

NOTES CULTURELLES

1. When counting by fingers, the French indicate "one" by raising the thumb, the index finger for "two," and so on, with the back of the hand pointed outward.
2. Robert chose well. Second class accommodations on trains are very good. First class costs more, is slightly more comfortable and fewer people share the same compartment. It is not worth the difference in price.
3. The French Rail services are known as the S.N.C.F., or **Société Nationale des Chemins de Fer Français.**
4. Reduction on fares is granted for family and group travel. Further information is available in all railway stations anywhere in France.

QUESTIONS SUR LE SCENARIO

1. Est-ce que les deux amis sont bouleversés par l'attitude du chauffeur?
2. Aiment-ils le chauffeur?
3. Est-ce qu'ils ramassent leurs affaires?
4. Comment Robert trouve-t-il le chauffeur?
5. Sont-ils vraiment en retard?
6. Quelle heure est-il?
7. Que font-ils devant le guichet?
8. Combien de billets Robert désire-t-il?
9. Est-ce que l'employé est exaspéré?
10. Que dit-il?
11. Combien coûtent les billets?
12. Combien d'argent Robert donne-t-il à l'employé?
13. Combien d'argent l'employé donne-t-il à Robert?

NOTE DE GRAMMAIRE 1: La Préposition **de** + l'article défini

1. The preposition **de** (*of, from*) contracts with the definite article **le** to form **du** when followed by a masculine noun.

Je compte le pourboire **du** chauffeur.
Il cherche le père **du** garçon.
Tu irrites l'ami **du** père.

2. It is not changed when it is followed by the feminine form of the definite article.

La porte **de la** gare est immense.
La valise **de la** tante est sur le chariot.
Elle donne les affaires **de la** mère au père.

3. When the noun begins with a vowel or a mute **h** it does not contract, regardless of the gender of the noun.

Nous arrivons **de l'**aérogare.	(*feminine*)
Il trouve le chariot **de l'**hôtesse de l'air.	(*feminine*)
Voilà le taxi **de l'**homme!	(*masculine*)

4. The plural of both masculine and feminine usage is invariable. The preposition **de** always contracts with the plural definite article **les.**

Je suis bouleversé par l'attitude **des** chauffeurs.
Nous parlons **des** hôtesses de l'air.
Elle parle **des** mères.

5. Note that **du, de la, de l', des** may mean *of the*, indicating possession:

Le frère de Robert *Robert's brother*

Substitutions progressives

1. L'ami de Paul est irrité.
   Le père de Robert est irrité.
   Le père de Robert *est malade.*
   La mère de l'étudiant est malade.
   La mère de l'étudiant *cherche la gare.*
   Le chauffeur de l'auto cherche la gare.
   Le chauffeur de l'auto *est irrité.*
   L'ami de Paul est irrité.
2. Le cadet de la famille arrive en avion.
   L'aîné de la famille arrive en avion.
   L'aîné de la famille arrive *en taxi.*
   La tante de la famille arrive en taxi.
   La tante de la famille arrive *en autobus.*
   Le cadet de la famille arrive en autobus.
   Le cadet de la famille arrive *en avion.*
3. Voici toutes les affaires de l'ami.
   Voici toutes les affaires *du camarade.*
   Voici tous les livres du camarade.
   Voici tous les livres *du copain.*
   Voici toutes les valises du copain.
   Voici toutes les valises *de la copine.*
   Voici toutes les affaires de la copine.
   Voici toutes les affaires *de l'ami.*

Exercices de transformation

Modèle: Je parle *de l'avion.* (*étudiant*)
Je parle de l'étudiant.

1. Je parle *de l'employé.*
(*étudiante, homme, ami, Américaine, hôtesse de l'air, auto, étudiant, avion, employé*)
2. Vous parlez *du billet.*
(*chauffeur, pourboire, sac de couchage, métro, film, bureau de poste, taxi, chariot*)
3. Ils parlent *de la valise.*
(*famille, tante, sœur, grand-mère, nièce, femme, valise*)

du, de la > des

Modèle: Elle parle du mari.
Elle parle des maris.

1. Tu parles du cousin.
2. Elles parlent de la mère.
3. Nous parlons de la nièce.
4. Vous parlez de la cousine.
5. On parle de la cadette.

des > de la, du

Modèle: Elle parle des avions.
Elle parle de l'avion.

1. Vous parlez des cuillères.
2. Tu parles des chariots.
3. Il parle des menus.
4. Nous parlons des valises.
5. Ils parlent des choses.

NOTE DE GRAMMAIRE 2: Les Nombres cardinaux à partir de 20

As you have seen, the numbering system in French is not complicated. There are a few basic and logical rules to learn. Note the combination of the tens and units. Notice how numbers are constructed.

20 vingt [vɛ̃]
21 ving**t** et un
22 ving**t**-deux
23 ving**t**-trois
24 ving**t**-quatre
25 ving**t**-cinq
26 ving**t**-six
27 ving**t**-sept

The conjunction **et** is used *only* in the sets 21, 31, 41, 51, 61, 71.

The hyphen is used to connect all other numbers to 99.

The **t** of **vingt** is pronounced from 21 to 29.

28 ving**t**-huit 29 ving**t**-neuf	
30 trente	The same basic construction applies throughout.
31 trente et un	
40 quarante 41 quarante et un	
50 cinquante	
60 soixante	
70 soixante-dix 71 soixante et onze 75 soixante-quinze	This is a different construction: (60 + 10), but the rest logically follow.
80 quatre-vingt~~s~~	Note the multiplication: 4 twenties = 80. Note the **-s** on 80, which is not pronounced.
81 quatre-ving~~t~~-un	The **-s** of 80 is dropped when the **quatre-vingts** is followed by another number. The *t* is not pronounced from 81 on.
90 quatre-vingt-dix	
100 cen~~t~~ [sã]	**Cent** is not preceded by **un.** The **t** is not pronounced. The **t** is never pronounced even in combination with other numbers.
101 cent un, *and so on.*	
200 deux cents	When multiplied by another number (2 × 100) an **-s** is added. Note that the **-s** drops when **cent** is followed by another number, as with **quatre-vingts.**
201 deux cent un 999 neuf cent quatre-vingt-dix-neuf	
1.000 mille	**Mille** is invariable. It is not preceded by **un** and never takes an **-s.**
1.001 mille un	A decimal point (.) is used instead of a comma to indicate thousands, e.g. 1.000, and the comma replaces the decimal, e.g. 1.000,10.

2.000 deux mille

1.000.000 un million

Million is treated as a noun and requires **de** after it when followed by a noun: **un million de dollars.** Note the plural **-s.**
Billion and **milliard** are also treated as nouns and require **de** when followed by a noun: **un milliard de dollars.**

2.000.000 deux millions
1.000.000.000 un billion
or
un milliard

Exercices de manipulation

1. Read the figures out loud:

1. 21, 31, 41
2. 51, 61, 71
3. 81, 91, 101
4. 201, 301, 401
5. 1, 11, 111
6. 2, 22, 222
7. 3, 33, 333
8. 9, 99, 999
9. 6, 67, 78
10. 8, 80, 88
11. 1.000, 1.001, 5.005
12. 1.938, 1.856, 1.765
13. 15.030, 19.910, 21.366
14. 1.000.000, 1.210.203, 3.303.303
15. 8.888.888, 92, 7.777
16. 2.123.456, 71, 7.979

2. (Réunissez les points suivant l'ordre donné.)

1. soixante et onze à quatre-vingts
2. vingt et un à quatre-vingt-neuf
3. cent un à trente-six
4. soixante-dix-neuf à cinquante-cinq
5. soixante-dix à quarante-trois
6. trente-trois à soixante-six
7. quatre-vingt-un à cinquante et un
8. cent à soixante-quinze
9. quatre-vingt-deux à cinquante-cinq
10. soixante et un à quarante-sept
11. quatre-vingt-onze à cent un
12. soixante-quinze à quarante et un
13. soixante-dix à trente-trois
14. quarante-sept à cinquante et un
15. trente et un à vingt et un
16. soixante et un à quatre-vingt-un
17. soixante-neuf à quatre-vingt-dix-neuf
18. soixante et onze à soixante et un
19. cent à soixante-neuf
20. vingt et un à cent un
21. quarante-trois à soixante-six
22. soixante-quinze à soixante-neuf
23. quatre-vingts à quatre-vingt-un
24. trente et un à quatre-vingt-onze

71 ● ● 80 31 ● ● 91 100 ● 79 ● ● 82 70 ● ● 43

61 ● ● 81 21 ● ● 101 75 ● ● 69

47 ● ● 51 89 ● ● 36 41 ● ● 99 55 ● 33 ● ● 66

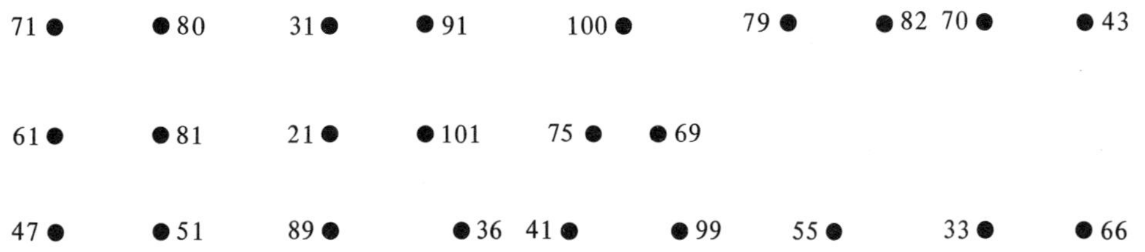

Etudiez ce calendrier.[1]

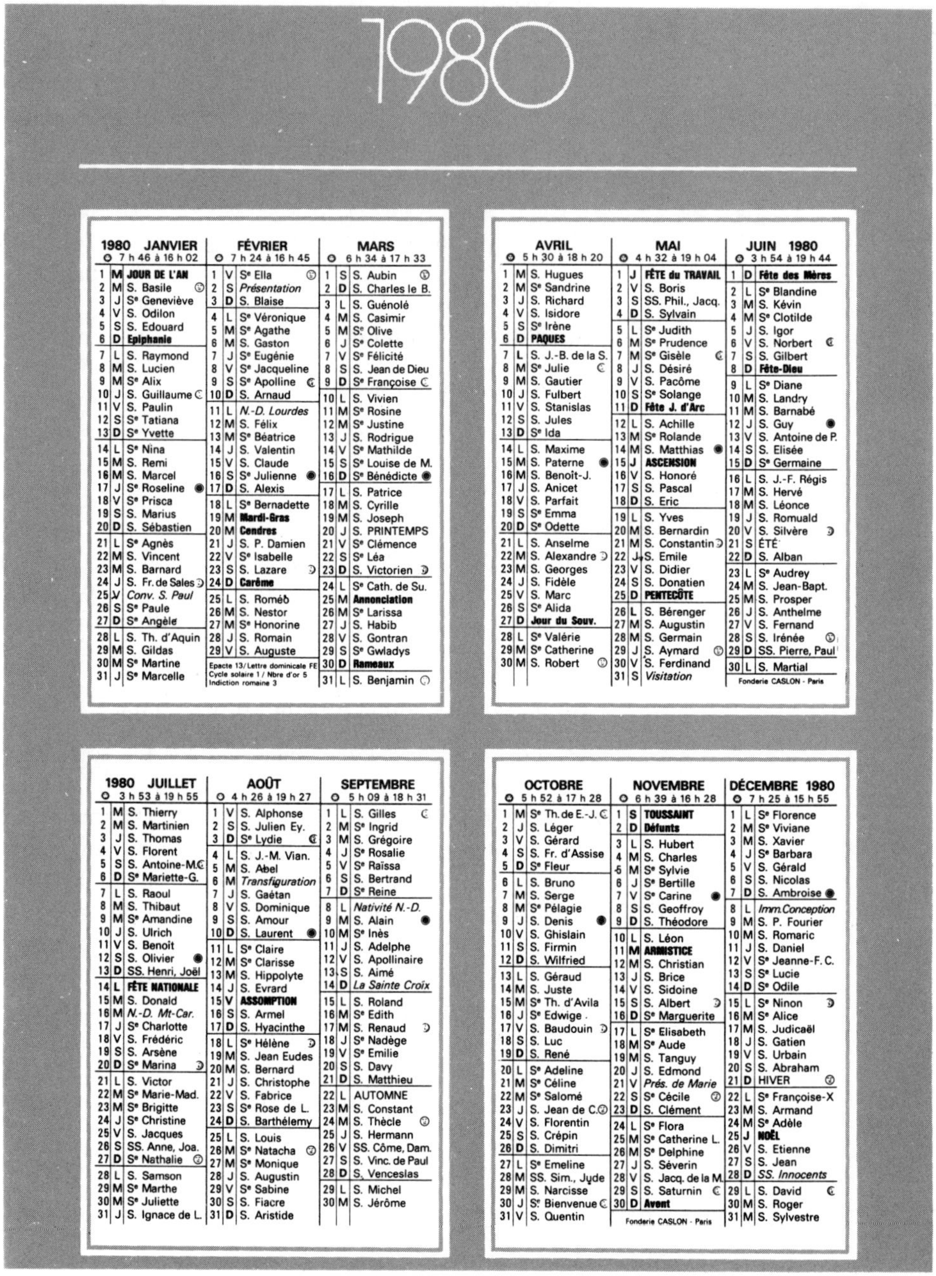

1980

1980 JANVIER			FÉVRIER			MARS		
7 h 46 à 16 h 02			7 h 24 à 16 h 45			6 h 34 à 17 h 33		
1	M	**JOUR DE L'AN**	1	V	Se Ella	1	S	S. Aubin
2	M	S. Basile	2	S	*Présentation*	2	D	S. Charles le B.
3	J	Se Geneviève	3	D	S. Blaise	3	L	S. Guénolé
4	V	S. Odilon	4	L	Se Véronique	4	M	S. Casimir
5	S	S. Edouard	5	M	Se Agathe	5	M	Se Olive
6	D	**Epiphanie**	6	M	S. Gaston	6	J	Se Colette
7	L	S. Raymond	7	J	Se Eugénie	7	V	Se Félicité
8	M	S. Lucien	8	V	Se Jacqueline	8	S	S. Jean de Dieu
9	M	Se Alix	9	S	Se Apolline	9	D	Se Françoise
10	J	S. Guillaume	10	D	S. Arnaud	10	L	S. Vivien
11	V	S. Paulin	11	L	*N.-D. Lourdes*	11	M	Se Rosine
12	S	Se Tatiana	12	M	S. Félix	12	M	Se Justine
13	D	Se Yvette	13	M	Se Béatrice	13	J	S. Rodrigue
14	L	Se Nina	14	J	S. Valentin	14	V	Se Mathilde
15	M	S. Remi	15	V	S. Claude	15	S	Se Louise de M.
16	M	S. Marcel	16	S	Se Julienne	16	D	Se Bénédicte
17	J	Se Roseline	17	D	S. Alexis	17	L	S. Patrice
18	V	Se Prisca	18	L	Se Bernadette	18	M	S. Cyrille
19	S	S. Marius	19	M	**Mardi-Gras**	19	M	S. Joseph
20	D	S. Sébastien	20	M	**Cendres**	20	J	S. PRINTEMPS
21	L	Se Agnès	21	J	S. P. Damien	21	V	Se Clémence
22	M	S. Vincent	22	V	Se Isabelle	22	S	Se Léa
23	M	S. Barnard	23	S	S. Lazare	23	D	S. Victorien
24	J	S. Fr. de Sales	24	D	**Carême**	24	L	Se Cath. de Su.
25	V	*Conv. S. Paul*	25	L	S. Roméo	25	M	**Annonciation**
26	S	Se Paule	26	M	S. Nestor	26	M	Se Larissa
27	D	Se Angèle	27	M	Se Honorine	27	J	S. Habib
28	L	S. Th. d'Aquin	28	J	S. Romain	28	V	S. Gontran
29	M	S. Gildas	29	V	S. Auguste	29	S	Se Gwladys
30	M	Se Martine	Epacte 13/Lettre dominicale FE Cycle solaire 1 / Nbre d'or 5 Indiction romaine 3			30	D	**Rameaux**
31	J	Se Marcelle				31	L	S. Benjamin

AVRIL			MAI			JUIN 1980		
5 h 30 à 18 h 20			4 h 32 à 19 h 04			3 h 54 à 19 h 44		
1	M	S. Hugues	1	J	**FÊTE du TRAVAIL**	1	D	**Fête des Mères**
2	M	Se Sandrine	2	V	S. Boris	2	L	Se Blandine
3	J	S. Richard	3	S	SS. Phil., Jacq.	3	M	S. Kévin
4	V	S. Isidore	4	D	S. Sylvain	4	M	Se Clotilde
5	S	Se Irène	5	L	Se Judith	5	J	S. Igor
6	D	**PAQUES**	6	M	Se Prudence	6	V	S. Norbert
7	L	S. J.-B. de la S.	7	M	Se Gisèle	7	S	S. Gilbert
8	M	Se Julie	8	J	S. Désiré	8	D	**Fête-Dieu**
9	M	S. Gautier	9	V	S. Pacôme	9	L	Se Diane
10	J	S. Fulbert	10	S	Se Solange	10	M	S. Landry
11	V	S. Stanislas	11	D	**Fête J. d'Arc**	11	M	S. Barnabé
12	S	S. Jules	12	L	S. Achille	12	J	S. Guy
13	D	Se Ida	13	M	Se Rolande	13	V	S. Antoine de P.
14	L	S. Maxime	14	M	S. Matthias	14	S	S. Elisée
15	M	S. Paterne	15	J	**ASCENSION**	15	D	Se Germaine
16	M	S. Benoît-J.	16	V	S. Honoré	16	L	S. J.-F. Régis
17	J	S. Anicet	17	S	S. Pascal	17	M	S. Hervé
18	V	S. Parfait	18	D	S. Eric	18	M	S. Léonce
19	S	Se Emma	19	L	S. Yves	19	J	S. Romuald
20	D	Se Odette	20	M	S. Bernardin	20	V	S. Silvère
21	L	S. Anselme	21	M	S. Constantin	21	S	ÉTÉ
22	M	S. Alexandre	22	J	S. Emile	22	D	S. Alban
23	M	S. Georges	23	V	S. Didier	23	L	Se Audrey
24	J	S. Fidèle	24	S	S. Donatien	24	M	S. Jean-Bapt.
25	V	S. Marc	25	D	**PENTECÔTE**	25	M	S. Prosper
26	S	Se Alida	26	L	S. Bérenger	26	J	S. Anthelme
27	D	**Jour du Souv.**	27	M	S. Augustin	27	V	S. Fernand
28	L	Se Valérie	28	M	S. Germain	28	S	S. Irénée
29	M	Se Catherine	29	J	S. Aymard	29	D	SS. Pierre, Paul
30	M	S. Robert	30	V	S. Ferdinand	30	L	S. Martial
			31	S	*Visitation*	Fonderie CASLON - Paris		

1980 JUILLET			AOÛT			SEPTEMBRE		
3 h 53 à 19 h 55			4 h 26 à 19 h 27			5 h 09 à 18 h 31		
1	M	S. Thierry	1	V	S. Alphonse	1	L	S. Gilles
2	M	S. Martinien	2	S	S. Julien Ey.	2	M	Se Ingrid
3	J	S. Thomas	3	D	Se Lydie	3	M	S. Grégoire
4	V	S. Florent	4	L	S. J.-M. Vian.	4	J	Se Rosalie
5	S	S. Antoine-M.C	5	M	S. Abel	5	V	Se Raïssa
6	D	Se Mariette-G.	6	M	*Transfiguration*	6	S	S. Bertrand
7	L	S. Raoul	7	J	S. Gaétan	7	D	Se Reine
8	M	S. Thibaut	8	V	S. Dominique	8	L	*Nativité N.-D.*
9	M	Se Amandine	9	S	S. Amour	9	M	S. Alain
10	J	S. Ulrich	10	D	S. Laurent	10	M	Se Inès
11	V	S. Benoît	11	L	Se Claire	11	J	S. Adelphe
12	S	S. Olivier	12	M	Se Clarisse	12	V	S. Apollinaire
13	D	SS. Henri, Joël	13	M	S. Hippolyte	13	S	S. Aimé
14	L	**FÊTE NATIONALE**	14	J	S. Evrard	14	D	*La Sainte Croix*
15	M	S. Donald	15	V	**ASSOMPTION**	15	L	S. Roland
16	M	*N.-D. Mt-Car.*	16	S	S. Armel	16	M	Se Edith
17	J	Se Charlotte	17	D	S. Hyacinthe	17	M	S. Renaud
18	V	S. Frédéric	18	L	Se Hélène	18	J	Se Nadège
19	S	S. Arsène	19	M	S. Jean Eudes	19	V	Se Emilie
20	D	Se Marina	20	M	S. Bernard	20	S	S. Davy
21	L	S. Victor	21	J	S. Christophe	21	D	S. Matthieu
22	M	Se Marie-Mad.	22	V	S. Fabrice	22	L	AUTOMNE
23	M	Se Brigitte	23	S	Se Rose de L.	23	M	S. Constant
24	J	Se Christine	24	D	S. Barthélemy	24	M	S. Thècle
25	V	S. Jacques	25	L	S. Louis	25	J	S. Hermann
26	S	SS. Anne, Joa.	26	M	Se Natacha	26	V	SS. Côme, Dam.
27	D	Se Nathalie	27	M	Se Monique	27	S	S. Vinc. de Paul
28	L	S. Samson	28	J	S. Augustin	28	D	S. Venceslas
29	M	Se Marthe	29	V	Se Sabine	29	L	S. Michel
30	M	Se Juliette	30	S	S. Fiacre	30	M	S. Jérôme
31	J	S. Ignace de L.	31	D	S. Aristide			

OCTOBRE			NOVEMBRE			DÉCEMBRE 1980		
5 h 52 à 17 h 28			6 h 39 à 16 h 28			7 h 25 à 15 h 55		
1	M	Se Th. de E.-J.	1	S	**TOUSSAINT**	1	L	Se Florence
2	J	S. Léger	2	D	**Défunts**	2	M	Se Viviane
3	V	S. Gérard	3	L	S. Hubert	3	M	S. Xavier
4	S	S. Fr. d'Assise	4	M	S. Charles	4	J	Se Barbara
5	D	Se Fleur	5	M	Se Sylvie	5	V	S. Gérald
6	L	S. Bruno	6	J	Se Bertille	6	S	S. Nicolas
7	M	S. Serge	7	V	Se Carine	7	D	S. Ambroise
8	M	Se Pélagie	8	S	S. Geoffroy	8	L	*Imm. Conception*
9	J	S. Denis	9	D	S. Théodore	9	M	S. P. Fourier
10	V	S. Ghislain	10	L	S. Léon	10	M	S. Romaric
11	S	S. Firmin	11	M	**ARMISTICE**	11	J	S. Daniel
12	D	S. Wilfried	12	M	S. Christian	12	V	Se Jeanne-F. C.
13	L	S. Géraud	13	J	S. Brice	13	S	Se Lucie
14	M	S. Juste	14	V	S. Sidoine	14	D	Se Odile
15	M	Se Th. d'Avila	15	S	S. Albert	15	L	Se Ninon
16	J	Se Edwige	16	D	Se Marguerite	16	M	Se Alice
17	V	S. Baudouin	17	L	Se Elisabeth	17	M	S. Judicaël
18	S	S. Luc	18	M	Se Aude	18	J	S. Gatien
19	D	S. René	19	M	S. Tanguy	19	V	S. Urbain
20	L	Se Adeline	20	J	S. Edmond	20	S	S. Abraham
21	M	Se Céline	21	V	*Prés. de Marie*	21	D	HIVER
22	M	Se Salomé	22	S	Se Cécile	22	L	Se Françoise-X
23	J	S. Jean de C.	23	D	S. Clément	23	M	S. Armand
24	V	S. Florentin	24	L	Se Flora	24	M	Se Adèle
25	S	S. Crépin	25	M	Se Catherine L.	25	J	**NOËL**
26	D	S. Dimitri	26	M	Se Delphine	26	V	S. Etienne
27	L	Se Emeline	27	J	S. Séverin	27	S	S. Jean
28	M	SS. Sim., Jude	28	V	S. Jacq. de la M.	28	D	*SS. Innocents*
29	M	S. Narcisse	29	S	S. Saturnin	29	L	S. David
30	J	Se Bienvenue	30	D	**Avent**	30	M	S. Roger
31	V	S. Quentin	Fonderie CASLON - Paris			31	M	S. Sylvestre

[1] Note that in France the first day of the week is Monday (**lundi**). The other days of the week are: **mardi, mercredi, jeudi, vendredi, samedi, dimanche.**

The months of the year are: **janvier, février, mars, avril, mai, juin, juillet, août, septembre, octobre, novembre, décembre.**

In January the sun (**le soleil**) rises at 7:46 and it sets at 16:02 (4:02 p.m.). And in February?

1. In general, the French observe certain national holidays:

   New Year's Day (**le jour de l'An**). One pays visits to friends to wish them a Happy New Year. Adults exchange gifts at this time, whereas children receive gifts on Christmas day. Greeting cards are also exchanged on New Year's Day, not on Christmas.

   May 1: Labor Day (**la fête du Travail**). On this day friends also exchange lilies of the valley in a celebration of spring; the lily of the valley symbolizes happiness.

   July 14: Bastille Day. July 14 is the anniversary of the taking of the Bastille in 1789 (**la Prise de la Bastille**). On this day there are military parades. In the evening people dance in the streets in certain neighborhoods and there are firework displays.

2. The French also observe certain religious holidays:

   Easter Sunday (**le dimanche de Pâques**). After Mass on Easter Sunday families gather together and enjoy huge feasts. The holiday lasts through Monday.

   Ascension Thursday (**le jeudi de l'Ascension**). This holiday occurs 40 days after Easter. Shops and banks are closed.

   Pentecost Sunday (**le dimanche de Pentecôte**). This holiday occurs 50 days after Easter. The holiday lasts through Monday.

   August 15: Assumption (**l'Assomption**). Shops and banks are closed.

   November 1: All Saints' Day (**la Toussaint**), and November 2: All Soul's Day (**le jour des Morts**). Families visit cemeteries and place flowers (usually chrysanthemums) on the graves of their deceased.

   December 24: Christmas Eve (**la veille de Noël**). The French have supper (**le réveillon**) after midnight Mass. (A midnight supper is also enjoyed on New Year's Eve, usually followed by partying.)

   December 25: Christmas Day (**Noël**).

NOTE DE GRAMMAIRE 3: Les Jours, les mois et les saisons

1. The days of the week (**les jours de la semaine**) are:

lundi[2]	*Monday*	vendredi	*Friday*
mardi	*Tuesday*	samedi	*Saturday*
mercredi	*Wednesday*	dimanche	*Sunday*
jeudi	*Thursday*		

In France, the first day of the week is **lundi.**

To indicate that something occurs regularly on a certain day of the week, the definite article is placed before that day:

Je vais au cinéma **le samedi.** *I go to the movies every Saturday.*

All of the days of the week are masculine.

[2] Did you notice that the days of the week and the months are never capitalized?

2. The months of the year (**les mois de l'année**) are:

janvier	avril	juillet	octobre
février	mai	août	novembre
mars	juin	septembre	décembre

All of the months are masculine.

3. The four seasons (**saisons**) are:

le printemps	*spring*	l'hiver	*winter*
l'été	*summer*	l'automne	*autumn*

All the seasons are masculine. The definite article precedes the season:

J'aime **l'été.**

except in the idiomatic expressions:

au printemps	*in the spring*
en automne	*in the fall*
en hiver	*in the winter*
en été	*in the summer*

Substitution progressive

Je vais au cinéma le lundi.
Les magasins sont fermés le lundi.
Les magasins sont fermés *le dimanche.*
Elle va à l'église le dimanche.

Elle va à l'église *le mardi.*
Les musées sont fermés le mardi.
Les musées sont fermés *le lundi.*
Je vais au cinéma le lundi.

Questions

1. Quels sont les jours de la semaine?
2. Quels sont les mois de l'année?
3. Combien de jours a le mois de janvier? février? juillet? septembre?
4. Combien de semaines y a-t-il dans un an?
5. Combien de jours y a-t-il dans un an?
6. Quelles sont les quatre saisons?
7. Quand chaque saison commence-t-elle?
8. Quelle saison préférez-vous?

NOTE DE GRAMMAIRE 4: La Date et l'année

1. Dates are expressed as follows:

Quelle est la date d'aujourd'hui? *or*
Quel jour sommes-nous? *What is today's date?*
—**C'est le 20 octobre.** *or*
—**Nous sommes le 20 octobre.**

The only exception is the first of the month:

C'est **le premier** novembre.

2. There are two ways of saying the year:

1960 = dix-neuf cent soixante *or*
mil neuf cent soixante

An exception is the year 1000, **l'an mille.**

To answer the question: **Quand êtes-vous né?** (*When were you born?*) Robert would say: **Je suis né en dix-neuf cent soixante.**

3. In French, the day comes first, then the month and the year. *April 16, 1970* is **le seize avril 1970** or 16/4/70.

Exercice de manipulation

Give the following dates in French:

December 25, 1880	July 4, 1776	January 31, 1975
October 20, 1973	July 14, 1789	February 29, 1972
November 11, 1911	March 17, 1888	May 1, 1970
April 1, 1918	June 2, 1974	August 10, 1660

NOTE DE GRAMMAIRE 5: L'Heure officielle

Official time (used in railroad schedules, for instance) is based on *the 24 hour system:*

	COMMON	OFFICIAL
du matin	une heure	une heure
	deux heures	deux heures
	trois heures et quart	trois heures quinze
	quatre heures	quatre heures
	cinq heures et demie	cinq heures trente
	six heures cinq	six heures cinq
	sept heures vingt	sept heures vingt
	huit heures dix	huit heures dix
	neuf heures	neuf heures
	dix heures dix-sept	dix heures dix-sept
	onze heures	onze heures
	midi	douze heures
de l'après-midi	une heure	treize heures
	deux heures	quatorze heures
	trois heures vingt-cinq	quinze heures vingt-cinq
	quatre heures dix	seize heures dix
	quatre heures moins dix	quinze heures cinquante
	quatre heures dix	seize heures dix
	cinq heures moins dix-huit	seize heures quarante-deux

du soir	six heures	dix-huit heures
	sept heures	dix-neuf heures
	huit heures	vingt heures
	neuf heures trois	vingt et une heures trois
	dix heures moins le quart	vingt et une heures quarante-cinq
	dix heures et quart	vingt-deux heures quinze
	onze heures sept	vingt-trois heures sept
	minuit	vingt-quatre heures
	minuit une	zéro heure une

Exercice de manipulation

The equivalencies may be drilled from column to column:

Modèle: *Teacher:* sept heures du soir
Student: dix-neuf heures

The expression: "exactly 10 o'clock," or "10 o'clock on the nose" is rendered by:

10 heures tapantes
10 heures pile
10 heures précises

Exercice de manipulation

Quelle heure est-il? (heure officielle)

1. ________________

2. ________________

3. ________________

4. ________________

5. ________________

6. ________________

EXERCICE DE COMPREHENSION

Dans cet épisode de **Tintin** les deux détectives Dupondt se trompent d'heure. Le résultat est qu'ils partent vers la lune dans la fusée qu'ils protégeaient.

Vocabulaire:

épisode (m.) *episode*
se trompent d'heure *confuse the time*
le résultat *the result*
ils partent *they leave*
la lune *the moon*
la fusée *the rocket*
ils protégeaient *they were protecting*

Ah! You're all here? What happened? An earthquake?

You! In heaven's name, where do you come from?

From the hold. We decided to watch the missile before its departure . . . What time is it?

What time? But, it's 2 A. M.!

Ah! good! And launch time is still set for 1:34? We have plenty of time.

Plenty of time! But, you poor bugger, the rocket left earth a half-hour ago! We are on our way to the moon.

Ha! Ha! Ha! . . . That's a good one! Always kidding, dear professor.

I would even add: Ha! Ha! Ha!

Hello . . . Hello . . . Earth calling. You are now 8,000 kilometers from Earth . . . Your speed is 11 kilometers a second. . .

It's . . . It's a joke, isn't it? You want to scare us? The launch was set for 1:34?

For 1:34 A. M., yes! Not for 13:34.

1:34 A. M.? Not 13:34? Good grief! We thought that it was for 1:34 P. M.

Hello, Hello. Moon missile calling Earth! Sensational news: the two Dupondt are aboard! They decided to spend the night in the missile, believing that the launch was set for 1:34 P. M.

But that creates a serious problem: our oxygen supply was for four persons: now we are six on board, without counting Milou. Will we have enough oxygen till the end?

Do you understand, you idiots? All this because at your age, you do not know the difference between 1:34 and 13:34!

NOTE DE GRAMMAIRE 6: Le Futur immédiat

We already saw that the verb **aller** + *an infinitive* constructs an *immediate future:*

Je vais parler à l'homme. *I am going to speak to the man.*

This usage implies that the action designated will be performed *immediately* in the future.

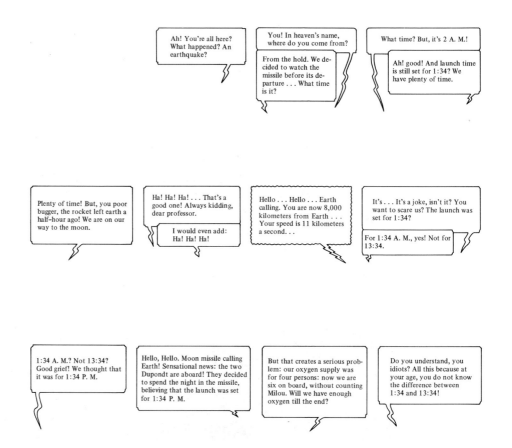

Exercices de transformation

Modèle: Je parle au chauffeur.
Je vais parler au chauffeur.

1. Tu regardes le film.
2. Nous donnons l'argent à l'employé.
3. L'hôtesse de l'air apporte le dîner.
4. L'avion arrive à Orly à quatre heures du matin.
5. Elle compte l'argent.
6. Vous parlez avec le professeur.
7. Je suis occupé, moi.
8. Les deux amis ramassent leurs affaires.
9. On va à Bourges.
10. Les copines ont les valises.

QUESTIONS GENERALES

1. Etes-vous bouleversé quand vous voyagez?
2. Aimez-vous les chauffeurs de taxi?
3. Quand vous voyagez généralement, allez-vous par le train?
4. Combien coûte un billet pour aller à New York? à Boston?
5. Quel âge avez-vous?
6. En quelle année êtes-vous né/née?
7. Quelle est la date de votre anniversaire (*birthday*)?
8. Etes-vous le cadet/la cadette de la famille?
9. Etes-vous l'aîné/l'aînée de la famille?
10. Etes-vous en retard généralement pour la classe?
11. Etes-vous toujours à l'heure pour le dîner?
12. Qui est toujours en avance pour la classe?
13. Quels sont les mois de l'année?
14. Quelles sont les quatre saisons?
15. Combien de jours y a-t-il dans une année?
16. Quels sont les mois qui ont trente jours?
17. Combien de jours y a-t-il en février?
18. Quel est le dernier mois de l'année?

Exercices de manipulation

Modèle: Demandez à ________ s'il aime voyager.
si elle aime voyager.[3]
Aimez-vous voyager?
(*Ask ________ if he likes to travel.*
if she likes to travel.)

1. Demandez à ________ s'il/si elle aime étudier le français.
2. Demandez à ________ s'il/si elle arrive en retard généralement.

[3] **Si** retains the vowel before the subject pronoun **elle, elles,** but becomes **s'** before **il, ils.**

3. Demandez à ________ combien coûte un billet d'avion pour aller en France.
4. Demandez à ________ s'il/si elle donne toujours un pourboire aux chauffeurs de taxi.
5. Demandez à ________ quelles sont les saisons.
6. Demandez à ________ quels sont les mois de l'année.
7. Demandez à ________ quels sont les jours de la semaine.
8. Demandez à ________ combien d'argent il a.
9. Demandez à ________ s'il/si elle est exaspéré/exaspérée aujourd'hui.
10. Demandez à ________ quel est le troisième jour de la semaine.
11. Demandez à ________ quel est le dernier jour de la semaine.
12. Demandez à ________ quel est le premier mois de l'année.
13. Demandez à ________ quel jour nous sommes aujourd'hui.
14. Demandez à ________ quand il/elle est né/née.

MICROLOGUE

Les Arrondissements

map/discovers
words of Paris/each one
bank (of river)
garden/includes/contains
especially
extends (itself)

En regardant **le plan** de Paris, on **découvre** que la ville est divisée en vingt **arrondissements. Chacun** de ces arrondissements a son caractère distinctif. Par exemple, dans le 1er, situé sur **la rive** droite de la Seine, on voit la splendeur du Louvre et le charme du **Jardin** des Tuileries. Le 4e, qui **comprend** l'Ile de la Cité, **contient** l'Hôtel de Ville et **surtout** la magnifique cathédrale de Notre-Dame. Sur la rive gauche se trouve le célèbre Quartier Latin qui **s'étend** sur les 5e et 6e arrondissements.

Questions

1. Qu'est-ce qu'on découvre en regardant le plan de Paris?
2. Que voit-on dans le 1^{er}arrondissement?
3. Quels bâtiments est-ce que le 4e contient?
4. Qu'est-ce qu'il y a sur la rive gauche?

CREATION ET RECREATION

1. Bring in a photo or picture of a group of people having a celebration. Tell what they are celebrating, such as a birthday, religious or civil holiday, etc. Be sure to include—in complete sentences—the day of the week, the time of day, the date, the season and a fairly detailed description of what the people are doing. For example:

> Dans cette photo/image, on célèbre la fête du/de la/des ________. Il est ________ heure(s) du/de l'________. C'est le ________, 19 ________. On ________, etc.

2. Monique et Pierre vont acheter leurs billets. Ils cherchent les renseignements (*information*) pour l'heure de départ du train pour (*list the name of where your school is located*), etc.

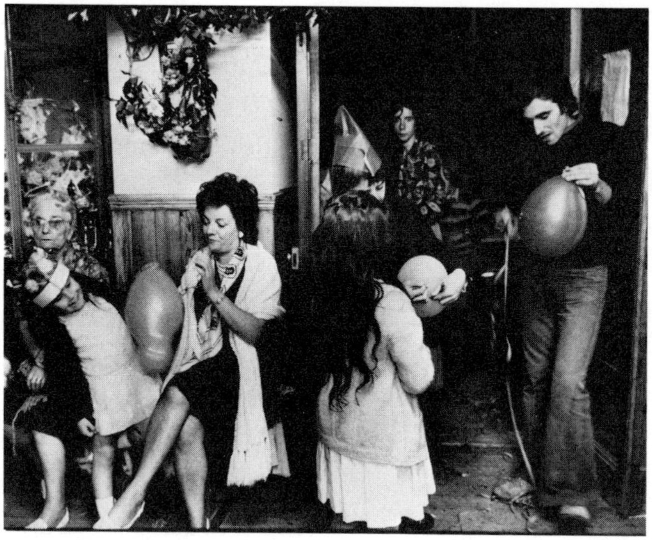

Fête de famille en province

Le défilé du 14 juillet sur les Champs-Elysées

OUI NON

Chapitre 3: COUP D'ŒIL 

1. De + definite article: the preposition **de** contracts with the masculine and feminine plural of the definite article:

   du garçon
   des messieurs
   des femmes

   but not with the feminine singular definite article:

   de la femme

   and the form before all singulars beginning with vowel or a mute **h** is always:

   de l'avion
   de l'homme
   de l'hôtesse de l'air

2. The cardinal numbers parallel English structures in many ways:

   vingt-deux, vingt-trois, etc.
   twenty-two, twenty-three, etc.

   Note that the conjunction *et* is used in:

   21, 31, 41, 51, 61, 71 (vingt *et* un, etc.)

3. Years may be translated:

   1977 = dix-neuf cent soixante-dix-sept *or*
   mil neuf cent soixante-dix-sept

   Use **mil** and not **mille** in indicating a year when **mille** is followed by other numbers. Note: **L'an mille.**

4. Seasons: the contraction **au** stands before **printemps** and means *in the spring*. Otherwise, use *en* before the other seasons to translate *in the:*

   en été, **en** automne, **en** hiver

5. The definite article before a day indicates repeated occurrence:

   Je vais au cinéma **le** lundi.
   I go to the movies (every) Monday.

6. Dates are always cardinal numbers, except for the first of the month which is an ordinal number.

le premier janvier	*January 1*
le deux janvier	*January 2*
le trois janvier	*January 3*

   Dates are always preceded by the definite article.

7. Official time is rendered by reading the hours from 1 A.M. to 11 A.M. in the regular way with the minutes always rendered from 1 to 59:

   Il est une heure.
   Il est onze heures.
   Il est onze heures quinze.
   Il est onze heures cinquante-neuf.

   From 12 noon to 12 midnight, continue to read the hours on a 24 count:

   Il est douze heures quinze.
   Il est treize heures cinquante-neuf.
   Il est vingt-quatre heures.

8. **Aller** + *infinitive:* the immediate future is formed by using the verb *aller + an infinitive:*

   Je vais parler.
   I am going to speak.

9. *Some useful idioms:*

faire le pont	*to extend a vacation (usually over a week-end)*
être en retard	*to be late (for an appointment)*
être en avance	*to be early*
Il est tard.	*It is late (in the day).*
à l'heure	*on time*
à temps	*in time*

VOCABULAIRE

Verbes

acheter
aimer
coûter
(se) dépêcher
dire
piger°
ramasser
saisir
savoir

Noms

aller (simple) (m.)
aller et retour (m.)
billet (m.)
classe: première (f.)
: seconde (f.)
employé (m.)
guichet (m.)
monnaie (f.)
renseignement (m.)
train (m.)
année (f.)
anniversaire (m.)
calendrier (m.)
date (f.)
jour (m.)
jour de congé (m.)
mois (m.)
semaine (f.)

le jour de l'An
Pâques

soleil (m.)
attitude (f.)

Adjectifs

bouleversé
déconcerté
dernier
désorienté
difficile
ému
impatient
occupé
premier

Préposition

par

Expressions utiles

à l'heure
arriver à temps
attendre leur tour
Dépêche-toi!
en avance
en retard
faire la queue
l'heure pile
l'heure précise
l'heure tapante
il y a du monde
Quand êtes-vous né?
s'il vous plaît

Adverbes

aujourd'hui
généralement
toujours
vite
vraiment

Scénario 3: A la gare

QUATRIEME ETAPE:

CHAPITRE 4

DANS LE TRAIN

Scénario 4: Dans le train

PREMIERE ETAPE

Robert et Henry discutent de l'employé. Ils ne comprennent pas pourquoi il était si brusque. Le train commence à rouler. Ils regardent le paysage. Ils voient des choses.

HENRY: Est-ce que tous les Français sont comme lui?

ROBERT: Je ne crois pas.

HENRY: Bon. N'oublie pas de garder ton billet.

ROBERT: Ah, oui. J'ai presque oublié.

(*Un monsieur ouvre la portière.*)

LE VIEUX MONSIEUR: Vous permettez?

ROBERT: Ah, oui, oui . . .

HENRY: Est-ce que Bourges est loin?

LE VIEUX MONSIEUR: Non, pas très loin. Allez-vous étudier là-bas?

ROBERT: Oui, Monsieur.

HENRY: Quel temps y fait-il?

LE VIEUX MONSIEUR: Il y fait beau.

ROBERT: Tu vois, Henry, ce monsieur est très gentil.

DEUXIEME ETAPE

Robert et Henry discutent de l'employé. Ils ne comprennent pas pourquoi il était si brusque. Le train commence à rouler. Ils regardent le paysage. Ils voient des choses.

HENRY: Est-ce que tous les Français sont comme lui?

ROBERT: Je ne le crois pas.

HENRY: Bon. N'oublie pas de garder ton billet. Ne le jette pas! Nous en avons besoin pour sortir de la gare.

ROBERT: Ah, oui. J'ai presque oublié.

(*Un vieux monsieur ouvre la portière.*)

LE VIEUX MONSIEUR: Vous permettez?

ROBERT: Ah, oui, oui . . . , je vous en prie.

HENRY: Pardon, Monsieur, est-ce que Bourges est loin de Paris?

LE VIEUX MONSIEUR: Non, pas très loin. Bourges est à deux cent vingt-cinq kilomètres de la capitale. Allez-vous étudier là-bas?

ROBERT: Oui, Monsieur.

HENRY: Quel temps y fait-il?

LE VIEUX MONSIEUR: Il y fait beau en été, mais il pleut beaucoup en hiver. Ecoutez! On finit par s'y habituer.

ROBERT: Tu vois, Henry, ce monsieur est très gentil.

TROISIEME ETAPE

Robert et Henry discutent de l'employé et de son attitude. Ils ne comprennent pas pourquoi il était si brusque avec eux. Le train commence à rouler. Ils regardent le paysage par la fenêtre. Ils voient des choses intéressantes.

HENRY: Est-ce que tous les Français sont comme lui?

ROBERT: Je ne le crois pas.

HENRY: Bon. N'oublie pas de garder ton billet. Ne le jette pas! Nous en avons besoin pour sortir de la gare à Bourges.

ROBERT: Ah, oui. J'ai presque oublié.

(*Un vieux monsieur ouvre la portière du compartiment.*)

LE VIEUX MONSIEUR: Vous permettez?

ROBERT: Ah, oui, oui . . . (*il cherche la formule*) ah, je vous en prie.

HENRY: Pardon, Monsieur, est-ce que Bourges est loin de Paris?

LE VIEUX MONSIEUR: Non, pas très loin, jeune homme. Voyons, Bourges est à deux cent vingt-cinq kilomètres de la capitale. Allez-vous étudier là-bas?

ROBERT: Oui, Monsieur.

HENRY: Quel temps y fait-il généralement?

LE VIEUX MONSIEUR: Il y fait beau en été, mais il pleut beaucoup en hiver. Ecoutez, jeune homme, ne vous inquiétez pas! On finit par s'y habituer.

ROBERT: (*il chuchote.*) Tu vois, Henry, ce monsieur est très gentil.

SYNONYMES ET EXPRESSIONS APPROXIMATIVES

2 à rouler → à avancer
5 Je ne le crois pas = Je ne le pense pas
11 il cherche la formule = il cherche ses mots
17 généralement = d'habitude, en général, normalcment
19 ne vous inquiétez pas = n'ayez pas peur, ne vous en faites pas
19 On finit par s'y habituer = On finit par s'y accoutumer
20 il chuchote = il murmure

VOCABULAIRE ILLUSTRE

Il regarde **le paysage** par la fenêtre.

Il voit **une maison.**

Il regarde **la vache** par la fenêtre.

Il voit **une école.**

Il regarde **le cheval** par la fenêtre.

Il voit **une église.**

Il regarde **le chien** par la fenêtre.

Il voit **un château.**

Il regarde **le chat** par la fenêtre.

Il voit **un pont.**

NOTES CULTURELLES

1. A new rule now obliges travelers to have their tickets dated (**composter**) by machines located at the entrances to platforms.
2. Distances in France are measured in **kilomètres.** A **kilomètre** is five-eighths of a mile. A quick equivalency can be made by dividing **kilomètres** by ten and multiplying by six. Thus: Bourges is 225 **kilomètres** from Paris. Bourges is approximately 132 miles from Paris. (See table of conversion below.)
3. A short paragraph on the subway system in Paris appears later in this chapter. (This passage is to be handled as a **micrologue.**)
4. On the sill of every train window, you will see a warning: **NE PAS SE PENCHER AU DEHORS!** This means: DON'T LEAN OUT OF THE WINDOW! By the way, don't!
5. Trains are divided into compartments. First-class compartments seat six people. Second-class compartments seat eight people: four on one side, four on the other. A sliding door lets you into the compartment.
6. Tables of Conversion: Metric System (**Système métrique**)

   Length (**longueur**):
   1 meter (**un mètre**) = 3.28 feet
   1 meter (**un mètre**) = 1.09 yards
   1 kilometer (**un kilomètre**) = 0.62 miles

   Weight (**poids**):
   1 gram (**un gramme**) = 0.04 ounces
   1 kilogram (**un kilogramme**) = 2.20 pounds

   Liquid (**liquide**):
   1 liter (**un litre**) = 2.11 pints
   1 liter (**un litre**) = 1.06 quarts
   1 liter (**un litre**) = 0.26 gallons

QUESTIONS SUR LE SCENARIO

1. De qui les amis parlent-ils?
2. Quelle est l'attitude de l'employé?
3. Quelle est l'attitude du chauffeur de taxi?
4. Est-ce que tous les Français sont comme l'employé de la gare?
5. Que regardent-ils par la fenêtre?
6. Est-ce que les amis gardent les billets?
7. Pourquoi gardent-ils les billets?
8. Que fait le monsieur?
9. Est-il jeune ou vieux?
10. Est-ce que Bourges est loin de Paris?
11. Bourges est à combien de kilomètres de Paris?
12. Quelle est la capitale de la France?
13. Les amis vont-ils étudier à Bourges?
14. Quel temps y fait-il généralement?
15. Est-ce que ce monsieur est impatient?

NOTE DE GRAMMAIRE 1: Les Adjectifs démonstratifs

1. The demonstrative adjective, as its name suggests, modifies a noun and "points it out." In English *this* and *that* are demonstrative adjectives. For example:

Ce monsieur est gentil.

refers to a specific, certain **monsieur.** In general, the equivalent of *this* or *that* is determined in context.

2. As an adjective it agrees in gender (masculine, feminine) and in number (singular, plural) with the noun it modifies. Note the following examples and the forms of the demonstrative adjective:

	SINGULAR	PLURAL
MASCULINE	**ce** monsieur	**ces** messieurs
FEMININE	**cette** femme	**ces** femmes

Use **cet** for a *masculine singular* noun beginning with a vowel or mute **h:**

cet étudiant	ces étudiants
cet hôtel	ces hôtels

3. In order to distinguish clearly between *this* and *that*, the particles **-ci** or **-là** are added to the noun:

Ce monsieur-**ci** est gentil.	*This man (here) is nice.*
Ce monsieur-**là** est vieux.	*That man (over there) is old.*

Simples substitutions

1. *Ce monsieur* est gentil.
   (*Ce camarade, Ce cousin, Ce jeune homme, Ce Français, Ce monsieur*)
2. *Cette mère* est contente.
   (*Cette sœur, Cette fille, Cette cousine, Cette dame, Cette femme, Cette mère*)
3. *Cet employé* est bouleversé.
   (*Cet étudiant, Cet ami, Cet enfant, Cet homme, Cet employé*)
4. *Ces messieurs* sont jeunes.
   (*Ces garçons, Ces femmes, Ces hôtesses de l'air, Ces messieurs*)

Exercices de transformation

Modèle: Le garçon est gentil.
Ce garçon est gentil.

1. Le chauffeur est irrité.
2. Le frère est patient.
3. Le repas est excellent.
4. Le jeune homme est aimable.

Modèle: L'employé discute avec Henry.
Cet employé discute avec Henry.

1. L'été n'est pas beau.
2. L'étudiant voyage.
3. L'hôtel est devant la gare.
4. L'homme est impatient.

Modèle: La sœur est contente.
Cette sœur est contente.

1. La femme est difficile.
2. La mère est charmante.
3. L'hôtesse de l'air est fatiguée.
4. L'étudiante est patiente.
5. La gare est loin.

Modèle: Les étudiants oublient les scénarios.
Ces étudiants oublient les scénarios.

1. Les garçons aiment voyager.
2. Les chauffeurs de taxi ne sont pas brusques.
3. Les valises sont perdues.
4. Les expériences sont importantes.

Modèle: Fermez la porte!
Fermez cette porte!

1. Fermez la fenêtre!
2. Fermez la portière!
3. Fermez le livre!
4. Fermez la valise!
5. Fermez l'édifice!

Modèle: Ouvrez la porte!
Ouvrez cette porte!

1. Ouvrez la fenêtre!
2. Ouvrez la portière!
3. Ouvrez le livre!
4. Ouvrez la valise!
5. Ouvrez l'édifice!

Modèle: Allez-vous au café le soir?
Allez-vous au café ce soir?

1. L'étudiant est en retard.
2. L'employé va donner le billet à Robert.
3. Les garçons cherchent leurs valises.
4. Il voit l'école.

Exercice de manipulation

Repeat the following adjectives (most of which are cognates[1]) and apply them in your answers to the questions, along with the *demonstrative adjectives:*

splendide, horrible, magnifique, difficile (*difficult*), **facile** (*easy*), **aimable, brusque**

Modèle: Comment trouvez-vous *le chauffeur?*
Ce chauffeur est brusque.

(*la gare*, *les étudiants*, *l'expérience*, *les demoiselles*, *les garçons*, *l'université*, *la leçon*, *la classe*, *le français*)

---

[1] A cognate is a word which is related to a word in another language by descent or derivation from a common root.

Substitution progressive

Ce monsieur aime le printemps.
Cette femme aime le printemps.
Cette femme aime *l'automne*.
Cet homme aime l'automne.
Cet homme aime *le printemps*.
Ce monsieur aime le printemps.

Exercices de transformation

Modèle: Cet homme-ci est content.
Cet homme-là est content.

1. Ce garçon-ci est irrité.
2. Cet enfant-ci est impatient.
3. Cette femme-ci est brusque.
4. Ces Américains-ci sont vieux.
5. Ce professeur-ci est excellent.
6. Cet employé-ci est intimidé.

NOTE DE GRAMMAIRE 2: L'Impératif

1. The imperative form commands. You already have come across the imperative form:

Ouvrez la porte!	Asseyez-vous!
Fermez la porte!	Levez-vous!

2. It is formed from the

2nd person singular
1st person plural
2nd person plural
} of the present tense of the indicative without the pronoun subject.

Donne
Donnons
Donnez
} Drop the **-s** of the second person singular form of regular verbs whose infinitives end in **-er.**

3. Commands may be *affirmative:*

Fermez la porte!
Ouvrez le livre!
Fermez le livre!

or *negative:*

Ne fermez pas la porte!
N'ouvrez pas le livre!
Ne fermez pas le livre!

In the negative, **ne** stands before the verb and **pas** immediately after it.

Simples substitutions

1. Ferme la porte!
   (*Fermons*, *Fermez*)
2. Donne l'argent!
   (*Donnons*, *Donnez*)
3. Parle à l'homme!
   (*Parlons*, *Parlez*)
4. Ne ferme pas le livre!
   (*Ne fermons pas*, *Ne fermez pas*)
5. Ne regarde pas le film!
   (*Ne regardons pas*, *Ne regardez pas*)
6. N'écoute pas le chauffeur!
   (*N'écoutons pas*, *N'écoutez pas*)

4. The irregular verb **être** derives its imperative forms from the subjunctive, which we will study in a later chapter:

Tu es à l'heure.	**Sois** à l'heure! [swa]
Nous sommes à l'heure.	**Soyons** à l'heure! [swajõ]
Vous êtes à l'heure.	**Soyez** à l'heure! [swaje]

5. The irregular verb **avoir** also derives its imperative forms from the subjunctive:

Tu as de la patience.	**Aie** de la patience. [ɛ]
Nous avons de la patience.	**Ayons** de la patience. [ɛjõ]
Vous avez de la patience.	**Ayez** de la patience. [ɛje]

Exercices de transformation

Modèle: Vous étudiez le scénario.
Etudiez le scénario.

1. Vous écoutez la radio.
2. Vous parlez de son attitude.
3. Vous marchez ensemble.
4. Vous oubliez la valise.
5. Vous regardez le paysage.

Modèle: Tu ramasses tes affaires.
Ramasse tes affaires!

1. Tu voyages avec tes camarades.
2. Tu trouves la formule.
3. Tu arrives à neuf heures.
4. Tu oublies le chauffeur impatient.
5. Tu continues la leçon.
6. Tu gardes ton billet.

Modele: Nous cherchons nos amis.
Cherchons nos amis!

1. Nous décidons de parler français.
2. Nous montrons les calendriers.
3. Nous gardons les billets.
4. Nous regardons le film.
5. Nous ouvrons la portière.

Modèle: Vous êtes sage.
Soyez sage!

1. Tu es en avance.
2. Nous sommes patients.

Modèle: Vous avez de la patience.
Ayez de la patience!

1. Nous avons de la patience.
2. Tu as de la patience.

Modèle: Nous ne sommes pas intimidés.
Ne soyons pas intimidés!

1. Nous ne sommes pas en retard.
2. Vous n'êtes pas impatient.
3. Vous n'êtes pas déconcerté.
4. Tu n'es pas exaspéré.

Modèle: Nous n'avons pas peur.
N'ayons pas peur!

1. Vous n'avez pas cette attitude.
2. Tu n'as pas peur.
3. Nous n'avons pas peur.
4. Tu n'as pas cette attitude.

NOTE DE GRAMMAIRE 3: Révision des verbes réguliers en **-er**

1. Before we introduce the *second class of regular verbs* in French, it would be well to review some of the verbs of the *first class* (**-er** endings) that we have encountered thus far:

[3] acheter: *to buy*
aimer: *to like, to love*
[3] appeler: *to call*
[2] (s') appeler: *to be called*
arriver: *to arrive*
[3] avancer: *to advance*
[4] chercher: *to look for*
chuchoter: *to whisper*
[3] commencer: *to begin*
compter: *to count*
continuer: *to continue*
coûter: *to cost*
décider: *to decide*
déjeuner: *to have lunch*
[2] s'habituer (à): *to get used (to)*
indiquer: *to indicate*
intimider: *to intimidate*
irriter: *to irritate*
[3] jeter: *to throw*
[3] manger: *to eat*
montrer: *to show*
murmurer: *to murmur*
neiger: *to snow*
occuper: *to occupy*
oublier: *to forget*
parler: *to speak*
poser: *to put, to place*
[3] préférer: *to prefer*

---

[2] the (**se, s'**) denote *pronominal* verbs. They will be treated in a later chapter.
[3] See section 2 of this grammar note.
[4] Note that **chercher, écouter,** and **regarder** are *not* followed by prepositions:

Il cherche sa valise.	*He looks for his suitcase.*
Robert et Henry écoutent le vieux monsieur.	*Robert and Henry listen to the old man.*
Il regarde le chat par la fenêtre.	*He looks at the cat through the window.*

demander: *to ask*
[2] se demander: *to wonder*
[2] se dépêcher: *to hurry*
désirer: *to desire*
dîner: *to have dinner*
discuter: *to discuss*
donner: *to give*
[4] écouter: *to listen*
étudier: *to study*
garder: *to keep*
[3] geler: *to freeze*
ramasser: *to gather up*
[4] regarder: *to look at*
[3] répéter: *to repeat*
réveiller: *to wake (someone up)*
[2] se réveiller: *to wake up*
rouler: *to move*
terminer: *to finish*
travailler: *to work*
trouver: *to find*
voler: *to fly*
[3] voyager: *to travel*

2. Verbs ending in **-eler, -eter, -cer** and **-ger** require minor spelling changes. These changes are made for phonetic reasons, the way the verb sounds.

a. In certain verbs ending in **-eler** and **-eter,** the stem's final consonant is doubled when followed by a mute **e,** or an **e** that is not pronounced.

EXAMPLES: **appeler** / **jeter**

appeler		jeter	
j'appe**ll**e	nous appelons	je je**tt**e	nous jetons
tu appe**ll**es	vous appelez	tu je**tt**es	vous jetez
il appe**ll**e	ils appe**ll**ent	il je**tt**e	ils je**tt**ent

b. In other verbs ending with **-eler** and **-eter,** an **accent grave** (`) is added. In **préférer** and **répéter** the **accent aigu** (´) on the second **e** becomes **grave.** Examples: **préférer, acheter, geler, répéter:**

acheter

j'achète	nous achetons
tu achètes	vous achetez
il achète	ils achètent

c. In order to keep the soft sound of **-cer** and **-ger,** the following changes are made: An **e** is added to the stem of verbs ending in **-ger** if an **o** or **a** follows it; a cedilla **c** is added to the stem of verbs ending in **-cer** if an **o, a,** or **u** follows it. Examples: **voyager, avancer, manger, commencer:**

manger		commencer	
je mange	nous mangeons	je commence	nous commençons
tu manges	vous mangez	tu commences	vous commencez
il mange	ils mangent	il commence	ils commencent

Exercices de transformation

J'achète deux billets. (*Nous*)
Nous achetons deux billets.

1. *Ils voyagent* en France.
   (*Un groupe de camarades, Tu, Elle, Nous, Vous, Je, On, Ils*)

2. *Il appelle* le vieux monsieur.
   (*Tu*, *Nicole*, *Elles*, *Vous*, *Nous*, *On*, *Je*, *Il*)
3. *Tu jettes* le livre.
   (*Les garçons*, *Nous*, *Vous*, *On*, *Elle*, *Je*, *Tu*)
4. *Vous mangez* au restaurant.
   (*Nous*, *Tu*, *Jacqueline*, *Les femmes*, *Je*, *On*, *Vous*)
5. *Je commence* à parler français.
   (*Tu*, *Elle*, *On*, *Nous*, *Les étudiants*, *Vous*, *Je*)
6. *Nous répétons* la leçon.
   (*On*, *Tu*, *Vous*, *Elle*, *Les camarades*, *Je*, *Nous*)
7. *Vous achetez* deux billets.
   (*Ils*, *On*, *Elle*, *Mme Fourchet*, *Nous*, *Tu*, *Je*, *Vous*)

NOTE DE GRAMMAIRE 4: Le Verbe irrégulier **faire**

1. **Faire** is an irregular verb. It has different meanings.

Il fait l'exercice. — **faire** = *to do, to make*
He is doing the exercise.

Il fait beau. — **faire** = (*idiomatic usage*)
It's a nice day.

2. **Faire** has the following conjugation:

je fais [fɛ]	nous faisons [fəzõ]
tu fais [fɛ]	vous faites [fɛt]
il fait [fɛ]	ils font [fõ]

3. As we indicated earlier, although the practice of answering questions by using the same verbs is usually safe, care should be exercised with verbs like **faire:**

Que faites-vous?
Je travaille.
Je parle.

Simples substitutions

1. *Nous faisons* l'exercice.
   (*Vous faites*, *Ils font*, *Je fais*, *On fait*, *Elle fait*, *Tu fais*, *Nous faisons*)
2. *Fais* l'exercice!
   (*Faisons*, *Faites*, *Fais*)
3. *Ne fais pas* l'addition!
   (*Ne faisons pas*, *Ne faites pas*, *Ne fais pas*)
4. *Ne fait-elle pas* le déjeuner?
   (*Ne font-ils pas*, *Ne fais-tu pas*, *Ne faites-vous pas*, *Ne faisons-nous pas*, *Est-ce que je ne fais pas*, *Ne fait-on pas*, *Ne fait-elle pas*)

Exercices de transformation

1. *Je fais* la queue.
   (*Nous*, *Tu*, *On*, *Ils*, *Les messieurs*, *Elles*, *Il*, *Vous*, *Je*)
2. *Faites-vous* le devoir?
   (*je*, *ils*, *nous*, *tu*, *on*, *elle*, *vous*)
3. *Je* ne *fais* pas le repas.
   (*Tu*, *Elles*, *Nicole*, *Vous*, *Nous*, *Robert*, *Je*)

NOTE DE GRAMMAIRE 5: Le Temps

LE TEMPS
Ciel très nuageux avec pluie, suivi d'un temps sec et ensoleillé. Vent de sud-ouest puis nord-ouest. Températures minimales, 6 à 9°. Maximales, 14 à 17°.

LE TEMPS
Temps d'abord très nuageux le matin, devenant de moins en moins nuageux l'après-midi. Vent nord-ouest faible. Températures minimales, 6 à 8°. Maximales, 18 à 20°.

Il fait beau.

Il fait mauvais.
(Il fait un temps de chien.)

Il fait du vent.	*It is windy.*
Il fait chaud.	*It is hot.*
Il fait froid.	*It is cold.*
Il fait du soleil.	*It is sunny.*
Il pleut.	*It is raining.*
Il neige.	*It is snowing.*

1. A Londres il fait souvent du brouillard.
   In London it is often foggy.
2. Au Sahara il fait sec.
   In the Sahara it is dry.

3. En automne il fait un temps couvert.
   In autumn it is cloudy.
4. Avant la pluie il fait un temps nuageux.
   Before raining it is cloudy.
5. En novembre il fait humide et frais.
   In November it is humid and chilly.
6. Au mois de mars il pleut à verse.
   In the month of March it pours.
7. En hiver il gèle.
   In winter it's freezing.

Simples substitutions

1. Il y fait *beau en été.*
   (*froid en hiver, doux au printemps, un temps épouvantable en automne, frais au printemps, beau en été*)
2. *Il neige* en hiver.
   (*Il gèle, Il fait un temps de chien, Il fait froid, Il pleut à verse, Il fait du brouillard, Il neige*)
3. Il fait *chaud* en été.
   (*sec, beau, du soleil, doux, humide, chaud*)
4. Le printemps y est *sec.*
   (*chaud, humide, frais, doux, sec*)

Substitution progressive

Il y fait du soleil généralement.
Il y neige généralement.
Il y neige *en hiver.*
Il y fait un temps épouvantable en hiver.
Il y fait un temps épouvantable *en novembre.*
Il y fait humide en novembre.
Il y fait humide *en automne.*
Il y pleut en automne.
Il y pleut *généralement.*
Il y fait du soleil généralement.

Questions

1. Quel temps fait-il en hiver? en été? en automne? au printemps?
2. Quel temps fait-il aujourd'hui?
3. Quand fait-on du ski?
4. Quelle saison préférez-vous?
5. Où fait-il chaud généralement?
6. Où fait-il froid généralement?
7. Où fait-il du brouillard d'habitude?
8. Comment est le ciel quand il pleut à verse?

NOTE DE GRAMMAIRE 6: Les Verbes réguliers en **-ir**

1. The verb **finir** (*to finish*) is representative of the second class of regular verbs in French, verbs ending in **-ir.**

All verbs of this class which are considered regular take the same endings.

2. The present tense is formed from the infinitive minus the **-ir** ending:

SUBJECT PRONOUN	STEM		ENDING
je	fin	+	**is**
tu	fin	+	**is**
il	fin	+	**it**
nous	fin	+	**issons**
vous	fin	+	**issez**
ils	fin	+	**issent**

3. The written forms look like this:

je finis tu finis [fini] il finit	nous finissons [finisõ] vous finissez [finise] ils finissent [finis]

4. Note the **-iss** which appears in all plural forms.

5. Verbs like **finir** are:

choisir	*to choose*	rajeunir	*to grow younger*
grandir	*to grow tall*	remplir	*to fill*
grossir	*to get fat*	réussir (à)	*to succeed*
maigrir	*to get thin*	vieillir	*to grow old*
obéir (à)	*to obey*		

Simples substitutions

1. *Robert finit* le repas.
   (*Tu finis*, *Ils finissent*, *Nous finissons*, *Vous finissez*, *Je finis*, *Nicole finit*, *On finit*, *Robert finit*)
2. *Finis* le dîner!
   (*Finissons*, *Finissez*, *Finis*)
3. *Ne finit-elle pas* le séjour?
   (*Ne finissez-vous pas*, *Ne finissons-nous pas*, *Ne finis-tu pas*, *Est-ce que je ne finis pas*, *Ne finit-on pas*, *Ne finit-elle pas*)

Exercices de transformation

1. *On finit* la discussion.
   (*Je*, *Nous*, *Le professeur*, *Elles*, *Vous*, *Tu*, *On*)
2. *Finissez-vous* le scénario?
   (*Est-ce que je*, *tu*, *nous*, *elles*, *ils*, *on*, *vous*)

3. *Je* ne *finis* pas le livre.
   (*Nous, Ils, Tu, Vous, Elle, On, Nous, Je*)
4. *Robert finit* le repas.
   (*Tu, Ils, Nous, Vous, Je, On, Robert*)

Simples substitutions

1. *Cet enfant grandit* vite.
   (*Nous grandissons, Les étudiants grandissent, Je grandis, Vous grandissez, Tu grandis, Cet enfant grandit*)
2. *Nous remplissons* la malle.
   (*Je remplis, Tu remplis, Vous remplissez, Elle remplit, On remplit, Ils remplissent, Nous remplissons*)
3. *Remplissez-vous* la valise?
   (*Est-ce que je remplis, Remplit-il, Remplissons-nous, Remplissent-ils, Remplis-tu, Remplissez-vous*)

Exercices de transformation

1. *Je remplis* ce verre.
   (*Tu, Elle, Les femmes, Vous, Nous, On, Je*)
2. *Nous choisissons* le taxi.
   (*Je, Robert, Vous, Tu, Ils, On, Nous*)
3. *Cet enfant-là grandit* vite.
   (*Je, Nous, Il, Tu, Les enfants, On, Vous, Cet enfant-là*)
4. *Cette femme vieillit* bien.
   (*Vous, Je, Nous, Il, Tu, Elles, Ce monsieur, Cette femme*)
5. *L'enfant obéit* à son père.[5]
   (*Nous, Ils, Vous, On, Je, Tu, L'enfant*)
6. *Ils réussissent* à[5] voir le château.
   (*Tu, L'homme, Elle, Nous, Vous, Je, On, Ils*)
7. *Le chien maigrit* quand *il* ne mange pas.
   (*Tu, Nous, Vous, Ils, Elles, Je, On, Il, Le chien*)
8. *La tante de Suzanne grossit: elle mange* trop.
   (*Ils, Nous, Vous, Tu, Je, Mon amie, La tante de Suzanne*)
9. *Il agit* comme un enfant.
   (*Je, Tu, Ils, Nous, Vous, On, Nicole, Il*)

---

[5] **Obéir à** (*to obey*) requires a preposition in French:
J'obéis **à** ma mère. *I obey my mother.*
Réussir à (*to succeed*) requires **à** before a noun:
Il réussit **à** son examen. *He passes his test.*
Réussir à also requires the preposition when followed by an infinitive:
Il réussit **à** parler français. *He succeeds in speaking French.*

NOTE DE GRAMMAIRE 7: Le Verbe irrégulier **voir**

1. The verb **voir** (*to see*) is irregular.
2. **Voir** has the following conjugation in the present indicative:

je vois	nous voyons [vwajõ]
tu vois [vwa]	vous voyez [vwaje]
il voit	ils voient

3. Some verbs that are conjugated like **voir** are:

croire *to believe*
prévoir *to foresee*

4. Note the difference in meaning between **voir** (*to see*) and **regarder** (*to look at, to watch*):

Nous voyons le train. *We see the train.*
Nous regardons le train. *We look at the train.*

Both verbs require a *direct* object.

Simples substitutions

1. *Je vois* le château.
   (*Nous voyons*, *Tu vois*, *Vous voyez*, *On voit*, *Elle voit*, *Ils voient*, *Je vois*)
2. *Est-ce que je vois* le pont?
   (*Voyez-vous*, *André voit-il*, *M. et Mme Fourchet voient-ils*, *Voit-on*, *Vois-tu*, *Voyons-nous*, *Est-ce que je vois*)
3. *Je ne vois pas* l'église.
   (*Nous ne voyons pas*, *Vous ne voyez pas*, *Elle ne voit pas*, *Tu ne vois pas*, *On ne voit pas*, *Ils ne voient pas*, *Je ne vois pas*)
4. *Je crois* qu'il va venir.
   (*Nous croyons*, *Ils croient*, *On croit*, *Tu crois*, *Il croit*, *Vous croyez*, *Les enfants croient*, *Je crois*)

Substitution progressive

Je ne crois pas le chauffeur.
Je ne crois pas *l'étudiant*.
Ils ne croient pas l'étudiant.
Ils ne croient pas *l'homme*.
On ne croit pas l'homme.
On ne croit pas *l'employé*.
Je ne crois pas l'employé.
Je ne crois pas *le chauffeur*.

Exercices de transformation

1. *Nous prévoyons* un temps de chien.
   (*Tu*, *La météo*, *Je*, *Les femmes*, *On*, *Vous*, *Nous*)
2. *Je crois* que le train est à l'heure.
   (*Nous*, *Tu*, *Vous*, *L'hôtesse*, *Les employés*, *On*, *Je*)

3. *Il prévoit* le départ à 14 heures.
   (*Tu*, *On*, *Nous*, *Les chauffeurs*, *Vous*, *Mon grand-père et ma grand-mère*, *Il*)
4. *Crois-tu* la météo?
   (*il*, *nous*, *Jacqueline*, *vous*, *je*, *on*, *Mes cousines*, *tu*)
5. *Il* ne la *croit* pas.
   (*Je*, *Ma nièce*, *Nous*, *Vous*, *Tu*, *Ils*, *On*, *Il*)

QUESTIONS GENERALES

1. Etes-vous brusque avec vos amis?
2. Etes-vous toujours à l'heure?
3. Parlez-vous français?
4. Quel temps fait-il en hiver?
5. Quel temps fait-il au printemps?
6. Quel temps fait-il en été?
7. Quel temps fait-il en automne?
8. Qu'allez-vous faire cet après-midi?
9. Qu'allez-vous faire ce soir?
10. Réussissez-vous à comprendre le scénario?
11. Obéissez-vous à vos parents?
12. En quelle saison neige-t-il?
13. Etes-vous aimable?
14. Etes-vous facilement irrité(e)?
15. Etes-vous facilement intimidé(e)?
16. Où allez-vous le dimanche?
17. Combien d'amis avez-vous?
18. Quel âge avez-vous?
19. Quelle saison préférez-vous? Pourquoi?
20. Quel jour de la semaine préférez-vous? Pourquoi?
21. Quels sont les mois qui ont trente et un jours?
22. Combien de jours février a-t-il cette année?

Exercices de manipulation

1. Demandez à __________ quelle saison elle préfère.
2. Demandez à __________ s'il neige aujourd'hui.
3. Demandez à __________ s'il pleut aujourd'hui.
4. Demandez à __________ le temps qu'il fait aujourd'hui.
5. Demandez à __________ où il va aller ce soir.
6. Demandez à __________ s'il maigrit ou grossit.
7. Demandez à __________ s'il est aimable ou irrité.
8. Demandez à __________ s'il obéit toujours.
9. Demandez à __________ si elle prévoit le temps.
10. Demandez à __________ si elle va aller au cinéma ce soir.
11. Demandez à __________ si elle voit une église par la fenêtre.
12. Demandez à __________ si elle croit le professeur.
13. Demandez à __________ s'il pleut beaucoup en Europe.
14. Demandez à __________ s'il fait chaud au Pôle Nord.

MICROLOGUE Le Métro

means
crosses/all directions/almost
to get lost/trips/costly
transportation
a single/several times
without seeing anything
is more expensive
(literally: costs more dearly)

A Paris il y a un très bon **moyen** de transport, le Métropolitain, qu'on appelle **le métro.** Le métro **traverse** Paris dans **tous les sens.** Il est **presque** impossible de **s'y perdre.** Les **trajets** ne sont pas **coûteux.** C'est un moyen de **transport** très pratique. Avec **un seul** billet il est possible de faire **plusieurs fois** le tour de Paris **sans rien voir.** Il y a deux classes, première et seconde. Un billet de première classe **coûte plus cher.**

Questions

1. Qu'est-ce qu'il y a à Paris?
2. Que signifie le mot "métro"?
3. Est-ce que le métro traverse Paris dans tous les sens?
4. Est-ce qu'il est impossible de s'y perdre?
5. Est-ce que le prix des trajets est coûteux?
6. Est-ce un moyen pratique de transport?
7. Combien de classes y a-t-il?
8. Quelle classe coûte plus cher?

CREATION ET RECREATION

1. Match the weather conditions found in column A with the areas or places listed in column B; then compose an original sentence using the same weather conditions, but pertaining to a place not listed in column B. For example:

Il y fait torride en été. Bâton Rouge.
En été il fait torride à Bâton Rouge.
En été il fait torride à Caracas.

A	B
Il y fait du brouillard.	Rio de Janeiro
Il y neige souvent.	Seattle
Il y fait torride en été.	Los Angeles
Il y fait chaud et sec.	Miami
Le ciel y est souvent couvert.	Londres
Il y a du «smog».	Boston
Il y fait frais en automne.	Casablanca
Il y fait beau en hiver.	Québec
Il y fait doux toute l'année.	Honolulu

2. Monique et Pierre sont dans un train. Ils discutent de leur aventure avec le chauffeur de taxi. Ils regardent le paysage. Ils parlent avec un vieux monsieur de la distance de New York à ________, du temps, etc.

OUI **NON**

Chapitre 4: COUP D'ŒIL

1. The *demonstrative adjective* (**ce, cette, ces**) points something out:

   Je parle à **ce** garçon.
   Je parle à **cet** homme.
   Je parle à **cette** femme.
   Je parle à **ces** camarades.

2. The *imperative* expresses commands:

   Ferme la porte!
   Fermez la porte!
   Fermons la porte!

   In the *negative imperative* **ne** precedes the verb and **pas** follows it:

   Ne ferme **pas** la porte!

   The imperative of the verbs **être** and **avoir** are derived from the subjunctive. We will study the subjunctive in later chapters.

3. *Weather* conditions are usually stated with the formula **il fait:**

   Il fait du vent aujourd'hui.

4. Some verbs ending in **-er** undergo orthographic (spelling) changes:

appeler	
j'appe**lle**	nous appelons
tu appe**lles**	vous appelez
il appe**lle**	ils appe**llent**

   Others which undergo spelling changes are:

acheter	geler	préférer
avancer	jeter	répéter
commencer	manger	voyager

   Remember that the boxed area—such as in the above example with **appeler**—indicates that the verbs are all pronounced alike.

5. Regular verbs of the second class end in **-ir,** as does **finir.** Add one set of endings to the regular stem to form the *présent:*

   -is, -is, -it, -issons, -issez, -issent.

6. Verbs like **voir** are irregular:

voir			
je vois	[vwa]	nous voyons	vwajõ
tu vois		vous voyez	vwaje
il voit		ils voient	

   Other verbs conjugated this way are **croire** and **prévoir.**

VOCABULAIRE

Verbes

(s') accoutumer (à)
avancer
avoir besoin de
avoir peur
choisir*
chuchoter
comprendre
croire
(se) demander
discuter
faire*
finir*
garder
geler
grandir*
grossir*
(s') habituer
inquiéter
jeter
maigrir*
montrer
murmurer
obéir (à)*
ouvrir
penser (à)
(faire penser)
permettre
pleuvoir
préférer
prévoir*
rajeunir*
remplir*
réussir (à)*
rouler
sortir
travailler
vieillir*
voir*

Noms

compartiment (m.)
portière (f.)

capitale (f.)
château (m.)
fenêtre (f.)
maison (f.)
paysage (m.)
pont (m.)
chat (m.)
cheval (m.)
chien (m.)
vache (f.)

gramme (m.)
kilogramme, kilo (m.)
kilomètre, km (m.)
mètre (m.)

est (m.)
nord (m.)
ouest (m.)
sud (m.)

devoir (m.)
discussion (f.)
formule (f.)

Adjectifs

aimable
brusque
ce
ensoleillé
facile
excellent
gentil
intéressant
irrité
jeune
patient
sage
vieux

Adverbes

beaucoup
d'habitude
facilement
en général
là-bas
normalement
pourquoi
presque
si

Conjonction
comme

Préposition
loin de

Expressions utiles
avoir de la patience
l'ensemble du pays
On finit par s'y habituer
Je vous en prie
ne vous en faites pas
pardon
Quel temps fait-il?

Le Temps
la météo
la pluie
il fait beau
il fait mauvais
- un temps de chien
- un temps épouvantable
- **chaud**
- **froid**
- **doux**
- **sec**
- **humide**
- **frais**
- **du vent**
- **du soleil**
- **du brouillard**
- un temps couvert
- un temps nuageux

le ciel est couvert
il pleut
il pleut à verse
il neige
il gèle

Scénario 4: Dans le train

QUATRIEME ETAPE

CHAPITRE 5

RENCONTRE A LA GARE

Scénario 5: Rencontre à la gare

PREMIERE ETAPE

Henry et Robert arrivent à la gare de Bourges. Il y a beaucoup de monde. Il est onze heures vingt-deux. Les familles françaises sont déjà là. Plusieurs mères sont inquiètes.

MME MIGNONNE: Voilà le mien.

MME CRAQUET: Tant mieux.

MME PIERROT: Ils sont grands et forts. Où est le mien?

MME MIGNONNE: J'espère que le nouveau va être bavard.

MME FOURCHET: J'espère qu'il ne va pas être difficile à table.

LE PROFESSEUR: Ils sont tous là.

DEUXIEME ETAPE

Henry et Robert arrivent à la gare de Bourges. Il y a beaucoup de monde devant la gare. Il est onze heures vingt-deux et le train vient d'arriver. Les familles françaises sont déjà là. Plusieurs mères sont inquiètes parce qu'elles ne peuvent pas identifier leurs "enfants" américains.

MME MIGNONNE: Voilà le mien qui vient. Mais où sont ses beaux cheveux?

MME CRAQUET: Tant mieux. Il n'a plus l'air d'une fille.

MME PIERROT: Ils sont grands et forts. Où est le mien? Comment vais-je le reconnaître s'ils ont tous maintenant les cheveux courts?

MME MIGNONNE: J'espère que le nouveau va être plus bavard que nos deux premiers étudiants.

MME FOURCHET: J'espère qu'il ne va pas être si difficile à table.

LE PROFESSEUR: (*il les compte*) . . . dix-huit, dix-neuf, vingt. Enfin, ils sont tous là.

TROISIEME ETAPE

Henry et Robert arrivent à la gare de Bourges. Il y a beaucoup de monde devant la gare. Il est onze heures vingt-deux et le train numéro 4511 vient d'arriver. Les familles françaises qui vont héberger les étudiants américains sont déjà là. Plusieurs mères sont inquiètes parce qu'elles ne peuvent pas identifier leurs "enfants" américains.

MME FOURCHET: Je crois reconnaître cet étudiant-là.

MME MIGNONNE: Voilà le mien qui vient. Mais où sont ses beaux cheveux? Il a fait couper sa belle chevelure.

MME CRAQUET: Tant mieux. (*Elle regarde la photo.*) Il n'a plus l'air d'une fille.

MME PIERROT: Mon Dieu, qu'ils sont grands et forts! Mais où est le mien? Comment vais-je le reconnaître s'ils ont tous maintenant les cheveux courts?

MME MIGNONNE: J'espère que le nouveau va être plus bavard que nos deux premiers étudiants.

MME FOURCHET: Et moi, j'espère qu'il ne va pas être si difficile à table.

(*Le professeur américain consulte la liste des étudiants.*)

LE PROFESSEUR: (*il les compte*) . . . dix-huit, dix-neuf, vingt. Enfin, ils sont tous là. Et à l'heure. (*aux étudiants*) Prenez toutes vos affaires avec vous!

SYNONYMES ET EXPRESSIONS APPROXIMATIVES

1 Il y a beaucoup de monde = Il y a foule, Il y a beaucoup de personnes
3 héberger = loger, recevoir
4 inquiètes = anxieuses
6 ses . . . cheveux → sa chevelure (*head of hair*), sa tignasse
8 Tant mieux → Parfait, Bien
9 grands et forts → bien bâtis
14 difficile à table → délicat
15 consulte = examine

VOCABULAIRE ILLUSTRE

Mon Dieu, qu'ils sont **grands!**

forts!

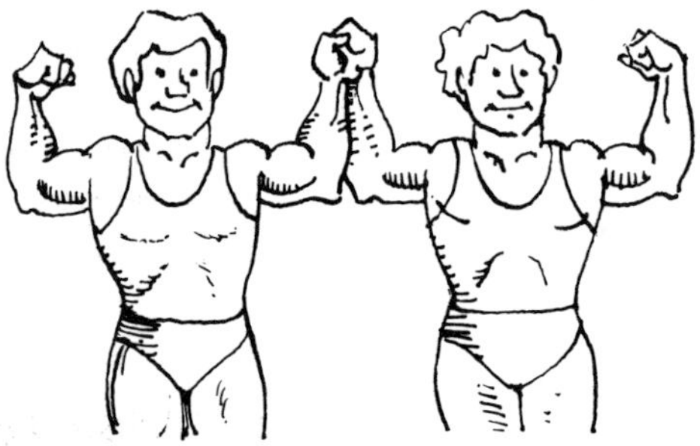

beaux!

laids!

costauds! *(strong, vigorous)*

faibles!

maigres!

gros!

Je crois reconnaître **ce visage.**

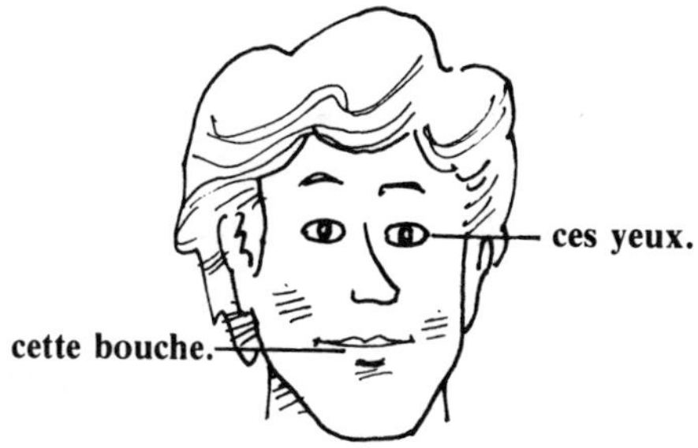

cette tête (cette baignoire°).

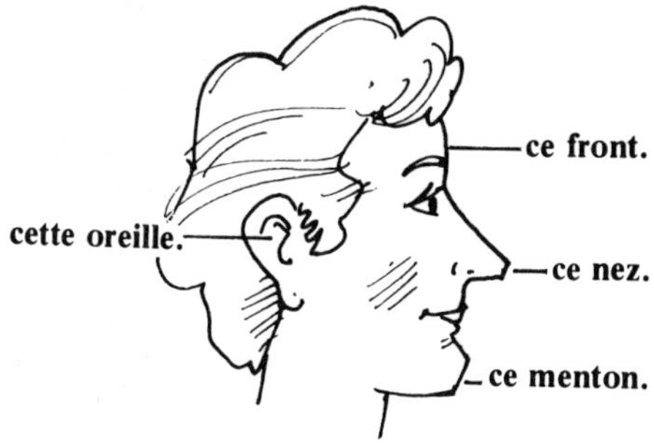

QUESTIONS SUR LE SCENARIO

1. Où Henry et Robert arrivent-ils?
2. Y a-t-il beaucoup de monde devant la gare?
3. Quel train vient d'arriver?
4. Quelle heure est-il quand le train arrive?
5. Les familles françaises sont-elles déjà là?
6. Qu'est-ce qu'elles vont faire?
7. Pourquoi plusieurs mères sont-elles inquiètes?
8. Est-ce que Mme Fourchet croit reconnaître un étudiant?
9. Qu'est-ce que l'étudiant de Mme Mignonne a fait couper?
10. Qui n'a plus l'air d'une fille?
11. Comment sont les étudiants?
12. Est-il difficile de reconnaître les étudiants?
13. Est-ce que Mme Mignonne espère que le nouveau va être plus bavard que les deux premiers?
14. Qu'est-ce que Mme Fourchet espère?
15. Qui consulte la liste des étudiants?
16. Combien d'étudiants y a-t-il?
17. Qu'est-ce que le professeur dit aux étudiants?

NOTE DE GRAMMAIRE 1: Les Nombres ordinaux

1. Ordinal numbers indicate the order of items in a series: first, second, third, etc.

2. Ordinal numbers other than

premier (and its feminine form **première**)
second (and its feminine form **seconde**)[1]

are formed simply by adding

-ième

to the last consonant of the cardinal number:

deux
trois } + **-ième**
quatr[2]

There are two exceptions, **cinq** and **neuf:**

cinq**u**ième (add a **u**)
neu**v**ième (change **f** to **v**)

---

[1] In a series of more than two, replace **second(e)** by **deuxième.**
La première fille et la seconde fille finissent l'exercice.
Le premier et le deuxième chapitres sont faciles. Le troisième est difficile.

[2] Naturally, drop the mute **e** at the end of the cardinal number wherever it appears.

In general, the rule is quite simple:

CARDINAL NUMBER + **ième** = ORDINAL NUMBER

With tens and units, follow a similar system:

trente	trentième
trente et un	trente et unième
trente-deux	trente-deuxième

3. Unlike English usage cardinals precede ordinals in French:

Our *first* *two* students . . .

ordinal cardinal

Nos **deux** **premiers** étudiants . . .

cardinal ordinal

Exercices de manipulation

Modèle: Le premier jour de la semaine est lundi. (*Le deuxième jour*)
Le deuxième jour de la semaine est mardi.

1. *Le premier jour* de la semaine est *lundi.*
   (*Le deuxième jour*, *Le troisième jour*, *Le quatrième jour*, *Le cinquième jour*, *Le sixième jour*, *Le septième jour*)
2. *Le premier mois* de l'année est *janvier.*
   (*Le deuxième mois*, *Le troisième mois*, *Le quatrième mois*, *Le cinquième mois*, *Le sixième mois*, *Le septième mois*, *Le huitième mois*,[3] *Le neuvième mois*, *Le dixième mois*, *Le onzième mois*,[3] *Le douzième mois*)

Questions

1. Quels sont les deux premiers mois de l'année?
2. Quels sont les deux premiers jours de la semaine?
3. Comment s'appellent les deux premières actrices de cinéma?
4. Comment s'appellent les deux premiers présidents des Etats-Unis (*U.S.A*)?
5. Comment s'appellent les deux derniers présidents des Etats-Unis?
6. Quels sont les deux premiers mois de l'été?
7. Quels sont les deux derniers mois de l'hiver?

[3] Note that like **huit** and **onze, huitième** and **onzième** do not take elision:

le huit avril	**le** huitième jour
le onze avril	**le** onzième jour

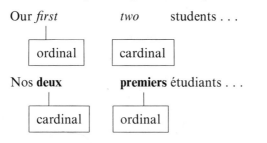

VOCABULAIRE ILLUSTRE

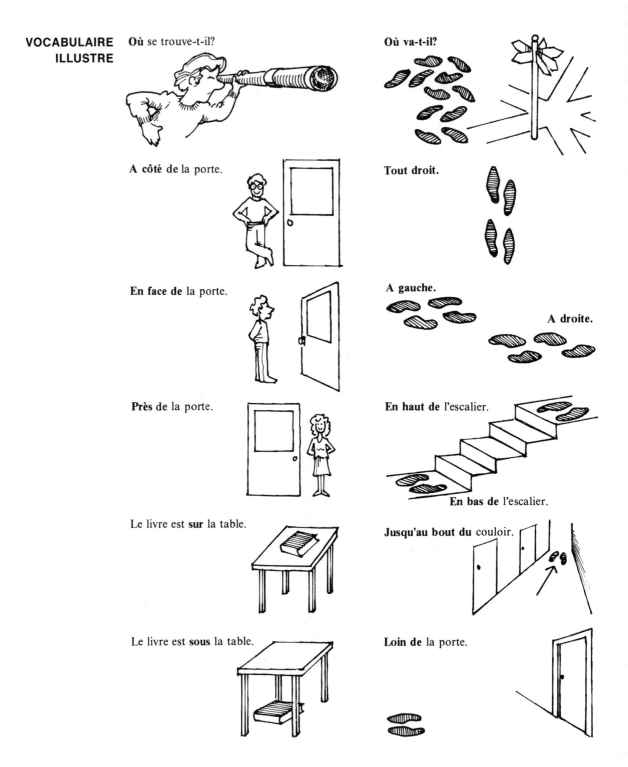

Où se trouve-t-il?

A côté de la porte.

En face de la porte.

Près de la porte.

Le livre est **sur** la table.

Le livre est **sous** la table.

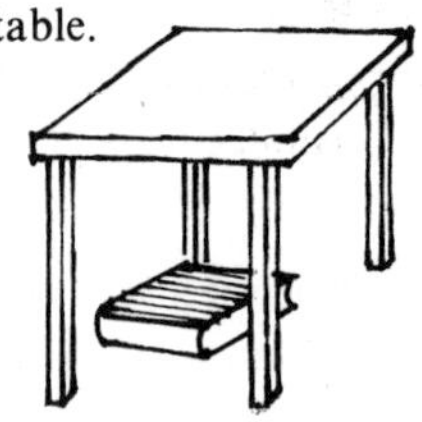

Où va-t-il?

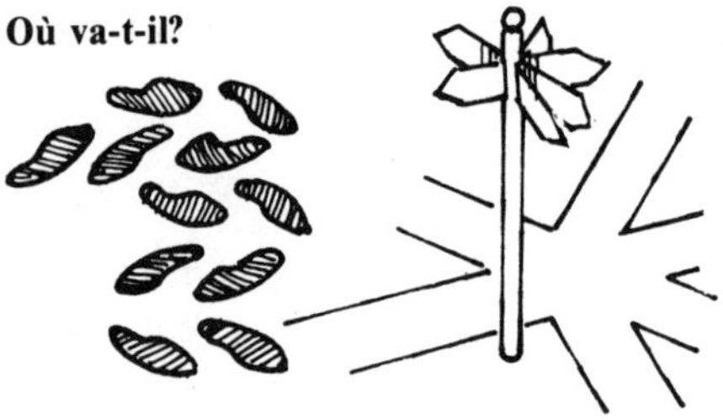

Tout droit.

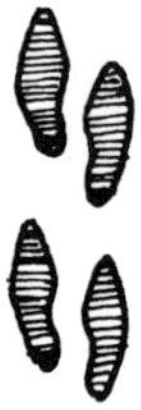

A gauche.

A droite.

En haut de l'escalier.

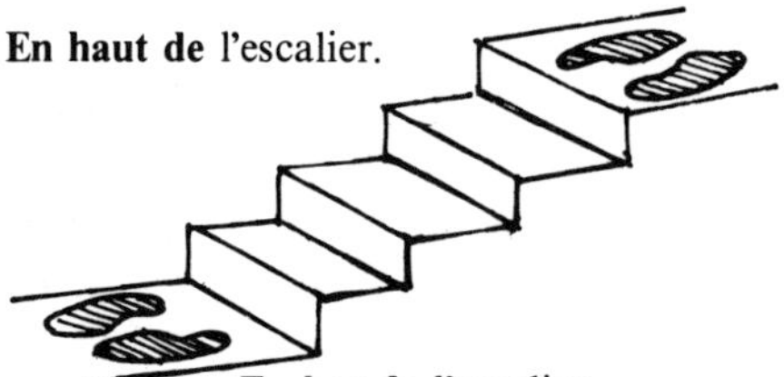

En bas de l'escalier.

Jusqu'au bout du couloir.

Loin de la porte.

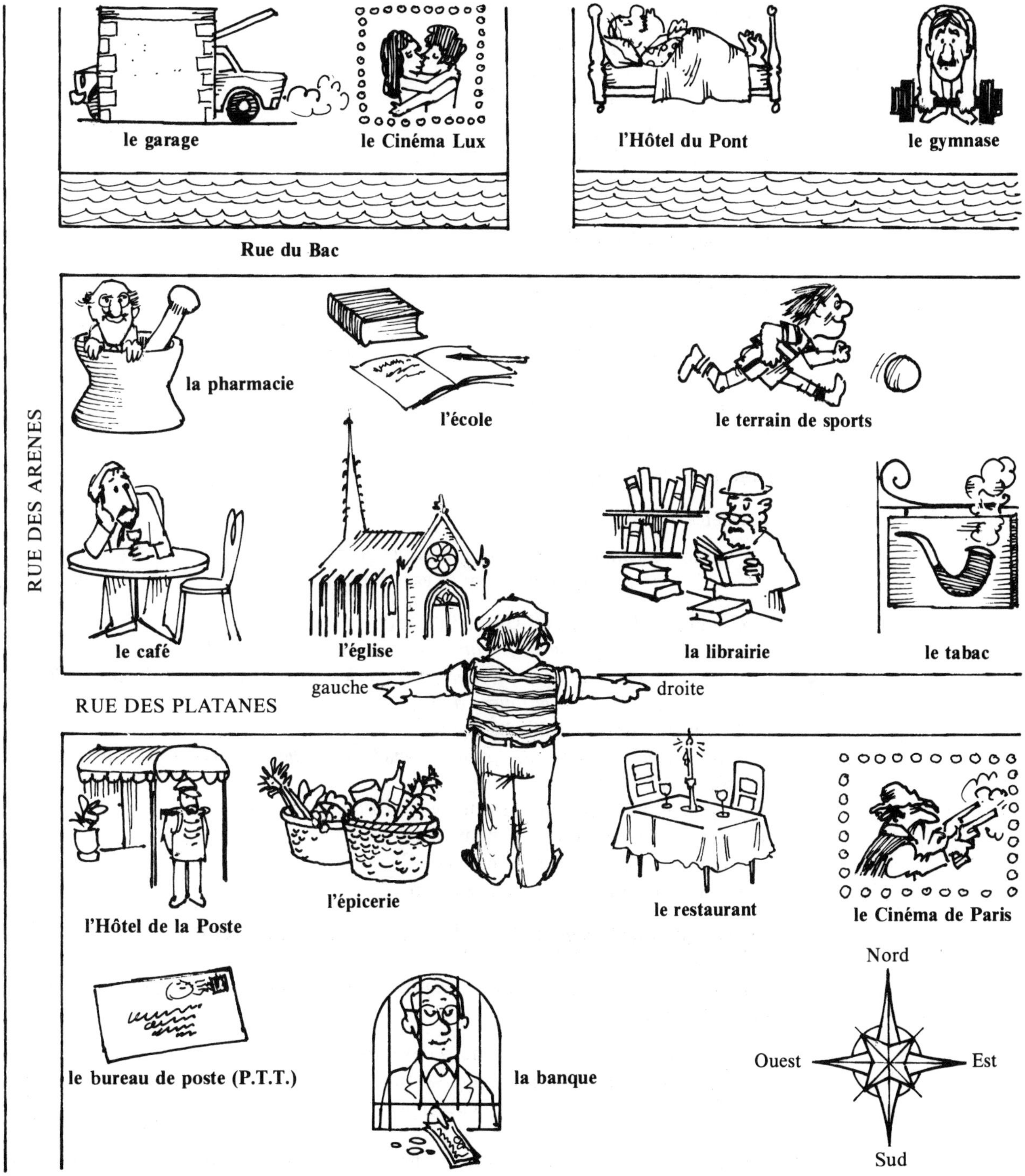
le garage
le Cinéma Lux
l'Hôtel du Pont
le gymnase
Rue du Bac
RUE DES ARENES
la pharmacie
l'école
le terrain de sports
le café
l'église
la librairie
le tabac
gauche
droite
RUE DES PLATANES
l'Hôtel de la Poste
l'épicerie
le restaurant
le Cinéma de Paris
Nord
Ouest
Est
Sud
le bureau de poste (P.T.T.)
la banque

Study the preceding drawing:

1. En face de l'église il y a une épicerie.
2. A côté de l'église il y a une librairie.
3. Il y a un café aussi à côté de l'église.
4. Derrière l'église il y a une école.
5. En face de la librairie il y a un restaurant.
6. Près de l'école il y a un terrain de sports.
7. Le Cinéma de Paris est loin du Cinéma Lux.
8. Le garage est près du Cinéma Lux.

Questions

1. Où se trouve la pharmacie?	La pharmacie se trouve . . .
2. Où se trouve le gymnase?	Le gymnase se trouve . . .
3. Où se trouve le bureau de poste?	Le bureau de poste se trouve . . .
4. Où est l'hôtel de la Poste?	L'hôtel de la Poste . . . .
5. Où est l'église?	L'église est . . .

Exercices de manipulation

Vous êtes devant l'église.

Modèle: Comment allez-vous au bureau de tabac?
Je tourne à droite et je vais tout droit jusqu'au bureau de tabac.

1. Comment allez-vous à l'Hôtel du Pont?
   Je tourne à gauche et je vais tout droit jusqu'à la rue des Arènes. Je tourne à droite et je vais tout droit jusqu'à la rue du Bac. Là, je tourne à droite jusqu'au pont. Je traverse le pont et je tourne à droite.
2. Comment allez-vous à la banque?
   Je tourne à gauche. Je tourne à gauche à la rue des Arènes. Je vais tout droit jusqu'à la banque.
3. Comment allez-vous au terrain de sports?
4. Comment allez-vous au Cinéma Lux?
5. Comment allez-vous au Cinéma de Paris?
6. Comment allez-vous au bureau de poste?

NOTE DE GRAMMAIRE 2: Le Verbe irrégulier **venir**

1. The verb **venir** (*to come*) is irregular. It is conjugated in the present indicative in the following way:

je viens		nous venons	[vənɔ̃]
tu viens	[vjɛ]	vous venez	[vəne]
il vient		ils viennent	[vjɛn]

For many such irregular verbs the first and second persons plural take the stem of the infinitive.

2. Other verbs conjugated like **venir** are:

appartenir (à)	*to belong*
devenir	*to become*
maintenir	*to maintain*
obtenir	*to obtain*
revenir	*to come back*
tenir	*to hold*

3. Usages

Ce billet appartient à l'étudiant.
This ticket belongs to the student.

Nous devenons inquiets.
We are becoming worried.

Je maintiens que la vérité est éternelle.
I maintain that truth is eternal.

Vous obtenez tout ce que vous désirez.
You obtain all you desire.

Je reviens de l'église.
I come back from church.

Ils tiennent leurs valises à la main.
They are holding their suitcases in their hands.

Il vient manger.
He comes to eat.

Simples substitutions

1. *Je viens* de l'aéroport.
   (*Nous venons*, *Tu viens*, *Ils viennent*, *Elle vient*, *Vous venez*, *Je viens*)
2. *Venez-vous* de la gare?
   (*Viens-tu*, *Venons-nous*, *Vient-il*, *Viennent-elles*, *Est-ce que je viens*, *Venez-vous*)
3. *Je ne viens pas* dîner.
   (*Tu ne viens pas*, *Ils ne viennent pas*, *Nous ne venons pas*, *On ne vient pas*, *Vous ne venez pas*, *Elle ne vient pas*, *Je ne viens pas*)
4. *Ne vient-il pas* du cinéma?
   (*Ne venez-vous pas*, *Ne viennent-ils pas*, *Ne viens-tu pas*, *Ne vient-on pas*, *Ne venons-nous pas*, *Est-ce que je ne viens pas*, *Ne vient-il pas*)
5. *Revenez-vous* de la *gare?*
   (*Est-ce que je reviens*, *Revenons-nous*, *Reviens-tu*, *Revient-il*, *Revient-on*, *Reviennent-ils*, *Revenez-vous*)
6. *Je ne tiens pas* la porte.
   (*Il ne tient pas*, *Tu ne tiens pas*, *Vous ne tenez pas*, *On ne tient pas*, *Ils ne tiennent pas*, *Nous ne tenons pas*, *Je ne tiens pas*)

Substitutions progressives

1. Nous tenons les billets.
   Nous tenons *les livres.*
   Je tiens les livres.
   Je tiens *l'argent.*
   Elle tient l'argent.
   Elle tient *le plateau.*
   Nous tenons le plateau.
   Nous tenons *les billets.*
2. Elles obtiennent un jour de congé.
   Elles obtiennent *la monnaie.*
   Vous obtenez la monnaie.
   Vous obtenez *l'argent.*
   J'obtiens l'argent.
   J'obtiens *le pourboire.*
   Elles obtiennent le pourboire.
   Elles obtiennent *un jour de congé.*
3. Il revient de l'église.
   Il revient de *l'aéroport.*
   Nous revenons de l'aéroport.
   Nous revenons *du bâtiment.*
   Vous revenez du bâtiment.
   Vous revenez *du terrain de sports.*
   Il revient du terrain de sports.
   Il revient de *l'église.*

Exercices de transformation

1. *Le professeur obtient* la réponse.
   (*Tu*, *On*, *Nous*, *Les jeunes gens*, *Vous*, *Elle*, *Le professeur*)
2. *Cette valise* n'*appartient* pas à Jacqueline.
   (*Ces billets*, *Cette malle*, *Ces livres*, *Cet argent*, *Cette table*, *Ce plateau*, *Ce calendrier*, *Cette valise*)
3. *Il devient* irrité.
   (*Nous*, *Vous*, *M. Dubois*, *Tu*, *On*, *Les parents*, *La nièce*, *Le neveu*, *Il*)
4. *Maintient-il* l'ordre?
   (*nous*, *on*, *La mère*, *Le frère*, *Le copain*, *Les cousins*, *Le grand-père*, *il*)
5. *Elles viennent* du château.
   (*L'enfant*, *L'oncle et la tante*, *On*, *Je*, *Tu*, *Nous*, *Vous*, *Elles*)

NOTE DE GRAMMAIRE 3: **Venir de** + l'infinitif

Venir de + infinitive is an idiomatic form which indicates an action just completed:

Je viens d'arriver. *I have just arrived.*

Substitution progressive

Nous venons de finir le repas.
Nous venons de finir *le déjeuner.*
Ils viennent de commencer le déjeuner.
Ils viennent de commencer *le scénario.*
Elle vient de regarder le scénario.
Elle vient de regarder *le livre.*
Nous venons de finir le livre.
Nous venons de finir *le repas.*

Exercices de transformation

Modèle: Le train arrive.
Le train vient d'arriver.

1. Elle parle avec son père.
2. Le professeur consulte la liste des étudiants.
3. Il obtient un pourboire.
4. Tu finis ton déjeuner.
5. Le professeur consulte la liste.
6. Elle apporte les écouteurs.
7. Il compte son argent.
8. Un monsieur entre dans le compartiment.
9. Ils donnent l'argent au chauffeur de taxi.
10. Nous discutons de l'attitude de l'employé.
11. Je trouve mon sac de couchage.

NOTE DE GRAMMAIRE 4: Le Verbe irrégulier **prendre**

1. The verb **prendre** (*to take*) is irregular. It is conjugated in the following way:

je prends		nous prenons	[prənõ]
tu prends	[prã]	vous prenez	[prəne]
il prend		ils prennent	[prɛn]

2. Other verbs conjugated like **prendre** are:

apprendre *to learn*
comprendre *to understand*
surprendre *to surprise*

3. Usages

Je n'apprends pas les leçons difficiles.
I do not learn the difficult lessons.

Nous comprenons bien les exercices.
We understand the exercises well.

Elle surprend toujours les étudiants.
She always surprises the students.

Substitutions progressives

1. Je n'apprends pas les leçons difficiles;
   Je n'apprends pas *les scénarios difficiles.*
   Elle n'apprend pas les scénarios difficiles.
   Elle n'apprend pas *les exercices difficiles.*
   Ils n'apprennent pas les exercices difficiles.
   Ils n'apprennent pas *les chapitres difficiles.*
   Je n'apprends pas les chapitres difficiles.
   Je n'apprends pas *les leçons difficiles.*
2. Tu comprends le français.
   Tu comprends *le scénario.*
   Elle comprend le scénario.
   Elle comprend *le professeur.*
   Vous comprenez le professeur.
   Vous comprenez *le film.*
   Tu comprends le film.
   Tu comprends *le français.*
3. Le professeur surprend les étudiants.
   Le professeur surprend *les garçons.*
   Tu surprends les garçons.
   Tu surprends *les filles.*
   Nous surprenons les filles.
   Nous surprenons *les étudiants.*
   Le professeur surprend les étudiants.

Exercices de transformation

1. *On apprend* vite.
   (*Tu*, *Nous*, *Elle*, *Ils*, *Je*, *Vous*, *On*)
2. *Comprenez-vous* le français?
   (*il*, *Est-ce que je*, *on*, *nous*, *tu*, *elles*, *vous*)
3. *Robert* ne *prend* pas le métro.
   (*Henry et Robert*, *Tu*, *Nous*, *Vous*, *On*, *Je*, *Elles*, *Robert*)

QUESTIONS GENERALES

1. Aimez-vous voyager par le train? Pourquoi?
2. Etes-vous inquiet/inquiète dans un avion?
3. Avez-vous une belle chevelure?
4. Etes-vous grand(e)? fort(e)?
5. Etes-vous bavard(e) en classe?
6. Etes-vous difficile à table?
7. Comprenez-vous tous les scénarios?
8. Est-ce que ce livre appartient à un étudiant?
9. A quelle heure venez-vous en classe?
10. Prenez-vous l'autobus pour aller à l'école?
11. Comment allez-vous à la pharmacie?

12. Comment allez-vous à l'église?
13. Quels sont les deux derniers jours de la semaine?
14. Qu'est-ce que vous venez de faire?

Exercices de manipulation

1. Demandez à __________ si elle est grande.
2. Demandez à __________ si elle prend le train pour aller à New York.
3. Demandez à __________ s'il est gros.
4. Demandez à __________ s'il est difficile à table.
5. Demandez à __________ de montrer les cheveux, les yeux, la bouche, le nez, le menton, les oreilles, le visage d'un étudiant.
6. Demandez à __________ s'il apprend toujours les scénarios.
7. Demandez à __________ si elle est bavarde.
8. Demandez à __________ où est son livre.
9. Demandez à __________ s'il est loin de la porte.
10. Demandez à __________ s'il est en face de la fenêtre.
11. Demandez à __________ la date de son anniversaire.
12. Demandez à __________ s'il comprend le professeur.
13. Demandez à __________ si elle vient de dormir (manger, étudier, voyager, apprendre la leçon).
14. Demandez à __________ si le professeur est à sa gauche.
15. Demandez à __________ si le professeur est à sa droite.
16. Demandez à __________ si la classe est au bout du couloir.
17. Demandez à __________ si la classe est en haut de l'escalier.
18. Demandez à __________ où il va aller après (*after*) la classe.

LECTURE L'Accent grave

LE PROFESSEUR: Elève Hamlet!

startled/What — L'ELEVE HAMLET: (**sursautant**) . . . **Hein** . . . Quoi . . . Pardon . . . Qu'est-ce qui se passe . . . Qu'est-ce qu'il y a . . . Qu'est-ce que c'est? . . .

displeased / *still* — LE PROFESSEUR: (**mécontent**) Vous ne pouvez pas répondre «présent» comme tout le monde? Pas possible, vous êtes **encore** dans les nuages.

clouds — L'ELEVE HAMLET: Etre ou ne pas être dans les **nuages!**

enough — LE PROFESSEUR: **Suffit.** Pas tant de manières. Et conjuguez-moi le verbe **être,** comme tout le monde, c'est tout ce que je vous demande.

L'ELEVE HAMLET: *To be* . . .

LE PROFESSEUR: En français, s'il vous plaît, comme tout le monde.

L'ELEVE HAMLET: Bien, monsieur. (*Il conjugue*)
Je suis ou je ne suis pas
Tu es ou tu n'es pas
Il est ou il n'est pas
Nous sommes ou nous ne sommes pas . . .

aren't with it — LE PROFESSEUR: (*excessivement mécontent*) Mais c'est vous qui **n'y êtes pas,** mon pauvre ami!

L'ELEVE HAMLET: C'est exact, monsieur le professeur,
Je suis «où» je ne suis pas
Et **dans le fond, hein,** à la réflexion
Etre «où» ne pas être
C'est peut-être aussi la question.

finally/eh

Jacques Prévert
Paroles
Gallimard 1949, Paris

Words

Questions

1. Que dit Hamlet?
2. Qu'est-ce que le professeur demande à Hamlet de répondre?
3. Où Hamlet est-il encore?
4. Que répond Hamlet?
5. Quel verbe Hamlet doit-il conjuguer?
6. Comment tout le monde conjugue le verbe **être?**
7. Conjuguez le verbe **être** comme fait Hamlet.
8. Le professeur est-il content? Pourquoi?
9. Pensez-vous comme Hamlet que "être ou ne pas être" est peut-être aussi la question?

CREATION ET RECREATION

1. Using one of the two photos or pictures previously described in **Création et récréation** exercises (**Chapitre 1**—photo of a family; **Chapitre 3**—photo or picture of a celebration), elaborate on your original description with special attention to the spatial relations found among the various persons and objects. Also, try to use as many of the irregular verbs you have studied as possible. For example:

Vous voyez dans cette photo (**on trouve dans** cette photo) l'ensemble d'une famille **à table.** Ces personnes **sont en train de** ________________.

Then, proceed to point out who is where, next to whom, etc., being sure to use the following: **à côté de, au bout de, derrière, devant, en face de, loin de, près de, sous** and **sur.**)

2. Monique et Pierre arrivent à la gare de ________. Ils font la connaissance des familles américaines qui vont les héberger. Monique et Pierre décrivent (*describe*) leurs mères américaines. . . .

OUI **NON**

Chapitre 5: COUP D'ŒIL

________ ________

1. Ordinal numbers indicate the order of items in a series:

premier, deuxième, etc.

Un artiste dessinant sur un trottoir

2. Spatial relations:

à côté de	*beside*
devant	*in front of*
derrière	*behind*
en face de	*opposite*
loin de	*far from*
près de	*near*
sous	*under*
sur	*on*

3. **Venir** (*to come*) is an irregular verb. It is conjugated as follows:

je viens	nous venons
tu viens	vous venez
il vient	ils viennent

Verbs which are conjugated like it are:

appartenir, devenir, maintenir, obtenir, revenir, tenir

4. The idiomatic **venir de** + infinitive should not be confused with **venir.** Note the difference:

Il vient manger.	*He comes to eat.*
Il vient de Paris.	*He comes from Paris.*
Il vient de la classe.	*He comes from class.*
Il vient de manger.	*He has just eaten.*

5. **Prendre** (*to take*) is an irregular verb. It is conjugated as follows:

je prends	nous prenons
to prends	vous prenez
il prend	ils prennent

Verbs which conjugate like it are:

apprendre, comprendre, surprendre.

6. You must have noticed that adjectives agree in number and gender with the nouns and pronouns they modify:

Cette expérience français**e.**
Plusieurs mères sont inquièt**es.**
Cette femme est content**e.**
Ils voient des choses intéressant**es.**
Les deux étudiants sont toujours bouleversé**s.**

Notice the forms of adjective you have learned already:

Masculine singular: Il est grand/petit/fort/faible/beau/laid/gros/maigre/jeune/vieux.
Feminine singular: Elle est grande/petite/forte/faible/belle/laide/grosse/maigre/jeune/vieille.
Masculine plural: Ils sont grands/petits/forts/faibles/beaux/laids/gros/maigres/jeunes/vieux.
Feminine plural: Elles sont grandes/petites/fortes/faibles/belles/laides/grosses/maigres/jeunes/vieilles.

The following are simple rules we shall see in greater detail later:

a. Adjectives always agree with nouns or pronouns.
b. To form the feminine we usually add **e** to the masculine.
c. If the masculine adjective already ends in an **e,** the same form serves as well for the feminine.
d. The plural usually adds **s** to the masculine and feminine singulars.
e. Some adjectives have irregular feminine singular forms:

beau/belle, gros/grosse, vieux/vieille.

f. Some verbs are based on certain adjectives:

faible = **faiblir** gros = **grossir**
grand = **grandir** maigre = **maigrir** vieux = **vieillir**

We will study these later. The point here is to draw your attention to the many relationships you can make as you learn new vocabulary.

VOCABULAIRE

Verbes

appartenir (à)*
apprendre*
consulter
couper
devenir*
espérer
examiner
héberger
identifier
loger
maintenir*
obtenir*
pouvoir
prendre*
recevoir
reconnaître
revenir*
surprendre*
tenir*
tourner
venir*
venir de*

Noms

barbe (f.)
bouche (f.)
chevelure (f.)
cheveu/**cheveux** (m.)
favoris (m. pl.)
front (m.)
menton (m.)
moustache (f.)
nez (m.)
œil/yeux (m.)
oreille (f.)
tête (f.)
tignasse (f.)
visage (m.)

banque (f.)
couloir (m.)
épicerie (f.)
escalier (m.)
garage (m.)
gymnase (m.)
hôtel (m.)
librairie (f.)
pharmacie (f.)
restaurant (m.)
rue (f.)
terrain de sports (m.)

actrice (f.)
bulletin (m.)
chapitre (m.)
Etats-Unis (m. pl.)
exercice (m.)
foule (f.)
liste (f.)
nouveau (m.)
numéro (m.)
ordre (m.)
photo (f.)
rencontre (f.)
vérité (f.)

Adjectifs

anxieux/anxieuse	**grand**
bavard	**gros**
beau/belle	inquiet
court	**laid**
costaud	**long**
délicat	**maigre**
éternel	**nouveau**
faible	parfait
fort	plusieurs

Adverbes

à droite	**enfin**
à gauche	**maintenant**
en bas de	plus . . . que
en face de	tant mieux
en haut de	**tout droit**

Conjonction

parce que

Prépositions

après	**près de**
à côté de	**sous**
jusqu'à	

Expressions utiles

au bout de	**en même temps**
avoir l'air	être difficile à table
beaucoup de monde	**faire la connaissance de**
bien bâti	faire couper les cheveux
bien entendu	Mon Dieu!

Scénario 5: Rencontre à la gare

QUATRIEME ETAPE:

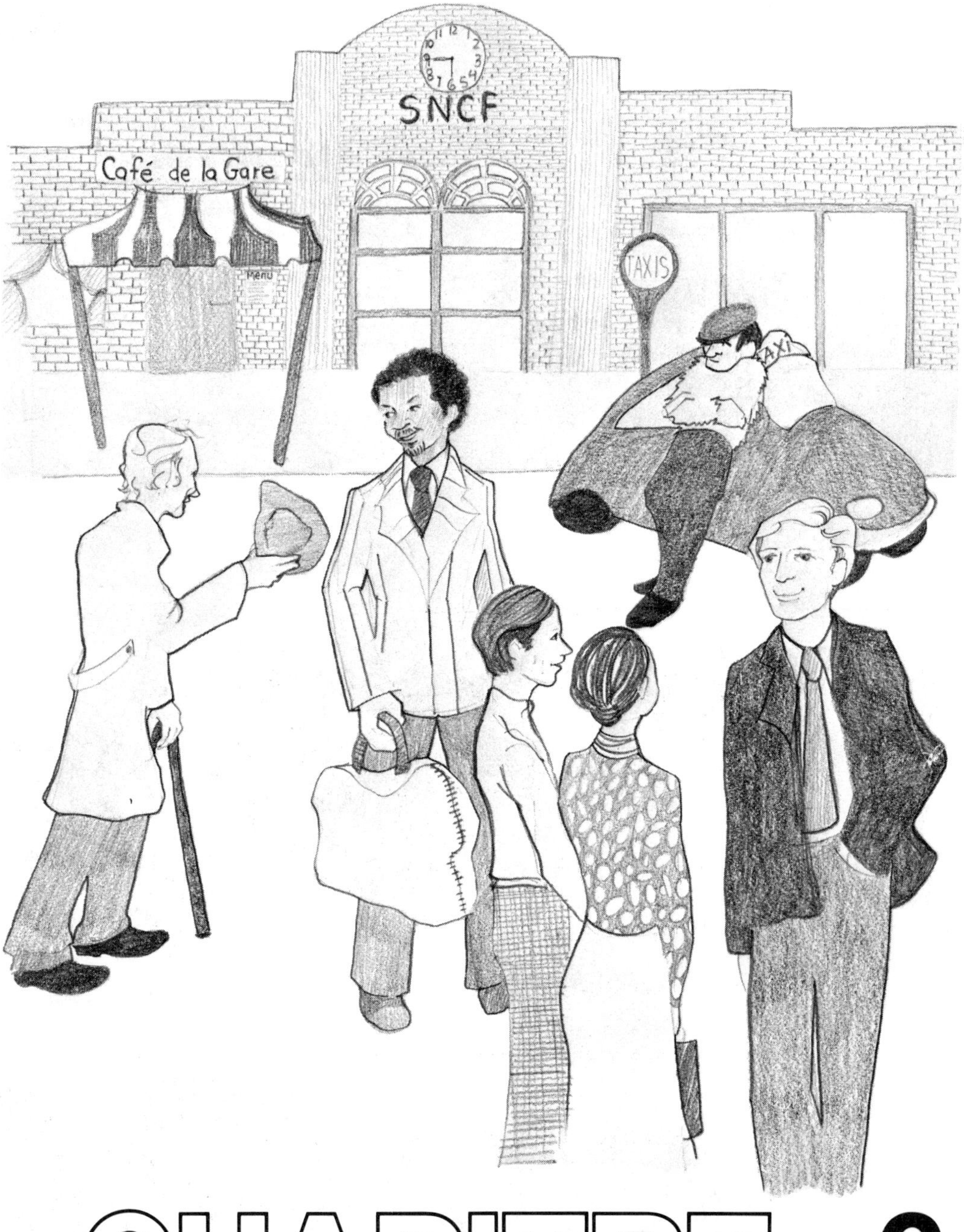

CHAPITRE 6

PREMIERE REVISION

PREMIERE REVISION

In Chapitres 1 through 5 you learned a good deal of French.

You already know enough structure and vocabulary to express yourself in an elementary way on the following topics:

I. Basic autobiographic data:

A. Name

B. Age

C. Family relationships

D. Health

II. All time indications

III. Most weather conditions

IV. Practical and general sense of directions

QUATRIEME ETAPE

Study the picture on the preceding page.

Prepare an original **scénario** based upon what you see. Use your imagination and be as natural as possible. Try to incorporate as many as possible of the structures you know in your presentation.

The following paragraphs are samples of what you can do on your own:

I. Les deux amis sont devant la gare à Bourges. Ils trouvent un taxi. Il est neuf heures et demie. Il ne pleut pas.

ROBERT: J'espère que ce chauffeur-ci n'est pas irrité.

HENRY: Ecoute, mon vieux, ne sois pas intimidé. Si le chauffeur n'est pas gentil, nous allons choisir un autre taxi, etc.

II. Les deux amis vont aller avec leurs mères françaises. La mère de Robert s'appelle Mme Fourchet et la mère d'Henry s'appelle Mme Craquet. Henry et sa mère vont à l'auto de Mme Fouchet. Henry tient sa valise.

HENRY: Tiens, voilà le monsieur du train.

ROBERT: Oui, il est très gentil, et il n'est pas comme tout le monde, etc.

REVISION GENERALE DES CINQ PREMIERS CHAPITRES

I. Verb forms and tenses:

A. The *present indicative* of the *regular verbs* of the first (verbs ending in **-er**) and second (verbs ending in *-ir*) classes:

1. First class: **parler**
2. Second class: **finir**

B. The *present indicative* of *irregular verbs:*

1. **aller, avoir, être, faire, prendre, voir, venir**
2. **être** and **avoir** are the most widely used in French
3. **aller** means *to go:*

   Je vais à la salle de classe.

   aller also is used idiomatically to convey one's state of health:

   Je vais bien. Mon ami ne va pas bien.

4. **faire** is used impersonally in the formulas:

   Quel temps fait-il? Il fait beau.

   faire also means *to do* or *to make:*

   Il fait le devoir.

C. The *present indicative* of all verbs conveys action performed in the *present:*

je suis	=	I am (*now*)
j'ai	=	I have (*now*)
je vais	=	I go (generally)
		I am going (*now*)
je parle	=	I speak (generally)
		I am speaking (*now*)
je finis	=	I finish (generally)
		I am finishing (*now*)

Note that the French **je parle** may be expressed three different ways in English:

(*present proper*)	*I speak*	
(*present progressive*)	*I am speaking*	→ **je parle**
(*present emphatic*)	*I do speak*	

D. Verbs ending in **-cer, -ger, -eler, -eter** undergo spelling changes:

Nous commen**ç**ons le chapitre.
Il s'appe**ll**e Robert.
Ne je**tt**e pas le billet!

E. The *near future* is formed with the verb **aller** in the present tense + *the infinitive of the main verb:*

Je vais parler. *I am going* (*am about*) *to speak.*

F. Commands are expressed with the *imperative form:*

Donne le billet au garçon!
Donnez le billet au garçon!
Donnons le billet au garçon!

Negative commands are expressed this way:

Ne donne **pas** le billet au garçon!
Ne donnez **pas** le billet au garçon!
Ne donnons **pas** le billet au garçon!

G. *Near or recent past* may be rendered by **venir de** + *infinitive:*

Je viens de parler. *I have just spoken.*

II. *Questions* are formed in several ways:

A. By using **est-ce que** + the declarative sentence:

Declarative: Vous êtes fatigué.
Question: **Est-ce que** vous êtes fatigué?

B. By simple *inversion:*

Vous parlez bien.
Parlez-vous bien?

Use **est-ce que** for the first person singular:

Est-ce que je parle bien?

C. By *pronominal inversion with noun subjects:*

Marc finit le livre.
Marc finit-*il* le livre?

D. By adding **n'est-ce pas** to the declarative:

Tu comprends la leçon.
Tu comprends la leçon, **n'est-ce pas?**

E. By raising the voice at the end of the sentence:

Vous prenez le train.
Vous prenez le train? ↗

III. *Negations* are formed by surrounding the verb with the negating particle **ne . . . pas:**

Je vais à la gare.
Je **ne** vais **pas** à la gare.

IV. The *negative interrogative* is formed by placing **ne** before the verb and **pas** after the subject pronoun:

N'apprend-il **pas** les verbes?
Paul **n'**apprend-il **pas** les verbes?

To answer a negative question with an affirmative ("yes") answer, use **Si:**

Si, il apprend les verbes.

V. The *definite article:*
The French forms of the English *the* are **le, la, l', les.** The *definite article* specifies the definite existence of an idea or an object:

Le garçon est américain.	**La** salle de classe est à gauche.
Le train est à la gare.	**L'**autobus va vite.
La femme est malade.	**Les** messieurs sont gentils.

VI. The *definite article—unlike English usage*—is used in French:
A. Before days of the week to indicate repeated occurrence:

Je vais au cinéma **le** lundi.
I go to the movies Monday (every Monday).

B. Before seasons:

Le printemps est doux.
Spring is mild.

C. Before dates:

Je suis né **le** 7 janvier.

D. Before the names of languages:

Il comprend **le** français.

The only two exceptions to this rule are:
1. After the verb **parler:**

Je parle français.

2. After the preposition **en:**

C'est écrit **en** français.
It is written in French.

VII. The *indefinite article:*
The French forms of the English *a, an* are **un, une.** The *indefinite article* indicates the existence of an idea or an object without seeking to be precise:

	NOTE PLURAL FORMS:
Un homme est ici.	**Des** hommes sont ici.
J'ai **un** livre.	J'ai **des** livres.

VIII. The *prepositions* **à** and **de** may contract or link up with *definite articles* to express the following ideas:

ownership:	le livre **du** garçon
about, of:	Je parle **de l'**homme.
from:	Il vient **du** café.
at:	Je suis **au** restaurant.
to:	Je parle **au** monsieur.
	Je vais **au** restaurant.

IX. Demonstrative adjectives "demonstrate" (point to) the things they designate:

Ce monsieur est gentil.
Cet étudiant est intimidé.
Cette femme est malade.
Ces garçons sont dans l'avion.

To specify *this* use **ci;** to specify *that* use **là:**

Cet homme-**ci** est jeune; cet homme-**là** est vieux.
This man is young; that man is old.

REVISION Exercices de transformation

Negations

Modèle: Je comprends le scénario.
Je ne comprends pas le scénario.

1. Nous sommes dans la salle de classe.
   Nous ne sommes pas dans la salle de classe.
2. Vous êtes dans l'avion.
3. Le livre est sur la table.
4. Il fait beau.
5. Je vais étudier en France.

Interrogatives

Modèle: Vous finissez le livre.
Finissez-vous le livre?

1. J'ai le billet.
2. Vous regardez le film.
3. Elle va apporter les écouteurs.
4. Ils cherchent les valises.
5. Tu trouves l'autobus.

Interrogatives with Noun Subject

Modèle: Le père parle à son fils.
Le père parle-t-il à son fils?

1. L'étudiant va en France.
2. L'hôtesse de l'air choisit le menu.
3. Robert a son sac de couchage.
4. Henry parle au vieux monsieur.
5. L'employé est exaspéré.

Negative Interrogative with Noun Subject

Modèle: Le professeur consulte la liste.
Le professeur ne consulte-t-il pas la liste?

1. Henry vient d'Atlanta.
2. Robert est irrité.
3. Le vieil homme arrive à dix heures.
4. Robert doit dix francs au chauffeur.
5. Le père parle à son fils.

Negative Question with Affirmative Answer: **Si**

Modèle: Ne tourne-t-on pas à droite pour aller à la librairie?
Si, on tourne à droite pour aller à la librairie.

1. Mme Fourchet n'héberge-t-elle pas un étudiant américain?
2. Ne reviennent-ils pas du terrain de sports?
3. Ne travaille-t-elle pas bien?
4. Les hommes ne maigrissent-ils pas beaucoup?
5. Est-ce que le cheval ne traverse pas le pont?

n'est-ce pas?

Modèle: Le jeune homme ouvre la porte.
Le jeune homme ouvre la porte, n'est-ce pas?

1. Il y a foule devant la gare.
2. Les mères sont inquiètes.
3. Il fait couper ses cheveux.
4. Il est difficile à table.
5. Elles consultent la liste des étudiants.

Est-ce que . . . ?

Modèle: Il y a foule devant la gare.
Est-ce qu'il y a foule devant la gare?

1. Il y a beaucoup de personnes dans la gare.
2. Ils sont bien bâtis.
3. Les familles françaises hébergent les étudiants.
4. Je comprends le vieux monsieur.
5. Il vient du café.

Singular > Plural

Modèle: Le père maintient l'ordre.
Les pères maintiennent l'ordre.

1. L'hôtesse ramasse l'assiette.
2. Le garçon comprend l'employé.
3. La sœur cherche la valise.
4. Le chauffeur désire l'argent.
5. Le professeur oublie les étudiants.

Plural > Singular

Modèle: Les garçons se souviennent de l'école.
Le garçon se souvient de l'école.

1. Les mères vont à la gare.
2. Les étudiants voyagent dans l'avion.
3. Les employés ferment les portières.
4. Les professeurs finissent les scénarios.
5. Les trains arrivent à neuf heures.

au / à la / à l' > aux

Modèle: Je parle au monsieur.
Je parle aux messieurs.

1. Nous parlons à l'hôtesse de l'air.
2. Il parle au copain.
3. Vous parlez à la famille.
4. Elles parlent à l'homme.
5. Tu parles à l'étudiant.

du / de la' / de l' > des

Modèle: Je parle du chauffeur.
Je parle des chauffeurs.

1. Nous parlons du garçon.
2. Tu parles du copain.
3. Elle parle de l'employé.
4. Vous parlez de l'étudiante.
5. Ils ont besoin du billet.

ce / cet / cette > ces

Modèle: Cette mère est inquiète.
Ces mères sont inquiètes.

1. Ce monsieur est aimable.
2. Cette femme parle vite.
3. Cet homme prend le train.
4. Cette expérience est importante.
5. Cette Française loge les Américains.

ces > ce / cet / cette

Modèle: Ces femmes sont charmantes.
Cette femme est charmante.

1. Ces messieurs sont bavards.
2. Ces garçons vont parler.
3. Ces hommes choisissent les livres.
4. Ces amis vont arriver à neuf heures.
5. Ces rues sont belles.

Imperatives

◖◗ Modèle: Vous parlez au chauffeur.
Parlez au chauffeur!

1. Tu apportes le calendrier.
2. Tu arrives à l'heure.
3. Vous cherchez l'autobus.
4. Nous trouvons le restaurant.
5. Vous voyagez souvent.

Venir de + Infinitive

◖◗ Modèle: Vous indiquez la rue.
Vous venez d'indiquer la rue.

1. Le chauffeur intimide les étudiants.
2. Nous pigeons° les verbes difficiles.
3. Elle note l'heure du dîner.
4. Le chien irrite la vache.
5. Le train commence à rouler.

QUESTIONS GENERALES

1. Comment vous appelez-vous?
2. Quel âge avez-vous?
3. Combien de frères avez-vous?
4. Combien de sœurs avez-vous?
5. Comment allez-vous?
6. A quelle heure commence la classe?
7. A quelle heure finit la classe?
8. A quelle heure allez-vous au cinéma?
9. Quelle heure est-il?
10. Quel temps fait-il?
11. Etes-vous fatigué(e)?
12. Etes-vous content(e)?
13. Quand êtes-vous né(e)?
14. Quels sont les bâtiments importants d'une ville?
15. Qu'est-ce que le métro?
16. Y a-t-il le métro chez vous?
17. Qui est à côté de vous?
18. Qui est près de vous?
19. Qui est devant vous?
20. Est-ce que Bourges est loin de Paris?
21. Est-ce que New York est loin de Chicago?
22. Combien d'aéroports y a-t-il à Paris?
23. Quels sont les jours de la semaine?
24. Combien de mois y a-t-il dans une année?
25. Quels sont les mois de l'année?
26. En quelle saison pleut-il?

27. En quelle saison neige-t-il?
28. Quelle saison préfères-tu?
29. Quelle est la date de ton anniversaire?
30. Est-ce que tu grossis, ou est-ce que tu maigris?

NOTES CULTURELLES

1. France spreads its culture in various ways. For instance, bills issued by the Bank of France bear pictures of famous people. Bills are issued in denominations of 500 francs (F), 100 francs, 50 francs, and 10 francs.
2. Denominations of 10 francs:
   On the front, to the right, there is a portrait of Voltaire. There is also a view of the Palais des Tuileries.

   On the back, to the left, there is the same portrait of Voltaire and, in the center, the Château de Cirey.
   The watermark shows another picture of Voltaire.

3. Recently the Bank of France issued a new 10 francs bill. It contains the portrait of the famous musician Hector Berlioz.
   What do you know about Berlioz?

4. Denominations of 50 francs: On the front, to the right, there is a portrait of Jean Racine. In the center, there is a view of the Abbaye de Port-Royal des Champs.
   The watermark contains a picture of Andromaque, a heroine of one of his plays.
5. The Bank of France has issued a new 50 francs bill. It shows the portrait of Maurice Quentin de la Tour.
   What do you know of Maurice Quentin de la Tour?

LECTURE Voltaire

Voltaire (François-Marie Arouet): Voltaire représente **l'esprit de l'âge des Lumières.** Il est né en 1694. Il écrit des satires contre le gouvernement et on l'**emprisonne** pendant onze mois. Après sa libération il prend le nom de Voltaire. Il **écrit des pièces de théâtre. A la suite d'une querelle** avec un noble **il part** pour **l'Angleterre** où il reste trois mois. A **Londres il découvre** la base de l'ordre anglais: la liberté de **pensée.** De retour en France il écrit des tragédies, des livres d'histoire, **des contes,** des poèmes, et un **Dictionnaire philosophique.** Il **combat surtout** le fanatisme et il cherche à faire triompher la tolérance. **Il est mort** le 30 mai 1778.

the spirit of the Age of Enlightment
puts in jail
writes plays/following an argument/he leaves
England/London/he discovers
thought
short stories/he fights
especially/He died

QUESTIONS SUR LA LECTURE

1. Que représente Voltaire?
2. Quand est-il né?
3. Pourquoi est-il emprisonné?
4. Pourquoi part-il pour l'Angleterre?
5. Combien de temps reste-t-il en Angleterre?
6. Que découvre-t-il à Londres?
7. De retour en France, qu'est-ce que Voltaire écrit?
8. Que combat-il surtout?
9. Que cherche-t-il à faire triompher?
10. Quelle est la date de sa mort?

LECTURE

Racine

Jean Racine est **sans doute le plus grand** auteur dramatique français du dix-septième siècle. Il a écrit des **chefs-d'œuvre** tragiques, **évoquant** en particulier les problèmes de la passion. Ses pièces sont **en vers** et montrent une analyse psychologique profonde. Ses héros et ses héroïnes ont des caractères très compliqués. *Andromaque* est une de ses **meilleures** pièces.

probably/the greatest
masterpieces/evoking
in verse/
best

QUESTIONS SUR LA LECTURE

1. De quel siècle est Jean Racine?
2. Qu'est-il sans doute?
3. Quels chefs-d'œuvre a-t-il écrits?
4. Qu'évoquent ses chefs-d'œuvre?
5. Comment sont ses pièces?
6. Que montrent ses pièces?
7. Qui est-ce qui a un caractère très compliqué?
8. Quelle est une de ses meilleures pièces?

PAS À PAS

TO THE STUDENT: Keep your books opened on page 128. Your teacher will describe one picture out of the four depicted. He or She will pause periodically to give you a chance to choose the picture you believe is being described.

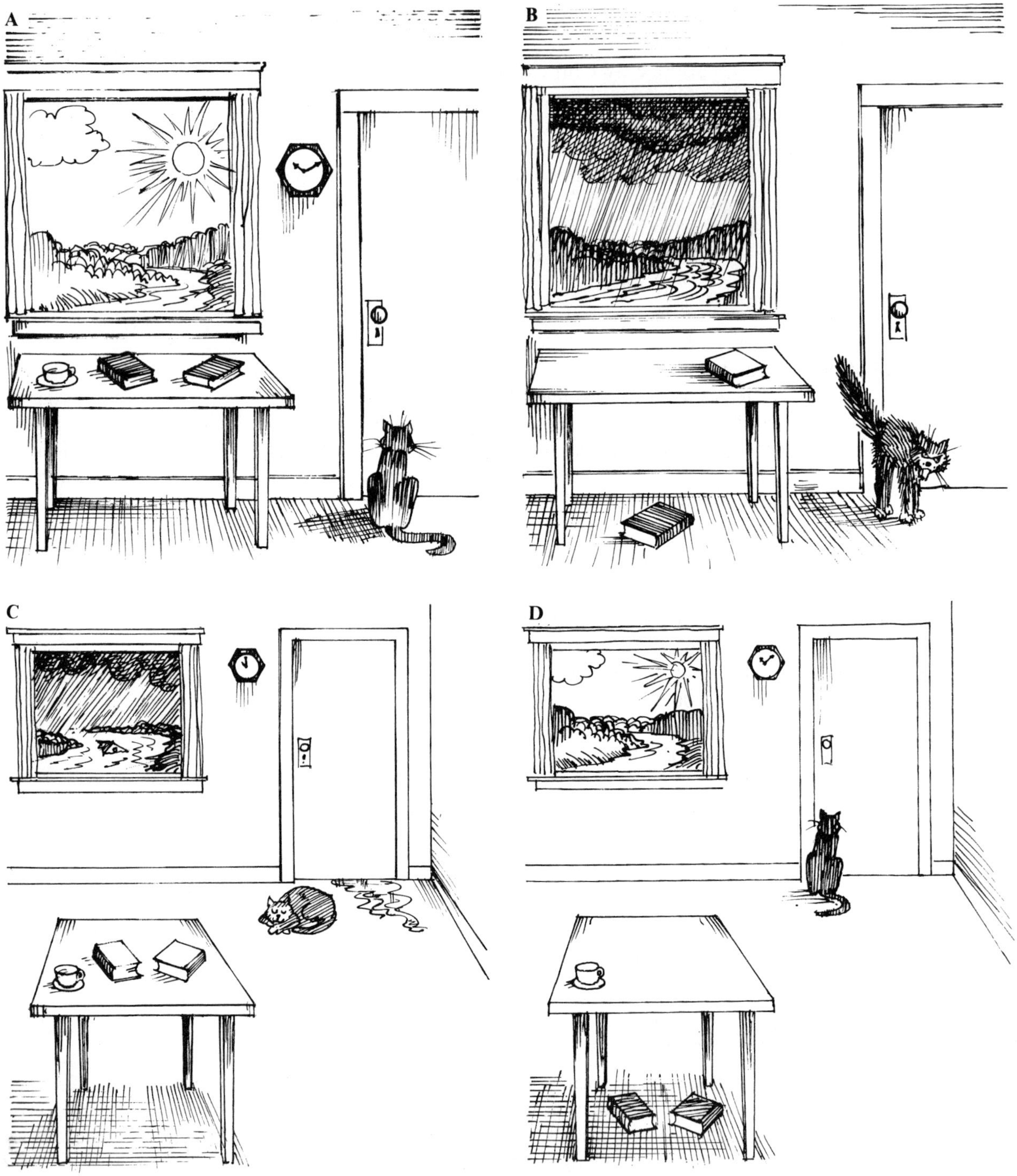

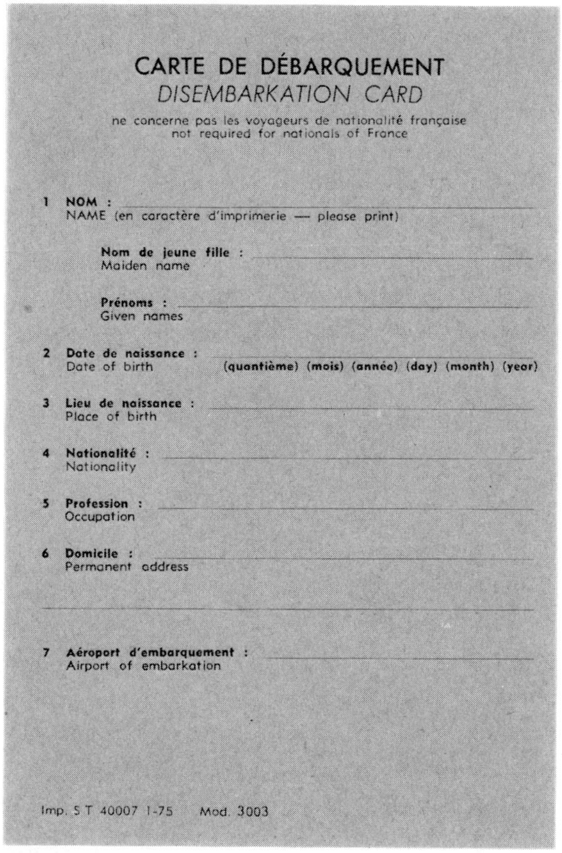

CARTE DE DÉBARQUEMENT
DISEMBARKATION CARD

ne concerne pas les voyageurs de nationalité française
not required for nationals of France

1 **NOM :** ____________________
NAME (en caractère d'imprimerie — please print)

Nom de jeune fille : ____________________
Maiden name

Prénoms : ____________________
Given names

2 **Date de naissance :** ____________________
Date of birth **(quantième) (mois) (année) (day) (month) (year)**

3 **Lieu de naissance :** ____________________
Place of birth

4 **Nationalité :** ____________________
Nationality

5 **Profession :** ____________________
Occupation

6 **Domicile :** ____________________
Permanent address

____

7 **Aéroport d'embarquement :** ____________________
Airport of embarkation

Imp. S T 40007 1-75 Mod. 3003

CREATION ET RECREATION

1. L'hôtesse de l'air vous donne une carte de débarquement. Vous n'avez pas de difficultés à la remplir correctement, sans même consulter les traductions en italique.
2. In this selection remember that Monique and Pierre should know something about the American monetary system. How would they describe a dollar bill, a five dollar bill, a ten dollar bill?

CHAPITRE 7

CHEZ LES FOURCHET

Scénario 7: Chez les Fourchet

PREMIERE ETAPE

Robert monte dans la «deux chevaux» de Mme Fourchet. Elle le conduit chez elle.

MME FOURCHET: Je suis désolée, il pleut souvent.

ROBERT: Ça ne fait rien.

(*Ils arrivent chez les Fourchet.*)

MME FOURCHET: Voici notre jeune étudiant américain.

M. FOURCHET: Je le reconnais, nous avons sa photo. Bonjour.

ROBERT: Bonjour, Monsieur.

M. FOURCHET: Et voici Nicole.

ROBERT: Bonjour, Nicole.

NICOLE: J'espère que tu as fait bon voyage.

ROBERT: Oui.

MME FOURCHET: Je vais vous montrer votre chambre.

(*Ils montent au premier étage.*)

MME FOURCHET: Voici votre chambre. Elle est grande, n'est-ce pas?

ROBERT: (*gêné*) Madame, euh! Puis-je . . .

MME FOURCHET: Oui. Les W.C. sont au bout du couloir.

ROBERT: (*soulagé*) Merci.

MME FOURCHET: De rien.

DEUXIEME ETAPE

Robert monte dans la petite «deux chevaux» de Mme Fourchet. Elle le conduit chez elle. Il commence à pleuvoir.

MME FOURCHET: Je suis désolée, il pleut souvent.

ROBERT: Ça ne fait rien.

MME FOURCHET: Il va faire beau demain.

(*Ils arrivent chez les Fourchet.*)

MME FOURCHET: Voici notre jeune étudiant américain.

(*M. Fourchet serre la main de Robert.*)

M. FOURCHET: Je le reconnais, nous avons sa photo. Bonjour.

ROBERT: Bonjour, Monsieur, (*il réussit à trouver la formule*) je suis heureux de faire votre connaissance.

M. FOURCHET: Et voici Nicole.

ROBERT: Bonjour, Nicole.

NICOLE: J'espère que tu as fait bon voyage.

ROBERT: Oui, j'ai fait la connaissance d'un vieux monsieur.

MME FOURCHET: Je vais vous montrer votre chambre.

(*Ils montent au premier étage et entrent dans la chambre de Robert.*)

MME FOURCHET: Voici votre chambre. Elle est grande, n'est-ce pas? Dans ce placard vous avez des serviettes propres.

ROBERT: (*gêné*) Madame, euh! Puis-je . . .

MME FOURCHET: Oui. Les W.C. sont au bout du couloir.
ROBERT: (*soulagé*) Merci.
MME FOURCHET: De rien. Il y a du savon sur le lavabo, et une serviette sur le porte-serviettes.

TROISIEME ETAPE

Robert monte dans la petite «deux chevaux» de Mme Fourchet. Elle le conduit chez elle. Tout à coup il commence à pleuvoir.
MME FOURCHET: Je suis désolée, Robert, mais, vous savez, il pleut souvent par ici.
ROBERT: Ça ne fait rien, Madame, j'ai mon imperméable.
MME FOURCHET: Vous allez voir, il va faire beau demain.
(*Ils arrivent chez les Fourchet. Mme Fourchet présente Robert à sa famille.*)
MME FOURCHET: Olivier, voici notre jeune étudiant américain.
(*M. Fourchet serre la main de Robert.*)
M. FOURCHET: Je le reconnais, nous avons sa photo. Bonjour, jeune homme. Soyez le bienvenu!
ROBERT: Bonjour, Monsieur, (*il réussit à trouver la formule*) je suis heureux de faire votre connaissance.
M. FOURCHET: Et voici Nicole.
ROBERT: Bonjour, Nicole.
NICOLE: Bonjour. J'espère que tu as fait bon voyage.
ROBERT: Oui, j'ai fait la connaissance d'un vieux monsieur très aimable.
MME FOURCHET: Venez, Robert, je vais vous montrer votre chambre.
(*Ils montent au premier étage et entrent dans la chambre de Robert.*)
MME FOURCHET: Voici votre chambre. Elle est grande, n'est-ce pas? Voici votre table et votre lampe. Dans ce placard vous avez des serviettes propres.
ROBERT: (*gêné*) Madame, euh! Puis-je . . .
MME FOURCHET: Oui, ah, oui. Les W.C. sont au bout du couloir.
ROBERT: (*soulagé*) Oui, les W.C., merci.
MME FOURCHET: De rien. Il y a du savon sur le lavabo, Robert, et une serviette sur le porte-serviettes.

SYNONYMES ET EXPRESSIONS APPROXIMATIVES

2 Tout à coup = tout d'un coup, soudain, soudainement
4 Ça ne fait rien = Ça n'a pas d'importance, ce n'est pas grave
4 un imperméable = un imper
6 chez les Fourchet = à la maison des Fourchet
8 serre la main de Robert → donne une poignée de main à Robert
11, 12 Je suis heureux de faire votre connaissance. = Enchanté.
22 *gêné* = embarrassé, confus
23 les W. C. [dubləvese], [vese] = les water-closets [watɛrklɔzɛt], les toilettes

VOCABULAIRE ILLUSTRE

Voici **un lit.**

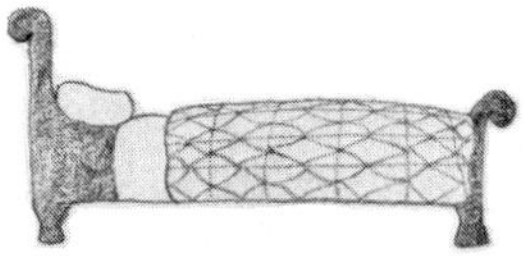

Voici **une couverture.**

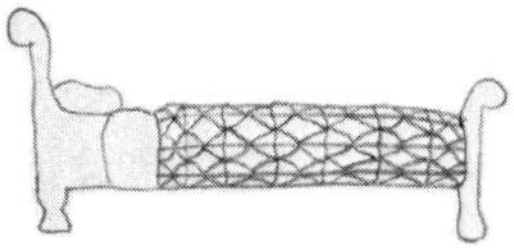

Voici **un oreiller.**

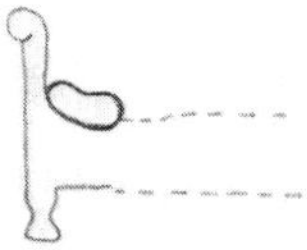

Voici **un tapis.**

Voici **une armoire.**

Voici **une chaise**

Il entre dans **la chambre.**

Il entre dans **la salle à manger.**

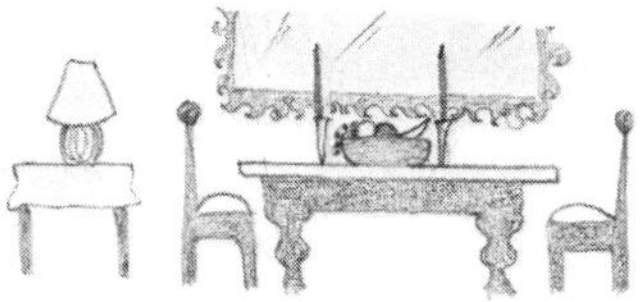

Il entre dans **le salon.**

Il entre dans **la salle de bains.**

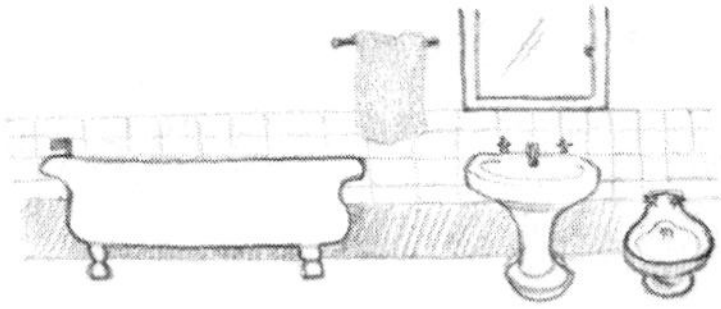

Il entre dans **la cuisine.**

Il entre dans **le bureau.**

NOTES CULTURELLES

1. A **deux chevaux** is a small Citroën of two horsepower. Horsepower is determined in a different way in France. A **deux chevaux** would be roughly equivalent to 25 horsepower by our calculations.
2. The French shake hands briskly. The hand-shake is one quick pump. One shakes hands on seeing someone and on leaving someone.
3. Male and female friends also kiss each other on both cheeks when they meet.

QUESTIONS SUR LE SCENARIO

1. Où monte Robert?
2. Où Mme Fourchet le conduit-elle?
3. Quel temps fait-il?
4. Quel temps va-t-il faire demain?
5. De qui Robert serre-t-il la main?
6. Comment s'appelle le mari de Mme Fourchet?
7. Que fait M. Fourchet?
8. Que dit M. Fourchet à Robert?
9. Quelle est la réponse de Robert?
10. Que dit Nicole?
11. Que désire faire Mme Fourchet?
12. Où montent-ils?
13. Comment est la chambre de Robert?
14. Où sont les serviettes?
15. Où Robert veut-il aller?
16. Où se trouvent les W.C.?
17. Qu'y a-t-il sur le lavabo?

NOTE DE GRAMMAIRE 1: Les Adjectifs

1. Adjectives describe qualities of nouns or pronouns:

C'est un **bon** livre.	*It is a good book.*
Il est **grand.**	*He is tall.*

They agree with the nouns and pronouns they modify in gender and number:

J'ai une petit**e** chambre.	*I have a small room.*
Regardez les beau**x** enfants.	*Look at the beautiful children.*
Ils sont grand**s**.	*They are tall.*

2. In general, most adjectives follow the noun.
3. Here, we shall study those adjectives which usually precede the noun. Generally, simple, common adjectives *precede* the noun:

autre	*other*	
beau	*beautiful*	
bon	*good*	
gentil	*nice*	
grand	*tall*	
gros	*fat*	
jeune	*young*	BEFORE THE NOUN!
joli	*pretty*	
long	*long*	
nouveau	*new*	
mauvais	*bad*	
petit	*small*	
vieux	*old*	

Note that these adjectives would be commonplace in the mouths of children. They may also be viewed as forming one idea with their nouns:

une petite amie	*a girl friend*
une jeune fille	*a girl (teen-ager)*
une petite fille	*a young girl (or: a small girl)*

4. Agreement of adjectives:

a. Adjectives which end in an unaccented **e** have the same masculine and feminine singular forms:

un **jeune** homme
une **jeune** fille
un **autre** garçon
une **autre** fille

b. Some adjectives are made feminine by adding an **e** to the masculine singular form:

un joli garçon	une joli**e** fille
un mauvais garçon	une mauvais**e** fille
un petit salon	une petit**e** chambre

c. Some feminine endings are more complex and must be memorized:

MASCULINE	FEMININE
bon [bõ]	bonne [bɔn]
gros [gro]	grosse [gros]
long [lõ]	longue [lõg]
frais [frɛ]	fraîche [frɛʃ]
beau [bo]	belle [bɛl]
nouveau [nuvo]	nouvelle [nuvɛl]
vieux [vjø]	vieille [vjɛj]

Note that the adjectives **beau, nouveau,** and **vieux** have two masculine singular forms:

MASCULINE SINGULAR: Before a noun beginning with a consonant	MASCULINE SINGULAR: Before a noun beginning with a vowel or mute **h**	MASCULINE PLURAL	FEMININE SINGULAR	FEMININE PLURAL
beau	bel	beaux	belle	belles
nouveau	nouvel	nouveaux	nouvelle	nouvelles
vieux	vieil	vieux	vieille	vieilles

d. In most cases, the plurals of adjectives are formed by adding **s** to the singular. Those which already end in **s** or **x** have the same forms in the plural.

All feminine adjectives take **s** for the plural.
Some masculine adjectives take **x** to form the plural:

SINGULAR	PLURAL
nouveau	nouveau**x**
beau	beau**x**
heureux	heureu**x**

Simples substitutions

1. Voilà *un vieux* magasin.
   (*un petit, un joli, un beau, un autre, un nouveau, un vieux*)
2. Il regarde *la vieille* église.
   (*la petite, la jolie, la belle, l'autre, la nouvelle, la vieille*)
3. Voilà *un vieil* hôtel.
   (*un petit, un joli, un bel, un autre, un nouvel, un vieil*)
4. C'est *un mauvais* garçon.
   (*un bon, un grand, un gros, un petit, un jeune, un mauvais*)
5. Il choisit *un beau* livre.
   (*un bon, un grand, un petit, un nouveau, un vieux, un beau*)
6. Ils choisissent *une belle* auto.
   (*une bonne, une grande, une petite, une nouvelle, une vieille, une belle*)
7. Il regarde *les vieilles* églises.
   (*les petites, les jolies, les belles, les autres, les nouvelles, les vieilles*)
8. Où sont *les vieux* hôtels?
   (*les petits, les jolis, les beaux, les autres, les nouveaux, les vieux*)

Substitutions progressives

1. L'hôtel est en face d'une vieille église.
   Le restaurant est en face d'une vieille église.
   Le restaurant est en face *d'une petite maison.*
   La boutique est en face d'une petite maison.
   La boutique est en face *d'une grande gare.*
   Le métro est en face d'une grande gare.
   Le métro est en face *d'une vieille église.*
   L'hôtel est en face d'une vieille église.
2. La belle couverture est sur le lit.
   La belle couverture est *dans le placard.*
   Le bel oreiller est dans le placard.
   Le bel oreiller est *sur la chaise.*
   La grande serviette est sur la chaise.
   La grande serviette est *sur le lit.*
   La belle couverture est sur le lit.

Exercices de transformation

Modèle: Je vois un château. (*grand*) (*vieux*)
Je vois un grand château.
Je vois un vieux château.

1. Elle apporte un dîner. (*bon*) (*grand*)
2. Nous avons une maison. (*petite*) (*nouvelle*)
3. Ils choisissent une auto. (*belle*) (*bonne*)
4. Il a deux amis. (*jeunes*) (*beaux*)
5. Je cherche un hôtel. (*bel*) (*autre*)
6. C'est une rue. (*mauvaise*) (*longue*)
7. C'est une chambre. (*belle*) (*grande*)
8. C'est un compartiment. (*petit*) (*grand*)
9. C'est une route. (*mauvaise*) (*bonne*)
10. J'achète un livre. (*gros*) (*vieux*)
11. Y a-t-il un café près d'ici? (*bon*) (*autre*)
12. C'est une femme. (*jolie*) (*belle*)
13. C'est un garçon. (*beau*) (*grand*)
14. Il parle avec un monsieur. (*vieux*) (*autre*)

1. C'est un homme. (*beau*)
2. C'est un arbre. (*nouveau*)
3. C'est un enfant. (*beau*)
4. C'est un cousin. (*vieux*)
5. C'est une cousine. (*vieux*)
6. C'est une femme. (*beau*)

Exercices de transformation

Modèle: Cette route est belle. (*court*)
Cette route est courte.

1. Cette maison est vieille. (*grand*)
2. Ce nez est court. (*long*)
3. Ce tapis est nouveau. (*court*)
4. Cet arbre est vieux. (*grand*)

NOTE DE GRAMMAIRE 2: Le Pluriel des noms

1. Normally, add **-s** to the singular to form the plural:

Un homme entre dans la salle de classe.
Des homme**s** entrent dans la salle de classe.

2. Nouns ending in **-s, -x,** or **-z** do not add **-s:**

le fils	**les fils**	Il y a plusieurs fils dans la famille.
la croix (*the cross*)	**les croix**	Il fait des croix sur son livre.
le nez	**les nez**	Ce médecin est un spécialiste des nez.

3. Most nouns ending in **-al** change **-al** to **-aux** in the plural:

un cheval	des chev**aux**	Des chevaux traversent le pont.
un journal (*a newspaper*)	des journ**aux**	Ils achètent plusieurs journaux au bureau de tabac.

4. Most nouns ending in **-eau** and **-eu** take an **-x** in the plural:

un neveu	des neveu**x**	Mes neveux vont arriver ce soir.
un château	des châteaux**x**	Les châteaux de France sont beaux.

5. Most nouns ending in **-ou** add **-s:**

un cou	des cou**s**	Les girafes ont de longs cou**s.**

Exercices de transformation

Modèle: Je cherche une banque.
Je cherche des banques.

1. Il m'a montré un cheval.
2. Elle voit un fils.
3. Elle a vu un château par la fenêtre du train.
4. Tu as cherché un bureau de tabac.
5. Un nouveau entre dans la salle de classe.
6. Un neveu va voyager avec moi.
7. Elle a acheté un journal hier soir.
8. Une girafe a un cou délicat.
9. Je crois reconnaître ce nez.

NOTE DE GRAMMAIRE 3: L'Adjectif possessif

1. The possessive adjective expresses possession. Because it is an adjective, it agrees in gender and in number with the noun it modifies.

The possessive adjective, then, agrees in gender and in number with the noun in possession, *not* with the possessor:

Masculine singular:	**son livre**	*his book* or *her book*
Feminine singular:	**sa cousine**	*his cousin* or *her cousin*

In the first example above, the noun in possession is (le) **livre.** It is masculine singular. The possessive adjective is automatically **son; son** is masculine singular.

son livre *his book* or *her book*

The possessive adjective, therefore, does not agree in gender and in number with the possessor.

The same is true with the second example above. The noun in possession is (la) **cousine.** It is feminine singular. The possessive adjective is automatically **sa; sa** is feminine.

sa cousine *his cousin* or *her cousin*

2. Forms of the possessive adjective:

a. Possessive adjectives to use when the noun in possession is masculine singular, *regardless of the gender and number of the possessor:*

my =	**mon**	frère	*our* =	**notre**	frère
your =	**ton**	frère	*your* =	**votre**	frère
his =	**son**	frère	*their* =	**leur**	frère
her =	**son**	frère			

b. Possessive adjectives to use when the noun in possession is feminine singular:

my =	**ma**	sœur		*our* =	**notre**	sœur
your =	**ta**	sœur		*your* =	**votre**	sœur
his =	**sa**	sœur		*their* =	**leur**	sœur
her =	**sa**	sœur				

c. Possessive adjectives to use when the noun in possession is either masculine or feminine plural:

mes	frères/sœurs/amis/autos	**nos**	frères/sœurs/amis/autos
tes	frères/sœurs/amis/autos	**vos**	frères/sœurs/amis/autos
ses	frères/sœurs/amis/autos	**leurs**	frères/sœurs/amis/autos

d. When a noun—masculine or feminine—begins with a vowel or a mute **h,** use the masculine form in the singular:

mon	ami/amie/homme/hôtesse de l'air
ton	ami/amie/homme/hôtesse de l'air
son	ami/amie/homme/hôtesse de l'air

Remember that the agreement in gender and number is determined by the noun in possession and *not* by the possessor!

Simples substitutions

1. *Son* visage est beau.
   (*Mon*, *Notre*, *Votre*, *Ton*, *Son*)
2. *Ma* serviette est propre.
   (*Notre*, *Votre*, *Sa*, *Leur*, *Ta*, *Ma*)
3. *Mon* école est grande.
   (*Son*, *Votre*, *Notre*, *Leur*, *Ton*, *Mon*)
4. *Mes* livres sont là.
   (*Vos*, *Leurs*, *Nos*, *Tes*, *Ses*, *Mes*)
5. *Tes* cheveux sont courts.
   (*Nos*, *Leurs*, *Vos*, *Mes*, *Ses*, *Tes*)

Exercices de transformation

Modèle: *J'ai mes* affaires. (*Il a*)
Il a ses affaires.

1. *J'ai mes* affaires.
   (*Nous avons*, *Ils ont*, *Vous avez*, *Tu as*, *Elle a*, *On a*, *J'ai*)
2. *Nous parlons* à *nos* amis.
   (*Tu parles*, *Ils parlent*, *Vous parlez*, *Elle parle*, *Je parle*, *On parle*, *Nous parlons*)
3. *Ils montent leurs* valises au premier étage.
   (*Vous montez*, *Elle monte*, *Je monte*, *Tu montes*, *On monte*, *Nous montons*, *Ils montent*)

4. *Je prends ma* serviette.
   (*Ils prennent, On prend, Nous prenons, Tu prends, Elle prend, Vous prenez, Je prends*)
5. *Jesse apprend ses* leçons.
   (*Elle apprend, Nous apprenons, Ils apprennent, Vous apprenez, Tu apprends, J'apprends, On apprend, Jesse apprend*)

Substitutions progressives

1. Notre étudiante est dans l'école.
   Mon étudiante est dans l'école.
   Mon étudiante *est à l'église.*
   Son amie Monique est à l'église.
   Son amie Monique *monte dans l'avion.*
   Notre hôtesse monte dans l'avion.
   Notre hôtesse *est dans l'école.*
   Notre étudiante est dans l'école.
2. Mon ami a son argent.
   Leur ami a son argent.
   Leur ami *a ses affaires.*
   Son ami a ses affaires.
   Son ami *a son imperméable.*
   Mon ami a son imperméable.
   Mon ami *a son argent.*

Exercices de transformation

Modèle: Mon amie est ici. (*beau*)
Ma belle amie est ici.

1. Mon ami est en France. (*autre*)
2. Mon ami est étudiant. (*vieux*)
3. Mon amie n'est pas ici. (*mauvais*)
4. Mon ami est français. (*nouveau*)
5. Mon ami est dans le château. (*bon*)

NOTE DE GRAMMAIRE 4: Le Pronom indéfini **on**

On stands for *one*, *we*, *they*, or *people*, and is used impersonally. It is used far more often in French than in English. Perhaps its most frequent equivalent usage in English is in that indeterminate, impersonal expression:

They say that he's rich. **On dit** qu'il est riche.

In French it always occurs in the third person singular.

On parle anglais ici.
On a ses livres pour étudier.

Exercices de transformation

Modèle: Les Français aiment le vin.
On aime le vin.

1. Nous finissons à 8 heures.
2. Nous sommes fatigués.
3. Nous déjeunons au café.
4. Nous parlons avec l'hôtesse.
5. Ils prennent nos livres.
6. Nous aimons les sports.
7. Ils aiment le cinéma.
8. Ils voyagent en France.

NOTE DE GRAMMAIRE 5: Le Pronom d'objet direct

1. Object pronouns replace object nouns.

Je vois le train. *I see the train.*

Je **le** vois. *I see it.*

2. Object pronouns and object nouns receive the action of the verb. The action of a verb may be transmitted *directly* to the object noun or pronoun:

Je regarde **le film.** (*direct object noun*)

Je **le** regarde. (*direct object pronoun*)

3. The direct object pronoun is placed before the verb:

	PERSONS		PERSONS OR THINGS		
	me	(*me*)	**le** or **l'**	*him, it*	
	te	(*you*)	**la** or **l'**	*her, it*	
SUBJECT	**nous**	(*us*)	**les**	*them*	VERB
	vous	(*you*)			

Drop the **-e** of **le** and the **-a** of **la** before a verb beginning with a vowel or mute **h.** The **-e** of **me** and **te** behave similarly.

4.

Robert regarde **le film.**	Robert **le** regarde.
Henry écoute **le professeur.**	Henry **l'**écoute.
Elle identifie **l'étudiante.**	Elle **l'**identifie.
Il héberge **l'étudiant.**	Il **l'**héberge.
Elle consulte **la liste.**	Elle **la** consulte.
Je reconnais **les livres.**	Je **les** reconnais.

Other examples:

Il **m'**écoute.	Tu **nous** reconnais.
Il **le** présente.	Je **vous** regarde.

5. Certain verbs in French—unlike English usage—take **direct objects:**

J'écoute **le professeur.**	Je **l'**écoute.	*I listen to the teacher.*
Il regarde **les enfants.**	Il **les** regarde.	*He looks at the children.*
Nous attendons **l'autobus.**	Nous **l'**attendons.	*We are waiting for the bus.*
Elle cherche **l'hôtel.**	Elle **le** cherche.	*She is looking for the hotel.*
Il demande **la couverture.**	Il **la** demande.	*He is asking for the blanket.*
Je paie **le repas.**	Je **le** paie.	*I am paying for the meal.*

The contrary is true in many other cases, i.e., French verbs take *indirect objects* while in English the same verbs take *direct objects.* We will see this characteristic in **Chapitre 8.**

Simples substitutions

1. Il *me voit.*
   (*me regarde, me choisit, me comprend, me cherche, me consulte, me voit*)
2. On *te voit.*
   (*te regarde, te cherche, te comprend, te consulte, te choisit, te voit*)
3. Elle *la trouve.*
   (*la cherche, la regarde, la comprend, la consulte, la finit, la trouve*)
4. Nous *le choisissons* tout de suite.
   (*le jetons, le finissons, le regardons, le cherchons, le comprenons, le choisissons*)
5. Ils *l'appellent.*
   (*l'amusent, l'apportent, l'étudient, l'écoutent, l'achètent, l'appellent*)
6. Nous *les appelons.*
   (*les achetons, les écoutons, les étudions, les amusons, les apportons, les appelons*)
7. On *l'a.*
   (*l'appelle, l'achète, l'étudie, l'apporte, le cherche, l'a*)
8. Ils *nous appellent.*
   (*nous choisissent, nous comprennent, nous trouvent, nous cherchent, nous présentent, nous appellent*)
9. Elle *vous écoute.*
   (*vous appelle, vous regarde, vous choisit, vous comprend, vous consulte, vous écoute*)

Substitutions progressives

1. Elle le conduit chez elle.
   Elle le conduit *à l'école.*
   Elles le cherchent à l'école.
   Elles le cherchent *à la maison.*
   Il l'oublie à la maison.
   Il l'oublie *au restaurant.*
   Elle le conduit au restaurant.
   Elle le conduit *chez elle.*
2. Il le pose sur le chariot.
   Il le pose *sur la table.*
   Ils le trouvent sur la table.
   Ils le trouvent *au rez-de-chaussée.*
   Elle le voit au rez-de-chaussée.
   Elle le voit *dans le taxi.*
   Il le pose dans le taxi.
   Il le pose *sur le chariot.*

Exercices de transformation

Modèle: Les Français hébergent *les étudiants.*
Les Français *les hébergent.*

1. Elle conduit *le garçon* chez elle.
2. Elle présente *Andrew* à son mari.
3. Vous avez *l'imperméable.*
4. Il prend *la couverture.*
5. Nous trouvons *l'autobus.*
6. Il identifie *les Américains.*
7. Ils montrent *la chambre* au monsieur.
8. On ferme *la porte.*
9. Je pose *la valise* sur le chariot.
10. Vous cherchez *les W.C.*
11. Vous achetez *les serviettes.*
12. Je reconnais *cet étudiant.*
13. Il prend *la main d'Andrew.*
14. Vous comprenez *la leçon.*
15. Elle apprend *l'exercice.*
16. Nous donnons *l'argent* à l'employé.
17. Elle compte *les étudiants.*

6. In *negations* the object pronoun stands immediately *before* the verb:

Je vois **l'auto.** Je ne **la** vois pas.

Exercices de transformation

Modèle: Vous comprenez *la leçon.*
Vous ne la comprenez pas.

1. Le professeur consulte *la liste.*
2. On cherche *la formule.*
3. Le vieux monsieur ouvre *la portière.*
4. Nous étudions *le français.*
5. Tu as *tes affaires.*
6. Je montre *la chambre* à la jeune fille.
7. Tu as *ton imperméable.*
8. Elle met *son oreiller* sur le lit.
9. Nous apportons *nos calendriers.*
10. Ils finissent *le chapitre.*
11. Je vois le *placard.*
12. Ils prennent *leurs affaires.*
13. Nous étudions *la vie de Voltaire.*
14. Elle remplit *les cartes de débarquement.*
15. Il fait *les repas.*
16. Ils ne comprennent pas *cet homme.*

7. In *interrogatives* the object pronoun stands *before* the verb:

Ramassent-ils les valises? **Les** ramassent-ils?

Exercices de transformation

Modèle: Apporte-t-elle *les dîners?*
Les apporte-t-elle?

1. Comptons-nous *les chevaux?*
2. Consulte-t-il *la liste?*
3. Regarde-t-elle *sa belle chevelure?*
4. Fermons-nous *les portières?*
5. Trouve-t-il *la base de l'ordre anglais?*

Modèle: Tu comprends *ce professeur.*
Le comprends-tu?
Est-ce que tu le comprends?

1. Elle commence *les devoirs.*
2. Vous regardez *le paysage.*
3. Nous voyons *l'église.*
4. Ils finissent *le livre.*
5. Elles hébergent *les étudiants.*

8. In the *affirmative imperative* the object pronoun follows the verb and is attached to it by a hyphen:

Ouvrez **vos livres!** Ouvrez-**les!**

Exercices de transformation

Modèle: Donnez *la couverture* à Robert!
Donnez-la à Robert!

1. Finis *le devoir!*
2. Regardons *les églises!*
3. Choisis *le tapis!*
4. Ouvrez *le placard!*
5. Etudions *le billet de 10 francs!*
6. Regarde *Robert!*
7. Ecoutez *le professeur!*
8. Fermez *les fenêtres!*

9. In the affirmative imperative the object pronouns (**moi, toi**) are stressed or *tonic* when one of them is last in the series:

Tu me crois.	Crois-**moi!**
Vous m'écoutez.	Ecoutez-**moi!**
Vous me regardez.	Regardez-**moi!**

10. In the *negative imperative* the object pronoun stands *before* the verb:

Donnez-le à Robert! Ne **le** donnez pas à Robert!

Exercices de transformation

Modèle: Ouvrez *la fenêtre!*
Ouvrez-la!
Ne l'ouvrez pas!

1. Regardez *le tapis!*
2. Posez *la couverture* sur le lit!
3. Apportez *les cuillères!*
4. Ramassez *les cartes!*
5. Finissez *le repas!*
6. Mange *le dîner!*
7. Cherchons *les garçons!*

11. In constructions where *two verbs* are used together, object pronouns stand directly *before* infinitives:

Je vais apporter les écouteurs. Je vais **les** apporter.

Exercices de transformation

Modèle: Elles vont héberger *les étudiants.*
Elles vont les héberger.

1. Je veux regarder *le film.*
2. Je crois reconnaître *cet homme.*
3. Je vais appeler *les enfants.*
4. Nous espérons voir *notre hôtesse.*
5. Vous allez étudier *la vie de Voltaire.*
6. Vont-ils chercher *leurs valises?*
7. Vas-tu prendre *la couverture?*
8. Va-t-il faire *le dîner?*
9. Désirez-vous apporter *la tasse?*
10. Voulez-vous donner *le pourboire?*
11. Espérez-vous reconnaître *la femme?*
12. Je ne vais pas voir *mon cousin.*
13. Il ne croit pas comprendre *la leçon.*
14. Ils ne désirent pas prendre *le taxi.*
15. Tu ne vas pas consulter *la liste.*
16. Il ne va pas compter *les étudiants.*

Passé Composé ← Présent

NOTE DE GRAMMAIRE 6: Le Passé composé

1. The **passé composé** is also known as the *perfect tense*. It expresses a completed action in the past:

Elle a fini le scénario hier (*yesterday*).
Elle a fini le scénario l'année dernière (*last year*).
Elle a fini le scénario la semaine passée (*last week*).
Elle a fini le scénario il y a une heure (*an hour ago*).

2. It is a *compound tense* constructed with the helping verb or the auxiliary verb

avoir *or* **être** + *the past participle of a verb.*

An *auxiliary verb* is a verb which helps another verb to form a compound tense in the past. You have already learned the conjugations of **avoir** and **être.**

3. The *past participle* is formed by adding the appropriate endings to the same *stem* we used to form the *present indicative* tense:

	STEM		ENDING
First class verbs:	parl	+	é
	regard	+	é
Second class verbs:	fin	+	i
	réuss	+	i

4. The **passé composé,** then, of **parler** and **finir** is as follows:

	AUXILIARY VERB	+	PAST PARTICIPLE	AUXILIARY VERB	+	PAST PARTICIPLE
First class verbs:	j'ai		parlé	nous avons		parlé
	tu as		parlé	vous avez		parlé
	il a		parlé	ils ont		parlé
Second class verbs:	j'ai		fini	nous avons		fini
	tu as		fini	vous avez		fini
	il a		fini	ils ont		fini

Note that the meaning of **j'ai parlé** is *I spoke* or *I have spoken:*

Le professeur a parlé aux étudiants il y a une heure.[1]
The teacher spoke to the students an hour ago.

Verbs taking **être** as an auxiliary are formed in a similar way. We shall discuss these verbs in **Chapitre 8.**

[1] **Il y a une heure** *an hour ago.*
Il y a + *a time reference* = *ago.*

5. Here are some verbs we have encountered thus far which take **avoir** as a helping verb (auxiliary verb):

FIRST CLASS VERBS

INFINITIVE	PAST PARTICIPLE	INFINITIVE	PAST PARTICIPLE	INFINITIVE	PAST PARTICIPLE
acheter	acheté	dîner	dîné	oublier	oublié
appeler	appelé	écouter	écouté	parler	parlé
apporter	apporté	espérer	espéré	préférer	préféré
chercher	cherché	garder	gardé	ramasser	ramassé
chuchoter	chuchoté	héberger	hébergé	regarder	regardé
compter	compté	identifier	identifié	trouver	trouvé
consulter	consulté	jeter	jeté	voler	volé
couper	coupé	loger	logé	voyager	voyagé
décider	décidé	manger	mangé		
déjeuner	déjeuné	marcher	marché		

SECOND CLASS VERBS

INFINITIVE	PAST PARTICIPLE	INFINITIVE	PAST PARTICIPLE	INFINITIVE	PAST PARTICIPLE
agir	agi	grossir	grossi	remplir	rempli
choisir	choisi	maigrir	maigri	réussir	réussi
finir	fini	obéir	obéi	vieillir	vieilli
grandir	grandi	rajeunir	rajeuni		

IRREGULAR VERBS: The past participles must be memorized!

INFINITIVE	PAST PARTICIPLE	INFINITIVE	PAST PARTICIPLE
appartenir	appartenu	obtenir	obtenu
apprendre	appris	pleuvoir	plu
avoir	eu	prendre	pris
comprendre	compris	prévoir	prévu
croire	cru	reconnaître	reconnu
être	été	surprendre	surpris
faire	fait	tenir	tenu
maintenir	maintenu	voir	vu

Note that both **avoir** and **être** take **avoir** as the auxiliary verb:

J'ai le livre.	**J'ai eu** le livre.	*I had* (*or have had*) *the book.*
Je suis en retard.	**J'ai été** en retard.	*I was late.*

Simples substitutions

1. *J'ai été* dans la chambre.
   (*Mon frère a été, Mes parents ont été, Il a été, On a été, Elles ont été, Nous avons été, J'ai été*)
2. *J'ai trouvé* le savon sur le lavabo.
   (*Nicole a trouvé, On a trouvé, Mes sœurs ont trouvé, Vous avez trouvé, Tu as trouvé, Nous avons trouvé, J'ai trouvé*)
3. *Nous avons décidé* de parler français.
   (*Les deux jeunes gens ont décidé, Ma petite amie a décidé, J'ai décidé, Tu as décidé, Vous avez décidé, On a décidé, Nous avons décidé*)
4. *J'ai choisi* cette armoire.
   (*L'hôtesse a choisi, Nous avons choisi, Vous avez choisi, On a choisi, Tu as choisi, Les parents ont choisi, J'ai choisi*)
5. *J'ai compris* la mentalité française.
   (*Nous avons compris, Tu as compris, Vous avez compris, On a compris, Ils ont compris, Il a compris, J'ai compris*)
6. *J'ai bien dormi* hier soir.
   (*Paul a bien dormi, Tu as bien dormi, On a bien dormi, Vous avez bien dormi, Mon oncle a bien dormi, Nous avons bien dormi, Ils ont bien dormi, J'ai bien dormi*)
7. *J'ai fait* le lit.
   (*Ma mère a fait, Mon ami a fait, Ils ont fait, Tu as fait, Nous avons fait, On a fait, Vous avez fait, J'ai fait*)

Exercices de transformation

Modèle: Je suis à Paris.
J'ai été à Paris.

1. Nous sommes en France.
2. Vous êtes à l'heure.
3. Paul est fatigué par le voyage.
4. Ils sont impatients.
5. Tu es gentil pour elle.
6. L'été est chaud.

Modèle: Vous avez congé.
Vous avez eu congé.

1. Tu as une carte.
2. J'ai peur.
3. Nicole a un beau livre.
4. Nous avons un vieux billet.
5. Henry et Robert ont un bon repas.
6. Elle a le savon et les serviettes.

Substitutions progressives

1. Elle a présenté Robert à son mari.
   Elle a donné le livre à son mari.
   Elle a donné le livre *à sa cousine.*
   Nous avons parlé à sa cousine.
   Nous avons parlé *à l'étudiant.*
   J'ai donné le livre à l'étudiant.
   J'ai donné le livre à *son mari.*
   Elle a présenté Robert à son mari.

2. On a montré le billet à l'employé.
On a donné l'argent à l'employé.
On a donné l'argent *au chauffeur.*
On a donné la valise au chauffeur.
On a donné la valise *à l'homme.*
On a montré la carte de débarquement à l'homme.
On a montré la carte de débarquement *à l'employé.*
On a montré le billet à l'employé.

Exercices de transformation

Modèle: Je trouve le placard.
J'ai trouvé le placard.

1. Nous vieillissons ensemble.
2. Elle héberge l'étudiant.
3. Elles oublient leurs imperméables.
4. Vous remplissez la carte.
5. Je réussis à ouvrir le placard.
6. Ils choisissent le menu.
7. Cet enfant obéit à son père.
8. Cette femme rajeunit.
9. Elle voit le garçon pour la première fois.
10. Il fait bon voyage.
11. Le chauffeur intimide le garçon.

6. Note that in the negative form the auxiliary verb is surrounded by **ne** (**n'**) . . . **pas:**

Nous avons parlé à sa cousine. Nous **n'**avons **pas** parlé à sa cousine.

The sequence is this:

Subject + **ne** + *auxiliary verb* + **pas** + *past participle*

Exercices de transformation

Modèle: Ils ont réussi à apprendre.
Ils n'ont pas réussi à apprendre.

1. J'ai rempli la carte.
2. Elle a hébergé l'enfant.
3. Nous avons appris à conduire.
4. Henry a compris le scénario.
5. J'ai gardé toutes vos affaires.

Modèle: Elle ne finit pas la page.
Elle n'a pas fini la page.

1. Le chien n'aime pas le chat.
2. Paul ne trouve pas le bureau de poste.
3. L'arbre ne grandit pas cette année.
4. Vous n'obéissez pas à vos parents.
5. Le train ne roule pas.
6. Elle ne cherche pas le sac de couchage.

7. In the interrogative form *the patterns of inversion* are the same as those we discussed in **Chapitre 1:**

Est-ce que:	Est-ce que vous avez dîné?
Simple inversion:	Avez-vous dîné?
Inversion with noun subject:	Jesse a-t-il dîné?
n'est-ce pas:	Vous avez dîné, n'est-ce pas?
Vocal inflection:	Vous avez dîné?

Exercices de transformation

Simple Inversion

Modèle: Ils ont réussi à apprendre.
Ont-ils réussi à apprendre?

1. J'ai rempli l'assiette.
2. Elle a logé l'enfant.
3. Nous avons appris à conduire.
4. Elle a cherché les valises.
5. Elles ont voyagé en France.

Inversion with Noun Subject

Modèle: Ce garçon a grandi cette année.
Ce garçon a-t-il grandi cette année?

1. Mme Fourchet a oublié le savon.
2. L'hôtesse a réussi à le faire la semaine dernière.
3. Le professeur a parlé aux étudiants il y a une heure.
4. Sa sœur a apporté tes affaires hier soir.
5. L'employé a ramassé toutes les cartes.

. . . n'est-ce pas?

Modèle: Nous avons choisi les mêmes livres.
Nous avons choisi les mêmes livres, n'est-ce pas?

1. Elle a identifié tous les étudiants.
2. Nous avons soupé chez elle hier.
3. Vous avez oublié les noms de tous les étudiants.
4. Tu as fait bon voyage.
5. Le chauffeur a intimidé les deux garçons.

Negative Inversion

Modèle: Ont-ils réussi à apprendre?
N'ont-ils pas réussi à apprendre?

1. Ai-je rempli l'assiette?
2. A-t-elle logé l'enfant?
3. Avons-nous appris à conduire?
4. A-t-elle cherché la couverture?
5. Ont-elles voyagé en France?

NOTE DE GRAMMAIRE 7: Accord du participe passé avec **avoir**

1. In compound tenses, past participles of verbs used with the auxiliary verb **avoir** are ordinarily invariable. However, the past participle will agree *in gender and number* with any direct object which *precedes* it.

J'ai vu **la voiture.** Je **l'**ai vu**e.**
La voiture? Oui, je **l'**ai vu**e.**
Quelle **voiture** as-tu vu**e?**

2. In most cases, this agreement changes the written form and does not affect the pronunciation.

Nous avons monté **les valises.** Nous **les** avons monté**es.**

But when a past participle ends with a consonant, the addition of the feminine ending **-e** (**-es**) will change the pronunciation of the participle. Note the following:

Le scénario? Il l'a compris.
Les chapitres? Il les a compris.
La leçon? Il l'a compris**e.**

Le repas? Il l'a fait.
La rencontre? Il l'a fait**e.**
Les rencontres? Il les a fait**es.**

3. In the negative form, the direct object pronoun normally precedes the auxiliary **avoir** directly:

J'ai vu **la photo.**
Je **l'**ai vu**e.**
Je ne **l'**ai pas vu**e.**

4. In the interrogative form, the direct object pronoun also directly precedes the auxiliary **avoir:**

Il a cherché **le billet.**
Est-ce qu'il **l'**a cherché?
L'a-t-il cherché?

Exercices de transformation

Modèle: Elle a acheté le savon.
Elle l'a acheté.

1. Il a donné le billet.
2. Nous avons montré le lavabo.
3. J'ai choisi le menu.
4. Les étudiants ont pris le taxi.
5. Le chauffeur a intimidé Robert.
6. On a pris l'oreiller.

Modèle: Elle a cherché la voiture.
Elle l'a cherchée.

1. Ils ont appris la leçon.
2. Tu as rempli la carte.
3. J'ai vu la jeune fille tout de suite.
4. Vous avez fait la valise.
5. M. Fourchet a serré la main de Robert.
6. Le professeur a consulté la liste.

Modèle: Elles ont appris les exercices.
Elles les ont appris.

1. On a fermé les portes.
2. Ils ont regardé les vieilles églises.
3. Robert a monté les malles.
4. J'ai vu Robert et Henry dans le train.
5. Nous avons pris les couvertures.
6. La famille a logé les Américains.

Modèle: J'ai appelé le chat.
Je l'ai appelé.
Je ne l'ai pas appelé.

1. Nous avons apporté le couteau.
2. On a écouté le professeur.
3. Elle a rempli l'assiette.
4. Ils ont compris la lecture.
5. Tu as fait la queue.
6. Vous avez répété les leçons.

Modèle: Il a regardé le paysage.
Est-ce qu'il l'a regardé?
L'a-t-il regardé?

1. Nous avons vu une église.
2. Les garçons ont cherché leurs billets.
3. Tu as cherché la formule.
4. Il a donné le pourboire.
5. Mme Fourchet a trouvé les chaises.
6. J'ai surpris les enfants.

Modèle: Il a répété les verbes.
Il les a répétés.

1. On a fermé les portières.
2. Elle a choisi le tapis.
3. Vous avez appris les leçons.
4. Tu as fait la photo.
5. J'ai choisi le menu.

Modèle: On a rempli la carte.
Voici la carte. On l'a remplie.

1. Nous avons vu le château.
2. Elle a montré la chambre.
3. J'ai pris les serviettes.
4. Vous avez fait les voyages.
5. Ils ont écouté le vieux monsieur.

NOTE DE GRAMMAIRE 8: Les Verbes irréguliers: **pouvoir, vouloir, savoir**

1. The verbs **pouvoir, vouloir,** and **savoir** are irregular. Note certain similarities between the present indicative conjugations of **pouvoir** and **vouloir.**

pouvoir = *to be able*		**vouloir** = *to want*		**savoir** = *to know (a fact or how to do something)*	
je	peux[2]	je	veux[3]	je	sais
tu	peux	tu	veux	tu	sais
il	peut	il	veut	il	sait
nous	pouvons	nous	voulons	nous	savons
vous	pouvez	vous	voulez	vous	savez
ils	peuvent	ils	veulent	ils	savent

[2] The interrogative form of the first person singular is:
Puis-je? *or* Est-ce que je peux?

[3] No inversion is possible with this form. Only **est-ce que** can be used.
Est-ce que je veux?

Simples substitutions

1. *Je peux* monter dans la «deux chevaux».
   (*Nous pouvons*, *Elle peut*, *Tu peux*, *Vous pouvez*, *Ils peuvent*, *Je peux*)
2. *Pouvons-nous* conduire?
   Pierre peut-il, *Puis-je*, *Pouvez-vous*, *Marie peut-elle*, *Peut-on*, *Peuvent-ils*, *Peut-il*, *Peux-tu*, *Pouvons-nous*)
3. *Il ne peut pas* le faire.
   (*Nous ne pouvons pas*, *Ils ne peuvent pas*, *Je ne peux pas*, *Vous ne pouvez pas*, *Tu ne peux pas*, *M. Fourchet ne peut pas*, *Il ne peut pas*)
4. *Ne pouvez-vous pas* la conduire?
   (*Ne pouvons-nous pas*, *Ne puis-je pas*, *Ne peux-tu pas*, *Marie ne peut-elle pas*, *Ne peuvent-ils pas*, *Ne pouvez-vous pas*)
5. *Je veux* le voir.
   (*Il veut*, *Ils veulent*, *Nous voulons*, *Tu veux*, *Vous voulez*, *Jacqueline veut*, *Je veux*)
6. *Est-ce que je veux* l'apporter?
   (*Veut-il*, *Veux-tu*, *Voulez-vous*, *Voulons-nous*, *Veulent-ils*, *Veut-on*, *Marthe veut-elle*, *Est-ce que je veux*)
7. *Vous ne voulez pas* les choisir.
   (*Tu ne veux pas*, *Ils ne veulent pas*, *Elle ne veut pas*, *On ne veut pas*, *Je ne veux pas*, *Nous ne voulons pas*, *Vous ne voulez pas*)
8. *Ne veulent-ils pas* la regarder?
   (*Ne voulez-vous pas*, *Ne voulons-nous pas*, *Ne veut-on pas*, *Ne veux-tu pas*, *Louise ne veut-elle pas*, *Est-ce que je ne veux pas*, *Ne veulent-ils pas*)
9. *Je sais* conduire.
   (*Nous savons*, *Vous savez*, *Ils savent*, *Elle sait*, *Tu sais*, *On sait*, *Henry sait*, *Je sais*)
10. *Sais-tu* le faire?
    (*Savons-nous*, *Savez-vous*, *Savent-ils*, *Sait-il*, *Jacques sait-il*, *Sait-on*, *Est-ce que je sais*, *Sais-tu*)
11. *Vous ne savez pas* où est le cinéma.
    (*Tu ne sais pas*, *Elle ne sait pas*, *Ils ne savent pas*, *Nous ne savons pas*, *Je ne sais pas*, *Vous ne savez pas*)
12. *Ne sait-elle pas* le dire?
    (*Ne savons-nous pas*, *Ne savez-vous pas*, *Ne savent-ils pas*, *Ne sait-on pas*, *Ne sais-tu pas*, *Est-ce que je ne sais pas*, *Ne sait-elle pas*)

Substitutions progressives

1. Je sais la conduire.
   Je peux la conduire.
   Je peux *le faire*.
   Ils veulent le faire.
   Ils veulent *les voir*.
   Nous pouvons les voir.
   Nous pouvons *la conduire*.
   Je sais la conduire.

2. Je ne veux pas les voir.
   Ils ne peuvent pas les voir.
   Ils ne peuvent pas *les choisir*.
   Ils ne savent pas les choisir.
   Ils ne savent pas *les compter*.
   Vous ne voulez pas les compter.
   Vous ne voulez pas *les voir*.
   Je ne veux pas les voir.

2. The *past participles* (**participes passés**) of the three verbs are:

	PARTICIPE PASSE	PASSE COMPOSE
pouvoir:	pu	j'ai pu
vouloir:	voulu	j'ai voulu
savoir:	su	j'ai su

When these verbs play a "helping" role with an infinitive, the *object pronoun* stands *before* the *infinitive:*

Je peux le lire.	J'ai pu **le** lire.	*I was able to read it.*
Il veut la conduire.	Il a voulu **la** conduire.	*He wanted to drive it.*
Je sais le faire.	J'ai su **le** faire.	*I knew how to do it.*

Substitutions progressives

1. J'ai pu le faire.
   J'ai su le faire.
   J'ai su *le dire.*
   J'ai voulu le dire.
   J'ai voulu *le choisir.*
   J'ai pu le choisir.
   J'ai pu *le faire.*

2. Il a voulu l'apprendre.
   Il a pu l'apprendre.
   Il a pu *le reconnaître.*
   Il a su le reconnaître.
   Il a su *l'obtenir.*
   Il a voulu l'obtenir.
   Il a voulu *l'apprendre.*

Exercices de transformation

Modèle: Je veux dormir.
J'ai voulu dormir.

1. Nous savons son nom.
2. Tu sais leur adresse.
3. Il veut maigrir.
4. Vous savez leur numéro de téléphone.
5. Elles peuvent vous identifier.

Modèle: J'ai pu lire le livre.
J'ai pu le lire.

1. Elle a su apprendre les verbes.
2. Nous avons voulu surprendre les enfants.
3. Tu as voulu voir le gymnase.
4. Ils ont pu reconnaître l'actrice.
5. Vous avez su terminer la discussion.

QUESTIONS GENERALES

1. Pleut-il souvent par ici?
2. Avez-vous un imperméable?
3. Voyagez-vous souvent?
4. Qu'est-ce que vous avez fait hier soir?
5. Avez-vous appris toutes les leçons par cœur (*by heart*)?
6. Chez vous, mangez-vous dans la cuisine ou dans la salle à manger?
7. Trouve-t-on les couvertures dans le salon?

8. Réussissez-vous à comprendre les lectures?
9. Avez-vous réussi à apprendre le passé composé?
10. Qu'est-ce qu'il y a généralement dans une chambre?
11. Savez-vous conduire?
12. Savez-vous où se trouve le bureau de poste?
13. Pouvez-vous vous identifier?
14. Voulez-vous me poser une question?

Exercices de manipulation

Modèle: Dis-moi de (*tell me to*) prendre le train.
Prenez le train!

1. Dis-moi de le prendre!
2. Dis-moi d'aller au cinéma ce soir!
3. Dis-moi de chercher la voiture!
4. Dis-moi de remplir cette carte!
5. Dis-moi de la remplir!
6. Dis-moi d'étudier les verbes!
7. Dis-moi de ramasser mes affaires!
8. Dis-moi d'apprendre la leçon!
9. Dis-moi de rouler plus vite!
10. Dis-moi d'ouvrir la porte!
11. Dis-moi de fermer la fenêtre!

POEME

Le Message

La porte que quelqu'un a ouverte
La porte que quelqu'un a refermée
La chaise où quelqu'un s'est assis
Le chat que quelqu'un a caressé

Le fruit que quelqu'un a **mordu** (*bitten*)
La lettre que quelqu'un a lue
La chaise que quelqu'un a **renversée** (*overthrown*)
La porte que quelqu'un a ouverte
La route où quelqu'un **court** encore (*runs*)

Le **bois** que quelqu'un **traverse** (*the woods/crosses*)
La rivière où quelqu'un se jette
L'hôpital où quelqu'un est mort.

Jacques Prévert
Paroles
Gallimard, 1949, Paris

QUESTIONS SUR LE POEME

1. Qu'est-ce que quelqu'un a fait?
2. Où est-ce qu'on s'est assis?
3. Qu'est-ce qu'on a fait au chat?
4. Qu'est-ce qu'on a mordu?
5. Qu'est-ce qu'on a lu?
6. Qu'est-ce qu'on a renversé?
7. Qu'est-ce qu'on a ouvert?
8. Où court-on encore?
9. Qu'est-ce qu'on traverse?
10. Où se jette-t-on?
11. Où est-on mort?

LECTURE Première Classe

Le professeur américain parle aux étudiants qui se trouvent dans la salle de classe.

LE PROFESSEUR: Alors, mes amis, je vais continuer à vous parler de ce que les Français **attendent de vous.**

ROBERT: Comme vous avez dit: de la courtoisie, du tact, de la compréhension, de la patience, de la discrétion, de la disponibilité, de la bonne humeur et savoir s'adapter!

LE PROFESSEUR: **En effet,** c'est **la clef** de tout dans cette expérience. Si vous faites toujours le plus grand effort possible pour comprendre et respecter les habitudes de la vie française, **vous serez** complètement satisfaits de votre séjour.

HENRY: Vous avez parlé du «choc culturel», voulez-vous bien **ajouter un mot à ce sujet?**

LE PROFESSEUR: Le «choc culturel» est simplement **l'état d'esprit de quelqu'un** qui n'est pas **à son aise** dans une culture différente. Il y a bien sûr des différences de vie et de mentalité entre les pays et quand on ne respecte pas ces différences, **on en souffre et on se fait mal voir.**

JANE: **C'est ce qui m'est arrivé.**

LE PROFESSEUR: Oui, **on se croit** détesté, humilié, **écrasé, battu**—et **on réagit mal.**

ROBERT: **C'est vrai.** Un chauffeur de taxi et un employé de la gare nous ont intimidés, Henry et moi.

LE PROFESSEUR: Non. Ne sois pas paranoïaque! C'est un Français **qui ne vous connaît pas;** il réagit **comme il ferait avec n'importe qui** dans les mêmes circonstances.

expect from you
Indeed/the key
you will be
add a word on this subject
the state of mind of someone
at his ease
one suffers from it and one creates a bad impression
That is what happened to me.
one believes oneself crushed/beaten
one reacts the wrong way
That's true
who doesn't know you
as he would
with no matter whom

QUESTIONS SUR LA LECTURE

1. A qui le professeur parle-t-il?
2. Où se trouvent les étudiants?
3. Qu'est-ce que les Français attendent des Américains?
4. Quelle est la clef de tout dans cette expérience?
5. Pourquoi fait-on toujours le plus grand effort possible pour respecter les habitudes de la vie française?
6. Qu'est-ce que le «choc culturel»?
7. Y a-t-il des différences de vie et de mentalité entre les pays?
8. Qui a intimidé Robert et Henry?
9. Qu'est-ce qu'on apprend à connaître tout de suite?

CREATION ET RECREATION

1. First, match each of the infinitives and expressions found in Column A with the appropriate famous person found in Column B. Then, create an original sentence in the **passé composé** for each grouping. For example:

COLUMN A	COLUMN B
compter.	Scrooge

Scrooge a compté son argent et il n'a pas donné de pourboire.

couper	Magellan
vieillir	Pinocchio/nez
voler	l'oracle de Delphes
avoir de la patience	Jeanne d'Arc
être guillotinée	Dalila (*Delilah*)
grandir	Charles Lindberg
faire un long voyage	Dorian Gray
prévoir le complexe d'Oedipe	Job
croire en Dieu	Marie-Antoinette

2. (In **Chapitre 7,** as well as in **Chapitres 8, 9, 11,** try to parallel the generalities about the French shown in the **Lectures** with generalities one can make about American families.)
3. Monique et Pierre sont dans leurs familles américaines. La mère américaine présente Monique à sa famille. Après, elles montent au premier étage et la mère américaine décrit la chambre de Monique, etc.

OUI **NON**

Chapitre 7: COUP D'ŒIL

______ ______ 1. Most adjectives follow the nouns they modify. Some simple, common adjectives usually precede:

Je désire un **autre** hôtel.
Je désire un **bon** hôtel.

______ ______ 2. Possessive adjectives behave like regular adjectives and agree in gender and number with the nouns they modify (*not* with the possessor):

Elle a **son livre.** *She has her book.*
Je vois **sa sœur.** *I see his (or her) sister.*

______ ______ 3. Object pronouns usually **precede** the verb:

Elle apporte **les écouteurs.**
Elle **les** apporte.

______ ______ 4. Note that the direct object noun **precedes** the indirect object noun:

Il donne **l'argent au chauffeur.**
direct *indirect*

______ ______ 5. The **passé composé** (or: *perfect* tense) is made up of

avoir *or* **être** + *a past participle.*
J'ai parlé.
Il **est** resté chez elle.

6. **Chez** is used with a person's name or a stressed pronoun **(Chapitre 10):**

chez Paul	*Paul's house*
chez toi	*your house*

A is used with the name of a place:

à la maison	*at the house (at home)/to the house (home)*
à la boucherie	*at the butcher shop*
à la pharmacie	*at the pharmacy*

7. Past participles of verbs taking **avoir** as auxiliary always agree with preceding direct object in gender and number.

Les mères ont identifié **les étudiants.**
Les mères **les** ont identifié**s.**

Paul a surpris **sa sœur.**
Il **l'**a surpris**e.**

8. **Pouvoir, vouloir, savoir** are irregular verbs. **Pouvoir** and **vouloir** share certain similarities in their conjugations.

je peux	je veux	je sais
tu peux	tu veux	tu sais
il peut	il veut	il sait
nous pouvons	nous voulons	nous savons
vous pouvez	vous voulez	vous savez
ils peuvent	ils veulent	ils savent

Note that **savoir** means *to know a fact, to know how to do something.*

9. You may have noticed that the meanings of words ending in **-tion** are most often similar to the English meanings and are feminine:

la nation
la ration
la perfection
la discrétion

But: **les vacances** (always in plural) *vacation*

VOCABULAIRE

Verbes

amuser
conduire
entrer (dans)
monter
payer
pouvoir*
présenter (à)
savoir*
serrer
vouloir*

Noms

armoire (f.)
chaise (f.)
couverture (f.)
lampe (f.)
lavabo (m.)
lit (m.)
oreiller (m.)
porte-serviettes (m.)
savon (m.)
table (f.)
tapis (m.)

bureau (m.)
chambre (f.)
cuisine (f.)
premier étage (m.)
salle à manger (f.)
salle de bains (f.)
salon (m.)
toilettes (f. pl.)
W.C. (m. pl)
water-closets (m. pl.)

carte de débarquement (f.)
imper (m.)
imperméable (m.)
route (f.)

arbre (m.)
cou (m.)
croix (f.)
fois (f.)
girafe (f.)
journal (m.)
nom (m.)
réponse (f.)

Adjectifs

autre
bon
confortable
confus
désolé
embarrassé
frais
gêné
haut
heureux
joli
mauvais
même
petit
propre
soulagé
vrai

Adverbes

demain
hier
ici
soudain
soudainement
souvent
tout à coup
tout d'un coup

Préposition

chez

Expressions utiles

apprendre par cœur
Bonjour
Ça ne fait rien
de rien
Donner une poignée de main (à)
Enchanté
la semaine passée
Puis-je?
serrer la main de (à)
une 2 CV

Scénario 7: Chez les Fourchet

QUATRIEME ETAPE:

CHAPITRE 8

AU DEJEUNER

Scénario 8: Au déjeuner

PREMIERE ETAPE

M. Fourchet vient de rentrer. Ils sont à table. M. Fourchet retourne travailler et il a faim.

M. FOURCHET: Comment êtes-vous venu en France?
ROBERT: J'y suis venu par avion et je suis arrivé de Paris par le train.
M. FOURCHET: Quel âge avez-vous?
MME FOURCHET: Tu le sais bien: il a dix-neuf ans.
MME FOURCHET: Il comprend tout.
MME FOURCHET: Prenez du pain.
M. FOURCHET: Attendez! On va porter un toast.
NICOLE: Aimes-tu le vin?
ROBERT: Oui.
MME FOURCHET: Voici du gigot. Après il y a du fromage.

DEUXIEME ETAPE

M. Fourchet vient de rentrer. Peu après ils sont à table. M. Fourchet retourne travailler dans une heure et demie et il a faim.

M. FOURCHET: Comment êtes-vous venu en France?
ROBERT: J'y suis venu par avion et je suis arrivé de Paris par le train.
M. FOURCHET: Quel âge avez-vous?
MME FOURCHET: Mais, tu le sais bien: il a dix-neuf ans. Pourquoi lui demandes-tu cela?
M. FOURCHET: C'est pour le faire parler. Répondez!
MME FOURCHET: Il comprend tout.
ROBERT: J'aime bien les tomates et les concombres.
MME FOURCHET: Prenez du pain.
M. FOURCHET: Attendez! Donne-moi cette bouteille. On va porter un toast au succès de ce jeune homme. A votre santé!
MME FOURCHET: A la vôtre!
NICOLE: Aimes-tu le vin blanc?
ROBERT: Oui. (*Il avale le vin.*)
NICOLE: Tu le bois comme si c'était de l'eau, ou alors tu as très soif.
MME FOURCHET: Voici du gigot. Après il y a du fromage—du camembert. Ensuite, nous allons te tutoyer.

TROISIEME ETAPE

M. Fourchet vient de rentrer du bureau. Peu après ils sont à table parce que M. Fourchet retourne travailler dans une heure et demie et il a faim.

M. FOURCHET: Alors, jeune homme, comment êtes-vous venu en France?

ROBERT: J'y suis venu par avion et je suis arrivé de Paris par le train.

M. FOURCHET: Bravo! Alors, quel âge avez-vous?

MME FOURCHET: Mais, Olivier, tu le sais bien: il a dix-neuf ans. Pourquoi lui demandes-tu cela?

M. FOURCHET: Annette, c'est pour le faire parler. Jeune homme, répondez!

MME FOURCHET: (*Elle sert les hors-d'œuvre.*) Il comprend tout, ce jeune homme.

ROBERT: Merci. J'aime bien les tomates et les concombres.

MME FOURCHET: Prenez du pain, mon petit.

M. FOURCHET: Attendez! Donne-moi cette bouteille, Nicole. On va porter un toast au succès de ce jeune homme, au séjour de Robert. A votre santé!

(*Robert ne répond pas.*)

MME FOURCHET: Robert, vous répondez: à la vôtre!

NICOLE: Aimes-tu le vin blanc?

ROBERT: Oui, beaucoup. (*Il avale le vin d'un trait.*)

NICOLE: Tu le bois comme si c'était de l'eau, ou alors tu as très soif.

(*Mme Fourchet sert l'entrée.*)

ROBERT: Ah, encore . . . .

MME FOURCHET: Oui, et il y en a encore après ceci. Voici du gigot, c'est de l'agneau, avec des haricots. Après il y a du fromage—du camembert. Et pour dessert une mousse au chocolat. Ensuite, nous allons te tutoyer.

SYNONYMES ET EXPRESSIONS APPROXIMATIVES

1 peu après = un peu plus tard
1 parce que = car
2 il a faim → il est affamé, il meurt de faim
9 il comprend tout = il pige° tout, il saisit tout
18 d'un trait = d'un seul coup
19 comme . . . de l'eau → comme du petit lait
19 tu as très soif = tu es assoiffé

VOCABULAIRE ILLUSTRE

J'aime bien **les légumes.**

les oignons (m.)

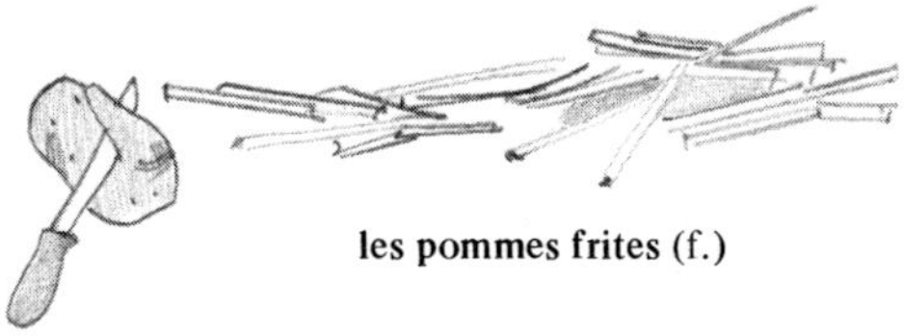

les pommes frites (f.)

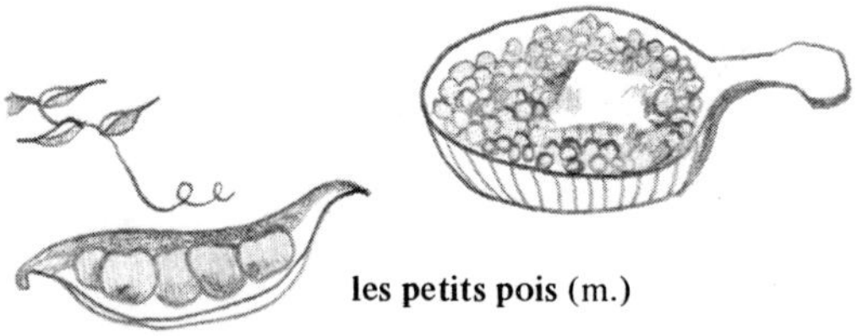

les petits pois (m.)

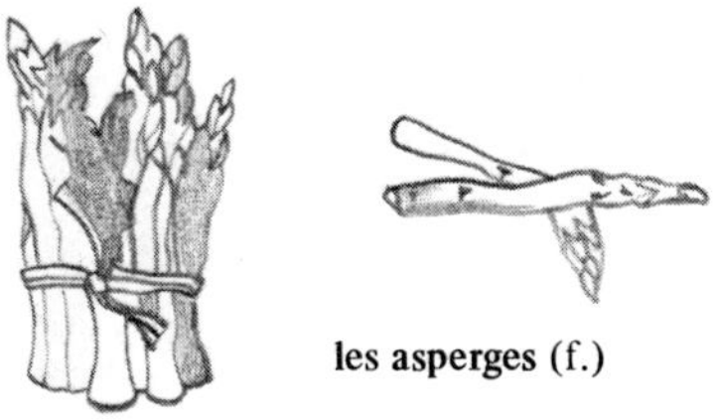

les asperges (f.)

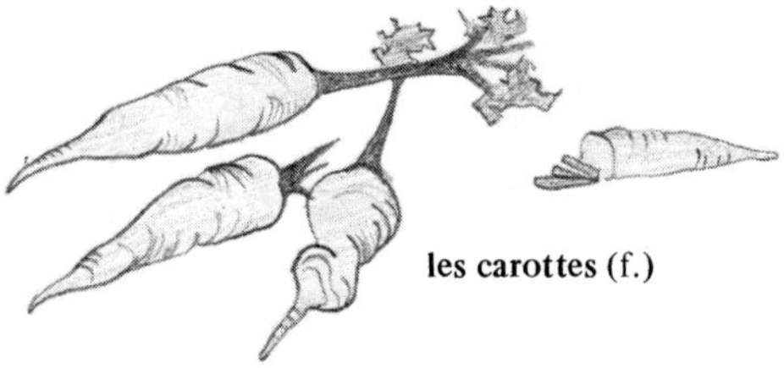

les carottes (f.)

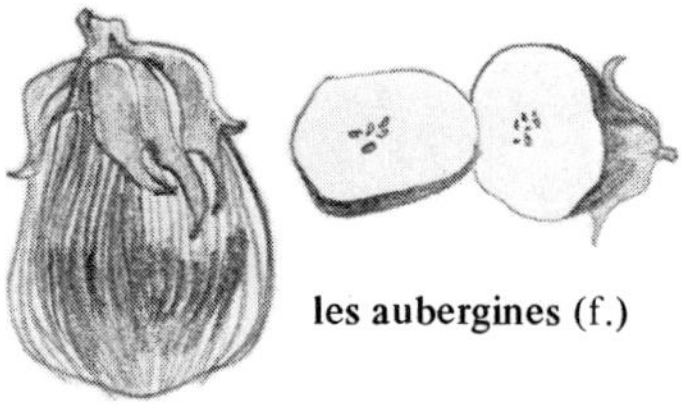

les aubergines (f.)

J'aime bien **les fruits.**

les pommes (f.)

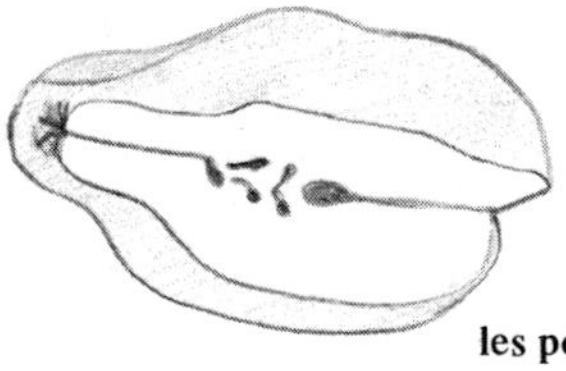

les poires (f.)

les fraises (f.)

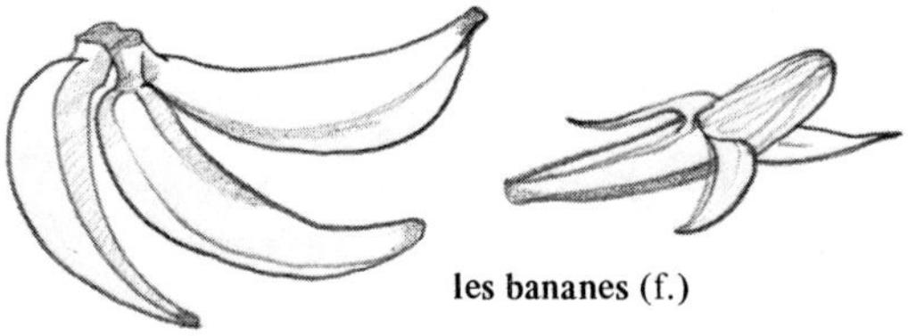

les bananes (f.)

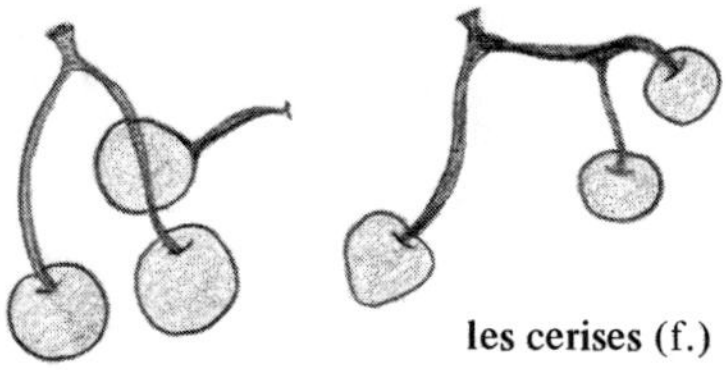

les cerises (f.)

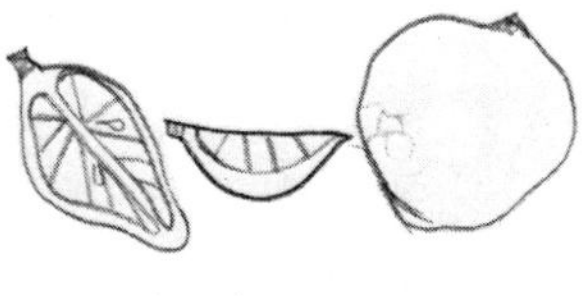

les citrons (m.)

le porc

la bière

le veau

le thé

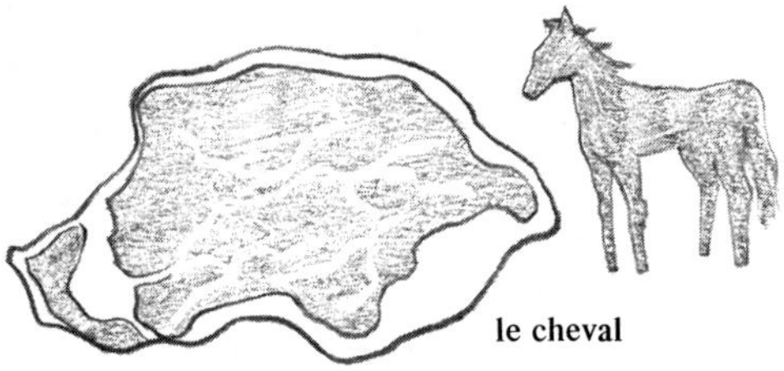
le cheval

le lait

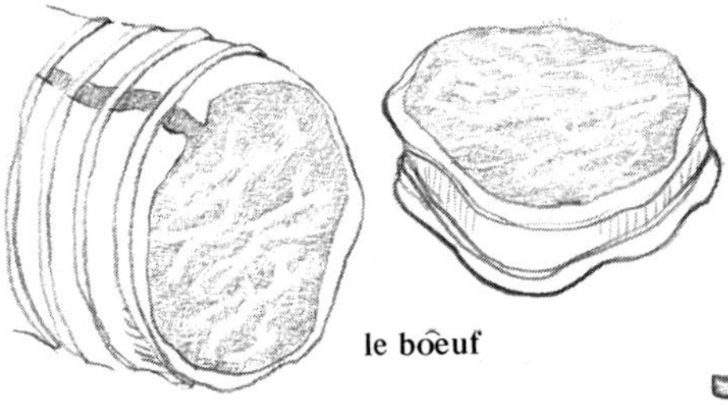
le bœuf

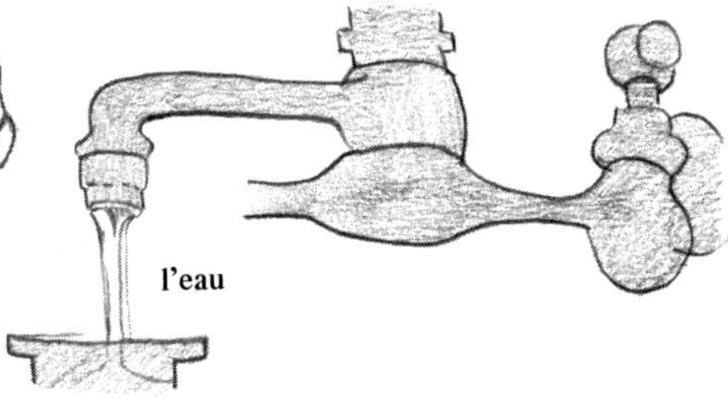
l'eau

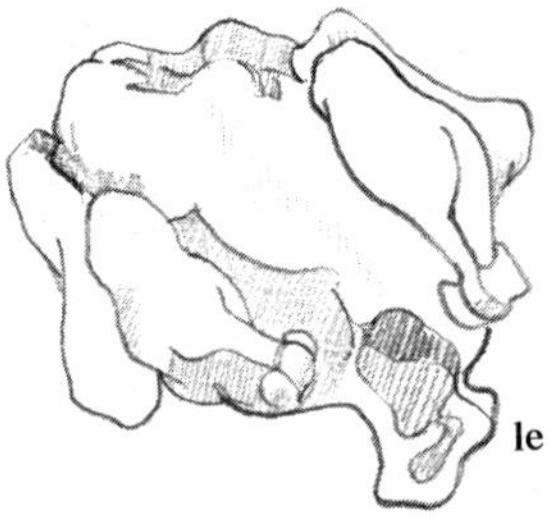
le poulet

l'apéritif

VOCABULAIRE UTILE

1. Passe-moi **le sel.** Cette viande n'est pas salée.
   Pass the salt. This meat doesn't have any salt.
2. Passe-moi **le poivre.** La viande n'a pas de poivre.
   Pass the pepper. The meat doesn't have any pepper.
3. Je désire **du sucre** dans mon café.
   I want (some) sugar in my coffee.
4. J'aime mon steak avec **de la moutarde.**
   I like my steak with mustard.
5. Généralement on peut trouver des légumes dans **les boîtes de conserve.**
   Generally one can find vegetables in cans.
6. Avec du porc, on peut faire **du pâté.**
   With pork, one can make pâté.
7. Les Français mangent **du saucisson** comme hors-d'œuvre.
   The French eat salami as hors-d'œuvres.
8. **Une baguette** est un pain long et fin.
   A baguette is a long, thin bread.
9. **Les croissants** sont bons au petit déjeuner.
   Croissants are good at breakfast.
10. **Le pain de mie** ressemble au pain américain.
    Pain de mie resembles American bread.
11. Le patissier fait **des éclairs** et des gâteaux.
    The pastry-cook makes éclairs and cakes.
12. On fait **le beurre** et la crème avec du lait.
    One makes butter and cream from milk.
13. La poule donne **des œufs.**
    Chickens give eggs.

QUESTIONS SUR LE SCENARIO

1. Où sont-ils peu après l'arrivée chez les Fourchet?
2. Pourquoi sont-ils à table peu après?
3. Qu'est-ce que M. Fourchet demande à Robert?
4. Quel âge Robert a-t-il?
5. Qu'est-ce que M. Fourchet désire faire?
6. Qu'est-ce que Robert aime bien?
7. A quoi va-t-on porter un toast?
8. Que répond-on?
9. Comment Robert boit-il le vin?
10. Que vont-ils manger?

NOTE DE GRAMMAIRE 1: L'Article partitif

1. The partitive construction conveys the notion of quantity, which is not always used in English but is always required in French.

The partitive limits the quantity to *some*, or to a *part* of a given whole.

Prenez **du** pain.	*Take some bread.*
Voici **du** gigot.	*Here is some leg of mutton.*
C'est **de l'**agneau avec **des** haricots.	*This is lamb with green beans.*
Nous avons **du** fromage.	*We have some cheese* or *we have cheese.*

2. The partitive (*some*) may be contrasted to the concept of *all in general.*

Note the difference in meaning between the use of the *partitive* and the use of the *definite article:*

PARTITIVE	GENERAL
Je bois **du** lait. (*some milk*)	J'aime[1] le lait, (*milk, in general; this milk*)
Je bois **de la** bière. (*some beer*)	J'aime la bière. (*beer, in general*)
J'ai **de l'**argent. (*some money*)	J'aime l'argent. (*money, in general*)
Je désire **des** asperges. (*some asparagus*)	J'aime les asperges. (*asparagus, in general*)

or:

PARTITIVE: «Michelle, ma belle, sont **des** mots qui vont très bien ensemble.»
GENERAL: Oui, ce sont **les** plus beaux mots de la langue française.

3. The partitive allows the speaker to convey precision in meaning, to form subtle distinctions which, in general, are only implied in English. Note the following example:

Les chiens sont **des** animaux.

The partitive here means that there are other members of the animal kingdom:

(*All*) *dogs are* (*some*) *animals.*

4. *Forms of the partitive:* The partitive is formed by the preposition **de** plus a form of the definite article (**le, la,** or **les**).

The partitive thus shows agreement in gender (masculine, feminine) and number (singular, plural) with the noun it limits:

Je prends **du** pain.	Il achète **des** livres.
Tu donnes **de la** bière.	Elles mangent **des** tomates.

When the noun (regardless of gender) begins with a vowel (or a mute **h**), use the **de l'** form:

J'ai **de l'**argent. (*masculine singular*) Je bois **de l'**eau. (*feminine singular*)

Simples substitutions

1. *Les chiens* sont des animaux.
   (*Les chats, Les vaches, Les chevaux, Les éléphants, Les lions, Les tigres, Les chiens*)

---

[1] Notice that the definite article is used with **aimer.** This is because the verb **aimer** implies liking something in general. This is also true of the verbs: **préférer, détester, adorer,** etc. (Robert **déteste** le basket, mais il **adore** le football; moi, **je préfère** les sports moins violents.)

2. *Les tomates* sont des légumes.
   (*Les asperges, Les oignons, Les petits pois, Les pommes de terre, Les carottes, Les artichauts, Les tomates*)
3. Voulez-vous *du gigot?*
   (*des haricots, du fromage, de la salade, du porc, du veau, des carottes, des légumes, du gigot*)
4. Le garçon nous apporte *des tomates.*
   (*des pommes frites, des asperges, des cerises, des petits pois, de la salade, du steak, du veau, de l'eau, de la viande, des citrons, des tomates*)

5. After a negation, the partitive article becomes simply **de** (no agreement in gender or number):

Je n'ai pas **d'**argent. Je n'ai pas **de** pain.

Exercices de transformation

Modèle: Jean n'aime pas le bœuf.
Jean ne prend pas de bœuf.

1. Je n'aime pas les oignons.
2. Ma sœur n'aime pas la bière.
3. Vous n'aimez pas les fraises.
4. Mon oncle et ma tante n'aiment pas le veau.
5. On n'aime pas les asperges.

ATTENTION

Remember to use either **chez** + *a person* (*noun* or *pronoun*) or
à + *a definite article* + *a place*

Exercices de transformation

Modèle: On achète de la viande chez le boucher.
On achète de la viande à la boucherie.

1. On achète du veau chez le boucher.
2. On achète du mouton chez le boucher.
3. On achète du bœuf chez le boucher.

Modèle: On achète des médicaments chez le pharmacien.
On achète des médicaments à la pharmacie.

1. On achète de l'aspirine chez le pharmacien.
2. On achète du dentifrice chez le pharmacien.
3. On achète du shampooing chez le pharmacien.

Modèle: On achète de la nourriture chez l'épicier.
On achète de la nourriture à l'épicerie.

1. On achète du sel chez l'épicier.
2. On achète du poivre chez l'épicier.
3. On achète du sucre chez l'épicier.
4. On achète de la moutarde chez l'épicier.
5. On achète des boîtes de conserve chez l'épicier.

Modèle: On achète du porc chez le charcutier.
On achète du porc à la charcuterie.

1. On achète du pâté chez le charcutier.
2. On achète du saucisson chez le charcutier.
3. On achète de la saucisse chez le charcutier.

Modèle: On achète des baguettes chez le boulanger.
On achète des baguettes à la boulangerie.

1. On achète des croissants chez le boulanger.
2. On achète du pain de mie chez le boulanger.
3. On achète des pâtisseries chez le boulanger.

Modèle: On achète du lait chez le crémier.
On achète du lait à la crémerie.

1. On achète du fromage chez le crémier.
2. On achète du beurre chez le crémier.
3. On achète des œufs chez le crémier.
4. On achète de la crème chez le crémier.

NOTE DE GRAMMAIRE 2: Le Verbe **être: C'est/Il est**

1. Note that after **être** one does not use the indefinite article in referring to a **métier** (profession or occupation).

Il est étudiant.	Elle est étudiante.	(*student*)
Il est boucher.	Elle est bouchère.	(*butcher*)
Il est pharmacien.	Elle est pharmacienne.	(*pharmacist*)
Il est épicier.	Elle est épicière.	(*grocer*)
Il est charcutier.	Elle est charcutière.	(*pork butcher*)
Il est boulanger.	Elle est boulangère.	(*baker*)
Il est crémier.	Elle est crémière.	(*dairyman*)
Il est médecin.	Elle est médecin.[2]	(*doctor*)
Il est dentiste.	Elle est dentiste.[2]	(*dentist*)
Il est philosophe	Elle est philosophe.[2]	(*philosopher*)
Il est professeur.	Elle est professeur.[2]	(*professor*)

2. But when the expression **c'est** is used, **un** or **une** must also be stated:

C'est un étudiant.	C'est une étudiante.
C'est un boucher.	C'est une bouchère.
C'est un pharmacien.	C'est une pharmacienne.
C'est un épicier.	C'est une épicière.
C'est un charcutier.	C'est une charcutière.

[2] These nouns are masculine in gender even when referring to women.

C'est un boulanger.	C'est une boulangère.
C'est un crémier.	C'est une crémière.
C'est un médecin.	C'est un médecin.
C'est un dentiste.	C'est un dentiste.
C'est un philosophe.	C'est un philosophe.
C'est un professeur.	C'est un professeur.

3. The difference between the two usages have slightly different meanings:

Il est boucher.	stresses the *person*	(adjective)
C'est un boucher.	stresses the *occupation*	(noun)

ADJECTIVE	NOUN
Elle est française.	C'est une Française.
Il est américain.	C'est un Américain.
Il est juif.	C'est un Juif.
Elle est catholique.	C'est une Catholique.

Exercices de transformation

Modèle: *Il est* boucher.
C'est un boucher.

(*dentiste, médecin, étudiant, charcutier, philosophe, professeur, pharmacien, épicier, Juif, Américain, Français, boulanger, boucher*)

Modèle: *Elle est* bouchère.
C'est une bouchère.

(*médecin, étudiante, boulangère, professeur, pharmacienne, dentiste, philosophe, Française, épicière, Américaine, bouchère*)

NOTE DE GRAMMAIRE 3: Pluriel de l'article indéfini un > des

1. The plural of the indefinite article **un(e)** is **des.** Note the following usages:

	SINGULAR	PLURAL
MASCULINE	Voilà **un** train *There is a train*	Il y a **des** trains à la gare. *There are (some) trains in the station.*
FEMININE	Tu prends **une** valise. *You are taking a suitcase.*	Tu prends **des** valises. *You are taking some suitcases.*

Nouns in French must always be preceded by an article whether definite, indefinite or partitive.[3]

[3] The single exception is the construction in the preceding grammar note: **Il est boucher.**

2. The following table summarizes the singular and plural forms of the articles.

	SINGULAR		PLURAL
DEFINITE ARTICLE	masc.	Je vois **le** livre.	Je vois **les** livres.
	fem.	Je vois **la** fille.	Je vois **les** filles.
INDEFINITE ARTICLE	masc.	Je vois **un** livre	Je vois **des** livres.
	fem.	Je vois **une** fille	Je vois **des** filles.
PARTITIVE	masc.	Je prends **du** pain	Je prends **des** légumes
	fem.	Je prends **de la** viande	Je prends **des** pommes.
	before a vowel	Je prends **de l'**eau.	Je prends **des** oignons.

Exercices de transformation

Modèle: J'ai un livre.
J'ai des livres.

1. Je vois un agneau.
2. Vous prenez une chose.
3. Donne-moi une bouteille.
4. On va porter un toast à son succès.
5. Elle apporte un gigot.

Modèle: J'ai acheté une baguette.
J'ai acheté des baguettes.

1. On désire un œuf.
2. Elle m'a donné une banane.
3. Ils ont cherché un autobus.
4. Vous avez gardé une boîte de haricots.

Modèle: On a du savon.
On a des savons.

1. Achète-t-il du vin?
2. Robert prend-il du sucre?
3. L'épicier vend-il de l'apéritif?
4. Les Français mangent de la saucisse.

NOTE DE GRAMMAIRE 4: Chez Mme Etre

1. We have already seen verbs conjugated with **avoir** to form the **passé composé.** There are other verbs which take **être** as an auxiliary verb to form the **passé composé.**

2. Verbs which take **être** as the auxiliary verb are *intransitive* (take no object) and indicate *motion* without stating how the motion was performed:

Il est arrivé. (intransitive but no indication of how action performed)

3. Memorize the verbs on the following page associated with the house of **Madame Etre.**

Thus: All verbs associated with this picture take **être** as an auxiliary. They are: **aller, arriver, décéder, descendre, entrer** (**rentrer**), **monter, mourir, naître, partir, passer, rester, retourner, sortir, venir** (**devenir** = *to become*) (**revenir**), **tomber.**

4. Note that the past participles of these verbs conjugated with **être** behave like adjectives, and consequently agree with the subject in gender and number.

INFINITIVE = **arriver**	**aller**	INFINITIVE = **partir**
PAST PARTICIPLE = **arrivé**	**allé**	PAST PARTICIPLE = **parti**
PASSE COMPOSE		
je suis arrivé(e)	allé(e)	parti(e)
tu es arrivé(e)	allé(e)	parti(e)
il est arrivé	allé(e)	parti
elle est arrivée	allée	partie
nous sommes arrivé(e)s	allé(e)s	parti(e)s
vous êtes arrivé(e)s	allé(e)s	parti(e)s
ils sont arrivés	allés	partis
elles sont arrivées	allées	parties

Remember that the **passé composé** expresses completed action in the past:

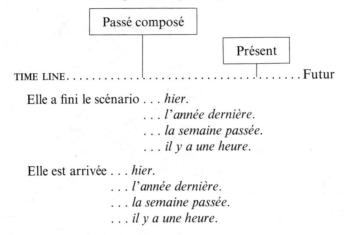

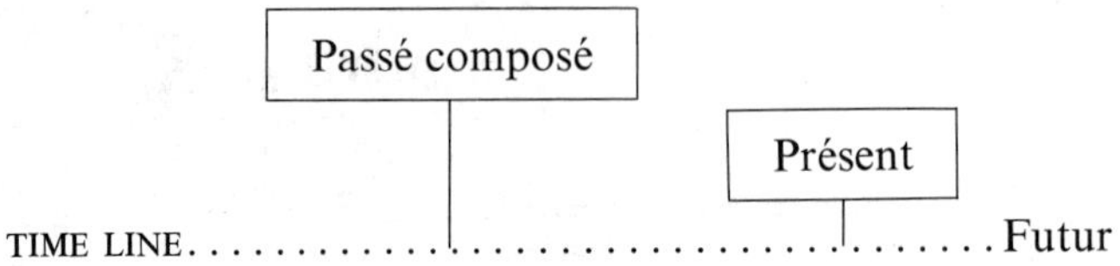

Elle a fini le scénario . . . *hier.*
. . . *l'année dernière.*
. . . *la semaine passée.*
. . . *il y a une heure.*

Elle est arrivée . . . *hier.*
. . . *l'année dernière.*
. . . *la semaine passée.*
. . . *il y a une heure.*

Substitutions progressives

1. Je suis arrivé à la maison.
   Je suis arrivé *à la gare.*
   Elle est allée à la gare.
   Elle est allée *chez elle.*
   Nous sommes restés chez elle.
   Nous sommes restés *au premier étage.*
   Je suis arrivé au premier étage.
   Je suis arrivé *à la maison.*
2. Nous sommes retournés en France.
   Nous sommes retournés *en Grèce.*
   Je suis né en Grèce.
   Je suis né *aux Etats-Unis.*
   Elle est revenue aux Etats-Unis.
   Elle est revenue *à Boston.*
   On est allé à Boston.
   On est allé *en France.*
   Nous sommes retournés en France.

Exercices de transformation

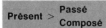

Présent > Passé Composé

Modèle: *Je descends* tout de suite.
Je suis descendu tout de suite.

1. Je sors avec elle.
2. Elle vient me voir.
3. Elle y va avec son ami.
4. Ils partent pour la France.
5. Nous retournons en France.
6. J'entre dans la maison.
7. On monte au premier étage.
8. Nous restons devant la porte.

9. Il descend tout de suite.
10. On arrive à midi.
11. Elle tombe du premier étage.
12. Elles partent immédiatement.
13. Nous allons à Paris.
14. Elle reste jusqu'à mardi.
15. Nous passons devant l'église.

Modèle: *Ne monte-t-elle* pas au premier étage?
N'est-elle pas montée au premier étage?

1. Ne revient-il pas?
2. Ne venez-vous pas à l'école?
3. Ne va-t-elle pas au cinéma?
4. N'y allez-vous pas?
5. Ne rentrent-elles pas à 10 heures?
6. Ne partez-vous pas par avion?
7. Ne sortez-vous pas ensemble?
8. Ne passe-t-on pas par Paris?

Modèle: Est-ce que vous êtes allé au cinéma hier?
Oui, je suis allé au cinéma hier.

Est-ce que . . . ?

1. Est-ce que vous avez voyagé ensemble l'année dernière?
2. Est-ce que vous avez pris le train la semaine passée?
3. Est-ce qu'ils sont morts en 1900?
4. Est-ce qu'elle est rentrée de bonne heure hier soir?
5. Est-ce que tu as bien soupé hier?
6. Est-ce qu'elles sont restées chez toi il y a une semaine?
7. Est-ce que vous avez fait bon voyage?
8. Est-ce qu'elle est née en juin?

Modèle: Je voyage avec mon ami.
J'ai voyagé avec mon ami.

Présent > Passé Composé

1. A quelle heure déjeunez-vous?
2. A quelle heure partez-vous?
3. Je viens à midi.
4. Je sors souvent avec elle.
5. On montre le billet à l'employé.
6. Elle arrive par le train.
7. Tu fermes la bouteille.
8. Pourquoi lui demandes-tu cela?
9. Tu lui donnes le poivre.
10. Il a avalé le vin d'un trait.
11. Nous avons du fromage.
12. Ils sont à Paris.

NOTE DE GRAMMAIRE 5: Les Verbes auxiliaires **être** et **avoir**

When some of the **"Chez Madame Etre"** verbs acquire a *direct object*, they are conjugated in compound tenses with the verb **avoir.** Note the difference between:

NO DIRECT OBJECT	DIRECT OBJECT
Il est sorti.	Il a sorti un mouchoir de sa poche.
Il est passé devant la maison.	Il a passé une semaine à Paris.
Il est monté.	Il a monté les valises.

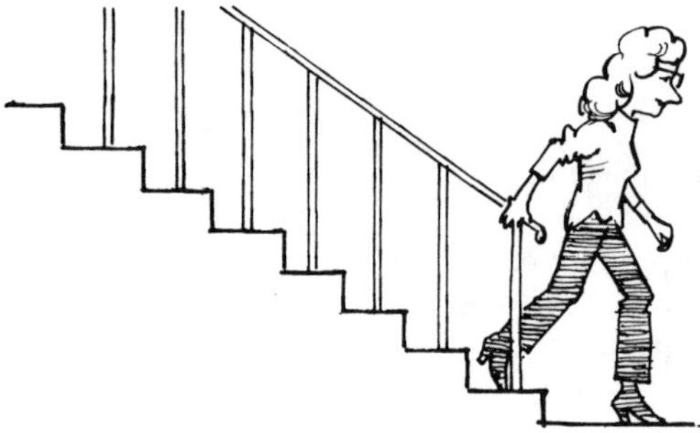
descendre
No direct object: takes être
Je suis descendue.

J'ai descendu le livre.
Direct object: takes avoir

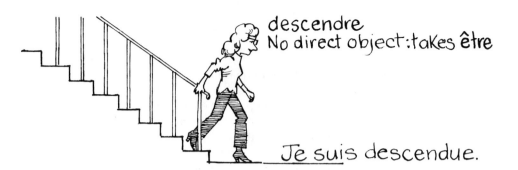

This phenomemon also occurs in the concepts:

J'ai monté l'escalier. J'ai descendu l'escalier.

Exercices de transformation

Modèle: Rentre-t-il ce soir?
Non, il est rentré hier.

1. Est-ce que j'achète des cerises aujourd'hui?
2. Viennent-ils de Paris?
3. Sort-on ce soir?
4. Voyagez-vous cette semaine?
5. Prend-elle le train cette année?

Exercices de transformation

Modèle: *Je* lui ai dit «bonjour» et *je* suis entré. (*On*)
On lui a dit «bonjour» et on est entré.

(*Nous*, *Elle*, *Tu*, *Vous*, *Ils*, *On*, *Je*)

Exercices de transformation

Modèle: *Il* n'*a* pas descendu les légumes. (*Nous*)
Nous n'avons pas descendu les légumes.

1. *Il* n'*a* pas *descendu* les légumes.
(*Nous*, *Tu*, *M. et Mme Fourchet*, *La nièce*, *Vous*, *On*, *Je*, *Il*)

2. *On est descendu.*
   (*Je*, *Les parents*, *Jeanne*, *Nous*, *Tu*, *Vous*, *Les cousins*, *On*)
3. *J'ai sorti* le pourboire.
   (*Vous*, *Les amis*, *Tu*, *Nous*, *On*, *Le père*, *Elle*, *Je*)
4. *Paulette* n'*est* pas *sortie*.
   (*Nous*, *Le neveu*, *Les grands-parents*, *On*, *Tu*, *Je*, *Paulette*)
5. *Tu as passé* un mois à Bordeaux.
   (*Il*, *Nous*, *Les camarades*, *On*, *La jeune fille*, *Je*, *Tu*)
6. *Est-il passé* devant la boulangerie?
   (*vous*, *Ton frère*, *nous*, *Mes sœurs*, *on*, *tu*, *je*, *il*)

Exercices de manipulation

Construct sentences using the following verbs in a sentence in the **passé composé.** Whenever possible show the contrast between a transitive and an intransitive use of the verb:

aller, partir, rentrer, descendre, passer, monter, sortir, venir, revenir, devenir, naître, mourir, entrer.

Modèles: **aller**
Je suis allé à la gare.
descendre
Je suis descendu du premier étage. J'ai descendu le livre.

Les arcades à Nantes

Exercices de transformation

Modèle: *Je monte* l'escalier.
J'ai monté l'escalier.

1. Je sors avec elle.
2. Il sort son billet.
3. Il descend les valises au sous-sol.
4. Il passe deux mois à Boston.
5. Elle monte les valises.
6. Rentres-tu la table?
7. Elle passe devant la cathédrale.
8. Elles montent au premier étage.
9. Nous rentrons à la maison.
10. Tu rentres par la bibliothèque.

NOTE DE GRAMMAIRE 6: Les Pronoms compléments d'objet indirect

1. The *indirect object pronouns* replace indirect object nouns. The action is transmitted indirectly to the object noun through the preposition **à:**

Indirect object noun:	Je parle **à l'homme.**	(*I speak to the man.*)
Indirect object pronoun:	Je **lui** parle.	(*I speak to him.*)
Indirect object noun:	Je parle **à la dame.**	(*I speak to the woman.*)
Indirect object pronoun:	Je **lui** parle.	(*I speak to her.*)

2. The indirect object pronouns are:

me	*to me*	**nous**	*to us*
te	*to you*	**vous**	*to you*
lui	*to him, to her*	**leur**	*to them*

3. Like the direct object pronoun, the indirect object pronoun is placed before the verb.

When two verbs are used together, the indirect object pronoun (again, like the direct object pronoun) is placed before the infinitive:

Je vais **leur** donner les livres.

4. Certain verbs *always* take indirect object pronouns:

Obéir **à**
répondre **à**
demander **à** quelqu'un de faire quelque-chose
permettre **à** quelqu'un de faire quelque-chose

Simples substitutions

1. Nous *te* demandons cela.
   (*vous, lui, leur, te*)
2. On va *lui* porter un toast.
   (*te, vous, leur, me, nous, lui*)
3. Il *t*'obéit.
   (*nous, vous, lui, leur, me, te*)
4. Les Américains ne *vous* parlent pas.
   (*nous, me, te, lui, leur, vous*)
5. Est-ce qu'elle *vous* obéit?
   (*nous, me, vous, leur, lui, te, vous*)
6. Sa mère *nous* demande de sortir.
   (*me, te, leur, lui, vous, nous*)
7. Le père *lui* répond.
   (*vous, nous, leur, me, te, lui*)

Substitution progressive

Elle leur apporte le dîner.
Elle leur apporte *le livre.*
Elle lui donne le livre.
Elle lui donne *le repas.*
Elle leur apporte le repas.
Elle leur apporte *le dîner.*

Exercices de transformation

Indirect Object Pronouns: **lui, leur**

Modèle: Elle apporte le dîner *aux garçons.*
Elle leur apporte le dîner.

1. Nous donnons les billets *à l'employé.*
2. Vous apportez les livres *à votre nièce.*
3. Tu serres la main *aux tantes.*
4. Il donne le billet *à l'enfant.*
5. Il dit la vérité *à la famille.*
6. Je parle *au chauffeur.*
7. Ils obéissent *à leur oncle.*
8. Il dit la vérité *à mon ami.*

Position of **lui, leur** in Negations

Modèle: Parlez-vous *au professeur?* (*Non, . . .*)
Non, je ne lui parle pas.

1. Présentez-vous vos amis *à votre mère?*
2. Montre-t-il le paysage *aux enfants?*
3. Donnes-tu le télégramme *à ton ami?*
4. Apportez-vous la valise *à votre père?*
5. Donnez-vous ce steak *à votre chat?*
6. Demande-t-il cela *à son étudiant?*

Modèle: Je lui parle de ma mésaventure. (*ne . . . pas*)
Je ne lui parle pas de ma mésaventure.

1. Nous leur parlons.
2. Nous lui demandons.
3. Nous lui obéissons.
4. Ils leur donnent le temps.
5. Il lui serre la main.
6. Tu lui présentes Henry.

Modèle: Leur donnez-vous toujours de l'argent? (*ne . . . pas*)
Ne leur donnez-vous pas toujours de l'argent?

1. Lui montres-tu le scénario?
2. Leur présentons-nous nos cousines?
3. Lui répondez-vous?
4. Lui parles-tu de tes affaires?
5. Leur répondons-nous exactement?
6. Lui demandez-vous cela?

Modèle: Que vas-tu donner à tes amis? (*des livres*)
Je vais leur donner des livres.

1. Que peux-tu donner à tes amis?
2. Que veux-tu donner à tes amis?
3. Qu'allons-nous donner à tes amis?
4. Que désires-tu donner à tes amis?
5. Que pouvons-nous donner à tes amis?
6. Que peuvent-ils donner à leurs amis?
7. Que veulent-elles donner à leurs amis?

Modèle: Quand vas-tu parler à tes amis? (*demain*)
Je vais leur parler demain.

1. Quand espérez-vous parler à vos amis?
2. Quand pouvons-nous parler à nos amis?
3. Quand vont-elles parler à leurs amis?
4. Quand veut-elle parler à ses amis?
5. Quand veut-il parler à ses amis?
6. Quand allez-vous parler à vos amis?
7. Quand désires-tu parler à tes amis?

NOTE DE GRAMMAIRE 7: Y et en

1. Y replaces prepositional phrases referring to *location* that begin with:

à	sur
chez	sous
en	derrière
dans	devant

Nous allons **à Paris.**	=	Nous **y** allons.	*We go there.*
Je vais **en France.**	=	J'**y** vais.	*I go there.*
L'hôtesse entre **dans l'avion.**	=	L'hôtesse **y** entre.	
Nous avons mis la tasse **sur le plateau.**	=	Nous **y** avons mis la tasse.	

2. Y replaces *a thing* or *an idea* preceded by *à*. It does not refer to a person.

Je pense **à mes vacances.**	=	J'**y** pense.
On répond **à sa lettre.**	=	On **y** répond.
Nous avons participé **à la discussion.**	=	Nous **y** avons participé.

3. En replaces prepositional phrases beginning with **de:**

Je parle **de votre départ.**	=	J'**en** parle.
Je parle **du livre.**	=	J'**en** parle.
Avez-vous parlé **du film?**	=	**En** avez-vous parlé?

4. In the following sentences, **en** means *from* (a place).

Il vient **de** France.	=	Il **en** vient.
Nous sortons de **l'édifice.**	=	Nous **en** sortons.

5. En means *some* or *any* and replaces *partitive expressions* referring to both persons and things:

Tu manges **de la salade.**	=	Tu **en** manges.	*You eat some.*
On n'a pas **de livres.**	=	On n'**en** a pas.	*They don't have any.*
Elle n'a pas **de frères.**	=	Elle n'**en** a pas.	*She doesn't have any.*

6. Like other object pronouns, **y** and **en** precede the verb except in the affirmative imperative when both **y** and **en** follow the verb:

Allez-**y!**	Vas-**y!**
Achetez-**en!**	Achète**s-en!**
	Parle**s-en!**

Note that an **s** is added for phonetic reasons when the verb ends in a vowel in the familiar command form.

7. Y precedes **en** when they are used together:

On voit des statues dans la cathédrale.
On **y en** voit.

Simples substitutions

1. J'y *suis.*
   (*vais*, *déjeune*, *loge*, *vois*, *réussis*, *obéis*, *pense*, *suis*)
2. Tu y *es.*
   (*vas*, *déjeunes*, *loges*, *vois*, *réussis*, *obéis*, *penses*, *es*)
3. Y *est-il?*
   (*va-t-il? déjeune-t-il? loge-t-il? voit-il? réussit-il? obéit-il? pense-t-il? est-il?*)
4. Nous n'y *sommes* pas.
   (*allons*, *déjeunons*, *logeons*, *voyons*, *réussissons*, *obéissons*, *pensons*, *sommes*)
5. N'y *êtes-vous* pas?
   (*allez-vous*, *déjeunez-vous*, *logez-vous*, *voyez-vous*, *réussissez-vous*, *obéissez-vous*, *pensez-vous*, *êtes-vous*)

Substitutions progressives

1. Vous y allez avec votre nièce.
   Vous y allez *avec votre neveu.*
   Nous y allons avec votre neveu.
   Nous y allons *avec notre cousine.*
   Elle y va avec notre cousine.
   Elle y va *avec votre nièce.*
   Vous y allez avec votre nièce.

2. Y mettez-vous les gants?
   Y mettez-vous *la ceinture?*
   Y cherchez-vous la ceinture?
   Y cherchez-vous *la chemise?*
   Y achetez-vous la chemise?
   Y achetez-vous *les gants?*
   Y mettez-vous les gants?

Exercices de transformation

Modèle: Je vais *au restaurant.*
J'y vais.

1. Vous déjeunez chez vous.
2. Il va à la gare.
3. Il voyage en France.
4. Il fait froid chez vous.
5. Tu entres dans la maison.
6. Nous sommes à l'école.

Modèle: Vas-tu *à la pharmacie?*
Oui, j'y vais.
Non, je n'y vais pas.

1. Allez-vous à l'épicerie?
2. Allons-nous au gymnase?
3. Fait-il froid à Blois?
4. Penses-tu à ton voyage?
5. Passe-t-il devant l'église?
6. Arrêtons-nous à Paris?
7. Vas-tu chez le dentiste?
8. Montons-nous dans la voiture?
9. Le taxi passe-t-il dans cette rue?

Simples substitutions

1. Tu en *achètes.*
   (*as*, *apportes*, *fais*, *remplis*, *choisis*, *manges*, *achètes*)
2. Vous en *gardez.*
   (*comptez*, *coupez*, *consultez*, *choisissez*, *faites*, *mettez*, *gardez*)

3. J'en *achète.*
   (*ai, apporte, fais, remplis, choisis, mange, achète*)
4. En *achète-t-il?*
   (*a-t-il? apporte-t-il? fait-il? remplit-il? choisit-il? mange-t-il? achète-t-il?*)
5. Nous n'en *achetons* pas.
   (*avons, apportons, faisons, remplissons, choisissons, mangeons, achetons*)
6. N'en *achetez-vous* pas?
   (*avez-vous, apportez-vous, faites-vous, remplissez-vous, choisissez-vous, mangez-vous, achetez-vous*)

Substitutions progressives

1. Nous en avons beaucoup.
   Nous en avons *toujours.*
   Il en fait toujours.
   Il en fait *encore.*
   Vous en voyez encore.
   Vous en voyez *beaucoup.*
   Nous en avons beaucoup.

2. Tu en as trois.
   Tu en as *cinq.*
   Nous en prenons cinq.
   Nous en prenons *beaucoup.*
   Vous en remplissez beaucoup.
   Vous en remplissez *trois.*
   Tu en as trois.

3. Voilà des poires, tu en achètes.
   Voilà des pommes, tu en achètes.
   Voilà des pommes, *tu en as.*
   Voilà des citrons, tu en as.
   Voilà des citrons, *tu en choisis.*
   Voilà des poires, tu en choisis.
   Voilà des poires, *tu en achètes.*

4. Voici de la bière, j'en prends.
   Voici du thé, j'en prends.
   Voici du thé, *vous en remplissez votre verre.*
   Voici de l'eau, vous en remplissez votre verre.
   Voici de l'eau, *nous en apportons.*
   Voici de la bière, nous en apportons.
   Voici de la bière, *j'en prends.*

Exercices de transformation

Modèle: J'ai des tomates.
J'en ai.

1. Nous remplissons des valises.
2. Tu choisis des livres.
3. Robert a avalé du vin.
4. Ils ont mangé des oranges.
5. Avez-vous pris des haricots?
6. Avons-nous choisi de la viande?
7. Tu n'as pas donné de l'agneau.
8. Je n'ai pas jeté de bouteilles de vin.
9. N'a-t-on pas fait de la mousse au chocolat?
10. Apportent-ils des bagages?
11. Veut-elle de la salade?
12. Mangez-vous des pommes?

Modèle: As-tu beaucoup d'argent?
Oui, j'en ai beaucoup.

1. Avez-vous quatre livres?
2. Remplissons-nous des cartes?
3. Achète-t-on assez de médicaments?
4. Veulent-ils une douzaine d'œufs?
5. Avez-vous acheté trois livres?
6. Y a-t-il beaucoup de restaurants ici?

Modèle: On voit des statues dans la cathédrale.
On y en voit.
On n'y en voit pas.

1. Robert achète des livres à la librairie.
2. Les sœurs apportent des gâteaux à la maison.
3. Ma mère a eu des fruits chez l'épicier.
4. J'ai cherché de l'aspirine chez le pharmacien.
5. Nous faisons de la gymnastique au gymnase.

Modèle: Jeanne va chercher du lait chez le crémier.
Jeanne va y en chercher.
Jeanne ne va pas y en chercher.

1. Peux-tu prendre du pain à la boulangerie?
2. Il veut monter des serviettes à la salle de bains.
3. Nous allons manger de la salade au restaurant.
4. On désire acheter des éclairs à la pâtisserie.
5. La mère va prendre des valises au bureau des bagages.

NOTE DE GRAMMAIRE 8: Le Verbe irrégulier **envoyer**

1. The verb **envoyer** (*to send*), changes its stem ending when followed by a syllable containing a mute **-e:**

PRESENT:	j'envoie		nous envoyons	[ɑ̃vwajô]
	tu envoies	[ɑ̃vwa]	vous envoyez	[ɑ̃vwaje]
	il envoie		ils envoient	

IMPERATIF:	envoie	PASSE COMPOSE:	j'ai envoyé
	envoyons		
	envoyez		

Verbs like **envoyer:**

renvoyer *to send away, to dismiss*

2. The verb **payer** (*to pay*) is similarly conjugated:

PRESENT:	je paie		nous payons	[pɛjo]
	tu paies	[pɛ]	vous payez	[pɛje]
	il paie		ils paient	

IMPERATIF:	paie	PASSE COMPOSE:	j'ai payé
	payons		
	payez		

Other verbs that end in **-ayer** (like **essayer** *to try*) are conjugated the same way.

Along with **envoyer** and **payer,** this is a good time to drill all the verbs we have seen thus far which require spelling changes:

Exercices de manipulation

1. *Nous envoyons* des lettres à nos parents.
   (*Je, Tu, Vous, Elle, Ils, On, Nicole, Nous*)
2. *Nous payons* les billets.
   (*Je, On, Vous, Ils, Tu, Elle, Nous*)
3. *Elle jette* le livre par la fenêtre.
   (*Nous, Vous, Ils, Je, Tu, Robert, Elle*)
4. *On achète* du veau chez le boucher.
   (*Nous, Ils, Je, Vous, Tu, M. Fourchet, On*)
5. *Nous appelons* les copains.
   (*Je, Vous, Elles, Tu, Il, Henry, On, Nous*)
6. *Il commence* à parler.
   (*Je, Vous, Nous, Elles, Tu, Il*)
7. *Il* ne *renvoie* pas le chauffeur de taxi.
   (*Nous, Tu, Vous, Elles, Je, Nicole, Il*)
8. *Avez-vous* envoyé le télégramme?
   (*tu, ils, nous, Est-ce que je, elle, vous*)

NOTE DE GRAMMAIRE 9: Les Verbes du troisième groupe en **-re**

The *third class* verb is typified by the **-re** ending of the infinitive:

vendre *to sell*

PRESENT:	je vends tu vends [vɑ̃] il vend	nous vendons [vɑ̃dɔ̃] vous vendez [vɑ̃de] ils vendent [vɑ̃d]
IMPERATIF:	vends vendons vendez	PASSE COMPOSE: j'ai vendu

Verbs like **vendre** that we have already encountered are:

		PAST PARTICIPLE
attendre	*to wait (for)*	attendu
entendre	*to hear*	entendu
perdre	*to lose*	perdu
rendre	*to give back*	rendu
répondre (à)	*to answer*	répondu
descendre	*to descend*	descendu

Exercices de manipulation

1. *Je vends* tous les vieux livres.
   (*Nous, On, Ils, Vous, Tu, Robert, Je*)
2. *Il a perdu* tout l'argent.
   (*Elle, Nous, Vous, Tu, On, Je, Ils, M. Fourchet, Il*)
3. *Elle y a répondu.*
   (*Nous, Vous, Je, Tu, Robert, Ils, Elle*)
4. *Vous* n'en *vendez* pas.
   (*Ils, Nous, Je, Tu, On, Elle, Henry, Vous*)
5. N'y *répondez-vous* pas?
   (*tu, elle, il, nous, elles, on, Est-ce que je, vous*)
6. *Nous attendons* le train.
   (*Je, Tu, Vous, M. Fourchet, Ma sœur, Les grands-parents, On, Nous*)
7. *Les jeunes gens attendent-ils* l'avion?
   (*tu, Nicole, vous, je, on, nous, Les jeunes gens*)
8. *L'étudiante répond* au professeur.
   (*Les parents, Tu, Je, Nous, On, Vous, L'étudiante*)
9. *On descend* du train.
   (*Les enfants, Je, Nous, Le charcutier, La crémière, Vous, Tu, On*)

Exercices de transformation

Modèle: Le boucher *vend* du veau.
Le boucher va vendre du veau.
Le boucher a vendu du veau.

1. Le pharmacien vend des médicaments.
2. Je vends des mobylettes.
3. Nous vendons des magazines.
4. Elle descend les valises au rez-de-chaussée.
5. Elle attend l'autobus.
6. Nous entendons le bruit.
7. Il perd sa tignasse.
8. Il rend le billet à l'employé.
9. Elle répond à toutes les questions.
10. Elle descend du train.

NOTE DE GRAMMAIRE 10: Le Verbe irrégulier **boire**

The verb **boire** (*to drink*) is irregular.

PRESENT:	je bois tu bois [bwa] il boit	nous buvons [byvo] vous buvez [byve] ils boivent [bwav]

IMPERATIF: bois
buvons
buvez

PASSE COMPOSE: j'ai bu

Substitutions progressives

1. Je bois du vin.
   Ils boivent du vin.
   Ils boivent *beaucoup d'eau.*
   Elle boit beaucoup d'eau.
   Elle boit *du lait.*
   Nous buvons du lait.
   Nous buvons *du thé.*
   Vous buvez du thé.
   Vous buvez *du vin.*
   Je bois du vin.

2. J'ai bu du lait.
   Nous avons bu du lait.
   Nous avons bu *beaucoup d'eau.*
   Elle a bu beaucoup d'eau.
   Elle a bu *du thé.*
   Vous avez bu du thé.
   Vous avez bu *du lait.*
   J'ai bu du lait.

Exercices de transformation

1. *Je bois* de l'eau.
   (*Nous*, *Ils*, *Elle*, *Vous*, *Tu*, *On*, *Robert*, *Je*)
2. En *bois*-tu?
   (*Est-ce que je*, *nous*, *il*, *vous*, *elle*, *ils*, *tu*)
3. *Vous* n'en *buvez* pas.
   (*Tu*, *Elle*, *Nous*, *Ils*, *Je*, *Henry*, *Vous*)
4. *Tu* n'en *as* pas bu.
   (*Il*, *Vous*, *Nous*, *On*, *Je*, *Ils*, *Les garçons*, *Tu*)

QUESTIONS GENERALES

1. A quelle heure avez-vous faim?
2. A quelle heure déjeunez-vous?
3. A quelle heure dînez-vous?
4. Que buvez-vous quand vous avez soif?
5. Aimez-vous parler?
6. Comprenez-vous tout en français?
7. En quelle saison mange-t-on des tomates généralement?
8. Buvez-vous du vin à table? Si non, que buvez-vous?
9. Aimez-vous le fromage?
10. Quel dessert préférez-vous?
11. Répondez-vous toujours correctement aux questions?
12. Attendez-vous avec impatience le début de chaque classe?
13. Est-ce que vous avez entendu la question précédente?
14. Buvez-vous beaucoup de lait?
15. A quelle heure êtes-vous venu en classe?
16. Qu'avez-vous fait ce matin?
17. Quand êtes-vous rentré chez vous hier soir?
18. Avez-vous sorti des livres récemment de la bibliothèque?
19. Etes-vous sorti(e) samedi soir?

Exercices de manipulation

1. Demande à __________ de te parler de son repas favori.
2. Quels sont tes légumes préférés?
3. Que peut-on acheter chez le charcutier?
4. Demande à __________ quelle boisson il préfère avec ses repas. Et entre les repas?
5. Quand porte-t-on un toast?
6. Aimes-tu ramasser des fraises?
7. Demande à __________ s'il a déjà mangé de la viande de cheval.
8. Demande à __________ où on peut acheter des boîtes de conserve.
9. Demande à __________ s'il préfère les légumes frais ou en boîtes de conserve.
10. Demande à __________ quels ingrédients sont nécessaires pour faire une salade.

MICROLOGUE Le Petit Déjeuner

alarm clock rings/gets up/first
to heat/Then
cuts/slices/toasts
puts on/jam/adds
Nicole has to hurry up

C'est le matin: **le réveil sonne,** et Nicole **se lève.** Qu'est-ce qu'elle fait **tout d'abord?** Elle va dans la cuisine pour **faire chauffer** du lait pour le petit déjeuner. **Puis** elle **coupe** quelques **tranches** de pain, et si elle a le temps elle les **fait griller.** Ou bien elle **met** simplement du beurre et de **la confiture** sur le pain. Dans le bol, elle **ajoute** du café ou du chocolat, et elle a un vrai festin. Mais **il faut que Nicole se dépêche,** ou elle va arriver en retard à la classe.

Questions

1. Que fait Nicole quand le réveil sonne?
2. Quand prend-elle le petit déjeuner?
3. Où va-t-elle pour le petit déjeuner?
4. Que fait-elle chauffer?
5. Que fait-elle avec le pain?
6. Si elle a le temps, que fait-elle?
7. Que met-elle sur le pain?
8. Qu'est-ce qu'elle peut ajouter au lait?
9. Pourquoi faut-il que Nicole se dépêche?

LECTURE La Famille

during
so much the better
you can learn a lot
to know immediately
the habits
manias/Adapt yourself
all will be for the best
Even if/at first
(f.) schedule

PETER: J'ai l'impression qu'on ne désire pas me parler dans ma famille. On regarde toujours la télévision le soir **pendant** le repas.

LE PROFESSEUR: **Tant mieux, tu peux apprendre beaucoup** avec ta famille. Apprends à **connaître tout de suite les habitudes** de ta famille . . . et même **ses manies.** Regarder la télé est une manie comme une autre. **Adapte-toi** complètement à la vie de cette famille et **tout ira pour le mieux. Même si** cela te paraît **d'abord** difficile, organise ta vie sur **l'horaire** de ta famille. Prends ton petit déjeuner et les autres repas avec les membres de la famille!

ELEANOR: Pouvez-vous faire le portrait du Français moyen?

On the one hand
On the other hand

LE PROFESSEUR: Je vais essayer. **D'une part,** le Français aime l'ordre, la précision, l'exactitude. **D'autre part,** il aime manger et boire, sans compter ses verres.

JESSE: Il semble aimer la politique.

LE PROFESSEUR: Il adore la politique et la discussion, mais il déteste les politiciens.

QUESTIONS SUR LA LECTURE

1. Qu'est-ce qu'on apprend à connaître tout de suite?
2. Comment un Américain organise-t-il sa vie en France?
3. Quelles qualités le Français moyen aime-t-il?
4. Aime-t-il manger?
5. Est-ce qu'il compte ses verres?
6. Aime-t-il la politique?
7. Aime-t-il les politiciens?

CREATION ET RECREATION

1. Choose a famous person from the past, someone everyone in your class has probably heard of. Proceed to give clues as to the person's identity without naming him/her. Keep the majority of your clues in the **passé composé,** with the appropriate adverbs.

Start with very general clues, and then move to more specific ones. After each clue ask a different fellow student: **Qui suis-je?** If you make it to ten clues without being correctly identified, your fellow students (and prof) must start asking you questions (again, mostly in the **passé composé**). You may answer these latter questions only by **oui** or **non.** For example

Voltaire (see passage devoted to Voltaire in **Chapitre 6**)

1. Je suis français.
2. Pendant ma vie, j'ai beaucoup écrit.
3. J'ai toujours détesté l'intolérance.
4. Une fois, je suis parti pour l'Angleterre.
5. J'y ai appris certaines bases de la philosophie moderne.
6. Quand je suis rentré en France, j'ai commencé à écrire des satires contre le gouvernement.
7. Une fois, on m'a emprisonné et j'ai passé presque toute une année en prison.
8. Je suis né en seize cent quatre-vingt-quatorze.
9. Je suis mort en dix-sept cent soixante-dix-huit.
10. Pendant ma vie, j'ai représenté l'esprit de «L'Age des lumières».

1. Etes-vous Rousseau? Non.
2. Avez-vous écrit le conte **Candide?** Oui.
3. Etes-vous Voltaire? Oui.

2. Monique est à table. Elle déjeune avec sa famille américaine et elle est surprise de ne pas voir là son père américain. Elle a une demi-heure pour déjeuner, etc.

OUI NON

Chapitre 8: COUP D'ŒIL

1. The *partitive construction* must be used in French, but not always in English, to express the quantity *some:*

   Je prends **du** pain.
   I take (some) bread.

2. The *indefinite article* **un** or **une** has a partitive plural: **des**

   un train — *a train*
   des trains — *(some) trains*

3. **Etre** is used as the auxiliary verb to form the **passé composé** (the compound past) for verbs of motion which do not show how the action was performed.

   Elle est arrivé**e.**

   The past participle of these verbs behaves like an adjective and agrees in gender and in number with the subject.

   Elles sont venu**es.**

4. When verbs have a direct object they require **avoir** as auxiliary verbs to form the compound past:

   Elle a monté les valises.

5. Position of the *indirect object pronouns* is similar to that of the direct object:

   Elle **lui** parle.

6. **Y** and **en** may be used as adverbs and as pronouns:

Adverb:	Je vais **là.**	Elle sort **d'ici.**
	J'**y** vais.	Elle **en** sort.
Pronoun:	Je pense **au film.**	Elle veut **du thé.**
	J'**y** pense.	Elle **en** veut.

7. Verbs of the THIRD CLASS or GROUP are typified by **-re** endings. These *regular verbs* take one set of endings:

   vendre

je vends	nous vend**ons**
tu vends	vous vend**ez**
il vend	ils vend**ent**

   Some verbs of the third class are:

   attendre, descendre, entendre, perdre, rendre, répondre (à), vendre

8. The irregular **envoyer** undergoes some spelling changes:

j'envoie	nous env**oyons**
tu envo**ies**	vous env**oyez**
il envoie	ils env**oient**

Renvoyer is conjugated like envoyer.
Payer also has the same spelling changes:

je paie	nous pay**ons**
tu **paies**	vous pay**ez**
il **paie**	ils p**aient**

9. The irregular verb **boire** is conjugated this way:

je **bois**	nous **buvons**
tu **bois**	vous **buvez**
il **boit**	ils b**oivent**

10. **Etre** is used without an indefinite article in referring to a profession:

Il est boulanger. **Je** suis étudiante.

But the expression **c'est** takes the indefinite article **un** or **une:**

C'est **un** médecin. C'est **une** épicière.

VOCABULAIRE

Verbes

adorer
attendre*
avaler
boire*
décéder
descendre*
détester
entendre*
envoyer*
monter
mourir
naître
passer
participer
partir
payer*
perdre*
prier
rendre*
rentrer
renvoyer*
ressembler
rester
retourner
saler
sauter
servir
tomber
se tutoyer
vendre*

Noms

mousse au chocolat (f.)
nourriture (f.)

apéritif (m.)
bière (f.)
boisson (f.)
bouteille (f.)
café (m.)
eau (f.)
eau minérale (f.)
lait (m.)
thé (m.)
vin blanc (m.)
vin rouge (m.)

agneau (m.)
bœuf (m.)
porc (m.)
poule (f.)
poulet (m.)
veau (m.)
viande (f.)

gigot (m.)
pâté (m.)
saucisse (f.)
saucisson (m.)
steak (m.)

baguette (f.)
croissant (m.)
éclair (m.)
gâteau (m.)
pain (m.)
pain de mie (m.)

artichaut (m.)
asperge (f.)
aubergine (f.)
carotte (f.)
concombre (m.)
haricots (m. pl.)
légume (m.)
oignon (m.)
petits pois (m. pl.)
pomme de terre (f.)
pommes frites (f. pl.)
salade (f.)
tomate (f.)

banane (f.)
cerise (f.)
citron (m.)
fraise (f.)
fruit (m.)
poire (m.)
pomme (f.)

beurre (m.)
camembert (m.)
crème (f.)
fromage (m.)
œuf (m.)

boîte de conserve (f.)
entrée (f.)
hors-d'œuvre (m.)
moutarde (f.)
poivre (m.)
sardine (f.)
sel (m.)
sucre (m.)

animal (m.)
éléphant (m.)
lion (m.)
tigre (m.)

bateau (m.)
bibliothèque (f.)
cathédrale (f.)
début (m.)
édifice (m.)
mésaventure (f.)
sous-sol (m.)
succès (m.)
télégramme (m.)
vacances (f. pl.)

l'aspirine (f.)
dentifrice (m.)
médicament (m.)
shampooing (m.)

boucher (m.)
boucherie (f.)
boulanger (m.)
boulangerie (f.)
charcutier (m.)
charcuterie (f.)
crémier (m.)
crémerie (f.)
dentiste (m.)
épicier (m.)
médecin (m.)
métier (m.)
pâtissier (m.)
pâtisserie (f.)
pharmacien (m.)
pharmacie (f.)
philosophe (m.)

Adjectifs

catholique
différent
favori
fin
juif
nécessaire
précédent
protestant
violent

Pronom

en

Adverbes

alors
assez
correctement
encore
exactement
immédiatement
peu après
plus
tout de suite
trop

Conjonctions

car
comme si
mais

Expressions utiles

A votre santé!
avoir faim
avoir soif
comme de l'eau
comme du petit lait
d'un seul coup
d'un trait
être affamé
être assoiffé
être à table
mourir de faim
par jour
porter un toast
prendre une douche
un peu plus tard

Scénario 8: Au déjeuner

QUATRIEME ETAPE

CHAPITRE 9

ROBERT S'INSTALLE

Scénario 9: Robert s'installe

PREMIERE ETAPE

ROBERT: C'est ici?

MME FOURCHET: C'est pour toi. C'est ta chambre. J'ai placé tes affaires dans cette armoire.

ROBERT: J'ai cette grande valise, cette petite valise, et ce sac de couchage.

MME FOURCHET: On va placer tes chemises, tes slips et tes tricots de corps, tes mouchoirs et tes chaussettes ici. Ton veston et ton imperméable dans le placard. Tu as de jolies valises. Celles-ci paraissent plus solides que mes valises.

MME FOURCHET: Tu peux te laver ici.

M. FOURCHET: Robert, tu peux emprunter une de nos mobylettes durant ton séjour. Nicole, montre-lui comment freiner!

ROBERT: Je me demande pourquoi il insiste là-dessus.

DEUXIEME ETAPE

ROBERT: C'est ici que je m'installe?

MME FOURCHET: C'est pour toi. C'est ta chambre. J'ai placé tes affaires dans cette armoire. Combien de valises as-tu?

ROBERT: J'ai cette grande valise grise, cette petite valise marron, et ce sac de couchage.

MME FOURCHET: On va placer tes chemises dans ce tiroir . . . tes slips et tes tricots de corps dans celui-ci . . . et tes mouchoirs et tes chaussettes ici. Ton veston et ton imperméable dans le placard. Tu as de jolies valises. Celles-ci paraissent plus solides que mes valises.

MME FOURCHET: Comme tu as vu, tu as un lavabo. Tu peux te laver ici. Tu peux prendre tes douches dans cette salle de bains.

M. FOURCHET: Je pars. Robert, tu peux emprunter une de nos mobylettes durant ton séjour. Nicole va te montrer comment t'en servir. Nicole, montre-lui comment freiner!

ROBERT: Je me demande pourquoi il insiste là-dessus.

NICOLE: Evidemment on peut se faire mal si on ne sait pas freiner.

(*Les jeunes gens sortent*)

MME FOURCHET: (*Elle crie après eux.*) Pas trop tard. Robert a besoin de sommeil.

TROISIEME ETAPE

ROBERT: C'est ici que je m'installe?

MME FOURCHET: Oui, oui, oui. C'est pour toi. C'est ta chambre.

(*Un peu plus tard*)

MME FOURCHET: Voilà, j'ai placé tes affaires dans cette armoire. Combien de valises as-tu?

ROBERT: J'ai cette grande valise grise, cette petite valise marron, et ce sac de couchage.

MME FOURCHET: Bon. On va placer tes chemises dans ce tiroir . . . tes slips et tes tricots de corps dans celui-ci . . . et tes mouchoirs et tes chaussettes ici. Ton veston et ton imperméable dans le placard. Tiens, tu as de jolies valises. Celles-ci paraissent plus solides que mes valises. Plus tard on va descendre tes valises vides à la cave.

ROBERT: Merci, Madame. Cette paire de chaussures sous le lit. Et mes cravates? Ah, je les place sur ce porte-cravates derrière la porte.

MME FOURCHET: Comme tu as vu, tu as un lavabo. Tu peux te laver ici. Tu peux prendre tes douches dans cette salle de bains.

(*On descend*)

M. FOURCHET: Alors, je pars. Ah, Robert, tu peux emprunter une de nos mobylettes durant ton séjour. Nicole va te montrer comment t'en servir. Nicole, montre-lui en particulier comment freiner!

(*M. Fourchet part*)

ROBERT: Je me demande pourquoi il insiste là-dessus.

NICOLE: Evidemment on peut se faire mal si on ne sait pas freiner.

(*Les jeunes gens sortent*)

MME FOURCHET: (*Elle crie après eux.*) Pas trop tard, Nicole. Robert a besoin de sommeil. Passe par la boulangerie plus tard et achète une baguette pour ce soir!

SYNONYMES ET EXPRESSIONS APPROXIMATIVES

10 le placard = la penderie
10 Tiens → (*exclamation*) (*Indeed*)
11 paraissent = semblent
15 te laver = faire ta toilette
18 emprunter → prendre (mais pour un temps limité)
20 en particulier = particulièrement, spécialement
22 là-dessus → (*on that*)
23 évidemment = certainement, sans aucun doute
25, 26 a besoin de sommeil = a besoin de repos, a besoin de se reposer

VOCABULAIRE ILLUSTRE

Cette valise est plus grande que **celle-là.**

Ce sac est plus grande que **celui-là.**

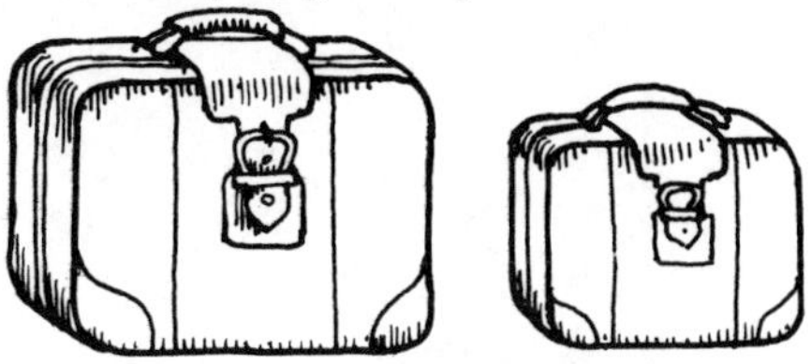

Cette commode est plus grande que **celle-là.**

Cette télévision est plus grande que **celle-là.**

Ce camion est plus grand que **celui-là.**

Ce drapeau est plus grand que **celui-là.**

Ces agents de police sont aussi grands que **ceux-là.**

Cette ceinture est aussi grande que **celle-là.**

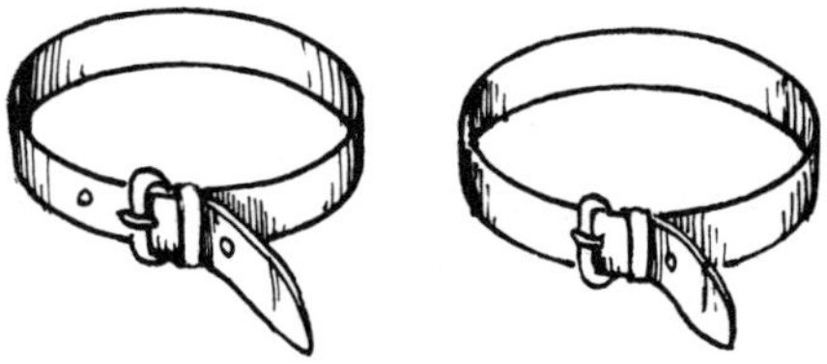

Cette cheminée est aussi grande que **celle-là.**

Ce chapeau est aussi grand que **celui-là.**

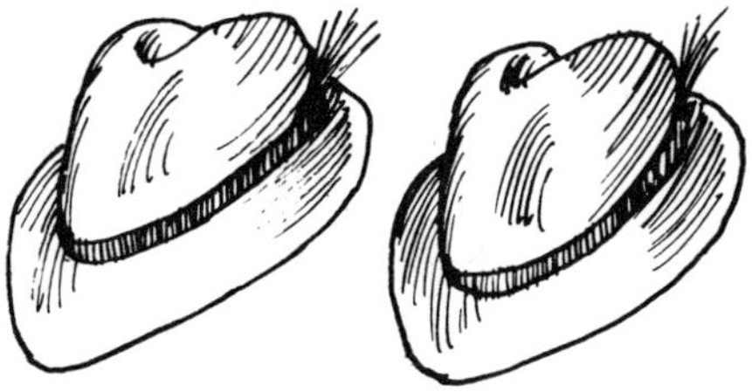

Vêtements de femmes

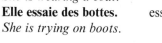

1. un manteau *coat*
2. des bottes (f.) *boots*
3. une robe de soie *silk dress*
4. une robe de coton *cotton dress*
5. une robe de nylon *nylon dress*
6. des gants (m.) de cuir *leather gloves*
7. des gants de laine *woolen gloves*
8. un foulard *silk scarf*
9. une veste *jacket*
10. une tailleur *tailored suit*
11. un sac *handbag*
12. lunettes de soleil *sunglasses*

Examples:

Elle porte un manteau. porter *to wear*
She is wearing a coat.
Elle essaie des bottes. essayer *to try on*
She is trying on boots.

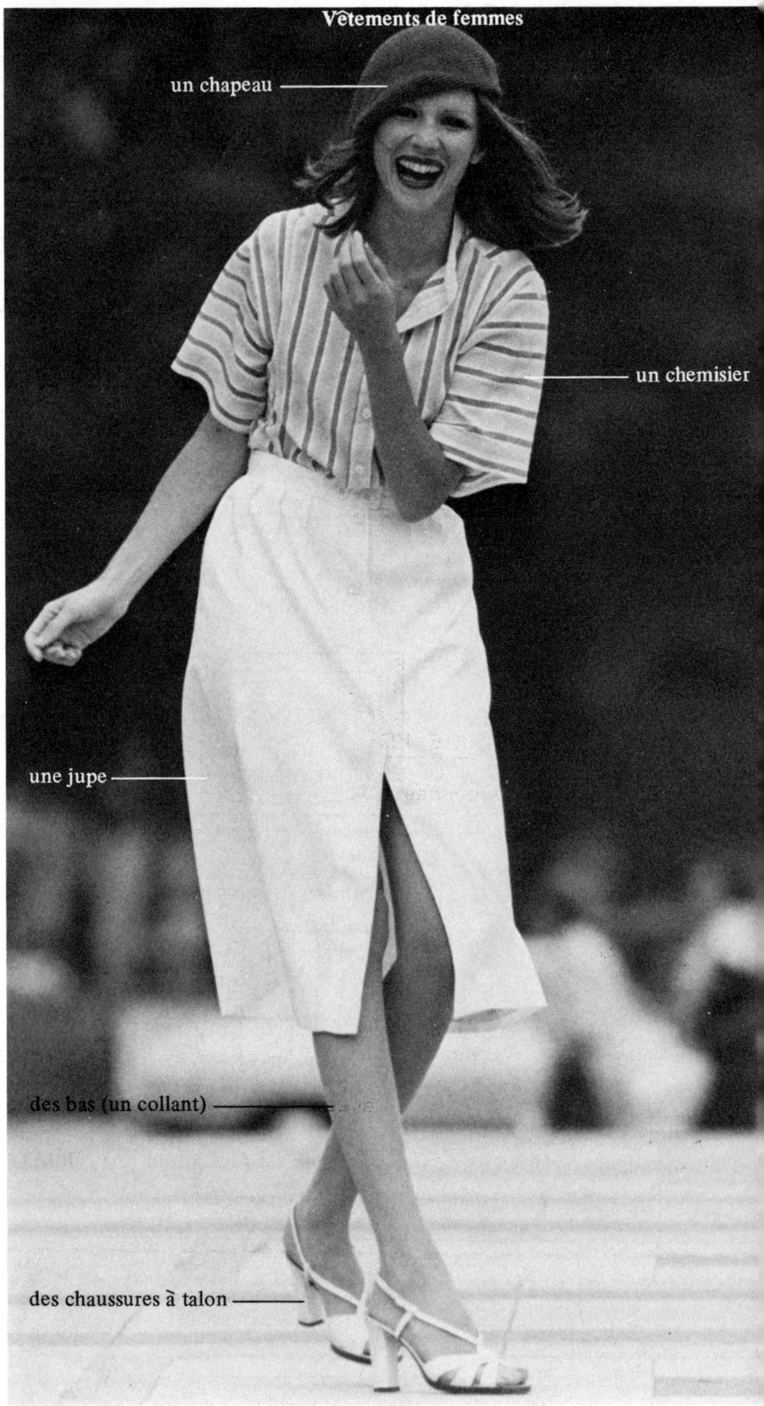

Vêtements d'hommes

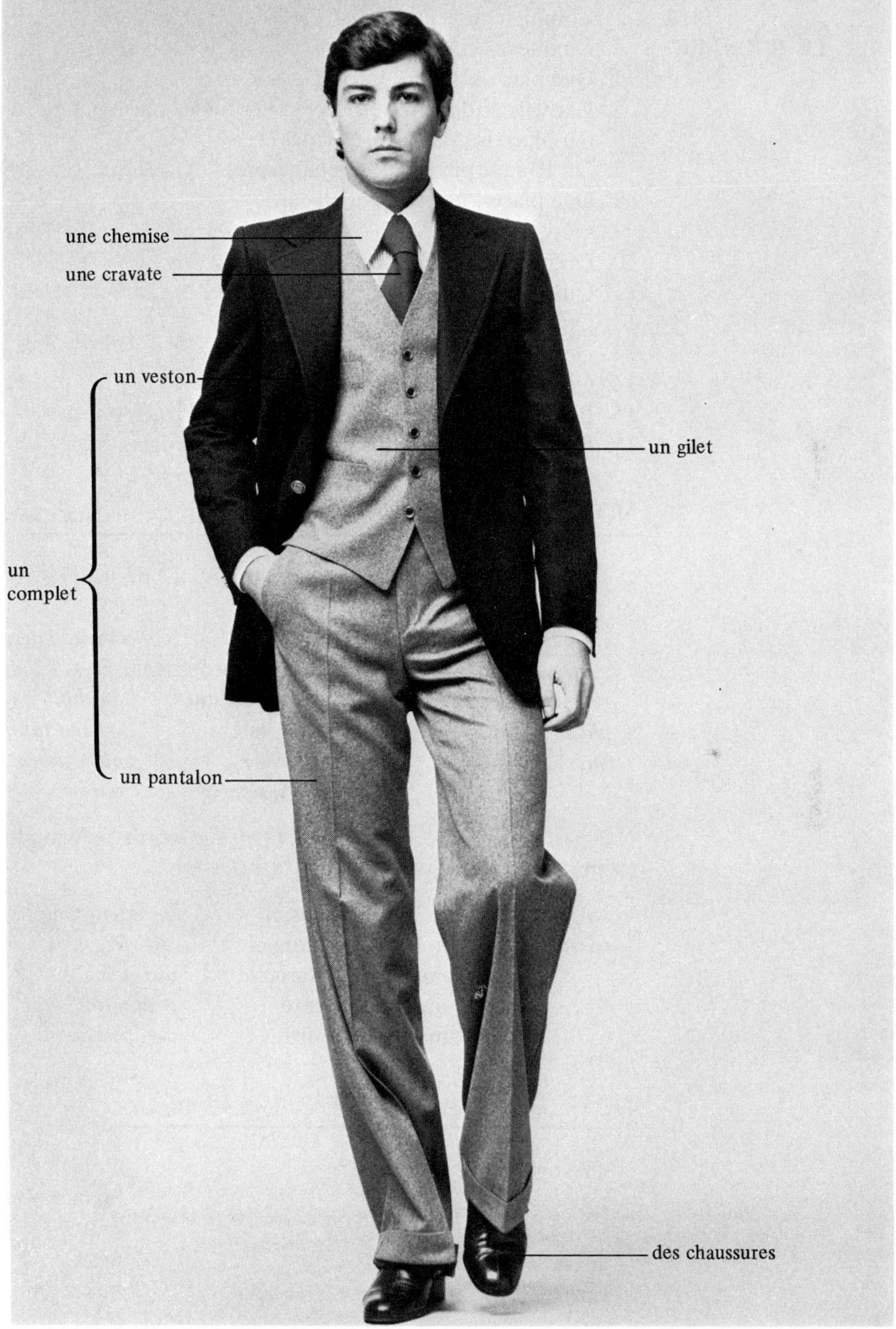

QUESTIONS SUR LE SCENARIO

1. Où Mme Fourchet place-t-elle les affaires de Robert?
2. Combien de valises a-t-il?
3. De quelles couleurs sont les valises de Robert?
4. Que place Mme Fourchet dans le tiroir?
5. Les valises de Mme Fourchet sont-elles plus solides que celles de Robert?
6. Où place-t-on les valises vides?
7. Où Robert place-t-il ses chaussures?
8. Que place-t-elle dans le placard?
9. Où y a-t-il un lavabo?
10. Où peut-il prendre ses douches?
11. Qu'est-ce que Robert peut emprunter durant son séjour?
12. Qu'est-ce que Nicole va faire?
13. Que va-t-elle lui montrer en particulier?
14. Que font les jeunes gens?
15. Pourquoi Mme Fourchet crie-t-elle: «Pas trop tard!»
16. Pourquoi faut-il qu'ils passent par la boulangerie?

NOTE DE GRAMMAIRE 1: Position des adjectifs

1. Most adjectives automatically follow the noun. They are essentially descriptive of:

color:	un cheval **blanc**	*a white horse*
nationality:	un étudiant **français**	*a French student*
religion:	un prêtre **catholique**	*a catholic priest*
physical forms:	une table **ronde**	*a round table*
physical quality:	de l'eau **froide**	*cold water*
	une bière **fraîche**	*cool beer*

2. Adjectives which are longer than the words they modify, or which are derived from participles, usually follow the noun:

longer:	un livre **intéressant**	*an interesting book*
participial:	un homme **distingué**	*a distinguished man*
	une femme **charmante**	*a charming woman*[1]
	une étoile **filante**	*a shooting star*[1]
	une porte **ouverte**	*an open door*

NOTE DE GRAMMAIRE 2: Les Couleurs

The colors in French are:

rouge	*red*	violet	*violet*
orange (orangé)	*orange*	blanc	*white*
jaune	*yellow*	noir	*black*
vert	*green*	brun	*brown*
bleu	*blue*	marron	*brown*
		gris	*gray*

[1] See formation of present participles in **Chapitre 23.**

Les couleurs

Exercice de compréhension

1. Les feuilles (*leaves*) sont vertes en été. Elles sont rouges ou jaunes ou brunes en automne.
2. Le drapeau américain et le drapeau français ont les mêmes couleurs: bleu, blanc, rouge.
3. L'arc-en-ciel (*rainbow*) contient toutes les couleurs: rouge, orange (orangé), jaune, vert, bleu, violet.
4. Avec du blanc et du noir, on fait du gris.
5. Avec du vert et du rouge, on fait du marron.

NOTE DE GRAMMAIRE 3: Le Féminin des adjectifs

1. For adjectives ending in **-x,** change the **-x** to **-s** and add **-e** to form the feminine:

MASCULINE SINGULAR	FEMININE SINGULAR
un homme heure**ux**	une femme heureu**se**
joyeu**x**	joyeu**se**

2. Some adjectives have irregular endings in the feminine:

blanc [blɑ̃]	blanche [blɑ̃ʃ]	*white*
frais [frɛ]	fraîche [frɛʃ]	*fresh, cool*
sec [sɛk]	sèche [sɛʃ]	*dry*
doux [du]	douce [dus]	*soft*
faux [fo]	fausse [fos]	*false*
roux [ru]	rousse [rus]	*reddish-brown*
cher [ʃɛr]	chère [ʃɛr]	*dear, expensive*
grec [grɛk]	grecque [grɛk]	*Greek*
neuf [nœf]	neuve [nœv]	*new*
public [pyblik]	publique [pyblik]	*public*

3. Others **double the final consonant** and add **-e:**

bon [bõ]	bonne [bɔn]	*good*
italien [italjɛ̃]	italienne [italjɛn]	*Italian*

4. Marron (*brown*) is invariable.

Simples substitutions

1. Il a une chemise *grise.*
   (*verte, blanche, bleue, neuve, verte, grise*)
2. Elle a une valise *grise.*
   (*marron, noire, bleue, rouge, grise*)
3. J'ai un ami *français.*
   (*américain, grec, italien, chinois, russe, français*)
4. Voici notre jeune étudiante *française.*
   (*américaine, grecque, italienne, chinoise, russe, française*)

5. Voilà *une église catholique.*
   (*une église orthodoxe, un temple protestant, une synagogue orthodoxe, une église catholique*)
6. C'est une saison *sèche.*
   (*froide, fraîche, humide, chaude, douce, sèche*)
7. Elle a les cheveux *blonds.*
   (*roux, noirs, gris, blancs, blonds*)

Simples substitutions

1. Elle a une auto *française.*
   (*grosse, belle, noire, chère, bleue, vieille, française*)
2. Il a acheté un imperméable *chaud.*
   (*nouvel, bel, cher, noir, autre, gris, marron, chaud*)
3. Nicole a montré une *belle* cravate.
   (*longue, courte, rouge, nouvelle, vieille, bleue, belle*)

Exercices de transformation

Modèle: Elle a une auto. (*nouveau*)
Elle a une nouvelle auto.

1. Elle a un chapeau. (*joli*)
2. C'est une réponse. (*faux*)
3. C'est une saison. (*sec*)
4. Elle a une robe. (*vert*)
5. C'est une fille. (*heureux*)
6. C'est une fête. (*joyeux*)
7. Voilà une église. (*beau*)
8. C'est un chemin. (*long*)
9. Elle a un foulard. (*rouge*)

NOTE DE GRAMMAIRE 4: Le Partitif **de**

1. In **Chapitre 8** we discussed the uses of the partitive forms **du, de la, de l', des,** which specify quantities and precede nouns:

Je bois **du café.**	*I am drinking (some) coffee.*
Donnez-moi **de la monnaie!**	*Give me (some) change!*
J'ai **de l'argent.**	*I have (some) money.*
J'ai acheté **des livres.**	*I bought (some) books.*

2. In three cases the simple partitive **de** is used before nouns:

a. *In negations:*

Je n'ai pas **d'**argent.[2]

b. *Before plural adjectives preceding plural nouns:*
Elle a **de** bons amis.

c. *After expressions of quantity containing nouns:*
J'achète **une bouteille d'**eau minérale.

---

[2] See **Chapitre 8,** p. 167.

containing adverbs:

J'ai **assez d'**argent

as well as:	beaucoup de	*a lot* (of)
	trop de	*too much*
	autant de	*as much, as many*
	pas mal de	*quite a lot* (of)
	moins de	*less*
	plus de	*more*
	peu de	*a little*

Exercices de transformation

Modèle: J'ai de l'argent.
Je n'ai pas d'argent.

1. Tu veux des livres.
2. Robert lui donne un pourboire.
3. Il y a du monde.
4. Elle a un imperméable.
5. Vous avez des serviettes propres.
6. Il y a du savon sur le lavabo.
7. On sert des hors-d'œuvre.
8. Prenez du pain, mon petit!
9. Achète du pain!

Exercices de transformation

Modèle: J'ai vu des choses. (*jolies*)
J'ai vu de jolies choses.

1. Il a des valises. (*petites*)
2. Vous avez acheté des cravates. (*belles*)
3. Elle m'a montré des armoires. (*grandes*)
4. Tu as des chemises. (*vieilles*)
5. Elle a des yeux bleus. (*beaux*)
6. Nous avons consulté des listes. (*longues*)
7. On a ramassé des asperges. (*nouvelles*)
8. Les hommes ont vu des arbres. (*grands*)
9. Mon oncle a jeté des livres. (*gros*)
10. Ma sœur a vu des bâtiments. (*hauts*)

Exercices de transformation

Modèle: Je désire du lait. (*une bouteille*)
Je désire une bouteille de lait.

1. Donne-moi du café! (*une tasse*)
2. Apporte-moi de la bière! (*un verre*)
3. Vous demandez du lait. (*un litre*)
4. Il m'a vendu des roses. (*un bouquet*)
5. Nous avons trouvé des savons. (*une boîte*)

6. Vous avez cherché des pétunias. (*un vase*)
7. Elle achète du pain. (*un kilogramme*)

Simples substitutions

1. Nous avons *beaucoup de* choses.
   (*trop de, peu de, moins de, plus de, assez de, beaucoup de*)
2. Il a *trop de* cravates.
   (*beaucoup de, assez de, moins de, plus de, peu de, trop de*)

Substitution progressive

Elle lui donne du fromage.
Elle lui donne *beaucoup de fromage.*
Robert prend beaucoup de fromage.
Robert prend *trop de vin.*
Il demande trop de vin.
Il demande *pas mal de choses.*
Elle lui donne pas mal de choses.
Elle lui donne *du fromage.*

Exercices de transformation

Modèle: Nous avons mangé du fromage. (*beaucoup*)
Nous avons mangé beaucoup de fromage.

1. Nous avons mangé des tomates. (*trop*)
2. Il boit du vin. (*assez*)
3. Elle boit du lait. (*trop*)
4. Elle achète des asperges. (*plus*)
5. Elle achète des légumes. (*peu*)
6. Il demande de la salade. (*moins*)
7. Elle apporte du gigot. (*beaucoup*)
8. Elle lui donne du vin blanc. (*moins*)

NOTE DE GRAMMAIRE 5: plus, moins, autant

The forms **plus de, moins de, autant de** express comparisons of *quantity:*

J'ai **plus d'**argent **que** vous.	*I have more money than you.*
J'ai **moins d'**argent **que** vous.	*I have less money than you.*
J'ai **autant d'**argent **que** vous.	*I have as much money as you.*

These forms may also be used contrastively:

Il a **plus d'**argent **que de** sens commun. *He has more money than common sense.*

Substitution progressive

Il a plus d'amis que vous.
Il a plus d'amis *que nous.*
Il a moins d'amis que nous.
Il a moins d'amis *que son frère.*
Elle a autant d'argent que son frère.
Elle a autant d'argent *que vous.*
Il a plus d'amis que vous.

Exercices de transformation

Modèle: Elle a plus de frères que de sœurs. (*moins*) (*autant*)
Elle a moins de frères que de sœurs.
Elle a autant de frères que de sœurs.

1. Elle a autant de chaussures que moi. (*plus*) (*moins*)
2. Tu achètes moins de valises que ton frère. (*plus*) (*autant*)
3. Ils font autant de voyages que les autres. (*moins*) (*plus*)
4. Nous avons mangé plus de légumes que de viande. (*moins*) (*autant*)
5. Vous avez bu plus de vin que d'eau. (*moins*) (*autant*)

NOTE DE GRAMMAIRE 6: Les Verbes pronominaux

1. We have already seen that verbs often take object pronouns:

Je **lui** parle. *I spoke to him.*
Je **l'**ai regardé. *I saw him.*

2. With some verbs, both the subject of the verb and its object may be the same. These are called pronominal verbs. The pronominal verb in French may be reflexive or *reciprocal*. The subject in both cases is the origin of the action and the object is its goal. The subject and object pronouns both refer to the same person or thing.

a. REFLEXIVE: **Je me** lave. *I wash myself.*

The action of the verb is reflected back to the subject (**je**) by means of a reflexive object pronoun (**me**).

b. RECIPROCAL: **Nous nous** regardons. *We look at each other.*

The action of the verb is reciprocal and refers back to the subject (**nous**) through an object pronoun (**nous**). Note that this can only be the case with *plural* subjects. This last sentence may also be taken reflexively. This can be determined from the context of the sentence.

Nous nous regardons. *We look at ourselves.*

In this case each person looks at himself or herself.

3. In either case the action may be transmitted directly (direct object) or indirectly (indirect object):

REFLEXIVE	*Direct:*	Je **me** regarde.	(regarder une personne)
	Indirect:	Je **me** parle.	(parler à une personne)
RECIPROCAL	*Direct:*	Nous **nous** regardons.	
	Indirect:	Nous **nous** parlons.	

4. The pronominal construction occurs much more frequently in French than in English. In many cases the pronoun is apparent in the meaning of the verb:

se laver *to wash oneself*

and other times it is not readily apparent:

s'en aller *to go away.*

5. The pronominal verb is formed by using a subject pronoun and an object pronoun before an appropriate verb form. These object pronouns always stand just *before* the conjugated part of the verb—except in the imperative form, with which we will deal later.

SUBJECT PRONOUN	OBJECT PRONOUN
je	me
tu	te
il	se
elle	se
on	se
nous	nous
vous	vous
ils	se
elles	se

We have seen the **me, te, nous, vous** before as direct or indirect object pronouns. **Se** is a third person singular or plural form and may also be direct or indirect.

6. There are two types of pronominal verbs:

a. Some verbs appear *normally* as pronominal and are *always* accompanied by a pronoun:

s'absenter *to absent oneself*	Il s'absente toujours de l'école.
s'en aller *to go away*[3]	Fâchée, elle s'en va.
s'écrier *to exclaim*	On s'écrie de joie.
se souvenir de *to remember*	Je me souviens de ce vieux professeur.

In the dictionary these verbs are preceded by the object pronoun **se.**

b. Other verbs may be *made reflexive* or reciprocal *by adding an object pronoun:*

laver *to wash*	Je lave la voiture.
se laver *to wash oneself*	Je me lave.
parler *to speak*	Je parle à l'homme.
se parler *to speak to oneself*	Je me parle.

Verbs which take **être** as an auxiliary are intransitive and thus cannot be made reflexive or reciprocal. You already learned most of these verbs in **Chapitre 8.**

7. Note the differences:

a. **Je parle** toujours quand je suis seul.
I always speak when I am alone.
Je me parle toujours quand je suis seul.
I always speak to myself when I am alone.

---

[3] **S'en aller** is not the same as **aller: s'en aller** means **to go away,** and is a normal pronominal verb.

b. **Nous regardons** dans le miroir.
We look into the mirror.
Nous nous regardons dans le miroir.
We look at ourselves (*or: at each other*) *in the mirror.*

c. **J'appelle** Paul.
I call Paul.
Je m'appelle Paul.
My name is Paul.

d. **Il promène** son chien.[4]
He walks his dog.
Il se promène dans les bois.
He goes for a walk in the woods.

e. **J'arrête** la voiture.
I stop the car.
Je m'arrête devant la boulangerie.
I stop in front of the bakery.

f. **Je sers** le café.
I serve the coffee.
Je me sers du crayon.
I am using the pencil.

g. **Ils sentent** le café.
They smell the coffee.
Ils se sentent bien.
They feel good.

h. **Je trouve** la voiture.
I find the car.
Je me trouve dans la voiture.
I am in the car.

i. **Je demande** un conseil à mon ami.
I ask my friend for advice.
Je me demande pourquoi il le dit.
I wonder why he says it.

Simples substitutions

1. *Je me lève* à huit heures du matin.
(*Tu te lèves*, *Nous nous levons*, *Vous vous levez*, *Elle se lève*, *Ils se lèvent*, *On se lève*, *Je me lève*)
2. *Je me demande* si tu viens.
(*Les garçons se demandent*, *Jacqueline se demande*, *Nous nous demandons*, *Elles se demandent*, *On se demande*, *Je me demande*)
3. *Nous nous trouvons* bien ici.
(*Je me trouve*, *Il se trouve*, *Vous vous trouvez*, *Ils se trouvent*, *Tu te trouves*, *On se trouve*, *Nous nous trouvons*)

Substitution progressive

Je me lève de bonne heure.
Je me couche de bonne heure.
Je me couche *à dix heures du soir.*
Je me promène à dix heures du soir.
Je me promène *dans les bois.*
Je me trouve dans les bois.
Je me trouve *dans ma chambre.*
Je me lève dans ma chambre.
Je me lève *de bonne heure.*

---

[4] **Promener** undergoes the same spelling changes as **acheter.**

Exercices de transformation

1. *Tu te réveilles* toujours de bonne heure.
   (*Elle, Nous, Ils, On, Je, Vous, Il, Les jeunes gens, Tu*)
2. *Nous nous couchons* tôt.
   (*Ils, Je, Elle, Vous, Tu, Nous, On, Nous*)
3. *L'employé se dépêche.*
   (*Je, Ils, Vous, Nous, Tu, On, L'employé*)
4. *Je m'absente* le week-end.
   (*Nous, Ils, Tu, On, Elle, Vous, Je*)

NOTE DE GRAMMAIRE 7: La Position des pronoms avec les verbes pronominaux

1. *In negations* the **ne** precedes the object pronoun and the **pas** follows the verb:

Affirmative: L'employé se dépêche.
Negative: L'employé **ne** se dépêche **pas.**

Exercices de transformation

Modèle: Je m'en vais.
Je ne m'en vais pas.

1. Vous vous lavez toujours avant de manger.
2. Ils se reposent après le déjeuner.
3. Elle se sert de mon dictionnaire.
4. Vous vous sentez malade.
5. Ils s'en vont vers la France.
6. L'employé s'arrête de parler.
7. Nous nous absentons le week-end.
8. Elles se promènent dans les bois.
9. Je me demande pourquoi il insiste là-dessus.

Exercices de transformation

1. *L'employé se dépêche.*
   (*Vous, Les chauffeurs, Nous, On, Tu, Je, La boulangère, L'employé*)
2. *Nous nous promenons* dans la rue.
   (*Les chiens, On, Les jeunes filles, Le philosophe, Tu, Vous, Je, Nous*)
3. *Je m'achète* un croissant.
   (*Nous, Tu, On, Vous, Nicole, Mes cousins, Je*)

2. In *interrogatives* the object pronoun *precedes* the verb, which is followed by the subject pronoun. This is similar to the regular interrogative form, plus an object:

Direct: Tu **le** vois.
Question: **Le** vois-tu?

Thus, the pronominals:

Direct: Elle **se** lave.
Question: **Se** lave-t-elle?

Exercices de transformation

Modèle: Vous vous dépêchez toujours.
Vous dépêchez-vous toujours?

1. Nous nous en allons tout de suite.
2. Elles se remplissent leur verre.
3. Tu t'arrêtes devant l'école.
4. Jean se demande où il est.
5. Nicole se lave.
6. Je me lève de bonne heure.
7. L'employé s'absente le week-end.
8. Vous vous promenez à dix heures du soir.

Exercices de transformation

1. *Se réveille-t-on* à midi?
   (*Mon neveu, elle, Ma nièce, Les enfants, Est-ce que je, nous, tu, vous, on*)
2. *Votre père s'absente-t-il* en été?
   (*L'étudiante, tu, Est-ce que je, nous, Vos parents, vous, on, Votre père*)
3. *Ne vous couchez-vous* pas trop tôt?
   (*L'enfant, Les jeunes gens, tu, Est-ce que je, on, nous, elle, nous, vous*)

Questions

1. A quelle heure vous couchez-vous?
2. A quelle heure vous levez-vous?
3. Comment vous sentez-vous?
4. Vous demandez-vous pourquoi vous étudiez le français?
5. Vous parlez-vous quand vous êtes seul?
6. Aimez-vous sentir le café le matin?
7. Aimez-vous vous promener dans les bois?
8. Vous absentez-vous le week-end?

NOTE DE GRAMMAIRE 8: Les Pronoms démonstratifs

1. *Demonstrative pronouns* may replace nouns preceded by demonstrative adjectives, and agree in gender and in number with the noun replaced.

The particles **-ci** and **-là** must be added to the pronoun form to express the notions of *here* or *there* respectively:

J'aime **ce chat-ci.** *I like this cat.*	J'aime **celui-ci.** *I like this one.*
Nous allons à **cette école-là.**	Nous allons à **celle-là.**
Ils ont **ces billets-là.**	Ils ont **ceux-là.**
Nous achetons **ces cravates-là.**	Nous achetons **celles-là.**

The masculine singular demonstrative pronoun is: **celui.**
The feminine singular demonstrative pronoun is: **celle.**
The masculine plural demonstrative pronoun is: **ceux.**
The feminine plural demonstrative pronoun is: **celles.**

Exercices de transformation

Modèle: J'aime bien ce thé-ci.
J'aime bien celui-ci.

1. Je préfère ce chien-ci.
2. Cette valise-ci est grande.
3. Ce camion-ci est rouge.
4. Ces cravates-ci sont jolies.
5. Donnez-moi ces tomates-là!
6. On va placer ces chemises-ci dans ce tiroir.
7. Veux-tu me passer ces pommes frites-là?
8. Ce poulet-ci est délicieux.
9. Ce steak-ci n'a pas assez de poivre.
10. Cette viande-là n'a pas assez de sel.
11. Cette ceinture-ci est large.
12. On vend ces mobylettes-là.

Modèle: Ce chat-ci est aussi grand que ce chat-là.
Celui-ci est aussi grand que celui-là.

1. Cette cheminée-ci est plus petite que cette cheminée-là.
2. Cet homme-ci est plus gros que cet homme-là.
3. Ces écoles-ci sont plus vieilles que ces écoles-là.
4. Ces messieurs-ci sont plus jeunes que ces messieurs-là.
5. Ce camion-ci est moins grand que ce camion-là.
6. Ces cravates-ci sont aussi jolies que ces cravates-là.

NOTE DE GRAMMAIRE 9: Le Verbe **dormir**

There are *six* verbs which are used fairly frequently and are conjugated in a pattern similar to the model of **dormir.**

Note that the first, second, and third person *plural* pick up the stem of the infinitive in the present indicative:

dormir *to sleep*

je dors tu dors [dɔr] il dort	nous dormons [dɔrmõ] vous dormez [dɔrme] ils dorment [dɔrm]

partir *to leave*

je pars tu pars [par] il part	nous partons [partõ] vous partez [parte] ils partent [part]

sentir *to smell*

je sens tu sens [sã] il sent	nous sentons [sãtõ] vous sentez [sãte] ils sentent [sãt]

sortir *to go out*

je sors	nous sortons [sɔrtõ]
tu sors [sɔr]	vous sortez [sɔrte]
il sort	ils sortent [sɔrt]

servir *to serve*

je sers	nous servons [sɛrvõ]
tu sers [sɛr]	vous servez [sɛrve]
il sert	ils servent [sɛrv]

mentir *to lie*

je mens	nous mentons [mãtõ]
tu mens [mã]	vous mentez [mãte]
il ment	ils mentent [mãt]

The IMPERATIFS of each verb:

dors	sens	pars	sers	sors	mens
dormons	sentons	partons	servons	sortons	mentons
dormez	sentez	partez	servez	sortez	mentez

The PASSE COMPOSE of each verb:

j'ai dormi	
je suis parti	j'ai senti
je suis sorti	j'ai servi
j'ai menti	

◖ Simples substitutions

1. *Je pars* par le bus.
 (*Il part, Nous partons, Vous partez, Elle part, Elles partent, Tu pars, Je pars*)
2. *Il ne dort pas* ce soir.
 (*Ils ne dorment pas, Tu ne dors pas, Je ne dors pas, Vous ne dormez pas, Nous ne dormons pas, Il ne dort pas*)

Un autobus et des mobylettes à Bourges

Exercices de transformation

1. A quelle heure partez-*vous?*
   (*ils, il, nous, tu, est-ce que je, vous,*)
2. *Il* sert le dîner.
   (*Vous, Nous, On, Elle, Elles, Tu, Je, Il*)
3. *Il* ne ment pas au professeur.
   (*Nous, Vous, Elle, Tu, On, Je, L'étudiant, Il*)

Exercices de transformation

Modèle: Je pars par le train.
Je suis parti par le train.

1. Je sors ce soir.
2. Tu dors bien.
3. Nous sentons l'odeur.
4. On sert les déjeuners.
5. Ils sortent ensemble.
6. L'enfant ment à sa mère.
7. Vous partez de bonne heure.

Modèle: Partez-vous de bonne heure?
Oui, je pars de bonne heure.

1. Dormez-vous bien?
2. Sont-elles sorties ensemble?
3. A-t-elle senti les fleurs?
4. Sers-tu le dîner à huit heures?
5. Sommes-nous partis à l'heure?
6. Robert a-t-il menti à M. Fourchet?

NOTE DE GRAMMAIRE 10: Le Verbe irrégulier **battre**

Battre (*to beat*), is an irregular verb. It loses one **-t** in the first, second and third persons singular of the present indicative:

PRESENT:	je bats tu bats [ba] il bat	nous battons [batõ] vous battez [bate] ils battent [bat]
IMPERATIF:	bats battons battez	

PASSE COMPOSE: j'ai battu

Verbs like **battre:**

abattre	*to knock down*	Il abat l'arbre. *He knocks the tree down.*
combattre	*to combat*	Il combat l'ennemi. *He fights the enemy.*
se battre	*to fight*	Les enfants se battent dans la rue. *The children are fighting in the street.*

Exercices de transformation

1. *Il bat* le tapis.
   (*Nous*, *Tu*, *Ils*, *Vous*, *Je*, *On*, *Nicole*, *Il*)
2. *Bats-tu* l'adversaire?
   (*nous*, *Est-ce que je*, *on*, *vous*, *ils*, *tu*)
3. *Je* ne *bats* pas les œufs.
   (*Tu*, *On*, *Nous*, *Vous*, *Ils*, *Mme Fourchet*, *Je*)
4. *Il a* battu le chien.
   (*Vous*, *Ils*, *Nous*, *Je*, *Tu*, *Elle*, *Il*)
5. *Je combats* le fanatisme.
   (*Nous*, *Vous*, *Tu*, *Voltaire*, *Ils*, *On*, *Elles*, *Je*)
6. *On a* abattu le vieux bâtiment.
   (*Ils*, *Nous*, *Je*, *Vous*, *Il*, *Elle*, *Tu*, *On*)
7. *Nous nous battons* dans la rue.
   (*Je*, *Les chiens*, *Elle*, *Vous*, *Il*, *On*, *Les chats*, *Nous*)
8. *Elles se* battent pour voir le match de volley-ball.
   (*Tu*, *Je*, *Vous*, *Les jeunes gens*, *On*, *Nous*, *Son père*, *Les copains*, *Elles*)

NOTE DE GRAMMAIRE 11: Expressions avec **avoir**

1. Avoir is used in many idioms. The construction **avoir besoin de** + *a noun* or *a verb* means *to need* (*something or to need to do something*). In this lesson, Mme Fourchet says:

Robert **a besoin de** sommeil.
Robert needs sleep.

She could also have said:

Robert **a besoin de** dormir.
Robert needs to sleep.

2. The following are common expressions using **avoir.** You have already come across some of them:

avoir faim *to be hungry*

M. Fourchet va travailler dans une heure et il a faim.
Mr. Fourchet is going to work in an hour and he is hungry.

avoir soif *to be thirsty*

Tu as très soif.
You are very thirsty.

avoir peur *to be afraid*

Il a peur du chauffeur de taxi.
He is afraid of the taxi-driver.

avoir sommeil *to be sleepy*

Il est fatigué et il a sommeil.
He is tired and sleepy.

avoir mal à (**la tête, aux dents,** etc.) (*to have a pain*)

Il a mal à la tête.
He has a headache.

avoir froid *to be cold*

Il gèle et elle a froid.
It is freezing and she is cold.

avoir chaud *to be warm*

Il fait du soleil et elle a chaud.
The sun is shining and she is warm.

To indicate the temperature of an *object*, use the same adjectives (**froid** or **chaud**) with **être:**

Ce café est chaud.	*This coffee is warm.*
Cette bière est froide.	*This beer is cold.*

Simples substitutions

J'ai besoin de sommeil.
(*Il a besoin de*, *Nous avons besoin de*, *Vous avez besoin de*, *Tu as besoin de*, *Ils ont besoin de*, *Robert a besoin de*, *J'ai besoin de*)

Substitution progressive

J'ai froid en hiver.
J'ai froid *en automne.*
Nous avons froid en automne.
Nous avons froid *ici.*
Il a chaud ici.
Il a chaud *au printemps.*
J'ai froid au printemps.
J'ai froid *en hiver.*

Exercices de manipulation

Quand j'ai chaud, je bois de l'eau.
Quand il a chaud, il ________.
Quand tu as chaud, tu ________.
Quand nous avons chaud, nous ________.
Quand ils ont chaud, ils ________.
Quand on a chaud, on ________.
Quand vous avez chaud, vous ________.

Exercices de transformation

1. Si *vous* ne *mangez* pas assez, *vous avez* faim.
   (*tu*, *il*, *nous*, *on*, *ils*, *elle*, *je*, *vous*)
2. Si *on* ne *boit* pas assez, *on a* soif.
   (*vous*, *ils*, *nous*, *tu*, *elle*, *je*, *Pierre*, *on*)

3. Si *nous* ne *dormons* pas assez, *nous avons* sommeil.
   (*on*, *tu*, *les étudiants*, *je*, *elle*, *vous*, *nous*)
4. Si *je voyage* en avion, *j'ai* peur.
   (*les enfants*, *ma fille*, *nous*, *on*, *tu*, *vous*, *je*)

Mon Corps

1. Quand j'ai mal aux dents, je vais chez le dentiste.
2. Quand j'ai mal à la tête, je vais à la pharmacie acheter de l'aspirine.
3. Quand j'ai mal au dos, je vais chez le médecin.
4. Où allez-vous quand vous avez mal au ventre?
5. Où allez-vous quand vous avez mal à la jambe?
6. Où allez-vous quand vous avez mal à l'épaule?

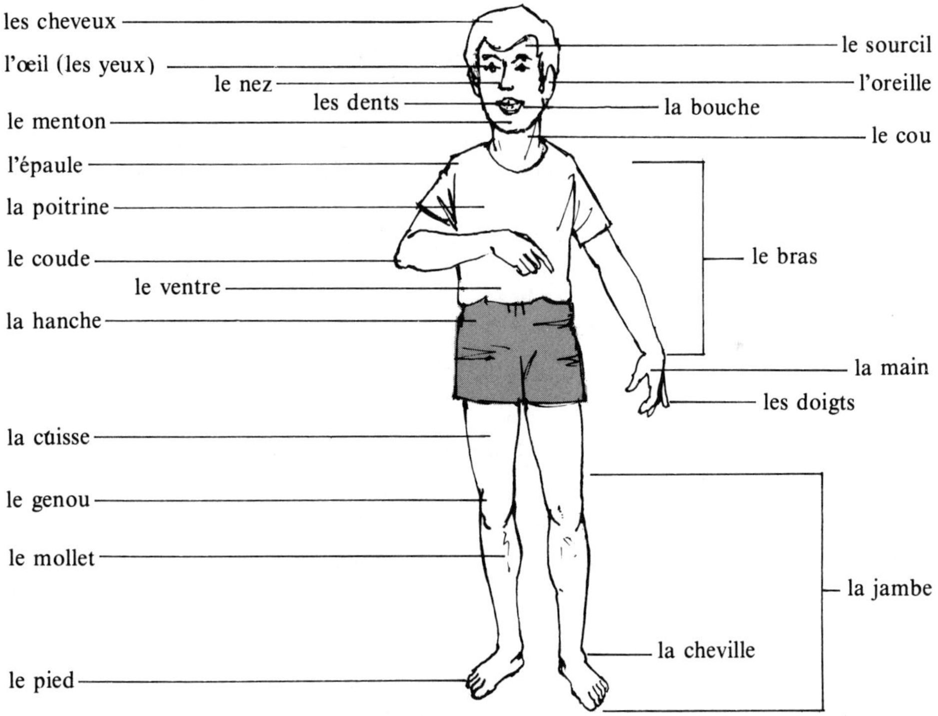

Questions

1. Quelles sont les principales parties de la tête?
2. Quelles sont les principales parties du corps?
3. Quelles sont les principales parties de la jambe?
4. Avec quoi écoute-t-on?
5. Avec quoi sent-on?
6. Avec quoi voit-on?
7. Avec quoi goûte-t-on?
8. Avec quoi touche-t-on?

QUESTIONS GENERALES

1. Comment est votre chambre?
2. Où placez-vous vos affaires?
3. Descendez-vous vos valises vides à la cave?
4. Combien de douches prenez-vous par semaine?
5. Quand portez-vous une cravate?
6. Savez-vous vous servir d'une mobylette?
7. Que faites-vous quand vous avez sommeil?
8. Où peut-on acheter une baguette?
9. De quelle couleur sont vos valises?
10. De quelle couleur est votre chemise?
11. De quelle couleur sont vos chaussures?
12. Quand vous avez soif, que buvez-vous?
13. Quand vous avez faim, que mangez-vous?
14. Quelle est la couleur de vos yeux? Vos cheveux?
15. Que placez-vous dans votre valise pour aller en France?

Exercices de manipulation

1. Demande à __________ d'énumérer tes vêtements.
2. Demande à __________ d'énumérer les parties de la tête.
3. Demande à __________ d'énumérer les parties du corps.
4. Demande à __________ où il va quand il a mal aux dents.
5. Demande à __________ où elle va quand elle a mal à la tête.
6. Demande à __________ à quelle heure elle commence à avoir sommeil.
7. Demande à __________ comment il met la table.
8. Demande à __________ de comparer un petit déjeuner français avec un petit déjeuner américain.

MICROLOGUE

La Femme française

Plus de 8.000.000 de femmes françaises travaillent, c'est-à-dire 38% de la population active. Cependant il existe encore une certaine inégalité entre les salaires des hommes et des femmes, **malgré des lois** favorables aux femmes.

in spite of laws

La femme française participe à tous les métiers et à la politique. Cinquante-trois pour cent des hommes français déclarent publiquement leur attitude **bienveillante** au féminisme.

kindly

Depuis 1945 la femme française vote. Le président Valéry Giscard d'Estaing a donné aux femmes des postes importants dans son gouvernement.

Questions

1. Combien de femmes françaises travaillent?
2. Qu'est-ce que c'est que la population active?
3. Malgré des lois favorables, qu'est-ce qui existe encore?
4. A quoi participe la femme française?

5. Qu'est-ce que déclarent 53% des hommes français?
6. Depuis quand la femme française vote-t-elle?
7. Qu'est-ce que le président Valéry Giscard d'Estaing a donné aux femmes?

LECTURE La Famille (suite)

DAVID: Ma mère française m'a dit de ne pas **laisser couler** l'eau chaude inutilement et **d'éteindre** toujours **l'électricité** quand je quitte une pièce.

LE PROFESSEUR: J'espère que cela ne te choque pas. Tu peux faire **la même chose** chez toi aux Etats-Unis. Le Français est frugal . . . et il ne faut pas t'étonner si on te **taquine** quand tu prends plus de deux **douches** par semaine.

JESSE: Pas de problème. Nous pouvons **nager** dans la grande **piscine.**[5]

LE PROFESSEUR: Ecoutez, chers amis, j'espère que vous avez compris que le portrait que nous **dressons** ensemble est un portrait général . . . et que dans les cas individuels c'est peut-être tout à fait le contraire. Et, maintenant, de quoi voulez-vous parler?

ANDREW: Parlez-nous des repas!

LE PROFESSEUR: Bon. Soyez exacts à chaque repas! Observez surtout les bonnes manières, **les règles** de la politesse française, **dont** beaucoup de détails sont différents de ceux de chez nous. Posez des questions sur ce que vous ne comprenez pas!

JESSE: J'ai remarqué qu'on garde toujours les deux mains sur la table, et non pas comme nous faisons chez nous.

ANDREW: Et aussi on tient la fourchette dans la main gauche . . . ce qui est **au fond** plus pratique.

LE PROFESSEUR: D'accord. On vous servira des plats qui vous seront inconnus, mais toujours délicieux: **cervelles, cœurs, rognons, andouillettes,** par exemple. Mangez de tout! Prenez-en peu pour commencer, et revenez-y! Ne **gaspillez** rien! Ne laissez rien sur votre assiette! Mangez tout votre pain! Le pain—ou **le blé,** plus précisément—est une tradition sacrée chez les Français. Cela **remonte** à des siècles. Complimentez **de temps en temps** la maîtresse de maison sur sa cuisine! **Ce sera** vrai et **cela lui fera plaisir.**

continuation/to let run
turn off/the electricity
the same
teases/showers
to swim/the swimming pool
making up
the rules/of which
after all
brains (usually from calves or lambs) hearts/kidney
kind of pork sausage
waste
wheat
goes back to
from time to time
it will be/that will please her

QUESTIONS SUR LA LECTURE

1. Laisse-t-on couler l'eau chaude inutilement?
2. Que pouvez-vous faire chez vous aux Etats-Unis?
3. Est-ce que le Français est frugal?
4. Combien de douches prenez-vous par semaine chez vous?

[5] There are excellent swimming pools in all major cities of France. The price of admission is quite inexpensive. One may also buy a book of tickets **(un carnet de tickets),** which is even cheaper.

5. Où peut-on nager?
6. Est-ce que le portrait qu'on dresse est un portrait général?
7. Dans quels cas le portrait peut-il être tout à fait le contraire?
8. De quoi va-t-on parler?
9. Quand arrive-t-on à chaque repas?
10. Qu'observez-vous surtout?
11. Pose-t-on des questions quand on ne comprend pas?
12. Où garde-t-on toujours les deux mains?
13. Dans quelle main tient-on la fourchette en France?
14. Quels plats vous seront peut-être inconnus?
15. Que laisse-t-on sur son assiette?
16. Quelle tradition est sacrée en France?
17. Est-ce qu'elle est récente?
18. Qui complimente-t-on de temps en temps?

CREATION ET RECREATION

1. Create your own «**pas à pas**» exercise similar to those found at the end of each review chapter (e.g., **Chapitre 6,** pp. 127). The point of this exercise is to describe the physical characteristics of people and of what they are wearing. Bring in four very similar photos/drawings, or arrange a live demonstration with four classmates. Label the four items and then begin describing one, using as many parts of the body, adjectives and pronominal verbs as you can.

   Be sure initially to describe characteristics common to all four items. Then describe characteristics that are specific. At odd intervals of time, have your classmates mark down their choices as to which of the four photos is being described, For example:

   Je vois une personne qui porte des chaussures marron. (*Stop-mark!*)
   Cette personne a deux yeux et un nez. (*Stop-mark!*)
   Cette personne pose une main sur la hanche et on voit que sa main gauche est ouverte. (*Stop-mark!*)
   Evidemment, cette personne a mal à la tête.

2. Monique s'installe dans sa chambre. Sa mère américaine est là pour l'aider. Le père entre plus tard et dit à Monique qu'elle peut emprunter une de leurs bicyclettes, etc.

OUI **NON** **Chapitre 9:** COUP D'ŒIL 

______ ______ 1. Note that adjectives of *color*, *nationality*, *religion*, and *physical quality automatically follow the noun.*

2. The partitive article (**du, de la, de l', des**) becomes just **de** (**d'**) after a *negation, expression of quantity*, and *when a plural adjective precedes a plural noun:*

Je n'ai pas **de** livres. J'ai **de** bons livres.
J'ai assez **de** livres.

3. **Plus, moins, autant** may be used in comparisons of quantity by adding **que:**

Elle a **plus de** livres **que** vous.

or contrastively:

Elle a **plus de** livres **que d'**argent.

4. The *pronominal construction* requires an object pronoun, and may be either reflexive or reciprocal:

Je me lave.
Nous nous regardons.
Nous nous parlons.

In negations with pronominal verbs the **ne** precedes the object pronoun and the **pas** follows the verb:

Il **ne** se repose **pas.**

5. Demonstrative pronouns replace nouns preceded by demonstrative adjectives, and agree in gender and number with *the noun replaced:*

J'aime ce livre-ci; je n'aime pas **celui-là!**

6. Five verbs are conjugated, like **dormir:**

partir, sortir, sentir, servir, mentir.

je dors	nous dormons
tu dors	vous dormez
il dort	ils dorment

7. **Battre** is an irregular verb. It loses one **-t** in the present indicative tense:

je bats	nous bat**tons**
tu bats	vous bat**tez**
il bat	ils bat**tent**

8. **Avoir** is used in many idioms. The following are quite frequent in usage:

avoir faim	A midi M. Fourchet a faim.
avoir soif	J'ai soif quand il fait chaud.
avoir peur	L'enfant a peur des animaux.
avoir sommeil	Il est fatigué et il a sommeil.
avoir mal à	Elle a toujours mal à la tête.
avoir froid	On a froid en hiver.
avoir chaud	Nous avons chaud en été.

To indicate the temperature of an *object*, use **chaud** or **froid** with **être:**

Cette soupe **est** chaude.
This soup is hot.

Cette bière **est** froide.
This beer is cold.

Note in these cases that the adjective shows agreement with the subject.

VOCABULAIRE

Verbes

abattre*
(s') absenter
(s') arrêter
battre*
(se) battre*
(se) blesser
chanter
combattre*
contenir
crier
danser
dormir*
(s') écrier
emprunter
(s'en) aller
essayer
freiner
insister
(s') installer
laver
(se) laver
mentir*
paraître
partir*
placer
porter
(se) promener
(se) reposer
sembler
sentir*
(se) sentir
servir*
(se) servir (de)
sortir*
(se) souvenir (de)

Noms

cave (f.)
cheminée (f.)
coin (m.)
commode (f.)
partie (f.)
penderie (f.)
placard (m.)
tiroir (m.)

bas (m. pl.)
bottes (f. pl.)

ceinture (f.)
chapeau (m.)
chaussettes (f. pl.)
chaussures (f. pl.)
collant (m.)
complet (m.)
cravate (f.)
foulard (m.)
gants (m. pl.)
jupe (f.)
lunettes de soleil (f. pl.)
manteau (m.)
mouchoir (m.)
robe (f.)
sac (m.)
slip (m.)
souliers (m. pl.)
tailleur (m.)
tricot de corps (m.)
veste (f.)
veston (m.)
vêtements (m. pl.)

Noms *(continued)*

coton (m.)
cuir (m.)
laine (f.)
nylon (m.)
soie (f.)

agent de police (m.)
arc-en-ciel (m.)
bâtiment (m.)
bouquet (m.)
camion (m.)
chemin (m.)
crayon (m.)
douche (f.)
drapeau (m.)
étoile (f.)
fête (f.)
feuille (f.)
fiche (f.)
fleur (f.)
lettre (f.)
odeur (f.)

couleur (f.)
rose (f.)
vase (m.)

chaud (m.)
faim (f.)
froid (m.)
peur (f.)
repos (m.)
soif (f.)
sommeil (m.)

bras (m.)
cheville (f.)
corps (m.)
coude (m.)
cuisse (f.)
dents (f. pl.)
doigts (m. pl.)
épaule (f.)
figure (f.)
genou (m.)
hanche (f.)
jambes (f. pl.)
mollet (m.)
peau (f.)
pieds (m. p 1.)
poitrine (f.)
ventre (m.)
visage (m.)

Adjectifs

blanc
bleu
brun
gris
jaune
marron
noir
orange (orangé)
rouge
vert
violet

blond
charmant
cher
chinois

délicieux
distingué
doux
faux
grec
italien
joyeux
neuf
ouvert
public
roux
rond
russe
seul
solide
vide

Pronom

celui

Adverbes

assez de
autant de
certainement
en particulier
évidemment
là-dessus
particulièrement
sans aucun doute
spécialement
pas mal de
peu de
plus de

Expressions utiles

avoir chaud
avoir froid
avoir mal à
avoir mal à la tête
avoir mal aux dents
avoir sommeil
de bonne heure
de quelle couleur est . . .?
faire sa toilette
mettre la table
se faire mal à
tiens

Scénario 9: Robert s'installe

QUATRIEME ETAPE:

CHAPITRE 10

LA MOBYLETTE

Scénario 10: La Mobylette

PREMIERE ETAPE

NICOLE: Voici la tienne! Je vais prendre la mienne et nous ferons un tour de la ville ensemble. Tu y verras beaucoup de choses. Avant de partir, n'oublie pas qu'on a toujours la priorité à droite. Attention aux piétons! Tu en verras beaucoup.

DEUXIEME ETAPE

NICOLE: Voici la tienne! Tu vois qu'elle est en bon état. Tu n'as qu'à en prendre soin. Tu mettras de l'essence dans le réservoir, et hop!
ROBERT: Mais je ne saurai pas la conduire.
NICOLE: Tu es déjà monté à bicyclette, non?
ROBERT: Je roule à bicyclette depuis dix ans.
NICOLE: Ce moteur t'aidera. Vas-y! Essaie! N'aie pas peur!
(*Robert essaie. Il réussit.*)
NICOLE: Ça y est! Tu as bien commencé ta première leçon. Tu n'es pas tombé. Attends, j'ai une idée; je vais prendre la mienne et nous ferons un tour de la ville ensemble. Tu y verras beaucoup de choses.
ROBERT: J'en ai déjà beaucoup vu.
NICOLE: Avant de partir, n'oublie pas qu'on a toujours la priorité à droite. Ne perds jamais la tête! Et surtout attention aux piétons, tu en verras beaucoup.
NICOLE: Ne t'aventure pas dans les rues, sans avoir tous les papiers nécessaires.

TROISIEME ETAPE

NICOLE: Voici la tienne! Tu vois qu'elle est en bon état. Tu n'as qu'à en prendre soin. Tu mettras de l'essence dans le réservoir, et hop! Tu comprends?
ROBERT: Oui. Mais je ne saurai pas la conduire.
NICOLE: Tu es déjà monté à bicyclette, non?
ROBERT: Oui, je roule à bicyclette depuis dix ans.
NICOLE: C'est le même principe, mais ce moteur t'aidera. Vas-y! Essaie! Ecoute, mon vieux, n'aie pas peur!
(*Robert essaie. Il réussit.*)
NICOLE: Ça y est! Tu as bien commencé ta première leçon. Tu n'es pas tombé. Attends, j'ai une idée; je vais prendre la mienne et nous ferons un tour de la ville ensemble. Tu y verras beaucoup de choses intéressantes.
ROBERT: Bon. J'en ai déjà beaucoup vu.
NICOLE: Avant de partir, n'oublie pas qu'on a toujours la priorité à droite. C'est-à-dire que les voitures venant de droite passent toujours d'abord. Et ne perds jamais la tête! Compris?
ROBERT: Je t'ai compris . . .
NICOLE: (*le corrigeant*) . . . compris**e** . . .

ROBERT: Oui, est-ce vrai pour n'importe quelle voiture?

NICOLE: C'est ça. N'importe quelle voiture! Et surtout attention aux piétons, tu en verras beaucoup.

ROBERT: Qu'est-ce que c'est qu'un piéton?

NICOLE: D'après Sacha Guitry,[1] "un piéton est un animal plus grand qu'un microbe qui a la fâcheuse habitude d'entrer dans les artères et d'étrangler la circulation."

ROBERT: Je n'y comprends rien.

NICOLE: Ecoute sérieusement, Robert! Ne t'aventure pas dans les rues sans avoir appris le code de la route, sans avoir tous les papiers nécessaires.

SYNONYMES ET EXPRESSIONS APPROXIMATIVES

1 en bon état = en bonne condition
1,2 en prendre soin = la traiter avec soin
4 une bicyclette = un vélo
6 t'aidera = te servira, te sera utile
7 n'aie pas peur! → ne perds pas la tête! pas de panique!
10,11 Nous ferons un tour de la ville. → Nous visiterons la ville.
14,15 ne perds jamais la tête = ne t'affole jamais
22 D'après Sacha Guitry = Selon Sacha Guitry
23 la fâcheuse habitude = la mauvaise habitude, la regrettable habitude
26 Ne t'aventure pas → Ne te risque pas, Ne te hasarde pas

[1] Sacha Guitry (1885–1957), acteur et auteur de comédies et de films.

VOCABULAIRE ILLUSTRE

Signalisation routière

virage à gauche dangereux (*dangerous left turn*)

passage pour piétons (*pedestrian crossing*)

passage à niveau (*railroad crossing*)

sens interdit (*no entry*)

interdiction de faire demi-tour (*no "U" turn*)

virages dangereux (*dangerous curves*)

travaux (*men working*)

chaussée rétrécie (*road narrows*)

interdiction de tourner à droite (*no right turn*)

interdiction de dépasser (*no passing*)

accès interdit aux cyclistes (*bicycles forbidden*)

chaussée glissante (*slippery road*)

NOTES CULTURELLES

1. All kinds of oil are available in garages or gas stations in France. Gasoline stations sell two grades of gasoline (**essence**): regular (**ordinaire**) and high-test (**super-carburant**). **Super-carburant** (or: **super**) is suitable for sports cars or finely tuned engines.

   Mobylettes take a mixture (**mélange**) of oil and gasoline called **gas-oil** [gazwal].
2. Useful expressions

Faites le plein!	*Fill it up!*
Vérifiez l'huile!	*Check the oil!*

3. Of course, in France there are rules for the right of way (**la priorité**): On major roads (**routes à grande circulation**) outside built-up areas, or roads marked **passage protégé** (main thoroughfare) motorists have the right of way. Motorists on secondary roads are given clear warning when approaching roads which have priority. At all other crossings or junctions the right of way must be given to vehicles coming from the right.
4. The road signs on page 224 are among those you would come across in France.

QUESTIONS SUR LE SCENARIO

1. En quel état est la mobylette?
2. A-t-il à en prendre soin?
3. Où met-on l'essence?
4. Que dit Robert?
5. Robert est-il déjà monté à bicyclette?
6. Quelle différence y a-t-il entre une bicyclette et une mobylette?
7. Depuis combien de temps Robert roule-t-il à bicyclette?
8. Que fait le moteur?
9. Comment Robert essaie-t-il? Réussit-il?
10. A-t-il bien commencé sa première leçon?
11. Est-il tombé?
12. Quelle est l'idée de Nicole?
13. Y a-t-il des choses intéressantes en ville?
14. Robert a-t-il déjà vu des choses intéressantes?
15. Quand a-t-on toujours la priorité?
16. Qu'est-ce qu'il ne faut jamais perdre?
17. A qui fait-on attention?
18. Qu'est-ce que c'est qu'un piéton?
19. Est-ce que Robert comprend?

NOTE DE GRAMMAIRE 1: Emploi du présent avec **depuis/il y a**

1. An action which began in the past and still continues into the present is expressed by

the present tense of a verb + **depuis** + *an indication of time*

Thus:

Je conduis **depuis** dix ans.
I have been driving (*and I still am*) *for ten years.*

J'étudie le français **depuis** dix semaines.
I have been studying French (*and I still am*) *for ten weeks.*

2. Another way of expressing this concept is to use

il y a + *an indication of time* + **que** + *the present tense of a ver.*

Il y a dix ans **que** je conduis.
Il y a dix semaines **que** j'étudie le français.

3. The interrogative form is quite simple:

Depuis quand êtes-vous ici?
How long (*Since when*) *have you been here?*

Je suis ici **depuis** le 16 mars.
I have been here since the 16th of March.

Depuis combien de temps êtes-vous ici?
How long (*For how long*) *have you been here?*

Je suis ici **depuis** dix semaines.
I have been here for ten weeks.

Depuis quand indicates when the action began. **Depuis combien de temps** indicates the duration of the action.

4. Notice the distinction between

Je suis ici **depuis** une heure.
I have been here since one o'clock.

and

Il y a une heure **que** je suis ici.
I have been here for one hour.

Use **depuis** to indicate *since one o'clock*, but **il y a . . . que** to indicate the *duration* of time that has passed.

Simples substitutions

1. Elle étudie le français *depuis un mois.*
   (*depuis deux ans*, *depuis hier*, *depuis onze ans*, *depuis trois semaines*, *depuis une semaine*, *depuis trois jours*, *depuis un mois*)
2. *Il y a trois semaines* que je voyage.
   (*Il y a un an*, *Il y a deux jours*, *Il y a deux heures*, *Il y a trois semaines*, *Il y a six mois*, *Il y a quinze jours*, *Il y a quatre jours*, *Il y a trois semaines*)

3. Depuis combien de temps *mangez-vous?*
(*conduisez-vous? parlez-vous? sortez-vous avec elle? rangez-vous vos affaires? avez-vous ce mal de tête? avez-vous mal aux dents? buvez-vous du café? mangez-vous?*)

Exercices de transformation

. . . depuis . . .

Modèle: Depuis quand regardez-vous la télévision? (*une heure du matin*)
Je regarde la télévision depuis une heure du matin.

1. Depuis quand parlez-vous avec votre ami? (*deux heures de l'après-midi*)
2. Depuis quand travaille-t-il? (*quatre heures du matin*)
3. Depuis quand écoutez-vous la radio? (*une heure et demie de l'après-midi*)
4. Depuis quand conduisez-vous? (*six heures du soir*)
5. Depuis quand avez-vous mal à la tête? (*trois heures de l'après-midi*)
6. Depuis quand étudiez-vous ce livre-là? (*neuf heures du matin*)

Il y a . . . que

Modèle: Depuis combien de temps êtes-vous ici? (*deux heures*)
Il y a deux heures que je suis ici.

1. Depuis combien de temps regardent-ils la télévision? (*une heure*)
2. Depuis combien de temps conduisent-ils? (*deux heures*)
3. Depuis combien de temps mangez-vous? (*une heure et demie*)
4. Depuis combien de temps sont-ils au café? (*trois heures*)
5. Depuis combien de temps avez-vous mal aux dents? (*une heure*)
6. Depuis combien de temps travaillez-vous? (*dix heures*)

. . . depuis . . .
or
Il y a . . . que

Modèle: Depuis quand apprenez-vous le français? (*deux ans*)
J'apprends le français depuis deux ans.
or: *Il y a deux ans que j'apprends le français.*

1. Depuis quand cherches-tu ta sœur? (*un jour*)
2. Depuis quand grossis-tu? (*deux ans*)
3. Depuis quand es-tu malade? (*une semaine*)
4. Depuis quand étudiez-vous le français? (*un an*)
5. Depuis quand maigris-tu? (*un mois*)
6. Depuis quand m'attendez-vous? (*six mois*)

NOTE DE GRAMMAIRE 2: Le Futur

1. We already know that the near future can be expressed by using the present indicative tense of **aller** + *the infinitive:*

Je **vais parler** à mes parents.

The regular future tense is formed by adding one set of verb endings to the infinitive stem of all verbs:

Je **parlerai** à mes parents.

parler	**finir**	**vendre**
je parler**ai**	je finir**ai**	je vendr**ai**
tu parler**as**	tu finir**as**	tu vendr**as**
il parler**a**	il finir**a**	il vendr**a**
nous parler**ons**	nous finir**ons**	nous vendr**ons**
vous parler**ez**	vous finir**ez**	vous vendr**ez**
ils parler**ont**	ils finir**ont**	ils vendr**ont**

With infinitives ending in **-e,** like **vendre,** drop the **-e** before adding the endings shown above.

2. Note that some irregular verbs undergo changes in the infinitive stem, but that the endings remain the same. Note the changes in the verbs we have seen thus far:

INFINITIVE	FUTURE STEM	
avoir	**aur-**	J'aurai faim dans une heure.[2]
être	**ser-**	Tu seras fatigué demain.
aller	**ir-**	Nous irons à l'école dans une semaine.
faire	**fer-**	Elle fera le tour de la ville samedi.
venir	**viendr-**	Vous viendrez nous voir ce soir.
voir	**verr-**	Je verrai le film demain.
vouloir	**voudr-**	Je voudrai le faire dans une semaine.
pouvoir	**pourr-**	Elle pourra y aller vendredi.
savoir	**saur-**	Nous saurons le faire demain.
envoyer	**enverr-**	Elle enverra la lettre lundi.

Simples substitutions

1. *Nous regarderons* la télévision.
   (*Paul regardera, Les enfants regarderont, Je regarderai, On regardera, Vous regarderez, Tu regarderas, Nous regarderons*)
2. *Le père appellera* les garçons.
   (*Elle appellera, J'appellerai, Nous appellerons, Tu appelleras, On appellera, Vous appellerez, Le père appellera*)
3. *Je répondrai* à la question.
   (*Ils répondront, Vous répondrez, Tu répondras, On répondra, L'étudiante répondra, Nous répondrons, Je répondrai*)
4. *Tu mettras* de l'huile.
   (*Ces jeunes gens mettront, Elle mettra, On mettra, Nous mettrons, Vous mettrez, Je mettrai, Tu mettras*)

---

[2] The prepositions **dans** and **en** with time references have the following meanings:
Je le ferai **dans** dix minutes.
I will do it in ten minutes. (*I will begin to do it . . .*)

Je le ferai **en** dix minutes.
I will do it within ten minutes. (*It will take me ten minutes . . .*)
dans = time action will begin **en** = time action will take

5. *Mon cousin se lèvera* tôt.
   (*Tu te lèveras, Nous nous lèverons, On se lèvera, Vous vous lèverez, Les crémiers se lèveront, Je me lèverai, Mon cousin se lèvera*)
6. *Vous verrez* la ville.
   (*Je verrai, Nous verrons, Tu verras, On verra, Le piéton verra, Les jeunes gens verront, Vous verrez*)

Exercices de transformation

1. *Je roulerai* à bicyclette.
   (*Nicole, Vous, Nous, Robert, On, Les agents de police, Tu, Je*)
2. *Tu* n'*oublieras* pas la priorité à droite.
   (*On, Henry, Les chauffeurs, Je, Nous, Vous, Tu*)
3. *Sauras-tu* la conduire?
   (*Est-ce que je, on, nous, La fille, Les parents, vous, tu*)
4. *Il commencera* la première leçon.
   (*Nous, Vous, Un étudiant, Les filles, On, Je, Tu, Il*)
5. *Nous enverrons* les lettres.
   (*Je, Son père, Ses oncles et ses tantes, Tu, On, Vous, Nous*)

Exercices de transformation

Modèle: On ne la voit pas.
On ne la verra pas.

1. Elle réveille les amis à Paris.
2. Ils ne le savent pas.
3. On est en retard.
4. J'ai faim.
5. Nous arrivons de bonne heure.
6. Ils consultent la liste des étudiants.

Modèle: Je vais les monter.
Je les monterai.

1. Il va les descendre.
2. Ils vont nous parler.
3. Tu vas parler français.
4. Vous allez partir de bonne heure.
5. Nous allons voyager ensemble.
6. Elle ne va pas venir.
7. Tu vas voir qu'elle est en bon état.

Modèle: Tu y mets de l'essence.
Tu y mettras de l'essence.

1. Je sais la conduire.
2. Ce moteur t'aide.
3. Tu en vois beaucoup.
4. Un piéton peut-il le faire?
5. Tu en prends trop.
6. Ce jeune homme comprend tout.
7. Tu commences la dixième leçon.
8. Il descend les valises vides.
9. Nous voyageons ensemble.
10. Elle envoie la lettre à sa mère.
11. L'hôtesse apporte les dîners.
12. Oublies-tu tes amis?
13. On jette le billet.
14. Nous sommes à l'heure.
15. Elle dort bien.
16. Il n'a plus sa tignasse.
17. Elle croit la vérité.
18. Perdons-nous nos bagages?
19. Tu remplis le verre.
20. Nous voulons te parler.
21. Il va à l'école.
22. Vous ne faites pas vos leçons.

3. In general, the French usage of the *future* tense is like the English usage, that is, it expresses something that *is going to happen:*

Je la verrai demain. *I shall (will, am going to) see her tomorrow.*

Note, however, that in French the future tense is also used when an action in the future is **implied:**

Je lui parlerai **quand Marie arrivera.** *I will speak to her **when Marie arrives.***

In this example it is implied that Marie is not yet here. She *is going* to arrive some time in the future.

After the following words, the *future* tense is used when the future is expressed or anticipated:

quand lorsque	*when, whenever*
dès que aussitôt que	*as soon as*

J'écouterai **quand** il **parlera.**	*I shall listen **when he speaks.***
Lorsqu'ils **arriveront** nous mangerons.	***When they arrive** we shall eat.*
Je la verrai **dès que** je **pourrai.**	*I will see her **as soon as I can.***
Aussitôt que je lui **demanderai,** il l'enverra.	***As soon as I ask him,** he will send it.*

Exercices de transformation

1. Quand *il* le saura *il* en parlera. (*nous, ils, je, on, tu, vous, il*)
2. Dès que *je* la verrai, *je* la croirai. (*nous, vous, tu, on, il, ils, je*)
3. Aussitôt qu'il arrivera, il le fera. (*tu, je, on, vous, ils, nous, il*)
4. Lorsque *tu* partiras, *tu* fermeras la porte. (*il, nous, vous, on, ils, je, tu*)

NOTE DE GRAMMAIRE 3: Autres expressions négatives

The negations in French are made up of two parts: **ne** and another particle. **Ne** is always used in negations. The second part of the negation conveys a more precise meaning, such as *not, never, nothing, no more, hardly,* etc. For the sake of simplicity we will organize the negations into two types:

a. type **ne . . . pas**
b. type **ne . . . que**

We will deal here with the **ne . . . pas** type. Both types surround the verb in simple tenses, but only the **ne . . . pas** type surrounds the *auxiliary* verb *in compound tenses:*

ne . . . pas *not*	Je ne veux pas le faire.	(*simple*)
	Je n'ai pas voulu le faire.	(*compound*)
ne . . . jamais *never*	Je ne veux jamais le faire.	(*simple*)
	Je n'ai jamais voulu le faire.	(*compound*)

ne . . . rien *nothing*	Je ne veux rien.	(*simple*)
	Je n'ai rien voulu.	(*compound*)
ne . . . plus *no more, no longer*	Je ne veux plus le voir.	(*simple*)
	Je n'ai plus voulu le voir.	(*compound*)
ne . . . guère *hardly*	Je ne veux guère le faire.	(*simple*)
	Je n'ai guère voulu le faire.	(*compound*)

Exercices de transformation

Modèle: Elle veut l'aider. (*ne . . . pas*)
Elle ne veut pas l'aider.

1. Elle a de jolis chapeaux. (*ne . . . pas*)
2. Ils iront à l'école. (*ne . . . guère*)
3. Ce moteur t'aidera. (*ne . . . jamais*)
4. Je saurai la conduire. (*ne . . . plus*)
5. Je me demande cela. (*ne . . . rien*)
6. Il pleut cet été. (*ne . . . guère*)
7. Elle lui parle. (*ne . . . jamais*)

Modèle: Je l'ai fait. (*ne . . . pas*)
Je ne l'ai pas fait.

1. On lui a parlé. (*ne . . . jamais*)
2. Avez-vous eu des fruits? (*ne . . . pas*)
3. J'ai voulu dire cela. (*ne . . . rien*)
4. Tu as mis de l'essence dans le réservoir. (*ne . . . pas*)
5. Il a abattu des arbres. (*ne . . . jamais*)
6. Elle a mis le livre sur la table. (*ne . . . pas*)
7. On a vu des choses intéressantes. (*ne . . . pas*)

Modèle: Voulez-vous aller au cinéma? (*Non, ne . . . pas*)
Non, je ne veux pas aller au cinéma.

1. Buvez-vous du café? (*Non, ne . . . plus*)[3]
2. Manges-tu des tomates? (*Non, ne . . . plus*)
3. A-t-on fait beaucoup aujourd'hui? (*Non, ne . . . rien*)
4. Veux-tu de la viande? (*Non, ne . . . jamais*)
5. Ont-ils des amis ici? (*Non, ne . . . guère*)
6. Voyagent-ils souvent en train? (*Non, ne . . . jamais*)
7. Finiras-tu ta leçon aujourd'hui? (*Non, ne . . . pas*)

NOTE DE GRAMMAIRE 4: L'Infinitif après les prépositions

Prepositions are generally followed by infinitives in French:

Avant de partir, n'oublie pas de me téléphoner.
Before leaving, don't forget to telephone me.

Sans parler, il est parti.
Without speaking, he left.

Pour réussir, on étudie toujours.
In order to succeed, one always studies.

[3] All negations of the **ne . . . pas** type take the simple partitive **de,** as we saw in **Chapitre 9.** Thus: Non, je ne bois plus **de** café.

Je commence **à** parler.
I am beginning to speak.

Je finis **de** le faire.
I finish doing it.

Note that sometimes the verb after the preposition is equivalent to the English *-ing* ending and sometimes *to + verb*. The only exception to this rule is the preposition **en,** which we will see later.

Substitution progressive

Je veux apprendre sans étudier.
Je veux apprendre *avant de parler.*
Tu vas écouter avant de parler.
Tu vas écouter *pour comprendre.*
Nous allons voyager pour comprendre.
Nous allons voyager *sans étudier.*
Je veux apprendre sans étudier.

Simples substitutions

1. Avant de *l'acheter*, regarde-le!
   (*le vendre, le prendre, l'étudier, le croire, le choisir, le faire, le mettre, l'acheter*)
2. J'ai commencé à *crier.*
   (*croire, voir, écouter, comprendre, monter, chanter, étudier, crier*)
3. Ils finissent de *voyager.*
   (*boire, dormir, répondre, manger, servir, chanter, étudier, voyager*)
4. Il faut *manger* pour vivre et non pas vivre pour *manger.*
   (*dormir, boire, travailler, chanter, réussir, étudier, manger*)

NOTE DE GRAMMAIRE 5: Le Verbe irrégulier **mettre**

The verb **mettre** means *to put* or *to place* or *to put on* (*clothes*) and is irregular:

Elle met son pullover.
She puts on her pull-over.

Il met l'assiette sur la table.
He places the plate on the table.

PRESENT:	je mets tu mets [mɛ] il met	nous mettons [mɛtõ] vous mettez [mete] ils mettent [mɛt]

IMPERATIF: mets
mettons
mettez

PASSE COMPOSE: j'ai mis
FUTUR: je mettrai

The following verbs are conjugated like **mettre:**

admettre: Il admet ses fautes.
He admits his errors.

commettre: Il commet un crime.
He commits a crime.

omettre: Elle omet de le faire.
She omits doing it.

permettre: Son père lui permet de voyager.
His father permits him to travel.

promettre: Je promets d'étudier le code de la route.
I promise to study the driver's manual.

remettre: Il remet le rendez-vous à une autre date.
He postpones the rendezvous to another date.
Il remet son devoir.
He hands in his homework.

soumettre: Il soumet le rapport au professeur.
He submits the report to the teacher.

Simples substitutions

1. *Il met* le sac sur le chariot.
(*Nous mettons*, *Tu mets*, *Elle met*, *On met*, *Vous mettez*, *Les enfants mettent*, *Il met*)
2. *Le père a permis* au garçon de prendre la voiture.
(*Les parents ont permis*, *Tu as permis*, *Nous avons permis*, *J'ai permis*, *Vous avez permis*, *On a permis*, *Le père a permis*)

Substitutions progressives

1. J'admets des erreurs.
Il commet des erreurs.
Il commet *des crimes.*
Ils permettent des crimes.
Ils permettent *de les faire.*
Ils omettent de les faire.
Ils omettent *des erreurs.*
J'admets des erreurs.
2. Il met son veston.
Il met *sa chemise.*
On met sa chemise.
On met *ses gants.*
Elle met ses gants.
Elle met *ses chaussettes.*
Il met ses chaussettes.
Il met *son veston.*
3. Vous avez soumis le scénario.
L'homme a admis le scénario.
L'homme a admis *une faute.*
Le garçon a commis une faute.
Le garçon a commis *une erreur.*
Tu as permis une erreur.
Tu as permis *le scénario.*
Vous avez soumis le scénario.
4. Vous soumettrez le scénario.
L'homme admettra le scénario.
L'homme admettra *une faute.*
Le garçon commettra une faute.
Le garçon commettra *une erreur.*
Tu permettras une erreur.
Tu permettras *le scénario.*
Vous soumettrez le scénario.

Exercices de transformation

Modèle: On admet ses fautes.
On a admis ses fautes.

1. Elle promet d'y aller.
2. On lui permet de partir.
3. Il lui soumet le rapport.
4. Il commet un crime.
5. Le professeur remet le rendez-vous à une autre date.
6. L'agent de police permet de traverser le pont.
7. J'admets de revenir encore.
8. L'agent de police permet d'entrer dans les artères.

NOTE DE GRAMMAIRE 6: Les Pronoms personnels toniques

1. We have seen the subject pronouns **je, tu,** etc., and the object pronouns **me, te,** etc. These are known as *conjunctive pronouns* since they are used *together* with verbs, and are placed before the verbs, except in the affirmative imperative:

Subject pronoun: **Je** suis ici.
Object pronouns: Je **vous le** donne.

2. There are forms of the pronouns which may be used alone or for emphasis. These are called *disjunctive* (*tonic*) *pronouns* and they are disconnected from the verb. They are:

moi	**nous**
toi	**vous**
lui	**eux**
elle	**elles**

a. They may be used alone:

Qui veut y aller? **Moi!**

b. They are used for *emphasis:*

Moi, je vous le dis!

c. They are used after the expression **c'est** to render the equivalent of *it is:*

Qui est là? C'est **moi.**
C'est **toi.**
C'est **lui.**
C'est **elle.**
C'est **nous.**
C'est **vous.**

however **Ce sont eux.** / **Ce sont elles.** } *third person plural*

d. They are used **in a compound subject,** that is, when more than one person is the subject:

Lui et son ami vont partir.	*He and his friend are going to leave.*
Lui et **moi** le ferons. *or* **Lui** et **moi,** nous le ferons.	*He and I will do it.*

e. They are used **after a preposition:**

J'irai avec **lui.**
Nous le ferons sans **elle.**

f. They are used *in a comparison*, after: **. . . que** (*than*):

Il est plus grand que **toi.**

g. They are used with **-même** or **-mêmes** for further emphasis:

Je le fais **moi-même.**	*I do it myself.*
Tu le fais **toi-même.**	*You do it yourself.*
Ils le font **eux-mêmes.**	*They do it themselves.*

h. They are used with **être à** to indicate possession:

Ce livre est **à moi.** *This book is mine.*

Exercices de transformation

Modèle: Il y va avec son frère. (*lui*)
Il y va avec lui.

1. Elle est avec des hôtesses. (*elles*)
2. Henry et Robert vont réussir. (*Lui et Robert*)
3. Pourrez-vous le finir sans Nicole? (*elle*)
4. Il voyage avec ses camarades. (*eux*)
5. Tu iras chez ton ami. (*lui*)
6. Ce livre est à Henry. (*lui*)
7. Voulez-vous faire un tour de la ville avec Paul et Pierre? (*eux*)
8. Faut-il y aller avec Nicole et Jacqueline? (*elles*)

Modèle: Vas-tu sortir avec moi?
Oui, je vais sortir avec toi.

1. C'est toi?
2. Est-ce que Henry et son amie sont arrivés?
3. Partez-vous sans nous?
4. Pouvez-vous le faire vous-mêmes?
5. Veux-tu y aller avec moi?
6. Voulez-vous y aller avec Paul et Pierre?
7. Faut-il y aller avec Nicole et Jacqueline?

Modèle: Etes-vous près de lui?
Non, je ne suis pas près de lui.

1. Habites-tu chez eux?
2. Est-ce que les garçons jouent sans toi?
3. C'est toi?
4. Qui a dit cela, vous?
5. Ces crayons sont-ils à moi?
6. Voulez-vous y aller avec moi?
7. Faut-il y aller avec Nicole et Jacqueline?

NOTE DE GRAMMAIRE 7: Les Pronoms possessifs

1. The possessive pronouns replace both possessive adjectives and the nouns they modify:

C'est **mon livre.**	*It is my book.*	C'est **le mien.**	*It is mine.*
C'est **ma table.**	*It is my table.*	C'est **la mienne.**	*It is mine.*

2. SINGULAR: *possessive adjective* and the *noun in possession:*

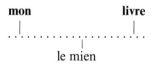

mon **livre**
le mien

possessive adjective and the *noun in possession:*

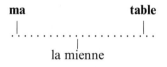

ma **table**
la mienne

PLURAL: *possessive adjective* and the *noun in possession:*

mes **livres**
les miens

possessive adjective and the *noun in possession:*

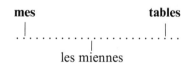

mes **tables**
les miennes

3. The *possessive pronouns* are:

MASCULINE SINGULAR	MASCULINE PLURAL	FEMININE SINGULAR	FEMININE PLURAL
le mien	**les miens**	**la mienne**	**les miennes**
le tien	**les tiens**	**la tienne**	**les tiennes**
le sien	**les siens**	**la sienne**	**les siennes**
le nôtre	**les nôtres**	**la nôtre**	**les nôtres**
le vôtre	**les vôtres**	**la vôtre**	**les vôtres**
le leur	**les leurs**	**la leur**	**les leurs**

4. The *possessive pronoun* agrees in gender and number with the *possessive adjective* and the *noun* it replaces:

Elle a **son billet.**	She has *her ticket.*
Elle a **le sien.**	*She has hers.*

5. Remember that articles contract with the prepositions **à** and **de:**

Je pense **à mon ami.**	Je pense **au mien.**
Je me sers **de ton crayon.**	Je me sers **du tien.**
Ils pensent **à leurs frères.**	Ils pensent **aux leurs.**
Vous parlez **de vos affaires.**	Vous parlez **des vôtres.**
Il pense **à sa sœur.**	Il pense **à la sienne.**

6. To indicate a possessor after the expression **être à:**

Ce livre est **à moi.**	*This is my book.*
Cette maison est **à elle.**	*That is her house.*

Simples substitutions

1. Il a son sac. Où est *le nôtre?*
   (*le mien, le tien, le sien, le leur, le vôtre, le nôtre*)
2. Henry a sa mobylette. Où est *la mienne?*
   (*la tienne, la nôtre, la vôtre, la leur, la sienne, la mienne*)
3. On a ses oreillers. Où sont *les miens?*
   (*les tiens, les siens, les leurs, les nôtres, les vôtres, les miens*)
4. Il a rangé ses affaires. Où sont *les tiennes?*
   (*les miennes, les nôtres, les leurs, les vôtres, les siennes, les tiennes*)

Exercices de transformation

Modèle: J'ai mon imperméable.
J'ai le mien.

1. Tu conduis ta voiture.
2. C'est leur ami.
3. Elle met sa chemise dans le tiroir.
4. Voici ta mobylette!
5. As-tu ton billet?
6. Donne-nous notre bouteille!
7. Je parle à tes copains.
8. A ta santé!
9. A votre santé!
10. J'emprunterai votre mobylette.
11. Il s'est servi de mes livres.
12. Je descendrai leurs affaires.
13. As-tu appelé tes camarades?
14. Où sont nos mouchoirs?
15. Prenez vos gants!
16. Nous mettons vos cravates.
17. Ils viennent avec leurs amies.
18. Je pense à vos sœurs.
19. Regardes-tu ses cousines?
20. Il a parlé à ses camarades.

Substitution progressive

Ce livre est à moi.
Ce livre est *à nous.*
Cette voiture est à nous.
Cette voiture est *à elle.*
Cette maison est à elle.
Cette maison est *à moi.*
Ce livre est à moi.

NOTE DE GRAMMAIRE 8: Le Verbe irrégulier **dire**

The verb **dire** (*to say, to tell*) is irregular:

PRESENT:	je dis tu dis [di] il dit	nous disons [dizõ] vous dites[4] [dit] ils disent [diz]

IMPERATIF: dis
disons
dites

PASSE COMPOSE: j'ai dit
FUTUR: je dirai

Simples substitutions

1. *Tu dis* «non» trop vite.
   (*Robert dit, Les jeunes filles disent, Nous disons, Vous dites, On dit, Je dis, Tu dis*)
2. *Il ne lui dira pas* de sortir.
   (*Nous ne lui dirons pas, Le père ne lui dira pas, Tu ne lui diras pas, Je ne lui dirai pas, On ne lui dira pas, Mes parents ne lui diront pas, Vous ne lui direz pas, Il ne lui dira pas*)
3. *M'as-tu dit* d'agir?
   (*Mes grands-parents m'ont-ils dit, M'a-t-il dit, Mon cousin m'a-t-il dit, M'avez-vous dit, M'a-t-on dit, M'as-tu dit*)

Exercices de transformation

1. *Je dis* toujours la vérité.
   (*On, Mme Fourchet, Nous, Tu, Ils, Vous, Je*)
2. *On a* dit «bonjour.»
   (*Mlle Fourchet, Mon cousin, Les Français, Vous, Je, Nous, Tu, On*)
3. *Elle* le *dira* à Sylvie.
   (*Je, Vous, On, Le boulanger, Les employés, Tu, Nous, Elle*)
4. *Nous* le *dirons* quand *nous* le *verrons.*
   (*Je, Ils, Tu, On, Vous, Elle, Nous*)

NOTE DE GRAMMAIRE 9: Le Passé Composé des verbes pronominaux

1. The **passé composé** of pronominal verbs is always formed with the auxiliary verb **être:**

Présent: Je me lave.
Passé composé: Je me suis lavé.

[4] Note that the conjugation follows a predictable pattern, except in the second person plural. The second person plurals of **faire** (**vous faites**) and of **être** (**vous êtes**) are two other verbs that change from the rest of their conjugations.

2. The auxiliary verb appears *after* the object pronoun and *before* the past participle:

je me suis lavé(e)	nous nous sommes lavé(e)s
tu t'es lavé(e)	vous vous êtes lavé(e)(s)
il s'est lavé	ils se sont lavés
elle s'est lavée	elles se sont lavées
on s'est lavé	

3. We have already seen how the past participle in the **passé composé** agrees with the *preceding* direct object.

Les fleurs? Je les ai achet**ées.**

The same holds true for the pronominal constructions we saw above:

Elles se sont lav**ées.**

Here, **se** is the direct object of the verb **laver.**

The agreement with the subject results from the fact that **elles** and **se** refer to the same person.

STOP

AGREEMENT IS MADE ONLY WITH *PRECEDING DIRECT* OBJECTS:

Nous nous sommes couche(e)s.

but Nous nous sommes parlé.

We spoke to each other.

Simples substitutions

1. *Je me suis levé(e)* à huit heures.
   (*Vous vous êtes levés, Mme Fourchet s'est levée, Les étudiants se sont levés, Tu t'es levée, Nous nous sommes levés, Je me suis levé*)
2. *Nous nous sommes couchées* à minuit.
   (*On s'est couché, Elles se sont couchées, Vous vous êtes couché, Je me suis couché, Tu t'es couchée, Nous nous sommes couchées*)

Exercices de transformation

Modèle: Elle se dépêche.
Elle s'est dépêchée.

1. Tu te réveilles.
2. Elle s'absente.
3. Nous nous arrêtons.
4. Vous vous trouvez.
5. Je m'en vais.
6. Elle s'écrie.
7. Elles se couchent.
8. Ils s'en souviennent.

4. The word order for the interrogative form is as follows:

A. *Simple inversion:*
Elle s'est dépêchée.
S'est-elle dépêchée?

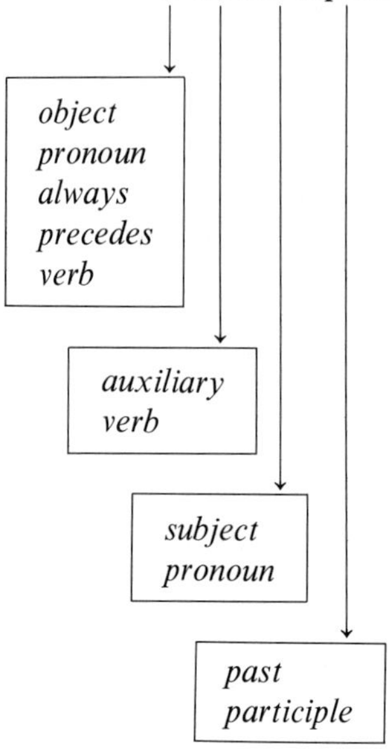

B. *Pronominal inversion with noun subject:*
L'hôtesse s'est dépêchée.
L'hôtesse s'est-elle dépêchée?

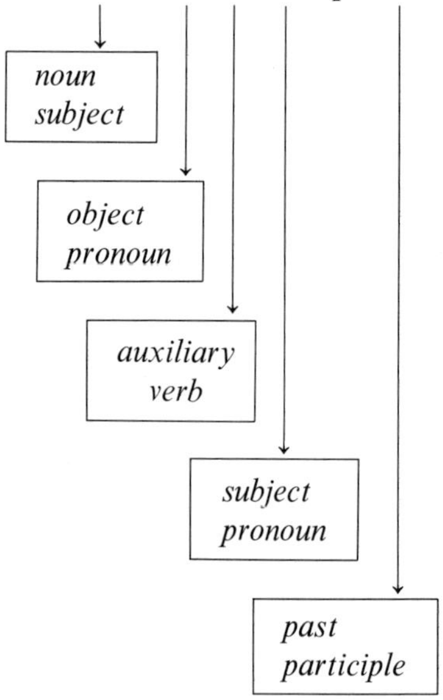

Exercices de transformation

Modèle: Il s'est levé à huit heures.
S'est-il levé à huit heures?

1. Vous vous êtes couché tôt.
2. Elles se sont lavées.
3. Elles se sont promenées dans les bois.
4. Elle s'est absentée.
5. Ils se sont regardés.
6. Ils se sont trouvés.

Modèle: Les hommes se sont dépêchés.
Les hommes se sont-ils dépêchés?

1. Robert et Henry se sont vus.
2. Sa sœur s'est lavée en dix minutes.
3. Les amis se sont trouvés hier.
4. Les professeurs se sont absentés pendant une heure.
5. La femme s'est arrêtée devant lui.
6. L'employé s'est levé à six heures.

5. *Negations are formed along regular lines:*

Je me suis levée à huit heures.
Je ne me suis pas levé(e) à huit heures.

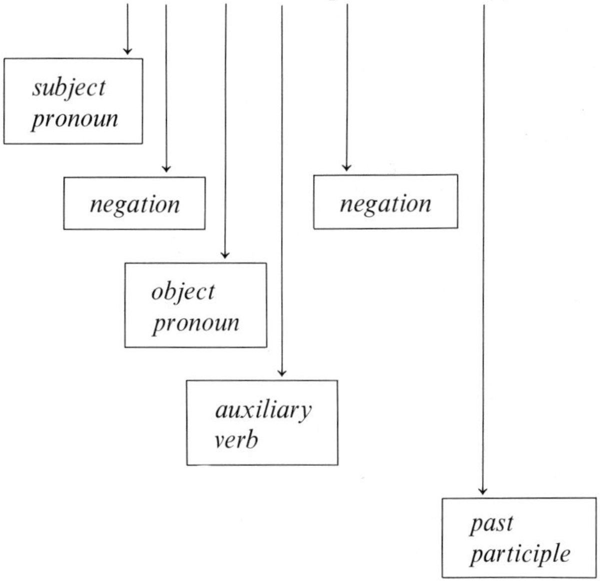

Exercices de transformation

Modèle: Elle s'est couchée à minuit et demi.
Elle ne s'est pas couchée à minuit et demi.

1. Elle s'est souvenue de son ami.
2. Les professeurs se sont dépêchés.

3. Nous nous sommes promenés toute la soirée.
4. Elles se sont absentées toute la journée.
5. On s'est aventuré dans les rues.
6. Nous nous sommes retrouvés hier soir.
7. Les garçons se sont battus dans le métro.
8. Vous vous êtes vus en face de la gare.
9. On s'est reconnu tout de suite.
10. Elle s'est lavé les cheveux en dix minutes.

MICROLOGUE

Le Quartier Latin

Paris est le centre universitaire de la France. A Paris on trouve beaucoup d'étudiants au Quartier Latin, dans le cinquième (5e) et le sixième (6e) arrondissements. Le nom vient du Moyen Age, quand le langage des étudiants était le latin.

founded
was built/to facilitate theological studies
to accommodate
One has created/ in the outskirts

Robert de Sorbon **a fondé** la première université de Paris, la Sorbonne, en 1257. Elle **a été construite** dans le Quartier Latin pour **faciliter les études théologiques** aux étudiants pauvres. Aujourd'hui la Sorbonne ne suffit plus **pour recevoir** le grand nombre d'étudiants. **On a créé** plusieurs centres universitaires dans Paris et **en banlieue.**

Questions

1. Quel est le centre universitaire de la France?
2. Où peut-on trouver des étudiants à Paris?
3. D'où est venu le nom «Quartier Latin»?
4. Qui a fondé la première université de Paris?
5. En quelle année a-t-elle été fondée?
6. Pourquoi et pour qui a-t-elle été construite?
7. La Sorbonne suffit-elle aujourd'hui pour recevoir le grand nombre d'étudiants?
8. Où a-t-on créé plusieurs centres universitaires?

LECTURE

La Famille (suite)

solid
Absolutely not!

PETER: Pouvons-nous demander un petit déjeuner plus **consistant?**

LE PROFESSEUR: **Surtout pas!** Ne demandez pas des choses qu'on n'a pas l'habitude de servir. Les adultes ne boivent jamais de lait. Au petit déjeuner on ne prend ni jus d'orange, ni céréales, ni œufs.

ANDREW: Et pour le vin?

to go beyond
about
susceptible, sensitive
don't be ashamed

LE PROFESSEUR: Buvez-en raisonnablement avec les repas, sans **dépasser** un quart de litre (ou deux verres) **environ** à chaque repas, c'est-à-dire au déjeuner et au dîner. Si vous êtes **sensible** aux effets de l'alcool, buvez-en moins, et **n'ayez pas honte** de boire de l'eau. Ne vous laissez pas influencer par des Français plus habitués au vin que vous.

that we would finish
behavior/dress
Keep your jeans, your clothes clean!

Je vous ai dit **que nous finirions** aujourd'hui le portrait de l'Américain en France. Pour votre **comportement** général: **habillez-vous** correctement. **Que vos jeans, vos vêtements soient propres!**

avoid/untidiness
gestures which would lead one to believe you lack up-bringing/noisy
ill-bred, ill-mannered

Ayez de la tenue, **évitez le débraillé** et tous **les gestes qui feraient croire** que **vous manquez d'éducation,** que vous êtes **bruyants,** vulgaires ou **mal élevés.**

ANDREW: Pourriez-vous nous donner un exemple?

LE PROFESSEUR: Ne mettez jamais les pieds sur un meuble, par exemple. Enfin, soyez compréhensifs, patients, et courtois avec tout le monde, et gardez toujours votre sens de l'humour.

> NOTE:
> The form **Il faut + infinitive** means:
> **It is necessary + infinitive**
> or: **One must + infinitive.**
> In a question:
> **Faut-il manger** la viande avec une fourchette?
> *Must one eat meat with a fork?*
> We will drill this form in a later chapter.

QUESTIONS SUR LA LECTURE

1. Peut-on demander un petit déjeuner plus consistant?
2. Est-ce que les adultes boivent du lait en France?
3. Prend-on des œufs au petit déjeuner?
4. Comment boit-on du vin aux repas?
5. Si on est sensible aux effets de l'alcool, que fait-on?
6. Peut-on se laisser influencer par les Français?
7. Pourquoi les Français sont-ils plus habitués au vin?
8. Faut-il s'habiller correctement lorsqu'on est en France?
9. Faut-il que les vêtements soient propres?
10. Que faut-il éviter?
11. Donnez un exemple pour montrer qu'on manque d'éducation.
12. Que faut-il faire?

QUESTIONS GENERALES

1. Savez-vous conduire une auto?
2. Avez-vous votre permis de conduire?
3. Avez-vous appris le code de la route?
4. Aimez-vous conduire?
5. Depuis quand étudiez-vous le français?
6. Depuis combien de temps êtes-vous dans la salle de classe?
7. Que ferez-vous quand vous finirez vos études?
8. Vous êtes-vous absenté(e) de la classe hier?
9. A quelle heure vous êtes-vous levé(e) ce matin?
10. A quelle heure vous êtes-vous couché(e) hier soir?
11. Irez-vous au cinéma ce soir?
12. Croyez-vous qu'il pleuvra demain? neigera? fera beau?
13. Décrivez l'invité idéal.
14. Comment aimez-vous vous habiller?
15. Etes-vous décontracté(e)?

16. Combien de douches prenez-vous par semaine?
17. Est-ce que vous laissez couler l'eau inutilement?
18. Qu'est-ce que c'est qu'un étudiant? un pharmacien? un boulanger?
19. Est-ce que les commerçants exploitent les touristes?

Exercices de manipulation

1. Dis à __________ de te parler des aéroports à Paris.
2. Dis à __________ de te parler du métro à Paris.
3. Demande à __________ de te dire la différence entre une mobylette et une bicyclette.
4. Demande à __________ si la priorité à droite existe aux Etats-Unis.
5. Demande à __________ de te donner une définition d'un piéton.
6. Demande à __________ ce qu'il est nécessaire de connaître (*to know*) pour passer (*to take the test for*) le permis de conduire aux Etats-Unis.

Un homme à mobylette

CREATION ET RECREATION

1. You have just taken a drive in your car. Where did you go? What happened to you? What did you see? Use five road signs in describing your real or imaginary drive.
2. Un des frères américains de Monique essaie de lui montrer comment se servir d'une bicyclette. Il lui parle du code de la route, etc.

OUI NON

Chapitre 10: COUP D'ŒIL 

______ ______ 1. **Depuis** and **il y a . . . que** + *the present tense* indicate an action that began in the past and goes on in the present:

J'étudie le français **depuis dix semaines.**

The interrogative forms are quite simple:

Depuis quand êtes-vous ici?	*How long (since when) have you been here?*
Je suis ici **depuis** le 16 mars.	*I have been here since the 16th of March.*
Depuis combien de temps êtes-vous ici?	*How long (For how long) have you been here?*
Je suis ici **depuis** dix semaines.	*I have been here for ten weeks.*

______ ______ 2. The future tense expresses an action that will happen in the future.

The future stem always ends in **-r.** Note the future tenses of the three classes of verbs:

je parlerai	je finirai	je vendrai
tu parleras	tu finiras	tu vendras
il parlera	il finira	il vendra
nous parlerons	nous finirons	nous vendrons
vous parlerez	vous finirez	vous vendrez
ils parleront	ils finiront	ils vendront

Unlike English usage, the future tense is used after **quand, lorsque, dès que, aussitôt que** when the future tense is used or implied in the main clause:

Je la verrai quand **elle arrivera.**
I shall see her when she arrives.

______ ______ 3. The following negations **always** surround the auxiliary verb in the **passé composé:**

ne . . . pas, ne . . . jamais, ne . . . rien, ne . . . plus, ne . . . guère, Je **ne** lui ai **jamais** parlé.

4. When a verb follows a preposition, it is in the infinitive form:

   Sans travailler on ne peut pas réussir.

5. **Mettre** (*to put*, *to place*, *to put on*) is an irregular verb:

je mets	nous mettons
tu mets	vous mettez
il met	ils mettent

6. The disjunctive personal pronouns are disconnected from the verb and are used alone or for emphasis:

Qui est là? C'est **moi.**	*Who is there? It is I.*
Moi, je vous le dis!	*I say so!*

7. *Possessive pronouns* replace *nouns* preceded by *possessive adjectives* and agree in gender and number with the *possessive adjective* and *noun* they replace:

   Elle a **son livre.**
   Elle a **le sien.**

8. **Dire** is an irregular verb:

je dis	nous disons
tu dis	vous dites
il dit	ils disent

9. To form the **passé composé** of *pronominal verbs* use the auxiliary verb **être** plus the past participle:

   Elle s'**est** lavée.
   Elle s'en **est** allée.

   The past participle of pronominal verbs agrees with preceding direct objects:

   Elles **se** sont **lavées.**

   To form the interrogatives follow regular procedures:

   SIMPLE INVERSION:
   Elle s'est lavée.
   S'est-**elle** lavée?

   PRONOMINAL INVERSION WITH NOUN SUBJECT:
   L'hôtesse de l'air s'est dépêchée.
   L'hôtesse de l'air **s**'est-**elle** dépêchée?

The negation also follows regular procedures:
Elle s'est lavée.
Elle **ne** s'est **pas** lavée.

The **ne** precedes the object pronoun and the auxiliary verb and the **pas** follows the auxiliary verb.

VOCABULAIRE

Verbes
admettre*
(s') affoler
agir
aider
(s') aventurer
commettre*
corriger
dire*
étrangler
mettre*
omettre*
permettre*
promettre*
remettre*
soumettre*
traiter
visiter

Noms
condition (f.)
erreur (f.)
état (m.)
faute (f.)
habitude (f.)
idée (f.)
microbe (m.)
principe (m.)
radio (f.)
rapport (m.)
tour (m.)
touriste (m.)
artère (f.)
circulation (f.)
code de la route (m.)
essence (f.)
gas-oil (m.)
huile (f.)
moteur (m.)
papier (m.)
permis de conduire (m.)
piéton (m.)
priorité (f.)
vélo (m.)

Adjectifs
décontracté
fâcheux
idéal
regrettable
vrai

Adverbes
d'abord
ne . . . guère
ne . . . jamais
ne . . . plus
ne . . . rien
ne . . . que
n'importe quel
sérieusement
surtout

Prépositions

avant de
d'après
depuis
pour (+inf.)
selon

Conjonctions

aussitôt que
dès que
lorsque

Pronoms

le sien
me
moi
qu'est-ce que c'est que?

Expressions utiles

attention
avoir à
ça y est
c'est-à-dire
depuis combien de temps . . . ?
depuis quand . . . ?
faire le plein
faire un tour
il faut (+inf.)
laisser couler l'eau
passer un examen
prendre soin de
priorité à droite
vérifier l'huile

Scénario 10: La Mobylette

QUATRIEME ETAPE

CHAPITRE 11

DEVANT LA CATHEDRALE

Scénario 11: Devant la cathédrale

PREMIERE ETAPE

ROBERT: Quel grand bâtiment! Il est immense, énorme, gigantesque!
NICOLE: C'est la cathédrale Saint-Etienne. Elle est gothique.
ROBERT: C'est le plus beau bâtiment de la ville?
NICOLE: C'est le plus important.
ROBERT: Essaie de me parler plus lentement! Je vais acheter ce livre qui décrit la cathédrale.
NICOLE: Donne-le-moi!
ROBERT: Je te le donne—mais n'oublie pas de me le rendre!

DEUXIEME ETAPE

ROBERT: Quel grand bâtiment! Il est immense, énorme, gigantesque!
NICOLE: Te souviens-tu de son histoire?
ROBERT: Non!
NICOLE: C'est la Cathédrale Saint-Etienne qui date du 12ème et du 13ème siècles. Elle est gothique et c'est la seule cathédrale en France qui ait cinq portails.
ROBERT: C'est le plus beau bâtiment de la ville?
NICOLE: C'est le plus important. Elle contient aussi le plus grand nombre de vitraux de toutes les cathédrales.
ROBERT: Essaie de me parler plus lentement!
NICOLE: J'essaierai. Entrons! Tu y verras de véritables merveilles de la civilisation française.
ROBERT: Je vais acheter ce livre qui décrit la cathédrale.
NICOLE: Donne-le-moi, tu n'en as pas besoin maintenant. Tu l'as dit: je te sers de guide.
ROBERT: Je te le donne—mais n'oublie pas de me le rendre!

TROISIEME ETAPE

ROBERT: Mon Dieu! C'est incroyable! Quel grand bâtiment!
NICOLE: Eh bien! tu commences déjà à te parler tout seul, et tu viens d'arriver!
ROBERT: Mais il est immense, énorme, gigantesque!
NICOLE: Te souviens-tu de son histoire?
ROBERT: Moi? Eh bien! non!
NICOLE: C'est la Cathédrale Saint-Etienne qui date du 12ème et du 13ème siècles. Elle est gothique et c'est la seule cathédrale en France qui ait cinq portails.
ROBERT: C'est le plus beau bâtiment de la ville?
NICOLE: C'est en tout cas le plus important. Elle contient aussi le plus grand nombre

de vitraux de toutes les cathédrales, aussi bien que la plus grande nef.

ROBERT: Tu parles comme un guide. Essaie de me parler plus lentement, veux-tu?

NICOLE: J'essaierai. (*Oubliant tout de suite après*) Mais ne t'assieds pas là! Entrons! Tu y verras de véritables merveilles de la civilisation française.

(*On entend la musique de l'orgue.*)

ROBERT: C'est impressionnant! Tiens, je vais acheter ce livre qui décrit la cathédrale.

NICOLE: Donne-le-moi, tu n'en as pas besoin maintenant. Tu l'as dit: je te sers de guide.

ROBERT: Oui, je te le donne—mais n'oublie pas de me le rendre!

NICOLE: (*Devant un vitrail*) Ici nous avons le plus vieux vitrail . . . .

SYNONYMES ET EXPRESSIONS APPROXIMATIVES

1 C'est incroyable! → C'est inimaginable! C'est fantastique! C'est étonnant!
le bâtiment = l'édifice (m.)
9 important → considérable
11 plus lentement = moins vite
12 J'essaierai = Je tâcherai
15 impressionnant = grandiose
16 tu n'en as pas besoin → tu peux t'en passer
18 de me le rendre = de me le redonner

NOTES CULTURELLES

Religions in France

1. The majority of French are Catholic. France is often called "the eldest daughter of the Catholic Church." Indeed, Catholicism is the official religion, but not the state religion. State and Church were separated in 1905.

2. To be married, one must first have the ceremony performed officially in a City Hall. Afterward, if one so desires, one has the choice of being married in a church, in a temple, or a synagogue. Divorce has been officially sanctioned in France since 1884.

3. There are about 900,000 Protestants in France, located especially in the center and in the east of France.

4. The number of Jews is placed at approximately 550,000, located particularly in Paris and in the east. There are only 80 rabbis in France.

5. There are also about 2,000,000 Moslems in France, of whom approximately half come from North Africa. There are 15 mosques in France, with the spiritual Moslem leader located in the mosque in Paris.

QUESTIONS SUR LE SCENARIO

1. Qu'est-ce qui est incroyable?
2. Comment est la cathédrale?
3. Comment s'appelle la cathédrale?
4. De quels siècles date-t-elle?

La cathédrale de Bourges (St. Etienne)

5. Combien de portails a-t-elle?
6. Quel est le plus grand bâtiment de la ville?
7. Est-ce la cathédrale qui contient le plus grand nombre de vitraux?
8. Sa nef est-elle grande?
9. Comment Robert trouve-t-il que son amie parle?
10. Qu'est-ce qu'elle oublie tout de suite après?
11. Où voit-on de véritables merveilles de la civilisation française?
12. Qu'est-ce que Robert va acheter?
13. Est-ce qu'il en a besoin?
14. Qui lui sert de guide?
15. Que regardent-ils?

NOTE DE GRAMMAIRE 1: La Position des pronoms compléments d'objet

1. We already know the rules for the placement of a single object pronoun. Except in an affirmative command, it directly precedes the verb:

Je **te** donne le livre.
Me vois-tu?
Montrez-**moi** la nef!

2. Two object pronouns may appear in the same sentence:

Robert donne **le livre à Nicole.**
Robert **le** **lui** donne.

When there are two object pronouns before the verb, the order of pronouns is as follows:

SUBJECT	INDIRECT OBJECT PRONOUN	DIRECT OBJECT PRONOUN	INDIRECT OBJECT PRONOUN			VERB
Robert	me te nous vous	le la les	lui leur	y	en	donne.
	(*before*) ⟶	(*before*) ⟶	(*before*) ⟶	(*before*)		

Thus:

Robert **me le** donne. *Robert gives it to me.*
Robert **te le** donne. *Robert gives it to you.*
Robert **nous le** donne. *Robert gives it to us.*
Robert **vous le** donne. *Robert gives it to you.*
Robert **le lui** a donné. *Robert gave it to him.*
Robert **nous l'**a donné. *Robert gave it to us.*

Remember that:

	1ST AND 2ND PERSONS OBJECT PRONOUNS	PRECEDE	3RD PERSON OBJECT PRONOUNS	
Robert	me te nous vous		le la les	donne.

but remember the sequence when there are two third person object pronouns:

	DIRECT OBJECT PRONOUNS	PRECEDE	INDIRECT OBJECT PRONOUNS	
Robert	le la les		lui leur	donne.

3. The rules for position of the object pronouns remain the same. They directly precede the verb in all but affirmative commands. In compound tenses, they precede the auxiliary verb:

Je **le lui** ai donné.

In negations:

Je ne **le lui** ai pas donné.

In infinitive constructions, the object pronouns directly precede the infinitive:

Il va **me le** donner. Elle veut **le lui** rendre.

Simples substitutions

1. Il *me le* donne.
   (*me la, me les, te le, te la, te les, nous le, nous la, nous les, vous le, vous la, vous les, me le*)
2. Il *le lui* donne.
   (*la lui, le leur, la leur, les leur, le lui*)
3. Il *m'y* voit.
   (*t'y, nous y, vous y, l'y, les y, m'y*)
4. Ils *lui en* envoient.
   (*m'en, t'en, nous en, vous en, leur en, lui en*)

ATTENTION	Remember that you cannot have more than one *direct* or *indirect* object in the same sentence!

Exercices de transformation

Modèle: Robert donnera le billet à l'hôtesse de l'air.
Robert le lui donnera.

1. Il a donné le pourboire au chauffeur de taxi.
2. Il veut donner l'argent à l'homme.
3. Nous avons donné le livre aux étudiants.
4. Tu as donné l'oreiller à ta mère.
5. M. Fourchet demande la bouteille à Nicole.
6. Nicole montre la mobylette à Robert.
7. Elle oublie de rendre le livre à son ami.
8. L'employé donne le billet à l'étudiante.
9. Il dit «bonjour» à ses parents.
10. Elle sert les hors-d'œuvre à sa famille.
11. Nicole apprend le scénario à ses amis américains.
12. Elle montre son permis de conduire à l'agent de police.
13. Le boulanger apporte les baguettes à Mme Fourchet.
14. Envoient-ils les lettres à leurs parents?
15. Donne-t-elle la bouteille à son père?
16. Puis-je ouvrir la porte à mes copains?

Modèle: Vous mettrez vos affaires dans ce placard.
Vous les y mettrez.

1. On rangera tes chemises dans ce tiroir.
2. Tu mettras l'essence dans le réservoir.

3. Ils ramassent leurs valises au service des bagages.
4. Il les a mis sur le chariot.
5. Je ne vais pas conduire les étudiants en ville.
6. Il a monté le plateau au premier.

Modèle: Elle va demander du gigot à sa mère.
Elle va lui en demander.

1. Il a apporté des croissants aux enfants.
2. Je sers de la bière à mes amis.
3. Nous avons donné de l'argent au chauffeur.
4. Elle montre des vitraux à Robert.
5. Nous n'achetons pas de veau à la charcuterie.
6. On ne sert pas de repas au café.
7. Maman n'a pas acheté de cheval à la boucherie.
8. On n'a pas trouvé de boîtes de conserve à l'épicerie.

NOTE DE GRAMMAIRE 2: Les Pronoms compléments avec l'impératif

In the *affirmative imperative* the objects follow the verb in a sequence parallel to English usage. Unlike the order of pronouns placed *before* the verb in the declarative, the interrogative, and the negative imperative, the direct object pronouns

le, la, les

precede the indirect object pronouns in the affirmative imperative. Thus:

le	me *or* moi,	y	en
la	te *or* toi,		
les	lui		
	leur		
	nous		
	vous		

Note that when **me** or **te** appears as the final pronoun in the sequence, **me** becomes **moi,** and **te** becomes **toi.**

Note also that **en** can occur only as the last pronoun in the affirmative imperative

Donnez-**le-moi!**	*Give it to me!*	Présente-**les-lui!**	*Introduce them to him!*
Donnez-**m'en!**	*Give me some!*	Apportons-**leur-en!**	*Let's bring them some!*

In the negative imperative, however, the object pronouns precede the verbs:

Ne **me le** donnez pas!	Ne **les lui** présente pas!
Ne **m'en** donnez pas!	Ne **leur en** apportons pas!

Exercices de manipulation

(In the following sentences replace the objects with pronouns. Then transform the sentence into an affimative imperative, and, finally, into a negative imperative.)

Modèle: Vous apportez le gigot aux jeunes gens.
Vous le leur apportez.
Apportez-le-leur!
Ne le leur apportez pas!

1. Tu montres ton permis de conduire à l'agent de police.
2. Vous montrez les chemises à Mme Fourchet.
3. Tu remplis les assiettes de tes camarades.
4. Nous donnons de l'argent à Robert.
5. Nous parlons de son attitude à notre père.
6. Tu donnes des pommes à l'enfant.
7. Vous envoyez des cartes à vos cousins.
8. Tu me coupes du pain.
9. Tu ramasses tes vêtements dans ta chambre.
10. Nous descendons les malles à la cave.
11. Vous rangez vos affaires dans le placard.
12. Vous mettez l'essence dans le réservoir.

NOTE DE GRAMMAIRE 3: Les Pronoms relatifs

Relative pronouns relate clauses to nouns or pronouns which precede them. We will deal in this chapter only with

qui (subject of the verb in the relative clause)
and **que** (object of the verb in the relative clause).

The relative clause follows directly after the antecedent;

SUBJECT: J'ai une sœur qui est très belle.
antecedent (sœur) *relative clause* (qui est très belle)
I have a sister who is very beautiful.

L'étudiant qui est là admire la cathédrale.
antecedent (L'étudiant) *relative clause* (qui est là)
The student who is there admires the cathedral.

OBJECT: L'étudiant que vous voyez admire la cathédrale.
antecedent (L'étudiant) *relative clause* (que vous voyez)
The student whom you see admires the cathedral.

La chambre que vous voyez est belle.
antecedent (La chambre) *relative clause* (que vous voyez)
The room which you see is beautiful.

Both **qui** and **que** may refer to either persons or things.

Note that **qui** is the subject of the relative clause:

ANTECEDENT	RELATIVE CLAUSE	MAIN CLAUSE
La femme	**qui arrive**	est ma mère.

Note that **que** is the object of the relative clause:

ANTECEDENT	RELATIVE CLAUSE	MAIN CLAUSE
La femme	**que vous voyez**	est ma mère.

que — object
vous — subject
voyez — verb

Simples substitutions

1. La femme *qui arrive* est ma mère.
   (*qui parle*, *qui vient*, *qui dort*, *qui mange*, *qui comprend*, *qui arrive*)
2. Le garçon *qui étudie le livre* est très jeune.
   (*qui ramasse les valises*, *qui parle au chauffeur*, *qui compte l'argent*, *qui choisit la cravate*, *qui écoute le professeur*, *qui étudie le livre*)
3. La chemise *que vous voyez* est très belle.
   (*que vous achetez*, *que vous regardez*, *que vous prenez*, *que vous mettez*, *que vous montrez*, *que vous voyez*)
4. L'agent de police *que vous consultez* est aimable.
   (*que vous écoutez*, *que vous regardez*, *que vous voyez*, *que vous irritez*, *que vous intimidez*, *que vous consultez*)

Exercices de transformation

Modèle: L'homme arrivera. Il est mon père.
L'homme qui arrivera est mon père.

1. J'ai des chaussures. Elles sont marron.
2. La cathédrale date du 12ème siècle. Elle est grande.
3. Nicole décrit la cathédrale. Elle sert de guide.
4. L'hôtesse apporte les dîners. Elle est belle.
5. Le chauffeur de taxi s'arrête. Il est irrité.
6. L'étudiante admire la cathédrale. Elle est là.

Modèle: Les légumes sont frais. Je les achète.
Les légumes que j'achète sont frais.

1. La cathédrale est énorme. Vous la regardez.
2. La mobylette est en bon état. Vous l'achetez.

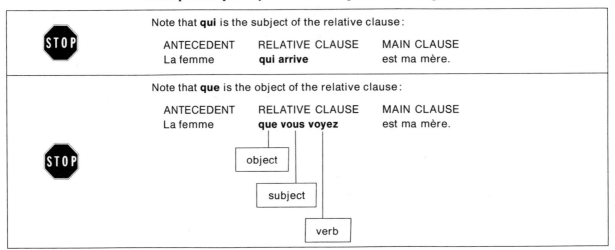

3. Le professeur est patient. Vous le consultez.
4. Le programme est intéressant. Je le regarde.
5. L'auto est belle. Vous la voyez.
6. La femme est ma mère. Vous la consultez.

Modèles: Le vieux monsieur est gentil. Il entre dans le compartiment.
Le vieux monsieur qui entre dans le compartiment est gentil.
La rue est à droite. Je la cherche.
La rue que je cherche est à droite.

1. La femme viendra. Elle est ma tante.
2. La boulangerie est devant l'église. La boulangerie vend du bon pain.
3. J'ai un imperméable. Je le porte quand il pleut.
4. J'achète les croissants. Vous les désirez.
5. Le bâtiment est gigantesque. Vous l'aimez.
6. La nef est grande. Vous l'admirez.
7. Le vitrail est très vieux. Vous voulez le voir.

NOTE DE GRAMMAIRE 4: L'Accord des participes passés

Past participles in French show *agreement* in the following cases:

1. Past participles of verbs belonging to "Chez Mme Etre" (when used intransitively) will *agree in gender and number* with their subjects:

Elle est allé**e** à la gare.

Agreement of the past participles of these verbs (see **Chapitre 8**) with their subjects is *automatic*.

2. In compound tenses of other verbs, the past participle will agree with any direct object which precedes (*appears to the left of*) **the verb.**

The direct object may be a relative pronoun:

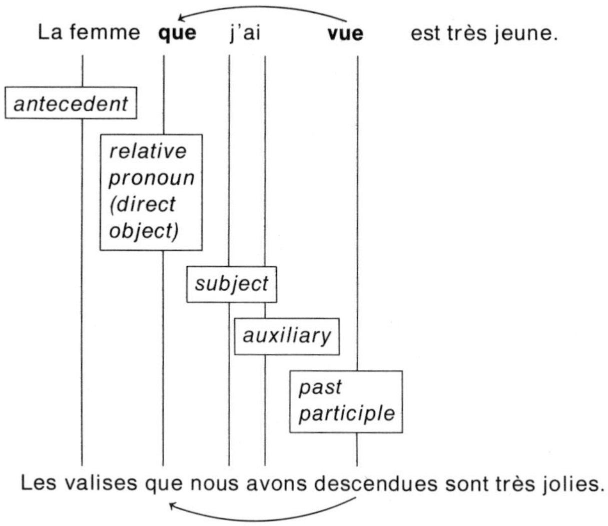

The direct object may be an object pronoun:

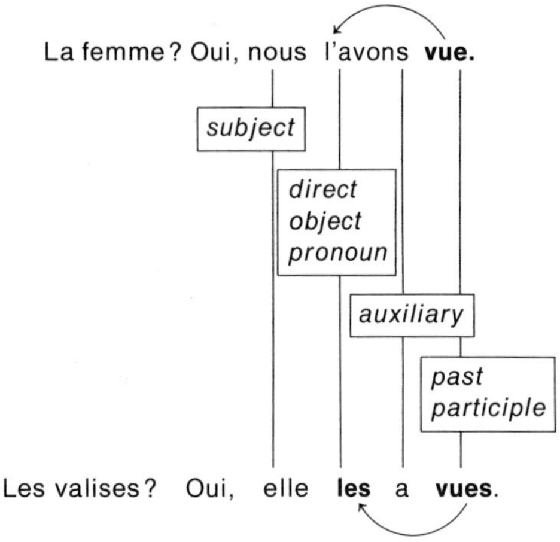

Nicole, je **t'**ai **vue** à la cathédrale hier soir.

Et toi aussi, Henry, je **t'**ai **vu** là.

ATTENTION

Beware of preceding *indirect* objects: Je **leur** ai parl**é.** (*No agreement*)

En (the partitive pronoun) is not considered a direct object. Note:

Des pommes? Oui, j'en ai achet**é.** (*No agreement*)

Exercices de transformation

Modèle: La femme que je vois travaille chez le dentiste.
La femme que j'ai vue travaille chez le dentiste.

1. Les hôtesses que j'attends volent souvent.
2. La phrase que je dis est très longue.
3. Les hôtels qu'il cherche sont très vieux.
4. Les lettres que nous écrivons sont compliquées.
5. La voiture qu'elle conduit est très chère.
6. La faute que je fais n'est pas intelligente.
7. La bouteille qu'elles donnent contient du vin.
8. Les étudiants qu'elles hébergent sont bavards.
9. Les fourchettes que vous prenez sont élégantes.

Modèle: Nous avons trouvé les filles.
Nous les avons trouvées.

1. Ils ont cherché leurs nièces.
2. Il a oublié ses billets.
3. J'ai compris ma mère.
4. Ils ont fait leurs études sans aide.
5. J'ai su cette réponse.
6. On a pris les voitures.
7. Les étudiants n'ont pas appris la leçon.
8. As-tu écrit cette lettre?
9. Robert a-t-il mis ses chaussures sous le lit?

Modèle: Elle va à l'école.
Elle est allée à l'école.

1. Elles montent au premier.
2. Elle rentre tôt.
3. Ils descendent à la cave.
4. Ils viennent ici.
5. Nous entrons dans la maison.
6. Il monte dans la «deux chevaux».
7. Vous arrivez toujours à l'heure.

NOTE DE GRAMMAIRE 5: L'Accord des participes passés (verbes pronominaux)

The agreement of past participles of pronominal verbs can be understood within the framework of agreement with preceding direct objects.

1. In compound tenses, most pronominal constructions show agreement. This is because *most* pronominal constructions contain a *direct object pronoun*, which of course always precedes the verb:

Elle **s'**est lav**ee**. (**s'**, *referring to* **Elle,** *is a direct object.*)

2. When, however, the object pronoun in the pronominal construction is *indirect*, there can be no agreement:

Elle s'est lav**é** les mains.	(**les mains** *is the direct object;* **s'** *is the indirect object*)
Elle s'est parl**é.**	(**s'** *is an indirect object because one says* **parler à** *someone*)

3. In those cases, where we cannot be certain, if the object pronoun is direct or indirect, there is agreement:

Elle **s'**en est serv**ie.** ?	*She used it.*	Elle **s'**en est dout**ée.** ?	*She suspected it.*

Note that these are verbs that undergo a change in meaning when they become pronominal:

servir	*to serve*	se servir de	*to use*
douter	*to doubt*	se douter de	*to suspect*

4. Those verbs which are always pronominal (see page 204) *always show agreement:*

Elle **s'**est écri**ée.**	*She exclaimed.*
Elle **s'**en est souven**ue.**	*She remembered it.*

Exercices de transformation

Modèle: Elles s'en vont.
Elles s'en sont allées.

1. Elle se lave.
2. Elles se comprennent.
3. Elle se lave les mains.
4. Elles se perdent toujours.
5. Elles se parlent quand elles se voient.
6. Elles se servent de mon crayon.
7. Elle se promène dans le jardin.

Exercices de manipulation

(*Replace nouns with pronouns and answer questions affirmatively and negatively.*)

Modèle: As-tu conduit cette nouvelle voiture-là?
Oui, je l'ai conduite.
Non, je ne l'ai pas conduite.

1. La jeune fille, est-elle arrivée hier?
2. La dame, est-elle morte hier?
3. Avez-vous remarqué la faute que j'ai faite?
4. Est-ce que les copines s'en sont allées?
5. T'es-tu bien promené en ville ce matin?
6. A-t-il écrit cette carte postale?
7. Est-ce que ces professeurs ont fait leurs études à Paris?
8. Avez-vous compris cette leçon?

NOTE DE GRAMMAIRE 6: Les Pronoms démonstratifs: **ceci, cela (ça)**

1. Ceci and **cela** (or: **ça**) are used to refer to concepts or to things which are not named:

Ceci means *this.* **Cela** means *that.* **Ça** means *this* or *that.*

2. Ceci, cela, ça are considered masculine singular.
3. Ceci often refers to an idea under discussion:

Ceci est intéressant. *This is interesting.*

4. Cela often refers to an idea which has already been established:

Cela m'est arrivé hier. *That happened to me yesterday.*

5. Ça may be used in speech, but should not be used in formal writing:

Qu'est-ce que c'est que ça? *What's that?*

6. Ça is also used in colloquial expression:

Comment ça va? *How are you? How are things going?*

Simples substitutions

1. Je vous le dis: *cela m'amuse.*
   (*cela me plaît, cela me bouleverse, cela me gêne, cela m'intéresse, cela me dit quelque chose, cela m'intrigue, cela m'intimide, cela m'amuse*)
2. Nous *aimerons ceci.*
   (*ferons ceci, permettrons ceci, promettrons ceci, essaierons ceci, omettrons ceci, verrons ceci, aimerons ceci*)

NOTE DE GRAMMAIRE 7: Les Adverbes

1. *Adverbs* are parts of speech which *modify verbs:*

Il parle **bien** le français. *He speaks French well.*

We saw the adverb used in **Chapitre 1:**

Je vais **bien.**
Il va **mal.**

2. Position of adverbs:

a. Adverbs are normally placed *immediately after the verb*, and in compound tenses either *after the auxiliary* or *after the past participle:*

Elle parle **vite.**
Elle a **vite** fait.

Lengthy adverbs may follow the past participle:

Il est parti **précipitamment.** *He left hurriedly.*

b. Adverbs may *never* be placed between subject and the conjugated part of the verb.

Il vient **souvent.**
Il est **souvent** venu.

c. Sometimes they may stand **at the beginning of a sentence,** especially when the speaker wishes to stress the adverb:

Malheureusement, il n'a pas compris.	*Unfortunately, he did not understand.*

3. Adverbs may be formed in several ways:

a. By adding **-ment** to the masculine form of adjectives which end in vowels:

absolu	+ **ment**	=	absolument		*absolutely*
vrai	+ **ment**	=	vraiment		*truly*
libre	+ **ment**	=	librement		*freely*
autre	+ **ment**	=	autrement		*otherwise*

b. If the masculine form ends in a consonant, put it in the feminine form and add **-ment:**

certain	**certainement**	*certainly*
premier	**premièrement**	*firstly*
heureux	**heureusement**	*happily*
actif	**activement**	*actively*
seul	**seulement**	*only*

c. Adjectives ending with the suffix **-ant** or **-ent** drop this suffix and replace it with:

-amment or **-emment**[1]

élégant	**élégamment**	*elegantly*
fréquent	**fréquemment**	*frequently*
constant	**constamment**	*constantly*
prudent	**prudemment**	*prudently*
évident	**évidemment**	*evidently*

d. Others are irregular:

gentil	**gentiment**	*nicely*
précis	**précisément**	*precisely*
énorme	**énormément**	*enormously*

4. The following are especially useful and common adverbs, many of which you already know:

a. ADVERBS OF TIME:
aujourd'hui *today*
déjà *already*
depuis *since*
encore *again*
toujours *always*
autrefois *formerly*
quelquefois *sometimes*
tout de suite *immediately*
demain *tomorrow*
hier *yesterday*

b. ADVERBS OF PLACE:
ici *here*
là *there*
loin *far*
près *near*

c. ADVERBS OF QUANTITY:
autant *as much*
beaucoup *much, many*
peu *little*
tant *so much, so many*
trop *too much, too many*

d. ADVERBS OF DEGREE:
aussi *as*
moins *less*
plus *more*
presque *almost*
davantage *more, still more*

e. ADVERBS OF MANNER:
bien *well*
ensemble *together*
vite *quickly*
sans doute *probably*
volontiers *willingly*

[1] Note that the adverb formed from **lent** (*slow*) is **lentement,** because **-ent** is not a suffix in this case.

Simples substitutions

1. Essaie de me parler plus *lentement.*
   (*sérieusement, vite, correctement, simplement, facilement, lentement*)
2. Ils viendront *certainement* ce soir.
   (*heureusement, malheureusement, sûrement, peut-être, vraiment, certainement*)
3. Il écoute *toujours.*
   (*souvent, sérieusement, bien, quelquefois, généralement, toujours*)
4. Ils voyagent *ensemble.*
   (*sans doute, vite, volontiers, toujours, souvent, ensemble*)
5. En voudras-tu *autant?*
   (*beaucoup, aussi, davantage, moins, plus, autant*)

Exercices de transformation

The rules for the position of the adverb are not rigorous. As you use the language more and more, a natural feeling for their placement will develop.

Modèle: Elle lui parle sérieusement.
Elle lui a parlé sérieusement.

1. Elle lui parle vraiment.
2. Elle leur répond correctement.
3. Ils le font déjà.
4. Nous te répondons encore.
5. Ils voyagent ensemble.
6. Il les oublie certainement.
7. Elle les oublie entièrement.

NOTE DE GRAMMAIRE 8: Le Comparatif des adjectifs et des adverbes réguliers

1. Regular comparisons of adjectives:

a. Adjectives may be compared as in English by using the forms **aussi . . . que, plus . . . que, moins . . . que:**

aussi: Jean est **aussi** intelligent **que** lui.
John is as intelligent as he.
plus: Paul est **plus** intelligent **que** lui.
Paul is more intelligent than he.
moins: Colette est **moins** intelligente **que** lui.
Colette is less intelligent than he.

b. To form the superlative of adjectives use

le (la, les) plus . . . de: Paul est **le plus** intelligent **de** la classe.
le (la, les) moins . . . de: Colette est **la moins** intelligente **de** la classe.
Ces enfants sont **les moins** bavards **de** la classe.

Note the use of **de** to mean *in* in the superlative construction.

c. In superlative constructions adjectives remain where they normally do in relation to the noun they modify:

POSITIVE:	*Le Figaro* est un journal **intéressant.** Le Figaro *is an interesting newspaper.*
SUPERLATIVE:	*Le Monde* est le journal **le plus intéressant** de France. Le Monde *is the most interesting newspaper in France.*
POSITIVE:	Voilà une **belle** cathédrale. *There is a beautiful cathedral.*
SUPERLATIVE:	Voilà **la plus belle** cathédrale de France. *There is the most beautiful cathedral in France.*

2. Regular comparisons of adverbs:

a. Comparisons of adverbs follow the same order as with the adjectives:

aussi:	Martine parle **aussi** vite **que** Nicole. *Martine speaks as fast as Nicole.*
plus:	Marguerite parle **plus** vite **que** Bernadette. *Marguerite speaks faster than Bernadette.*
moins:	Michel parle **moins** vite **que** Charles. *Michael speaks less quickly than Charles.*

b. Again, the superlative of the adverb is formed the same way as that of adjectives, except that it *only* takes the masculine definite article, **le.** This is because adverbs only modify *verbs* not nouns:

le plus:	Jacqueline parle **le plus vite de** la classe. *Jacqueline speaks the fastest in the class.*
	Jacqueline et Pierre parlent **le plus vite de** la classe. *Jacqueline and Pierre speak the fastest in the class.*
le moins:	Suzanne parle **le moins vite de** la classe. *Suzanne speaks the slowest in the class.*
	Suzanne et Marguerite parlent **le moins vite de** la classe. *Suzanne and Marguerite speak the slowest in the class.*

Simples substitutions

1. Jeanne est aussi *charmante* que Suzanne.
   (*belle*, *intelligente*, *grande*, *blonde*, *impatiente*, *irritée*, *charmante*)
2. Paul est plus *bouleversé* que lui.
   (*intimidé*, *fatigué*, *irrité*, *grand*, *fort*, *costaud*, *bouleversé*)
3. Nicole est moins *heureuse* qu'elle.
   (*jolie*, *bonne*, *grosse*, *petite*, *vieille*, *exaspérée*, *heureuse*)

4. Pierre est le plus *intelligent* de la classe.
   (*bavard, épuisé, charmant, fâché, brusque, gentil, intelligent*)
5. Suzanne est la moins *capable* de la classe.
   (*décontractée, étonnée, remarquable, patiente, agacée, gentille, capable*)

NOTE DE GRAMMAIRE 9: Le Comparatif des adjectifs et des adverbes irréguliers

1. *Irregular* forms of comparisons of adjectives:

a. Some adjectives have irregular forms of comparison, as in English. The adjective **bon** has the following comparative forms:

bon	*good*
meilleur	*better*
le meilleur	*best*

Of course, like all adjectives, these forms agree in gender and in number with the nouns and pronouns they modify:

C'est un **bon** enfant.	*He's a good child.*
Elle est **meilleure que** sa sœur.	*She is better than her sister.*
C'est **le meilleur étudiant de** la classe.	*He is the best student in the class.*

b. The adjective **mauvais** has the following comparative forms:

mauvais	Ce restaurant est **mauvais.** *This restaurant is bad.*
plus mauvais	Ce restaurant-ci est **plus mauvais** que celui-là. *This restaurant is worse than that one.*
le plus mauvais	C'est **le plus mauvais** restaurant de la ville. *It's the worst restaurant in the city.*

or:	**mauvais**	Ce restaurant est **mauvais.**
	pire	Ce restaurant-ci est **pire** que celui-là.
	le pire	Ce restaurant est **le pire** de la ville.

Either form may be used.

2. Comparisons of adverbs:

a. The adverb **bien** has the following comparative forms:

bien	Maurice se bat **bien.**
mieux	Maurice se bat **mieux que** Bernard.
le mieux	Maurice se bat **le mieux de** tous les garçons.

b. The adverb **mal** has the following comparative forms:

mal	Jacqueline danse **mal.**
plus mal	Jacqueline danse **plus mal que** Bernadette.
le plus mal	Jacqueline danse **le plus mal de** toutes les étudiantes.

c. Note these two frequently used idiomatic expressions:

tant mieux	*so much the better*
tant pis	*so much the worse*

Simples substitutions

1. *Cet hôtel-ci* est meilleur que celui-là.
   (*Ce cinéma-ci, Ce château-ci, Ce garage-ci, Ce restaurant-ci, Ce bureau-ci, Ce bureau de tabac-ci, Ce bâtiment-ci, Ce café-ci, Cet hôtel-ci*)
2. *Ces légumes-ci* sont plus mauvais que ceux-là.
   (*Ces croissants-ci, Ces œufs-ci, Ces petits pois-ci, Ces fruits-ci, Ces citrons-ci, Ces légumes-ci*)
3. *Elle parle* aussi bien que lui.
   (*Elle conduit, Elle écoute, Elle comprend, Elle apprend, Elle nage, Elle chante, Elle travaille, Elle parle*)

Exercices de transformation

Modèle: Comment parle-t-il? (mieux que moi)
Il parle mieux que moi.

1. Comment apprend-elle? (*mieux que moi*)
2. Comment nage-t-il? (*mieux que toi*)
3. Comment étudient-ils? (*mieux que nous*)
4. Comment répondons-nous? (*mieux qu'eux*)
5. Comment conduit-il? (*mieux qu'elle*)

Modèle: Elle conduit mieux que vous.
Elle conduit plus mal que vous.

1. Ils parlent mieux que vous.
2. Nous écoutons mieux que vous.
3. Ils travaillent mieux que vous.
4. Elle étudie mieux que vous.
5. Il chante mieux que vous.

Modèle: Ce porc est bon, achetons-en!
Ce porc est mauvais, n'en achetons pas!

1. Ce veau est bon, achetons-en!
2. Ces œufs sont bons, achetons-en!
3. Ce fromage est bon, achetons-en!
4. Ce beurre est bon, achetons-en!
5. Cette crème est bonne, achetons-en!
6. Ces légumes sont bons, achetons-en!
7. Cette viande est bonne, achetons-en!

Modèle: C'est un bon étudiant.
C'est un meilleur étudiant que toi.

1. Ces garçons travaillent bien.
2. Il nage bien.
3. Il conduit mal.
4. C'est une mauvaise actrice.
5. Paul est un bon médecin.
6. Elle chante mal.
7. Il se bat bien.

Modèle: Ces garçons travaillent mieux que toi.
Ces garçons travaillent le mieux de toute la classe.

1. Elle nage mieux que toi.
2. Il conduit plus mal que toi.
3. Il travaille mieux que toi.
4. C'est une plus mauvaise actrice que toi.
5. Paul est un meilleur médecin que toi.
6. Il comprend mieux que toi.
7. Elle parle mieux que toi.

NOTE DE GRAMMAIRE 10: Les Verbes irréguliers **lire** et **conduire**

The irregular verbs **lire** and **conduire** have much in common in the *present* tense:

je lis tu lis il lit	[li]	je conduis tu conduis il conduit	[kõdɥi]
nous lisons	[lizõ]	nous conduisons	[kõdɥizõ]
vous lisez	[lize]	vous conduisez	[kõdɥize]
ils lisent	[liz]	ils conduisent	[kõdɥiz]

But note their **passé composé:**

j'ai lu, etc.   j'ai conduit, etc.

IMPERATIF:	lis	conduis
	lisons	conduisons
	lisez	conduisez
FUTUR:	je lirai	je conduirai

Substitution progressive

Tu conduis la voiture quand il fait beau.
Tu conduis la voiture *quand il fait mauvais.*
Nous lisons le journal quand il fait mauvais.
Nous lisons le journal *quand nous avons le temps.*
Nous le lui disons quand nous avons le temps.
Nous le lui disons *quand nous la voyons.*
Nous la suivons quand nous la voyons.
Nous la suivons *quand il fait beau.*
Tu conduis la voiture quand il fait beau.

Exercices de transformation

Modèle: Vous lisez la carte de débarquement. (*hier*)
Hier vous avez lu la carte de débarquement.

1. Ils conduisent bien. (*généralement*)
2. Tu lis le scénario. (*demain*)

3. Je conduis une nouvelle voiture. (*aujourd'hui*)
4. Il me conduit à la gare. (*le mois dernier*)
5. Je lis un livre intéressant. (*il y a un mois*)
6. Il dit la même chose. (*demain*)

Exercices de manipulation

Modèle: Dis à ________ de lire le texte!
Lis le texte!

1. Dites à ________ de conduire plus lentement!
2. Dis à ________ de conduire plus vite!
3. Dites à ________ de ne pas la conduire!
4. Dis à ________ de lire le scénario!
5. Dites à ________ de ne pas le lire!

LECTURE La Famille (suite)

distrustful/if not
store-keepers
foreigners
It is better to risk
once or twice
Prices are higher
good faith
I will make a portrait
relaxed, "hang loose"
A guy/puts out
Just as the French are for us (the Frenchman is for us)!

LE PROFESSEUR: Ne soyez pas trop **méfiants, sinon** vous vous empoisonnerez l'existence: **les commerçants** n'exploitent pas tous les touristes ni **les étrangers** en leur demandant des prix exorbitants. **Il vaut mieux risquer** d'être victime **une ou deux fois. Les prix sont plus élevés** en France qu'aux Etats-Unis, mais il est rare qu'on essaie de profiter de **la bonne foi** des étrangers.

ANDREW: Monsieur, qu'est-ce que les Français pensent de nous?

LE PROFESSEUR: Ah, là . . . je vous **dresserai le portrait** du jeune Américain vu par nos amis français.

JESSE: Je sais: ils croient que nous sommes **«décontractés»,** du moins c'est toujours ce que ma mère française me dit.

LE PROFESSEUR: D'accord. Décontracté, franc, honnête, désorganisé, grand enfant, innocent. **Un type** qui prend trop de douches et n'**éteint** jamais l'électricité. Modeste, pas compliqué, intelligent—mais affreusement ignorant de la vie française. Quelqu'un qui mange trop et qui ne sait pas boire de vin. Mais les Français l'aiment bien, bien qu'il soit un paradoxe.

ANDREW: **Tout comme le Français l'est pour nous.**

QUESTIONS SUR LA LECTURE

1. Pourquoi ne faut-il pas être trop méfiant?
2. Où les prix sont-ils plus élevés: en France ou aux Etats-Unis?
3. Que vaut-il mieux risquer?
4. Qu'est-ce que les Français pensent de nous?
5. Est-ce que l'Américain est un paradoxe?

CREATION ET RECREATION

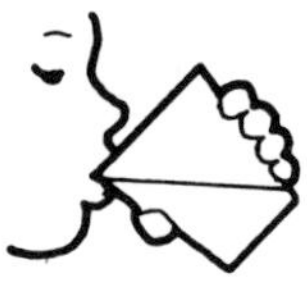
boire

faire

dormir

conduire

1. Learn the pictorial equivalent of each symbol shown here:
2. Make up full sentences using each of the verbs in the appropriate person and tense indicated:

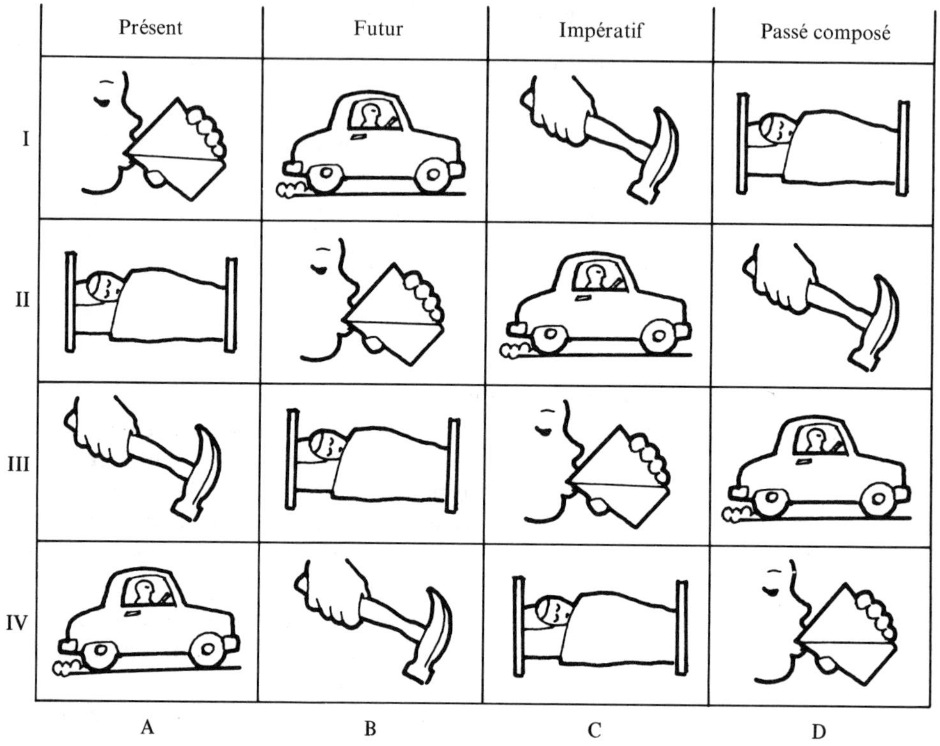

Modèle: 1. *Je (IA): Je bois du lait avec mes repas.*

1. *Je:* I A, II B, III B, IV B;
2. *Robert:* II A, II B, III D, IV D;
3. *Nous:* I B, II A, III C, IV A:
4. *Nicole et Jacqueline:* I B, II D, III B, IV D;
5. *Tu:* III A, II B, III B, I D;
6. *Vous:* I A, II C, III A, IV C;

2. Monique visite une église américaine. Son frère lui sert de guide. Il parle de l'histoire de l'église, etc.

Chapitre 11: COUP D'ŒIL 

OUI **NON**

______ ______ 1. Object pronouns precede the verb, except in the affirmative imperative.
If there are more than one in a sentence, there is a specific order in which they appear before the verb:

Il **me l'**a donné.
Nous **les leur** avons donnés.
Ne **me le** donnez pas!

Remember that you cannot have more than one direct and one indirect object pronoun in a sentence.

2. In the *affirmative imperative* object pronouns *follow* the verb in a fixed order:

   Donnez-**le-moi!**

3. Relative pronouns relate clauses to nouns or pronouns which precede them:

   La femme **qui** arrive est ma mère.

   La femme **que** vous voyez est ma mère.

4. Past participles *agree* with the subjects of the verbs when the auxiliary verb is **être:**

   Elles sont parti**es** à huit heures.

   Past participles *agree* with preceding direct objects when the auxiliary verb is **avoir:**

   Je **les** lui ai donn**és.**

5. Pronominal verbs show agreement with the direct object (which refers to the same person as the subject). Contrast, however, those cases where the object pronoun is clearly indirect:

   Elles **se** sont **parlé.**
   indirect object pronoun — no agreement

   Elles **se** sont **lavées.**
   direct object pronoun — agreement

6. **Ceci, cela** (**ça**) refer to concepts or things not specifically named.

7. Adverbs modify verbs. They stand immediately after the verb in simple tenses:

   Il vient **souvent** me voir.

   Adverbs may stand either before or after the past participle in compound tenses:

   Il est **souvent** venu me voir.
   Elle a répondu **correctement.**

8. Adjectives and adverbs in French take regular and irregular forms of comparison.
   The regular comparatives are formed with
   aussi . . . que, plus . . . que, moins . . . que

   Jean est **aussi** grand **que** son frère.
   Elle court **plus** vite **que** lui.

   The irregular forms are:

bon	mauvais	bien	mal
meilleur	pire	mieux	plus mal
le meilleur	le pire	le mieux	le plus mal

9. **Lire** and **conduire** are irregular verbs with some similarities in the present tense:

je lis	je conduis
tu lis	tu conduis
il lit	il conduit
nous lisons	nous conduisons
vous lisez	vous conduisez
ils lisent	ils conduisent

VOCABULAIRE

Verbes
admirer
(s') asseoir
conduire*
dater
décrire
douter (de)
(se) douter (de)
gêner
impressionner
intriguer
lire*
nager
plaire
se rappeler
redonner
tâcher (de)

Noms
musique (f.)
nef (f.)
orgue (m.)
portail (m.)
prêtre (m.)
vitrail (m.)
carte postale (f.)
civilisation (f.)
guide (m.)
histoire (f.)
jardin (m.)
merveille (f.)
palais (m.)
phrase (f.)
siècle (m.)

Adjectifs
capable
considérable
énorme
étonnant
fantastique
gigantesque
gothique
immense
important
impressionnant
incroyable
inimaginable
meilleur/le meilleur
pire/le pire
surmené

Pronoms
ceci
cela (ça)
qui/que

Adverbes
autrefois
lentement
mieux/le mieux
quelquefois
tôt
absolument
activement
autrement
constamment
davantage
élégamment
énormément
fréquemment
gentiment
heureusement
librement
malheureusement
précipitamment
précisément
premièrement
seulement
volontiers

Expressions utiles
Eh bien!
en tout cas
faire ses études

Scénario 11: Devant la cathédrale

QUATRIEME ETAPE

CHAPITRE 12

DEUXIEME REVISION

DEUXIEME REVISION: QUATRIEME ETAPE

Study the composite picture on the preceding page. Prepare your own **scénario,** using your imagination. Be as natural as possible. Select one or several sketches and try to incorporate as many structures as you can in your presentation.

You have had practice in what may be considered all the basic structures needed for simple communication in French.

You have also encountered most of what is ahead in the remaining dialogues. Some of the items you will see in greater detail are:

1. *the interrogative pronouns and relative pronouns:*

Qui est là?	La cravate **dont** j'ai besoin.
Who is there?	*The tie I need.*

2. *the interrogative adverbs:*

   Combien d'argent avez-vous?
   How much money do you have?

3. *and other tenses:*
   a. *the imperfect:*

      Je parlais pendant qu'**elle chantait.**
      I was speaking while she was singing.

   b. *the conditional:*

      J'écouterais s'il parlait.
      I would listen if he were to speak.

   c. *the subjunctive:*

      Il ne veut pas que **tu te fasses mal.**
      He doesn't want you to hurt yourself.

Beyond these points there will not be too many other grammatical elements to learn.

REVISION GENERALE des Chapitres 7 à 11

I. Adjectives in French sometimes stand *before*, sometimes *after* the nouns they modify:

A. Those which stand before are simple adjectives and may be said to form one idea with their nouns:

un bel enfant	beau	jeune	bon	grand
		vieux	mauvais	gros
une jeune fille	joli	nouveau	gentil	petit
				long

B. Those which follow—and they are in the majority—are adjectives

of color	une maison **blanche**
of nationality	un étudiant **français**
of physical form and qualities	une table **ronde** une bière **froide**
of religion	un prêtre **catholique**
longer than the noun they modify	un livre **intéressant**
made up of participles	un homme **distingué** des enfants **obéissants**

C. When in doubt place the adjective after the noun.
D. Adjectives have comparative forms:

C'est un **bon** élève.
Il est **meilleur que** les autres élèves.
C'est **le meilleur** élève **de** la classe.

II. Other adjectives we considered are the **possessive adjectives.** They behave like "regular" adjectives by agreeing in gender and number with the nouns they *modify:*

son frère	*his or her brother*
ses sœurs	*his or her sisters*

III. The **passé composé:**

A. The **passé composé,** which is a compound tense, is made up of an auxiliary verb

avoir or **être** + a past participle

J'ai parlé aux enfants.
Je suis sorti de bonne heure.

B. The **passé composé** reflects an action completed in the past:

J'ai étudié ma leçon hier.
I studied my lesson yesterday.

Another name for this tense is the *perfect tense.*

IV. Pronominal Verbs:

These verbs *always* require an object pronoun. The action of the verb is either *reflexive* or *reciprocal:*

Reflexive:

Je me lève.	*I get up.*
Je me suis levé à six heures.	*I got up at six o'clock.*

Reciprocal:

Nous nous parlons l'un à l'autre.	*We speak to each other.*
Nous nous sommes parlé.	*We spoke to each other.*

Some verbs are always pronominal:

Je me souviens d'elle.	*I remember her.*
Ils s'en vont.	*They are going away.*

V. **Regular Third Class Verbs:**
Vendre is typical of the *third class* of verbs:

Présent:	je vends	nous vendons
	tu vends	vous vendez
	il vend	ils vendent

Impératif: vends
vendons
vendez

Passé composé: j'ai vendu

Futur: je vendrai

Some other verbs which conjugate like **vendre:**

répondre à	*to answer*
interrompre	*to interrupt*
attendre	*to wait (for)*
entendre	*to hear*

VI. The **future** tense (**le futur**) is formed by the infinitive of regular verbs plus one set of endings. The *future* tense of all verbs has one set of endings:

-ai, -as, -a, -ons, -ez, -ont

je parlerai	J'irai chez moi.
je finirai	Je te verrai plus tard.
je vendrai	Je ferai le dîner.

Note that with *third class* verbs (e.g., **vendre**) we drop the mute **-e** of the infinitive stem before adding the above endings.

VII. Use of the **future** tense:
The *future* is used as in English to indicate all actions which take place in the future. The one difference is that it is used in French whenever a future action is anticipated:

Je la verrai quand **elle arrivera.**
I shall see her when she arrives.

VIII. **Partitive:**
A. The *partitive* is a form which indicates *some* or *a part of something*. It is always used in French but is implied most often in English:

Je veux **du** pain.
I want [some] bread.

B. It is formed by the preposition **de** plus the *definite* article.
   1. **de** + definite article *contract* in masculine singular:

      Je mange **du** pain.

   2. **de** + definite article *do not contract* in feminine singular:

      On vend **de la** viande à la boucherie.

   3. **de** + definite article *contract* in all plurals, masculine or feminine:

      Je connais **des** hommes et **des** femmes ici.

   4. **de l'** is used before singular nouns (regardless of gender) beginning with a vowel or a mute **h:**

      Il veut **de l'**argent.

C. The form **de** or **d'** of the partitive is used in three cases:
   1. *After negatives:*

      Je **n'**ai **pas d'**argent.

   2. *After expressions of quantity:*

      Nous achetons **une bouteille de** bière.
      J'ai **beaucoup d'**argent.

   3. *Before plural adjectives* preceding plural nouns:

      Nous voyons **de** vieux messieurs.
      Nous voyons **de** vieilles femmes.

IX. We also encountered various other types of pronouns:

A. The **impersonal subject pronoun on:**

   On parle anglais ici. *English is spoken here.*

   The **on** stands for *we*, *you*, *they*, *people*, or *no one specifically designated.* Its most frequent translation is *one.*

B. The **demonstrative pronoun** which is used to replace a noun modified by a **demonstrative adjective:**

Je lis **ce livre-ci.**	Je lis **celui-ci.**
Je cherche **cette serviette-là.**	Je cherche **celle-là.**
Il achète **ces chaussures-ci.**	Il achète **celles-ci.**
Elle connaît **ces étudiants-là.**	Elle connaît **ceux-là.**

C. The **possessive pronoun** which is used to replace a noun modified by a **possessive adjective:**

Robert cherche **son frère.**	Charles cherche **le sien.**
sa mère.	**la sienne.**
ses sœurs.	**les siennes.**
ses amis.	**les siens.**

D. The **relative pronoun** which is used to relate a clause (containing some additional information) to an antecedent:

L'homme **qui vient d'arriver** est mon ami.
L'homme **que vous écoutez** est mon ami.

E. The **direct** and **indirect object pronouns** replace object nouns.
Object pronouns in French stand *before* the verb, except in the affirmative imperative:

Direct Object Noun: Je regarde **mon école.** — *Direct Object Pronoun:* Je **la** regarde. — Regarde-**la!**

Indirect Object Noun: Je parle **à l'homme.** — *Indirect Object Pronoun:* Je **lui** parle. — Parle-**lui!**

F. **Ceci** and **cela** (**ça**) are demonstrative pronouns which stand in place of concepts being referred to:

Ceci n'est pas vrai.
Cela est intéressant.
Crois-tu **ça?**

G. The **disjunctive pronouns** are:

moi, toi, lui, elle, nous, vous, eux, elles.

They are disconnected from the verb and are used after prepositions and for emphasis.

Elle vient souvent chez **moi.**
Moi, je le ferai!

X. **Y** and **en** are used as pronouns and as adverbs:

Pronouns: J'**y** pense.
Donne-m'**en!**

Adverbs: Nous **y** sommes allés hier.
Elle vient d'**en** sortir.

XI. Adverbs:

A. Adverbs modify *verbs:*

Je vais **bien.** Je vais **mal.**

B. Normally, adverbs are placed immediately *after* the verb in simple tenses:

Elle parle **vite.**

and either *after* the auxiliary or the past participle in compound tenses:

Elle a **vite** fait.
Elle est partie **précipitamment.**

C. Adverbs are formed in several ways:
   1. By adding **-ment** to the masculine form of the adjective which ends in a vowel:

      vrai + **ment** = **vraiment**

   2. If the adjective ends in a consonant, add **-ment** to the feminine form:

      certain > certaine + **ment** = **certainement**

   3. Others are formed irregularly:

      gentil = **gentiment**

D. There are different types of adverbs:
   1. Adverbs of time: **aujourd'hui, déjà, depuis, encore, toujours**
   2. Adverbs of place: **ici, là, loin, près**
   3. Adverbs of quantity: **autant, beaucoup, peu, tant, trop**
   4. Adverbs of degree: **aussi, moins, plus, presque, davantage**
   5. Adverbs of manner: **bien, ensemble, vite, sans doute, volontiers**

XII. Time relationships:

A. The use of **depuis** with the *present tense* renders an action which began in the *past* but continues in the *present:*

   Je voyage **depuis** deux semaines. *I have been traveling (and still am) for two weeks.*

B. With *hours:*
   1. Use **il y a** . . . **que** to indicate *duration* of the action:

      Il y a deux heures **que** j'attends l'autobus.
      I have been waiting for the bus for two hours.

   2. Use **depuis** to indicate *when the action began:*

      Je suis là **depuis** une heure.
      I have been here since one o'clock.

REVISION Exercices de transformation

Adjective Form and Placement

Modèle: C'est une cathédrale. (*beau*)
C'est une belle cathédrale.

1. C'est une cathédrale. (*gigantesque*)
2. Ils ont un appartement. (*grand*)
3. Nous avons trouvé un objet. (*intéressant*)
4. Elle travaille dans un bureau. (*vieux*)
5. La maison a une chambre. (*joli*, *bleu*)
6. La cathédrale a cinq portails. (*gothique*)
7. Il a fait la connaissance d'un monsieur. (*vieux*, *français*)

Possessive Adjectives and Pronouns

Modèle: Avez-vous vos chaussures?
Oui, j'ai les miennes.

1. Avez-vous votre imperméable?
2. Ont-ils leurs mobylettes?
3. As-tu ton chapeau?
4. Avez-vous votre cravate?
5. Avez-vous vos jeans?

Présent > Passé Composé

Modèle: Je monte l'escalier. (*hier*)
J'ai monté l'escalier hier.

1. Elles sortent tous les soirs. (*l'été dernier*)
2. Nous arrivons de l'aéroport. (*lundi dernier*)
3. Vous passez trois mois à Paris. (*il y a deux ans*)
4. Ils passent devant la cathédrale. (*ce matin*)
5. Elle saute sur la table. (*hier*)
6. Elle descend la rue. (*il y a une heure*)

Pronominals **Présent > Passé Composé**

Modèle: A quelle heure vous levez-vous? (*hier*)
A quelle heure vous êtes-vous levé(e) hier?

1. Quand vous couchez-vous? (*hier soir*)
2. Te laves-tu les mains? (*avant de manger*)
3. Te dépêches-tu pour arriver à l'heure? (*hier*)
4. Se promène-t-il dans les rues de la ville? (*hier soir*)
5. Nous servons-nous de ce livre-ci? (*hier*)
6. Vous absentez-vous le week-end? (*le week-end passé*)

Présent > 1. Passé Composé > 2. Futur

Modèle: J'attends l'autobus. (*hier*) (*demain*)
J'ai attendu l'autobus hier.
J'attendrai l'autobus demain.

1. Elle répond aux questions du professeur. (*hier*) (*demain*)
2. Nous vendons la mobylette à Pierre. (*hier*) (*demain*)
3. Vous voulez manger du pain. (*hier*) (*demain*)
4. Tu entends ton père. (*hier*) (*demain*)
5. J'interromps l'étudiant. (*hier*) (*demain*)

Présent > Futur

Modèle: Elle arrive par le train de 10 heures. (*demain*)
Elle arrivera demain par le train de 10 heures.

1. Tu vas à la boulangerie. (*demain*)
2. Vous venez de la gare. (*demain*)
3. Je sais conduire. (*demain*)
4. Nous faisons un tour de la ville. (*demain*)
5. Ils voient des choses curieuses. (*demain*)
6. Il peut le faire. (*demain*)

Futur Proche > Futur

Modèle: Le professeur ne va pas parler.
Le professeur ne parlera pas.

1. Robert ne va pas monter au premier étage.
2. Henry ne va pas descendre ses valises.
3. Ses parents ne vont pas voyager.

4. Nous n'allons pas essayer de vous aider.
5. Nous n'allons pas pouvoir partir.
6. Tu ne vas pas voir de véritables merveilles.

Change of Tenses

Modèle: Il promet de sortir avec sa sœur. (*demain*)
Demain il promettra de sortir avec sa sœur.

1. Il promet de sortir avec sa sœur. (*hier*)
2. Il promet de sortir avec sa sœur. (*il y a deux jours*)
3. Il promet de sortir avec sa sœur. (*depuis deux jours*)
4. Il promet de sortir avec sa sœur. (*aujourd'hui*)

Expressions of Quantity

Modèle: Nous mangeons des pâtisseries. (*trop*)
Nous mangeons trop de pâtisseries.

1. Elle achète des légumes frais. (*assez*)
2. Vous y avez mis des oignons. (*beaucoup*)
3. Tu as mis de la crème dans le café. (*un peu*)
4. Il a des valises. (*trop*)
5. Donnez-moi du lait. (*une bouteille*)
6. Je veux des œufs. (*une douzaine*)

Partitive Constructions: Negations

Modèle: Il demande de l'argent à son père.
Il ne demande pas d'argent à son père.

1. Nous buvons de la bière à tous les repas.
2. Les Français mangent du pain.
3. Nous avons des fruits comme dessert.
4. Je cherche des voitures.
5. Nous vendons des fleurs fraîches.
6. Tu rends des livres à ton professeur.

Plural Adjectives Before Nouns

Modèle: Il y a des restaurants près d'ici. (*bons*)
Il y a de bons restaurants près d'ici.

1. Je vois des bâtiments. (*grands*)
2. Nous regarderons des églises. (*belles*)
3. Tu as des valises. (*vieilles*)
4. Elle a acheté des chaussures. (*nouvelles*)
5. Vous prenez des boissons. (*autres*)
6. Vous mettez des vêtements. (*beaux*)

Relative Pronouns: qui, que

Modèle: L'hôtesse est dans l'avion. Elle est belle.
L'hôtesse qui est belle est dans l'avion.

1. L'homme est en retard. Vous l'attendez.
2. Le livre est sur la table. Vous le cherchez.
3. La cathédrale est gothique. Elle date du 12ème siècle.
4. Les messieurs sont aimables. Ils viennent d'arriver.
5. Nicole arrive souvent en retard. Elle travaille jusqu'à 5 heures.
6. M. Dupont achète une nouvelle voiture. Il travaille à la boucherie.

Demonstrative Pronouns

Modèle: Cette ceinture-ci est large.
Celle-ci est large.

1. Ces églises-ci sont vieilles.
2. Ces croissants-là sont frais.
3. Ce pain-là est bon.
4. Donne-moi cette bouteille-ci.
5. On a porté un toast avec ce vin-ci.
6. Cet appartement-ci est aussi grand que cet appartement-là.

Possessive Adjectives

Modèle: Robert a les chaussures.
Robert a ses chaussures.

1. Jeannette a le mouchoir.
2. Nous prenons l'auto.
3. Tu as acheté les livres de classe.
4. Les cousines apprennent les leçons.
5. J'ai vendu la mobylette.
6. Vous descendez la cravate.
7. Nous admettons les crimes.
8. Vous remettez les gants.

Possessive Pronouns

Modèle: Conduis-tu ta bicyclette?
Conduis-tu la tienne?

1. Lavez-vous vos mouchoirs?
2. Elle ne fait pas son lit.
3. Nous avons rangé nos affaires dans le tiroir.
4. Je ne bats pas mon chien.
5. Les garçons attendent leurs sœurs.
6. Mes parents aiment leur voiture.

Possessive Pronouns

Modèle: Paul a obéi à son père.
Paul a obéi au sien.

1. Colette répondra à sa lettre.
2. Ils parlent de leur famille.
3. Nous avons besoin de nos amis.
4. Je téléphone à mes copines.
5. Tu penses à tes affaires.
6. Vous discutez de vos examens.

1. Object Pronouns
2. Interrogative
3. Negatives

Modèles: Il a donné le livre au guide.
Il le lui a donné.
Le lui a-t-il donné?
Il ne le lui a pas donné.

Tu attendras le taxi dans la rue.
Tu l'y attendras.
L'y attendras-tu?
Tu ne l'y attendras pas.

1. Il a apporté des fleurs à son amie.
2. Vous avez acheté de l'aspirine à la pharmacie.
3. Le boulanger a vendu les baguettes à Nicole.
4. Elle enverra la ceinture à son ami.
5. J'ai écrit cette lettre à mes parents.
6. Le professeur a appris cette leçon à ses étudiants.
7. Elle t'a donné son numéro de téléphone.
8. Je vous ai souvent dit «bonjour».

9. Ils m'ont attendu chez eux.
10. Tu as voulu nous montrer la Tour Eiffel.
11. Ils vous ont dit leurs noms.
12. Le garçon me servira de la bière.

1. Object Pronouns
2. Negatives
3. Interrogative

Modèles: J'ai vendu les cartes postales aux étudiants.
Je les leur ai vendues.
Je ne les leur ai pas vendues.
Est-ce que je ne les leur ai pas vendues?

Elle a envoyé la lettre à son père.
Elle la lui a envoyée.
Elle ne la lui a pas envoyée.
Ne la lui a-t-elle pas envoyée?

1. Vous avez montré la mobylette à M. Fourchet.
2. Tu as mis de l'essence dans le réservoir.
3. Le pharmacien donnera les médicaments à Jean.
4. Le charcutier vendra du porc à l'agent de police.
5. Il jettera la balle à son camarade.
6. Robert a rangé ses chemises dans le placard.
7. Elle a mis ses chaussures sous le lit.
8. Ils ont montré leurs passeports à l'agent de police.
9. Vous avez vu les statues dans l'église.
10. Elles ont admiré les vitraux dans la cathédrale.

Adverb Placement

Modèle: Cette jeune fille a-t-elle parlé? (*trop*)
Oui, cette jeune fille a trop parlé.

1. Avez-vous répondu à la question? (*correctement*)
2. Sommes-nous arrivés en retard? (*hier*)
3. As-tu fini ta leçon? (*déjà*)
4. Aimes-tu manger à l'heure? (*toujours*)

1. Depuis
2. Il y a

Modèle: Depuis combien de temps attendez-vous? (*deux jours*)
J'attends depuis deux jours.
Il y a deux jours que j'attends.

1. Depuis combien de temps étudiez-vous le français? (*dix semaines*)
2. Depuis combien de temps avez-vous votre permis de conduire? (*trois ans*)
3. Depuis combien de temps voyagez-vous? (*un mois*)
4. Depuis combien de temps vendez-vous des livres? (*longtemps*)

Depuis quand and **l'heure**

Modèle: Depuis quand êtes-vous là? (*Deux heures de l'après-midi*)
Je suis là depuis deux heures de l'après-midi.

1. Depuis quand rangez-vous vos affaires? (*midi*)
2. Depuis quand attends-tu tes amis? (*six heures du soir*)
3. Depuis quand écris-tu? (*dix heures du matin*)
4. Depuis quand dansez-vous? (*neuf heures du soir*)

Comparative of Adjectives and Adverbs

Modèle: Jean est grand. Paul est plus grand.
Paul est plus grand que Jean.

1. Martin est intelligent. Jacqueline est plus intelligente.
2. Pierre est bon. Jacques est meilleur.
3. Henri parle bien. Roger parle mieux.
4. Celui-ci est joli. Celui-là est plus joli.
5. Ce professeur-ci est bon. Ce professeur-là est meilleur.
6. Celle-ci coûte cher. Celle-là coûte moins cher.

Répondez aux questions suivantes

Considering the various structures and the additional vocabulary you have acquired since the first half of the text, you should be able to provide much fuller information to each of the categories we reviewed in **Chapitre 6.** For instance, in answer to the question:

Avez-vous des frères ou des sœurs?

you should be able to respond something along these lines:

Oui, j'ai deux frères et deux sœurs. Mon frère aîné a 28 ans et moi, je suis le cadet. Ma sœur Betty a 24 ans et ma sœur June a 20 ans, etc.

Now, you should also be able to answer fairly completely the following questions. Do not hesitate to use all your vocabulary!

Répondez par des phrases complètes

1. Comment vous appelez-vous? Comment allez-vous?
2. Quel jour sommes-nous?
3. A quelle heure vous levez-vous d'habitude?
4. Vous entrez dans un restaurant: commandez un repas!
5. Vous entrez dans un hôtel: demandez une chambre!
6. Quelle est votre nationalité?
7. Où êtes-vous né(e)? En quelle année êtes-vous né(e)?
8. Parlez de votre famille!
9. Je m'appelle . . .; presentez-moi à . . .!
10. Pouvez-vous me dire comment aller d'ici à . . .? (Où se trouve . . .?)
11. Quand vous partez, que dites-vous à votre ami?
12. Vous entrez dans un magasin: choisissez un vêtement! (A développer: prix, couleur, etc.)
13. Quels vêtements avez-vous mis aujourd'hui?
14. En quelle saison sommes-nous?
15. De quelle couleur sont vos cheveux? vos yeux?
16. Que faites-vous ici?
17. Depuis quand étudiez-vous le français?
18. Quel temps fait-il aujourd'hui?
19. Où irez-vous demain?

20. Etes-vous allé au cinéma hier soir?
21. A quelle heure vous couchez-vous généralement?
22. Faites la description de votre maison familiale.
23. Que mangez-vous et buvez-vous pour votre petit déjeuner?
24. A quelle heure dîne-t-on généralement aux Etats-Unis?
25. A quelle occasion portez-vous un toast chez vous?
26. En France, dans quels magasins va-t-on avant de préparer un déjeuner?
27. Quand vous partez pour un week-end que mettez-vous dans votre sac de voyage?
28. Où a été construite la première université de Paris?
29. Qui l'a construite? Pour qui a-t-elle été construite?
30. La signalisation routière est-elle la même en France qu'aux Etats-Unis? Donnez des exemples.
31. Quel bâtiment trouvez-vous impressionnant?
32. Achetez-vous un guide avant de visiter une ville?
33. Que faites-vous quand vous retrouvez un ami que vous n'avez pas vu depuis longtemps (*a long time*)?
34. Quand vous irez en France, comment irez-vous? Qu'est-ce que vous ferez là-bas?
35. Pourquoi faut-il apprendre à parler français?
36. Quelle est la population de la France?
37. Dans combien de pays parle-t-on français?
38. Décrivez une famille idéale. Le rôle de chaque membre?

LECTURE La Guerre des sexes n'aura pas lieu

D'après **un sondage** sur les attitudes socio-politiques des hommes et des femmes, on peut **conclure** que les hommes français sont les plus «pro-féministes» d'Europe.

a poll
to conclude

On a posé aux Européens des questions sur les mouvements féministes, l'évolution de la place des femmes dans la société, la participation des femmes à tous les métiers et à la politique. 53% des hommes français ont déclaré **clairement** leur attitude favorable **envers** les femmes. Après eux, les plus féministes sont **les Danois** avec 46% de réponses favorables.

clearly
toward the Danes

Le vrai «macho» français **est en voie de** disparition. Seulement 6% des Français appartiennent à la catégorie des **«tout à fait contre»**.

is in the process of
"entirely against"

Les Françaises n'ont eu **le droit de vote** que depuis 1945. Aux dernières élections présidentielles en 1974, elles ont constitué 52% des votes. En 1945, **elles ont acquis** aussi le droit de **concourir** à des postes dans les fonctions publiques. En 1971, le nombre des femmes **conseillers municipaux** est passé de 20.000 à 40.000, c'est-à-dire 8,5% des élus municipaux. Après l'élection de la Nouvelle Assemblée en 1978, le nombre des femmes élues est passé de 7 à 18.

right to vote
they acquired
to compete
town councillors

Depuis l'élection du président Valéry Giscard d'Estaing, la participation féminine au gouvernement a augmenté. Mme Françoise Giroud a accepté en 1974 le nouveau poste de Secrétaire d'Etat à la Condition féminine. En 1976, le gouvernement comptait 5 femmes sur 43 membres.

Depuis 1975, une nouvelle réforme de **la loi** sur le divorce permet de prononcer un divorce par consentement mutuel, par rupture de vie commune (s'il y a six ans de vie séparée entre **les époux**), ou pour une faute.

En France normalement un contrat de mariage est signé par les futurs époux chez **un notaire.** Ce contrat précise **l'apport des biens** matériels de chacun. En cas de divorce, **le partage** se fait selon ce contrat.

Les clubs de femmes sont pour ainsi dire **inexistants.** Ce n'est qu'en province que quelques amies (généralement des personnes de la bourgeoisie et **d'un certain âge) se retrouvent** certains jours pour leur bridge.

Depuis 1974, il y a plus de 8.000.000 de femmes qui travaillent, c'est-à-dire plus de 38% de la population active. Toutes **les Grandes Ecoles** leur sont ouvertes **et de ce fait,** elles ont accès à toutes les professions.

Leur salaire est **dans l'ensemble moins bien rémunéré que celui des hommes. Malgré** des lois et l'attitude favorable des hommes envers les femmes, l'inégalité des sexes devant l'argent existe toujours. A l'heure actuelle, les mouvements féministes ne sont pas aussi importants en France qu'aux Etats-Unis, mais, comme aux Etats-Unis, c'est un mouvement qui devient de plus en plus important.

law
spouses
attorney
the bringing of wealth
division
nonexistent
middle-age
meet, get together
highly selective establishments
and thereby
on the whole less well renumerated than men's
In spite of

Questions

1. D'après un sondage sur les attitudes socio-politiques des hommes et des femmes, que peut-on conclure?
2. A qui a-t-on posé des questions?
3. Sur quels sujets a-t-on posé des questions?
4. Quelle est l'attitude de 53% des hommes français?
5. Qui sont les plus féministes après les Français?
6. Qui est-ce qui est en voie de disparition en France?
7. A quelle catégorie appartiennent 6% des Français?
8. Quand les Françaises ont-elles eu le droit de vote?
9. Qu'ont-elles acquis aussi en 1945?
10. En 1971, quel est le nombre des femmes conseillers municipaux?
11. Combien y a-t-il eu de femmes élues dans la Nouvelle Assemblée en 1978?
12. Depuis quand la participation féminine au gouvernement a-t-elle augmenté?
13. Depuis 1975, que permet une nouvelle réforme de la loi sur le divorce?
14. A quoi sert un contrat de mariage?
15. Comment les clubs de femmes sont-ils en France?
16. Qui se retrouvent certains jours pour faire leur bridge?
17. Les Françaises ont-elles accès à toutes les écoles et à toutes les professions?
18. Combien de femmes travaillent en France?
19. Le salaire des femmes est-il le même que celui des hommes?
20. Les mouvements féminins sont-ils importants en France?
21. A votre avis une femme doit-elle être (*ought to be*) féminine ou féministe?

A

B

C

D

PAS A PAS

TO THE STUDENT: Keep your books opened on page 288. Your teacher will describe one picture out of the four depicted. He/She will pause periodically to give you a chance to choose the picture you believe is being described.

CREATION ET RECREATION

Monique décrit la condition féminine comme elle la voit à son école américaine.

CHAPITRE 13

SELF-HELP

This is a "self-help" chapter. The purpose of the chapter is to draw your own interests directly into this textbook. You, the student, actually write this chapter yourself, with the help of a teacher and a dictionary.

INSTRUCTIONS:

1. Draw a picture (or assemble a collage) which incorporates at least 10 terms representative of your own interests (e.g., archeology, theater, zoology, cooking, etc.).

2. Using a French-English dictionary, find the proper term for each item you have drawn.

3. Write a simple **scénario** using your specialized vocabulary.

4. Your instructor will correct your composition.

5. Once your composition is corrected, memorize it.

6. In class, your instructor—and your classmates, as far as they are able—will question you on your picture.

7. You may then present your **scénario** to the class as a lesson.

8. If you are particularly energetic, you will have concocted some drills based on your composition. If so, you may attempt to drill your classmates, and your instructor as well.

CHAPITRE 14

SOIREE

Scénario 14: Soirée

PREMIERE ETAPE

M. FOURCHET: On va voir les nouvelles. Tu aimes la télé, Robert?
ROBERT: Oui. Je la regarde de temps en temps.
M. FOURCHET: Il est huit heures. Voici les informations.
(*M. Fourchet regarde le journal parlé. Mme Fourchet parle aux enfants.*)
MME FOURCHET: Qu'as-tu fait aujourd'hui?
ROBERT: Nous sommes allés à la cathédrale.
NICOLE: Nous sommes passés devant le Palais Jacques-Cœur.
ROBERT: Le palais est plus petit que la cathédrale.
MME FOURCHET: Combien de chaînes de télé avez-vous aux Etats-Unis?
ROBERT: Cela dépend du lieu où on se trouve. A New York, nous en avons une dizaine.

DEUXIEME ETAPE

M. FOURCHET: On va voir les nouvelles. Tu aimes la télé, Robert?
ROBERT: Oui. Je la regarde de temps en temps chez nous.
M. FOURCHET: Des trois chaînes que nous avons ici en France, c'est la première que je préfère. Il est huit heures. Voici les informations.
(*M. Fourchet regarde le journal parlé. Mme Fourchet parle aux enfants.*)
MME FOURCHET: Qu'as-tu fait aujourd'hui?
ROBERT: Nous sommes allés à la cathédrale et après nous sommes rentrés par la rue Jacques-Cœur.
NICOLE: Nous sommes passés devant le Palais Jacques-Cœur.
ROBERT: Le palais est plus petit que la cathédrale et moins beau.
NICOLE: Ce sont les choses grandioses qui impressionnent le plus Robert.
MME FOURCHET: Combien de chaînes de télé avez-vous aux Etats-Unis?
ROBERT: Cela dépend du lieu où on se trouve. A New York, nous en avons une dizaine.
M. FOURCHET: Laquelle aimes-tu le mieux?
ROBERT: D'habitude aux Etats-Unis nous préférons certains programmes particuliers.
MME FOURCHET: A propos de nouvelles, écris un petit mot à ta mère, Robert.

TROISIEME ETAPE

Monsieur Fourchet est de retour. Nicole et Robert rentrent aussi. Madame Fourchet met la table.

M. FOURCHET: On va voir les nouvelles. Tu aimes la télé, Robert?
ROBERT: Oui. Je la regarde de temps en temps chez nous.
M. FOURCHET: Bon. Des trois chaînes que nous avons ici en France, c'est la première

La télévision française

que je préfère. Tiens, il est huit heures. Voici les informations.

(*M. Fourchet regarde le journal parlé. Mme Fourchet parle aux enfants.*)

MME FOURCHET: Alors, Robert. Qu'as-tu fait aujourd'hui? Qu'est-ce que tu as vu?

ROBERT: Nous sommes allés à la cathédrale et après nous sommes rentrés par la rue Jacques-Cœur.

NICOLE: En effet, nous sommes passés devant le Palais Jacques-Cœur.

ROBERT: Le palais est plus petit que la cathédrale et moins beau.

NICOLE: Ce sont les choses grandioses qui impressionnent le plus Robert.

MME FOURCHET: (*interrompant*) Combien de chaînes de télé avez-vous aux Etats-Unis?

ROBERT: Cela dépend du lieu où on se trouve. Chez moi, à New York, nous en avons une dizaine.

M. FOURCHET: Laquelle aimes-tu le mieux?

ROBERT: D'habitude aux Etats-Unis nous préférons certains programmes particuliers et puisque nous avons le choix, nous n'avons pas de chaîne préférée.

MME FOURCHET: A propos de nouvelles, écris quand même un petit mot à ta mère, Robert.

SYNONYMES ET EXPRESSIONS APPROXIMATIVES

3 les nouvelles = les informations, les actualités (*f.*)
4 de temps en temps = de temps à autre, parfois, quelquefois
13 grandioses = imposantes, majestueuses
14 interrompant = coupant
16 du lieu → de l'endroit, de la région, du quartier
19 d'habitude = en général, généralement, habituellement
20 particuliers = spéciaux
22 écris . . . un petit mot = donne de tes nouvelles

VOCABULAIRE UTILE

Names of some countries

1. la France	France	17. la Hongrie	Hungary
2. le Portugal	Portugal	18. la Roumanie	Rumania
3. l'Espagne (f.)	Spain	19. la Russie	Russia
4. le Maroc	Morocco	20. la Suède	Sweden
5. l'Algérie (f.)	Algeria	21. le Danemark	Denmark
6. l'Egypte (f.)	Egypt	22. l'Angleterre (f.)	England
7. l'Etat d'Israël (m.)	Israel	23. l'Ecosse (f.)	Scotland
8. la Jordanie	Jordan	24. l'Allemagne (f.)	Germany
9. la Syrie	Syria	25. la Belgique	Belgium
10. la Turquie	Turkey	26. la Hollande	Holland
11. la Grèce	Greece	27. les Etats-Unis	United States
12. l'Italie (f.)	Italy	28. le Mexique	Mexico
13. la Suisse	Switzerland	29. le Japon	Japan
14. l'Autriche (f.)	Austria	30. la Chine	China
15. la Tchécoslovaquie	Czechoslovakia	31. le Canada	Canada
16. la Pologne	Poland	32. le Vietnam	Vietnam

QUESTIONS SUR LE SCENARIO

1. M. Fourchet est-il de retour?
2. Qui rentre aussi?
3. Est-ce que Robert regarde la télé chez lui?
4. Quelle chaîne française M. Fourchet préfère-t-il?
5. Qu'est-ce que les Fourchet et Robert regardent à la télé?
6. Qu'est-ce que Robert a vu aujourd'hui?
7. Le Palais Jacques-Cœur est-il plus beau que la cathédrale?
8. Quelles choses impressionnent le plus Robert?
9. Combien de chaînes de télé y a-t-il a New York?
10. Est-ce que nous avons d'habitude une chaîne préférée aux Etats-Unis?

NOTE DE GRAMMAIRE 1: Le Verbe irrégulier **connaître**

1. The verb **connaître** means *to know, to be acquainted with.* It is conjugated in this way:

PRESENT:	je connais tu connais [kɔnɛ] il connaît	nous connaissons [kɔnesõ] vous connaissez [kɔnese] ils connaissent [kɔnɛs]

IMPERATIF:	connais connaissons connaissez	PASSE COMPOSE: FUTUR:	j'ai connu je connaîtrai

Note the circumflex in the third person singular of the present, and in all of the future.

2. Other verbs conjugated like **connaître** are:

paraître *to appear* reconnaître *to recognize*

3. The difference between **savoir** (see **Chapitre 7,** p. 151) and **connaître** is that **savoir** refers to *knowing facts or specific things.* **Connaître** meaning *to be acquainted with,* refers to people, or any place or thing with which one may be acquainted. Also, **connaître** can never be followed by a relative clause:

Je sais que tu as faim. *but* **Je connais** ce quartier.

4. Finally, as we drilled in **Chapitre 7, savoir** + *infinitive* is the equivalent of *to know how to do (something):*

On sait **parler** français. Ils savent **conduire.**

Connaître cannot be used this way.

Simples substitutions

Savent-ils *nager?*
(*chanter, danser, compter, lire, se battre, boire du vin, conduire une voiture, choisir un fromage, nager*)

Compare their uses in the following drills:

Simples substitutions

1. Je connais *le professeur.*
   (*mon cousin, sa sœur, l'enfant, les Fourchet, le docteur, le philosophe, le jeune Anglais, le professeur*)
2. Reconnaissez-vous *cette ville?*
   (*cette lampe, ces bottes, ce camion, cette ceinture, ces lunettes, cet arbre, cette ville*)
3. Nous avons connu *ce médecin célèbre.*
   (*son ami, son frère aîné, sa grand-mère, sa sœur cadette, ce monsieur, cette femme, son camarade, ce médecin célèbre*)
4. Je sais *son nom.*
   (*son adresse, son numéro de téléphone, l'heure de l'arrivée, l'heure du dîner, l'heure de la classe, son nom*)
5. Sais-tu *l'heure du train?*
   (*l'heure du départ, le temps qu'il fera, quand il viendra, quand il sortira, quand elle se réveillera, l'heure du train*)
6. On ne sait pas *comment il s'appelle.*
   (*pourquoi il est là, quand ils arriveront, avec qui elle est sortie, dans quel quartier on est, comment il s'appelle*)
7. Je sais *qu'il n'arrivera pas à temps.*
   (*que tu reconnaîtras ton ami, que vous conduisez bien, qu'on ne sera pas content du nouveau professeur, qu'elle est partie de bonne heure, qu'il aura peur dans le train, que je ne mentirai jamais, que nous nous absentons souvent, qu'il n'arrivera pas à temps*)

Exercices de transformation

1. *Il connaît* le chauffeur.
   (*Nous, Je, Vous, Elles, On, Tu, Il*)
2. *Reconnais-tu* cette robe?
   (*vous, elle, on, Est-ce que je, nous, ils, tu*)
3. *Il a* paru dans le film.
   (*Nous, Vous, On, Elles, Tu, Je, Il*)
4. *On paraîtra* surpris.
   (*Ils, Nous, Tu, Je, Vous, Elle, Elles, On*)

Exercices de manipulation

Modèle: Le nom de la ville . . .
(*Le nom de la ville? Je le sais.*)

1. Cette jeune fille . . .
2. Cette région . . .
3. L'Angleterre . . .
4. Il fait froid . . .
5. La réponse correcte . . .

NOTE DE GRAMMAIRE 2: Les Pronoms interrogatifs

The interrogative pronouns *who? whom? what?* vary in French for persons and things, as they do in English. The pronouns also indicate whether they function as subjects or objects in a given question.

There are long and short forms of these interrogative pronouns which correspond to the way the question is formed—by inversion of the subject and verb or with **est-ce que/qui.**

PERSONS		SHORT FORM	LONG FORM
	SUBJECT:	**Qui** est là?	**Qui est-ce qui** est là?
	OBJECT:	**Qui** voyez-vous?	**Qui est-ce que** vous voyez?
THINGS			
	SUBJECT:	(none)	**Qu'est-ce qui** se passe?
	OBJECT:	**Que** voyez-vous?	**Qu'est-ce que** vous voyez?

STOP

NOTE: In the long forms, the first element tells whether a person **(qui)** or a thing **(que)** is being talked about. The second element tells its grammatical function: **qui** for the subject of the sentence, **que** for the object.

Qui as the subject always take the verb in the singular:

Qui **est** là? Robert et Henry sont là.

Exercices de transformation

Persons: Subject Forms

Modèle: Henry cherche sa valise.
Qui cherche sa valise?
Qui est-ce qui cherche sa valise?

1. Henry et Robert trouvent l'autobus.
2. Elle arrive par le train de 2 heures.
3. On va voir les nouvelles.
4. Olivier le sait bien.
5. Jacqueline est toujours bouleversée.
6. Robert prend du pain.
7. Il préfère la première chaîne.

Persons: Object Forms

Modèle: Ils cherchent leurs amis.
Qui cherchent-ils?
Qui est-ce qu'ils cherchent?

1. Vous écoutez le président.
2. Elle regarde son camarade.
3. Il a vu Robert.
4. La mère lave son enfant.
5. Elle regarde son ami.
6. Suzanne invite Henry à dîner.
7. Nicole aime bien Robert.
8. Robert comprend M. Fourchet.

Things: Object Forms

Modèle: Ici on prend des œufs au petit déjeuner.
Que prend-on ici au petit déjeuner?
Qu'est-ce qu'on prend ici au petit déjeuner?

1. Il y a beaucoup de choses en ville.
2. Elle conduit une voiture grise.
3. Nous regardons la télévision.
4. Vous voulez faire vos devoirs.

Mixed Interrogatives

Modèle: *Cette femme* vieillit bien.
Qui vieillit bien?
Qui est-ce qui vieillit bien?

1. *Cette couleur* vous va bien.
2. Nous lui présentons *nos cousines*.
3. Vous désirez *une bouteille de vin rouge*.
4. *Cela* est amusant.
5. *David* aime la mobylette de Nicole.
6. Nicole *la* lui montre.
7. Elle connaît *le philosophe*.
8. On reconnaît *cette ville*.
9. *Le pont* est près de la ville.
10. *Le château* est en face de l'église.

NOTE DE GRAMMAIRE 3: Les Prépositions avec les pronoms interrogatifs

Objects of prepositions in questions follow interrogative patterns similar to those above. The preposition simply precedes the interrogative pronoun, as it does in English:

De qui parlez-vous? *Of whom are you speaking?*

WITH PERSONS: PREPOSITION + **qui** . . . ? / **qui est-ce que** . . . ?

SHORT FORM	LONG FORM
De qui parlez-vous?	De qui est-ce que vous parlez?
A qui pensez-vous?	A qui est-ce que vous pensez?
Avec qui mangez-vous?	Avec qui est-ce que vous mangez?
Près de qui vous asseyez-vous?	Près de qui est-ce que vous vous asseyez?

WITH THINGS: PREPOSITION + **quoi** . . . ?
quoi est-ce que . . . ?

STOP Note that **quoi** is used instead of **qui**:

SHORT FORM	LONG FORM
De quoi parlez-vous?	De quoi est-ce que vous parlez?
A quoi pensez-vous?	A quoi est-ce que vous pensez?
Avec quoi mangez-vous?	Avec quoi est-ce que vous mangez?
Près de quoi vous asseyez-vous?	Près de quoi est-ce que vous vous asseyez?

Exercices de transformation

Qui

Modèle: Elle parle à *Robert.*
A qui parle-t-elle?
A qui est-ce qu'elle parle?

1. Elle demande à *Robert* d'écrire une lettre.
2. Il est sorti avec *Nicole.*
3. On a conduit la voiture pour *le président.*
4. Ils ont discuté de *leurs camarades.*

Quoi

Modèle: Ils ont besoin *de sommeil.*
De quoi ont-ils besoin?
De quoi est-ce qu'ils ont besoin?

1. Il a mis les assiettes sur *la table.*
2. Elle a parlé avec *ses mains.*
3. Nous avons pensé à *la soirée chez vous.*
4. Il conduit sans *son permis de conduire.*

Qui ou **Quoi**

Modèle: Ils remplissent la carte pour *l'hôtesse de l'air.*
Pour qui remplissent-ils la carte?
Pour qui est-ce qu'ils remplissent la carte?

1. Nous avons besoin *d'aide.*
2. On travaille pour *soi-même.*
3. On ne travaille pas pour *l'argent.*
4. Il faut toujours obéir au *code de la route.*
5. Elle est assise à côté de *moi.*
6. Vous avez parlé de *vos études.*

Exercices de transformation

Modèle: Monsieur Fourchet parle avec *Robert.*
Avec qui Monsieur Fourchet parle-t-il?
Avec qui est-ce que Monsieur Fourchet parle?

1. Nicole dépend de *sa mobylette.*
2. Henry compte sur *l'arrivée du train.*
3. Mme Fourchet est assise à côté de *son mari.*
4. Suzanne invite *ses copines* à dîner.
5. David a mis de l'essence dans *le réservoir.*
6. Robert réussit à *conduire.*

SUMMARY: Interrogative pronoun subjects and interrogative pronoun objects

PERSONS	SHORT FORM	LONG FORM
Subject	Qui est là?	Qui est-ce qui est là?
Object	Qui voyez-vous? Qui David voit-il?	Qui est-ce que vous voyez? Qui est-ce que David voit?
THINGS		
Subject	—	Qu'est-ce qui se passe?
Object	Que voyez-vous? Que David voit-il?	Qu'est-ce que vous voyez? Qu'est-ce que David voit?
OBJECTS OF PREPOSITIONS		
Persons	A qui pensez-vous? A qui David pense-t-il?	A qui est-ce que vous pensez? A qui est-ce que David pense?
Things	A quoi pensez-vous? A quoi David pense-t-il?	A quoi est-ce que vous pensez? A quoi est-ce que David pense?

NOTE DE GRAMMAIRE 4: **Qu'est-ce que/Qu'est-ce que c'est que?**

The expressions **Qu'est-ce que** and **Qu'est-ce que c'est que** are used **to ask for a definition or a description:**

Qu'est-ce que c'est qu'un piéton?
Qu'est-ce qu'un piéton?
What is a pedestrian?

«Un piéton est une sorte de microbe qui entre dans les artères et étrangle la circulation.»

Exercices de transformation

Modèle: *Le Cid* est une pièce de théâtre.
Qu'est-ce que c'est que Le Cid?
Qu'est-ce que Le Cid?

1. C'est *un avertisseur*.
2. *Une chemise* est une sorte de vêtement.
3. *Un cheval* est un animal.
4. *La vérité* est une chose éternelle.
5. *Un cahier* est un petit livre où on écrit des notes.

NOTE DE GRAMMAIRE 5: Les Prépositions avec les noms de lieux

Prepositions before geographic locations follow, in most instances, strict rules of usage.

1. To translate *in*, *to*, *into*, follow these rules:

a. Use the preposition **en** before continents:

Je vais **en** Asie cet été.
Il va **en** Europe cet automne.
Nous allons **en** Afrique cet hiver.
Vous allez **en** Amérique ce printemps.

However, for *North America* and *South America*, you may also say:

Je voyage **dans** l'Amérique du Nord.
Nous voyageons **dans** l'Amérique du Sud.

b. Use **en** with countries of feminine gender in the singular:

Ils vont passer l'année	**en** France	**en** Angleterre
	en Italie	**en** Chine
	en Grèce	**en** Russie
	en Allemagne	**en** Espagne

Most countries that end in **-e** in French are considered feminine. Notable exceptions are **le Mexique** and **le Zaïre.**

c. Use **au** with countries of masculine gender in the singular:

Au Mexique on parle espagnol.
Au Brésil on parle portugais.
Au Portugal on parle portugais.
Au Japon on parle japonais.
Au Maroc on parle français.
Au Canada on parle français.
Au Danemark on parle danois.

d. Use **aux** before all countries in the plural, regardless of gender:

aux Etats-Unis (m.)   **aux** Antilles (f.)

e. Use **à** with cities:

On a vu beaucoup de musées	**à** Rome	**à** Paris
	à Athènes	**à** Londres
	à Pékin	**à** Washington
	à Moscou	**à** Madrid

When cities contain a definite article in their names, the article is retained. Contraction occurs with the preposition **à** in the case of a masculine definite article:

le Havre = **au** Havre
la Nouvelle-Orléans = **à la** Nouvelle-Orléans

SUMMARY CHART: *in, to, into*

PREPOSITION		to translate *in, to,* or *into*
en	en Asie	continents
en	en France	feminine countries (singular)
au	au Japon	masculine countries (singular)
aux	aux Etats-Unis	countries with names in the plural
à	à Paris	cities

Substitution progressive

Nous sommes allés en France.
Nous sommes allés *en Allemagne.*
Nous nous sommes trouvés en Allemagne.
Nous nous sommes trouvés *au Danemark.*
Elle est née au Danemark.
Elle est née *en Italie.*
Elle est morte en Italie.
Elle est morte *au Portugal.*
Nous sommes allés au Portugal.
Nous sommes allés *en France.*

Exercices de manipulation

Rome se trouve *en Italie.*
Washington se trouve ________.
Londres se trouve ________.
Berlin se trouve ________.
Madrid se trouve ________.
Paris se trouve ________.
Moscou se trouve ________.
Pékin se trouve ________.
Tokio se trouve ________.
Ottawa se trouve ________.

2. To express *from:*

a. Use **de** to indicate *from* with continents:

Il vient **d'**Afrique.

b. Use **de** to indicate *from* with countries of feminine gender:

Il vient **d'**Italie.

or with masculine countries *beginning with a vowel:*

Il vient **d'**Israël.
Il vient **d'**Iran.

c. Use **du** to indicate *from* with countries of masculine gender:

Il vient **du** Mexique.

d. Use **des** to indicate *from* with countries in the plural:

Il vient **des** Etats-Unis.

e. Use **de** before all cities:

Il vient **de** Pékin.

When the names of cities contain a definite article, the definite article is retained and contraction with the masculine article occurs:

Il vient **du** Havre.
Il vient **de la** Nouvelle-Orléans.

SUMMARY CHART: *from*

PREPOSITION		to translate *from*
de (d')	d'Asie	continents
de (d')	de France	feminine countries (singular)
du	du Japon	masculine countries (singular)
des	des Etats-Unis	countries with names in the plural
de (d')	de Paris	cities

Substitution progressive

Tu es venu de Belgique.
Tu es venu *d'Italie.*
Nous sommes partis d'Italie.
Nous sommes partis *du Canada.*
Il est arrivé du Canada.
Il est arrivé *du Maroc.*
Il est revenu du Maroc.
Il est revenu *de France.*
Tu es venu de France.
Tu es venu *de Belgique.*

Exercices de manipulation

Modèle: Je viens . . . et j'irai. . . . (*la France, l'Espagne*)
Je viens de France et j'irai en Espagne.

1. Je viens . . . et j'irai . . . . (*le Portugal, le Maroc*)
2. Nous venons . . . et nous irons . . . . (*l'Algérie, le Zaïre*)
3. Vous venez . . . et vous irez . . . . (*l'Egypte, la Jordanie*)
4. Il vient . . . et il ira . . . . (*la Syrie, la Grèce*)
5. Tu viens . . . et tu iras . . . . (*la Turquie, l'Italie*)
6. Ils viennent . . . et ils iront . . . . (*la Suisse, la Tchécoslovaquie*)
7. On vient . . . . et on ira . . . . (*l'Autriche, la Pologne*)
8. Elle vient . . . et elle ira . . . . (*la Hongrie, la Russie*)

Modèle: Robert est . . . mais il ira bientôt. . . . (*la Roumanie, la Suède*)
Robert est en Roumanie mais il ira bientôt en Suède.

1. Ils sont . . . mais ils iront bientôt (*le Danemark, l'Ecosse*)
2. Nous sommes . . . mais nous irons bientôt . . . . (*l'Angleterre, l'Allemagne*)
3. Vous êtes . . . mais vous irez bientôt . . . . (*la Belgique, la Hollande*)
4. Je suis . . . mais j'irai bientôt . . . . (*les Etats-Unis, le Mexique*)
5. Tu es . . . mais tu iras bientôt . . . . (*le Zaïre, le Japon*)
6. Henry est . . . mais il ira bientôt . . . . (*la Chine, le Canada*)
7. Nous sommes . . . mais nous irons bientôt . . . . (*la France, le Vietnam*)

Modèle: Je suis né à Londres.
Tu viens d'Angleterre.

1. Je suis né à Los Angeles.
2. Je suis né à Athènes.
3. Je suis né à Moscou.
4. Je suis né à Rio de Janeiro.
5. Je suis né à Florence.
6. Je suis né à Tel Aviv.
7. Je suis né à Madrid.
8. Je suis né à Genève.
9. Je suis né à Paris.
10. Je suis né à Vienne.

NOTE DE GRAMMAIRE 6: Le Verbe irrégulier **écrire**

The irregular verb **écrire** (*to write*) is conjugated as follows:

PRESENT:	j'écris tu écris [ekri] il écrit	nous écrivons [ekrivõ] vous écrivez [ekrive] ils écrivent [ekriv]

IMPERATIF: écris
écrivons
écrivez

PASSE COMPOSE: j'ai écrit
FUTUR: j'écrirai

Verb like **écrire**: décrire *to describe*

Simples substitutions

J'écris toujours à *ma* mère.
(*Tu écris, Nous écrivons, Il écrit, Ils écrivent, Vous écrivez, J'écris*)

Exercices de transformation

1. *Ecrivez-vous* des lettres?
   (*elles, nous, ils, on, tu, Est-ce que je, vous*)
2. *Tu* n'*écris* jamais.
   (*Nous, Ils, On, Je, Vous, Tu*)

3. *Nous avons* écrit hier.
   (*Je*, *Vous*, *Ils*, *Elle*, *Tu*, *Nous*)
4. N'*écrivez-vous* pas souvent?
   (*tu*, *nous*, *Est-ce que je*, *on*, *ils*, *vous*)
5. *Elle* lui *écrira* bientôt.
   (*Nous*, *Ils*, *Tu*, *On*, *Vous*, *Elles*, *Elle*)

NOTE DE GRAMMAIRE 7: Les Verbes irréguliers **vivre** et **suivre**

The irregular verbs **vivre** (*to live*) and **suivre** (*to follow*) share similarities with **écrire.** Note the first person plural forms of these verbs:

1. **Vivre**

PRESENT:	je vis tu vis [vi] il vit	nous vivons [vivõ] vous vivez [vive] ils vivent [viv]

IMPERATIF: vis
vivons
vivez

PASSE COMPOSE: j'ai vécu
FUTUR: je vivrai

2. **Suivre**

PRESENT:	je suis tu suis [sɥi] il suit	nous suivons [sɥivõ] vous suivez [sɥive] ils suivent [sɥiv]

IMPERATIF: suis
suivons
suivez

PASSE COMPOSE: j'ai suivi
FUTUR: je suivrai

Note that for the three verbs—**écrire, vivre, suivre**—in the first, second, and third persons singular, the stem consonant is lacking.

Simples substitutions

1. *Il vit* seul.
   (*Nous vivons*, *Vous vivez*, *Elle vit*, *On vit*, *Ils vivent*, *Je vis*, *Il vit*)
2. *Il suit* la Loire jusqu'à Blois.
   (*Je suis*, *Nous suivons*, *Vous suivez*, *Elles suivent*, *Tu suis*, *Il suit*)

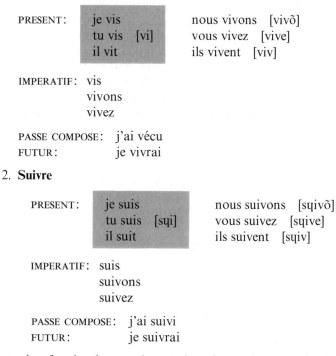

Exercices de transformation

1. *Je* n'y *vivrai* pas sans argent.
   (*Tu, On, Nous, Elles, Vous, Je*)
2. *J'*y *ai vécu* longtemps.
   (*Nous, Elle, Vous, Ils, Tu, Je*)
3. Ne le *suivrez-vous* pas?
   (*nous, tu, ils, elle, Est-ce que je, vous*)
4. Y *suivrez-vous* le chien?
   (*tu, Est-ce que je, nous, elles, on, vous*)

MICROLOGUE: Un Professeur français

state-supported secondary school
must/kind
platform
with chalk
were expected to wear
a bell rings/outside

Au **lycée** Henri IV, comme dans tous les grands lycées parisiens, des coutumes strictes sont observées: lorsqu'un professeur entre dans la salle de classe les élèves **doivent** se lever pour le saluer. Mais ce **genre** de politesse tend à se perdre, surtout depuis mai 1968. Une fois entré, le professeur se dirige vers son **estrade** et s'installe à son bureau. Il fait son cours, parfois avec l'aide de ses notes et bien souvent il écrit **à la craie** au tableau. Jusqu'à présent, les professeurs-hommes **étaient tenus de porter** un costume et une cravate, mais cet usage se perd aussi. A la fin des cours, **une sonnerie retentit** et les élèves se précipitent **hors de** la salle de classe.

Questions

1. Est-ce que des coutumes strictes sont observées au lycée Henri IV?
2. Que doivent faire les élèves quand le professeur entre dans la salle de classe?
3. Est-ce que ce genre de politesse est en train de disparaître?
4. Depuis quand?
5. Que fait le professeur une fois entré?
6. Où et avec quoi écrit-il?
7. Qu'est-ce que les professeurs-hommes étaient tenus de porter jusqu'à présent?
8. Qu'est-ce qui se passe à la fin des cours?

LECTURE Une Journée de Nicole à l'école

to describe
I finished [packing] my school bag
On arriving
what we had seen

Après le dîner, Nicole et Robert sont assis dans le salon. Il n'y a rien d'intéressant à la télévision et Robert demande à Nicole de lui **décrire** sa journée.

NICOLE: Eh bien! ce matin je me suis levée à sept heures et demie. J'ai fait ma toilette, je me suis habillée, puis j'ai pris mon petit déjeuner. **J'ai terminé mon cartable** et à huit heures, je suis allée prendre l'autobus.

En arrivant à l'école, on s'est dit, «Bonjour» et on s'est embrassé. Pendant les récréations ou quand c'est possible en classe, je retrouve toujours mes meilleures amies, Sophie, Florence, etc. Nous nous sommes raconté **ce que nous avions vu** à la télé. Dans ma classe il y a trente-trois élèves. Nous sommes partagées en deux groupes.

Since / *easily moralizes without punishing us anyhow* / *At first* / *that one had to do*[1]

Puisque c'est aujourd'hui mardi, mon premier cours a été un cours d'histoire. Notre professeur est une vieille demoiselle qui a beaucoup de manies et qui nous **fait facilement la morale sans pour cela nous punir. En premier** elle a examiné le travail **que l'on avait à faire**[1] chez nous (elle prend plusieurs cahiers dans la classe). Ensuite elle nous a expliqué un nouveau chapitre.

Spanish / *nice* / *boring/She's a bore.*

Mon deuxième cours était celui d'**espagnol.** Nous avons lu un texte et après le professeur nous a donné le vocabulaire. Elle est jeune et très **sympa,** mais le travail que l'on fait avec elle est **ennuyeux. Elle est rasoir.** Les cours durent une heure chacun.

teacher's meeting[2] / *everything and nothing*

A dix heures et demie, nous avons eu une récréation qui a duré une bonne demi-heure car les professeurs ont **un conseil de classe**[2] ce jour-là. Avec mes amies nous avons discuté **de tout de rien** et nous avons joué au volley-ball.

Le cours suivant a été un cours de géologie. Il nous est resté un moment pour faire du travail personnel.

Afterward / *because* / *In turn* / *dinning hall*[3]

Ensuite cela a été le cours d'anglais pour le groupe «A» seulement. Le professeur est très sévère, mais très gentille en dehors de ses cours. Là nous avons commencé par écouter un dialogue sur cassette: il y a un dialogue pour le vocabulaire, un dialogue modifié pour la grammaire, puis des questions sur le dialogue ou sur les dessins dans notre livre. Ce cours passe très vite **car** nous travaillons longtemps sur chaque chose. A midi et demi nous sommes allées à la cantine où nous avons une demi-heure pour déjeuner. **A tour de rôle** trois élèves de chaque classe restent pour ranger **le réfectoire**[3]**.**

We had a half-hour left / *what we wanted* / *the games are more restricted/the bell* / *rattan, cords, knitting, sewing*

Il nous est resté une demi-heure pour aller dans la cour faire **ce que nous voulions.** Quand il pleut, nous allons sous le préau où **les jeux sont plus restreints. La cloche** a sonné à une heure et demie. Le premier cours de l'après-midi a été la géographie. Le professeur n'est pas du tout sévère. Le deuxième cours a été pour les travaux manuels. On peut travailler **le rotin, la ficelle, faire du tricot, de la couture,** faire des tapis, etc. A trois heures et demie, c'est la fin des cours pour les non-latinistes.

une heure libre pour étudier / *not monitored* / *next class* / *we left the school*[4]

Pour les latinistes comme moi, il y a **une heure de permanence.** Pendant cette heure **non-surveillée,** on peut s'avancer pour le travail de la semaine qui vient. Puis nous avons eu une heure et demie de latin. Cela a commencé par une révision de vocabulaire écrite et orale et le professeur nous a expliqué la leçon pour **le prochain cours.** Il nous est resté du temps pour travailler la version et le thème que l'on corrigera au prochain cours. A six heures, **nous avons quitté l'école**[4]**.**

whereas

J'aime bien le mardi soir parce que je n'ai jamais de travail à faire à la maison, **tandis que** les autres soirs je reste plus de deux heures devant mes devoirs.

Alors, as-tu tout compris?

ROBERT: Oui, à part quelques mots comme «cartable», «préau» et «latinistes».

NICOLE: Bon. Un cartable est le sac où on met ses livres et ses cahiers.

ROBERT: Qu'est-ce que c'est qu'un cahier?

NICOLE: Un cahier est un petit livre où on écrit des notes pendant les cours. Tu comprends?

---

[1] Note that the **l'** is added sometimes for a smoother sound.

[2] To discuss students' progress.

[3] Refectory.

[4] Note **quitter,** *to leave,* takes **avoir** as an auxiliary and a direct object.

ROBERT: Oui. Et un préau?
NICOLE: Un préau est la partie couverte de la cour de l'école.
ROBERT: Et un latiniste?
NICOLE: Un latiniste est quelqu'un qui étudie le latin.

Questions

1. Où sont assis Nicole et Robert après le dîner?
2. Qu'est-ce que Robert demande à Nicole?
3. Qu'est-ce que Nicole a fait ce matin avant d'aller à l'école?
4. Après s'être dit, «Bonjour», que font les jeunes filles?
5. Comment est groupée la classe de Nicole?
6. Quels cours Nicole a-t-elle le mardi?
7. Que font les élèves pendant le cours d'histoire?
8. Comment est le professeur d'histoire?
9. Faites la description du professeur d'espagnol.
10. Que font les professeurs pendant la récréation du mardi?
11. Pour quel groupe est le cours d'anglais?
12. Comment est le professeur d'anglais?
13. De quelle manière se passe la classe d'anglais?
14. Où vont les jeunes filles pour déjeuner?
15. Qui range le réfectoire à tour de rôle?
16. Que peut-on travailler dans le cours de travaux manuels?
17. Quelle différence y a-t-il entre les latinistes et les non-latinistes?
18. Que fait Nicole pendant la classe de latin?
19. A quelle heure Nicole quitte-t-elle l'école?
20. Quelle différence y a-t-il entre le mardi soir et les autres soirs de la semaine pour Nicole?
21. Quels mots Robert n'a-t-il pas compris?
22. Expliquez ce que c'est qu'un cartable.
23. Qu'est-ce que c'est qu'un préau?
24. Qu'est-ce que c'est qu'un cahier?

CREATION ET RECREATION

1. Study the picture at the head of this chapter. Prepare a newscast that would describe the events of a day. (Short announcements would be best.)
2. Now, identify everything on the table.
3. Describe in as much detail as possible the people shown.
4. Write a description of your own day. Describe your professors. Describe which classes you prefer. State why. Describe which classes you dislike. State why.
5. Monique parle avec sa famille de la télévision aux Etats-Unis. Après, elle parle avec une de ses sœurs américaines qui lui décrit sa journée à l'école.

OUI NON

Chapitre 14: COUP D'ŒIL

1. **Connaître** denotes *acquaintance* with some person, place, or thing. **Savoir** suggests *knowledge of facts* or *knowledge of how to do something.*
2. Interrogative pronouns used with reference to people are quite simple:
   qui is the basic pronoun form:

   Qui parle maintenant? *Who is speaking now?*
   Qui voyez-vous? *Whom do you see?*

   or *any preposition* + **qui:**

   Sur qui comptez-vous? *On whom are you counting?*
   Avec qui allez-vous au cinéma? *With whom are you going to the movies?*

   These pronouns, the "short" forms, are followed by the inversion of subject and verb, except in the subject case (**who?**).
3. Inversion is not necessary with the long forms:

   Qui est-ce qui parle maintenant?
   Qui est-ce que vous voyez?
   Sur qui est-ce que vous comptez?
   Avec qui est-ce que vous allez au cinéma?
4. The interrogative pronouns used with reference to things are:

   Qu'est-ce qui se passe?[5] *What's happening?*
   Que voyez-vous? *What do you see?*

   or *any preposition* + **quoi:**

   Sur quoi comptez-vous? *What are you counting on?*
   Avec quoi le faites-vous? *With what are you doing it?*
5. Again there is no inversion with the long forms:

   Qu'est-ce qui se passe?
   Qu'est-ce que vous voyez?
   Sur quoi est-ce que vous comptez?
   Avec quoi est-ce que vous le faites?
6. Noun subjects in interrogatives are treated similarly:

   A quoi Pierre pense-t-il?
   A quoi est-ce que Pierre pense?
7. **Qu'est-ce que** and **Qu'est-ce que c'est que** are idiomatic forms which are used when one seeks a definition or a description:

   Qu'est-ce qu'un piéton?
   Qu'est-ce que c'est qu'un piéton?

[5] Use long form for subject "thing."

8. Be careful of *prepositions* + *geographic location* to indicate

   in, to, into: **en** France, **au** Canada, **aux** Etats-Unis;
   à Paris, **au** Havre, **à** la Nouvelle-Orléans.

   as well as

   from: **de** France, **du** Canada, **des** Etats-Unis;
   de Paris, **du** Havre, **de la** Nouvelle-Orléans.

9. The irregular verbs **écrire, vivre, suivre** share certain similarities. Note the first person plural of each:

   nous écri**vons**, nous vi**vons**, nous sui**vons**

VOCABULAIRE

Verbes
connaître*
dépendre (de)
écrire*
interrompre
paraître*
suivre*
vivre*

Noms
actualités (f. pl.)
chaîne (f.)
choix (m.)
informations (f. pl.)
journal parlé (m.)
nouvelles (f. pl.)
programme (m.)
télé (f.)
télévision (f.)
adresse (f.)
endroit (m.)
lieu (m.)
numéro de téléphone (m.)
place (f.)
quartier (m.)
région (f.)
avertisseur (m.)
cahier (m.)
disque (m.)
notes (f. pl.)
petit mot (m.)
pièce de théâtre (f.)
soirée (f.)
sorte (f.)

Adjectifs
amusant
célèbre
certain
grandiose
imposant
majestueux
particulier
préféré
spécial
surpris

Pronoms
Que?
Qu'est-ce que?
Quoi?

Expressions utiles
à propos
à temps
bientôt
de temps à autre
de temps en temps
en effet
être de retour
habituellement
longtemps
parfois
puisque

Scénario 14: Soirée

QUATRIEME ETAPE

CHAPITRE 15

METIERS

Scénario 15: Métiers

PREMIERE ETAPE

MME FOURCHET: Quel est le métier de ton père?
ROBERT: Mon père est avocat à New York.
M. FOURCHET: Je n'ai jamais visité New York. Si j'avais le choix, j'irais y faire un séjour. Ta mère travaille-t-elle?
ROBERT: Elle reste à la maison maintenant.
M. FOURCHET: Je travaille à l'usine Michelin où on fabrique des pneus. Et toi, qu'est-ce que tu feras plus tard?
ROBERT: J'espère devenir médecin.
M. FOURCHET: Quand j'avais votre âge, je voulais devenir ingénieur.

DEUXIEME ETAPE

MME FOURCHET: Quel est le métier de ton père?
ROBERT: Mon père est avocat à New York.
M. FOURCHET: Je n'ai jamais visité New York. Si j'avais le choix, j'irais y faire un séjour. Il n'y a que le temps et l'argent qui nous manquent.
NICOLE: Personne n'a ce que tu dis, mais tout le monde voyage.
M. FOURCHET: Il sera peut-être possible d'y aller un jour. Ta mère travaille-t-elle?
ROBERT: Non, elle reste à la maison maintenant.
MME FOURCHET: Si on reste à la maison, on travaille, non? Ah, vous, les hommes, vous êtes tous pareils!
ROBERT: Pardon, elle n'exerce pas de métier en ce moment. Autrefois elle était institutrice.
M. FOURCHET: Moi, je travaille à l'usine Michelin où on fabrique des pneus. Et toi, qu'est-ce que tu feras plus tard?
ROBERT: J'espère devenir médecin, comme Nicole.
NICOLE: Moi? Jamais de la vie! Tu te trompes! Je ne veux devenir ni médecin ni pharmacienne.
M. FOURCHET: Quand j'avais votre âge, je voulais devenir ingénieur mais la guerre a interrompu mes études.

TROISIEME ETAPE

(*Au salon*)

MME FOURCHET: Tiens, Robert, quel est le métier de ton père?

ROBERT: Mon père est avocat à New York.

M. FOURCHET: Je n'ai jamais visité New York. Si j'avais le choix, j'irais y faire un séjour. Il n'y a que le temps et, avouons-le, l'argent qui nous manquent.

NICOLE: Personne n'a ce que tu dis, mais tout le monde voyage.

M. FOURCHET: Oui, oui. Il sera peut-être possible d'y aller un jour. Bon, Robert, ta mère travaille-t-elle?

ROBERT: Non, elle reste à la maison maintenant.

MME FOURCHET: Dis donc! Si on reste à la maison, on travaille, non? Ah, vous, les hommes, vous êtes tous pareils!

ROBERT: Oh, pardon, je veux dire qu'elle n'exerce pas de métier en ce moment. Autrefois elle était institutrice.

M. FOURCHET: Moi, je travaille à l'usine Michelin où on fabrique des pneus.

NICOLE: On fait ce qu'on pneu.[1]

M. FOURCHET: Hem!

ROBERT: Comment?

MME FOURCHET: Nicole plaisante. Ne fais pas attention!

M. FOURCHET: Et toi, qu'est-ce que tu feras plus tard?

ROBERT: J'espère devenir médecin, comme Nicole.

NICOLE: Moi? Jamais de la vie! Tu te trompes! Je ne veux devenir ni médecin ni pharmacienne.

M. FOURCHET: Du calme, les petits! Quand j'avais votre âge, je voulais devenir ingénieur mais la guerre a interrompu[2] mes études, et hélas! j'ai perdu mes ambitions.

SYNONYMES ET EXPRESSIONS APPROXIMATIVES

2 le métier = la profession, le travail, le boulot°
5 avouons-le → disons-le, confessons-le (confesser), reconnaissons-le
5 l'argent = l'oseille° (f.), le fric°
12 pareils = identiques, semblables
14 institutrice = maîtresse (f.) dans une école primaire (on élémentaire)
24 du calme → soyez tranquille(s), restez calme(s)
26 mes ambitions → mes désirs, mes aspirations (f.)

---

[1] pneu = *tire*
«On fait ce qu'on peut» (*One does what one can*). Nicole is making a pun.

[2] **Interrompre** is conjugated like **vendre,** but a **-t** is added to the third person singular:

j'interromps	nous interrompons
tu interromps	vous interrompez
il interromp**t**	ils interrompent

VOCABULAIRE ILLUSTRE Si on reste à la maison on peut **travailler:**

épousseter.

ranger les affaires.

balayer.

passer l'aspirateur (sur un objet).

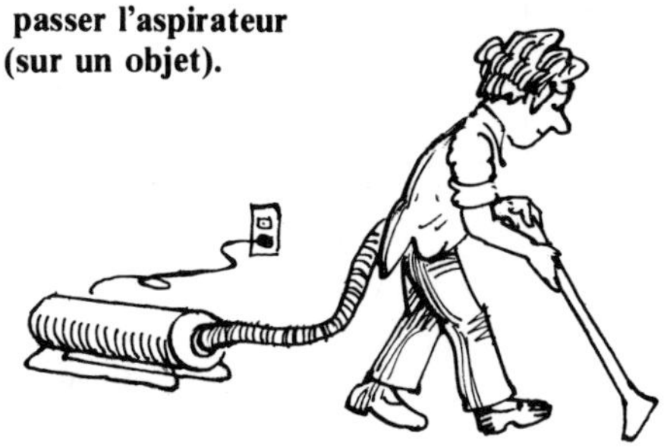

vider les ordures.

faire la cuisine.

faire la vaisselle.

faire les lits.

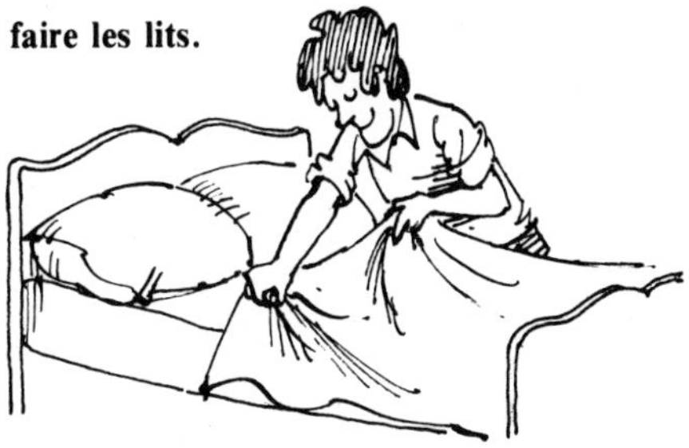

QUESTIONS SUR LE SCENARIO

1. Quel est le métier du père de Robert?
2. Que ferait Monsieur Fourchet, s'il avait le choix?
3. Qu'est-ce qui manque à M. Fourchet?
4. Quelle est l'opinion de Nicole?
5. Est-ce que la mère de Robert travaille?
6. Les femmes qui restent à la maison travaillent-elles vraiment?
7. Qu'est-ce que Robert a voulu dire à propos de sa mère?
8. Où travaille M. Fourchet?
9. Qu'est-ce qu'on y fait?
10. Comment Nicole plaisante-t-elle?
11. Qu'est-ce que Robert espère devenir?
12. Qu'est-ce que Nicole ne veut pas devenir?
13. Qu'est-ce qui a interrompu les études de M. Fourchet?

NOTE DE GRAMMAIRE 1: L'Imparfait

1. The *imperfect* of *regular* verbs is formed by taking the *first person plural present indicative* minus the **-ons:**

FIRST CLASS VERBS	parl-
SECOND CLASS VERBS	finiss-
THIRD CLASS VERBS	vend-

2. To these stems we add one set of endings to all three classes of *regular* verbs:

je	parl**ais**	je	finiss**ais**	je	vend**ais**
tu	parl**ais**	tu	finiss**ais**	tu	vend**ais**
il	parl**ait**	il	finiss**ait**	il	vend**ait**
nous	parl**ions**	nous	finiss**ions**	nous	vend**ions**
vous	parl**iez**	vous	finiss**iez**	vous	vend**iez**
ils	parl**aient**	ils	finiss**aient**	ils	vend**aient**

3. The endings are the same for *all* verbs, both *regular* and *irregular*.

4. Imperfect stems for the irregular verbs are also derived from the first person plural of the *present indicative* tense of the irregular verbs.

EXAMPLES OF STEM FORMATIONS:

INFINITIVE	IMPERFECT STEM	INFINITIVE	IMPERFECT STEM
aller	**all-**	avoir	**av-**
venir	**ven-**	faire	**fais-**
prendre	**pren-**	voir	**voy-**
pouvoir	**pouv-**	vouloir	**voul-**
boire	**buv-**	savoir	**sav-**
croire	**croy-**	dormir	**dorm-**
suivre	**suiv-**	écrire	**écriv-**

The imperfect of **être,** however, is formed with the stem **ét-:**

J'étais institutrice.

Exercices de transformation

1. D'habitude, *il* avait mal à la tête.
   (*nous, tu, M. Fourchet, Nicole, vous, je, on, ils, il*)
2. *Elle* allait souvent chez les Fourchet.[3]
   (*Tu, Elles, Vous, Je, Henry, Nous, Les étudiants, Elle*)
3. *Je* prenais l'autobus tous les jours.
   (*Ils, On, Nous, Mme Fourchet, Tu, Vous, Les enfants, Je*)
4. *Elle* écrivait des lettres le lundi.
   (*Nous, On, Je, Ils, Robert, Vous, Tu, Elle*)
5. *Il* croyait que tout allait bien.
   (*Nicole, Je, On, Nous, Les enfants, Il*)
6. *Il* était robuste.
   (*Nous, Robert, Tu, Je, Vous, Elle, Nos amis, Il*)
7. *Je* connaissais les questions mais *je* ne voulais rien dire.
   (*Nous, Henry, Tu, Vous, Les étudiants, On, Je*)
8. *Il* voyait tout sans rien dire.
   (*Je, Nous, M. Fourchet, Vous, Les enfants, Nicole, Il*)

NOTE DE GRAMMAIRE 2: Emploi de l'imparfait

The *imperfect tense* is essentially a *descriptive past*. It is used to express the following concepts of time relationships in the past:

1. A *customary* or *habitual* action in the past:

J'allais au cinéma **tous les jours.**
I used to go to the movies every day.

The imperfect may be represented schematically in the following manner:

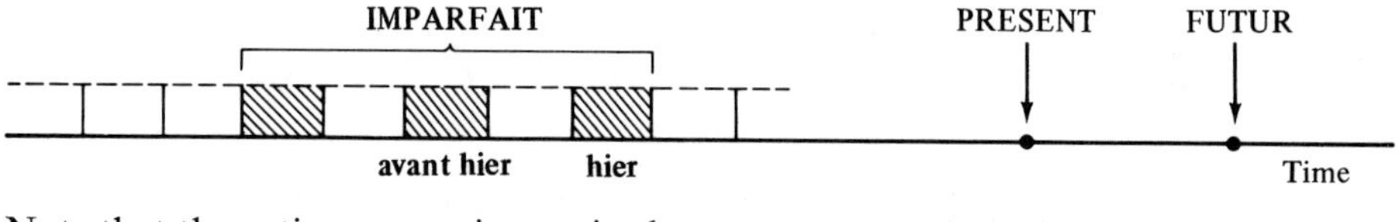

Note that the action was going on in the past over a period of time. It is something *one used to do repeatedly*. The imperfect may thus be said to represent an *incompleted* action, or one without a definite time restriction. Note that the imperfect differs from the **passé composé** (or the *perfect* tense):

Je suis allé au cinéma **hier soir.**

[3] French family names in the plural do not take the **-s.**

The **passé composé** indicates an action which *has been completed* in the past. There is an indication that the action was *completed* at a specific moment in the past.

The schematic representation of **Je suis allé au cinéma hier soir** would look like this:

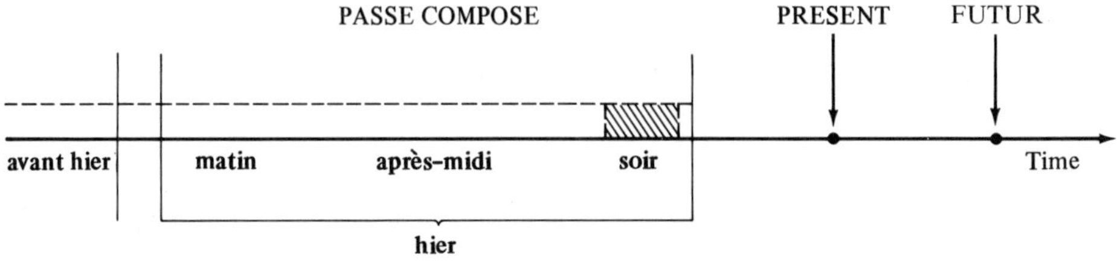

Substitutions progressives

1. Elle rangeait les affaires.
   Elle rangeait *les serviettes.*
   Il nettoyait les serviettes.
   Il nettoyait *les fenêtres.*
   Vous époussetiez les fenêtres.
   Vous époussetiez *les meubles.*
   Nous cirions les meubles.
   Nous cirions *les parquets.*
   Elle passait l'aspirateur sur les parquets.
   Elle passait l'aspirateur sur *les affaires.*
   Elle rangeait les affaires.

2. Nous aimions toujours toutes les leçons.
   Nous aimions toujours *aller à l'école.*
   Je voulais toujours aller à l'école.
   Je voulais toujours *vous parler.*
   Il essayait toujours de vous parler.
   Il essayait toujours de *bien faire.*
   Nous aimions toujours bien faire.
   Nous aimions toujours *toutes les leçons.*

Exercices de transformation

Présent > Imparfait

Modèle: Je vais au cinéma tous les jours.
J'allais au cinéma tous les jours.

1. Nous mangeons toujours au restaurant.
2. Tu peux conduire la voiture.
3. Il boit une bonne bière fraîche.
4. Elle vend des fleurs.
5. Nous finissons le travail.
6. Il obéit à l'agent de police.

Passé Composé > Imparfait

Modèle: Elle a mis la table hier. (*autrefois*)
Elle mettait la table autrefois.

1. Robert a regardé la télé hier. (*souvent*)
2. Nous sommes allés à la cathédrale il y a deux jours. (*quelquefois*)
3. Vous avez eu le choix l'année dernière. (*fréquemment*)
4. Tu es rentré par la rue Jacques-Cœur hier. (*très souvent*)
5. Ils ont suivi la Loire jusqu'à Blois la semaine dernière. (*tous les jours*)
6. Nous avons tenu le plateau à midi. (*souvent*)

Futur > Imparfait

Modèle: Vous répondrez immédiatement à la question. (*toujours*)
Vous répondiez toujours à la question.

1. Tu nageras à la piscine demain. (*tous les soirs*)
2. Nous oublierons l'explication demain. (*souvent*)
3. Ils écouteront la musique dans une heure. (*tout le temps*)
4. Ça nous plaira tout de suite. (*fréquemment*)
5. Elle montera au premier étage ce soir. (*souvent*)
6. Je me servirai de la mobylette dans un moment. (*tous les matins*)

2. The *imperfect* may be used in conjunction with the **passé composé** (the *perfect* tense) to indicate:

WHAT WAS HAPPENING	WHEN	SOME OTHER EVENT HAPPENED
J'étudiais *I was studying*	quand *when*	elle a frappé à la porte. *she knocked on the door.*
Je montais l'escalier *I was climbing the staircase*	lorsque *when*	l'hôtesse m'a appelé. *the hostess called me.*
Elle écrivait une lettre *She was writing a letter*	quand *when*	son ami est arrivé. *her friend arrived.*

The imperfect shows what was happening. The perfect shows what happened. The imperfect is an incompleted action. The perfect is a completed action. **Quand** or **lorsque** usually serve to connect both clauses. They both translate *when.*

Savoir is usually in the *imperfect* when used in the past tense. It is suggestive of an action which *goes on for some time.* In the **passé composé, j'ai su,** means *to have found out,* and is equivalent to **j'ai appris.**

Je ne savais pas que les banques étaient fermées.
I didn't know that the banks were closed.

Croire, like **savoir,** is usually in the *imperfect tense* when referring to *past continuing action.*

Je croyais que vous sortiez avec elle.
I thought you were going out with her.

Exercices de transformation

Modèle: Il vide les ordures. (*Je ne savais pas*)
Je ne savais pas qu'il vidait les ordures.

1. Elle balaie sa chambre. (*Il ne savait pas*)
2. Il passe l'aspirateur sur le tapis. (*Vous ne saviez pas*)
3. Il fait les lits tous les matins. (*Tu ne savais pas*)
4. Il fait la cuisine le dimanche. (*Elle ne savait pas*)
5. Elle aime faire la vaisselle. (*Nous ne savions pas*)

Modèle: Les Français aiment faire de la bicyclette. (*Je croyais*)
Je croyais que les Français aimaient faire de la bicyclette.

1. Elle aime faire du ski. (*Il croyait*)
2. Les étudiants aiment jouer au tennis. (*Nous croyions*)
3. Il fait de l'athlétisme. (*Tu croyais*)
4. Tu aimes faire de la natation. (*Elle croyait*)
5. Elle arrive toujours à l'heure. (*Je croyais*)

Exercices de transformation

1. Il pleuvait quand *nous* sommes sortis.
   (*je*, *tu*, *vous*, *ils*, *on*, *Nicole*, *nous*)
2. Il faisait beau quand *je* vous ai vu.
   (*il*, *on*, *ils*, *Mme Fourchet*, *elles*, *je*)

Simples substitutions

Il neigeait lorsque nous sommes entrés.
(*Il faisait froid*, *Il faisait du soleil*, *Il gelait*, *Il faisait du vent*, *Le ciel était couvert*, *Il pleuvait à verse*, *Il faisait humide*, *Il faisait un temps de chien*, *Il neigeait*)

Exercices de manipulation

Modèle: Que faisiez-vous quand je suis entré? (*parler*)
Je parlais quand vous êtes entré.

Que faisiez-vous quand je suis entré?
(*se dépêcher*, *se lever*, *descendre mes affaires*, *mettre la table*, *boire*, *étudier*, *travailler*, *discuter*, *parler*)

3. The *imperfect* also describes *two actions occurring simultaneously*, both of which go on indefinitely (with no time limit).

Elle parlait pendant que **je travaillais.**
Elle chantait pendant que **je jouais du piano.**

Pendant que is the most common way of connecting both of these actions *happening at the same time.*

Exercices de transformation

Présent > Imparfait

Modèle: Je me lève pendant que tu te couches.
Je me levais pendant que tu te couchais.

1. Il apporte les dîners pendant qu'elle travaille.
2. Nous choisissons nos chaussures pendant que tu achètes des fleurs.
3. Ils montent l'escalier pendant que vous descendez les valises.
4. Je reste chez moi pendant que tu te promènes.
5. Je ne peux pas le faire pendant que tu bavardes.

4. The *imperfect* is used for *descriptions* as they appeared in the past:

Il faisait beau.
Toutes les boutiques étaient fermées.

or *to describe a state of mind* (*or health*) in the past:

Je le pensais.
Je ne savais pas qu'elle avait peur de moi.

J'étais malade.
J'avais mal à la tête.

or *to set a scene:*

Il pleuvait à verse et tous les animaux **avaient** peur. Brusquement, Noé leur **a dit:** «Du calme, les petits!»

CAUTION: REMEMBER THAT

A. The *imperfect* is a descriptive past tense.
B. The *imperfect* describes a continuing action in the past.
C. The *imperfect* describes a continuing state of mind or health in the past.
D. The *imperfect* is an action taking place in the past without any indication as to when the action began or ended.
E. The *imperfect* describes an action taking place in the past when some other event occurred.

Exercices de transformation

Présent > Passé composé *or* **Imparfait**

Modèle: Nous finissons le travail. (*hier*)
Hier nous avons fini le travail.

1. Elle est institutrice. (*autrefois*)
2. J'écris des lettres. (*généralement*)
3. Je vais en Italie. (*le mois dernier*)
4. Tu trouves la boutique. (*déjà*)
5. Il a mal à la tête. (*tous les jours*)
6. Il arrive en retard. (*hier*)
7. Je sais conduire. (*autrefois*)

5. Idiomatic use of the *imperfect:* An interrogative sentence containing the imperfect preceded by **si** is equivalent to the English notion *what if*, *suppose*, or *how about . . . ?*

Si nous allions au cinéma?
Suppose we were to go to the movies?

Exercices de transformation

Si + Imparfait

Modèle: Nous voyageons ensemble.
Si nous voyagions ensemble?

1. On vous donne 16 francs.
2. Nous visitons le musée.
3. Tu me parles d'autres choses.
4. Vous comptez les oignons.
5. Vous balayez la cuisine.

NOTE DE GRAMMAIRE 3: La Position des adjectifs

1. In **Chapitre 9** we discussed those adjectives which preceded the nouns, and others which follow the nouns. When in doubt you may safely place the adjective after the nouns.

2. With certain adjectives, however, meanings may alter when they precede or follow the nouns. The position of the adjective determines the sense in which the noun is to be taken. A *figurative* sense is evoked when the adjective *precedes:*

un **pauvre** homme	*a wretched man*
un **cher** ami	*a dear friend*
un **ancien** professeur	*a former teacher*
un **grand** homme	*a great man*
ma **propre** serviette	*my own towel*

A *literal* sense is ascribed to the adjective which *follows:*

un homme **pauvre**	*an indigent man*
un livre **cher**	*an expensive book*
un musée **ancien**	*an old museum*
un homme **grand**	*a tall man*
ma serviette **propre**	*my clean towel*

Exercices de transformation

Modèle: Cet homme n'a plus d'amis. (*pauvre*)
C'est un pauvre homme.

1. Autrefois ce professeur enseignait à l'université. (*ancien*)
2. Cette mobylette m'a trop coûté. (*cher*)
3. Cette femme n'a jamais eu d'argent. (*pauvre*)
4. Cet homme est très célèbre. (*grand*)
5. Ce mur vient d'être lavé. (*propre*)
6. Cet homme mesure 2 mètres de haut. (*grand*)

3. Note that two or more adjectives modifying a noun stand in relation to that noun according to the rules we saw in **Chapitre 9:**

Voilà une **jolie petite** fille.

Both **joli** and **petit** normally precede the noun.

Il habite dans une **petite** maison **blanche.**

Petit normally precedes the noun. **Blanc** normally follows the noun.

If one of the adjectives modifying the noun normally follows, both may be placed after it, joined by the conjunction **et:**

Il habite dans une maison **petite et blanche.**
C'est un homme **beau et savant.**

Two adjectives which normally follow the noun may also be joined by the conjunction **et:**

Voilà un objet blanc **et** rouge.

Exercices de transformation

Modèle: Elle a acheté une maison. (*petit*) (*vert*)
Elle a acheté une petite maison verte.

1. C'est un homme. (*intelligent*) (*jeune*)
2. Voilà un magasin. (*bon*) (*italien*)
3. Il regarde une église. (*vieux*) (*gothique*)
4. C'est un hôtel. (*intéressant*) (*propre*)
5. Il commence une histoire. (*vieux*) (*autre*)
6. C'est une femme. (*beau*) (*charmant*)
7. C'est un livre. (*vieux*) (*cher*)
8. C'est un drapeau. (*grand*) (*français*)

NOTE DE GRAMMAIRE 4: L'Adjectif interrogatif

1. The *interrogative adjective* asks the question:

What + noun?
or
Which + noun?

It has one form which, like all adjectives, shows *agreement* with the noun it modifies:

MASCULINE SINGULAR:	**Quel** jour sommes-nous?
MASCULINE PLURAL:	**Quels** livres étudiez-vous?
FEMININE SINGULAR:	**Quelle** cravate avez-vous choisie?
FEMININE PLURAL:	**Quelles** fleurs avez-vous achetées?

It is also possible to split the interrogative adjective from the noun it modifies:

Quels **sont les** livres que vous étudiez?
Quelle **est** la cravate que vous avez choisie?
Quelles **sont** les fleurs que vous avez achetées?

Note the placement of the preposition before the interrogative adjective:

Par quelles portes passez vous?
Through which doors do you pass?

Exercices de transformation

Modèles: Il demande ce livre bleu.
Quel livre demande-t-il?

1. Nous regardons ce vieux château.
2. Vous passez par ces grandes portes.
3. On boit un apéritif avant le repas.
4. Les amis de mon frère sont arrivés.
5. Mon père est avocat.
6. Nous lisons le quinzième scénario.
7. Nicole conduit une Renault.
8. Il n'a jamais visité New York.
9. Autrefois elle était institutrice.
10. Les chaussures que j'ai achetées coûtent beaucoup.

2. The *interrogative adjective* may also be used to indicate *strong emotional reaction* to something, as rendered in English by the expression: *What a . . . !*

Quelle surprise! *What a surprise!*

Note that the French do *not* use the *indefinite article* in this form:

Quelle cathédrale magnifique! *What a magnificent cathedral!*

Exercices de transformation

Modèle: C'est une belle chambre.
Quelle belle chambre!

1. C'est un visage intéressant.
2. Ce sont de bons étudiants.
3. Ce sont de vieilles églises.
4. C'est une pièce moderne.
5. L'usine est immense.
6. C'est un médecin patient.
7. Son ambition est grande.
8. Ce sont des églises énormes.

NOTE DE GRAMMAIRE 5: Lequel

1. In **Chapitre 14** we studied the *interrogative pronouns:*

qui?	qu'est-ce qui?
de qui?	de quoi?
à qui?	à quoi?
qui?	que?

These pronouns ask:

who?	*what?*
of whom?	*of what?*
to whom?	*to what?*
whom?	*what?*

2. We have just seen the *interrogative adjective* **quel** (*which* + *noun*).

3. There is another *interrogative pronoun* form asking

which one?
which ones?

and makes a **clear distinction** that **it is a question of choice:**

Les deux amis sont arrivés. **Lequel** s'appelle Paul?
Two friends have arrived. Which one is named Paul?

Lequel is an interrogative pronoun. It may be used with *persons*, *animals*, or *things*. Note that there are various forms of **lequel** which agree in number and in gender with their antecedents:

CASES	MASCULINE SINGULAR	FEMININE SINGULAR	MASCULINE PLURAL	FEMININE PLURAL
SUBJECT	lequel	laquelle	lesquels	lesquelles
DIRECT OBJECT	lequel	laquelle	lesquels	lesquelles
OBJECT OF PREPOSITION **de**	duquel	de laquelle	desquels	desquelles
OTHER	auquel	à laquelle	auxquels	auxquelles
PREPOSITIONAL CASES	avec lequel	avec laquelle	avec lesquels	avec lesquelles

Simples substitutions

1. Les trois frères sont là. Lequel est *le plus jeune?*
   (*le cadet*, *l'aîné*, *votre ami*, *le plus beau*, *le moins irrité*, *le plus sage*, *le plus grand*, *le plus courageux*, *le plus jeune*)
2. Les trois femmes viennent d'arriver. Laquelle est *la plus jeune?*
   (*votre amie*, *la plus belle*, *la plus aimable*, *la moins irritée*, *votre cousine*, *la plus grande*, *la plus jeune*)
3. Les livres sont sur la table. Lequel *voulez-vous?*
   (*cherchez-vous*, *regardez-vous*, *vendez-vous*, *lisez-vous*, *préférez-vous*, *prenez-vous*, *choisissez-vous*, *voulez-vous*)

Exercices de transformation

Modèle: Nous avons cherché l'hôtel avec un *des frères.*
Avec lequel avons-nous cherché l'hôtel?

1. Nous avons donné des cartes au monsieur.
2. Ils penseront à toutes les leçons.
3. Tu te souviens des disques qu'il t'a donnés.
4. Nous avons épousseté tous les meubles.
5. Nous avons besoin de ces chaussures.

Exercices de manipulation

Modèle: Elle nous sert trois steaks. (*vouloir*)
Lequel voulez-vous?

1. Eh bien! voilà quelques bonnes idées! (*penser*)
2. Ha! quelles histoires drôles! (*préférer*)
3. Mme Fourchet m'a donné trois guides de Bourges. (*avoir besoin*)
4. Les journaux étaient dans la salle à manger. (*lire*)
5. J'ai reçu trois lettres. (*répondre*)
6. J'ai eu des expériences intéressantes. (*se souvenir*)

STOP

Note that the *demonstrative pronoun* may often be used as an answer to the interrogative **lequel:**

Lequel voulez-vous?
Celui qui est à droite.

Laquelle préfères-tu?
Celle qui est verte.

Exercices de transformation

Modèle: Lequel aime-t-il? (*coûte le plus cher*)
Celui qui coûte le plus cher.

1. Laquelle vas-tu acheter? (*roule le plus vite*)
2. Lesquels avez-vous rencontrés? (*étaient là il y a une heure*)
3. Auxquelles avez-vous parlé? (*sont arrivées à l'heure*)
4. Desquels parlez-vous? (*aiment jouer au football*)
5. A laquelle penses-tu? (*est la plus intelligente de la classe*)

NOTE DE GRAMMAIRE 6: Les Pronoms relatifs **dont** et **à qui**

1. The *relative pronouns* **dont** (equivalent to **de qui**) and **à qui** relate clauses to the antecedent, in the same manner as **qui** and **que,** when the antecedents are *persons:*

ANTECEDENT	RELATIVE CLAUSE	MAIN CLAUSE
L'étudiant	dont vous parlez	est mon ami.
The student	*of whom you speak*	*is my friend.*
L'étudiant	à qui vous parlez	est mon ami.
The student	*to whom you speak*	*is my friend.*

Prepositions other than **de** follow the pattern of **à qui.**

L'étudiant	avec qui je vais au cinéma	est mon ami.
The student	*with whom I am going to the movies*	*is my friend.*
L'étudiant	pour qui je le fais	est mon ami.
The student	*for whom I am doing it*	*is my friend.*

Exercices de transformation

Dont

Modèle: L'homme est arrivé. Vous avez parlé de lui.
L'homme dont vous avez parlé est arrivé.

1. L'employé est fâché. Ils discutent de lui.
2. Henry est responsable. Robert dépend de lui.
3. Le dentiste habite près d'ici. Nous avons souvent besoin de lui.
4. Le professeur est intimidé. Nous ne sommes pas contents de lui.
5. Le vieux monsieur est gentil. Nous sommes contents de lui.
6. Le professeur est sérieux. Elle a peur de lui.

A qui

Modèle: L'hôtesse s'appelle Madeleine. Vous pensez à elle.
L'hôtesse à qui vous pensez s'appelle Madeleine.

1. La boulangère est gentille. Nous lui avons demandé du pain.
2. Le professeur est bavard. Ils ne veulent pas lui obéir.
3. L'agent de police est irrité. Il faut lui répondre.
4. Mon cousin a 17 ans. Je lui apprends à conduire.

Preposition + qui

Modèle: Mon amie est belle. Je suis allé au cinéma avec elle.
L'amie avec qui je suis allé au cinéma est belle.

1. Le pharmacien est l'ami de mon père. Je travaille pour lui.
2. Voilà le vieux monsieur! Nous avons dîné chez lui.
3. Les Fourchet sont si aimables. Je ferai tout pour eux.
4. Madame de Latte est très généreuse. On peut compter sur elle.

2. We have already studied the *relative pronouns* **qui, dont, à qui,** and **que** referring to *persons* in the antecedent:

ANTECEDENT	RELATIVE PRONOUN	MAIN CLAUSE
L'homme	**qui**	est là est mon ami.
L'homme	**dont**	vous parlez est mon ami.

Note the usage when the antecedent is *a thing* or *an animal:*

ANTECEDENT	RELATIVE CLAUSE	MAIN CLAUSE
Le livre	**qui** est sur la table	est très vieux.
Le chien	**qui** est là	est féroce.
Le livre	**que** vous voyez	est très vieux.
Le chien	**que** vous voyez	est féroce.
Le livre	**dont** vous parlez	est très vieux.
Le chien	**dont** vous parlez	est féroce.
Le livre	**auquel** vous pensez[4]	est très vieux.
Le chien	**auquel** vous pensez[4]	est féroce.

[4] **Penser** followed by an object requires the preposition **à.** The preposition **à** contracts with the *relative pronoun* to form **auquel.**

ATTENTION	Note that the *relative pronoun* form **lequel** (and its variants) is similar to the interrogative pronoun **lequel**, and also contracts in the masculine singular and all plural forms with **à** and **de.**

3. The following chart contains all the possibilities of occurrence of the *relative pronouns*, including the form **lequel.**

	SUBJECT	DIRECT OBJECT	OBJECT OF A PREPOSITION
PERSONS	**qui** (*who*)	**que** (*whom*)	**qui** (*whom*) *But:* **de qui** **dont** (*of whom*)
ANIMALS or THINGS	**qui** (*which*)	**que** (*which, that*)	**lequel, lesquels** (*which*) **laquelle, lesquelles** (*which*) **dont** (*of which*)

Study these examples:

PERSONS:	Qui	M. King, **qui** est avocat, est à New York.
	Que	Le professeur **que** vous connaissez est strict.
	Object of a Preposition	M. Fourchet **à qui** vous écrivez est brave. Le charcutier **dont** vous parlez est riche.
ANIMALS and THINGS:	Qui	Le chien **qui** dort est dangereux.
	Que	La vache **que** vous voyez donne beaucoup de lait.
	Object of a Preposition	Le stylo **avec lequel** j'écris est noir. Le livre **dont** vous parlez est neuf. La bouteille **dans laquelle** (**où**) elle met du lait est propre. (*Dans* + *lequel*, *laquelle*, etc., may be replaced by **où.**)

Exercices de transformation

Modèle: Le crayon est jaune. J'écris avec ce crayon.
Le crayon avec lequel j'écris est jaune.

1. Le chien est féroce. Tu lui parles.
2. Le responsable est de retour. Tu pensais à lui.
3. La carte est sur la table. Il faut remplir la carte.
4. Un monsieur frappe à la porte. Il est distingué.
5. Il travaille dans une usine. On y fabrique des pneus.
6. Nous époussetons les meubles. Ils sont anciens.
7. La pharmacie est dans le centre de la ville. On peut y acheter des médicaments américains.
8. Elle passe l'aspirateur sur le tapis. Il est joli.
9. La cathédrale est de style gothique. On y trouve une nef originale.
10. Mon père est à New York. Il est avocat.
11. Je travaille dans un magasin. On y vend des objets d'art.

4. Summary of relative pronouns:

a. As the object of a preposition, the French distinguish between persons and animals or things by using **qui** and a form of **lequel.**

Le crayon **avec lequel** j'écris est jaune.
The pencil with which I am writing is yellow.

L'homme **auquel** j'ai donné un billet est un ami de mon père.
The man to whom I gave a ticket is a friend of my father.

Dont is used for either persons or things when they are objects of the preposition **de.**

b. Note that the relative pronouns always follow directly after the antecedent and start the relative clause:

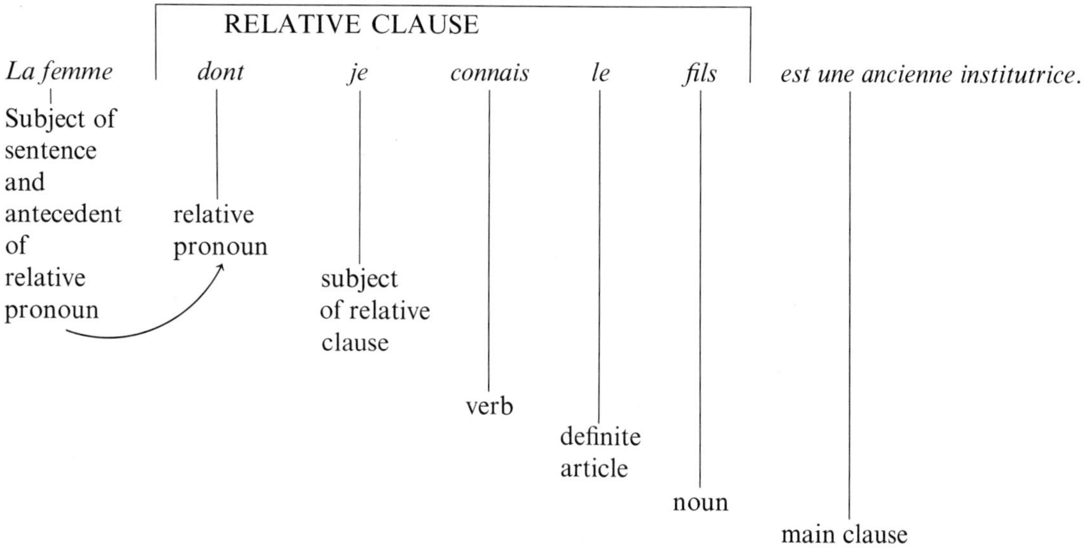

Exercices de transformation

Modèle: Le professeur est fantastique. J'ai lu ses livres.
Le professeur dont j'ai lu les livres est fantastique.

1. La boulangère est très occupée. J'adore son pain.
2. Cette femme est française. J'aime sa robe.
3. Cette voiture est rapide. Je connais son propriétaire.
4. Cet homme est chef d'orchestre. Vous connaissez sa femme.

NOTE DE GRAMMAIRE 7: Le Verbe **manquer**

The verb **manquer** has several different meanings:

1. Manquer can mean *to miss:*

J'ai manqué le train de neuf heures trois.
Je l'ai manqué. Je suis en retard.

In this usage **manquer** takes a *direct object.*

2. Manquer à may mean *to lack:*

Il n'y a que l'argent qui **nous** manque. Nous n'avons pas assez d'argent.

Nous is the *indirect object.*

3. Manquer à may be used idiomatically to mean *to be missed (by):*

Tu manques **à tes parents.** Tes parents regrettent ton absence.
Your parents miss you. Your parents regret your absence.
(Literally: *You are missed by your parents.*)

If a pronoun is substituted for **à tes parents,** it will be an *indirect object pronoun:*

Tu **leur** manques.
They miss you. (Literally: *You are missed by them.*)

Tu **me** manques.
I miss you. (Literally: *You are missed by me.*)

Substitutions progressives

1. J'ai manqué le métro.
Nous avons manqué le métro.
Nous avons manqué *l'autobus.*
Elle a manqué l'autobus.
Elle a manqué *l'avion.*
Tu as manqué l'avion.
Tu as manqué *le début du film.*
Vous avez manqué le début du film.
Vous avez manqué *le métro.*
J'ai manqué le métro.

2. Tu manques à ses parents.
Vous manquez à ses parents.
Vous manquez *à vos amis.*
Je manque à vos amis.
Je manque *à mon chien.*
Elle manque à mon chien.
Elle manque *à ses parents.*
Tu manques à ses parents.

Exercices de transformation

Modèle: Tu manques à tes parents.
Tu leur manques.

1. Vous manquez à vos enfants.
2. Robert manque à son amie.
3. Nous manquons à nos copains.
4. Je manque à mes grands-parents.
5. Elle manque à son chien.
6. Ils manquent à leurs chevaux.

QUESTIONS GENERALES

1. Quel est le métier de votre père? de votre mère?
2. Qu'espérez-vous devenir? Pourquoi?
3. Quelles grandes usines avez-vous visitées?
4. Qu'est-ce que c'est qu'une institutrice?
5. Décrivez le travail que fait une femme qui reste à la maison.
6. Est-ce qu'un mari doit aider sa femme à faire le travail à la maison?
7. Que vous faut-il pour faire un long voyage?
8. Quel auteur lisiez-vous quand vous aviez quinze ans?
9. Où viviez-vous quand vous aviez dix ans?
10. Alliez-vous souvent au cinéma quand vous étiez plus jeune?
11. Croyiez-vous toujours ce qu'on vous disait?
12. Disiez-vous toujours la vérité à vos amis? ou leur mentiez-vous?
13. Vous absentiez-vous souvent de l'école?

Exercices de manipulation

1. Demande à ____________ ce qu'il faut faire pour nettoyer (*to clean*) sa chambre.
2. Demande à ____________ ce que vend l'épicière.
3. Dis à ____________ ce que tu fais quand tu restes à la maison.
4. Dis à ____________ ce que tu désirais devenir quand tu avais 12 ans.
5. Dis à ____________ ce que tu faisais hier soir quand la pendule a sonné minuit.
6. Dis-nous quels livres tu lisais quand tu étais au lycée.

MICROLOGUE

Un petit enfant noir

The following micrologue describes the reluctance of a black youth to attend white schools in Guadeloupe. The *Lecture* (*Prière d'un petit enfant nègre*) is by Guy Tirolien, an author born in 1917 in Guadeloupe.

Un petit enfant noir à la Guadeloupe ne veut plus aller à l'école des blancs. Il préfère suivre son père dans **les ravines fraîches** et aller pieds **nus** sur **les sentiers brûlés.** Il ne veut pas devenir **pareil** aux messieurs de la ville. Il aime entendre les contes qu'un vieux monsieur raconte, ainsi que d'autres choses qu'on ne trouve pas dans les livres qu'on étudie à l'école. Il ne veut pas aller à l'école parce qu'on y **enseigne** des choses qui ne sont pas de son pays.

the cool ravines / naked
burned paths
similar
teaches

Questions

1. Qu'est-ce que ne veut plus faire un petit enfant noir?
2. Dans quel pays habite-t-il?

3. Qu'est-ce qu'il préfère faire?
4. Qu'est-ce qu'il ne veut pas devenir?
5. Qu'aime-t-il entendre?
6. Pourquoi ne veut-il pas aller à l'école?

LECTURE: Prière d'un petit enfant nègre

Seigneur
je suis très fatigué
je suis né fatigué
et j'ai beaucoup marché depuis **le chant du coq**
et **le morne** est bien haut
qui **mène** à leur école

crowing of the rooster
a small mountain in the Antilles
leads

Seigneur je ne veux plus aller à leur école
faites je vous en prie que je n'y aille plus.

Je veux suivre mon père dans les ravines fraîches
quand la nuit **flotte** encore **dans le mystère des bois**
où **glissent** les esprits que **l'aube** vient **chasser.**

floats in the mystery of the woods
slide/dawn/to chase

Je veux aller pieds nus par les sentiers brûlés
qui **longent** vers midi **les mares assoiffées.**

go alongside
thirsty ponds

Je veux dormir ma sieste au pied des **lourds manguiers.**

heavy mango trees

Je veux me réveiller
lorsque là-bas **mugit** la sirène des blancs
et que l'usine
ancrée sur **l'océan des cannes**
vomit dans la campagne son **équipage** nègre.

roars
anchored/the ocean of canes (sugar)
pours forth/crew

Seigneur je ne veux plus aller à leur école
faites je vous en prie que je n'y aille plus.

Ils racontent qu'il faut qu'un petit nègre y aille
pour qu'il devienne pareil
aux messieurs de la ville
aux messieurs **comme il faut.**

proper

mais moi je ne veux pas
devenir comme ils disent
un monsieur de la ville
un monsieur comme il faut.

Je préfère **flâner le long des sucreries**
où sont les sacs **repus**
que **gonfle** un sucre brun
autant que **ma peau brune.**

to stroll/along the . . . sugar factories
full
swells out
my brown flesh

Je préfère
vers l'heure où **la lune amoureuse**
parle bas à l'oreille
des **cocotiers** penchés
écouter ce que dit
dans la nuit

amorous moon
coconut trees

the broken voice
while smoking
characters in local fables
are not
sad
in the moonlight
flesh
evening gatherings

la voix cassée d'un vieux qui raconte **en fumant**
les histoires de **Zamba**
et de compère **Lapin**
et bien d'autres choses encore
qui ne sont pas dans leurs livres.
Les nègres vous le savez n'ont que trop travaillé
pourquoi faut-il de plus
apprendre dans des livres
qui nous parlent de choses qui **ne sont point** d'ici.

et puis
elle est vraiment trop **triste** leur école
triste comme
ces messieurs de la ville
ces messieurs comme il faut
qui ne savent plus danser le soir **au clair de lune**
qui ne savent plus marcher sur **la chair** de leurs pieds
qui ne savent plus conter les contes aux **veillées**—

Seigneur je ne veux plus aller à leurs écoles.

Guy Tirolien*

CREATION ET RECREATION

1. Before class, write out five compound sentences. The first clauses will be in the **imparfait,** and the second clauses in the **passé composé.** The first clause of each sentence should be labelled "A," the second clause "B." The five sentences should, in their entirety, make use of all the personal pronouns (**je, tu, il, elle, on, nous, vous, ils, elles**).

In class, each student will copy one "B" clause onto a card and submit that card to the instructor who, in turn, will place it in a hat. Every student will then choose a card at random from the hat.

The object of the exercise is to reconstruct your original sentence, by guessing which of your classmates has drawn your "B" clause.

You score *two* points if you successfully reconstruct your sentence. If you pull your own B clause from the hat, **tant mieux!** When the person you call on reads a card which does not contain your original clause but which, in combination with your "A" clause, does make sense grammatically and semantically, you score *one* point. The first person to score *five* points wins the round. For example:

1. Clause A: Quand j'avais dix ans, ...
   Clause B: mes parents et moi sommes allés au Mexique. *two points*
2. Clause A: Pendant que vous finissiez vos devoirs, . . .
   Clause B: elle est tombée en bas de l'escalier. *one point*
3. Clause A: Pendant que tu parlais à ta mère, . . .
   Clause B: Louis XIV est mort en 1715. *no points*

2. Monique continue la discussion avec sa famille sur les métiers d'hommes et de femmes.

---

* Guy Tirolien was born in Guadeloupe in 1917. The above poem is from a collection of poetry entitled: *Balles d'Or*, *Présence africaine*, Paris, 1961.

OUI | NON

Chapitre 15: COUP D'ŒIL 

1. The *imperfect tense* is formed by adding one set of endings to the stems of all verbs, regular and irregular. The stems of regular verbs are derived from the first person plural present indicative tense minus the **-ons** ending:

   parl-
   finiss- } + **-ais, -ais, -ait, -ions, -iez, -aient**
   vend-

2. The *imperfect tense* is a descriptive past tense.

   Elle **était** institutrice.
   Il **faisait** beau ce jour-là.

   When used with the **passé composé,** the *imperfect* offers the descriptive background to the *completed past action:*

   Je **voulais devenir** ingénieur, mais la guerre **a interrompu** mes études.

   The *imperfect* is also used to render two actions occurring (and lasting) simultaneously in the past:

   Je **jouais** du piano pendant qu'elle **chantait.**

3. The *imperfect* is essentially an action represented as being *continuous, habitual, or incomplete.* It is also simply descriptive of a state of mind or condition in the past.
4. Certain adjectives assume different meanings depending on whether they stand before or after the nouns they modify:

Mon **cher** ami vient d'arriver.	*My dear friend has just arrived.*
C'est une bicyclette **chère.**	*It is an expensive bicycle.*

5. The interrogative adjective is **quel** . . .? It agrees in gender and number with the noun it modifies:

   Quels scénarios lirons-nous?

6. **Quel** may also be used to indicate an emotional reaction to something, as seen in the English: *What a . . . !*

   Quelle belle chambre!

   Quel may also be used as the subject of **être:**

   Quel est votre nom?

7. We have two forms of relative pronouns:

THE SIMPLE	THE ALTERNATE
qui	**lequel, laquelle, lesquels, lesquelles**
dont	**duquel, de laquelle, desquels, desquelles**
à qui	**auquel, à laquelle, auxquels, auxquelles**
que	**lequel, laquelle, lesquels, lesquelles**

The alternate forms obviously agree in gender and number with their antecedents. Try, wherever possible, to *use the simple forms!*

Le garçon **qui** vient d'arriver est mon ami.

With things and animals don't forget the obligatory use of the **lequel** form as the object of the preposition:

Le chien **auquel** tu parles est féroce.

8. The interrogative pronoun asking *which one? which ones?* is

lequel, duquel, auquel, (avec lequel), lequel.

This interrogative pronoun shows agreement in gender and number with the noun to which it refers:

Les deux frères sont arrivés. **Lequel** est votre ami?

VOCABULAIRE

Verbes
avouer
balayer
bavarder
confesser
épousseter
exagérer
fabriquer
frapper
jouer
manquer*
mesurer
nettoyer
plaisanter
ranger
se tromper
vider
vouloir dire

Noms
avocat/avocate
boulot° (m.)
carrière (f.)
chef d'orchestre (m.)
ingénieur (m.)
instituteur/institutrice
maîtresse d'école (f.)
personne (f.)
profession (f.)
travail (m.)

ambition (f.)
aspiration (f.)
désir (m.)
éducation (f.)
envie (f.)
explication (f.)
occasion (f.)
opinion (f.)
projet (m.)

aspirateur (m.)
ordures (f. pl.)

pneu (m.)
temps (m.)
usine (f.)
calme (m.)
guerre (f.)
meuble (m.)
objet (m.)

natation (f.)
piscine (f.)

fric° (m.)
oseille° (f.)

Pronoms

à qui
dont
lequel?

Adjectifs

ancien
féroce
généreux
identique
impossible
neuf
pareil
pauvre
possible
quel?
responsable
robuste
semblable
tranquille

Adverbes

à propos de
en ce moment
hélas!
hier soir
loin
peut-être

Expressions utiles

à la maison
aller trop loin
autre chose
dis donc!
faire la cuisine
faire les lits
faire la vaisselle
Ne fais pas attention!
passer l'aspirateur
pouvoir compter
tous les jours
tout le monde

Scénario 15: Métiers

QUATRIEME ETAPE

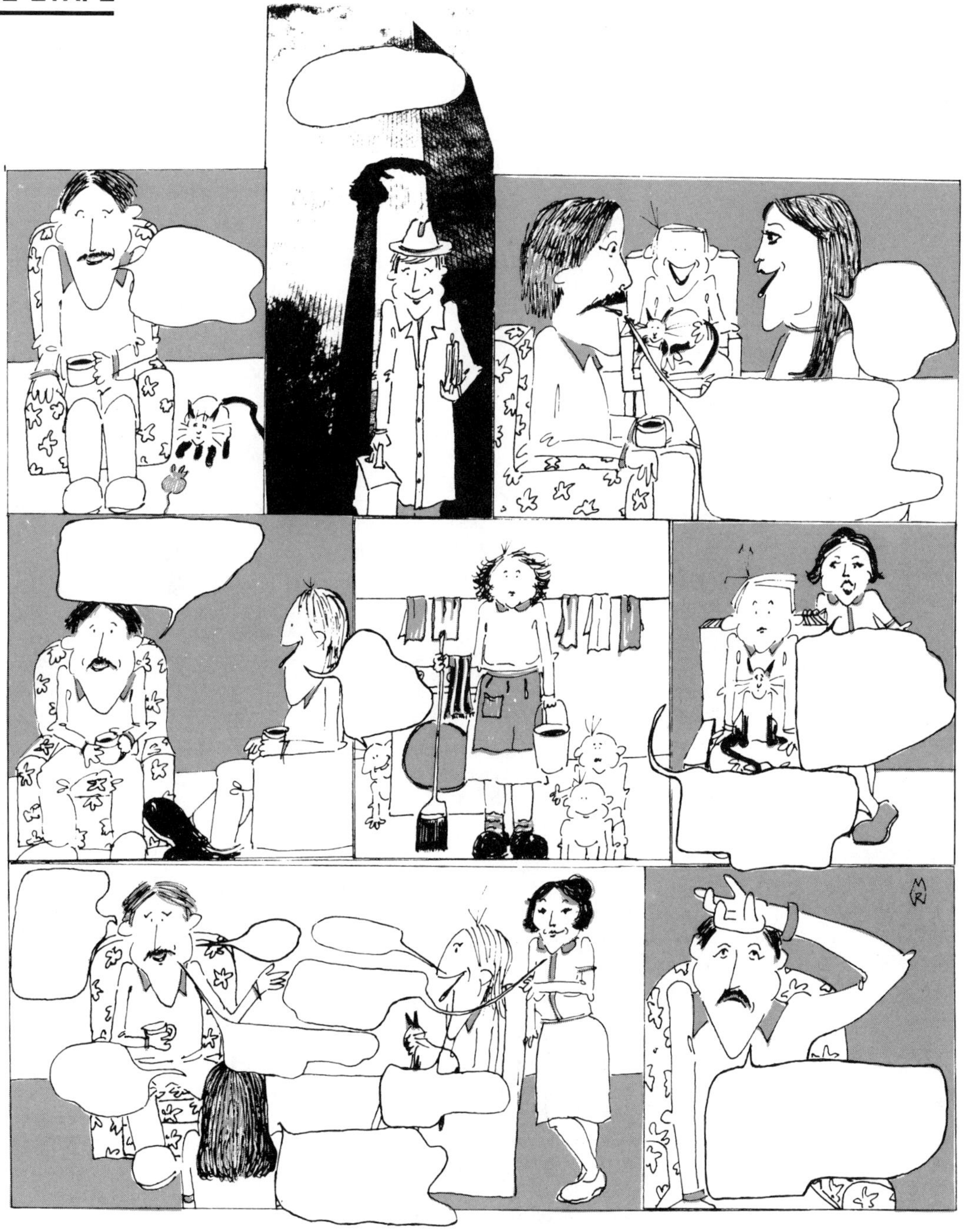

CHAPITRE 16

AU CAFE

Scénario 16: Au café

PREMIERE ETAPE

HENRY: Je ne vous ai pas vus au match de basket.

SYLVIE: Quand nous y sommes arrivés, vous étiez en train de finir le match.

HENRY: Nous avons gagné. J'ai vraiment soif et je voudrais fêter notre victoire.

(*On entend de la musique venant du juke-box.*)

SYLVIE: Pourrais-tu nous expliquer ce que c'est que la musique populaire américaine?

HENRY: Si vous m'écoutez bien, je vous en parlerai.

SYLVIE: Je suis tout ouïe.

HENRY: Au début des années cinquante la musique américaine avait deux aspects importants: le rythme lent des «blues», la musique de l'ouest des Etats-Unis.

DEUXIEME ETAPE

Henry entre dans le café et serre la main de ses amis français.

HENRY: Je ne vous ai pas vus au match de basket aujourd'hui.

SYLVIE: Oui, en effet, nous avons fait des corvées après la classe. Plus tard, quand nous y sommes arrivés, vous étiez en train de finir le match.

HENRY: Nous avons gagné, ce qui était plus difficile que je ne pensais! J'ai vraiment soif et je voudrais fêter notre victoire.

(*On entend de la musique venant du juke-box.*)

SYLVIE: Pourrais-tu nous expliquer un peu ce que c'est que la musique populaire américaine?

HENRY: Si vous m'écoutez bien, je vous en parlerai.

SYLVIE: Je suis tout ouïe.

HENRY: Au début des années cinquante la musique américaine avait deux aspects importants: le rythme lent des «blues», la musique de l'ouest des Etats-Unis.

TROISIEME ETAPE

Henry entre dans le café et serre la main de ses amis français. Il s'assied à la terrasse.

HENRY: Bonjour. Je ne vous ai pas vus au match de basket aujourd'hui.

SYLVIE: Oui, en effet, nous avons fait des corvées après la classe d'anglais. Plus tard, quand nous y sommes arrivés, vous étiez en train de finir le match.

HENRY: Heureusement, nous avons gagné, ce qui était plus difficile que je ne pensais! J'ai vraiment soif et je voudrais fêter notre victoire. Vous prenez quelque chose? Garçon!

(*Le garçon arrive*)

HENRY: Une bière pression. Que buvez-vous, vous autres?

LE GARÇON: Je sais ce qu'ils veulent: un Perrier au citron, un kir, un lait fraise.

Un jeune couple à la terrasse d'un café

(*On entend de la musique venant du juke-box*)

SYLVIE: Tiens, Henry, pourrais-tu nous expliquer un peu ce que c'est que la musique populaire américaine?

HENRY: Si vous m'écoutez bien, je vous en parlerai. Mais il y a trop de bruit ici.

SYLVIE: Ça ne fait rien. Je suis tout ouïe.

HENRY: Bon. Au début des années cinquante la musique américaine avait deux aspects importants. Le rythme lent des «blues» exprimait bien la douleur de l'histoire triste des noirs. A la même époque la musique de l'ouest des Etats-Unis offrait de simples chansons d'amour. . . .

SYNONYMES ET EXPRESSIONS APPROXIMATIVES

3 des corvées = des choses ennuyeuses, des trucs rasoirs,° des choses embêtantes.°
6 fêter = célébrer, arroser
14 trop de bruit = trop de vacarme, trop de brouhaha
15 tout ouïe = tout oreilles, je vous écoute
18 à la même époque = au même moment, à ce moment-là

VOCABULAIRE ILLUSTRE

Les étudiants aiment jouer **au basket.**

au football.

au tennis.

au golf.

Les français aiment faire **de la voile.**

de la bicyclette.

du ski.

de la natation.

QUESTIONS SUR LE SCENARIO

1. Que fait Henry quand il entre dans le café?
2. Où est-ce que Henry n'a pas vu Sylvie?
3. Qu'est-ce que Sylvie a dû faire après la classe d'anglais?
4. Qu'est-ce que les étudiants étaient en train de faire quand Sylvie est arrivée au match?
5. Qui a gagné le match?
6. Henry a-t-il vraiment soif?
7. Que prend-il au café?
8. Où joue-t-on de la musique?
9. Qu'est-ce que Sylvie demande à Henry?
10. Quels étaient les deux aspects importants de la musique américaine au début des années cinquante?

NOTE DE GRAMMAIRE 1: Le Conditionnel

1. The *conditional mood* of regular verbs is formed by adding the imperfect ending to the future stem.

First class verbs:	**parler**	
Second class verbs:	**finir**	**-ais, -ais, -ait, -ions, -iez, -aient**
Third class verbs:	**vendr-**	

je	parler**ais**	je	finir**ais**	je	vendr**ais**
tu	parler**ais**	tu	finir**ais**	tu	vendr**ais**
il	parler**ait**	il	finir**ait**	il	vendr**ait**
nous	parler**ions**	nous	finir**ions**	nous	vendr**ions**
vous	parler**iez**	vous	finir**iez**	vous	vendr**iez**
ils	parler**aient**	ils	finir**aient**	ils	vendr**aient**

(See **Chapitre 10** for irregular future stems.)

Exercices de transformation

Modèle: J'irai à Paris.
J'irais là-bas.

1. Nous pourrons le faire.
2. Il vous suivra.
3. Vous étudierez la leçon.
4. Tu rompras le pain.
5. Elles en parleront.
6. Elle jouera au tennis.
7. Je le demanderai.
8. Nous vous le dirons.
9. Elle verra sa mère.
10. Ils auront le choix.
11. Tu voudras le voir.
12. Vous mangerez le fromage.
13. Il fera de la bicyclette.
14. Il se brossera les dents.

Exercices de transformation

1. Quel plat *feriez*-vous?
   (*prendre*, *vouloir*, *manger*, *choisir*, *aimer*, *apporter*, *désirer*, *faire*)
2. Ils le *commenceraient* à 9 heures.
   (*écrire*, *apprendre*, *finir*, *lire*, *descendre*, *nettoyer*, *ranger*, *commencer*)

3. A sa place, tu le *pourrais.*
   (*remplir*, *porter*, *faire*, *dire*, *pousser*, *servir*, *envoyer*, *épousseter*, *pouvoir*)
4. Je *resterais* ici.
   (*dormir*, *travailler*, *venir*, *vivre*, *attendre*, *se laver*, *passer l'aspirateur*, *rester*)
5. *Il* ferait la vaisselle.
   (*Tu*, *Nous*, *M. Fourchet*, *Je*, *Vous*, *On*, *Elles*, *Il*)
6. *Nous* écririons une lettre.
   (*Ils*, *Je*, *Vous*, *Mlle Fourchet*, *Tu*, *Mes amis*, *Nous*)
7. *Elle* achèterait une mobylette.
   (*Je*, *Tu*, *Les enfants*, *Nous*, *Vous*, *Le professeur*, *Elle*)
8. *On* voyagerait au Canada.
   (*M. Fourchet*, *Tu*, *Nous*, *Ils*, *Je*, *Vous*, *Tout le monde*, *On*)

2. *The conditional* is used in "if" sentences. It appears in the *result clause*, when the *imperfect* appears in the "if" or hypothetical clause:

Si vous l'aidiez, elle finirait le travail.
If you helped her, she would finish the work.

Nous vous vendrions la voiture, si vous la vouliez.
We would sell you the car, if you wanted it.

Si j'avais le temps, je le ferais.
If I had the time, I would do it.

Exercices de transformation

Modèle: Si nous avons le temps, nous le lirons.
Si nous avions le temps, nous le lirions.

1. S'il a de l'argent, il l'achètera.
2. Si Mme Fourchet me le demande, je la suivrai.
3. Si on passe un bon film, Henry ira le voir.
4. Si vous êtes libre, nous nous en parlerons.
5. S'il reste à la maison, il rangera la vaisselle.
6. Si vous y allez, vous verrez un bon match de basket.
7. S'il part au bord de la mer, il fera de la natation.
8. S'il fait beau, nous jouerons au tennis.

NOTE DE GRAMMAIRE 2: **Si** (hypothèse + condition)

Note the tenses which may be used in the two clauses of the conditional sentence:

Si CLAUSE (HYPOTHETICAL CLAUSE)	RESULT OR MAIN CLAUSE	
PRESENT TENSE: S'il parle	PRESENT TENSE:	vous écoutez.
	FUTURE TENSE:	vous écouterez.
	IMPERATIVE:	écoutez!
IMPERFECT TENSE: S'il parlait	CONDITIONAL PRESENT TENSE:	vous écouteriez.

Exercices de transformation

Modèle: Si elle vient, je reste avec elle.
Si elle vient, je resterai avec elle.
Si elle vient, reste avec elle!

1. S'il ne pleut pas, nous allons à pied.
2. Si vous voyez le médecin, vous suivez ses conseils.
3. Si nous regardons la télé, tu es content.
4. Si tu sais conduire une auto, tu pars immédiatement.
5. Si je mets la table, vous montez la valise.

Modèle: S'il a soif, il boira.
S'il avait soif, il boirait.

1. Si je le peux, j'achèterai une nouvelle voiture.
2. Si tu apprends la leçon, tu la sauras.
3. Si la méteo prévoit du beau temps, nous sortirons.
4. Si tes parents t'écrivent, tu leur répondras.
5. Si elle voit ses amis, elle les reconnaîtra.
6. Si nous ne sommes pas là à midi, tu déjeuneras seul.

Modèle: On dormira, si on a sommeil.
On dormirait, si on avait sommeil.

1. J'agirai, si je comprends la raison.
2. Vous marcherez beaucoup, si vous grossissez.
3. Nous ne nous promènerons pas, s'il pleut.
4. Anne et Sylvie voyageront, si elles réussissent à leurs examens.
5. Il ne les croira pas, s'il ne les voit pas.
6. Tu te réveilleras en retard, si tu ne te couches pas tôt.

Modèle: S'il arrive, restez! (*je resterais*)
S'il arrivait, je resterais.

1. Si le journal est bon, lisez-le! (*on le lirait*)
2. Si je lui téléphone, parlez-lui! (*elles lui parleraient*)
3. S'il neige, mettez votre manteau! (*vous mettriez*)
4. Si nous avons le temps, écoutons-le! (*nous l'écouterions*)
5. Si nous faisons la vaisselle ensemble, nous finirons plus tôt. (*nous finirions*)

NOTE DE GRAMMAIRE 3: **Tout** (adjectif ou adverbe)

1. Tout may be an *adjective*.
As an adjective it naturally agrees in *gender* and in *number* with the noun it modifies, and expresses the concepts *all*, *every*, *entire:*

Tout homme est mortel.	*Every man is mortal.*[1]
Toute la soirée elle m'a parlé.	*She spoke to me the entire evening.*
Tous les hommes sont égaux.	*All men are equal.*
Toutes les femmes sont belles.	*All women are beautiful.*

Exercices de transformation

Modèle: Nous mangerons la salade. (*tout*)
Nous mangerons toute la salade.

1. Jesse vient de finir le devoir. (*tout*)
2. Vos paroles étaient magnifiques! (*tout*)
3. J'ai visité la cathédrale. (*tout*)
4. Aimerais-tu voir les films (*tout*)
5. Les Parisiennes se promènent le dimanche. (*tout*)
6. On peut dire que ces chemins mènent à Paris. (*tout*)

Modèle: Que voudra-t-il? (*tout le travail*)
Il voudra tout le travail.

1. De qui parliez-vous? (*tout le monde*)
2. Qu'est-ce qu'on regarderait? (*toutes les chaînes*)
3. De quoi a-t-on besoin? (*toutes les affaires*)
4. Qu'est-ce que tu as laissé dans le métro? (*tous les bagages*)
5. Qu'est-ce que nous allons cirer? (*tous les meubles*)
6. Quels sports aimes-tu? (*tous les sports*)

2. Tout may be an *adverb:*
Tout as an adverb means *quite:*

Elle est **toute** pâle.

As an adverb modifying a feminine adjective beginning with a *consonant* or an aspirate **h, tout** takes the feminine form.

Elle est **toute** contente.	*She is quite happy.*
Elle est **toute** honteuse.	*She is quite ashamed.*

Otherwise, it is invariable:

Cette personne est **tout** heureuse.

In both cases, the pronunciation is the same [tut].

Exercices de transformation

Modèle: Elle est pâle. (*tout*)
Elle est toute pâle.

[1] This particular expression may also be translated in the plural: *All men are mortal.*

1. Il est content. (*tout*)
2. Elle est active. (*tout*)
3. Il est bouleversé. (*tout*)
4. Elle est cruelle. (*tout*)
5. Elle est aimable. (*tout*)
6. C'est de l'eau minérale pure. (*tout*)
7. Cette femme est heureuse. (*tout*)

NOTE DE GRAMMAIRE 4: **Il + de/Ce + à**

1. The pronouns **il** and **ce** may be used:

a. To introduce a thought with the real subject following:

Il est facile de conduire une voiture.
It is easy to drive a car.

b. To refer back to a thought already expressed:

Il est parti? C'est facile à croire.
He's gone? That is easy to believe.

Note that to introduce a thought

il is used with **de**

To refer back to a thought already expressed

ce is used with **á**.

2. The distinction of whether to use **il** or **ce** may be made by trying to substitute English *that* for *it*. If the substitution can be made, use **ce.** In the example:

It is easy to drive a car. *That* is easy to drive a car.

the substitution does not work. The sentence can only be translated:

Il est facile de conduire une voiture.

In the example:

It is easy to believe. **That** is easy to believe.

the substitution works. The sentence must be translated:

C'est facile à croire.

Exercices de transformation

Il + de > Ce + à

Modèle: Il est facile de dire cela.
C'est facile à dire.

1. Il était impossible de croire ça.
2. Il sera difficile d'imaginer ceci.
3. Il est facile de faire cela.
4. Il est impossible de savoir ceci.
5. Il est facile de parler français.
6. Il est facile de répéter ce mot-là.
7. Il est difficile de vendre cette maison.
8. Il n'est pas impossible de prononcer le chinois.
9. Il est bon de voir son pays.
10. Il n'est pas facile de savoir la vérité.

NOTE DE GRAMMAIRE 5: Le Verbe irrégulier **s'asseoir**

The irregular verb **s'asseoir** (*to sit down*) is reflexive:

PRESENT:	je m'assieds		nous nous asseyons [asɛjõ]
	tu t'assieds [asje]		vous vous asseyez [asɛje]
	il s'assied		ils s'asseyent [asɛj]
IMPERATIF:	assieds-toi	PASSE COMPOSE:	je me suis assis
	asseyons-nous	IMPARFAIT:	je m'asseyais
	asseyez-vous	FUTUR:	je m'assiérai
		CONDITIONNEL:	je m'assiérais

Exercices de transformation

1. *Il s'assied* rapidement.
   (*Nous, Tu, Je, Vous, Ils, Les enfants, Il*)
2. *Je m'asseyais* toujours devant la table.
   (*Mlle Fourchet, Vous, Ils, Tu, Nous, On, Je*)
3. *Elle s'est assise* sans parler.
   (*Je, Nous, Tu, On, Vous, Les hommes, M. Fourchet, Elle*)
4. *Vous assiérez-vous?*
   (*ils, on, Est-ce que je, nous, elle, tu, vous*)

Exercices de transformation

Modèle: Nous nous asseyons. (*demain*)
Nous nous assiérons demain.

1. Nous nous asseyons.
   (*hier, autrefois, si nous avions le temps, maintenant*)
2. Il s'asscyait.
   (*hier, demain, maintenant, autrefois*)
3. Tu t'assieds.
   (*demain, autrefois, hier, si tu avais le temps, maintenant*)

NOTE DE GRAMMAIRE 6: Négations: type **ne . . . que**

1. In **Chapitre 10** we saw those negations (**ne . . . pas, ne . . . plus,** etc.) which surround the verb in simple tenses and surround the auxiliary verb in compound tenses:

SIMPLE TENSE:	Elle **ne** veut **pas** le faire.	*She does not want to do it.*
COMPOUND TENSE:	Elle **n'**a **pas** voulu le faire.	*She did not want to do it.*

There are other negations which surround the verb in simple tenses and surround the auxiliary and the past participle in compound tenses:

SIMPLE TENSE:	Elle **ne** mange **qu'**un gâteau.	*She is eating only one cake.*
COMPOUND TENSE:	Elle **n'**a mangé **qu'**un gâteau.	*She ate only one cake.*

2. Study the negations which behave like **ne . . . que** and surround both the auxiliary and the past participle in compound tenses:

Ne . . . que (*only*)

SIMPLE:	Je ne veux que du pain de mie.
COMPOUND:	Je n'ai voulu que du pain de mie.

Ne . . . personne (*nobody, no one*)

SIMPLE:	Je ne vois personne.
COMPOUND:	Je n'ai vu personne.

Ne . . . ni . . . ni (*neither . . . nor*)

SIMPLE:	Je ne veux ni pommes ni poires.[2]
COMPOUND:	Je n'ai voulu ni pommes ni poires.

Ne . . . aucun (*not any, none, no*)

SIMPLE:	Je ne veux aucun croissant.
COMPOUND:	Je n'ai voulu aucun croissant.

Exercices de transformation

Type: **ne . . . que**

Modèle: J'ai parlé à mon ami. (*ne . . . que*)
Je n'ai parlé qu'à mon ami.

1. Tu désirais des oignons et des asperges. (*ne . . . ni . . . ni*)
2. Tu cherches ton camarade. (*ne . . . personne*)
3. Nous avons lu l'article. (*ne . . . aucun*)
4. Nicole fera un petit gâteau. (*ne . . . que*)

Type: **ne . . . que** and **ne . . . pas**

Modèle: L'hôtesse a servi du café et du lait. (*ne . . . ni . . . ni*)
L'hôtesse n'a servi ni café ni lait.

1. Avez-vous signé le contrat? (*ne . . . aucun*)
2. A-t-elle vu quelqu'un? (*ne . . . personne*)
3. Mon père a voulu voir le palais. (*ne . . . que*)
4. J'ai souvent suivi la Loire. (*ne . . . jamais*)
5. Tu as acheté des tomates. (*ne . . . pas*)
6. Tu as traversé un fleuve, un océan et une mer. (*ne . . . ni . . . ni . . . ni*)

Exercices de transformation

Type: **Ne . . . qu'à**

Modèle: Il a soif. (boire)
Il n'a qu'à boire.

1. Je suis fatigué. (*dormir*)
2. Elle a faim. (*manger*)
3. Tu es en retard. (*se dépêcher*)
4. Nous avons trop chaud. (*ouvrir la fenêtre*)
5. Vous avez froid. (*fermer la fenêtre*)
6. Ils ont sommeil. (*dormir*)
7. Vous êtes en avance. (*attendre*)
8. Tu veux emprunter la mobylette. (*la demander*)
9. Ta mobylette a besoin d'essence. (*faire le plein*)

[2] The construction **ne . . . ni . . . ni** does not take the partitive forms.

NOTE DE GRAMMAIRE 7: Pronoms sans antécédent défini

We saw the *relative pronouns* which take definite antecedents in **Chapitres 11** and **14.** (By the way, in this preceding sentence, the word *pronouns* is the *antecedent* of the relative pronoun *which.*)

There are also *relative pronouns* which do not have definite antecedents. To compensate for the lack of an antecedent, the particle **ce** *precedes* the form of the pronoun:

Ce qui est clair est français.
That which is clear is French.

Ce dont vous parlez ne me regarde pas.
What (That which) you are talking about is not my business.

Ce[3] **à quoi** vous pensez ne me regarde pas.
What you are thinking about is not my business.

Ce que vous dites est intéressant.
What you are saying is interesting.

Compare the following two tables:

CASE	ANTECEDENT	RELATIVE CLAUSE	MAIN CLAUSE
Subject	Le garçon	qui nous parle	est français.
Direct object	Le garçon	que vous voyez	est français.
Object of preposition **de**	Le garçon	dont vous parlez	est français.
Any other prepositional case	Le garçon	à qui vous parlez	est français.

In each case above we have an *antecedent* (a noun in each example) which precedes *the relative pronoun.*

Note the differences in this chart where there is *no* definite antecedent:

CASE	RELATIVE CLAUSE	MAIN CLAUSE
Subject	Ce qui me plaît	coûte cher.
Direct object	Ce que tu veux	coûte cher.
Object of preposition **de**	Ce dont on a besoin	coûte cher.
Any other prepositional case	Ce à quoi elle pense	coûte cher.

[3] The **ce** is not always required when it is in the body of a sentence: Il m'a dit **à quoi** il pensait.
He told me what he was thinking about.

The function of each relative pronoun with an indefinite antecedent is determined by its *relationship* to the verb in the relative clause:

Subject:	**Ce qui** is the subject of the verb **plaire.**
Direct object:	**Ce que** is the direct object of the verb **vouloir.**
Object of **de:**	**Ce dont** is the object of the preposition **de** required in **avoir besoin de.**
Object of **à:**	**Ce à quoi** is the indirect object of the preposition **à** required in **penser à.**

Substitutions progressives

Ce qui: Subject

1. Ce qui est vrai est vrai.
   Ce qui *nous plaît* est vrai.
   Ce qui nous plaît *est bon.*
   Ce qui *t'intéresse* est bon.
   Ce qui t'intéresse *ne le regarde pas.*
   Ce qui *vous impressionne* ne le regarde pas.
   Ce qui vous impressionne *est vrai.*
   Ce qui *est vrai* est vrai.

Ce que: Direct Object

2. Ce que vous voulez est très cher.
   Ce que vous voulez *coûte cher.*
   Ce que *vous voyez* coûte cher.
   Ce que vous voyez *est à lui.*
   Ce que *vous préférez* est à lui.
   Ce que vous préférez *est là.*
   Ce que *Nicole désire* est là.
   Ce que Nicole désire *est très cher.*
   Ce que *vous voulez* est très cher.

Ce dont: Object of Preposition **de**

3. Ce dont nous avons besoin est en France.
   Ce dont *il a parlé* est en France.
   Ce dont il a parlé *est au Portugal.*
   Ce dont *je me souviendrai* est au Portugal.
   Ce dont je me souviendrai *est à Berlin.*
   Ce dont *elle est contente* est à Berlin.
   Ce dont elle est contente *est en France.*
   Ce dont *nous avons besoin* est en France.

Ce à quoi: Object of Preposition **à**

4. Ce à quoi je pense traverse le pont.
   Ce à quoi je pense *a quatre jambes.*
   Ce à quoi *il s'intéresse* a quatre jambes.
   Ce à quoi il s'intéresse *est artistique.*
   Ce à quoi *nous réussissons* est artistique.
   Ce à quoi nous réussissons *est difficile.*
   Ce à quoi *je pense* est difficile.
   Ce à quoi je pense *traverse le pont.*

Exercices de transformation

Modèles: Il pense à quelque chose.
Mais je ne sais pas à quoi il pense.
Elle a peur de quelque chose.
Mais je ne sais pas de quoi elle a peur.

1. Quelque chose lui manque.
2. Elles ont trouvé quelque chose là-bas.
3. Ils se sont lavés avec quelque chose.

Modèle: Qu'est-ce que tu veux faire?
Je ne vais pas te dire ce que je veux faire.

1. De quoi as-tu envie?
2. Sur quoi t'es-tu assis?
3. Qu'est-ce qui t'intéresse?
4. A quoi penses-tu?
5. Qu'est-ce qui te manque?

QUESTIONS GENERALES

1. Quels sports préférez-vous?
2. Quand y jouez-vous?
3. Pour lequel a-t-on besoin de beaucoup de forces?
4. Pour faire du ski de quoi a-t-on besoin?
5. En quelles saisons joue-t-on au golf?
6. Est-il bon de faire de la bicyclette? Comment est-ce que ce sport aide le corps?
7. Quelles parties du corps exerce-t-on quand on fait de la natation?
8. Savez-vous comment jouer à la pétanque?
9. Quand serre-t-on la main de quelqu'un en France?
10. Aimez-vous cette coutume?
11. Quand vous jouez à un sport, est-ce uniquement pour gagner?
12. Est-il difficile d'apprendre le français?
13. Quelle est votre boisson préférée? Quand buvez-vous?
14. Quelle boisson prenez-vous avec vos repas?
15. Si vous n'étiez pas vous, qui aimeriez-vous être?
16. De tous les cours que vous suivez, lequel aimez-vous le mieux? Pourquoi?

Exercices de manipulation

1. Dis à __________ de nous décrire le jeu de baseball.
2. Dis à __________ de nous décrire le jeu de football américain.
3. Demande à __________ de nous parler de la musique qu'il préfère.
4. Dis-moi ce que tu considères une corvée?
5. Demande à __________ ce qui est capable de le/la bouleverser.
6. Demande à __________ ce dont il/elle a surtout besoin pour être heureux(se)?
7. Demande à __________ à quoi il/elle rêve (*dream*) quand il dort en classe.
8. Demande à __________ ce qu'il/elle fait quand il/elle a mal aux dents.
9. Demande à __________ ce qu'il/elle ferait s'il/elle avait beaucoup d'argent.
10. Dis-moi __________ ce dont tu te souviens quand tu es loin de chez toi?

MICROLOGUE **La Lumière de Paris**

The following **micrologue** introduces some thoughts by Mr. Léopold Senghor, President of the Republic of Senegal, on what Paris ("**l'expérience parisienne**") means to him. His experience is described more completely in *La Lumière de Paris*, the *lecture* which follows the micrologue.

experienced
to assimilate/to create
opening himself

M. Senghor nous décrit le Paris des années pendant lesquelles il était étudiant. Il a découvert la beauté physique et la richesse culturelle de la ville. Il a su profiter de tout ce que la ville avait à lui offrir. Il y a fréquenté les théâtres, les musées, les salles de concert et les salons d'art. Il y a **éprouvé** l'esprit de Paris, le désir de connaître et d' **assimiler** tout pour **créer** et il a fini par découvrir l'humanité. En **s'ouvrant** aux autres, Paris l'a ouvert à la connaissance de lui-même.

Questions

1. Qu'est-ce que M. Senghor a découvert?
2. De quoi a-t-il su profiter?
3. Qu'est-ce qu'il y a fréquenté?
4. Qu'est-ce qu'il y a éprouvé?
5. Qu'est-ce qu'il a découvert?
6. A quoi Paris l'a-t-il ouvert?

LECTURE La Lumière de Paris

as a curious tourist
with faces/differents
light
smoke/to tarnish/gray
delicate/varied/lighting
spirit
stone
hills
soul/to the measure of man, to man's proportions
all of it
Spirit (holy)

. . . De Paris j'ai connu, d'abord, les rues, **en touriste curieux.** Moins le Paris *by night* que la capitale **aux visages** si **divers** sous **la lumière** du jour, Ah! cette lumière que **les fumées** des usines n'arrivent pas à **ternir.** Blonde, bleue, **grise,** selon les saisons, les jours, les heures, elle reste toujours **fine** et **nuancée, éclairant** arbres et pierres, animant toutes choses de **l'esprit** de Paris . . . .

. . . pour moi Paris, c'est d'abord cela: une ville—une symphonie de **pierre**—ouverte sur un paysage harmonieux d'eaux, de fleurs, de forêts, et de **collines.** Paysage qui est paysage de **l'âme, à la mesure de l'homme.** Et **le tout** s'éclaire de la lumière de **l'Esprit.**

• • •

typical/my quest
barbarous
a failing
masterpieces
opening
this will
the mark/genius

Cet esprit de Paris, **exemplaire** de l'esprit français, a été l'objet de **ma quête,** durant mes anneés d'études. J'y ai mis une passion tout africaine: j'allais dire toute **barbare.** C'est, peut-être, **une lacune,** j'ai fréquenté les théâtres et les musées, les salles de concert et les salons d'art plus que les *night clubs.*

Et il est vrai que l'on nous offrait, souvent, des **chefs-d'œuvre** étrangers. C'est, précisément, un aspect de l'esprit de Paris, que cette **ouverture** au Monde, que cette recherche de l'Autre. J'irai plus loin, cette soif insatiable de connaître, **cette volonté** lucide d'assimiler pour créer, voilà qui est **le sceau** de l'esprit de Paris, du **génie** français.

creative choice
Nothing is as it presents itself with its (literally: sap) vigour and its unbridled nature/brought back
leads to

Ce qui le distingue et fait sa valeur exemplaire, c'est que ce génie est **choix créateur. Rien ne subsiste tel qu'il s'est présenté, avec sa sève et sa démesure;** tout est **ramené** à ses justes proportions, à sa mesure humaine. Tout y parle de l'homme et **tend à** l'homme, tout s'y accomplit comme expressions de l'Esprit, qui est esprit de l'homme.

• • •

capital

Cependant, la plus grande leçon que j'ai reçue de Paris est moins la découverte des autres que de moi-même. En m'ouvrant aux autres, **la métropole** m'a ouvert à la connaissance de moi-même.

Léopold Sedar Senghor*

---

* Réponse au Président du Conseil municipal, réception à l'Hôtel de Ville de Paris, 20 avril 1961. From *Poètes d'aujourd'hui*, Pierre Seghers, éditeur, Paris, 1961.

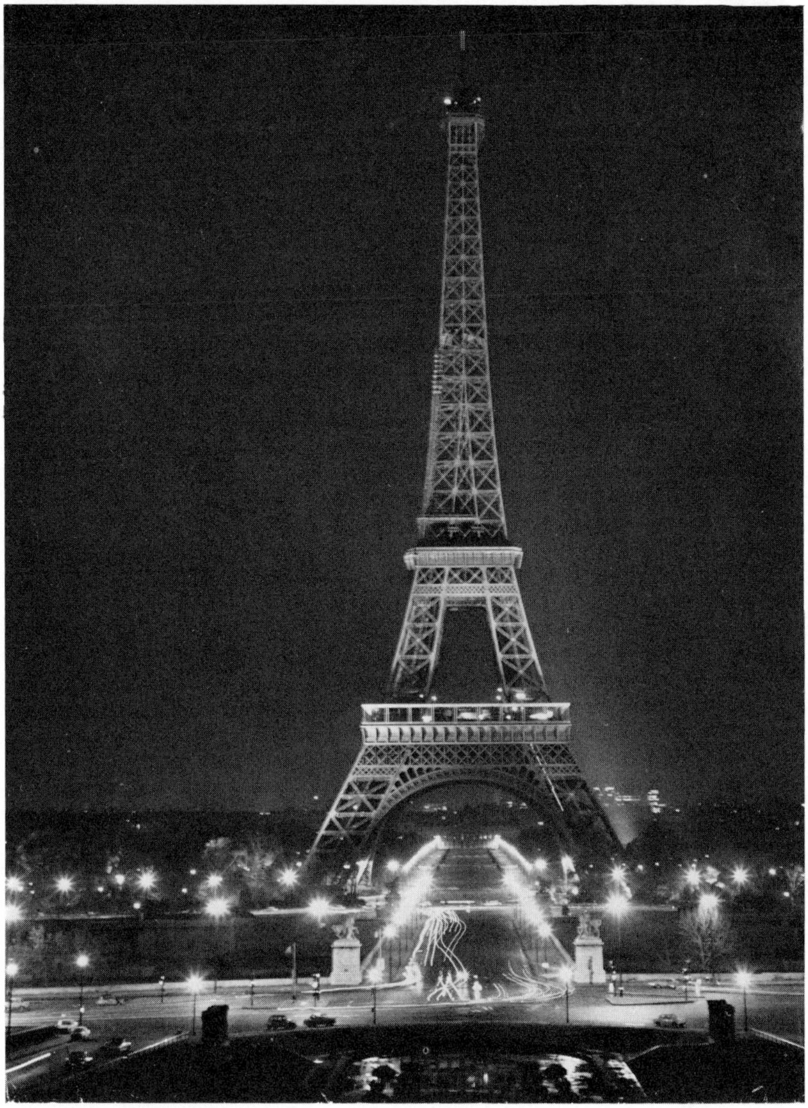

La Tour Eiffel la nuit

CREATION ET RECREATION
Choix Multiples

1. For each of the items below, choose which letter best follows the information given in the beginning sentence(s). After you have made your choice, explain why the other three possibilities do not make sense.

1. Le garçon à un client:
   —Comme boissons je peux vous offrir du vin, de la bière, des jus de fruit différents, du whisky, etc. __________ préférez-vous, monsieur?
   (a) Lequel (b) Laquelle (c) Lesquels (d) Lesquelles

2. Si j'avais très soif, je boirais
   (a) une banane. (b) du verre. (c) de l'eau. (d) du pain de mie.
3. Si j'ai mal au nez, je vais chez le
   (a) prêtre. (b) charcutier. (c) médecin. (d) horloger.
4. S'il faisait moins froid,
   (a) il essaie de nager. (b) je serai heureux de sortir. (c) j'ai porté mon manteau. (d) je serais plus content d'y aller.
5. Quand le réveil sonne le matin, je ________
   (a) se réveiller (b) s'habiller (c) s'asseoir (d) se promener
6. Il est difficile de penser à «Mona Lisa» (la Joconde) sans
   (a) sourire. (b) manger une pizza. (c) traverser l'Atlantique. (d) fermer les yeux.
7. «Pardon, monsieur. A quelle heure commence le concert, s'il vous plaît?»
   Réponse:
   (a) Je n'ai pas le temps. (b) Cela ne vous regarde pas. (c) Allez faire de la voile! (d) Je suis désolé, mais vous l'avez déjà manqué, je crois.

2. Monique rencontre Pierre au Foyer des Etudiants (*Student Center*). Ils commandent (*order*) des boissons et ils parlent du dernier match de basket (ou d'un autre sport), etc.

OUI **NON**

Chapitre 16: COUP D'ŒIL

1. The *conditional* is formed by adding the imperfect endings

   -ais, -ais, -ait, -ions, -iez, -aient

   to the future stem.

   J'ir**ai** à New York. (*future*)
   J'ir**ais** à New York. (*conditional*)

2. The sequence of tenses used in conditional sentences is determined by the tense of the verb in the *main clause:*

   Je **vais** à New York, si j'**ai** le temps.
   I go to New York if I have the time.
   J'irai à New York, si j'**ai** le temps.
   I'll go to New York if I have the time.
   J'irais à New York, si j'**avais** le temps.
   I would go to New York if I had the time.

3. **Tout** may be used as an adjective or as an adverb:

   Adjective: **Tous** les hommes sont égaux.
   Adverb: Elle est **toute** pâle.

_____ _____ 4. **Il** . . . **de** introduces a thought:

Il est facile **de** parler français.

Ce . . . **à** refers back to a thought:

C'est facile **à** croire.

_____ _____ 5. S'**asseoir** is an irregular verb.

je m'assieds	nous nous asseyons
tu t'assieds	vous vous asseyez
il s'assied	ils s'asseyent

_____ _____ 6. Certain negations surround the auxiliary and the past participle in compound tenses:

Je **n'**ai vu **personne.**

_____ _____ 7. Relative pronouns without definite antecedents are:

ce qui, ce que, ce dont, (ce) à quoi.
Ce qui est clair est français.

_____ _____ 8. Contrastive chart of relative and interrogative pronouns:

PERSONS	RELATIVE	INTERROGATIVE
SUBJECT	qui/lequel	qui?/qui est-ce qui?/lequel?
OBJECT	que/lequel	qui?/qui est-ce que?/lequel?
OBJECT OF PREPOSITIONS	dont/duquel/de qui	de qui?/de qui est-ce que?/duquel?
	à qui/auquel	à qui?/à qui est-ce que?/auquel?
THINGS AND ANIMALS		
SUBJECT	qui/lequel	qu'est-ce qui?/lequel?
OBJECT	que/lequel	que?/qu'est-ce que?/lequel?
OBJECT OF PREPOSITIONS	dont/duquel/de quoi	de quoi?/de quoi est-ce que?/duquel?
	auquel/à quoi	à quoi?/à quoi est-ce que?/auquel?

VOCABULAIRE

Verbes

arroser
s'asseoir*
(se) **brosser**
célébrer
exercer
expliquer
exprimer
fêter
gagner
(s') intéresser (à)
marcher
offrir
rêver
traverser

Noms

brouhaha (m.)
bruit (m.)
chanson d'amour (f.)
rythme (m.)
vacarme (m.)

cœur (m.)
douleur (f.)
gorge (f.)

aspect (m.)
balcon (m.)
corvée (f.)
cours (m.)
pays (m.)
terrasse (f.)

match (m.)
victoire (f.)

Adjectifs

actif
artistique
clair
compliqué
courageux
cruel
égal
embêtant
ennuyeux
glacé
lent
libre
mortel
pâle
populaire
pur
rasoir°
tout

Pronoms

ce qui
quelque chose
quelqu'un

Adverbes

ne . . . aucun
ne . . . ni . . . ni
ne . . . personne
tout

Expressions utiles

à ce moment-là
à la même époque
au début des années cinquante
au même moment
avoir mal au cœur
une bière pression
un crème
être en train de
être tout oreilles
être tout ouïe
faire de la bicyclette
faire de la natation
faire du ski
faire de la voile
Garçon!
jouer à (+ sport)
jouer à la pétanque
un kir
une limonade

Scénario 16: Au café

QUATRIEME ETAPE

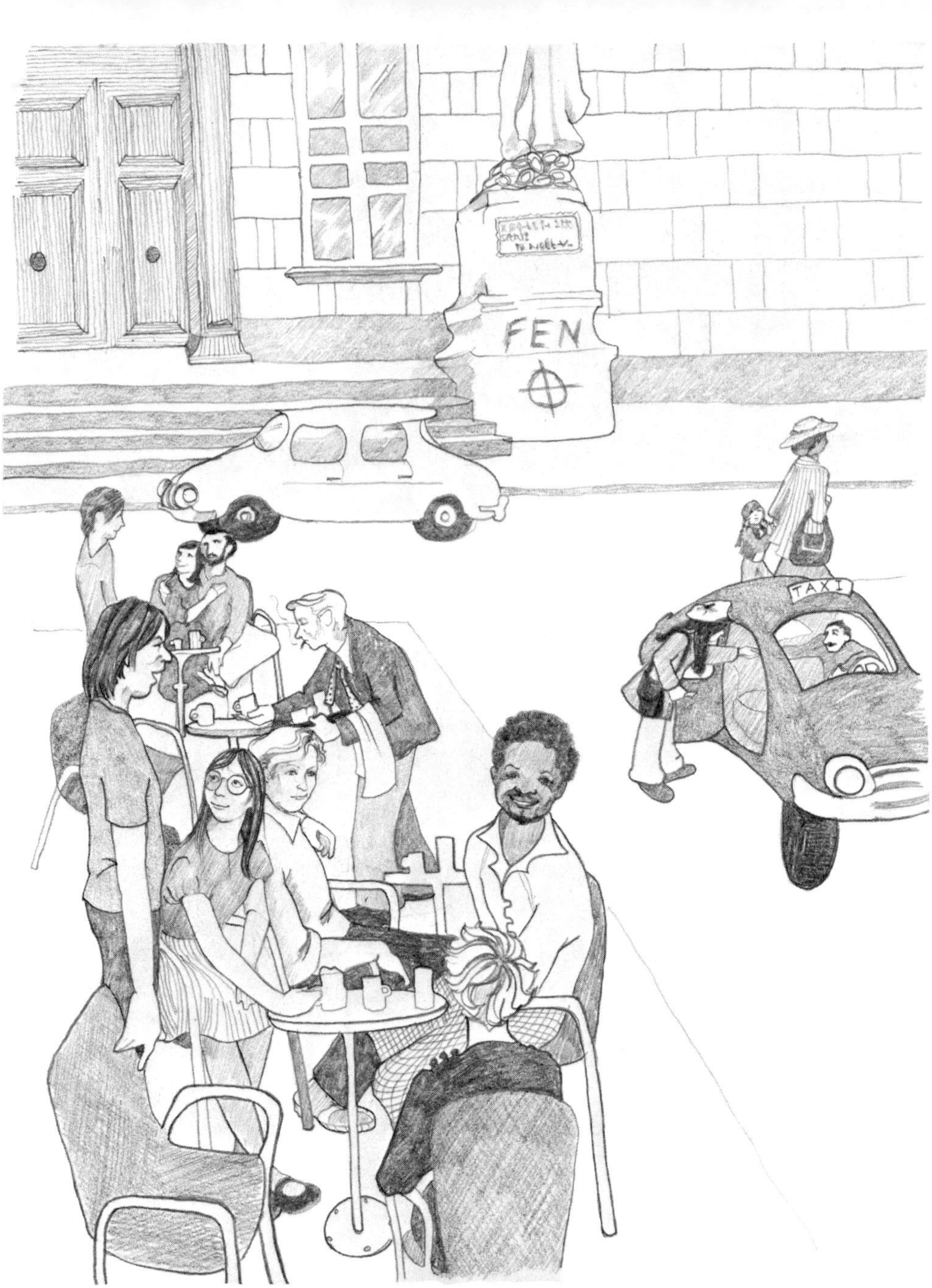

CHAPITRE 17

DEVANT LE GYMNASE

Scénario 17: Devant le gymnase

PREMIERE ETAPE

ROBERT: Il est nécessaire que j'aille à la pharmacie. Je te retrouverai au café plus tard. Il est possible que je sois un peu en retard.

PETER: Où est-il allé si vite?

DAVID: A la pharmacie et plus tard il ira au café.

PETER: Il faut que nous y allions aussi. On nous attend.

(*Les étudiants sont toujours au café. Ils continuent leur discussion sur la musique, ce qui les intéresse vivement.*)

PETER: De quoi parlez-vous?

SYLVIE: Henry nous parle de la musique américaine.

HENRY: Il semble qu'on explore les subtilités du genre.

DEUXIEME ETAPE

ROBERT: Je me suis égratigné. Il est nécessaire que j'aille à la pharmacie. Je te retrouverai au café plus tard. Il est possible que je sois un peu en retard.

PETER: Tu as vu comment Robert est parti comme une flèche? Où est-il allé si vite?

DAVID: A la pharmacie et plus tard il ira au café.

PETER: Il faut que nous y allions aussi. On nous attend.

(*Les étudiants sont toujours au café. Ils continuent leur discussion sur la musique, ce qui les intéresse vivement.*)

PETER: De quoi parlez-vous?

SYLVIE: Henry nous parle de la musique américaine.

HENRY: Cette musique est devenue de plus en plus raffinée. Dès dix-neuf cent soixante-quatre le genre semble avoir atteint le plus haut niveau de l'art . . .

FRANCINE: Oui, surtout chez les Anglais.

HENRY: Maintenant il semble qu'on explore les subtilités du genre.

TROISIEME ETAPE

ROBERT: Je me suis égratigné. Il est nécessaire que j'aille à la pharmacie. Vas-y, je te retrouverai au café plus tard. J'irai à pied. Il est possible que je sois un peu en retard. (*Il s'en va*)

PETER: Tu as vu comment Robert est parti comme une flèche? Où est-il allé si vite?

DAVID: A la pharmacie et plus tard il ira au café. Il allait rencontrer Sylvie et Francine.

PETER: Il faut que nous y allions aussi. On nous attend.

(*Les étudiants sont toujours au café. Ils continuent leur discussion sur la musique, ce qui les intéresse vivement. Peter et David entrent. Ils saluent leurs camarades.*)

PETER: De quoi parlez-vous?

SYLVIE: Henry nous parle de la musique américaine.

HENRY: (*reprenant la parole*) Pendant les dix années suivantes cette musique est devenue de plus en plus raffinée. Dès dix-neuf cent soixante-quatre le genre semble avoir atteint le plus haut niveau de l'art . . .

FRANCINE: Oui, surtout chez les Anglais tels que les Beatles et les Stones, n'est-ce pas?

HENRY: C'est ça. Maintenant il semble qu'on explore les subtilités du genre.

PETER: (*à Sylvie*) Man, d'ya dig?

SYLVIE: Mais quel est ce charabia?

PETER: Nous t'apprenons à parler anglais.

SYNONYMES ET EXPRESSIONS APPROXIMATIVES

1 égratigné = blessé légèrement
1 Il est nécessaire que = Il faut que
4 est parti comme une flèche = s'est précipité, s'est élancé, a foncé, est allé très vite
14 raffinée = sophistiquée
15 le plus haut niveau = le comble, le sommet

QUESTIONS SUR LE SCENARIO

1. Où Robert va-t-il? Pourquoi?
2. Comment Robert est-il parti?
3. Où Robert ira-t-il après?
4. Pourquoi vont-ils tous au café?
5. Qu'est-ce qui les intéresse vivement?
6. De quoi Henry parle-t-il?
7. Comment la musique est-elle devenue?
8. Dès dix-neuf cent soixante-quatre, qu'est-ce que ce genre semble avoir atteint?
9. Qu'est-ce qu'on explore maintenant?
10. Qu'est-ce qu'ils apprennent à Sylvie?

VOCABULAIRE ILLUSTRE

Je joue . . . .

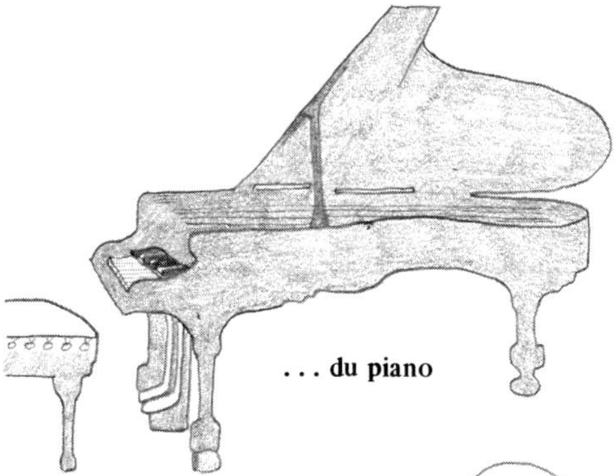

. . . du piano

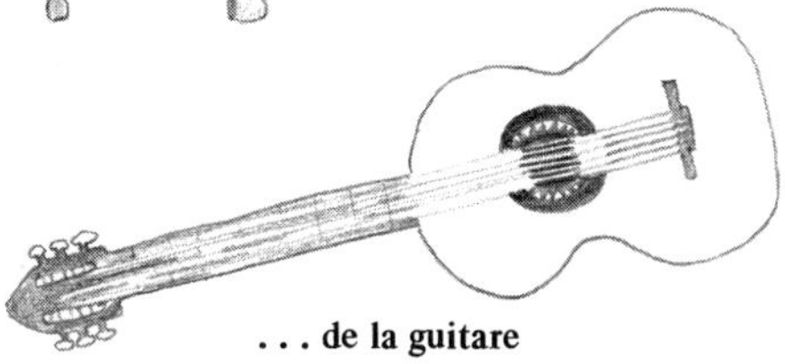

. . . de la guitare

. . . du violon

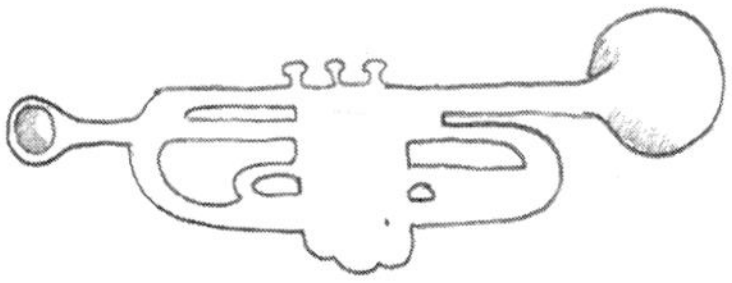

. . . de la trompette

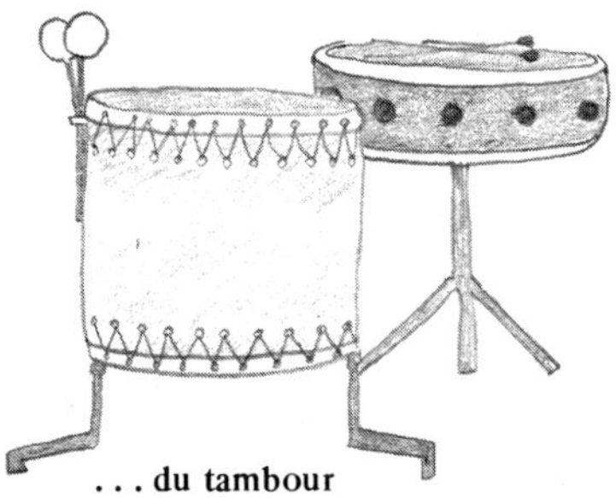

. . . du tambour

Je joue . . . .

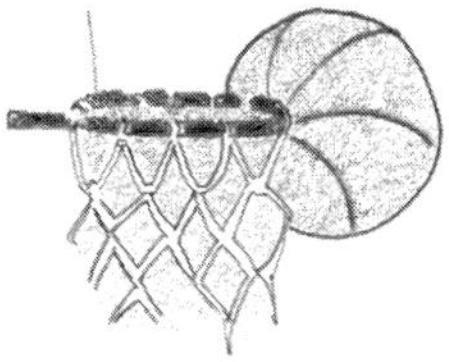

. . . au basket

. . . au tennis

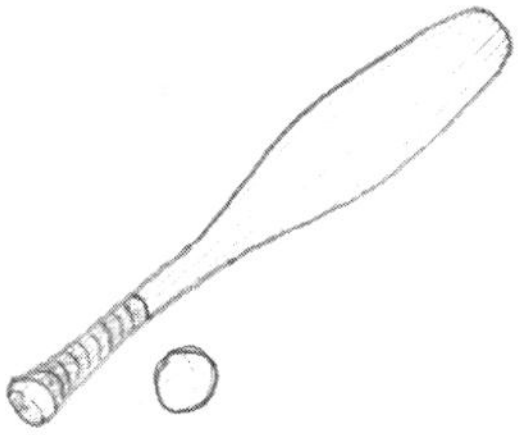

. . . au base-ball

. . . aux cartes

NOTE DE GRAMMAIRE 1: Le Verbe **valoir**

The verb **valoir** (*to be worth*) is used frequently in the following three impersonal expressions:

Il vaut mieux étudier davantage.
It is better to study harder.

Il vaudrait mieux le finir.
It would be better to finish it.

Ça ne vaut pas la peine de lire ce roman.
It is not worth the trouble reading this novel.

These expressions may be followed either by an infinitive or by a subordinate clause.

Simples substitutions

1. Il vaut mieux *l'étudier.*
   (*le manger, le savoir, lui répondre, voyager, s'en aller, l'étudier*)
2. Il vaudrait mieux *l'y conduire.*
   (*l'essayer, s'y arrêter, se dépêcher, lui parler, y passer, l'y conduire*)
3. Ça ne vaut pas la peine de *l'ouvrir.*
   (*partir tout de suite, ranger les affaires, y aller, le faire, se battre, l'ouvrir*)

NOTE DE GRAMMAIRE 2: **Il faut**

The *impersonal* construction **Il faut** used alone, (i.e., without a subordinate clause introduced by **que,** or without an infinitive) means: *to need.* It is usually constructed with the *indirect object personal pronoun:*

Il **me** faut une voiture.	*I need a car.*
Il **te** faut une voiture.	*You need a car.*

Its infinitive is **falloir.** It is a defective verb and has only *the third person singular form:*

PRESENT:	**il faut**	FUTUR:	**il faudra**
PASSE COMPOSE:	**il a fallu**	CONDITIONNEL:	**il faudrait**
IMPARFAIT:	**il fallait**		

Simples substitutions

1. Il *me* faut de l'argent.
   (*vous, nous, te, lui, leur, me*)
2. Il *nous* faudra une mobylette.
   (*me, te, vous, leur, lui, nous*)
3. Il *leur* fallait une voiture pendant les vacances.
   (*lui, vous, me, nous, te, leur*)
4. Il *te* faudrait un nouveau manteau.
   (*me, vous, nous, lui, leur, te*)
5. Il *nous* a fallu deux heures pour arriver à New York.
   (*vous, lui, te, leur, me, nous*)

Questions

1. Qu'est-ce qu'il te faut pour faire un voyage en avion?
2. Qu'est-ce qu'il te faudrait s'il pleuvait?
3. Qu'est-ce qu'il faut à un étudiant américain pour apprendre le français?

NOTE DE GRAMMAIRE 3: Le Subjonctif

Throughout the text you encountered the *subjunctive* form of the verb. For example:

. . . c'est la seule cathédrale en France qui **ait** cinq portails. (Ch. 11, p. 251)
Il faut que **nous y allions** aussi. (Ch. 17, p. 359)

Each example shown above uses the *subjunctive* because of particular stresses brought to bear on the verbal form.

In this chapter, we shall concentrate on the simplest forms of the *subjunctive*, typified by the first and last examples above.

1. The *subjunctive* is formed by taking the *first person plural present indicative* minus the **-ons:**

FIRST CLASS VERBS:	**parl-**
SECOND CLASS VERBS:	**finiss-**
THIRD CLASS VERBS:	**vend-**

2. To these stems we add one set of endings for all three classes of regular verbs:

-e, -es, -e, -ions, -iez, -ent

parler	**finir**	**vendre**
Il faut que je parl**e.**	Il faut que je finiss**e.**	Il faut que je vend**e.**
Il faut que tu parl**es.**	Il faut que tu finiss**es.**	Il faut que tu vend**es.**
Il faut qu'il parl**e.**	Il faut qu'il finiss**e.**	Il faut qu'il vend**e.**
Il faut que nous parl**ions.**	Il faut que nous finiss**ions.**	Il faut que nous vend**ions.**
Il faut que vous parl**iez.**	Il faut que vous finiss**iez.**	Il faut que vous vend**iez.**
Il faut qu'ils parl**ent.**	Il faut qu'ils finiss**ent.**	Il faut qu'ils vend**ent.**

Since the irregular verbs have special stems, we will concentrate here on the subjunctive with regular verbs.

3. The *subjunctive is required* when a verb or a verbal form stressing *urgency or necessity precedes the subordinate clause.*

Il faut que **vous l'étudiiez.**	*You must learn it.*
Il est nécessaire que **vous le finissiez.**	*You must finish it.*

Simples substitutions

1. Il faut que *vous parliez* au professeur.
   (*nous parlions*, *tu parles*, *je parle*, *on parle*, *ils parlent*, *elle parle*, *vous parliez*)

2. Il est urgent que *nous finissions* la lettre.
   (*je finisse, tu finisses, vous finissiez, on finisse, ils finissent, elle finisse, nous finissions*)
3. Il est nécessaire qu'*il vende* la voiture.
   (*nous vendions, ils vendent, on vende, tu vendes, je vende, vous vendiez, il vende*)

Substitution progressive

Il faut que tu sortes ce soir.
Il faut que *tu t'absentes demain.*
Il est nécessaire que tu t'absentes demain.
Il est nécessaire que *tu réussisses à ton examen.*
Il est urgent que tu réussisses à ton examen.
Il est urgent que *tu sortes ce soir.*
Il faut que tu sortes ce soir.

Exercices de transformation

1. Il faut que *je* lui *donne* de l'argent.
   (*nous, vous, on, tu, ils, elle, Mme Fourchet, je*)
2. Il faut que *tu choisisses* les vêtements.
   (*il, elle, elles, nous, je, vous, tu*)
3. Il faut que *nous répondions* à l'agent de police.
   (*je, vous, ils, tu, on, Robert et Henry, nous*)
4. Il est nécessaire que *tu étudies* le scénario.
   (*nous, vous, ils, il, je, les étudiants, tu*)
5. Il est nécessaire que *tu réussisses.*
   (*elle, je, nous, ils, vous, tu, Robert et Henry, tu*)
6. Il est nécessaire que *vous attendiez* l'autobus.
   (*je, nous, elle, ils, M. Fourchet, tu, on, vous*)
7. Il est urgent que *tu entendes* la musique.
   (*il, je, nous, vous, ils, les étudiants, tu*)

Note that here we are using
Il faut que + *a subordinate clause*

and not
Il faut *with an object pronoun*

as seen previously in Note de grammaire 2.

4. The *subjunctive is required* when a verb expressing

will (*volition*) or judgment

precedes the subordinate clause:

Nous voulons que vous le finissiez.	*We want you to finish it.*
Il vaut mieux que nous le fassions.	*It is better that we do it.*

Exercices de transformation

1. Je veux que *tu répondes vite.*
   (*nous*, *vous*, *ils*, *elle*, *elles*, *on*, *l'étudiant*, *tu*)
2. Il vaut mieux que *tu commences* à parler.
   (*il*, *elles*, *vous*, *nous*, *elle*, *Robert et Henry*, *tu*)
3. Je désire que *vous* lui *vendiez* la mobylette.
   (*nous*, *elle*, *tu*, *ils*, *elles*, *l'employé*, *vous*)
4. Elle aime que *nous arrivions* de bonne heure.
   (*je*, *tu*, *vous*, *il*, *elles*, *ils*, *on*, *nous*)
5. Ils aimeraient qu'*on se dépêche.*
   (*tu*, *nous*, *vous*, *elles*, *elle*, *je*, *on*)

5. The *subjunctive is required* when a verb expressing either

doubt or an *emotional state*

precedes the subordinate clause:

Nous doutons que vous le finissiez.	*We doubt that you will finish it.*
Elle est heureuse que vous le finissiez.	*She is happy that you are finishing it.*

Exercices de transformation

1. Il doute que *vous arriviez* à l'heure.
   (*je*, *tu*, *nous*, *on*, *ils*, *elle*, *vous*)
2. Je ne suis pas sûr que *tu te souviennes* de moi.
   (*vous*, *il*, *elle*, *ils*, *elles*, *Mme Fourchet*, *tu*)
3. Nous sommes contents qu'*il finisse* le devoir.
   (*tu*, *ils*, *elle*, *Mlle Fourchet*, *vous*, *elles*, *il*)
4. Elle sera très fâchée que *tu commences* sans elle.
   (*ils*, *vous*, *je*, *on*, *nous*, *il*, *elles*, *elle*, *tu*)

SUMMARY:

1. The *subjunctive* is used primarily in *subordinate clauses*. The subordinate clause is the clause introduced by **que.**
2. The *subjunctive* is used when a verb or a verbal form stressing *urgency* or *necessity* precedes the subordinate clause.
3. The *subjunctive* is used when a verb expressing the *will* (*volition*) precedes the subordinate clause.
4. The *subjunctive* is used when a verb expressing either *doubt* or an *emotional state* precedes the subordinate clause.
5. There is *no future subjunctive*. The present is used when a future time is indicated or implied:

   Je regrette qu'il pleuve demain.
   I am sorry that it will rain tomorrow.

6. When the verb in the main clause and the verb in the subordinate clause have the same subject, the **infinitive** is used instead of the subjunctive in the subordinate clause.

Je veux manger tout de suite.
Je veux que **tu** manges tout de suite.

Il aime mieux vendre la voiture.
Il aime mieux que **nous** vendions la voiture.

Nous regrettons de finir en retard.
Nous regrettons que **tu** finisses en retard.

Substitutions progressives

1. Je doute fort que tu attendes ici.
   Je doute fort *que vous choisissiez le guide.*
   Elle est très heureuse que vous choisissiez le guide.
   Elle est très heureuse *que nous finissions à l'heure.*
   Peter n'est pas sûr que nous finissions à l'heure.
   Peter n'est pas sûr *qu'elle arrive à temps.*
   Je doute fort qu'elle arrive à temps.
   Je doute fort *que tu attendes ici.*
2. Il est nécessaire que M. Fourchet parle fort.
   Je veux absolument que M. Fourchet parle fort.
   Je veux absolument *qu'elle remplisse la carte.*
   Il faut absolument qu'elle remplisse la carte.
   Il faut absolument *que vous rencontriez Francine.*
   Nous doutons que vous rencontriez Francine.
   Nous doutons *que M. Fourchet parle fort.*
   Il est nécessaire que M. Fourchet parle fort.

Exercices de transformation

Modèle: Il perd son accent. (*Il faut que*)
Il faut qu'il perde son accent.

1. Tu attends tes amis. (*Je suis content que*)
2. Vous étudiez toutes les leçons. (*Il veut que*)
3. Vous partez avant ce soir. (*Il veut que*)
4. Il choisit de belles chemises. (*N'es-tu pas contente que*)
5. Francine remplit la carte. (*Il sera absolument nécessaire que*)
6. Nous passons l'aspirateur sur le tapis. (*Il faut que*)
7. Vous nettoyez vos chaussures. (*Il est désirable que*)
8. Vous jouez de la guitare. (*Le directeur est content que*)
9. Je finis la discussion sur la musique. (*Il veut que*)

10. Il nous attend à la pharmacie. (*Je suis content que*)
11. Nous étudions le français. (*Mme Fourchet est heureuse que*)
12. Nous te retrouvons au café. (*Il faut que*)
13. Vous répondez toujours bien aux questions. (*Il doute que*)
14. Nous le lavons. (*Elle est contente que*)
15. Vous oubliez la leçon (*Je regrette que*)
16. Vous ne travaillez pas bien. (*Nous regrettons que*)

NOTE DE GRAMMAIRE 4: Positions des pronoms compléments objets

Earlier we drilled the object pronouns, direct and indirect, which precede the verb:

Je **le lui** ai donné.
Tu **me l'**as déjà dit.
Nous **leur en** avons parlé.

The point was repeatedly made that object pronouns stand before the verb except in the affirmative imperative, and that when you have more than one they stand before the verb in a well-defined order.

Now, there are certain verbs—**se présenter** (*to introduce*), **se souvenir** (*to remember*), **s'adresser** (*to address oneself*)—which require both the

direct object pronoun before the verb

and the

indirect object pronoun after the verb.

In these cases

me, te, se, nous, vous, se

behave like *direct object pronouns.*

In the sentence

Il **me** présente à **elle.**
He is introducing me to her.

me is the direct object pronoun; **elle** is the indirect object pronoun.

Me is a conjunctive pronoun (that is, it is *joined to the verb*).
Elle is a disjunctive pronoun (that is, it is *separated from the verb*).

Study the following relationships:

SUBJECT	DIRECT OBJECT PRONOUN	VERB	PREPOSITION	DISJUNCTIVE PRONOUN (PRONOMS TONIQUES)
Il	se	présente	à	moi toi lui, elle nous vous eux, elles
Il	se	souvient	de (d')	moi toi lui, elle nous vous eux, elles

Substitutions progressives

se présenter à

1. Il me présente à ses amis.
   Tu me présentes à ses amis.
   Tu me présentes *à eux.*
   Il se présente à eux.
   Il se présente *à nous.*
   Ils se sont présentés à nous.
   Ils se sont présentés *à elles.*
   Tu t'es présenté à elles.
   Tu t'es présenté *à moi.*
   Vous vous êtes présenté à moi.
   Vous vous êtes présenté *à ses amis.*
   Il me présente à ses amis.

s'expliquer à

2. Pourquoi vous êtes-vous expliqué à lui?
   Pourquoi vous êtes-vous expliqué *à moi?*
   Pourquoi voulez-vous vous expliquer à moi?
   Pourquoi voulez-vous vous expliquer *à elle?*
   Comment s'est-il expliqué à elle?
   Comment s'est-il expliqué *à vous?*
   Quand s'est-on expliqué à vous?
   Quand s'est-on expliqué *à lui?*
   Pourquoi vous êtes-vous expliqué à lui?

Exercices de manipulation

1. *On* ne s'est pas adressé à lui.
   (*Nous, Elle, Je, Ils, Vous, Mme Fourchet, Tu, On*)
2. On se souviendra de *nous.*
   (*elle, moi, vous, eux, toi, elles, lui, nous*)

NOTE DE GRAMMAIRE 5: **Parce que** et **à cause de**

Parce que (*because*) is a conjunction followed by a verbal construction with a subject and a predicate:

Je ne le ferai pas **parce que** je suis malade.
I won't do it because I am sick.

A cause de (*because of*) is a preposition and is followed by a noun phrase:
A cause du mauvais temps, nous resterons chez nous.
Because of the bad weather, we will stay at home.

Je ne le verrai pas **à cause de** son attitude.
I won't see him because of his attitude.

Substitution progressive

Il est parti parce qu'il pleuvait.
Il est parti *à cause de la pluie.*
Nous nous sommes arrêtés à cause de la pluie.
Nous nous sommes arrêtés *parce que nous avions faim.*
J'ai fait cela parce que nous avions faim.
J'ai fait cela *à cause de lui.*
Il est parti à cause de lui.
Il est parti *parce qu'il pleuvait.*

Simples substitutions

Nous restons *à cause de ce programme-là.*
(*parce que ce programme est bon, parce que vous parlez bien, à cause de la conversation, parce qu'il pleut, à cause de la pluie, parce qu'il neige, à cause de la neige, à cause de ce programme-là*)

NOTE DE GRAMMAIRE 6: Le Verbe irrégulier **craindre**

1. The irregular verbe **craindre** means *to fear*. It is conjugated as follows:

PRESENT:	je crains tu crains [krɛ̃] il craint	nous craignons [krɛɲõ] vous craignez [krɛɲe] ils craignent [krɛɲ]
IMPERATIF:	crains craignons craignez	
PASSE COMPOSE:	j'ai craint	
IMPARFAIT:	je craignais	
FUTUR:	je craindrai	
CONDITIONNEL:	je craindrais	
SUBJONCTIF:	je craigne tu craignes il craigne	nous craignions vous craigniez ils craignent

2. Other verbs conjugated like **craindre** are:

plaindre	*to pity*
éteindre	*to extinguish*
joindre	*to join*
se plaindre (de)	*to complain* (*about*)
atteindre	*to reach*
peindre	*to paint*

3. Usages

Je plains ceux qui ne veulent rien faire.

Il faut que **vous éteigniez** l'électricité quand vous quittez une pièce (*a room*).

Pour faire le passé composé **on joint** le verbe auxiliaire au participe passé.

Elle se plaint du temps qu'il fait.

Sir Edmund Hillary a atteint le sommet (*summit*) de l'Everest en 1953.

L'artiste peint un paysage.

Exercices de transformation

1. *Nous craignons* le froid.
   (*Tu*, *Je*, *Mlle Fourchet*, *Vous*, *Ils*, *On*, *Nous*)
2. *Mme Fourchet a craint* de le faire.
   (*Nous*, *Le garçon*, *Je*, *Vous*, *Tu*, *Ils*, *Mme Fourchet*)
3. *Elle craignait* de les déranger.
   (*Les étudiants*, *Nous*, *Tu*, *Je*, *Vous*, *On*, *Elles*, *Elle*)
4. *Je craindrais* de le voir.
   (*Nous*, *Mme Fourchet*, *Elle*, *Tu*, *Vous*, *Ils*, *Je*)
5. *Je plains* l'employé.
   (*Nous*, *Tu*, *Mes amis*, *Les clients*, *Mme Caquet*, *Vous*, *Je*)
6. *Elle* ne *se plaint* jamais.
   (*Vous*, *Nous*, *Les employés*, *Je*, *Tu*, *On*, *Elle*)
7. *J'ai éteint* la lampe.
   (*Mme Privert*, *Nous*, *Vous*, *Elles*, *Tu*, *On*, *Je*)
8. *Crains-tu* de voyager?
   (*nous*, *il*, *Est-ce que je*, *ils*, *vous*, *tu*)
9. Je ne savais pas qu'*elle craignait* cela.
   (*tu*, *ils*, *on*, *vous*, *il*, *elle*)
10. Il ne faut pas que *vous craigniez* les examens.
    (*elle*, *nous*, *tu*, *ils*, *on*, *les étudiants*, *vous*)
11. *Il se plaindra* de son travail.
    (*Nous*, *On*, *Les garçons*, *Je*, *Tu*, *Ils*, *Vous*, *Il*)

Exercices de manipulation

Modèle: Robert peint la maison. (*demain*)
Robert peindra la maison demain.

1. Robert peint la maison.
   (*aujourd'hui, hier, autrefois, il faut que, aujourd'hui*)
2. Ils se plaignent.
   (*autrefois, toujours, la semaine prochaine, hier, il est nécessaire que, autrefois*)
3. J'ai craint de le faire.
   (*demain, autrefois, ils ne sont pas contents que, maintenant, hier*)

MICROLOGUE

Le Pharmacien

former non-resident
advice/spare
is disappearing/is content
to fill the prescriptions
abilities, skills, knowledge
cosmetics

M. Buirette, pharmacien, **ancien externe** des hôpitaux de Paris, donnait autrefois beaucoup de **conseils** à ses clients qui voulaient **faire l'économie** d'une visite chez le médecin. Mais ce rôle **disparaît.** De nos jours le pharmacien **se contente** surtout **de remplir les ordonnances** des médecins. Heureusement, il a souvent un laboratoire d'analyses où il peut utiliser ses **compétences.** Il ne vend ni films, ni journaux, ni cigarettes, mais il vend des **produits de beauté.**

Questions

1. M. Buirette est-il un ancien externe des hôpitaux de Paris?
2. Pourquoi le pharmacien donnait-il des conseils à ses clients?
3. Est-ce que ce rôle existe toujours?
4. De nos jours de quoi le pharmacien se contente-t-il?
5. Où le pharmacien peut-il utiliser ses compétences?
6. Qu'est-ce qu'on ne peut pas acheter dans une pharmacie française?
7. Qu'est-ce qu'on peut acheter dans une pharmacie française?
8. Qu'est-ce qu'on peut acheter dans une pharmacie américaine?

LECTURE

La Presse

therefore he will buy
is best suited

Le Français a des idées politiques qu'il ne désire généralement pas changer; **aussi achètera-t-il** le journal qui **convient le mieux** à son opinion et qui lui permettra de défendre sa manière de penser.

dailies
tendency
motto
taken to blame

Par ordre d'importance pour les **quotidiens** du jour, on trouve *le Parisien Libéré*, journal publié à Paris depuis la Libération. Ensuite vient *le Figaro*, à **tendance** anti-communiste. C'est le journal le plus ancien. Il a depuis ses débuts gardé **une devise tirée** de Beaumarchais: «Sans la liberté de **blâmer,** il n'est pas d'éloge flatteur.» Puis *l'Aurore*, à tendance républicaine de droite, se caractérise par un nationalisme marqué. Après on trouve *l'Humanité* qui présente les idées communistes.

as for/circulation/
news items
classified ads/attractive

Quant aux quotidiens du soir, *France-Soir* a le plus grand **tirage. Les faits divers** avec beaucoup de photos, la publicité et **les petites annonces** le rendent **attirant** pour

certaines gens. D'un genre tout à fait différent et sans aucune illustration, *le Monde* n'est associé à aucun parti en particulier. Il est complètement indépendant et lu par une classe intellectuelle. *La Croix* est le principal journal catholique.

Les journaux quotidiens ne paraissent pas le dimanche, mais il existe **un hebdomadaire** *France-Dimanche* avec près d'un million et demi d'**exemplaires** vendus. C'est un journal plutôt **vulgaire** qui recherche le sensationnel.

a weekly/copies
common

En **province** la presse s'adresse aux besoins de son public. Sans négliger les nouvelles nationales et internationales qui paraissent généralement en première et dernière page, le reste sert aux nouvelles locales et départementales. Les journaux de province, par exemple *le Berry Républicain* et *la Nouvelle République*, ont tendance à employer des couleurs **soit pour souligner des titres, soit pour des pages entières.**

provinces
either to underline titles, or for entire pages

Un intellectuel de province n'achète pas seulement le journal local, mais aussi un journal de Paris pour se tenir **tout à fait au courant** de ce qui se passe partout.

completely in the know

QUESTIONS SUR LA LECTURE

1. Qu'est-ce que le Français ne désire pas changer généralement?
2. Pourquoi achète-t-il le journal qui convient le mieux à son opinion?
3. Depuis quand *le Parisien Libéré* est-il publié?
4. Quelle est la devise du *Figaro?*

5. Par quoi se caractérise *l'Aurore?*
6. Qu'est-ce qui rend *France-Soir* attirant?
7. Quel est le journal qui n'a aucune illustration?
8. Pourquoi lit-on *le Monde?*
9. Les journaux quotidiens paraissent-ils le dimanche?
10. Quel genre de journal est *France-Dimanche?*
11. En quoi la presse en province diffère-t-elle de la presse parisienne?
12. Pourquoi les journaux de province emploient-ils des couleurs?
13. Quelles nouvelles donne la presse en province?
14. Qu'est-ce qu'un intellectuel de province achète pour se tenir tout à fait au courant?

QUESTIONS GENERALES

1. Que faites-vous quand vous vous égratignez?
2. Que trouve-t-on dans une pharmacie?
3. Quel sujet vous intéresse vivement? Pourquoi?
4. De quel instrument de musique jouez-vous?
5. Aimez-vous la musique classique?
6. Savez-vous l'équivalent en anglais des instruments suivants: une harpe, un violoncelle, une clarinette, un haut-bois, un trombone, un tuba?
7. Connaissez-vous quelques compositeurs français?
   Pouvez-vous citer quelques-unes de leurs œuvres (*works*)?
8. Quel sport préférez-vous?
9. Qui sont les meilleurs joueurs (*players*) de tennis au monde aujourd'hui?
10. Pour quelles raisons fait-on des sports?

Exercices de manipulation

1. Demande à __________ si elle joue d'un instrument de musique.
2. Dis à __________ ce que tu sais de la musique américaine populaire.
3. Dis à __________ ce qu'il faut faire quand on se blesse.
4. Demande à __________ quels journaux il lit généralement.
5. Dis à __________ de demander à __________ s'il existe des journaux de différentes tendances politiques aux Etats-Unis.
6. Demande à __________ de t'expliquer quand on emploie le subjonctif.
7. Demande à __________ si les étudiants américains fréquentent les cafés tout comme leurs camarades français.
8. Dis-moi ce que tu fais ici. Demande-moi ce que je fais ici.

CREATION ET RECREATION

1. As in the **Création et récréation** section of **Chapitre 14,** one student will play the role of a well-known personality and be introduced by another student. This time, instead of asking questions at random, the panel of (4 or 5) students will act as journalists whose respective newspapers represent a wide spectrum of styles.

During the "press conference," the reporters will first identify themselves and their papers and then take extensive notes on what the "interviewee" says. When the "press conference" has ended, the reporters are each responsible for writing an article (in the style of the chosen newspaper). Each reporter will then submit his/her article to his/her "editor" (another student), who will prepare the "rough draft" for "final copy," and will choose the appropriate headline(s). For example:

LE PRESENTATEUR: Mesdames, Mesdemoiselles, Messieurs, j'ai l'honneur de vous présenter M./Mme/Mlle ________, qui est ________ et qui répondra à vos questions.

(*Guest steps to podium; reporters raise hands.*)

L'INTERVIEWE: (*pointing to one reporter*) Oui, monsieur?

LE JOURNALISTE: (*speaks*) Clark Kent, *La Planète Quotidienne.* Monsieur/Madame ________, je voudrais vous demander si ________ . . . (etc.)

2. Monique et Pierre discutent de la musique américaine avec leurs amis. Ils parlent surtout du phénomène (*phenomenon*) «disco», etc.

OUI NON

Chapitre 17: COUP D'ŒIL

1. The verb **valoir** is used mostly in the three following expressions:

   Il vaut mieux étudier.
   Il vaudrait mieux sortir maintenant.
   Ça ne vaut pas la peine de le consulter.

2. **Il faut** used with an indirect object pronoun means *to need:*

   Il **me** faut de l'argent.
   I need some money.

   Il **me** faudra de l'argent.
   I will need some money.

3. The *subjunctive* is used in the *subordinate clause* (that part of the sentence which begins with **que**) when the main clause contains a verb or verbal form stressing:

   URGENCY: Il faut que vous le choisissiez.
   VOLITION: Je veux que vous le choisissiez.
   DOUBT: Je doute que vous le choisissiez.
   EMOTION: Je suis content que vous le choisissiez.

   Its endings are:
   -e, -es, -e, -ions, -iez, -ent.

4. Certain verbs take **me, te, se, nous, vous, se** as *direct objects* and disjunctive pronouns introduced by a preposition as *indirect objects:*

   Il **me** présente **à** elle.
   Il **se** souviendra **de** nous.

5. Note the differences in usage between **parce que** and **à cause de:**

parce que	*(because) + verbal constructions*
à cause de	*(because of) + noun phrase*

6. **Craindre** is an irregular verb:

je crains	nous craignons
tu crains	vous craignez
il craint	ils craignent

Other verbs conjugated like **craindre** are:

atteindre, éteindre, joindre, peindre, plaindre, se plaindre(de)

VOCABULAIRE

Verbes

(s') adresser (à)
atteindre*
craindre* (de)
douter que
(s') égratigner
(s') élancer
employer
éteindre*
explorer
falloir*
foncer
fréquenter
joindre*
peindre*
plaindre*
(se) plaindre* (de)
(se) précipiter
(se) présenter (à)
quitter
rencontrer
reprendre
retrouver
saluer
valoir*

Noms

art (m.)
clarinette (f.)
compositeur (m.)
guitare (f.)
harpe (f.)
haut-bois (m.)
musicien (m.)
œuvre (f.)
piano (m.)
tambour (m.)
trombone (m.)
trompette (f.)
tuba (m.)
violon (m.)
violoncelle (m.)
base-ball (m.)
basket (m.)
football (m.)
joueur (m.)
tennis (m.)
accent (m.)
charabia (m.)
comble (m.)
flèche (f.)
galimatias (m.)
genre (m.)
jargon (m.)
niveau (m.)
sommet (m.)
subtilité (f.)
tendance (f.)

Adjectifs
canadien
classique
politique
raffiné
sophistiqué
suivant

Adverbes
brusquement
de plus en plus
jamais
subitement
tel que
vivement

Conjonction
parce que

Prépositions
dès
à cause de

Expressions utiles
avoir tort
douter fort
il est nécessaire que
il est urgent que
jouer aux cartes
jouer de (+ instrument de musique)
par avion
parler fort
présenter quelqu'un à
reprendre la parole

Scénario 17: Devant le gymnase

QUATRIEME ETAPE

CHAPITRE 18

LE TELEPHONE

Scénario 18: Le téléphone

PREMIERE ETAPE

Il commence à pleuvoir. Robert arrive. Bien qu'il soit essoufflé, il salue ses amis. Il commande une bière et l'avale d'un trait.

ROBERT: A quoi penses-tu? De quoi parles-tu?
HENRY: Je pense à ta soif et je parle de ta façon de faire.
SYLVIE: Je crains qu'il ne pleuve toute la journée.
FRANCINE: Si nous allions au cinéma?
ROBERT: Mais ma famille m'attend.
SYLVIE: Téléphone-leur!
ROBERT: Tu as raison. Je pourrais aller au cinéma, si cela ne les dérangeait pas.
ROBERT: Je ne me suis jamais servi d'un téléphone en France.
SYLVIE: C'est simple.

DEUXIEME ETAPE

Il commence à pleuvoir. Robert arrive. Bien qu'il soit essoufflé, il salue ses amis. Il commande une bière et l'avale d'un trait.

ROBERT: A quoi penses-tu? De quoi parles-tu?
HENRY: Je pense à ta soif et je parle de ta façon de faire.
SYLVIE: Il pleut et je crains qu'il ne pleuve toute la journée.
FRANCINE: Si nous allions au cinéma?
ROBERT: Mais ma famille m'attend chez moi et je devrais y être à l'heure.
SYLVIE: Téléphone-leur afin de les prévenir.
ROBERT: Tu as raison. Je pourrais aller au cinéma, si cela ne les dérangeait pas.
SYLVIE: Essaie toujours!
ROBERT: Comment téléphone-t-on? Je ne me suis jamais servi d'un téléphone en France.
SYLVIE: C'est simple:tu achètes un jeton. Tu entres dans la cabine téléphonique. Tu décroches le récepteur, tu places le jeton dans la fente et tu attends la tonalité. Quand tu l'entends, tu fais le numéro . . .

TROISIEME ETAPE

Il commence à pleuvoir. Robert arrive. Bien qu'il soit essoufflé, il salue ses amis, appelle le garçon, commande une bière, et l'avale d'un trait.

HENRY: Eh bien, mon vieux, bravo!
ROBERT: Comment? A quoi penses-tu? De quoi parles-tu?
HENRY: Je pense à ta soif et je parle de ta façon de faire.
SYLVIE: Regarde, il pleut et je crains qu'il ne pleuve toute la journée.

FRANCINE: Cela ne m'étonne pas. Ecoute, si nous allions au cinéma?
SYLVIE: Chic!
FRANCINE: Eh bien! Qu'en dites-vous, les Américains?
ROBERT: J'aimerais bien, mais ma famille m'attend chez moi et je devrais y être à l'heure.
SYLVIE: Téléphone-leur afin de les prévenir.
ROBERT: Tu as raison. Je pourrais aller au cinéma, si cela ne les dérangeait pas.
SYLVIE: Essaie toujours!
ROBERT: Comment téléphone-t-on? Je ne me suis jamais servi d'un téléphone en France.
SYLVIE: Bon. C'est simple: tu achètes d'abord un jeton à la caisse. Tu entres dans la cabine téléphonique. Tu décroches le récepteur, puis tu places le jeton dans la fente et tu attends la tonalité. Quand tu l'entends tu fais le numéro . . . et voilà!

SYNONYMES ET EXPRESSIONS APPROXIMATIVES

1 essoufflé → épuisé → fatigué = à bout de souffle, hors d'haleine
7 Cela ne m'étonne pas = Cela ne me surprend pas
8 Chic! = Chouette! → C'est génial! = Bravo!
12 Téléphone-leur = Donne-leur un coup de fil
15 Je ne me suis jamais servi de = Je n'ai jamais employé, Je n'ai jamais utilisé
17 C'est simple = C'est facile, C'est élémentaire
19, 20 tu fais le numéro = tu composes le numéro

QUESTIONS SUR LE SCENARIO

1. Comment est Robert quand il arrive au café?
2. Comment Robert avale-t-il sa bière?
3. Quel temps fait-il dehors?
4. Que dit Francine?
5. Qu'est-ce que Sylvie craint?
6. Pourquoi Robert ne peut-il pas aller au cinéma?
7. Dans quelles circonstances Robert pourrait-il aller au cinéma?
8. Robert sait-il se servir d'un téléphone en France?
9. Que faut-il acheter avant de pouvoir téléphoner en France?
10. Où se trouve le téléphone?

VOCABULAIRE ILLUSTRE Pour se divertir on peut aller soit au cinéma soit au théâtre.

Au cinéma on passe **des bandes dessinées.**

des films en version originale.

des films doublés.

des documentaires.

Au théâtre on peut voir **des comédies.**

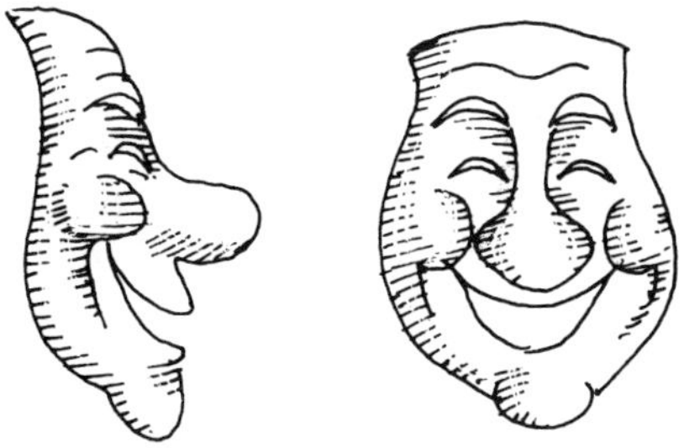

des tragédies.

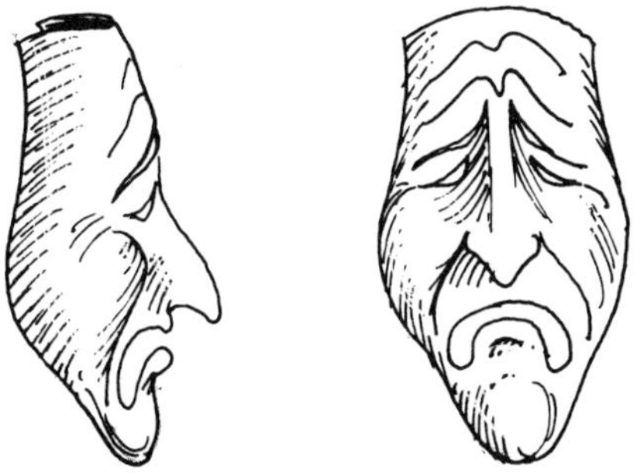

des farces.

du music-hall.

NOTE DE GRAMMAIRE 1: Radical du subjonctif

1. In certain cases the *stem* of the subjunctive for irregular verbs is based on the first person plural, present indicative tense, minus the ending: **-ons:**

INFINITIVE	STEM
dormir	dorm-
partir	part-
écrire	écriv-
dire	dis-
connaître	connaiss-
suivre	suiv-
vivre	viv-
craindre	craign-
s'asseoir	assey-
lire	lis-
conduire	conduis-
battre	batt-

2. Some irregular verbs have quite *irregular stems:*

faire	fass-	
pouvoir	puiss-	
savoir	sach-	
falloir	il faille	[faj][1]
pleuvoir	il pleuve	[plœv][1]

3. **Etre** and **avoir** are conjugated as follows in the *subjunctive.*

être

je sois		nous soyons	[swajõ]
tu sois	[swa]	vous soyez	[swaje]
il soit		ils soient	

avoir

j'aie		nous ayons	[ɛjõ]
tu aies	[ɛ]	vous ayez	[ɛje]
il ait		ils aient	

4. Other verbs have two *different* stems in the *subjunctive:*

aller, prendre, venir, vouloir

have one stem for the first and second persons *plural*, and another for the *other persons singular and third person plural:*

[1] These verbs are only used in the third person singular.

aller

j'aille	nous allions [aljõ]
tu ailles [aj]	vous alliez [alje]
il aille	ils aillent

prendre

je prenne	nous prenions [prənjõ]
tu prennes [prɛn]	vous preniez [prənje]
il prenne	ils prennent

venir

je vienne	nous venions [vənjõ]
tu viennes [vjɛn]	vous veniez [vənje]
il vienne	ils viennent

vouloir

je veuille	nous voulions [vuljõ]
tu veuilles [vœj]	vous vouliez [vulje]
il veuille	ils veuillent

NOTE DE GRAMMAIRE 2: Emploi du subjonctif après des conjonctions

The *subjunctive* is also used *after* certain *specific* conjunctions:

Bien qu'il soit essoufflé, il arrive à l'heure.
Although he is out of breath, he arrives on time.

Afin que tu leur dises que tu n'iras pas, téléphone-leur!
In order that you tell them that you will not go, telephone them!

Other conjunctions, or conjunctival phrases, which *automatically require the subjunctive:*

Quoiqu'il le dise, nous ne le croyons pas.
Although he says it, we don't believe him.

Pour qu'il le dise, il faut qu'il ait du courage.
In order that he say it, he must have courage.

Jusqu'à ce qu'il le dise, nous ne ferons rien.
Until he says it, we won't do anything.

En attendant qu'il le dise, nous ne ferons rien.
While waiting for him to say it, we won't do anything.

A moins qu'il **ne** le dise,[2] nous ne ferons rien.
Unless he says it, we won't do anything.

Avant qu'il **ne** le dise,[2] il attendra le moment juste.
Before he says it, he will wait for the right moment.

Pourvu qu'il le dise, nous en serons contents.
Provided that he says it, we will be happy.

Sans qu'il le dise, nous ne pourrons rien faire.
Without his saying it, we can do nothing.

Quoi qu'il dise, elle le fera.
Whatever he says, she will do it.

Où que vous soyez, pensez à nous.
Wherever you may be, think of us.

De peur que vous **n'**y alliez,[2] il vous en parlera.
For fear that you go there, he will speak to you of it.

Simples substitutions

1. Je ferai le nécessaire *pour que tu le saches.*
   (*à moins que tu ne le saches, avant qu'elle ne parte, pourvu que nous partions, jusqu'à ce que vous puissiez le faire, afin que tu puisses le faire, quoiqu'il ne le veuille pas, en attendant qu'il vienne, pour que tu le saches*)
2. Partons tout de suite *avant qu'il ne pleuve.*
   (*avant qu'il ne fasse mauvais, sans qu'il nous dise de le faire, pour que j'y sois en avance, quoiqu'elles nous fassent attendre, à moins que tu ne veuilles rester, quoi qu'il dise, pourvu que nous ne le réveillions pas, avant qu'il ne pleuve*)
3. Elle est partie *sans que je le sache.*
   (*sans que tu l'entendes, sans que nous y soyons, pour que tu prennes cela au sérieux, pour que vous la connaissiez mieux, afin qu'on lui écrive de revenir, afin que nous puissions dormir, afin que je sois seul, sans que je le sache*)

Substitutions progressives

1. Quoique tu ailles travailler, téléphone-lui!
   Quoique tu aies du travail, téléphone-lui!
   Quoique tu aies du travail, *reste là!*
   En attendant qu'il sorte, reste là!
   En attendant qu'il sorte, *mangeons les croissants!*
   Avant que tu ne partes, mangeons les croissants!
   Avant que tu ne partes, *nous écouterons les disques.*

---

[2] With **à moins que, avant que** and **de peur que,** the particle **ne** appears before the verb. This **ne** is *not* the equivalent of a negation:

A moins qu'il **ne** pleuve, nous irons.	*Unless it rains, we will go.*
Avant que tu **ne** le fasses, parle-m'en!	*Before you do it, speak to me about it!*
De peur que tu **ne** le fasses, j'irai avec toi.	*For fear that you do it, I will go with you.*

Pourvu qu'elle le veuille, nous écouterons les disques.
Pourvu qu'elle le veuille, *téléphone-lui!*
Quoique tu ailles travailler, téléphone-lui!

2. Avant qu'il ne le dise, nous allons l'annoncer.
Bien que vous le disiez, nous allons l'annoncer.
Bien que vous le disiez, *nous en serons contents.*
Quoi que tu dises, nous en serons contents.
Quoi que tu dises, *nous ferons de notre mieux.*
Sans que nous le disions, nous ferons de notre mieux.
Sans que nous le disions, *nous nous en servirons.*
Avant qu'il ne le dise, nous nous en servirons.
Avant qu'il ne le dise, *nous allons l'annoncer.*

Exercices de manipulation

1. On a mis du poivre dans le lait fraise de Francine sans qu'elle le ________ (*savoir*).
2. Où que vous ________ (*être*), je serai là.
3. Ce vin est mauvais, bien qu'il ________ (*dire*) le contraire.
4. J'attendrai à la gare, jusqu'à ce que vous ________ (*venir*).
5. Si on jouait au tennis avant qu'il ne ________ (*pleuvoir*)?
6. Nous pouvons sortir ensemble, à moins que tu n' ________ (*avoir*) du travail.
7. Un comédien peut gagner beaucoup d'argent, pourvu qu'il ________ (*connaître*) son métier.

NOTE DE GRAMMAIRE 3: Emplois du verbe **devoir**

1. The verb **devoir** means either *to owe*, or *ought to* (*must*).
2. It is an irregular verb.

PRESENT: (*must*)

je dois	nous devons [dəvõ]
tu dois [dwa]	vous devez [dəve]
il doit	ils doivent [dwav]

PASSE COMPOSE: j'ai dû (1) *had to*
(2) *must have*

FUTUR: je devrai (*shall have to*)

CONDITIONNEL: je devrais (*ought to*)

IMPARFAIT: je devais (*was supposed to*)

SUBJONCTIF:

je doive	nous devions [dəvjõ]
tu doives [dwav]	vous deviez [dəvje]
il doive	ils doivent

3. When used before a noun, **devoir** means *to owe:*

Je vous **dois** 20 francs.
I owe you 20 francs.

In the construction

Combien vous **dois-je?**

devoir also means *to owe.*

4. When used before an infinitive **devoir** means *should, ought to*, or *must* and is often used interchangeably with **falloir:**

Vous devez partir. }
Il faut que vous partiez. } *You must leave*

The verb **devoir** carries the additional meaning of *moral obligation.* Hence, the fine distinction between the two usages—not too often observed, *hélas!*—is that

Il faut que vous partiez.

means simply: *You must leave* (absolute sense), while

Vous devez partir.

means: *You must leave*, or *You are obligated to leave* (according to your own or another's moral judgment).

SUMMARY: **Devoir** often varies in meaning according to the tense used. Study carefully the following examples:

Vous devez partir. = *You must leave.*
Vous devrez partir. = *You will have to leave.*
Vous devriez partir. = *You ought to leave.*
Vous deviez partir. = *You were supposed to leave.*
Vous avez dû partir. = This tense has two possible meanings. The meaning can be determined by the context of the sentence:

a. *You had to leave.* (The necessity arose and you left.)
b. *You must have left.* (Conjecture: it isn't certain that you left, but logic indicates that you did.)

Substitution progressive

Vous devez être content.
Voux devez être *mécontent.*
Il doit être mécontent.
Il doit être *fatigué.*
Tu dois être fatigué.
Tu dois être *heureux.*

Nous devons être heureux.
Nous devons être *à l'heure*.
Je dois être à l'heure.
Je dois être *content*.
Vous devez être content.

Simples substitutions

1. Vous *doit-il* de l'argent?
   (*devons-nous*, *doivent-ils*, *dois-je*, *doit-on*, *doit-il*)
2. Mais *il a dû* partir, n'est-ce pas?
   (*on a dû*, *elle a dû*, *elles ont dû*, *nous avons dû*, *tu as dû*, *ils ont dû*, *vous avez dû*, *il a dû*)
3. *Je devais* faire ces leçons-là, mais il était trop tard.
   (*Il devait*, *Vous deviez*, *Elles devaient*, *On devait*, *Nous devions*, *Tu devais*, *Je devais*)
4. *Ne devriez-vous pas* attendre un peu?
   (*Ne devrait-on pas*, *Ne devrions-nous pas*, *Ne devraient-ils pas*, *Est-ce que je ne devrais pas*, *Ne devrais-tu pas*, *Ne devrait-elle pas*, *Ne devriez-vous pas*)
5. Quoique *je lui doive* 1.000 francs, il n'est pas irrité.
   (*nous lui devions*, *on lui doive*, *tu lui doives*, *vous lui deviez*, *elles lui doivent*, *il lui doive*, *je lui doive*)

Exercices de manipulation

Modèle: Je dois partir, on m'attend. (*nous*)
Nous devons partir, on nous attend.

1. *Nous* devons partir, on *nous* attend.
   (*Vous*, *Tu*, *Il*, *Elles*, *Je*, *Nous*)
2. *Vous* devrez partir parce qu'on *vous* attend.
   (*Nous*, *Elle*, *Elles*, *Je*, *Tu*, *Vous*)
3. *Vous* devriez le faire pour réussir.
   (*Nous*, *On*, *Elles*, *Je*, *Il*, *Vous*)
4. *Vous* deviez répondre mais *vous* ne saviez pas la leçon.
   (*Nous*, *Je*, *Elle*, *Ils*, *Tu*, *Vous*)
5. On m'a téléphoné, *j*'ai dû y aller.
   (*vous*, *elle*, *elles*, *tu*, *nous*, *je*)
6. *Vous* avez dû écrire, mais on n'a pas vu la lettre.
   (*Tu*, *Je*, *Nous*, *Elles*, *Il*, *Vous*)

5. Other verbs conjugated like **devoir** are:

recevoir	*to receive*
apercevoir	*to notice*
s'apercevoir de	*to become aware of*

Note the *present indicative* tense of both verbs:

je	reçois		j'	aperçois	
tu	reçois	[rəswa]	tu	aperçois	[apɛrswa]
il	reçoit		il	aperçoit	
nous	recevons	[rəsəvõ]	nous	apercevons	[apɛrsəvõ]
vous	recevez	[rəsəve]	vous	apercevez	[apɛrsəve]
ils	reçoivent	[rəswav]	ils	aperçoivent	[apɛrswav]

IMPERATIF:	reçois	aperçois
	recevons	apercevons
	recevez	apercevez

PASSE COMPOSE:	j'ai reçu	j'ai aperçu
IMPARFAIT:	je recevais	j'apercevais
FUTUR:	je recevrai	j'apercevrai
CONDITIONNEL:	je recevrais	j'apercevrais
SUBJONCTIF:	que je reçoive	que j'aperçoive

Simples substitutions

1. *Je reçois* beaucoup de lettres.
   (*Henry reçoit*, *M. et Mme Fourchet reçoivent*, *Tu reçois*, *Nous recevons*, *Elles reçoivent*, *On reçoit*, *Vous recevez*, *Je reçois*)
2. *On apercevait* l'hôtel d'ici.
   (*Tu apercevais*, *Nous apercevions*, *Elle apercevait*, *Ils apercevaient*, *M. Fourchet apercevait*, *J'apercevais*, *Vous aperceviez*, *On apercevait*)
3. *Je m'aperçois* qu'il est tard.
   (*Nous nous apercevons*, *On s'aperçoit*, *Tu t'aperçois*, *Elles s'aperçoivent*, *Il s'aperçoit*, *Vous vous apercevez*, *Je m'aperçois*)

Exercices de transformation

1. *Elle reçoit* des livres de ses amis.
   (*Je*, *Tu*, *On*, *Vous*, *Ils*, *Nous*, *Elle*)
2. *Elle a aperçu* la cabine téléphonique.
   (*On*, *Nous*, *Ils*, *Tu*, *Vous*, *Je*, *Elle*)

Exercices de transformation

Modèle: Elle reçoit ses amis chez elle. (*hier*)
Elle a reçu ses amis chez elle hier.

1. Elle reçoit ses amis chez elle.
   (*demain*, *autrefois*, *il y a une semaine*, *Il est nécessaire que*, *hier*)
2. Ils aperçoivent leurs camarades.
   (*demain*, *il y a deux jours*, *Il faut que*, *hier*, *Nous voulons*)

NOTE DE GRAMMAIRE 4: Le Verbe irrégulier **pleuvoir**

The verb **pleuvoir** (*to rain*) is used only in the *third person singular* and is *impersonal:*

PRESENT:	il pleut	FUTUR:	il pleuvra
PASSE COMPOSE:	il a plu	CONDITIONNEL:	il pleuvrait
IMPARFAIT:	il pleuvait	SUBJONCTIF:	qu'il pleuve

Exercices de transformation

Modèle: Il pleut maintenant. (*demain*)
Il pleuvra demain.

Il pleut maintenant.
(*hier, beaucoup autrefois, pendant dix minutes hier, tous les jours, autrefois, quand je vous ai vu, s'il faisait plus chaud, demain, maintenant*)

Modèle: Je crois qu'il pleut (*ne veux-tu pas*)
Ne veux-tu pas qu'il pleuve.

Je crois qu'il pleut.
(*Je suis sûr que, Nous regrettons que, Marie nous dit que, Henry voudrait que, Il est nécessaire que, Tu crois que, Il est évident que, Je crois que*)

NOTE DE GRAMMAIRE 5: Les Prépositions avec l'infinitif

When a conjugated verb is followed by an infinitive, the two verbs may be linked by a preposition. There are not any fixed rules for their governance. There are, however, certain trends which may be noted. Note the following possibilities.

1. Category One: NO PREPOSITION:[3]
These are usually verbs of *motion*, of *mental activity*, of *inherent personal capacity:*

Je vais y travailler.	*I am going to work there.*
Il vient travailler.	*He is coming to work.*
Il aime le faire.	*He likes to do it.*
Elle espère partir.	*She hopes to leave.*
Je veux le faire.	*I want to do it.*
Nous savons nager.	*We know how to swim.*

Although verbs of motion do not usually require prepositional links, they may acquire the preposition **pour** to stress purpose:

Je viens pour travailler. *I come in order to work.*

> Note that English often makes no distinction, using simply *to* in both cases.

[3] See **Appendice I** for a more complete list of other possibilities.

2. Category Two: PREPOSITION **de** as link:
These are usually verbs which depend on the first verb for *the source of the action*, for *the reason of the action:*

Je finis **de** travailler.	*I finish working.*
J'oublie **de** le faire.	*I forget to do it.*
Je décide **de** le faire.	*I decide to do it.*
Je promets **de** le faire.	*I promise to do it.*
J'essaie **de** le faire.	*I try to do it.*
Il craint **de** tomber.	*He is afraid to fall.*
Elle regrette **de** le faire.	*She is sorry to do it.*
J'ai peur **de** le faire.	*I am afraid to do it.*
Je suis heureux **de** le faire.	*I am happy to do it.*

Note that **être** + *adjectives of emotion* take **de** as a link.

3. Category Three: PREPOSITION **à** as link:
These are usually verbs which *tend toward a goal, to a purpose:*

Il commence **à** pleuvoir.	*It is beginning to rain.*
Je t'apprends **à** parler.	*I am teaching you to speak.*
Il arrive **à** parler.	*He succeeds in speaking.*
Ce moteur t'aidera **à** rouler.	*This motor will help you to go.*
Nous continuons **à** parler.	*We continue to speak.*
Il m'invite **à** dîner.	*He invites me to dinner.*
Elle est prête **à** partir.	*She is ready to leave.*
Il cherche **à** le faire.	*He is trying to do it.*
Les étudiants réussissent **à** apprendre.	*The students succeed in learning.*

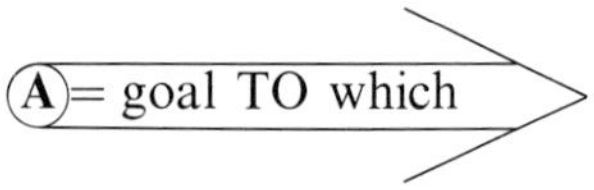

Substitutions progressives

Verbs with No Preposition

1. Il faut y aller.
   Il désire y aller.
   Il désire *vous voir.*
   Nous allons vous voir.
   Nous allons *conduire.*
   Tu sais conduire.
   Tu sais *le faire.*
   Vous espérez le faire.
   Vous espérez *y aller.*
   Il faut y aller.

Verbs + **de**

2. Nous avons promis d'y être.
   Nous avons promis *d'y participer.*
   Je suis content d'y participer.
   Je suis content *de le finir.*
   Elle craint de le finir.
   Elle craint *de tomber.*
   J'ai peur de tomber.
   J'ai peur *d'aller en ville.*
   Il a décidé d'aller en ville.
   Il a décidé *d'y être.*
   Nous avons promis d'y être.

Verbs + **à**

3. Il nous invitera à dîner.
   Il nous invitera *à parler.*
   Elles sont prêtes à parler.
   Elles sont prêtes *à le faire.*
   On apprend à le faire.
   On apprend *à devenir pharmacien.*
   Il cherche à devenir pharmacien.
   Il cherche *à rester ici.*
   Nous continuons à rester ici.
   Nous continuons *à dîner.*
   Il nous invitera à dîner.

Exercices de transformation

Modèle: Je peux vous indiquer le chemin. (*Elle est contente*)
Elle est contente de vous indiquer le chemin.

1. Elle est contente de vous indiquer le chemin.
   (*Nous étions prêts*, *J'ai essayé*, *Elle désire*, *Ils ne veulent pas*, *Je n'aime pas*)
2. Il a décidé de visiter les palais.
   (*Nous promettons*, *Elle continue*, *Jacques a peur*, *On va*, *Elles sont heureuses*, *On a essayé*)
3. Eh bien! Nous oublions de parler.
   (*Vous apprenez*, *J'espère*, *On est prêt*, *Tu vas*, *Il réussit*, *Je promets*, *Tu continues*)
4. Tu avais très peur de tomber.
   (*Elle ne voulait pas*, *Nous craignons*, *Il ne faut pas*, *Il ne veut pas*, *L'enfant continue*)

NOTE DE GRAMMAIRE 6: Verbes et pronoms toniques

We have already seen verbs which take different objects in French and in English:

DIRECT OBJECT IN FRENCH	INDIRECT OBJECT IN ENGLISH
Il **le** cherche.	*He is looking for him (it).*
Elle **l'**écoute.	*She is listening to it (him, her).*
Ils **l'**attendent.	*They are waiting for him (her, it).*

Some verbs require the *disjunctive pronouns* or **pronoms toniques**

moi, toi, lui, elle, nous, vous, eux, elles

as objects:

penser à	**être à**
songer à	**penser de**

Note the usage of *disjunctive pronouns referring to persons:*

Elle pense **à** lui.
She is thinking of him.

Que pensez-vous **de** lui?[4]
What do you think of him?

Il songe **à** elle.
He is day-dreaming of her.

Cette mobylette est **à** lui.
This mobylette is his.

When things or ideas are replaced by pronouns, remember that the forms **y** and **en** are used:

Elle pense **à son devoir.**
Elle **y** pense.

Que pensez-vous **de ce film?**
Qu'**en** pensez-vous?

Il songe **à l'été dernier.**
Il **y** songe.

Substitution progressive

Disjunctive Pronouns

Elle pense toujours à nous.
Elle pense toujours *à lui.*
Vous songiez toujours à lui.
Vous songiez toujours *à eux.*
Il s'adresse toujours à eux.
Il s'adresse toujours *à nous.*
Elle pense toujours à nous.

Exercices de transformation

Mixed Pronouns

Modèle: Que penses-tu de ce film?
Qu'en penses-tu?

1. Je songe à mon école.
2. Vous pensez à Jacqueline.
3. Que pense-t-il du chauffeur?
4. N'avez-vous pas songé aux châteaux de la Loire?
5. Elle pense à ses amis.

---

[4] Note that the response to **Que pensez-vous de . . .?** and **Qu'en pensez-vous?** is

Je pense **que . . .**

Penser de is used only in questions:

Que pensez-vous **du** film? Je pense **qu'**il est excellent.

Vue générale de Québec

MICROLOGUE

Le Québec

likewise
French speaking

Le Québec est une des provinces les plus riches du Canada. Il est **de même** un grand centre de culture **francophone.**

however
walled city
the middle

Les Français avaient colonisé le Québec au début du dix-septième siècle et les Anglais l'ont pris en 1759. Il a **cependant** gardé son aspect français. La ville de Québec, par exemple, comprend **une** ancienne **cité,** avec des fortifications et des bâtiments datant du **milieu** du 17e siècle. Environ 90 pour cent de ses habitants parlent français comme langue maternelle.

Questions

1. Qui a colonisé le Québec et qui l'a pris en 1759?
2. Comment est la ville de Québec?
3. Combien de ses habitants parlent français?

LECTURE

Québec

old
Bay of Gaspé

Depuis trois siècles et demi, Québec a su préserver son passé français en Amérique du Nord. Québec a toujours le charme **désuet** de petites villes de provinces françaises.

En 1534, Jacques Cartier est parti de St Malo et a débarqué dans **la Baie de Gaspé.** Il prend possession du pays au nom du roi de France, François Ier, et l'appelle la

Le château de Frontenac devant le St. Laurent

Nouvelle-France. En remontant le Saint-Laurent, Jacques Cartier s'arrête devant le site de la future capitale de la colonie, Québec. Ce site est pratique pour ses facilités de défense et de commerce. Plus tard, Champlain **fonde** réellement la ville et devient gouverneur de la nouvelle colonie.

establishes

L'occupation de ce site privilégié **a duré** près de cent cinquante ans malgré les attaques des Iroquois et des Anglais. C'étaient des attaques peu importantes pour la ville bien protégée par ses solides **remparts.** Québec vivait dans la prospérité avec ses **entrepôts,** ses docks, ses écoles, son hôpital et ses **tanneries** qui transformaient **les fourrures** achetées aux Indiens.

lasted
ramparts
warehouses / tanneries
furs

Depuis longtemps les Anglais désiraient cette province et en 1759, une plus forte attaque laisse Québec aux Anglais.

Bien que restée sous la domination anglaise, la ville de Québec est fière de son héritage français: ses remparts; de vieilles maisons, dont certaines datent d'avant 1700, transformées en musée; **de petites ruelles** qui **s'entrelacent;** les rues pittoresques du quartier Latin; le couvent des Ursulines où le crâne de Montcalm est conservé. Chaque nom est français et tout rappelle le temps passé.

very small streets
criss-cross

Environ 90 pour cent de la province du Québec est **francophone.** Le Québec désire avoir le français comme seule langue officielle et obligatoire pour le travail et les affaires. Cette idée de l'*unilingue* progresse rapidement et a été adoptée par la majorité aux élections.

French speaking

QUESTIONS SUR LA LECTURE

1. Depuis combien de temps la ville de Québec a-t-elle su préserver son passé français?
2. Qu'a fait Jacques Cartier?

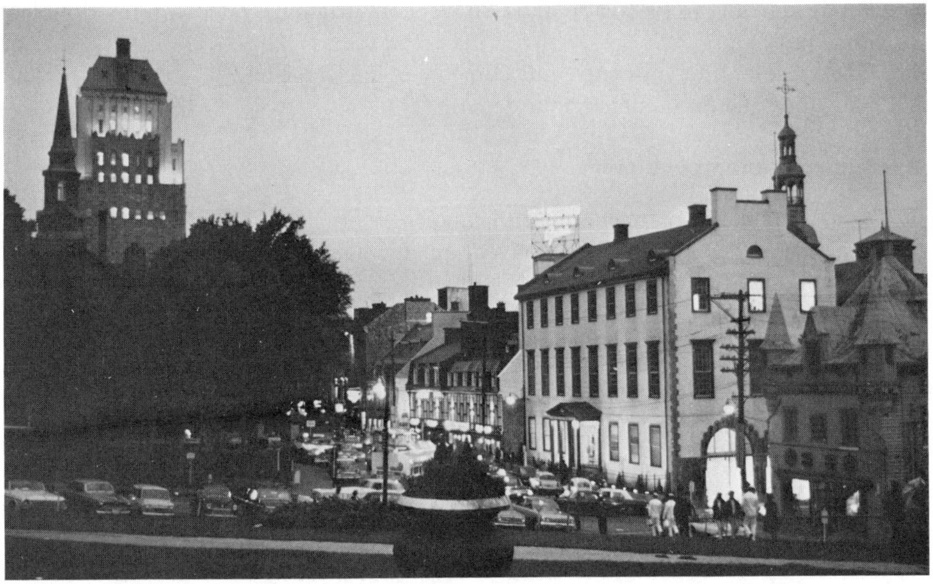

Vue de Québec la nuit

3. Qui est le roi de France en 1534?
4. Quel nom est donné à cette colonie?
5. Pourquoi Québec est un site pratique?
6. Qui devient le gouverneur de cette colonie?
7. Combien de temps a duré l'occupation de la Nouvelle-France?
8. Qui l'attaque?
9. Qu'est-ce qui protège Québec?
10. Qu'est-ce qui faisait sa prospérité?
11. Qui désirait cette province?
12. Quel est l'héritage français dont la ville de Québec est fière?
13. Où est conservé le crâne de Montcalm?
14. Quel est le pourcentage des francophones dans la province de Québec?
15. Qu'est-ce que c'est que l'*unilingue?*

QUESTIONS GENERALES

1. Avez-vous peur de sortir quand il pleut?
2. Quel temps fait-il d'habitude chez vous en hiver?
3. Quelles sortes de films préférez-vous? Pourquoi?
4. Que fait-on pour téléphoner en France?
5. Que fait-on pour téléphoner aux Etats-Unis?
6. Qu'est-ce que vous aimez voir au théâtre? Pourquoi?
7. Quel est votre acteur préféré?
8. Quelle est votre actrice préférée?
9. Quand es-tu à bout de souffle?
10. Donnes-tu souvent des coups de fil à ta famille?

11. Est-ce que tu préfères des films en version originale ou des films doublés? Pourquoi?
12. Quelle est la différence entre une comédie et une tragédie?
13. Sais-tu ce que dit la méteo pour demain?

Exercices de manipulation

1. Dis-moi comment on téléphone en France.
2. Demande à __________ s'il va souvent au cinéma.
3. Dis-moi quand on dit «Chouette!»
4. Que fait-on dans une farce?
5. Demande à __________ s'il est content d'avoir appris le subjonctif?

CREATION ET RECREATION

1. Most countries of the world have their own symbol, for example: the British lion, the American eagle and the Canadian maple leaf.

Bring in an example or a photo of the object which symbolizes a particular nation and explain to the class the importance of the symbol **vis-à-vis** its nation.

Such an explanation will necessarily include a brief description of the country itself: its location, principal cities, climate, industries, government, **cuisine,** etc.

Your teacher will make sure that the presentations as a whole include the symbols of some of the major French-speaking countries. For certain countries, there may be more than one symbol.

2. What action(s) can you add to one of the **scénarios** you have read to make it more dramatic? For example, in the second **scénario,** the taxi-driver is so furious that he throws Robert out of the taxi. What will Henry do?

3. Monique et Pierre veulent accompagner leurs amis au cinéma, mais Monique veut d'abord téléphoner à sa famille pour la prévenir de son retard. Elle ne s'est jamais servie d'un téléphone aux Etats-Unis, etc.

OUI **NON**

Chapitre 18: COUP D'ŒIL

______ ______

1. The *subjunctive* is quite simple both to form and to use. Stems of regular verbs are formed from the first person plural of the present indicative minus the **-ons** ending:

   parl-
   finiss-
   vend-

   Irregular verbs sometimes form the stem in the same way: **dormir (dorm-)**, **connaître (connaiss-)**.
   The endings are the same for all verbs, both regular and irregular:

   -e, -es, -e, -ions, -iez, -ent.

2. The *subjunctive* is used *automatically* after certain expressions:

Bien qu'il soit essoufflé . . .
Jusqu'à ce qu'il le dise . . .
A moins qu'il **ne** le dise . . .
Où que vous soyez . . .
Quoi que vous fassiez . . .

3. **Devoir** is an irregular verb:

il dois	nous devons
tu dois	vous devez
il doit	ils doivent

Verbs like **devoir:** recevoir, apercevoir, s'apercevoir.
The verb **devoir** is often used to avoid the subjunctive:

Il faut que vous partiez.	(*subjunctive*)
Vous devez partir.	(**devoir** + *infinitive*)

However, **devoir** carries a sense of moral obligation which **Il faut** does not have.

4. **Pleuvoir** (*to rain*) is an irregular verb. It only occurs in the third person singular:

Il pleut aujourd'hui.

5. *Prepositional links* appear after certain verbs linking them to other verbs:

Je veux travailler.
Tu commences **à** parler.
Je crains **de** le faire.

6. Certain verbs require *disjunctive pronouns* as objects when referring to persons:

Elle pense **à eux.**

VOCABULAIRE

Verbes
apercevoir*
(s') apercevoir (de)*
chercher (à)
commander
décrocher
déranger
devoir*
(se) divertir
embêter
essayer (de)
(s') étonner
indiquer
participer (à)
placer
pleuvoir*
recevoir*
songer (à)
téléphoner (à)
utiliser

Noms

cabine téléphonique (f.)
caisse (f.)
fente (f.)
jeton (m.)
récepteur (m.)
tonalité (f.)

acteur (m.)
ballet (m.)
bandes dessinées (f. pl.)
comédie (f.)
comédien (m.)
documentaire (m.)
farce (f.)
théâtre (m.)

circonstances (f. pl.)
contraire (m.)

Adjectifs

doublé
dramatique
élémentaire
éreinté
essoufflé
furieux
génial
mécontent
original
prêt (à)
publicitaire

Adverbe

dehors

Conjonctions

afin que
à moins que
avant que
de peur que
en attendant que
jusqu'à ce que
où que
pour que
quoique
quoi que
sans que
soit . . . soit

Expressions utiles

afin de (+ inf.)
avoir raison
Chic!
Chouette!
composer le numéro
donner un coup de fil
être a bout de souffle (m.)
être hors d'haleine (f.)
une façon de faire
faire le numéro
finir de (+ inf.)
monter à bicyclette

Café de la Vache Qui Rit
Cigarettes
LA CAISSE
Téléphone

CHAPITRE 19

TROISIEME REVISION

TROISIEME REVISION: QUATRIEME ETAPE

Study the composite picture on the preceding page. Prepare your own **scénario,** using your imagination. Be as natural as possible. Select one or several sketches and try to incorporate as many structures as you can in your presentation.

You have covered all of the grammatical elements you need to know in order to speak quite easily. What remains (and you have already seen some of these grammatic points throughout the text), are some notions of refinement, such as:

1. The use of the *subjunctive* after *superlatives:*

   C'est le meilleur bâtiment que **j'aie vu.** (Chapitre 11)

2. The use of the *subjunctive* after *certain verbs:*

   Il semble qu'*on explore* . . . (Chapitre 17)

3. The **passé simple:**

   Le paysan *fut* longtemps l'appui de la France.

This tense is not spoken—except in formal occasions—but you should be familiar with it for reading purposes.

4. The *present participle* usages:

   . . . en discutant avec ta famille. (Chapitre 8)

5. The construction **faire** + *infinitive:*

   C'est pour le **faire** *parler*. (Chapitre 8)

6. *Negations* before *infinitives:*

   Ma mère m'a dit de **ne pas** laisser couler l'eau. (Lecture 2)

REVISION GENERALE DES CHAPITRES 14 A 18:

I. THE INTERROGATIVES:

A. The interrogative pronoun: *Who?*

CASE	SHORT FORM	LONG FORM
Subject	Qui	Qui est-ce qui
Direct object	Qui	Qui est-ce que
Object of **de**	De qui	De qui est-ce que
Object of **à**	A qui	A qui est-ce que
Object of other prepositions	Avec qui	Avec qui est-ce que

The short forms require inversion of subject and verb. In the long forms inversion is prevented by the use of **est-ce que** (**est-ce qui** in the subject case).

B. The interrogative pronoun: *What?*

CASE	SHORT FORM	LONG FORM
Subject	——	Qu'est-ce qui
Direct object	Que	Qu'est-ce que
Object of **de**	De quoi	De quoi est-ce que
Object of **à**	A quoi	A quoi est-ce que
Object of other prepositions	Avec quoi	Avec quoi est-ce que

C. The interrogative pronouns: *Which one? Which ones?*

CASE	MASCULINE SINGULAR	FEMININE SINGULAR	MASCULINE PLURAL	FEMININE PLURAL
Subject	lequel	laquelle	lesquels	lesquelles
Direct object	lequel	laquelle	lesquels	lesquelles
Object of **de**	duquel	de laquelle	desquels	desquelles
Object of **à**	auquel	à laquelle	auxquels	auxquelles
Object of other prepositions	avec lequel	avec laquelle	avec lesquels	avec lesquelles

These pronouns indicate a choice:

Les deux femmes sont là. **A laquelle** pensez-vous?

D. The interrogative adjective:

Quelle voiture allez-vous acheter?

The interrogative adjective agrees in gender and number with the noun it modifies.
Quel (and its forms: **quelle, quels, quelles**) may be used idiomatically to express an emotional reaction:

Quelle voiture!

II. PREPOSITIONS WITH GEOGRAPHIC LOCATIONS:

To express the ideas *in*, *to*, *into* and *from* in respect to geographic locations, use the following prepositions:

IN, TO, INTO		FROM
en	Continents	**de**
en	Countries (*feminine singular*)	**de**
au	Countries (*masculine singular*)	**du**
aux	Countries (*all plurals*)	**des**
à	Cities	**de**

All countries which end in **-e** are feminine, except for:

Le Mexique, le Zaïre

III. THE RELATIVE PRONOUNS:

A. Persons:

ANTECEDENT	RELATIVE CLAUSE	MAIN CLAUSE
L'hôtesse	**qui** est dans l'avion	est jeune.
L'hôtesse	**que** vous voyez	est jeune.
L'hôtesse	**dont** vous parlez	est jeune.
L'hôtesse	**à qui** vous pensez	est jeune.

B. Animals or Things:

ANTECEDENT	RELATIVE CLAUSE	MAIN CLAUSE
La maison	**qui** est près du château	est belle.
Le chien	**qui** est près du château	est beau.
La maison	**que** vous voyez	est belle.
Le chien	**que** vous voyez	est beau.
La maison	**dont** vous parlez (**de laquelle** vous parlez)	est belle.
Le chien	**dont** vous parlez (**duquel** vous parlez)	est beau.
La maison	**à laquelle** vous pensez	est belle.
Le chien	**auquel** vous pensez	est beau.

Only the preposition **à**, as well as other prepositions, take the long form. However, like the subject and object cases, the preposition **de** takes the short form.

IV. THE IMPERFECT TENSE:

A. The imperfect is a descriptive tense; it describes a state or condition, or actions which were taking place in the past.

B. The imperfect tense—in addition to its descriptive nature—is typified by these characteristics:

1. It lasts over a period of time in the past:

   Je travaillais à l'usine pendant deux ans.

2. We do not know when the action began or when it ended:

   Autrefois **je le faisais** toujours.

3. It conveys the same action in English, normally translated by *was doing or would do* to indicate action habitually done in the past:

   J'allais au cinéma tous les jours.

4. It describes states of mind or health as they appeared to be in the past:

   J'avais mal à la tête.

5. It sets a scene:

   La nuit **était** lourde. Il **faisait** très chaud.

V. NEGATIONS:

A. "SIMPLE" NEGATIONS OF TYPE **ne . . . pas:**

Besides the most commonly heard **ne . . . pas** we drilled other "simple" negations:

ne . . . rien	ne . . . plus
ne . . . jamais	ne . . . guère.

The **ne** stands before the conjugable verb, the **pas** after:

Elle **ne** boit **pas.**	El **n'**a **pas** bu.
Elle ne boit rien.	Elle n'a rien bu.
Elle ne boit jamais.	Elle n'a jamais bu.
Elle ne boit plus.	Elle n'a plus bu.
Elle ne boit guère.	Elle n'a guère bu.

B. "COMPOUND" NEGATIONS OF TYPE **ne . . . que:**

The **ne** stands before the conjugable verb, the **que** after in simple tenses, In compound tenses the **ne** stands before the conjugable (auxiliary) verb but the **que** stands *after* the past participle:

Elle **ne** boit **que** du vin.[1]	Elle **n'**a bu **que** du vin.
Elle ne voit personne.	Elle n'a vu personne.

[1] Remember that **ne . . . que** is a restriction rather than a negation. Therefore:

Elle ne boit que **du** vin.

Elle ne mange ni pommes ni poires.[2]	Elle n'a mangé ni pommes ni poires.
Elle ne prend aucun de ses livres.	Elle n'a pris aucun de ses livres.

VI. The CONDITIONAL describes what *would* happen if certain conditions were met:

Elle le ferait, si elle avait le temps.

It is formed by adding the imperfect endings to the future stem.

VII. The SUBJUNCTIVE is special in the sense that it responds to specific cues established in the main clause. It always appears in the *subordinate clause:*

MAIN CLAUSE	SUBORDINATE CLAUSE
Il faut	**que vous soyez** à l'heure.

> **DO NOT ASSUME** *that the simple appearance of* **QUE** *triggers the subjunctive.*

A. The *subjunctive* is formed in most cases from the *first person plural* of the *present tense:*

nous choisissons

minus the **-ons** endings, which is replaced by one set of endings:

-e, -es, -e, -ions, -iez, -ent.

je choisiss**e**	nous choisiss**ions**
tu choisiss**es**	vous choisiss**iez**
il choisiss**e**	ils choisiss**ent**

B. It is used *automatically* with the constructions

Il faut que . . .

and other verbal forms containing expressions of

EMOTION:	**Je suis content que** vous le fassiez.
	Je regrette que vous le fassiez.
	Je suis fâché que vous le fassiez.
	Je crains que vous **ne** le fassiez.
DOUBT:	**Je doute que** vous le fassiez.
VOLITION:	**Je veux que** vous le fassiez.
JUDGMENT:	**Il vaut mieux que** vous le fassiez.

C. It is also used *automatically* after certain conjunctions:

afin que, pour que	**avant que + ne**
bien que, quoique	**où que**
pourvu que	**quoi que**
jusqu'à ce que	**de peur que + ne**
à moins que + ne	

[2] The construction **ne . . . ni . . . ni** does not take the partitive forms.

VIII. **Il** + **de** introduces a thought (⟶);
Ce + **à** refers back to a thought (←):

Il est facile **d'**apprendre le français.
C'est difficile **à** croire.

IX. When two verbs are used together, some do not require prepositional links, while others do:

Je veux parler.	J'apprends **à** nager.
Je viens **pour** travailler.	Je suis content **de** vous voir.

X. ADJECTIVE PLACEMENT:

A. We saw in **Chapitre 9** that adjectives usually follow the nouns they modify. Some adjectives change their meanings according to whether they precede or follow the noun:

C'est un **pauvre** homme.	*He is a wretched man.*
C'est un homme **pauvre.**	*He is an indigent man.*

The same is true with

C'est un **cher** ami.	*He is a dear friend.*
C'est un livre **cher.**	*It is an expensive book.*
C'est un **ancien** professeur.	*He is a former teacher.*
C'est un musée **ancien.**	*It is an old museum.*
C'est un **grand** homme.	*He is a great man.*
C'est un homme **grand.**	*He is a tall man.*
C'est ma **propre** serviette.	*It is my own towel.*
C'est une serviette **propre.**	*It is a clean towel.*

B. Two or more adjectives modifying a noun stand in relation to that noun according to rules we saw earlier. Recall the following usages:

C'est une **jolie petite** fille.	(*both adjectives normally precede the noun*)
C'est une **petite** maison **blanche.**	(**petit** *normally precedes the noun,* **blanc** *normally follows the noun*)

If one adjective *precedes* the noun and another *follows* it, both may be placed after the noun, joined by the conjunction **et:**

C'est une maison **blanche** et **petite.**

Two adjectives which normally follow the noun may also be joined by **et** and placed after the noun:

C'est un objet **blanc étincelant.** C'est un objet **blanc et étincelant.**	*It is a sparkling white object.*

XI. Tout may be an ADJECTIVE:

Tous les hommes sont égaux. *All men are equal.*

and it agrees in gender and number with the noun it modifies.

Tout may be an *adverb:*

Elle est **toute** pâle. *She is quite pale.*

Tout as an adverb modifying a feminine adjective beginning with a consonant or an aspirate **h,** takes the feminine form. Otherwise, it is invariable:

Elle est **tout** heureuse.

XII. Parce que (*because*) is followed by a verb construction with a subject and a predicate:

Je ne sortirai pas **parce que** je suis malade.	*I will not go out because I am sick.*

A cause de is followed by a noun phrase:

A cause du mauvais temps je resterai chez moi.	*Because of the bad weather I will stay home.*

XIII. OBJECT PRONOUNS:

As we saw in **Chapitres 7, 8,** and **11,** *object pronouns* (both direct and indirect) stand *before the verb* in this order:

A.

SUBJECT	INDIRECT	DIRECT	INDIRECT			VERB
Elle	me	le	lui	y	en	donne.
	te	la	leur			
	se	les				
	nous					
	vous					
	se					

Any single object pronoun (direct or indirect) stands *before the verb.*
In the case of *two object pronouns*, they stand *before the verb in the order shown above.*

Remember that you cannot have more than one direct or indirect object pronoun in a sentence.

Elle **nous les** donne.

B. When the pronoun objects

me	**nous**
te	**vous**
se	**se**

are *direct*, then you *must* use a *different order* when you have another object pronoun in the sentence.

> Note that in Chart A above—when it is a question of a *single* object pronoun before the verb—**me, le, se, nous, vous, se** may be *direct:*
> Elle **me** voit.

In the sentence:

She is introducing me to him.

there are two object pronouns: **me** (*direct*) and **to him** (*indirect*).

Elle **me** présente **à lui.**

In this case, the following order is observed:

SUBJECT	DIRECT OBJECT	VERB	PREPOSITION	DISJUNCTIVE PRONOUN
Elle	me	présente	à	moi
	te			toi
	se			lui, elle
	nous			nous
	vous			vous
	se			eux, elles

C. With other verbs or verbal locutions the personal object follows a preposition. In these cases, *disjunctive* pronouns **(pronoms toniques)** are used:

Je pense **à** elle.
Ce livre est **à** moi.

XIV. VERB RECAPITULATION:
The names of the tenses in French clearly describe their functions in time. The *indicative* tenses, for instance, merely indicate what is going on, went on, was going on, will go on, would go on:

A. The *present tense* indicates actions occurring in the present:

Ils le **font** pour vous.

B. The **passé composé** (or perfect tense) indicates actions completed in the past:

Ils l'**ont fait** pour vous.

C. The *imperfect* indicates actions which were taking place over a period of time in the past:

Ils le **faisaient** pour vous pendant des années.

D. The **future** indicates actions which will take place:

Ils le **feront** pour vous demain.

E. The *conditional* indicates that actions are conditional or dependent on other actions or situations:

Ils le **feraient** pour vous, si vous étiez gentil.

F. The *subjunctive* is referred to as a "mood"; it is not an indicative tense. It does not indicate specifically an independent action, but it reflects the speaker's *feelings*, *will*, *doubt*, or *uncertainty*.

REVISION Exercices

Interrogatives: Subjects

Modèle: Ce professeur a répondu à la question.
Qui a répondu à la question?
Qui est-ce qui a répondu à la question?

1. Robert est parti comme une flèche.
2. J'irai à pied.
3. Elle pourrait aller au cinéma.
4. Tu entres dans la cabine téléphonique.
5. M. Fourchet désire jouer à la pétanque.
6. De nombreuses hôtesses sont là pour vous accueillir.

Interrogatives: Direct Objects

Modèle: Elle l'attend.
Qui attend-elle?
Qui est-ce qu'elle attend?

1. Il allait rencontrer Sylvie et Francine.
2. Il salue ses camarades.
3. Il te retrouvera au café plus tard.
4. Ils connaissent tous les étudiants.
5. Vous regardez les hôtesses de l'air.
6. Elle écoute son ami.

Interrogatives: Mixed

Modèle: Nous avons parlé de vos camarades. (*de vos camarades*)
De qui avons-nous parlé?
De qui est-ce que nous avons parlé?

1. Il se souvient de vous. (*de vous*)
2. Ils nous présentent à lui. (*à lui*)
3. Les Français aiment faire de la bicyclette. (*Les Français*)
4. Il joue merveilleusement bien du violon. (*Il joue*)
5. Elle songe à sa mère. (*à sa mère*)
6. Il faut demander cela à l'employé. (*à l'employé*)

Interrogatives: Mixed (with things)

Modèle: Le vent fait le bruit. (*Le vent*)
Qu'est-ce qui fait le bruit?

1. On garde les deux mains sur la table. (*les deux mains*)
2. Le pain est délicieux. (*le pain*)
3. Nous entendons la musique. (*la musique*)
4. Elle pense à ta façon de parler. (*à ta façon*)
5. Il parle de ta soif. (*de ta soif*)
6. Elle ne s'est jamais servie du téléphone. (*du téléphone*)
7. Il nous parle de la musique américaine. (*de la musique américaine*)
8. Robert a besoin de sommeil. (*de sommeil*)

Interrogatives: Stressing a Choice

Modèle: Les frères sont ici. Je pense au cadet. (*pensez-vous*)
Auquel pensez-vous?

1. Nous avons acheté des livres. Je lis la comédie. (*lisez-vous*)
2. Nous avons lu des pièces de théâtre. Je vais parler d'Andromaque. (*allez-vous parler*)
3. Elle est arrivée avec ses deux sœurs. (*aimez-vous le mieux*)
4. Toutes les femmes sont arrivées. J'attends l'aînée. (*attendez-vous*)
5. Nous avons acheté des fruits. Je préfère les fraises. (*préférez-vous*)
6. Elle a acheté deux robes. (*a-t-elle achetée*)

Geographic Locations

Modèle: Elle est américaine.
Elle vient des Etats-Unis. Sa famille est aux Etats-Unis.

1. Il est russe.
2. Il est chinois.
3. Elle est grecque.
4. Il est japonais.
5. Elle est canadienne.
6. Il est brésilien.
7. Il est mexicain.
8. Elle est italienne.
9. Elle est espagnole.

Relative Pronouns: Prepositions + **lequel**

Modèle: Elle est partie par ce train.
C'est le train par lequel elle est partie.

1. Nous avons mis les livres sur cette table.
2. Vous avez répondu à cette lettre.
3. Je pensais à cette maison.
4. J'ai écrit toutes mes lettres avec ce stylo.
5. Je compte beaucoup sur cet avion.
6. Elle écrira sur ce papier.

Relative Pronouns

Modèle: Je connais cette femme. Vous la regardez.
Je connais la femme que vous regardez.

1. J'entends ce programme de musique. Il vient du Canada.
2. Vous avez admiré ce tableau. Il est de Picasso.
3. Vous avez beaucoup de livres. Ils sont à moi.
4. Je vois les fleurs. Vous les aimez.
5. Je vais remplir le verre. Vous le boirez.
6. Je lis les pièces de théâtre. Vous me les avez données.

Mixed Relative Pronouns

Modèle: Je connais ce monsieur. Vous avez parlé avec lui.
Je connais ce monsieur avec qui vous avez parlé.

1. Je connais ce monsieur. Vous avez fait cela pour lui.
2. Je connais ce monsieur. Vous le regardez.
3. Je connais ce monsieur. Il est avec le professeur.
4. Je connais ce monsieur. Vous avez besoin de lui.
5. Je connais ce monsieur. Vous êtes sorti avec lui.
6. Je connais ce monsieur. Ils sont chez lui.

Imperfect Tense

Modèle: Quand il fait beau, j'y vais à pied. (*autrefois*)
Autrefois, quand il faisait beau, j'y allais à pied.

1. Quand il fait beau, nous n'allons pas au cinéma.
2. Quand il fait beau, nous jouons au basket.
3. Quand il fait beau, nous nageons.
4. Quand il fait beau, nous n'étudions pas beaucoup.
5. Quand il fait beau, ils font un tour de la ville.
6. Quand il fait beau, il y a des choses à voir.
7. Quand il fait beau, il s'assied à la terrasse.
8. Quand il fait beau, elle se lève de bonne heure.
9. Quand il fait beau, M. Fourchet joue à la pétanque.

Modèle: Nous mangeons tard. (*Il y a trois ans*)
Il y a trois ans nous mangions tard.

1. Il parle très bien le français.
2. Vous savez conduire.
3. J'habite chez les Fourchet.
4. Vous me téléphonez souvent.
5. Elle va très bien.

Modèle: Les banques sont fermées. (*Je ne savais pas que*)
Je ne savais pas que les banques étaient fermées.

1. Ils partent à deux heures pile.
2. Les étudiants viennent d'arriver.
3. Ils vont à l'école à neuf heures.
4. On nous cherche.
5. Vous êtes fatigués.
6. Vous conduisez bien.

Modèle: Vous sortez avec elle. (*Je croyais que*)
Je croyais que vous sortiez avec elle.

1. Vous avez soif.
2. Elle a besoin de la voiture.
3. On étudie le scénario.
4. Vous vous servez de ma chambre.
5. Vous vous dépêchez.
6. Vous vous levez de bonne heure.

Negations

Modèle: Je le ferai toujours comme cela. (*ne . . . jamais*)
Je ne le ferai jamais comme cela.

1. Nous le lui avons donné. (*ne . . . pas*)
2. Elle le verra quand elle voudra. (*ne . . . plus*)
3. Vous avez vu beaucoup de choses. (*ne . . . rien*)
4. Il pleut. (*ne . . . plus*)
5. M. Fourchet boit du vin. (*ne . . . que*)
6. Il faut le leur dire. (*ne . . . pas*)
7. J'ai vu tous mes amis. (*ne . . . personne*)
8. Je prendrai des tomates et des concombres. (*ne . . . ni . . . ni*)
9. Vous avez acheté des slips et des chaussettes. (*ne . . . ni . . . ni*)
10. J'ai envie de voyager. (*ne . . . aucune*)

The Conditional

Modèle: Nous le ferons, s'il fait beau.
Nous le ferions, s'il faisait beau.

1. Tu iras en Espagne, si tu as de l'argent.
2. Nous l'attendrons ici, s'il ne pleut pas.
3. Je le verrai, si j'ai le temps.
4. J'apprendrai à nager, si vous m'aidez.
5. Je pourrai conduire, si j'ai une voiture.
6. Je te parlerai de la musique américaine, si tu veux.

Exercices de manipulation

1. Si nous étions essoufflés, *nous nous plaindrions*.
   Si tu étais essoufflé, tu __________________.
   Si j'étais essoufflé, je __________________.
   Si vous étiez essoufflé, vous __________________.
   S'il était essoufflé, il __________________.
   S'ils étaient essoufflés, ils __________________.
2. Si vous craigniez de le faire, *vous ne réussiriez pas*.
   Si nous craignions de le faire, nous __________________.
   Si tu craignais de le faire, tu __________________.
   Si on craignait de le faire, on __________________.
   Si je craignais de le faire, je __________________.
   S'ils craignaient de le faire, ils __________________.

The Subjunctive

Modèle: Mon père est à Paris. (*Il faut que*)
Il faut que mon père soit à Paris.

1. Nous attendons nos amis. (*Il est nécessaire que*)
2. Vous lui portez un toast. (*Il faut que*)
3. Vous aurez un fromage différent tous les jours. (*Il faut que*)
4. Nous travaillerons dans une heure et demie. (*Il vaut mieux que*)

Modèle: Vous répondez vite aux questions. (*Je veux que*)
Je veux que vous répondiez vite aux questions.

1. Nous achetons des légumes. (*Je désire que*)
2. Vous prenez du pain. (*Elle veut que*)
3. Tu bois de l'eau. (*Elle préfère que*)
4. On tient la fourchette dans la main gauche. (*Il veut que*)

Modèle: Vous arrivez à l'heure. Il faut vous dépêcher. (*Pour que*)
Pour que vous arriviez à l'heure, il faut vous dépêcher.

1. Vous pouvez leur parler. Je vais leur téléphoner. (*Afin que*)
2. Tu es malade. Tu le feras. (*Bien que*)
3. Il est fatigué. Il viendra. (*A moins que + ne*)
4. Vous arriverez. Nous étudierons. (*Jusqu'à ce que*)

Object Pronouns

Exercices de substitution

1. Elle me présente *à Mlle Fourchet.*
   (*à vous, à lui, à elle, à eux, à elles, à toi*)
2. Nous nous souvenons *de lui.*
   (*d'elle, de vous, de toi, d'eux, d'elles, de vous*)

Exercices de manipulation

Je pense *à mes parents.*
Je pense à eux.
(*à Georges, à Jacqueline et à Michel, à Sylvie et à Francine, à Pierre et à Jacques*)

Il + de/Ce + à

Modèle: Il est facile de faire cela.
C'est facile à faire.

1. Il était impossible de croire ça.
2. Il est difficile de répéter ce nom-là.
3. Il sera facile d'apprendre le français.
4. Il sera bon de voir le paysage.

Prepositional Links

Modèle: Je veux vous indiquer le chemin. (*Je vais essayer*)
Je vais essayer de vous indiquer le chemin.

1. Elle veut vous indiquer le chemin.
   (*Elle est prête, Elle désire, Je n'aime pas, Je serai content*)
2. Tu as peur de tomber.
   (*Tu ne veux pas, Tu crains, Il ne faut pas, Il continue*)

Adjective Placement

Modèle: Cet homme n'a plus d'amis. (*pauvre*)
C'est un pauvre homme.

1. Cette voiture vient d'être lavée. (*propre*)
2. Ce garçon mesure 2 mètres de haut. (*grand*)
3. Cette femme n'a pas d'argent. (*pauvre*)
4. Cette voiture m'a coûté beaucoup d'argent. (*chère*)
5. Cette femme est une amie que j'aime bien. (*chère*)

Tout as an Adjective

Modèle: Elle a acheté une robe. (*joli*) (*vert*)
Elle a acheté une jolie robe verte.

1. C'est un livre. (*vieux*) (*intéressant*)
2. J'aime cette cathédrale. (*vieux*) (*gothique*)
3. C'est un drapeau. (*grand*) (*français*)
4. C'est une maison. (*petit*) (*blanc*)
5. Voilà un hôtel. (*vieux*) (*intéressant*)

Modèle: J'ai travaillé pendant la soirée. (*tout*)
J'ai travaillé pendant toute la soirée.

1. J'ai mangé la salade. (*tout*)
2. Elle vient de finir le devoir. (*tout*)
3. Aimeriez-vous voir les films? (*tout*)
4. Elle a visité la maison. (*tout*)
5. Où avez-vous laissé les bagages? (*tout*)

Tout as an Adverb

Modèle: Elle est pâle. (*tout*)
Elle est toute pâle.

1. Elle est aimable. (*tout*)
2. Elles sont heureuses. (*tout*)
3. Elle est cruelle. (*tout*)
4. Elles sont bouleversées. (*tout*)
5. Elle est contente. (*tout*)

Parce que/ A cause de

Substitution progressive

Il s'est arrêté parce qu'il avait faim.
Il s'est arrêté *à cause de la pluie.*
Il est parti à cause de la pluie.
Il est parti *à cause de lui.*
Il y est resté à cause de lui.
Il y est resté *parce qu'il avait faim.*
Il s'est arrêté parce qu'il avait faim.

QUESTIONS GENERALES

Répondez par des phrases complètes:

1. Etes-vous déjà allé(e) en France? Où? Comment l'avez-vous trouvée?
2. Si non, espérez-vous y aller un jour? Quand?
3. Quels sont les pays que vous aimeriez visiter?
4. Que savez-vous de chacun d'eux?
5. Pouvez-vous nommer les capitales de ces pays?
6. Que faisiez-vous à cette époque l'année dernière?
7. Si vous aviez le choix, où iriez-vous passer les vacances?
8. Si vous étiez seul sur une île (*island*) que feriez-vous?
9. Si vous n'aviez que deux livres à prendre avec vous, lesquels choisiriez-vous?
10. Que regrettez-vous dans votre vie? Comment corrigeriez-vous ces choses-là?

11. Si vous réussissez à vos examens, comptez-vous continuer vos études de français?
12. Pourquoi faut-il que nous apprenions à parler d'autres langues que la nôtre?
13. Quels sont quelques-uns des dangers que vous voyez dans une société où on ne parle qu'une langue?
14. Pour mieux connaître un peuple (*people*) qu'est-ce qu'il faut faire?
15. Décrivez une de vos journées typiques. Soyez spécifique!
16. Décrivez un professeur américain.
17. Que n'aimez-vous pas dans notre système universitaire?
18. A votre avis, quel est le métier qui contribue le plus à la société?
19. Décrivez les corvées qu'on doit faire à la maison.
20. A votre avis, quelle est la plus belle ville du monde? Pourquoi?
21. Quel est l'homme/Quelle est la femme que vous admiriez le plus quand vous étiez jeune? Quelles étaient ses qualités?
22. Et maintenant, avez-vous changé d'avis? Si oui, quel est l'homme/quelle est la femme que vous admirez le plus?
23. Allez-vous souvent au gymnase? Qu'est-ce que vous y faites?
24. Décrivez vos meilleurs moments au gymnase.

LECTURE Le Sénégal

the coast

Le Sénégal, une ancienne colonie de la France, est sur **la côte** ouest de l'Afrique. Les pays qui bordent le Sénégal sont la Mauritanie au nord, la Guinée au sud, le Mali à l'est, la Gambie à l'intérieur du Sénégal et al Guinée-Bissau au sud-ouest.

Les relations entre la France et le Sénégal sont très cordiales. Le Président Léopold Senghor est connu non seulement comme homme politique, mais par ses poèmes.

colloquial language

La culture française est importante surtout dans la capitale Dakar et les villes. La langue officielle est le français, mais la majorité des gens n'oublie pas de parler le ouolof. Dans **la langue courante** beaucoup de mots français ont été adoptés et acceptés.

urban
a courtesy
the respect due

Dans les villes, les habitants sont exposés à deux cultures: la française et la sénégalaise. La population **urbaine** apprend à lire le français à l'école et la langue locale en famille. L'éducation familiale apprend aussi aux enfants **une courtoisie** naturelle et **les égards dûs** à **l'Ancien.**

Clothes
African dress
head-dress/pants
on the top/hat

Les vêtements consistent de la mode qui arrive de Paris ou du vêtement traditionel. Les femmes portent le **boubou** (mot venant du français) ou *mboube* en ouolof. Comme **coiffure,** elles portent le *moufor*. Les hommes portent des **culottes** très larges avec une sorte de chemise appelée *niety-abdou*, *le boubou* **par-dessus** et **une calotte** comme coiffure.

Dans quelques familles, tous mangent ensemble autour d'une table avec des assiettes, fourchettes et couteaux.

food
the Elder

D'autres mangent assis par terre sous un arbre. Il y a un grand plat de métal *boly* au milieu duquel ils prennent **la nourriture** avec les mains. C'est un rite important de se laver les mains avant de commencer à manger. Dans certaines familles, les hommes mangent seuls. La dignité de **l'Ancien** est très importante, c'est lui qui donne les ordres. Les femmes peuvent les servir et se tenir debout près d'eux ou

Une rue à Dakar au Sénégal

Des Sénégalais

retourner à la cuisine. Les enfants mangent soit en groupe près des hommes, soit avec les femmes.

Les Sénégalais prennent trois repas par jour. Le plus important est le déjeuner. Ils mangent de la viande, surtout du poisson, beaucoup de légumes et du riz qu'ils préparent de différentes manières. Ils mangent aussi beaucoup de fruits.

Pendant le Ramadan, les Sénégalais mangent moins. L'un des repas se compose d'une bouillie appelée *laax*, faite d'**une farine de riz mélangée** à du lait **caillé,** ou bien la farine de riz est mélangée à **une sauce d'arachide** ou à du jus des fruits du **baobab** pour former des **boulettes.**

rice flour mixed/curdled
peanut sauce
(a tree)/small balls

La danse et les chants occupent une grande place au Sénégal. On entend de la musique nationale, française et latine. Les musiciens sont encouragés à jouer de la musique sénégalaise. Il existe plusieurs espèces de tambour, des guitares à **calebasse** telle la *kora*, un genre de xylophone tel le *xytar* et le *balaphon*. La jeunesse est folle de musique surtout de la pachanga et du cha cha cha. Les plus âgés préfèrent écouter la musique nationale.

calabash gourd

La lutte est le sport national.

wrestling

La majorité des Sénégalais sont des fermiers occupé en particulier avec **la culture** de l'arachide. Les fermiers plantent l'arachide aux premières pluies, en juin, et **la**

cultivation

the harvest
between seasons

récolte a lieu du 15 octobre au 15 novembre. Pendant **la demi-saison,** ils s'occupent d'entretenir la ferme.

Le Sénégal est un pays qui a su se réaliser en intégrant d'autres cultures à la sienne.

QUESTIONS SUR LA LECTURE

1. Qu'est-ce que c'est que le Sénégal?
2. Quels sont les pays qui bordent le Sénégal?
3. Où se trouve la Gambie?
4. Comment sont les relations entre la France et le Sénégal?
5. Pourquoi le Président Léopold Senghor est-il connu?
6. Où la culture française est-elle importante?
7. Quelle est la langue officielle?
8. Que parle la majorité des gens?
9. Qu'est-ce qui a été adopté dans la langue courante?
10. Dans les villes, les habitants sont exposés à quelles cultures?
11. Où apprend-on à lire le français?
12. Qu'est-ce qu'on apprend en famille?
13. En quoi consistent les vêtements au Sénégal?
14. Que portent les femmes?
15. Que portent les hommes?
16. Comment mangent les familles?
17. Comment mangent-ils sous un arbre?
18. Les hommes mangent-ils avec les femmes?
19. Qui donne les ordres?
20. Avec qui les enfants mangent-ils?
21. Quel est le repas le plus important au Sénégal?
22. Que mangent-ils?
23. Pendant le Ramadan, de quoi se compose l'un des repas?
24. Qu'est-ce qui occupe une grande place au Sénégal?
25. Quels instruments existent-ils pour jouer de la musique?
26. Quelle musique préfèrent les jeunes? et les plus âgés?
27. Quel est le sport national?
28. Quelle est l'occupation de la majorité des Sénégalais?
29. Quelle est la culture la plus importante?
30. Quand plante-t-on et récolte-t-on l'arachide?
31. Que font les fermiers pendant la demi-saison?
32. Qu'est-ce que le Sénégal a su réaliser?

PAS A PAS

TO THE STUDENT: Keep your books opened on page 418. Your teacher will describe one picture out of the four depicted. He or she will pause periodically to give you a chance to choose the picture you believe is being described.

A

B

C

D

CREATION ET RECREATION

1. Learn the meaning of each symbol shown here:

écrire

craindre

s'asseoir

envoyer

reconnaître

suivre

Make up full sentences using each of the verbs in the appropriate person and tense indicated:

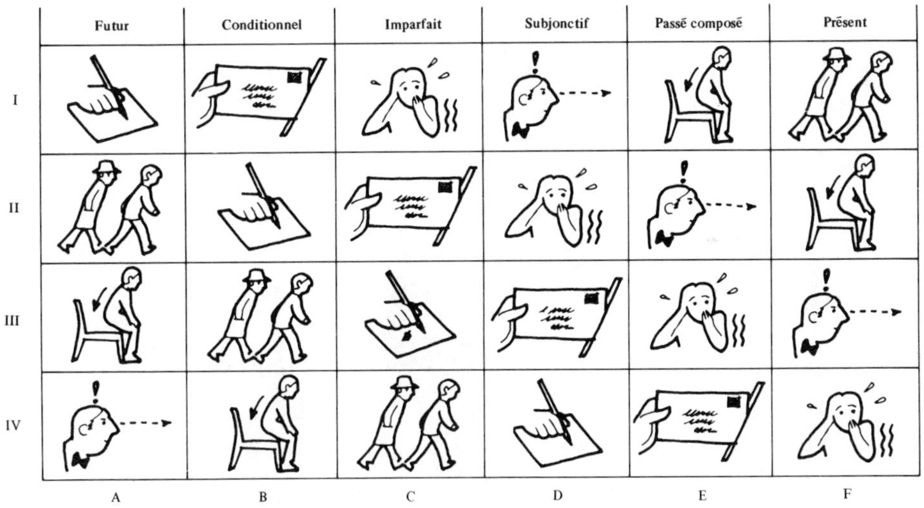
Futur
Conditionnel
Imparfait
Subjonctif
Passé composé
Présent
I
II
III
IV
A
B
C
D
E
F

Modèle: **Nous:** IA
IA: Nous écrivons des lettres à nos amis.

1. NOUS: II C, III E, IV A
2. JE: II B, IV C, I B
3. HENRY: I B, II C, III C, IV D
4. MME FOURCHET ET NICOLE: I C, II C, IV C, I D
5. TU: IV C, III B, I A, II B
6. VOUS: II E, I F, II A, III F

2. Pierre décrit un voyage qu'il a fait au Sénégal (ou autre pays étranger), etc.

CHAPITRE 20

AU CINEMA

Scénario 20: Au cinéma

PREMIERE ETAPE

Au Lux on passe un film policier.

ROBERT: J'aime bien ce genre de films.

GERARD: Pas moi. Je n'en connais pas qui me plaisent.

SYLVIE: Offre du moins une raison!

GERARD: Il y a trop de violence, pas assez de philosophie, et les acteurs sont beaux mais ne savent pas jouer.

FRANCINE: C'est un peu idiot ce que tu racontes.

(*Après la séance*)

ROBERT: Tu crois toujours ce que tu as dit?

GERARD: Plus ferme qu'auparavant.

SYLVIE: J'ai peur que tu n'exagères. Le film m'a beaucoup plu.

DEUXIEME ETAPE

Au Lux on passe un film policier.

ROBERT: J'aime bien ce genre de films.

GERARD: Pas moi. Ils sont typiques du genre américain et je n'en connais pas qui me plaisent.

SYLVIE: Offre du moins une raison!

GERARD: Il y a trop de violence, pas assez de philosophie, et les acteurs sont beaux mais ne savent pas du tout jouer.

FRANCINE: C'est un peu idiot ce que tu racontes là. Les nôtres ne sont guère différents.

ROBERT: Entrons et nous discuterons après. Je ne crois pas que ce soit si difficile.

(*Après la séance*)

ROBERT: Tu crois toujours ce que tu as dit tout à l'heure?

GERARD: Plus ferme qu'auparavant.

SYLVIE: J'ai peur que tu n'exagères.

ROBERT: Il faut que tu saches le but du film.

GERARD: Il semble que le metteur en scène n'en ait pas eu.

SYLVIE: Le film m'a beaucoup plu: le jeu était bien mené, les personnages étaient tout à fait croyables.

TROISIEME ETAPE

Sylvie, Francine, Gérard et Robert vont au Lux où on passe un film policier. Peter et Henry rentrent chez eux.

ROBERT: J'aime bien ce genre de films.

GERARD: Pas moi. Ils sont typiques du genre américain et je n'en connais pas qui me plaisent.

SYLVIE: Et qu'est-ce que cela veut dire? Offre du moins une raison!

GERARD: Il y a trop de violence, pas assez de philosophie, et les acteurs sont beaux mais ne savent pas du tout jouer.

FRANCINE: C'est un peu idiot ce que tu racontes là, n'est-ce pas? Les nôtres ne sont guère différents.

ROBERT: Ecoutez, entrons et nous discuterons après. Je ne crois pas que ce soit si difficile.

(*Après la séance*)

ROBERT: Alors, Gérard, tu crois toujours ce que tu as dit tout à l'heure?

GERARD: Plus ferme qu'auparavant.

SYLVIE: Non, Gérard, j'ai peur que tu n'exagères.

GERARD: A quoi sert tout ce truquage?

ROBERT: Il faut que tu saches d'abord le but du film.

GERARD: Il semble que le metteur en scène n'en ait pas eu.

SYLVIE: Le film m'a beaucoup plu: le jeu était bien mené, les personnages étaient tout à fait croyables et les couleurs épatantes.

GERARD: Bah! Des bêtises!

SYLVIE: Tu es le seul garçon que je connaisse chez qui la logique et l'évidence ne vont pas de pair.

SYNONYMES ET EXPRESSIONS APPROXIMATIVES

3 ce genre = cette sorte, ce type

4 qui me plaisent → qui m'emballent, qui m'enthousiasment, qui me conviennent, qui me bottent°

9 idiot → stupide, ridicule, bête, niais, sot, absurde, déraisonnable

15 Plus ferme = Plus fort, Encore plus qu'auparavant; auparavant = avant

17 ce truquage = cet artifice cinématographique

21 croyables = vrais, réels

21 épatantes = étonnantes, prodigieuses, formidables

23,24 ne vont pas de pair = ne vont pas ensemble

NOTES CULTURELLES

1. Some movies in France have intermissions during which time commercial advertising (**des films publicitaires**) is shown on the screen. It is also during intermission that candy and ice cream of various sorts are sold.
2. You should tip the usher (**l'ouvreuse**) who shows you to your seat. About one franc is adequate.

VOCABULAIRE ILLUSTRE A l'université elle se spécialise **en philosophie.**

en biologie.

en art.

en mathématiques.

en histoire.

en sciences.

en langues.

en psychologie.

en français.

QUESTIONS SUR LE SCENARIO

1. Qu'est-ce qu'on passe au Lux?
2. Qu'est-ce que Peter et Henry ont fait?
3. Quel genre de films Robert aime-t-il?
4. Quelle est la réaction de Gérard?
5. Est-ce que Sylvie le laisse faire (*do as he pleases*)?
6. Comment Gérard définit-il le genre américain?
7. Est-ce que Francine est du même avis?
8. Comment Robert termine-t-il la discussion?
9. Est-ce que Gérard change d'opinion après la séance?
10. Quelle est la réaction de Sylvie?

NOTE DE GRAMMAIRE 1: Le Verbe irrégulier **plaire**

1. Plaire à (*to please*) is an irregular verb.

PRESENT:	je plais tu plais [plɛ] il plaît	nous plaisons [plɛzõ] vous plaisez [plɛze] ils plaisent [plɛz]
IMPERATIF:	plais plaisons plaisez	IMPARFAIT: je plaisais FUTUR: je plairai CONDITIONNEL: je plairais
PASSE COMPOSE:	j'ai plu	SUBJONCTIF: que je plaise

2. There is an impersonal form of **plaire:**

Il me plaît de . . .

and a pronominal form

Je me plais à . . .

both of which mean *I like.*

Il me plaît d'aller au cinéma.
Je me plais à aller au cinéma. } *I like to go to the movies.*

3. Other verbs conjugated like **plaire** are: déplaire à — *to displease*; se taire — *to be quiet*

Plaire and **déplaire** require an indirect object. The third person singular of **se taire** takes no circumflex: **il se tait.**

Simples substitutions

1. *Ce dîner* me plaît.
   (*Ce taxi*, *Ce scénario*, *Ce violon*, *Ce trombone*, *Ce poulet*, *Ce dîner*)
2. Tu plais *à mes parents.*
   (*à mes amis*, *à mes frères*, *à mes sœurs*, *à mes grands-parents*, *à mes professeurs*, *à mes camarades*, *à mes parents*)

Substitutions progressives

1. Ce gigot me plaît.
   Ce gigot *lui* plaît.
   Ce steak lui plaît.
   Ce steak *nous* plaît.
   Ce repas nous plaît.
   Ce repas *me* plaît.
   Ce gigot me plaît.

2. Ces films nous plaisent.
   Ces films *te* plaisent.
   Ces documentaires te plaisent.
   Ces documentaires *vous* plaisent.
   Ces films publicitaires vous plaisent.
   Ces films publicitaires *nous* plaisent.
   Ces films nous plaisent.

3. La biologie ne me plaisait pas.
   La biologie ne *leur* plaisait pas.
   La psychologie ne leur plaisait pas.
   La psychologie ne *te* plaisait pas.
   La pédagogie ne te plaisait pas.
   La pédagogie ne *me* plaisait pas.
   La biologie ne me plaisait pas.

Simples substitutions

1. Il ne me plairait pas *de balayer la cuisine*.
   (*de passer l'aspirateur sur le tapis*, *de cirer le parquet*, *de jouer de la trompette*, *de jouer au tennis*, *de me spécialiser en histoire*, *de me spécialiser en mathématiques*, *de balayer la cuisine*)
2. *Ni les asperges ni les tomates* ne lui ont plu.
   (*Ni les croissants ni le pain*, *Ni les haricots ni les pommes frites*, *Ni les cerises ni les fraises*, *Ni les bananes ni les pommes*, *Ni les aubergines ni les carottes*, *Ni les oignons ni les petits pois*, *Ni les asperges ni les tomates*)

Substitution progressive

Ce livre me plaît.
Ce livre *me déplaît.*
Ce garçon me déplaît.
Ce garçon *se tait.*
Cette étudiante se tait.
Cette étudiante *me plaît.*
Ce livre me plaît.

Exercices de manipulation

1. *Ils s'y plairont.*
   (*Nous*, *Il*, *Vous*, *Je*, *Tu*, *Ils*)
2. *Mme Fourchet s'y plaisait* quand il faisait beau.
   (*Les enfants*, *Nous*, *Vous*, *On*, *Je*, *Tu*, *Elles*, *Il*, *Mme Fourchet*)
3. *Je me tairais* s'il le fallait.
   (*Nous*, *Mme Dupont*, *Tu*, *Vous*, *On*, *Elles*, *Les Durand*, *Je*)
4. *Il s'est* enfin *tu.*
   (*Nous*, *Je*, *On*, *Vous*, *Pierre*, *Tu*, *Les chats*, *Il*)

5. *Cette musique* leur *déplaira.*
   (*Ce film, Ce truquage, Cet artifice cinématographique, Ce jeu, Cette mise en scène, Cette musique*)

NOTE DE GRAMMAIRE 2: Les Adjectifs indéfinis

Indefinite adjectives, as their name indicates, do not refer to anyone or to anything in a specific way. They are:

certain, certaine, certains, certaines	*certain*
chaque	*each, every*
quelque, quelques	*some*

1. When **certain** is used to mean *some*, it stands *before* the noun:

Je vais vous parler de **certaines** choses.
I am going to talk to you about certain things.

When **certain** means *sure* or *trustworthy*, it stands *after* the noun:

Je vais vous dire une nouvelle **certaine.**
I am going to tell you a piece of certain news.

2. Note also these examples:

J'ai **quelques** amis à Boston. *I have some friends in Boston.*

The **quelques** here means *some* in the sense of *a few* (*friends*). Compare this last example to the following two usages:

J'ai **des** amis à Boston. *I have friends in Boston.*

Des amis is a partitive construction. There is no indication of how many friends I have in Boston.

J'ai **peu d'amis** à Boston. *I have few friends in Boston.*

Peu de (**d'**) means *few* (= *not many*).

Simples substitutions

Avez-vous *certaines choses à me dire?*
(*quelques livres à me donner, quelques magazines à me vendre, quelques aubergines à me vendre, certaines nouvelles à me raconter, quelques amis à me présenter, certains essais à me rendre, certaines choses à me dire*)

Exercices de transformation

1. Voulez-vous voir l'article? (*chaque*)
2. Il a de bons disques. (*certains*)

3. Francine demande des poires. (*quelques*)
4. Je connais la ville. (*chaque*)
5. Ne devriez-vous pas nous raconter une nouvelle? (*certaine*)

Simples substitutions

1. Nous avons vu *ces* magasins.
   (*certains, des, quelques, les, plusieurs, ces*)
2. Mon frère a pensé à *ses* amies.
   (*quelques, des, ces, certaines, ses*)

NOTE DE GRAMMAIRE 3: Les Pronoms indéfinis

1. The *indefinite pronouns* do not refer to anyone or to anything in a specific way. We have already seen one example, **on,** as in:

On parle français tout le temps ici.
One (they, we, people) always speak(s) French here.

Some other indefinite pronouns are:

Chacun à son tour répondra.
Each one (each) will answer in turn.

N'importe qui est capable de le faire.
Anyone (at all) is capable of doing it.

Dis **n'importe quoi** et je te croirai.
Say anything and I will believe you.

Quelqu'un frappe à la porte.
Someone is knocking at the door.

Quelques-uns (**Quelques-unes**) apprennent plus vite que d'autres.
Some learn faster than others.

Quiconque le fera, sera blâmé.
Whoever will do it, will be blamed.

2. Also used as either *indefinite adjectives* or *indefinite pronouns* are:

Je vous parlerai **d'autres** choses.
I will speak to you of other things.

Les **mêmes** choses m'arrivent tous les jours.
The same things happen to me every day.

Pas un de nous ne le fera.
Not one of us will do it.

Plusieurs sont venus nous voir.
Several came to see me.

Tel père **tel** fils.
Like father like son.

De **tels** livres m'intéressent.
Such things intrigue me.

Tous sont là.
All are there.

J'ai travaillé **toute** la matinée.
I worked all morning.

Simples substitutions

1. *Chacun* pourra le faire.
   (*Quelqu'un*, *On*, *N'importe qui*, *Chacune*, *Quiconque*, *Chacun*)
2. *Tous* y sont arrivés.
   (*Plusieurs*, *Quelques-uns*, *Certains*, *Quelques-unes*, *Toutes*, *Tous*)
3. Elles voudraient parler à *quelqu'un*.
   (*n'importe qui*, *tous*, *toutes*, *quelques-uns*, *quelques-unes*, *quelqu'un*)

Substitution progressive

Il n'est pas content de ces autres garçons.
Nul n'est content de ces autres garçons.
Nul n'est content *de ces mêmes histoires.*
Aucun professeur n'a parlé de ces mêmes histoires.
Aucun professeur n'a parlé *à de telles personnes.*
N'importe qui parlerait à de telles personnes.
N'importe qui parlerait *de ces autres garçons.*
Il n'est pas content de ces autres garçons.

Exercices de transformation

Modèle: Avec qui voudriez-vous parler? (*n'importe . . .*)
Avec n'importe qui.

1. Qui voudrait-il voir?
2. De quoi se sont-elles souvenues?
3. Qui allaient-ils choisir?
4. Mais qui donc sera président?
5. Que voudrait-il voir?
6. Qui veut-il?
7. A quoi avez-vous pensé?
8. A qui donnerez-vous cela?

NOTE DE GRAMMAIRE 4: D'autres emplois du subjonctif

1. Other uses of the SUBJUNCTIVE:

a. As early as **Chapitre 11** we encountered a rather complex use of the *subjunctive.* Quite often in French you will use the *subjunctive* when the *main clause* contains *an adjective in the superlative degree:*

C'est **le plus grand** bâtiment que **nous ayons** jamais **vu.**

b. When the adjectives

seul, premier, dernier

are in the *main clause* you frequently use the *subjunctive:*

C'est **la seule** cathédrale qui *ait* cinq portails.

c. The *subjunctive* is also used in the *subordinate clause* when the *main clause* contains a *general negation:*

Je ne connais personne qui **puisse** le faire.

d. The *subjunctive* is also used in the *subordinate clause* when the *main clause* indicates *characteristics not yet attained* or *whose existence is not certain:*

Je cherche **quelqu'un** qui **puisse** le faire.
I am looking for someone who can do it.

The idea here is that I have not found the person who can do it.

Substitutions progressives

1. C'est la plus grande ville du pays.
C'est la plus grande ville *du monde.*
C'est la plus jolie ville du monde.
C'est la plus jolie ville *de la région.*
C'est le plus vieux château de la région.
C'est le plus vieux château *du pays.*
C'est la plus grande ville du pays.
2. C'est le plus grand bâtiment que l'on voie.
C'est le seul train que l'on voie.
C'est le seul train *que l'on entende.*
C'est le meilleur compliment que l'on entende.
C'est le meilleur compliment *que l'on fasse.*
C'est le seul gâteau que l'on fasse.
C'est le seul gâteau *que l'on mange.*
C'est le meilleur repas que l'on mange.
C'est le meilleur repas *que l'on voie.*
C'est le plus grand bâtiment que l'on voie.
3. Je ne connais personne qui puisse le faire.
Il cherche quelqu'un qui puisse le faire.
Il cherche quelqu'un *qui sache le faire.*
Nous demandons un monsieur qui sache le faire.
Nous demandons un monsieur *qui connaisse le président.*
Elles ne peuvent trouver personne qui connaisse le président.
Elles ne peuvent trouver personne *qui le veuille.*
Ne connaissez-vous personne qui le veuille?
Ne connaissez-vous personne *qui puisse le faire?*
Je ne connais personne qui puisse le faire.

Simple substitution

Je ne connais personne *qui sache le faire.*
(*qui veuille le faire, qui puisse le faire, qui ait envie de le faire, qui ait le courage de le faire, qui ait le temps de le faire, qui soit prêt à le faire, qui sache le faire*)

Exercices de manipulation

Modèle: Je cherche quelqu'un qui le ________. (*vouloir*)
Je cherche quelqu'un qui le veuille.

1. Y a-t-il quelqu'un qui ________ le finir? (*pouvoir*)
2. Elle cherche un chapeau qui lui ________. (*plaîre*)
3. C'est l'homme le plus riche que je ________. (*connaître*)
4. Nous cherchons quelqu'un qui ________ le faire. (*savoir*)
5. Il cherche une cravate qui lui ________. (*plaire*)

2. The *subjunctive* and the *ethical* **ne:**
The *ethical* **ne,** also called *pleonastic*, expresses the speaker's desire that the action in the subordinate clause does not take place. Note that the subjunctive preceded by the **ne** is not negative—it is an ethical reservation suggested by the nature of the verb:[1]

J'ai peur que vous **ne** soyez en retard.
I am afraid that you may be late.

Je crains qu'il **ne** vienne demain.
I fear he will come tomorrow.

Il ne doute pas que tu **ne** sois malade.
He does not doubt that you are sick.

This **ne** is used also with certain conjunctions: **à moins que, avant que, de peur que.**

Simples substitutions

Nous craignons *qu'il ne pleuve.*
(*qu'il ne fasse mauvais, qu'il ne nous le rende, que vous ne partiez, qu'elle n'y mette trop de sel, que vous ne vous leviez trop tôt, que vous ne vous en alliez, qu'il ne pleuve*)

Exercices de transformation

Verbs of Fear, Doubt + Subjunctive

Modèle: Elle reçoit un devoir difficile. (*Je ne doute pas que*)
Je ne doute pas qu'elle ne reçoive un devoir difficile.

1. Ce film est mauvais. (*Nous craignons que*)
2. Tu conduis très mal. (*Elle n'a pas peur que*)
3. Vous commencez maintenant. (*Nous doutons que*)
4. Vous devez le plaindre. (*J'ai peur que*)

---

[1] Some students prefer to remember this rule with this poem: "*Positive fear* and *negative doubt:* put in the **ne,** don't leave it out!"

5. Tu prends la bonne route. (*Nous ne doutons pas que*)
6. Il fait du vent. (*Elle a peur que*)
7. Il pleut. (*Je ne doute pas que*)
8. Il fait un mauvais temps. (*Je crains*)
9. Gérard exagère. (*Sylvie a peur que*)
10. Il est hypocrite. (*Elle doute que*)

3. Distinguish between those phrases which provoke the *subjunctive* in the *subordinate clause* and those that do not:

CAUSE SUBJUNCTIVE	DO NOT CAUSE SUBJUNCTIVE
Il est possible	Il est probable
Il est impossible	Il est sûr
Il semble	Il me semble
Il est juste	Il est évident
Il est naturel	Il est certain
	Il paraît que

The phrases which provoke the *subjunctive suggest* that

the *idea* { is possible / is impossible / appears to be / is just / is natural } that something *may happen*

Those phrases that *do not cause* the *subjunctive indicate* (and thus require indicative tenses in the subordinate clause) that

the *fact* { is probable / is sure / appears *to me* / is evident } that something *is going to happen*

Simples substitutions

1. *Il est possible* que nous ayons cela.
   (*Il est naturel, Il est impossible, Il est bon, Il est juste, Il semble, Il est possible*)
2. *Il est évident* qu'elle pourra le faire.
   (*Il me semble, Il est sûr, Il est certain, Il est probable, Il est absolument évident, Il est absolument sûr, Il est évident*)

Exercices de transformation

Modèle: Mon père peut le faire. (*Il est possible que*)
Il est possible que mon père puisse le faire.

1. Vous êtes là. (*Il est bon*)
2. Le train partira à l'heure. (*Il est probable*)
3. Le train partira à l'heure. (*Il est impossible*)

4. Elle écrit souvent à sa famille. (*Il est naturel*)
5. Le bâtiment est en bon état. (*Il est juste*)
6. Cela lui plaît. (*Il semble*)
7. Cela lui plaît. (*Il me semble*)
8. Vous achetez cette mobylette. (*Il est impossible*)

4. In general, the *subjunctive* may also be used with the verbs,

croire, penser, and **espérer**

when they are either *negative* or *interrogative*:

AFFIRMATIVE:	Je crois qu'il dit la vérité.
NEGATIVE:	Je ne crois pas qu'il dise la vérité.
AFFIRMATIVE:	Je crois qu'il pleut.
NEGATIVE:	Je ne crois pas qu'il pleuve.
INTERROGATIVE:	Croyez-vous qu'il pleuve?

Substitution progressive

Croyez-vous qu'il vienne?
Croyez-vous *qu'il sache le faire?*
Pense-t-elle qu'il sache le faire?
Pense-t-elle *que nous puissions le faire?*
Espère-t-on que nous puissions le faire?
Espère-t-on *que je reçoive cette lettre?*
Croit-elle que je reçoive cette lettre?
Croit-elle *qu'il fasse beau?*
Croyez-vous qu'il fasse beau?
Croyez-vous *qu'il vienne?*

Exercices de manipulation

Penser, Croire, Espérer + Subjunctive

Modèle: J'espère qu'il pleuvra demain.
Espérez-vous qu'il pleuve demain?

1. Je pense qu'elle mettra la table.
2. Je crois que nous devrons téléphoner au médecin.
3. Je pense qu'il nous attendra.
4. Je crois qu'on finira bientôt.
5. Je crois que nous y dormirons bien.
6. J'espère qu'il viendra de bonne heure.

Mixed: Indicative or Subjunctive

Modèle: Nous serons à l'heure. (*Pense-t-elle que*)
Pense-t-elle que nous soyons à l'heure?

1. Nous serons à l'heure.
(*Elle est sûre que, Croit-elle que, Espère-t-elle que, Elle sait que*)

2. Vous mangez toute la salade.
   (*Croit-elle que, Ne pense-t-elle pas que, Elle espère que, Elle est sûre que*)
3. Vous éteignez la lumière.
   (*Elle ne croit pas que, On espère que, On n'est pas sûr que, On croit que*)
4. Ce livre paraîtra bientôt.
   (*Nous croyons que, Tu penses que, N'espères-tu pas que, Ne crois-tu pas que*)
5. Nous nous promènerons ce soir.
   (*Elle ne croit pas que, Espère-t-il que, Elle pense vraiment que, Croyez-vous que*)
6. Vous jouez de la guitare.
   (*Je crois que, Elle espère que, On pense que, Croit-on que*)

NOTE DE GRAMMAIRE 5: Le Verbe irrégulier **rire**

1. The irregular verb **rire** (*to laugh*) is conjugated as follows:

PRESENT:	je ris		nous rions	[rijõ]
	tu ris	[ri]	vous riez	[rije]
	il rit		ils rient	

IMPERATIF:	ris	IMPARFAIT:	je riais
	rions	FUTUR:	je rirai
	riez	CONDITIONNEL:	je rirais
PASSE COMPOSE:	j'ai ri	SUBJONCTIF:	que je rie

Note the use of **rire** with **de:**

Henry rit **de** Robert.
Henry laughs at Robert.

M. Fourchet rit **de** l'histoire.
M. Fourchet laughs over the story.

2. Sourire (*to smile*) is conjugated the same way.

PROVERB: Rira bien qui rira le dernier.
He who laughs last laughs best.

Simples substitutions

1. *Je ris* souvent.
   (*On rit, Nous rions, Vous riez, Elle rit, Tu ris, Ils rient, L'hôtesse de l'air rit, Je ris*)
2. Si vous le disiez, *nous en ririons.*
   (*j'en rirais, ils en riraient, elle en rirait, vous en ririez, nous en ririons*)
3. Veut-il *que j'en rie?*
   (*que nous en riions, qu'elle en rie, que vous en riiez, qu'ils en rient, que tu en ries, que j'en rie*)

Substitution progressive

J'ai ri de cette histoire ridicule.
Nous avons ri de cette histoire ridicule.
Nous avons ri *de ce livre-là.*
M. Fourchet rira de ce livre-là.
M. Fourchet rira *de vos efforts.*
Ils riront de vos efforts.
Ils riront *de ce disque français.*
Elle riait de ce disque français.
Elle riait *de cette farce.*
Vous riiez de cette farce.
Vous riiez *de l'émission de 9 heures.*
J'ai ri de l'émission de 9 heures.
J'ai ri *de cette histoire ridicule.*

NOTE DE GRAMMAIRE 6: Le Verbe irrégulier **ouvrir**

1. The irregular verb **ouvrir** (*to open*) is conjugated as follows:

PRESENT:	j'ouvre	nous ouvrons [uvrõ]
	tu ouvres [uvr]	vous ouvrez [uvre]
	il ouvre	ils ouvrent

IMPERATIF:	ouvre	IMPARFAIT:	j'ouvrais
	ouvrons	FUTUR:	j'ouvrirai
	ouvrez	CONDITIONNEL:	j'ouvrirais
PASSE COMPOSE:	j'ai ouvert	SUBJONCTIF:	que j'ouvre

2. Other verbs conjugated like **ouvrir** are:

couvrir	*to cover*
découvrir	*to discover*
offrir	*to offer*
souffrir	*to suffer*

Usages

La mère couvre l'enfant avec un manteau.
The mother covers the child with a coat.

Christophe Colomb a découvert l'Amérique.
Christopher Colombus discovered America.

Il lui a offert des fleurs pour son anniversaire.
He offered her flowers for her birthday.

Tu souffres souvent de maux de tête.
You often suffer from headaches.

Substitution progressive

J'ouvre la fenêtre.
Vous ouvrez la fenêtre.
Vous ouvrez *la boîte.*
Elle ouvre la boîte.
Elle ouvre *la porte.*
Nous ouvrons la porte.
Nous ouvrons *la bouteille.*
Tu ouvres la bouteille.
Tu ouvres *la portière.*
Ils ouvrent la portière.
Ils ouvrent *la fenêtre.*
J'ouvre la fenêtre.

Exercices de transformation

1. Souffrez-*vous* beaucoup?
   (*il, nous, tu, on, ils, elle, Est-ce que je, vous*)
2. S'il le demandait, *j'*ouvrirais la porte.
   (*elle, nous, vous, on, tu, ils, je*)
3. *Nous* ouvrions la fenêtre quand il est entré.
   (*Je, Elle, Vous, Tu, On, Ils, Nous*)
4. Elle attendait lorsque *j'*ai ouvert la porte.
   (*nous, tu, ils, on, vous, je*)
5. *Je* lui offrais le livre.
   (*Vous, On, Nous, Elle, Elles, Tu, Je*)

Exercices de transformation

Modèle: On a couvert la table hier. (*autrefois*)
On couvrait la table autrefois.

1. On couvrait la table autrefois.
   (*maintenant, demain, si on avait le temps*)
2. Nous ouvrons la fenêtre.
   (*Il faut que, N'espère-t-elle pas, Il est sûr que, Il est possible que*)
3. Vous lui offrez le médicament maintenant.
   (*hier, autrefois, demain, si vous l'aviez*)

Substitution progressive

Faudra-t-il que je couvre le plateau?
Es-tu content que je couvre le plateau?
Es-tu content *que nous découvrions le mystère?*
Veut-il que nous découvrions le mystère?
Veut-il *que tu lui offres ce prix-là?*
Ne croira-t-on pas que tu lui offres ce prix-là?
Ne croira-t-on pas *qu'elles aient beaucoup souffert?*
Etes-vous fâché qu'elles aient beaucoup souffert?
Etes-vous fâché *que nous souffrions?*
Faudra-t-il que nous souffrions?
Faudra-t-il *que je couvre le plateau?*

MICROLOGUE

Le Cinéma

after having bought
usherette/tears it in half
leads/lights

En France, **après avoir acheté** votre billet, vous entrez dans la salle et **une ouvreuse** s'approche de vous. Elle prend votre billet, **le déchire par moitié,** vous le rend et vous **mène à** une place libre. Si **les lumières** sont éteintes, elle vous montre le chemin **grâce à** sa petite **lampe de poche.** Avant d'entrer dans **le rang** choisi, vous avez **tout juste le temps** de **glisser** un pourboire dans sa main **étendue.**

thanks to/flash light/row
barely the time/to slip
stretched
neighborhood theater
curtains/performance
scenes
a short subject

Dans **les cinémas de quartier,** quand **les rideaux** s'ouvrent **la séance** commence en vous montrant quelques films publicitaires, **des vues** du prochain film et **un court métrage.**

intermission/light again
baskets hung/announcing
peppermints
ice cream sticks
again

A **l'entr'acte** les rideaux se referment et les lumières se **rallument.** Les ouvreuses portant des **paniers pendus** à leur cou passent dans les allées, **annonçant** à l'audience: "Bonbons, caramels, **pastilles de menthe, esquimaux glacés** . . ." A vous de décider!

A la fin de l'entr'acte, les rideaux s'ouvrent **de nouveau** et les lumières s'éteignent. Vous pouvez enfin voir le film de votre choix.

QUESTIONS

1. En France que faites-vous après avoir acheté votre billet?
2. Que fait l'ouvreuse?
3. Que fait-elle si les lumières sont éteintes?
4. Quand et comment donnez-vous le pourboire à l'ouvreuse?
5. Comment commence une séance de cinéma dans un cinéma de quartier?
6. Que se passe-t-il à l'entr'acte?
7. Que font les ouvreuses pendant l'entr'acte?
8. Quand pouvez-vous enfin voir le film de votre choix?

LECTURE

L'Algérie

L'Algérie est au centre de l'Afrique du Nord. Du nord au sud, on distingue quatre grandes régions parallèles.

mountainous
coastal plains

Au nord, il y a les chaînes **montagneuses** du Tell et **les plaines côtières.** Le climat est méditerranéen avec des hivers doux et des étés chauds. Les étés sont secs, mais les autres saisons sont pluvieuses.

high plateaus/spreads
rare grass

Les hauts-plateaux sont une région plus sèche pouvant avoir de grands **écarts** de température en 24h. La végétation consiste en une steppe à alfa. Cette **herbe rare** sert de nourriture aux moutons élevés par les Arabes nomades.

mountainous mass

L'Atlas saharien est formé d'anciens **massifs.** Il a un climat continental et très sec. On n'y trouve que de maigres forêts.

spreads

Au sud, **s'étend** le désert du Sahara.

natives

La population de l'Algérie consiste de plus de 16.000.000 d'habitants. 57 pour cent de la population a moins de 20 ans. **Les indigènes** se divisent en deux groupes: d'abord, les Berbères, blancs de race hamitique (la plus ancienne race blanche établie en Afrique) qui sont de bons agriculteurs sédentaires; ensuite les Arabes, blancs de race sémite qui sont des descendants des conquérants du VIIe siècle. Ce

Un marché à Adrar en Algérie

Des bergers algériens au marché d'Orléansville

sont plutôt des nomades aimant vivre sous la tente, et des éleveurs de moutons.

Le reste de la population est fait de Maures et d'Européens.

extension — *(administrative titles)*

Du point de vue historique, la France est en Algérie depuis 1830. En 1870, la France a considéré l'Algérie comme **un prolongement** du territoire français. Il a été divisé en trois départements administrés par **des préfets et des sous-préfets.**

to rise up

En 1954, l'Algérie a commencé à **se soulever** pour obtenir son indépendance. La France, avec le général de Gaulle, la lui a accordée en 1962.

mining of iron, lead

L'Algérie est surtout un pays agricole. Elle est le troisième pays producteur de vin du monde après la France et l'Italie. C'est un pays très riche aussi en ressources **minières de fer, plomb,** phosphate, zinc et pétrole.

La langue officielle est l'arabe, avec le français toujours enseigné dans les écoles.

La religion officielle est l'islamisme, puis vient le catholicisme.

Les trois principales villes sont: la capitale Alger, Oran et Constantine.

QUESTIONS SUR LA LECTURE

1. Où se trouve l'Algérie?
2. Qu'est-ce qu'il y a au nord?
3. Comment est le climat?
4. Qu'est que c'est que les hauts-plateaux?
5. Quelle est la végétation des hauts-plateaux?

6. Qui élève les moutons?
7. De quoi est formé l'Atlas saharien?
8. Quel est son climat?
9. Qu'y trouve-t-on?
10. Qu'est-ce qui s'étend au sud?
11. Quelle est la population de l'Algérie?
12. Quel âge a 57 pour cent de la population?
13. En combien de groupes se divisent les indigènes?
14. Qui sont les Berbères?
15. Qui sont les Arabes?
16. Depuis quand la France est-elle en Algérie?
17. En 1870, comment la France considère-t-elle l'Algérie?
18. Comment a-t-elle été divisée?
19. Quand l'Algérie a-t-elle commencé à se soulever?
20. Qui lui a accordé son indépendance?
21. Quel genre de pays est l'Algérie?
22. De quoi est-elle le troisième pays producteur?
23. Quelles sont ses ressources minières?
24. Quelle est la langue officielle?
25. Quelle est la religion officielle?
26. Quelles sont les trois principales villes de l'Algérie?

QUESTIONS GENERALES

1. Allez-vous souvent au cinéma?
2. Quel genre de films aimez-vous?
3. Quelle est l'intrigue d'un film que vous avez vu récemment?
4. Est-ce que le jeu était bien mené?
5. Comment avez-vous trouvé les caractères?
6. Comment avez-vous trouvé les couleurs?
7. Est-ce que le film a eu un dénouement heureux?
8. Aimez-vous les dénouements heureux?
9. Pour qu'un film réussisse aujourd'hui, faut-il avoir un dénouement heureux?
10. Qu'est-ce qu'il semble que le public préfère aujourd'hui?

Exercices de manipulation

1. Demande à __________ en quoi il se spécialise.
2. Demande à __________ de nous décrire la différence entre une comédie et une tragédie.
3. Demande à __________ s'il aime les films étrangers.
4. Demande à __________ de te parler de son film favori.
5. Comment s'appelle celui qui s'est spécialisé en psychologie?
6. Comment s'appelle celui qui s'est spécialisé en philosophie?
7. Comment s'appelle celui qui s'est spécialisé en pédagogie?

8. Savez-vous l'équivalent en anglais des professions suivantes: un biologiste, un mathématicien, un psychologue, un géologue, un artiste, un historien, un linguiste?
9. Peux-tu nommer des gens célèbres de chaque catégorie dans la question précédente?
10. Qu'est-ce que tu veux devenir? Faut-il de nombreuses années pour y arriver?

CREATION ET RECREATION

1. In French, the five senses are: **le goût** (*taste*), **l'odorat** (m.) (*sense of smell*), **l'ouïe** (f.) (*hearing*), **le toucher** (*sense of touch*) and **la vue** (*vision*).
Which verbs correspond to these senses?
Once you have found out, use them all in full sentences to tell the rest of the class what, for example, has been the most beautiful thing you have ever seen, the most delicious thing you have ever eaten, etc. Write three sentences for each sense, each time changing the superlative adjective. For example:

La chose **la plus étonnante** que **j'aie** jamais vue était . . . . . .
. . . **la plus ridicule** . . .
. . . **la plus agréable** . . .

2. Les deux Français vont avec leurs amis au cinéma. Il y a une discussion avant d' aller au «Nugget», où on passe le film *Superman*. Un des Américains n'aime pas le film, etc.

OUI **NON**

Chapitre 20: COUP D'ŒIL 

1. **Plaire à** (*to please*) is an irregular verb.

je plais	nous plaisons
tu plais	vous plaisez
il plaît	ils plaisent

Similar verbs are: **déplaire, se taire**

2. Indefinite adjectives do not refer to anyone or to anything specific:

Il a **certains** bons disques.

3. Indefinite pronouns similarly do not refer to anyone or to anything specific:

Quelqu'un viendra bientôt.

4. Other uses of the *subjunctive:*
The *subjunctive* is used in the subordinate clause after superlative expressions when it is a matter of opinion:

C'est **la plus belle** femme que je connaisse.

The *subjunctive* is used in the subordinate clause after the expressions: **seul, premier, dernier:**

C'est **le seul** film qui me plaise.

The *subjunctive* is used in the subordinate clause when the main clause indicates that certain characteristics have not yet been attained:

Je cherche un chapeau qui me plaise.

Certain verbs require that a **ne** be placed before the verb in the subjunctive in the subordinate clause:

J'ai peur que tu **ne** le fasses.
Je ne doute pas que tu **ne** le fasses.

Certain set expressions require the subjunctive:

Il est juste que tu réussisses.

Croire, penser and **espérer** may also cause the subjunctive to appear in the subordinate clause, but only when these verbs are in the *negative* or in the *interrogative*.

Je ne crois pas qu'elle vienne.
Crois-tu qu'elle vienne?

5. **Rire** (*to laugh*) is an irregular verb.

je ris	nous rions
tu ris	vous riez
il rit	ils rient

6. **Ouvrir** (*to open*) is an irregular verb.

j'ouvre	nous ouvrons
tu ouvres	vous ouvrez
il ouvre	ils ouvrent

VOCABULAIRE

Verbes

convenir (à)
couvrir*
découvrir*
définir
déplaire* (à)
(s') emballer
(s') enthousiasmer
(s') excuser
ouvrir*
plaire* (à)
raconter
rire* (de)
souffrir*
sourire*
(se) specialiser
(se) **taire***

Noms

biologie (f.)
géologie (f.)
langue (f.)
logique (f.)
mathématiques (f. pl.)
pédagogie (f.)
philosophie (f.)
psychologie (f.)
sciences (f. pl.)
université (f.)

artiste (m.)
biologiste (m.)
géologue (m.)
historien (m.)
linguiste (m.)
mathématicien (m.)
psychologue (m.)

dénouement (m.)
émission (f.)
intrigue (f.)
jeu (m.)
lumière (f.)
metteur en scène (m.)
ouvreuse (f.)
personnage (m.)
rôle (m.)
séance (f.)
truquage (m.)

avis (m.)
bonté (f.)
charité (f.)
effort (m.)
violence (f.)

appartement (m.)
bêtises (f. pl.)
but (m.)
catégorie (f.)
compliment (m.)
essai (m.)
évidence (f.)
magazine (m.)
mystère (m.)
prix (m.)
réaction (f.)
soldes (f. pl.)
sorte (f.)
type (m.)

Adjectifs

absurde
bête
blâmé
chaque
croyable
déraisonnable
épatant
étranger
ferme
formidable
idiot
même
monstre
niais
nombreux
prodigieux
quelque
réel
ridicule
sot
stupide
typique

Adverbes

auparavant
du moins
encore plus
pas du tout
récemment

Pronoms

aucun	**pas un**
chacun	quelconque
n'importe qui	quiconque
n'importe quoi	**quelques-uns**
nul	quelqu'un

Expressions utiles

aller de pair	**il semble que**
avoir envie de	**laisser faire**
bien mené	passer un film
un film policier	**tout à fait**

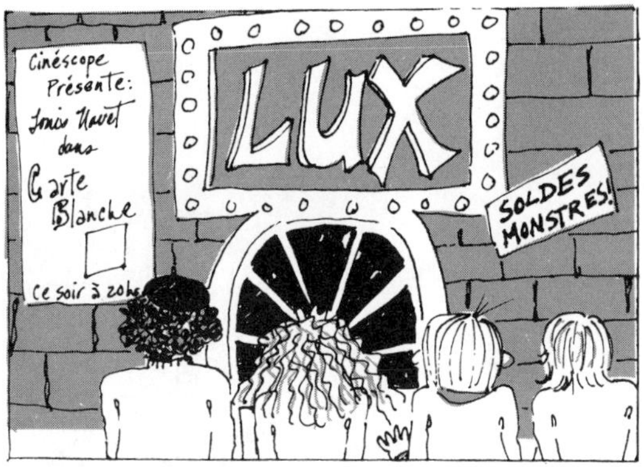

Scénario 20: Au cinéma

QUATRIEME ETAPE

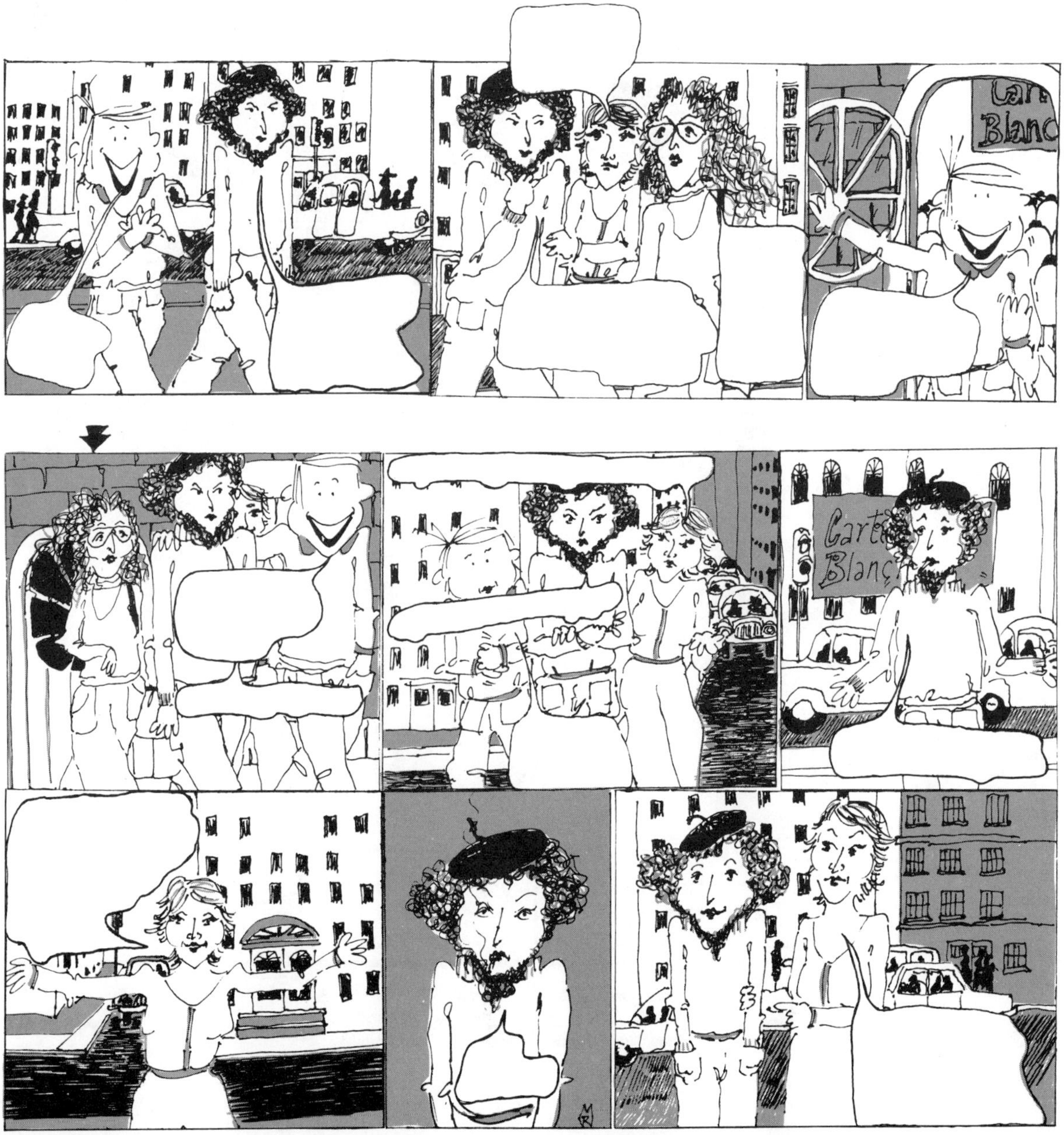

CHAPITRE 21

A L'ECOLE

Scénario 21 : A l'école

PREMIERE ETAPE

Tous les étudiants sont réunis dans une salle.

LE PROFESSEUR : J'ai l'honneur de présenter un homme qui a fait des découvertes importantes. Il parlera de la France. Je vous présente Monsieur Magus.

M. MAGUS : Si vous prenez Paris pour la France, je crains que vous ne soyez déçus. Je suis heureux que vous ayez commencé votre séjour par la province.

Le paysan fut longtemps l'appui de la France.

En dépit de l'adversité qu'il connut, le paysan accepta le combat. Ce pays fut créé par la sueur du paysan.

DEUXIEME ETAPE

Tous les étudiants sont réunis dans une salle.

LE PROFESSEUR : Aujourd'hui j'ai l'honneur de vous présenter un conférencier distingué. C'est un célèbre archéologue, un homme qui a fait des découvertes importantes. Il nous parlera de la France rurale. Je vous présente Monsieur Magus.

M. MAGUS : Si vous prenez Paris pour la France, je crains que vous ne soyez déçus. Je suis heureux que vous ayez commencé votre séjour en France par la province. On ne peut mieux connaître l'esprit clair et réaliste, la vertu solide et terre-à-terre, qu'à travers la province et les provinciaux.

Si vous avez des questions à me poser, vous n'avez qu'à lever le doigt.

Le paysan fut longtemps l'appui de la France. Ces paysans sont en voie de disparition.

En dépit de l'adversité des temps qu'il connut, le paysan accepta le combat parce qu'il aimait la terre. Son travail lui plaisait, et le blé était le but de son travail. Ce pays fut créé par la sueur du paysan.

TROISIEME ETAPE

Tous les étudiants sont réunis dans une salle de conférence.

LE PROFESSEUR : Aujourd'hui j'ai l'honneur de vous présenter un conférencier distingué. C'est un célèbre archéologue, un homme qui a fait des découvertes archéologiques importantes. Il nous parlera de la France rurale. Je vous présente Monsieur Magus.

(*Les étudiants applaudissent.*)

La moisson en Bretagne

M. MAGUS: Chers amis, si vous prenez Paris pour la France, je crains que vous ne soyez déçus. Pigalle, d'autre part, n'est pas Paris. Non. Je suis heureux que vous ayez commencé votre séjour en France par la province. On ne peut mieux connaître l'esprit clair et réaliste, la vertu solide et terre-à-terre, qu'à travers la province et les provinciaux.

Tiens, avant de continuer, je désire vous dire que si vous avez des questions à me poser, vous n'avez qu'à lever le doigt.

Le paysan fut longtemps l'appui de la France. La belle semeuse que l'on trouve sur nos pièces de monnaie témoigne de cette idée qui persiste encore, même si ces paysans sont en voie de disparition.

En dépit de l'adversité des temps qu'il connut, le paysan accepta le combat parce qu'il aimait la terre. Son travail lui plaisait, et le blé était le but de son travail. Ce pays fut créé par la sueur, par le dévouement, par l'amour tenace du paysan. . . .

SYNONYMES ET EXPRESSIONS APPROXIMATIVES

2 l'honneur → le privilège
3 un célèbre archéologue = un archéologue renommé

7, 8 que vous ne soyez déçus = que vous ne soyez désappointés
15 l'appui = le soutien
18 En dépit de = malgré
20 son travail = son boulot°, sa besogne, son labeur

QUESTIONS SUR LE SCENARIO

1. Où les étudiants sont-ils réunis?
2. Qui est-ce que le professeur présente aux étudiants?
3. Qu'est-ce que c'est qu'un archéologue?
4. Que font les étudiants?
5. Qu'est-ce qui arrive quand on prend Paris pour la France?
6. Selon M. Magus, par où faut-il commencer un séjour en France?
7. Qu'est-ce que les provinciaux nous font connaître?
8. Quel rôle a joué le paysan?
9. De quelle idée la semeuse témoigne-t-elle?
10. Pourquoi le paysan a-t-il continué le combat?
11. Que représente le blé pour le paysan?

NOTE DE GRAMMAIRE 1: Le Passé simple

1. The **passé simple** (*past definite*) is a literary tense. Like the **passé composé** it indicates that the action was completed in the past. It is used in narration to present an activity or a series of activities which took place in the past and are over and done with *in the past*. The occurrence of the **passé simple** in conversational French is extremely rare. It is used in speeches and in literature.

2. Become familiar with its forms:

a. All infinitives ending in **-er** drop the **-er.** To the remaining stems we add:

-ai, -as, -a, -âmes, -âtes, -èrent

Il **parla** au président. **(parler)**
Nous **allâmes** au Havre. **(aller)**

b. Most infinitives ending in **-ir** and **-re** drop these endings. To the remaining stems we add:

-is, -is, -it, -îmes, -îtes, -irent

Nous **finîmes** le livre. **(finir)**
Vous **répondîtes** vite. **(répondre)**

c. Most infinitives ending in **-oir** drop this ending. To the remaining stems we add:

-us, -us, -ut, -ûmes, -ûtes, -urent

Il **voulut** le faire. **(vouloir)**

d. Note that the past participles of verbs ending in **-re, -oir,** and **-oire** often indicate *the vowel* of the **passé simple:**

INFINITIVE	PAST PARTICIPLE	PASSE SIMPLE
mettre	**mis**	je mis
prendre	**pris**	je pris
apprendre	**appris**	j'appris
vouloir	**voulu**	je voulus
pouvoir	**pu**	je pus
savoir	**su**	je sus
devoir	**dû**	je dus
recevoir	**reçu**	je reçus
boire	**bu**	je bus
croire	**cru**	je crus
lire	**lu**	je lus
connaître	**connu**	je connus
vivre	**vécu**	je vécus
rire	**ri**	je ris

e. Note the **passé simple** conjugation of the auxiliary verbs:

être		**avoir**	
je fus	nous fûmes [fym]	j'eus	nous eûmes [ym]
tu fus [fy]	vous fûtes [fyt]	tu eus [y]	vous eûtes [yt]
il fut	ils furent [fyr]	il eut	ils eurent [yʀ]

f. There are other exceptions to the preceding rules. Listed below are verbs which take the endings we used for **-ir** and **-re** type verbs:

INFINITIVE	STEM	ENDINGS
faire	f-	
mettre	m-	
prendre	pr-	
craindre	craign-	**is, is, it, îmes, îtes, irent**
voir	v-	
dire	d-	
naître	naqu-	

g. Verbs like **venir,** such as:

contenir	*to contain*	retenir	*to retain*
convenir	*to suit, to agree*	se souvenir de	*to remember*
détenir	*to hold, to be in possession*	tenir	*to hold*
devenir	*to become*		

have different endings

je vins	nous vînmes [vɛ̃m]
tu vins [vɛ̃]	vous vîntes [vɛ̃t]
il vint	ils vinrent [vɛ̃r]

Exercise in Reading Verbs

Exercices de manipulation

With your books open, study these passages stressing the **passé simple.** *Wherever appropriate, convert the* **passé simple** *to the* **passé composé.**

1. Elle rencontra Candide et rougit aussi; elle lui dit bonjour d'une voix entrecoupée, et Candide lui parla sans savoir ce qu'il disait.
2. En dépit de l'adversité des temps qu'il connut, le paysan accepta le combat parce qu'il aimait la terre. Son travail lui plaisait et le blé était le but de son travail.
3. Je ne pus vous en dire davantage; Mlle de Fare pleurait aussi en m'embrassant, et ce fut en cet état que la surprit la femme de chambre dont je vous ai parlé . . .
4. Nous dinâmes donc; ce fut lui qui me servit le plus souvent; il but à ma santé . . .

Exercices de transformation

Passé simple > Passé composé

Modèle: Il partit précipitamment.
Il est parti précipitamment.

1. Il naquit en Grèce en 1880.
2. Il fit venir le médecin.
3. Tu quittas l'école tout de suite.
4. Il mourut aux Etats-Unis en 1944.
5. Il tomba malade.
6. Il écrivit le livre.
7. Nous les vîmes venir.
8. Ils y allèrent courageusement.
9. Tu ne voulus jamais jouer ce rôle.
10. Conduisit-il prudemment?
11. Nous trouvâmes des statues.
12. Elles eurent beaucoup de patience.
13. Vous partîtes avant la fin.

NOTE DE GRAMMAIRE 2: L'Infinitif à la forme négative

Negations of the type **ne . . . pas** which we saw in **Chapitre 10** stand together **before** the infinitive:

Je vous ai dit de **ne pas** le dire.
Ils apprennent à **ne rien** faire.
Nous espérons **ne jamais** le voir.
Je vous ai demandé de **ne plus** en parler.

Note the position of the object pronouns in these sentences.

Substitution progressive

Il nous a dit de ne pas le dire.
Il nous a dit *de ne rien dire.*
Il avait peur de ne rien dire.
Il avait peur *de ne jamais le faire.*
Vous lui avez dit de ne jamais le faire.
Vous lui avez dit *de ne plus le faire.*
Elle nous a commandé de ne plus le faire.
Elle nous a commandé *de ne pas le dire.*
Il nous a dit de ne pas le dire.

Exercices de transformation

Negation + Infinitive

Modèle: Il préfère parler de ses expériences. (*ne . . . plus*)
Il préfère ne plus parler de ses expériences.

1. Elle nous prie de l'attendre. (*ne . . . pas*)
2. Nous arrivons à y penser. (*ne . . . pas*)
3. Elle nous a promis de le faire. (*ne . . . jamais*)
4. Nous réussirons à y aller. (*ne . . . plus*)
5. On nous a demandé de leur répondre. (*ne . . . jamais*)
6. Ils offrent de leur en parler. (*ne . . . pas*)

Substitution progressive

J'aimerais bien ne plus vous voir.
J'aimerais bien ne plus *vous parler*.
J'aimerais bien *ne jamais* vous parler.
J'aimerais bien ne jamais *vous le dire*.
J'aimerais bien *ne pas* vous le dire.
J'aimerais bien ne pas *vous voir*.
J'aimerais bien *ne plus* vous voir.

NOTE DE GRAMMAIRE 3: Quantités approximatives

1. The use of **-aine** at the end of a number indicates *an approximate quantity*. This is possible with the following numbers:

8 une huitaine	*about eight*
10 une dizaine	*about ten*
12 une douzaine	*a dozen*
15 une quinzaine	*about fifteen*
20 une vingtaine	*about twenty*
30 une trentaine	*about thirty*
40 une quarantaine	*about forty*
50 une cinquantaine	*about fifty*
60 une soixantaine	*about sixty*
100 une centaine	*about one hundred*

To translate *about* with other numbers, use **environ:**

environ quatre-vingts	*about eighty*
environ mille	*about one thousand*

2. Note that the construction ending in **-aine** is considered a noun and is feminine. Because it is an expression of quantity it is followed by **de:**

Une trentaine d'étudiants sont allés au pique-nique.
About thirty students went to the picnic.

But:

Environ soixante-dix étudiants sont restés à l'école.
About seventy students stayed at school.

A peu près soixante-dix étudiants sont restés à l'école.
About seventy students stayed at school.

3. There are certain collective numerals which in a particular context express specific quantities:

Je vous verrai dans une huitaine.	*I'll see you in a week.*
Elle a acheté une douzaine d'œufs.	*She bought a dozen eggs.*
On se verra dans une quinzaine.	*We will see each other in two weeks.*

Note that a week in French has **huit jours,** since one includes the day from which one is counting. Thus:

dans huit jours	*in a week*
dans quinze jours	*in two weeks*
d'aujourd'hui en huit	*a week from today*

4. Another expression showing an approximation is:

un millier de *about one thousand.*

Un millier de soldats s'y battent.
About a thousand soldiers are fighting there.

Exercices de transformation

Modèle: Il a à peu près dix livres.
Il a une dizaine de livres.

1. Elle a environ vingt copines dans cette école.
2. Nous avons environ cent dollars entre nous.
3. Notre équipe de basket a gagné environ trente matchs.
4. J'ai vu à peu près quinze voitures.
5. Il a découvert environ huit vases.
6. Le musée contient à peu près soixante croix.

NOTE DE GRAMMAIRE 4: La Forme Passive

1. The difference between the *passive* and the *active* voices is:

PASSIVE VOICE: *subject is acted upon* ←————
Mme Fourchet is flattered by Henry.

ACTIVE VOICE: *subject does the acting* ————→
Henry flatters Mme Fourchet.

2. As in English, the *passive voice* is formed by using the past participle of any transitive verb with the appropriate tense of the verb **être:**

PRESENT:	je suis flatté(e)	*I am (am being) flattered*
PASSE COMPOSE:	j'ai été flatté(e)	*I was (have been) flattered*
PASSE SIMPLE:	je fus flatté(e)	*I was flattered*
IMPARFAIT:	j'étais flatté(e)	*I was (was being) flattered*
FUTUR:	je serai flatté(e)	*I shall (will) be flattered*
CONDITIONNEL:	je serais flatté(e)	*I should (would) be flattered*
SUBJONCTIF:	que je sois flatté(e)	*that I be (am, may be) flattered*

The past participle agrees with the subject since it is used as an adjective.

3. Generally, a verb which normally takes **être** as an auxiliary *cannot* be made *passive*, nor can any verb which is intransitive.

4. In the first sentence of the discussion of the *passive voice* we saw:

Mme Fourchet is flattered by Henry.

Henry is the agent of the action—it is Henry who is performing the action. The agent is usually introduced by **par** (*by*):

Mme Fourchet est flattée **par** Henry.
Robert est puni **par** le professeur.
La récolte est détruite **par** la pluie.

5. When the *passive* is descriptive of a state of being, or when a habitual occurrence is indicated, or after a verb of sentiment, the agent is introduced by **de** (by):

DESCRIPTIVE:	La maison est entourée **de** beaux jardins. *The house is surrounded by beautiful gardens.*
HABITUAL ACTION:	Il est entouré **de** ses disciples.
SENTIMENT:	Elle est aimée **de** ses enfants.
SENTIMENT:	Le paysan n'est détesté **de** personne.

Simples substitutions

1. Robert est *puni* par le professeur.
   (*reçu*, *invité*, *choisi*, *aidé*, *observé*, *humilié*, *tutoyé*, *puni*)
2. Brigitte est *aimée* de tous les étudiants.
   (*admirée*, *suivie*, *crainte*, *détestée*, *accompagnée*, *aimée*)

6. When there is no agent expressed, the *passive voice* may be replaced by:

a. The *indefinite pronoun* **on** + *active voice:*

On parle anglais ici. *English is spoken here.*

b. A reflexive construction:

Le pain se mange avec du beurre. *Bread is eaten with butter.*

Exercices de transformation

Modèle: On vendra cette maison dans un mois.
Cette maison sera vendue dans un mois.

1. On invitera ces camarades.
2. On consulte la liste.
3. On époussetera la chambre.
4. On a éteint la lumière.
5. On a perdu son imperméable.

Modèle: Cette nouvelle sera annoncée demain.
On annoncera cette nouvelle demain.

1. Le dîner est servi dans l'avion.
2. Il faut que ce vin soit vite bu.
3. Tous ces problèmes ont été discutés.
4. Trois chemises ont été vendues ce matin.
5. Le français est parlé ici.

7. In the past tenses, verbs denoting a state of affairs or condition are usually in the **imparfait.** Note the differences between the **passé composé** and the **imparfait:**

PASSE COMPOSE:

Robert a été puni par le professeur.
La récolte a été détruite par la pluie.
Le livre a été considéré par les professeurs.

IMPARFAIT:

Mme Fourchet était aimée de ses enfants.
Le professeur était détesté de ses étudiants.
Le paysan était admiré de tous les gens.

The **imparfait** suggests an action which lasts, or is simply a description of a state or condition, without specifying its duration:
Note, however, that you can indicate an action which lasts with a **passé composé** when the duration is specified:

Le professeur a été admiré de ses étudiants pendant toute sa carrière.
The teacher was admired by his students during his entire career.

ATTENTION

Before doing the following drills, remember the basic principle:

PASSIVE VOICE: Subject is acted upon ←——
ACTIVE VOICE: Subject does the acting ——→

In the passive voice, the *past participle agrees with the subject.*

Exercices de transformation

Passive > Active

Modèle: Robert a été puni par le professeur.
Le professeur a puni Robert.

1. Cette chemise a été faite par Michelle.
2. La récolte a été détruite par la pluie.
3. Mme Fourchet est flattée par Henry.
4. Robert est observé par le professeur.

Active > Passive

Modèle: Le professeur surprend les filles.
Les filles sont surprises par le professeur.

1. L'employé a reçu l'argent.
2. Les enfants observeront les moutons.
3. Son collègue a déçu cet homme.
4. Le chauffeur l'humiliera.

Passive > Active

Modèle: Mme Fourchet était aimée des enfants.
Les enfants aimaient Mme Fourchet.

1. Le professeur était détesté des étudiants.
2. Robert est craint de tous les étudiants.
3. Elle est suivie de tous ses admirateurs.
4. Sa mort a été regrettée de tout le monde.

Active > Passive

Modèle: Les paysans détestent le mauvais temps.
Le mauvais temps est détesté des paysans.

1. Les chats craignent les chiens.
2. Tous les étudiants accompagnent Brigitte.
3. Tous les disciples entourent le philosophe.
4. Les touristes suivaient le guide.

LECTURE LA Louisiane

C'est en 1682 que René Robert de la Salle a donné le nom de Louisiane, en l'honneur du roi Louis XV, à la partie sud de la vallée du Mississippi. Baton Rouge a été fondé en 1699. Une colonie française s'y est installée la même année. C'est cette colonie qui a formé le foyer francophone qui existe toujours aux Etats-Unis. A ce moment-là le site de la Nouvelle-Orléans était choisi et la ville fondée.

little by little
slaves

Petit à petit des familles s'y sont installées. La population était composée de blancs, quelques **esclaves** noirs et quelques esclaves indiens.

La première église St. Louis était fondée en 1722. C'est la plus ancienne cathédrale des Etats-Unis. La Nouvelle-Orléans a ses premières rues avec des noms français.

built/convent
educated/nurses
took care of the orphans

Les Ursulines sont venues de France dès 1727. Elles ont **bâti** leur **couvent.** Ces religieuses **éduquaient** les enfants, servaient de **garde-malades** et **s'occupaient des orphelins.**

rather agricultural

Les ressources étaient **plutôt agricoles** avec le coton et la cane à sucre.

Un bayou en Louisiane

Scène du Mardi Gras à la Nouvelle-Orléans

En 1803, Bonaparte a vendu le territoire français aux Etats-Unis pour 80 millions de **franc-or** de l'époque. A cette époque-là, la Louisiane prospérait grâce à ses belles plantations et à ses **nombreux réseaux** d'eau, mais la guerre de Sécession l'a ruinée. Les plantations furent ravagées et n'ont jamais été complètement **remises en état.**

gold francs
numerous networks
restored

QUESTIONS SUR LA LECTURE

1. Qui a donné le nom de Louisiane à la partie sud de la vallée du Mississippi? et pourquoi?
2. En quelle année a été fondée Baton Rouge?
3. Qu'est-ce que la colonie de Baton Rouge a formé?

4. Qui s'est installé petit à petit à la Nouvelle-Orléans?
5. Quelle est la plus ancienne cathédrale des Etats-Unis?
6. Qui est venu de France?
7. Que faisaient les Ursulines?
8. A cette époque, quelles étaient les ressources de la Louisiane?
9. En 1803, à qui les Etats-Unis ont-ils acheté le territoire? Pour quel prix?
10. Pourquoi la Louisiane était-elle prospère?
11. Qu'est-ce qui l'a ruinée?
12. Les plantations ont-elles été complètement remises en état?

QUESTIONS GENERALES

En général, un bon professeur possède les qualités suivantes:

a. la sincérité
b. l'enthousiasme (m.)
c. la curiosité
d. l'intégrité (f.)
e. la patience
f. le respect pour ses étudiants
g. l'intelligence (f.)
h. la compétence en sa matière
i. la générosité
j. la compréhension

1. Parlez des qualités que vous estimez le plus chez vos professeurs. Pourquoi les admirez-vous?
2. A votre avis, quelles sont les qualités que doit posséder un archéologue? un avocat? un médecin? un étudiant? un psychanalyste? une femme-ingénieur? une rédactrice de journal (*editor*)? une infirmière (*nurse*)?

Exercices de manipulation

1. Dis-moi si tu as étudié l'archéologie.
2. Dis à __________ ce qu'on trouve dans les musées.
3. Demande à __________ s'il/si elle préfère visiter les musées ou parler avec les gens quand il se trouve dans un pays étranger.

CREATION ET RECREATION

1. Compare the role of the farmer in France to his role in the United States.
2. Complete the following:
   Si vous prenez New York pour les Etats-Unis, je crains que vous ne soyez decu. New York. . .
3. Which city in the United States do you consider most "typical?" Why?
4. What object—most typical of our civilization—would you place in a time capsule to be opened in the year 2025? Why?
5. Un conférencier vient à l'école pour parler aux étudiants du fermier américain. Monique prend des notes, etc.

OUI **NON**

Chapitre 21: COUP D'ŒIL

_____ _____ 1. The **passé simple** is a literary tense which you should learn to recognize:

Le paysan **accepta** le combat.

_____ _____ 2. The negation type **ne . . . pas** stands jointly before the infinitive. This group includes:

ne guère, ne jamais, ne plus, ne rien
Il m'a dit de **ne pas** y aller.

_____ _____ 3. Approximate quantities are formed by adding **-aine** to the last consonant of most numbers.

J'ai une trent**aine** de dollars.

_____ _____ 4. The *passive voice* is a verbal form which refers the action back to the subject of the sentence:

Elle est aimée de ses enfants.
She is loved by her children.

_____ _____ 5. **Par** is used to introduce an active agent; **de** is used to describe a state of being:

Il est puni **par** le professeur.
Elle est admirée **de** tout le monde.

_____ _____ 6. When there is no defined agent, use **on** + *active voice:*

On parle anglais.
English is spoken.

or the reflexive construction:

L'anglais **se parle** ici.

> **Proverb:** On ne fait pas d'omelettes sans casser d'œufs.
> *You cannot make an omelette without cracking eggs.*

VOCABULAIRE

Verbes
accepter
accompagner
applaudir
considérer
créer
décevoir
détenir
détruire
embrasser
entourer
humilier
identifier
observer
persister
pleurer
posséder
punir
redouter
refuser
retenir
réunir
témoigner (de)

Noms

admirateur (m.)
conférencier (m.)
disciple (m.)
salle de conférence (f.)

archéologue (m.)
découverte (f.)
disparition (f.)

bijou (m.)
fontaine (f.)
gardien (m.)
pierre (f.)
statue (f.)

blé (m.)
paysan/paysanne
province (f.)
provincial (m.)
récolte (f.)
semeuse (f.)
terre (f.)

bon sens (m.)
dévouement (m.)
honneur (m.)
qualité (f.)
vertu (f.)

adversité (f.)
besogne (f.)
combat (m.)
labeur (m.)
sueur (f.)

appui (m.)
douzaine (f.)
équipe (f.)
esprit (m.)
privilège (m.)
soutien (m.)

femme-ingénieur (f.)
infirmière (f.)
rédactrice de journal (f.)

Adjectifs

archéologique
compétent
désappointé
lyrique
réaliste
religieux
renommé
rural
tenace

Adverbes

à peu près
à travers
environ

Prépositions

en dépit de
malgré

Expressions utiles

d'autre part
en voie de
lever le doigt
une pièce de monnaie
terre-à-terre

Scénario 21: A l'école

QUATRIEME ETAPE

CHAPITRE 22

LES VILLAGES

Scénario 22: Les Villages

PREMIERE ETAPE

Le professeur a demandé à chaque étudiant de passer trois jours dans un village. Robert et Michael ont fait de l'auto-stop pour s'y rendre. Il s'agit de faire un reportage.

MICHAEL: Par où commencerons-nous?

ROBERT: Si on commençait par l'épicier?

MICHAEL: Peut-être vaudrait-il mieux choisir quelqu'un qui connaisse tout le village.

ROBERT: Allons chez le maire!

(*Chez le maire*)

MICHAEL: Monsieur le Maire, nous aimerions bien vous poser des questions.

LE MAIRE: Entrez! C'est l'heure du déjeuner et je vous invite.

MICHAEL: Il y a combien d'habitants dans ce village?

DEUXIEME ETAPE

Le professeur a demandé à chaque étudiant de passer trois jours dans un village dont on a tiré le nom au hasard dans un chapeau.

Robert et Michael ont tiré le village de Valençay. Les deux garçons ont essayé de ne rien dépenser et ils ont fait de l'auto-stop pour s'y rendre. Il s'agit de faire un reportage.

MICHAEL: Par où commencerons-nous?

ROBERT: Si on commençait par l'épicier? C'est lui qui connaît son quartier.

MICHAEL: Peut-être vaudrait-il mieux choisir quelqu'un qui connaisse tout le village. Il y a un seul maire. C'est à celui-là qu'il vaudrait mieux nous adresser.

ROBERT: Allons chez le maire!

(*Chez le maire*)

MICHAEL: Monsieur le Maire, notre professeur nous a demandé de visiter un village, d'apprendre autant que possible et d'en faire un reportage. Nous aimerions bien vous poser des questions.

LE MAIRE: Entrez! C'est l'heure du déjeuner et je vous invite à le partager avec moi.

MICHAEL: Il y a combien d'habitants dans ce village?

TROISIEME ETAPE

Le professeur a demandé à chaque étudiant de passer trois jours dans un village dont on a tiré le nom au hasard dans un chapeau.

Robert et Michael ont tiré le village de Valençay. Les deux garçons ont essayé de ne rien dépenser et ils ont fait de l'auto-stop pour s'y rendre. Maintenant il s'agit d'apprendre le plus de choses possibles sur le village et de faire un reportage sur celui-ci.

MICHAEL: Par où commencerons-nous?

ROBERT: Si on commençait par l'épicier? C'est lui qui connaît le mieux son quartier.

MICHAEL: Oui, bien sûr, mais peut-être vaudrait-il mieux choisir quelqu'un qui connaisse tout le village. Il y a plusieurs épiciers ici, mais il y a un seul maire. C'est à celui-là qu'il vaudrait mieux nous adresser.

ROBERT: Bonne idée! Allons chez le maire!

(*Chez le maire*)

MICHAEL: Bonjour, Monsieur le Maire, pouvez-vous nous parler un moment? Notre professeur nous a demandé de visiter un village, d'apprendre autant que possible et d'en faire un reportage. Nous aimerions bien vous poser des questions, si vous avez le temps.

LE MAIRE: Mais, bien sûr, entrez! C'est l'heure du déjeuner et je vous invite à le partager avec moi.

(*Les deux jeunes gens entrent.*)

MICHAEL: Monsieur le Maire, il y a combien d'habitants dans ce village?

SYNONYMES ET EXPRESSIONS APPROXIMATIVES

2 on a tiré au hasard = on a tiré au sort
3, 4 de ne rien dépenser = de ne pas faire de dépenses, de ne rien gaspiller
4, 5 il s'agit d'apprendre = il faut apprendre, il est nécessaire d'apprendre
5 faire un reportage = écrire un rapport, faire un compte-rendu

NOTES CULTURELLES

1. Hitch-hiking is quite common in France.
2. The expression "to give a ride to someone" does not translate directly into French. The French say

   emmener quelqu'un en voiture

   or

   s'arrêter pour prendre quelqu'un en voiture.

Panneaux de directions près de Carnac en Bretagne

VOCABULAIRE ILLUSTRE Sur la route on trouve **des bornes kilométriques.**

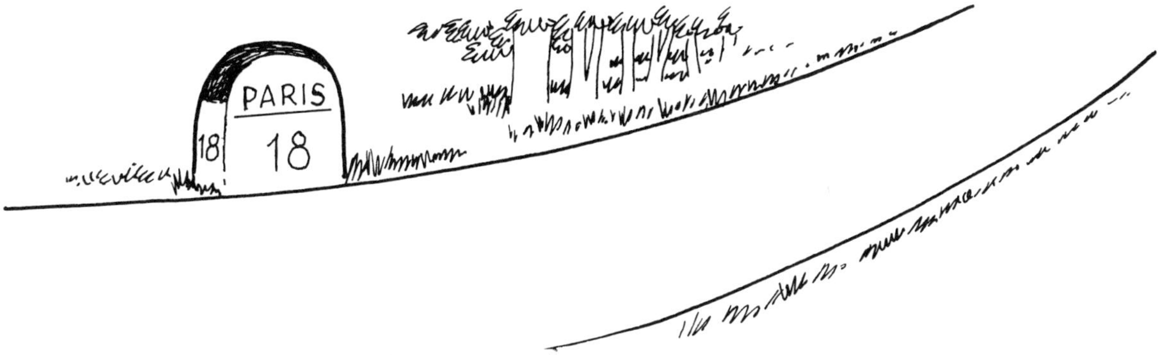

(qui indiquent à quelle distance on se trouve de la ville suivante)

des passages cloutés.

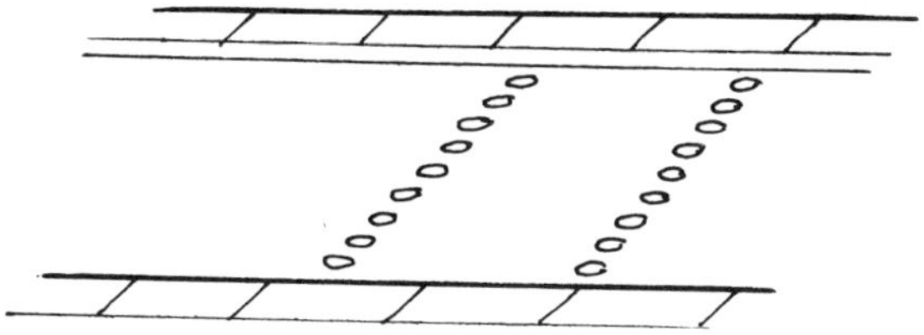

des signaux de direction.

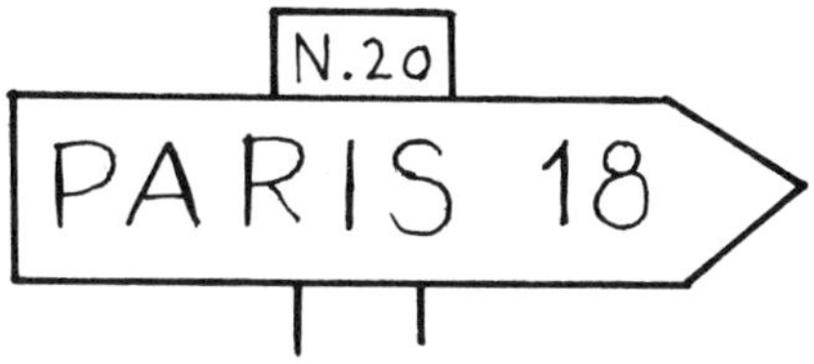

des panneaux de signalisation.

des signaux de localisation.

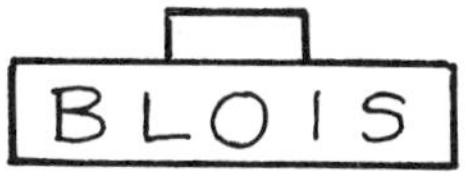

(entrée d'agglomération)

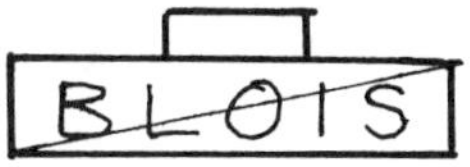

(fin d'agglomération)

des passages à niveaux.

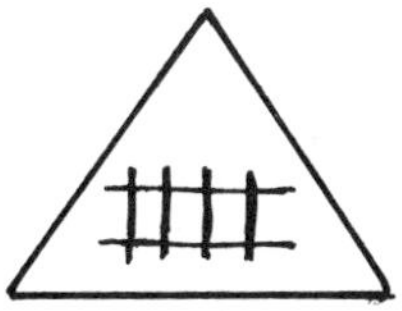

(qui se ferment au passage des trains)

des motards.

(qui sont toujours ensemble et qui assurent la sécurité routière)

QUESTIONS SUR LE SCENARIO

1. Qu'est-ce que le professeur a demandé aux étudiants de faire?
2. Comment a-t-on tiré les noms des villages?
3. Qu'est-ce que les deux garçons ont essayé de faire?
4. Comment s'y sont-ils rendus?
5. De quoi s'agit-il?
6. Pourquoi Robert veut-il commencer par questionner l'épicier?
7. Quelle est la réaction de Michael?
8. Lequel des deux semble avoir raison? Pourquoi?
9. Où vont-ils?
10. Que désirent-ils que le maire fasse?
11. Quelle heure est-il?
12. Que leur dit le maire?

NOTE DE GRAMMAIRE 1: Le Subjonctif passé

The subjunctive has a tense in the past. It is called the *perfect subjunctive.* The *perfect subjunctive* is formed by the:

	AUXILIARY VERB IN THE PRESENT SUBJUNCTIVE	+ PAST PARTICIPLE
Je suis content	que **vous l'ayez**	**fait.**
Je suis content	que **vous soyez**	**parti.**

The sequence of tenses for the *subjunctive*, that is, which tense to use to indicate time when actions occurred, is quite simple for *spoken French:*

MAIN CLAUSE	SUBORDINATE CLAUSE
Any verb in any tense	When action is *simultaneous* or *future* to verb in the main clause, subjunctive is:
Je regrette	que vous le fassiez. (*present*)
Je regretterai	que vous le fassiez. (*present*)
Je regretterais	que vous le fassiez. (*present*)
Je regrettais	que vous le fassiez. (*present*)
Any verb in any tense	When action occurred *prior* to verb in the main clause, subjunctive is:
Je regrette	que vous l'ayez fait. (*perfect*)
Je regrettais	que vous l'ayez fait. (*perfect*)
J'ai regretté	que vous l'ayez fait. (*perfect*)

Simples substitutions

1. Il vaut mieux *que tu l'aies fait.*
   (*que tu sois venu, que vous l'ayez fini, que nous l'ayons choisi, qu'ils l'aient cru, qu'on soit rentré, que tu l'aies fait*)
2. Je voudrais *qu'il le fasse.*
   (*qu'on le sache, qu'ils puissent le faire, que nous l'envoyions, que vous l'étudiiez, qu'elle la conduise, que tu le boives, qu'il le fasse.*)
3. J'ai regretté *que vous ayez dormi.*
   (*que vous soyez parti, que tu l'aies dit, qu'il l'ait lu, que nous l'ayons battu, qu'il ait plu ce jour-là, qu'on ait ri à ce moment-là, que vous ayez dormi.*)

Exercices de transformation

Modèle: Je suis content que vous travailliez aujourd'hui. (*hier*)
Je suis content que vous ayez travaillé hier.

1. C'est dommage qu'il parte aujourd'hui. (*hier*)
2. Elle doutait que tu finisses tes devoirs aujourd'hui (*hier*)
3. Je ne crois pas qu'elle fasse ce qu'elle doit faire aujourd'hui. (*hier*)

Modèle: Je suis heureux que vous ayez commencé par la province. (*J'étais heureux*)
J'étais heureux que vous ayez commencé par la province.

1. Elle veut toujours que vous le fassiez. (*Elle voulait*)
2. Nous voudrions bien que vous réussissiez. (*Nous voulons*)
3. Il est possible que nous y allions. (*Il était possible*)
4. Elle regrette que tu ne l'aies pas accompagnée. (*Elle regrettera*)
5. C'est dommage que nous l'ayons fait. (*C'était dommage*)
6. Je crains que vous ne soyez déçus. (*Je craignais*)

NOTE DE GRAMMAIRE 2: Négations type **ne . . . que** avec l'infinitif

1. Negations of the type **ne . . . que** surround the infinitive, as they surround the auxiliary and the past participle in compound tenses:

WITH INFINITIVES	WITH COMPOUND TENSES
Je vous ai dit de **ne** boire **que** du vin.	Je **n'**ai bu **que** du vin.
Je vous ai dit de **ne** voir **personne.**	Je **n'**ai vu **personne.**
Je vous ai dit de **ne** manger **ni** pommes **ni** poires.	Je **n'**ai mangé **ni** pommes **ni** poires.
Je vous ai dit de **ne** prendre **aucun** de ces livres.	Je **n'**ai pris **aucun** de ces livres.
Je vous ai dit de **ne** subir **nul** inconvénient.	Je **n'**ai subi **nul** inconvénient.
Je vous ai dit de **n'**accepter **nulle** excuse.	Je **n'**ai accepté **nulle** excuse.

The form **nul . . . ne** is rare. You may encounter it in reading, before abstract nouns, and sometimes it is interchangeable with **personne . . . ne.**

2. Some *negations* can be used as *subjects:*

Personne ne l'a vu.	*No one has seen him.*
Nul ne sait mieux.	*No one knows better.*
Nul n'est immortel.	*No one is immortal.*
Aucun de nous **ne** le sait.	*None of us knows it.*
Rien ne bouge.	*Nothing moves.*
Rien ne se passe.	*Nothing is happening.*
Rien ne l'intéresse.	*Nothing interests him.*

Substitution progressive

Personne ne veut le faire.
Personne ne veut *le dire.*
Aucun ne veut le dire.
Aucun ne veut *l'entendre.*
Nul ne veut l'entendre.
Nul ne veut *le faire.*
Personne ne veut le faire.

Exercices de transformation

Negation Surrounding Infinitive

Modèle: Elle nous a promis de parler à ses amis. (*ne . . . personne*)
Elle nous a promis de ne parler à personne.

1. Il nous a dit de choisir des journaux et des revues. (*ne . . . ni . . . ni*)
2. Elle nous a dit de prendre ces livres. (*ne . . . aucun*)
3. On nous a dit de voir nos amis. (*ne . . . personne*)
4. Elle nous a dit de faire du café. (*ne . . . que*)
5. Il vous a demandé de prendre des légumes et des boissons. (*ne . . . ni . . . ni*)
6. Il vaut mieux acheter ces tricots de corps. (*ne . . . aucun*)

Negation as Subject

Modèle: Qui est là (*Personne*)/(*Personne ne*)
Personne.
Personne n'est là.

1. Tout le monde le fait mieux que lui. (*Nul ne*)
2. Quelqu'un sait le faire. (*Personne ne*)
3. Qui est capable de le traduire? (*Aucun ne*)
4. Qui sait faire ce travail? (*Personne*) (*Personne ne*)
5. Nous le savons. (*Aucun de nous ne*)
6. Tout l'intéresse. (*Rien ne*)

NOTE DE GRAMMAIRE 3: Le Plus-que-parfait de l'indicatif

1. The *pluperfect* is used to express an action in the past which *preceded another past action:*

Nous avions déjà fini le travail quand vous êtes arrivé.	*We had already finished the work when you came.*

2. The *pluperfect* is formed by the:

AUXILIARY VERB IN THE IMPERFECT	+	PAST PARTICIPLE	
Nous avions		**fini**	quand vous êtes arrivé.

3. Note the difference between the following sentences:

Je suis arrivé quand **tu parlais** aux enfants.
1 2

Action 1 took place (*was completed*) in the past while *Action 2* was going on in the past.

Je suis arrivé au même moment que **tu es parti.**
1 2

Action 1 took place in the past *at the same time* as *Action 2*. Both actions were completed in the past, but do not show appreciable duration. Note again:

Il s'est fâché quand **je lui ai dit** la nouvelle.
1 2

4. Now note the use of the *pluperfect:*

Nous avions déjà fini le travail quand **vous êtes arrivé.**
A B

Action A took place in the past before Action B.

Action A is rendered by the *pluperfect*,
Action B by the *passé composé.*

Substitutions progressives

1. Nous avions fini le travail quand vous êtes sorti.
   Nous avions fini le travail *quand vous avez téléphoné.*
   Il était parti quand vous avez téléphoné.
   Il était parti *quand elle est arrivée.*
   Ils avaient déjà dîné quand elle est arrivée.
   Ils avaient déjà dîné *quand vous êtes sorti.*
   Nous avions fini le travail quand vous êtes sorti.
2. Elle était arrivée quand tu es parti.
   Elle était arrivée *quand tu es entré.*
   Elle l'avait fait quand tu es entré.
   Elle l'avait fait *quand le téléphone a sonné.*

Elle était descendue quand le téléphone a sonné.
Elle était descendue *quand tu es parti.*
Elle était arrivée quand tu es parti.

NOTE DE GRAMMAIRE 4: Le Conditionnel passé

Since the *pluperfect* is used most often with the *past conditional*, we shall discuss both tenses in this section.

1. The PAST CONDITIONAL is formed by the:

AUXILIARY VERB IN THE PRESENT CONDITIONAL	+	PAST PARTICIPLE	
Je l'aurais		**fait**	si j'avais eu le temps.

2. Note the translation of both the PAST CONDITIONAL and THE PLUPERFECT:

Je l'aurais fait, si j'avais eu le temps. *I would have done it, if I had had the time.*

Note, too, that the past conditional is used in the "result" (or main) clause in sentences with "if" (**si**) clauses:

S'il avait parlé, je l'aurais écouté. *If he had spoken, I would have listened to him.*

The implication is that an opportunity has been missed and that the action had not been accomplished. The fact is that he did not speak, and that I, therefore, did not listen.

In **Chapitre 15** we discussed the relationships between the **si** clause and the main clause:

SUBORDINATE **si** CLAUSE	MAIN CLAUSE	
PRESENT TENSE S'il parle	PRESENT:	vous l'écoutez.
	FUTURE:	vous l'écouterez.
	IMPERATIVE:	écoutez-le!
IMPERFECT S'il parlait	CONDITIONAL: vous l'écouteriez.	

Now, to the above, we can add the following relationship:

PLUPERFECT S'il avait parlé	PAST CONDITIONAL vous l'auriez écouté.	

Substitutions progressives

1. Nous aurions pu le faire sans le savoir.
   Nous aurions pu le faire *sans le vouloir.*
   Nous serions partis sans le vouloir.
   Nous serions partis *sans le dire.*
   Nous l'aurions fait sans le dire.
   Nous l'aurions fait *sans le savoir.*
   Nous aurions pu le faire sans le savoir.

2. Si tu avais eu de l'argent, tu l'aurais acheté.
   Si tu l'avais vu, tu l'aurais acheté.
   Si tu l'avais vu, *tu l'aurais reçu.*
   Si tu l'avais voulu, tu l'aurais reçu.
   Si tu l'avais voulu, *tu l'aurais acheté.*
   Si tu avais eu de l'argent, tu l'aurais acheté.

3. Si j'avais eu le temps, je l'aurais fait.
   Si j'avais eu le temps, *je te l'aurais dit.*
   Si tu avais été à l'heure, je te l'aurais dit.
   Si tu avais été à l'heure, *tu l'aurais vu toi-même.*
   Si tu l'avais assez voulu, tu l'aurais vu toi-même.
   Si tu l'avais assez voulu, *je l'aurais fait.*
   Si j'avais eu le temps, je l'aurais fait.

Exercices de transformation

Si + Imperfect and Conditional > **Si** + Pluperfect and Past Conditional

Modèle: Si elle venait, je resterais avec elle.
Si elle était venue, je serais resté avec elle.

1. S'il ne pleuvait pas, nous irions à pied.
2. Si je suivais ses conseils, je consulterais un médecin.
3. Si nous avions la troisième chaîne, tu serais content.
4. Si je mettais la table, vous vous assiériez tout de suite.
5. S'il neigeait, vous mettriez votre manteau.
6. Si nous avions le temps, nous l'écouterions.
7. Si tu le disais, nous le croirions.
8. Si nous l'étudiions, nous l'apprendrions.
9. Si vous le craigniez, vous ne le feriez pas.
10. S'ils l'écrivaient, je le lirais.
11. Si nous le connaissions, nous lui parlerions.
12. Si je me levais tôt, j'aurais le temps d'y aller.
13. Si je me dépêchais, j'y arriverais de bonne heure.
14. Si on mangeait, on n'aurait pas faim.

LECTURE

De qui est composée la population francophone de la Louisiane?

Ils sont plus d'un million qui parlent français:

1) Le groupe le plus important est les «Cajuns»—descendants d'Acadiens. Ils sont venus du Nouveau-Brunswick et de **Nouvelle-Ecosse à partir de** 1755 parce qu'ils avaient été déportés par les Anglais à la suite de **la guerre de Sept Ans** (1756–1763). D'autres ensuite sont arrivés par **la mer** de la Martinique, de la Guadeloupe et même de France.

2) Les «Créoles», environ 200.000, se sont installés à la Nouvelle-Orléans vers 1730. Ils sont d'origine aristocratique française et espagnole.

3) **Les «Mulâtres»** sont quelques dizaines de milliers. Ils descendent en général d'esclaves venus avec leurs maîtres après la révolte de Haïti en 1809.

Les Cajuns vivent surtout dans la partie sud-ouest de la Louisiane. Pour les plus âgés d'entre eux, le français est surtout resté la langue familiale par coutume. Ils parlent mieux la langue qu'ils ne savent l'écrire. Les plus jeunes sont plus **anglophones.**

A la Nouvelle-Orléans, les Créoles sont restés francophones. Pour eux, le français est une langue de culture. Ils représentent toujours cette première aristocratie des débuts. Quelques noirs et les plus pauvres Cajuns parlent une sorte de *pidgin French* qu'ils ont gardé de leurs origines. Le nord de la Louisiane est entièrement anglophone.

La Nouvelle Acadie ou Acadiana en anglais est divisée en 22 **paroisses** aux noms bien français, tels: Saint-Bernard, Saint-Martinville, Abbeville. Sur les portes des maisons on peut lire des noms de famille, tel: Bertrand, Hebert, Babin. Des panneaux indicateurs ou publicitaires sont écrits en français.

Chez les Cajuns, on trouve tout le folklore de toujours dans leurs chansons et leurs danses. Par exemple, **une affiche** peut annoncer un *fais-dodo*[1], c'est-à-dire un bal avec des **joueurs de violon** et d'accordéon qui **jouent** à un rythme rapide.

Nova Scotia/as soon as
the Seven Years War
the sea
Mulattos
English speaking
parishes
a poster
violin players/play

QUESTIONS SUR LA LECTURE

1. Combien de personnes parlent français en Louisiane?
2. Quel est le groupe le plus important?
3. D'où est venu ce groupe?
4. Quelle est l'origine des «Créoles»?
5. Les «Mulâtres» sont-ils nombreux?
6. De qui descendent-ils en général?
7. Où vivent les Cajuns?
8. Qu'est le français pour les plus âgés d'entre eux?
9. Que sont les Créoles à la Nouvelle-Orléans?
10. Qu'est-ce que le français est pour eux?
11. Qui parle *pidgin French?*
12. Le nord de la Louisiane est-il francophone?
13. Comment est divisée la Nouvelle Acadie?
14. Que peut-on lire sur les portes des maisons et sur les panneaux indicateurs?
15. Où trouve-t-on le folklore chez les Cajuns? Donnez un exemple.

---

[1] Usually a child would say **fais-dodo** instead of **dormir.** Because children had to be asleep under the good care of their "nannies" while their parents danced, these balls became known as **fais-dodo.**

QUESTIONS GENERALES

1. Avez-vous jamais fait de l'auto-stop? Est-ce une bonne idée, en général? Où êtes-vous allé? Combien de temps vous a-t-il fallu pour faire le trajet?
2. Que feriez-vous si vous aviez le même devoir que les deux étudiants du scénario?
3. Que peut-on acheter chez l'épicier?
4. Est-ce que tu craindrais de passer trois jours dans un village que tu ne connais pas? Quels problèmes peux-tu envisager?
5. Quelles qualités apprécies-tu chez les gens? chez tes amis?

Exercices de manipulation

1. Imagine une situation où tu dois finir la phrase avec le plus-que-parfait:
   . . . . quand l'agent de police est arrivé.
   . . . . mais le professeur m'a dit de le faire encore une fois.
2. A tour de rôle (*One after the other*) chaque étudiant commencera une phrase qui devra être terminée par un autre avec le plus-que-parfait.
3. A tour de rôle chaque étudiant posera au professeur une question sur sa vie.

CREATION ET RECREATION

1. Henry meets a priest (*un curé*) and tries to explain to him that he is on a "village drop," as described in the **Scénario** of this chapter. What questions would Henry ask? Write a dialogue between the two, using a relatively small town you know as your resource.

2. Monique décide de passer un week-end à la campagne. Elle désire étudier un village typique et faire un reportage de ce qu'elle aura vu, etc.

OUI **NON**

Chapitre 22: COUP D'ŒIL

_______ _______ 1. The *perfect subjunctive* is the past tense of the subjunctive. It is a compound tense in which the auxiliary verb is conjugated in the present subjunctive.

Je regrette que vous soyez parti.

_______ _______ 2. Negations of the type **ne . . . que** surround the infinitive, just as they surround the auxiliary verb and the past participle in a compound past. Other negations of this group include:

ne . . . personne, ne . . . ni . . . ni, ne . . . aucun, ne . . . nul

Il m'a dit de **ne** voir **personne.**

_______ _______ 3. The *pluperfect* tense translates an action in the past which *precedes* another action in the past:

Je l'avais presque terminé quand vous êtes arrivé.
I had almost finished it when you arrived.

4. The *past conditional* is often used with the *pluperfect* in conditional sentences:

   Je l'aurais fait si vous étiez venu.
   I would have done it if you had come.

5. In the **scénario** Michael says

   Peut-être **vaudrait-il** mieux . . .

   The adverb **peut-être** requires inversion when it is at the beginning of a sentence or a clause.

VOCABULAIRE

Verbes

(s') adresser (à)
apprécier
bouger
dépenser
emmener
envisager
gaspiller
partager
passer
(se) rendre (à)

Noms

curé (m.)
habitant (m.)
maire (m.)
pasteur (m.)
rabbin (m.)
village (m.)
ville (f.)

borne kilométrique (f.)
distance (f.)
entrée d'agglomération (f.)
fin d'agglomération (f.)

motard (m.)
panneau indicateur (m.)
passage à niveau (m.)
passage clouté
sécurité routière (f.)
signal de direction (m.)
signal de localisation (m.)
trajet (m.)

compte-rendu (m.)
dépense (f.)
reportage (m.)
revue (f.)

Adjectif

immortel

Adverbes

à peine
bien sûr
sans doute

Expressions utiles

à tour de rôle
autant que possible
bonne idée!
encore une fois
faire de l'auto-stop
il s'agit de
il vaudrait mieux
parler un moment
tirer au hasard
tirer au sort

QUATRIEME ETAPE

CHAPITRE 23

AU BUREAU DE POSTE

Scénario 23: Au Bureau de poste

PREMIERE ETAPE

ROBERT: Je dois envoyer un télégramme aux Etats-Unis.
MME FOURCHET: Pourquoi ne pas téléphoner?
ROBERT: Ça coûte trop cher. N'ayant pas trop de choses à dire, j'enverrai un télégramme-lettre.
MME FOURCHET: Comment?
ROBERT: Un télégramme-lettre coûte moitié prix. J'aurais dû demander à Nicole de faire expédier le télégramme.

(*A la poste*)

L'EMPLOYE: . . . dix-huit, dix-neuf . . . vous avez encore droit à trois mots pour le même prix.
ROBERT: *All my best.*
L'EMPLOYE: Qu'est-ce que ça veut dire?
ROBERT: C'est l'équivalent de: «Agréer l'expression de mes sentiments les meilleurs.»

DEUXIEME ETAPE

ROBERT: Etant donné que je retourne bientôt dans mon pays, je dois envoyer un télégramme aux Etats-Unis.
MME FOURCHET: Pourquoi ne pas téléphoner?
ROBERT: Ça coûte trop cher. N'ayant pas trop de choses à leur dire, je leur enverrai un télégramme-lettre.
MME FOURCHET: Comment?
ROBERT: Un télégramme-lettre coûte moitié prix.
MME FOURCHET: Je n'ai jamais envoyé de télégramme aux Etats-Unis et je ne saurais te renseigner.
ROBERT: J'ai peur d'avoir trop tardé. J'aurais dû demander à Nicole de faire expédier le télégramme.

(*A la poste*)

L'EMPLOYE: . . . dix-huit, dix-neuf . . . vous avez encore droit à trois mots pour le même prix.
ROBERT: *All my best.*
L'EMPLOYE: Qu'est-ce que ça veut dire?
ROBERT: C'est à peu près l'équivalent de: «Veuillez agréer, l'expression de mes sentiments les meilleurs.»

TROISIEME ETAPE

ROBERT: Maman, étant donné que je retourne bientôt dans mon pays, je dois envoyer un télégramme aux Etats-Unis pour prévenir ma famille de mon retour.

MME FOURCHET: Comment feras-tu? Pourquoi ne pas téléphoner?

ROBERT: Ah, non. Ça coûte trop cher. N'ayant tout de même pas trop de choses à leur dire, je leur enverrai plutôt un télégramme-lettre.

MME FOURCHET: Comment? Qu'est-ce que c'est que ça?

ROBERT: Un télégramme-lettre est acheminé moins rapidement que le télégramme ordinaire, mais il coûte moitié prix.

MME FOURCHET: Ah, tu sais, moi, je n'ai jamais envoyé de télégramme aux Etats-Unis et je ne saurais te renseigner.

ROBERT: J'ai peur d'avoir trop tardé. J'aurais dû demander à Nicole de faire expédier le télégramme quand elle est allée à la poste hier.

(*A la poste*)

L'EMPLOYE: (*Comptant les mots*) . . . dix-huit, dix-neuf . . . vous avez encore droit à trois mots pour le même prix.

ROBERT: Bon. (*ajoutant les trois mots*) *All my best.*

L'EMPLOYE: (*curieux*) Qu'est-ce ça veut dire?

ROBERT: C'est à peu près l'équivalent de: «Veuillez agréer, mes chers parents, l'expression de mes sentiments les meilleurs.»

L'EMPLOYE: (*le dévisageant*) Veuillez me donner vingt-deux francs!

SYNONYMES ET EXPRESSIONS APPROXIMATIVES

1 je retourne bientôt dans mon pays = je rentre bientôt dans mon pays
2 aux Etats-Unis = aux U.S.A. (*letters pronounced in French*)
2 prévenir = avertir, aviser
5,6 N'ayant . . . pas trop de choses = Ayant peu de choses
8 est acheminé moins rapidement → prend plus de temps pour arriver
9 il coûte moitié prix = il coûte moitié moins cher
12 trop tardé = attendu trop longtemps, trop différé
21 le dévisageant = le regardant avec attention, l'examinant

NOTES CULTURELLES

1. Phone calls to the United States are best placed at the post office. Here are some useful formulas:
   En P.C.V.: formula used to place a collect call.
   Avec préavis: formula used to indicate person-to-person.
2. **Poste restante** is the equivalent of *General Delivery*. Upon establishing your identity, you may receive a letter addressed to the main post office of any city, or of any arrondissement in Paris, bearing the words: **Poste restante.**
3. A telephone directory is called **un annuaire de téléphone.**
4. The following are useful words referring to the postal system:

le courrier	*mail*
la levée du courrier	*mail pick-up*
la distribution du courrier	*mail delivery*
le facteur	*mailman*

VOCABULAIRE ILLUSTRE

Dans un bureau de poste on trouve **des guichets.**

des timbres.

des cabines téléphoniques.

des annuaires de téléphone (le Bottin).

des boîtes aux lettres.

des taxiphones.

(pour téléphoner à l'intérieur d'une ville)

QUESTIONS SUR LE SCENARIO

1. Pourquoi Robert désire-t-il expédier un télégramme?
2. Pourquoi ne leur téléphone-t-il pas?
3. Qu'est-ce que c'est qu'un télégramme-lettre?
4. Mme Fourchet a-t-elle l'habitude d'envoyer des télégrammes aux Etats-Unis?
5. Qu'est-ce que Robert aurait dû faire? Pourquoi?
6. A combien de mots a-t-on encore droit pour le même prix?
7. Qu'est-ce que Robert ajoute?
8. Qu'est-ce que cela veut dire, à peu près?
9. Que lui dit l'employé?
10. Quelle était l'attitude de l'employé?

NOTE DE GRAMMAIRE 1: Le Participe présent

1. The *present participle* for all verbs (except **avoir, être** and **savoir**) is form from the first person plural of the present indicative minus the ending **-ons.** To this stem add the participial ending **-ant:**

parlons → parlant
finissons → finissant
vendons → vendant
faisons → faisant
allons → allant
croyons → croyant

But:

avoir → ayant
être → étant
savoir → sachant

2. The *present participle* functions as both an adjective and a verb:
a. When used as an adjective, the present participle agrees in gender and number with the noun it modifies:

M. Fourchet est un homme **charmant.**
Nous aimons les enfants **obéissants.**

b. When the present participle functions as a verb, it is invariable:

Je l'ai vue **parlant** à son voisin.
I saw her talking to her neighbor.

3. The *present participle* may be used to indicate:
a. An action which occurs *prior* to another action (rendered usually in English by a verb ending in *-ing*)

Prenant son imperméable, il est sorti.
Taking his raincoat, he went out.

b. *why* something is done, suggesting cause, in addition to sequence:

Pensant qu'il faisait froid, j'ai fermé la fenêtre.
Thinking that it was cold, I shut the window.

Etant malade, elle n'est pas partie en vacances.
Because she was ill, she did not go on vacation.

c. *simultaneous* actions:

En entrant dans la salle de classe, j'ai vu le professeur.
On entering the classroom, I saw the teacher.

Note the use of **en** with the present participle. **En** is only used in reference to the subject of the sentence performing two simultaneous actions.

4. The difference between the examples is in the timing:

Prenant son imperméable, il est sorti.

The actions are consecutive: *first* he took his raincoat; *then* he went out.

En entrant dans la salle de classe, j'ai vu le professeur.

The actions are simultaneous: I see the teacher *on* (*while or upon*) *entering* the room. **En** before the present participle stresses the simultaneity of the action. The use of **tout** in the next example would further stress the simultaneous nature of the actions:

Tout en entrant dans la salle de classe, j'ai vu le professeur.

The **en** or **tout en** (which are always followed by a participle) are translated:

while, *in*, *on*, *upon*, *by* (means of which)

Exercices de transformation

Modèle: Parce que j'avais des choses à dire, j'ai levé le doigt.
Ayant des choses à dire, j'ai levé le doigt.

1. Parce qu'elle voyait le beau paysage, elle s'est écriée de joie.
2. Parce qu'il craignait d'être déçu, il est parti précipitamment.
3. Si on écoute des hommes savants, on apprend beaucoup.
4. Si on connaît déjà l'esprit réaliste du provincial, on l'apprécie mieux.
5. Il a repris son discours et puis il s'est animé.

Modèle: Quand on mange, on ne parle pas.
On ne parle pas en mangeant.

1. Pendant qu'on mange, on ne parle pas.
2. Pendant que nous conduisons, nous faisons attention.
3. Quand elle étudie, elle apprend vite.
4. Quand on combat l'adversité avec force, on est sûr de gagner.

5. Si on mange trop, on grossit.
6. Quand on boit de l'eau minérale, on se sent mieux.
7. Quand on visite la France, on apprend sa civilisation.
8. Quand le paysan sème son champ, il combat l'adversité.

NOTE DE GRAMMAIRE 2: **Faire** + l'infinitif

1. The construction **faire** + *infinitive* conveys the motion of an action one causes to be performed. Note the difference between:

Je construis la maison.
I am building the house.

and:

Je **fais constuire** la maison.
I am having the house built.

In the first example, it is I who am actually building the house. In the second example it is I who am having the house built *by someone else.*

2. Faire is followed directly by the *infinitive*, except in the *affirmative imperative. Note position of object pronouns:*

Je **le** fais parler.	*I am making him talk.*
Je **la** fais parler.	*I am making her talk.*
Je **les** fais parler.	*I am making them talk.*
Je **les** fais faire.	*I am having them made.*
Je **les y** fais faire.	*I am having them made there.*
Ils **m'en** font acheter.	*They are having me buy some.*
Vous **lui en** avez fait envoyer.	*You had some sent to him.*

But:

Faites-**la** construire! = *Have it built!*

STOP All the object pronouns stand before the "helping verb" **faire** in the simple as well as the compound tenses:

Je **le** fais parler.	*I am making him talk.*
Je **l'**ai fait parler.	*I made him talk.*
Je **lui** fait écouter la radio.	*I am making him listen to the radio.*
Je **la lui** fait écouter.	*I am making him listen to it.*
Je **lui** ai fait écouter la radio.	*I made him listen to the radio.*
Je **la lui** ai fait écouter.	*I made him listen to it.*

Exercices de transformation

Modèle: Il fait parler *son fils.*
Il le fait parler.

1. Tu fais envoyer *la lettre.*
2. Mme Fourchet fait installer *l'armoire* dans la chambre.
3. Nicole fait voir *la mobylette* à David.
4. Vous faites faire *le plein* chaque semaine.
5. Il fait sourire *les enfants.*

3. Faire does *not* show agreement with a preceding *direct object* in compound tenses. Because it has the function of a "helping verb," the real sense of the verb **faire** is completed by the infinitive. Thus, it is the whole verbal locution that takes the direct object:

Les chemises? Je **les** ai fait **faire.**

direct object pronoun of the infinitive — infinitive

4. When the sentence contains both a direct and an indirect object, they are placed in their usual sequence:

Jean m'a fait écrire la lettre.
Jean me l'a fait écrire.

Exercices de transformation

Modèle: J'ai fait venir *le conférencier.*
Je l'ai fait venir.

1. Vous avez fait venir *les étudiantes.*
2. Nous avons fait venir *la pharmacienne.*
3. Il a fait venir *les archéologues.*
4. Tu as fait venir *les musiciens.*
5. Ils ont fait venir *les artistes.*
6. On a fait venir *les médecins.*

Modèle: Nous avons fait ouvrir *la bouteille.*
Nous l'avons fait ouvrir.

1. Tu as fait ranger *le sac de couchage.*
2. Je n'ai pas fait remplir *le réservoir.*
3. L'agent a fait arrêter *l'auto* au coin de la rue.
4. Ils ont fait envoyer *les paquets.*
5. L'histoire n'a pas fait rire *la classe.*

Modèle: La mère a fait acheter *du pain.*
La mère en a fait acheter.

1. Le docteur a fait chercher *des médicaments.*
2. On a fait apporter *un repas.*
3. J'ai fait donner *des boissons* aux invités.
4. Le paysan a fait planter *du blé.*
5. Ils n'ont pas fait nettoyer *une fenêtre.*

Modèle: Il lui a fait envoyer *le livre.*
Il le lui a fait envoyer.[1]

1. Il lui a fait envoyer *la valise.*
2. Il lui a fait envoyer *des chemises.*
3. Il nous a fait envoyer *le cadeau.*
4. Il nous a fait envoyer *la malle.*
5. Il nous a fait envoyer *les lettres.*
6. Il leur a fait envoyer *la revue.*
7. Il leur a fait envoyer *des fleurs.*
8. Il m'a fait envoyer *un document.*

Modèle: Nous avons fait faire *des photos par Paul.*
Nous lui en avons fait faire.

1. Elle a fait envoyer *des fleurs à Mme Fourchet.*
2. On a fait envoyer *la valise à Pierre.*
3. Le guide a fait visiter *le château aux jeunes gens.*
4. Le chauffeur n'a pas fait attendre *Henry à la gare.*
5. Tu as fais expédier *un télégramme à tes parents.*
6. Ils ont fait construire *la maison à la campagne.*

Modèle: A-t-il fait venir *le guide?*
L' a-t-il fait venir?

1. Faites-vous étudier *les étudiants?*
2. Fais-tu attendre *tes amis?*
3. Fait-elle nettoyer *le tapis?*
4. Font-ils visiter *la maison?*
5. Ont-ils fait avouer *l'homme?*

STOP — Note that the object pronouns in interrogations stand before the verb **faire**. But this is *not* true with the *affirmative imperative:*

Modèle: Tu fais attendre *tes amis.*
Fais-les attendre!

1. Vous faites entrer *vos amis.*
2. Nous faisons parler *les étudiants.*
3. Tu fais envoyer *des fleurs à ta mère.*
4. Tu fais expédier *le télégramme-lettre.*
5. Tu fais couper *la viande.*

---

[1] This can mean either: He had it sent to him.
or He had him send it.

NOTE DE GRAMMAIRE 3: Les Verbes de perception

Verbs of perception such as:

écouter
entendre
regarder
voir
sentir

as well as:

laisser

do not take prepositions when followed by an infinitive:

Je **regarde venir** les étudiants.
Je **vois jouer** les filles.

Unlike the causative verb **faire,** however, verbs of perception may be separated from the infinitive:

Je regarde **les étudiants** venir. *I watch the students come.*

Je vois **les filles** jouer. *I see the girls playing.*

As with **faire,** pronoun objects stand *before* the verb of perception:

Je **les** regarde venir.
Je **les** vois jouer.

In compound tenses, the past participle will agree with preceding direct objects:

Les étudiants?	Je **les** ai regardés venir.
Les filles?	Je **les** ai regardées jouer.

Exercices de transformation

Modèle: Robert écoute parler *sa mère.*
Robert l'écoute parler.

1. Ils entendent *les oiseaux* chanter dans les bois.
2. Il aurait dû laisser *Nicole* partir plus tôt.
3. Elle regarde *le paysan* planter des tomates.
4. Il a vu travailler *le provincial.*

Modèle: Ils ont regardé *la fille* faire de l'auto-stop.
Ils l'ont regardée faire de l'auto-stop.

1. Nous avons écouté parler *les conférenciers.*
2. Vous avez entendu jouer *les enfants.*

3. Tu as vu arriver *les étudiantes* à l'aéroport.
4. J'ai vu venir *les enfants.*
5. J'ai senti *mes larmes* couler.
6. Nous avons regardé voler *les oiseaux.*
7. J'ai entendu crier *les enfants.*
8. Il a écouté parler *les hommes.*
9. Il a laissé faire *les jeunes gens.*
10. Il a vu travailler *les mères.*

NOTE DE GRAMMAIRE 4: Le Participe passé composé

The *perfect participle* is made up of the:

PRESENT PARTICIPLE OF THE AUXILIARY	+	PAST PARTICIPLE OF VERB	
Ayant		**fait**	le travail . . .
Etant		**sorti**	assez tôt . . .

The perfect participle is another way of showing that one action has been clearly accomplished in the past before another action occurred:

Ayant fait le travail, *il est parti.*
Having done the work, he left.

ACTION 1	ACTION 2
Etant sorti[2] assez tôt	j'ai rencontré un ami.
Having gone out rather early,	*I met a friend.*

Present Participle > Perfect Participle

Exercices de transformation

Modèles: Sortant du cinéma, ils ont pris un taxi.
Etant sortis du cinéma, ils ont pris un taxi.

Ayant des choses à dire, j'ai levé le doigt.
Ayant eu des choses à dire, j'ai levé le doigt.

1. En apprenant la nouvelle, elle s'est écriée de joie.
2. En faisant des découvertes importantes, il est devenu célèbre.
3. Craignant d'être déçu, il est parti précipitamment.
4. En commençant la lecture en retard, nous n'avons pas pu la finir.
5. Reprenant son discours, il s'est animé.
6. Retournant à la maison, elle l'a rencontré.

[2] The past participle used with **étant** will show agreement with the subject.

7. Entendant la musique, elles se sont mises à danser.
8. En mangeant du fromage français, ils se sont mis à l'aimer.
9. Ne désirant pas partir, je suis resté chez moi.

LECTURE La Louisiane: CODOFIL

ancestors
Council

C'est grâce à l'action d'un avocat, M. James Domengeaux, et de quelques autres personnalités qui désiraient préserver leurs traditions et la langue de leurs **ancêtres** que **le Conseil** pour le Développement du Français en Louisiane (CODOFIL) a été fondé.

En 1968, le Parlement de la Louisiane a adopté une série de lois pour préserver le français. Ces lois rendent au français une place officielle dans l'Etat pour les débats parlementaires, les journaux officiels, la télévision (il y a plus de 150 heures par semaine de programmes en français sur les chaînes de radio et télévision) et surtout l'enseignement.

proud

Immédiatement le Conseil a commencé une campagne psychologique qui aurait pu s'intituler: «Soyez **fiers** de parler français.»

Le Conseil manquant d'instituteurs français a fait appel à la France. Celle-ci a envoyé de ses professeurs pour assister et encadrer les professeurs louisianais. D'après *La Tribune des Francophones* (No 1, hiver 1976) on apprend qu'au lieu "d'enseigner le français en Louisiane, on enseigne en français."

money/allocated
gets better/gets bigger
is increasing/successful

Depuis 1968, avec **les fonds** qui lui ont été **alloués,** le français a énormément progressé. Le programme **s'améliore** et **s'élargit** chaque jour. Pour les instituteurs, des stages ont été organisés en France et au Canada. En même temps le nombre d'élèves **augmente.** C'est une expérience unique et **couronnée de succès** pour les Etats-Unis.

QUESTIONS SUR LA LECTURE

1. Pourquoi CODOFIL a-t-il été fondé?
2. Qui l'a fondé?
3. Qu'est-ce que le Parlement de Louisiane a adopté en 1968?
4. Qu'est-ce que ces lois rendent au français?
5. Comment aurait pu s'intituler la campagne psychologique commencé par le Conseil?
6. A qui le Conseil a-t-il fait appel?
7. Pourquoi la France a-t-elle envoyé des professeurs français?
8. Quelle différence y a-t-il entre «enseigner le français» et «enseigner en français»?
9. Pourquoi le français progresse-t-il?
10. Où des stages sont-ils organisés pour les instituteurs?
11. Qu'est-ce qui augmente?
12. Qu'est-ce qui est unique?

QUESTIONS GENERALES

1. Avez-vous l'habitude d'envoyer des télégrammes?
2. Combien cela coûte-t-il pour téléphoner d'ici en France?
3. Comment dit-on "télégramme-lettre" en anglais?

4. Recevez-vous beaucoup de courrier?
5. Quelles sont les heures de la levée et de la distribution du courrier?
6. Savez-vous les noms de quelques auteurs qui ont écrit des romans sous forme de lettres?
7. Pourquoi ce genre de littérature nous intrigue-t-il?
8. Quels sont les différents guichets qu'on trouve dans une poste française?
9. Si vous ne connaissez pas le numéro de téléphone de quelqu'un, où pouvez-vous le chercher?
10. Faites-vous une collection de timbres?
11. Pour quelles raisons s'intéresse-t-on aux timbres?

Exercices de manipulation

1. Imagine que tu es dans une poste en France. Tu désires téléphoner à tes parents aux Etats-Unis. Dis-nous comment tu ferais.
2. Imagine que tu es en France. Tu vas bientôt retourner aux Etats-Unis. Dis-nous ce que tu vas écrire sur le télégramme à tes parents.
3. Demande à __________ s'il pourrait vivre sans recevoir de courrier.
4. Dis-nous ce que tu t'es fait faire récemment.
5. A tour de rôle chacun nous décrira son timbre préféré.

CREATION ET RECREATION

1. The phrase

Veuillez agréer, cher Monsieur, l'expression de mes sentiments les meilleurs.

and the substitutions we can make

Veuillez accepter, Recevez, Agréez, Je vous prie d'agréer, Acceptez

are all the rough equivalent of "Sincerely yours," or "Cordially yours," etc. They are however much too formal to use with family or friends. Instead, the following may be used:

FAMILY: Je vous embrasse affectueusement.
Je vous embrasse très fort.
Bons baisers.

FRIENDS: Bien amicalement.
Bon souvenir.
Meilleur souvenir.
Amical souvenir.
Affectueux souveni .
Bien affectueusement.
Amitié.
Bons baisers.
Mille baisers.

2. Write a formal letter in which you present yourself in the best light possible. The purpose of the letter is to seek employment.

3. Write an informal letter to a friend or a family member in which you describe how you presented yourself in the formal letter.

4. Monique va au bureau de poste. Elle désire envoyer un télégramme en France pour prévenir sa famille de son retour, etc.

OUI **NON**

Chapitre 23: COUP D'ŒIL

______ ______ 1. The *present participle* functions both as an adjective and as a verb:

C'est un homme **charmant.**
Croyant qu'il en aurait besoin, il a pris son imperméable.

______ ______ 2. **Faire** + *infinitive* means *to have something done* (that is, *by* someone else). **Faire** is followed directly by the *infinitive*, except in the affirmative imperative:

Tu fais construire une grande maison.
Tu la **fais construire.**
Tu vas la **faire construire.**
Fais-la construire!

______ ______ 3. *Verbs of perception* do not take prepositions to introduce infinitives. Object pronouns stand before verbs of perception:

Je **les vois** venir.

Unlike **faire** + *infinitive*, *verbs of perception* + *infinitives* always show agreement with preceding direct objects:

Je les ai fait venir.
Je les ai **vus** marcher.

______ ______ 4. The *perfect participle* translates an action completed in the past before another past action:

Ayant fait la vaisselle, il l'a rangée.

VOCABULAIRE

Verbes
acheminer
ajouter
(s') animer
avertir
aviser
dévisager
différer
échanger
expédier
planter
renseigner
semer
tarder (à)

Noms

annuaire de téléphone (m.)
boîte aux lettres (f.)
bottin (m.)
boîte à lettres (f.)
courrier (m.)
facteur (m.)
taxiphone (m.)
télégramme-lettre (m.)
timbre (m.)
collection (f.)
souvenir (m.)

littérature (f.)
roman (m.)

bois (m.)
discours (m.)
document (m.)
équivalent (m.)
intérieur (m.)
joie (f.)

Adjectifs

affectueux
amical
obéissant
savant

Expressions utiles

amitié
avoir droit à
avoir l'habitude de
la levée du courrier
bons baisers
coûter moitié prix
la distribution du courrier
faire attention
Je vous prie
sous forme de
veuillez agréer

Scénario 23: Au Bureau de poste

QUATRIEME ETAPE

CHAPITRE 24

DINER D'ADIEU

Scénario 24: Dîner d'adieu

PREMIERE ETAPE

Toutes les familles sont réunies à l'Auberge du Vieux Moulin. M. Galant a préparé un repas succulent.

LE PROFESSEUR: (*continuant son discours de remerciement*) . . . nous avons habité vos foyers et vous nous avez accueillis chaleureusement. Si nous n'avions pas été hébergés par vous, nous n'aurions jamais connu la culture française.

ROBERT: C'est ça que je voulais vous dire.

MME FOURCHET: Il faudra que tu reviennes. En attendant, mettons-nous à table et profitons de la bonne chère.

HENRY: Nous avons tenu notre parole.

ROBERT: Oui, en effet, nous ne nous sommes jamais exprimés qu'en français.

DEUXIEME ETAPE

Toutes les familles françaises sont réunies à l'Auberge du Vieux Moulin. Elles y sont avec leurs fils et leurs filles américains. M. Galant, le propriétaire, a préparé un repas succulent. On entend la musique d'un tourne-disque. Il y a aussi un groupe de danseurs folkloriques qui régaleront la compagnie plus tard.

LE PROFESSEUR: (*continuant son discours de remerciement*) . . . Sans vous, notre séjour aurait été purement académique. Grâce à vous, nous avons habité vos foyers; vous nous avez accueillis chaleureusement. Si nous n'avions pas été hébergés par vous, nous n'aurions jamais connu la base de la culture française. Nous pouvons dire que nous sommes français.

ROBERT: C'est ça que je voulais vous dire.

MME FOURCHET: Combien de fromages as-tu goûtés chez nous? Tu t'en souviens?

ROBERT: Soixante-six.

MME FOURCHET: Il faudra que tu reviennes finir les deux cent quatre-vingt-quinze qui restent. En attendant, mettons-nous à table et profitons de la bonne chère.

HENRY: Mon vieux, nous avons tenu notre parole.

ROBERT: En effet, bien qu'il y ait eu des moments où nous avons cru crever de ne pas pouvoir parler anglais, nous ne nous sommes jamais exprimés qu'en français.

TROISIEME ETAPE

Toutes les familles françaises sont réunies à l'Auberge du Vieux Moulin. Elles y sont avec leurs fils et leurs filles américains. M. Galant, le propriétaire, a préparé un repas succulent. On entend la musique d'un tourne-disque. Il y a aussi un groupe de danseurs folkloriques qui, avec leur musique et leurs danses, régaleront la compagnie plus tard.

LE PROFESSEUR: (*continuant son discours de remerciement*) . . . et sans vous, nos pères et nos mères français, notre séjour aurait été purement, simplement académique. Grâce à vous, nous avons habité vos foyers; vous nous avez accueillis chaleureusement. Si nous n'avions pas été hébergés par vous, nous n'aurions jamais connu la base de la culture française. Malgré la brièveté de ce séjour, nous pouvons dire, sans équivoque, que nous sommes français.

ROBERT: Vous voyez, maman, c'est ça que je voulais vous dire.

MME FOURCHET: Combien de fromages as-tu goûtés chez nous? Tu t'en souviens?

ROBERT: Oui, soixante-six.

MME FOURCHET: Alors, il faudra que tu reviennes finir les deux cent quatre-vingt-quinze qui restent, et qu'en revanche tu nous fasses goûter la cuisine américaine. En attendant, mettons-nous à table et profitons de la bonne chère.

(*Plus tard*)

HENRY: Robert, mon vieux, nous avons tenu notre parole.

ROBERT: Oui, en effet, bien qu'il y ait eu des moments où nous avons cru crever de ne pas pouvoir parler anglais, nous ne nous sommes jamais exprimés qu'en français.

NICOLE: Okay, Robert et Henry, vous avez fait un bon *job*. C'est un bon *show* et vous êtes des *stars!* Vous êtes des super-mecs!

SYNONYMES ET EXPRESSIONS APPROXIMATIVES

3 succulent = délicieux, exquis, savoureux, agréable
3 un tourne-disque = un électrophone
4 régaleront → amuseront, distrairont, divertiront
7 vos foyers = vos maisons, vos familles
8 chaleureusement = chaudement, avec enthousiasme
10,11 sans équivoque = sans ambiguïté
17,18 de la bonne chère = du bon repas, des bons mets, des bons plats
22 crever = éclater, mourir

NOTES CULTURELLES

1. Une auberge est une sorte d'hôtel située généralement à la campagne où on peut manger, boire et coucher en payant.
2. Le *Guide Michelin* désigne la qualité des hôtels par des étoiles.

3. Il y a aussi ce qu'on appelle des auberges de jeunesse en France. Ces auberges de jeunesse correspondent aux *youth hostels*. Avec une carte d'étudiant on peut y loger pour très peu d'argent. Les auberges de jeunesse sont propres et assez fréquentées.
4. La France est réputée pour être le pays des fromages. Il y a plus de 360 sortes de fromage.

QUESTIONS SUR LE SCENARIO

1. Où les familles sont-elles réunies?
2. Quel est le nom du propriétaire?
3. Qu'est-ce qu'il a préparé?
4. Qu'est-ce qu'on entend?
5. Qu'est-ce que c'est qu'un «tourne-disque»?
6. Que feront les danseurs folkloriques?
7. Qu'est-ce que le professeur continue?
8. Sans les parents français, qu'aurait été le séjour des Américains?
9. Qu'est-ce que les Français ont fait?
10. Comment les Américains ont-ils fait la connaissance de la culture française?
11. Qu'est-ce que la phrase «nous sommes français» veut dire?
12. Que demande Mme Fourchet à Robert?
13. Qu'est-ce qu'il lui répond?
14. Combien de fromages lui propose-t-elle de goûter?
15. Que dit-elle à propos de la cuisine américaine?
16. Pourquoi désire-t-elle se mettre à table?
17. Les deux garçons ont-ils tenu leur parole?
18. Y a-t-il eu des moments où ils voulaient parler anglais?
19. Quelle est l'attitude de Nicole?
20. Que leur dit-elle?

NOTE DE GRAMMAIRE 1: L'Infinitif passé

1. The *perfect infinitive* indicates a completed past action which precedes another past action:

Après **avoir fini** le travail, nous sommes partis.
After having finished the work, we left.

2. The *perfect infinitive* is formed by using the

INFINITIVE OF THE AUXILIARY	+	PAST PARTICIPLE
. . . avoir		**fini . . .**
. . . être		**sorti . . .**
. . . s'être		**lavé . . .**

The perfect infinitive, unlike the perfect participle, is most often preceded by a preposition. Note, too, that the word *having* in English need not always be translated.

Après lui **avoir parlé,** il est parti.
After having spoken with him, he left.

Après **être sortie,** elle a vu son frère.
After having gone out, she saw her brother.

Après **s'être levée,** elle a pris une douche.
After having got up, she took a shower.

Object pronouns precede the auxiliary verbs:

Après **lui** avoir parlé . . .

Exercices de transformation

Modèle: Nous avons dîné et nous avons regardé la télé.
Après avoir dîné, nous avons regardé la télé.

1. Nous sommes sortis et nous lui avons dit «au revoir».
2. Vous lui parlerez et vous nous écrirez.
3. Nous sommes revenus et nous lui avons parlé.
4. Il s'est lavé et il s'en est allé.
5. Elle s'est levée et elle s'est habillée.

NOTE DE GRAMMAIRE 2: Le Futur antérieur

1. The *future perfect* indicates that an action will have taken place in the future *before* another action will take place:

Tu l'**auras fini** quand nous arriverons.
You will have finished it when we arrive.

2. The future perfect is formed by using the

FUTURE OF THE AUXILIARY	+	PAST PARTICIPLE
Tu auras		**fini . . .**
Elle sera		**partie . . .**

3. Note the differences between sentences a and b:

a. **Tu le feras** quand **nous arriverons.**
ACTION 1 ACTION 2
You will do it when we arrive.

ACTION 1 occurs *simultaneously* in the future with ACTION 2.

b. **Tu l'auras fait** quand **nous arriverons.**
ACTION 1 ACTION 2
You will have done it when *we arrive.*

ACTION 1 *will have taken place* in the future *before* ACTION 2.

Simples substitutions

1. *Il l'aura envoyé* quand elle arrivera.
(*Tu l'auras fini, On l'aura acheté, Nous l'aurons lu, Ils lui auront téléphoné, Je lui aurai répondu, Il l'aura envoyé*)
2. *Tu seras sorti* quand je le ferai.
(*Elle sera réveillée, Vous serez revenu, Ils seront montés, On sera rentré, Nous serons arrivés, Tu seras sorti*)

Exercices de transformation

Modèle: Je le ferai quand tu viendras.
Je l'aurai fait quand tu viendras.

1. Vous partirez quand ils arriveront.
2. Nous le lui dirons quand tu seras là.
3. Il le terminera quand elle le verra.
4. Ils mangeront quand nous y entrerons.
5. Elle consultera la liste quand il arrivera.
6. Tu me parleras quand elle téléphonera.
7. Ils monteront quand tu descendras.
8. Tu sortiras quand elle recevra la lettre.
9. Tu arriveras par le train quand il retournera.

4. The *perfect infinitive* and the *future perfect* may be used interchangeably when the subject of both clauses is the same.

Quand **nous** l'aurons acheté, **nous** vous le donnerons.
Après l'avoir acheté, **nous** *vous le donnerons.*

Modèle: Quand j'aurai lu le livre, je vous le donnerai.
Après avoir lu le livre, je vous le donnerai.

1. Dès que vous l'aurez vu, vous le saurez.
2. Lorsqu'il nous aura retrouvés, il nous le dira.
3. Après que nous serons partis, nous regretterons ce beau pays.
4. Quand nous serons montés, nous y resterons.

NOTE DE GRAMMAIRE 3: L'Imparfait du subjonctif

Like the **passé simple** the *imperfect subjunctive* is rarely encountered in common speech.

1. The *imperfect subjunctive* is formed by taking the first person singular of the **passé simple,** dropping the last letter and adding the endings:

-sse, -sses, -ˆt, -ssions, -ssiez, -ssent

VERBS ENDING IN **-er:**
parler
parla (first person singular of the **passé simple,** minus **-i**)

je parlasse	nous parlassions
tu parlasses	vous parlassiez
il parlât	ils parlassent

VERBS ENDING IN **-ir** and **-re:**
finir
fini (first person singular of the **passé simple,** minus **-s**)

je finisse	nous finissions
tu finisses	vous finissiez
il finît	ils finissent

vendre
vendi (first person singular of the **passé simple,** minus **-s**)

je vendisse	nous vendissions
tu vendisses	vous vendissiez
il vendît	ils vendissent

VERBS ENDING in **-oir:**
recevoir
reçu (first person singular of the **passé simple,** minus **-s**)

je reçusse	nous reçussions
tu reçusses	vous reçussiez
il reçût	ils reçussent

Note that **venir** and verbs like it have these endings:

je vinsse [vɛ̃s]	vous vinssions [vɛ̃sjõ]
tu vinsses [vɛ̃s]	vous vinssiez [vɛ̃sje]
il vint [vɛ̃]	ils vinssent [vɛ̃s]

2. The *imperfect subjunctive* is a literary tense. *It is not to be used in informal style.* In general, it is used in the subordinate clause when the action occurs *simultaneously* with, or *after* the action in a past tense (or a conditional), in the main clause:

IMPARFAIT:	Ils voulaient que **je vendisse** la maison. *They wanted me to sell the house.*
CONDITIONNEL:	Ils voudraient que **je vendisse** la maison. *They would like me to sell the house.*
CONDITIONNEL PASSE:	Ils auraient voulu que **je vendisse** la maison. *They would have liked me to sell the house.*

Substitution progressive

Bien qu'il n'eût pas d'argent, il voulait du pain.
Bien qu'il n'eût pas d'argent, *il avait invité ses amis.*
Afin qu'il pût les voir, il avait invité ses amis.
Afin qu'il pût les voir, *il leur avait téléphoné.*
Quoiqu'il n'eût pas le temps, il leur avait téléphoné.
Quoiqu'il n'eût pas le temps, *il y était allé.*
Bien qu'il n'eût pas d'argent, il y était allé.
Bien qu'il n'eût pas d'argent, *il voulait du pain.*

NOTE DE GRAMMAIRE 4: Le Passé antérieur

1. Like the *pluperfect*, the **passé antérieur** is a tense which indicates that one action preceded another. It is formed by using the

AUXILIARY VERB IN THE PASSE SIMPLE	+	PAST PARTICIPLE
il eut		**parlé . . .**

"My boy, Grand-père is not the one to ask about such things. I have lived eighty-seven peaceful and happy years in Montoire-sur-le-Loir without the past anterior verb form."

2. Dès qu'il **eut parlé,** il se mit en marche.
Lorsqu'elle **fut sortie,** le téléphone sonna.
Après qu'il **fut entré,** elle l'embrassa.
Quand elle **eut fini,** nous partîmes.

Note that in each case the **passé antérieur**—which is used with the **passé simple**—indicates that it is an action that precedes another in the past:

Dès qu'il **eut parlé,** il se mit en marche.
ACTION 1 ACTION 2

ACTION 1 is in the **passé antérieur.** ACTION 2 is in the **passé simple.**

This tense is *not used in conversation* or *informal circumstances*. The French use the *pluperfect* for the **passé antérieur,** and the **passé composé** for the **passé simple** in conversation. You will encounter the **passé antérieur** in literature.

3. The **passé antérieur** is used often (but not always) after "time" expressions, such as:

après que	**lorsque**
dès que	**quand**

Substitution progressive

Après qu'elle se fut levée, elle prit un bain.
Lorsqu'elle se fut réveillée, elle prit un bain.
Lorsqu'elle se fut *réveillée*, *elle prit le petit déjeuner.*
Dès qu'elle fut entrée, elle prit le petit déjeuner.
Dès qu'elle fut entrée, *le téléphone sonna.*
Quand elle fut sortie, le téléphone sonna.
Quand elle fut sortie, *nous arrivâmes.*
Aussitôt qu'elle eut fini, nous arrivâmes.
Aussitôt qu'elle eut fini, *elle prit un bain.*
Après qu'elle se fut levée, elle prit un bain.

LECTURE Pensées de Blaise Pascal[1]

«Qu'est-ce qu'un homme dans l'infini?»

a reed
to crush/a gust of wind
drop/to kill

L'homme n'est qu'**un roseau,** le plus faible de la nature; mais c'est un roseau pensant. Il ne faut pas que l'univers entier s'arme pour **l'écraser: une vapeur, une goutte** d'eau suffit pour le **tuer.** Mais, quand l'univers l'écraserait, l'homme serait encore plus noble que ce qui le tue, parce qu'il sait qu'il meurt, et l'avantage que l'univers a sur lui; l'univers n'en sait rien.

---

[1] Blaise Pascal was a 17th century thinker. He was born in 1623 and died in 1662. He believed in the experimental method of research and wrote many tracts on mathematics.
He discovered the principle of hydraulics. His thoughts on religion were collected and published after his death.
In the above selection, Pascal comments on man's weakness and greatness.

QUESTIONS SUR LA LECTURE

1. Pourquoi Pascal compare-t-il l'homme à un roseau?
2. Faut-il que l'univers entier s'arme pour écraser l'homme? Pourquoi?
3. Qu'est-ce qui peut tuer l'homme?
4. D'où vient la dignité (*dignity*) de l'homme?

QUESTIONS GENERALES

1. Décrivez un repas que vous trouveriez succulent.
2. Aimez-vous la musique?
3. Avez-vous beaucoup de disques?
4. Quels sont vos disques préférés?
5. Aimez-vous les danses folkloriques?
6. Si vous aviez le choix, où feriez-vous un séjour?
7. Quel est le meilleur moyen d'apprécier la culture d'un pays?
8. Quand on apprend une langue, qu'est-ce qu'on gagne?

CREATION ET RECREATION

1. Quelques proverbes à apprendre par cœur:

A chaque jour suffit sa peine.
Bien faire et laisser dire.
C'est en forgeant qu'on devient forgeron.
De la discussion jaillit la lumière.
L'enfer est pavé de bonnes intentions.
Les grands diseurs ne sont pas les grands faiseurs.
L'habit ne fait pas le moine.
Il n'est pas de sot métier.
Les jours se suivent et ne se ressemblent pas.
Loin des yeux, loin du cœur.
Mieux vaut tard que jamais.
Ne fais pas à autrui ce que tu ne voudras pas qu'on te fît.
L'oisiveté est la mère de tous les vices.
Paris ne s'est pas fait en un jour.
Rien ne sert de courir, il faut partir à temps.
Le soleil luit pour tout le monde.
Tout vient à point à qui sait attendre.
Vouloir c'est pouvoir.

VOCABULAIRE

suffit	*suffices*
sa peine	*its sorrow, affliction*
en forgeant	*in forging*
forgeron	*blacksmith*

jaillit	*springs*
L'enfer	*hell*
est pavé	*is paved*
diseurs	*talkers*
faiseurs	*doers*
L'habit	*clothes*
le moine	*the monk* (*the man*)
sot	*foolish*
à autrui	*to another*
fît	*do*
L'oisiveté	*idleness*
courir	*to run*
luit	*shines*

Tout vient à point à qui sait attendre. *All things come to him who waits.*

2. A. A quoi servent les proverbes?
   B. Choisissez-en un et discutez-le!

3. Choose one of the proverbs found on the preceding page of this **Chapitre.** Create a story which exemplifies the proverb, saving the proverb for the very last line of your story.

The story may be fabricated or based on a true episode in your life. Read your story to the class. When you arrive at the end, ask your classmates to guess which proverb serves as the moral.

4. Monique et Pierre sont invités par leurs copains à un dîner d'adieu. On discute de la valeur d'avoir été hébergé dans des familles américaines, etc.

OUI NON

Chapitre 24: COUP D'ŒIL

______ ______ 1. The *perfect infinitive* expresses an action in the past which precedes another past action:

Après **s'être levé,** il s'est lavé.

______ ______ 2. The *future perfect* indicates an action which will be performed in the future before another action will take place:

Je l'**aurai déjà fait** quand vous arriverez.

______ ______ 3. The *imperfect subjunctive* is rarely encountered in common speech:

Bien qu'il y **eût** des problèmes, ils se comprirent.

It is used in the subordinate clause when the action occurs *simultaneously* with or *after* the action in a past tense (or a conditional) in the main clause.

______ ______ 4. The **passé antérieur** indicates an action which was performed in the past just before another past action:

Dès qu'il **eut parlé,** nous partîmes.

5. The last tense which you need to identify is the *pluperfect subjunctive*. It is formed by using the

IMPERFECT SUBJUNCTIVE OF THE AUXILIARY	+	PAST PARTICIPLE
tu eusses		**vu . . .**

It is used in the subordinate clause when the action occurs *prior* to the past action in the main clause.
ITS USAGE IN COMMON SPEECH IS EXCEEDINGLY RARE!

Quoique **nous eussions mangé,** nous avions encore faim.
Although we had eaten, we were still hungry.

VOCABULAIRE

Verbes

accueillir
châtier
commenter
communiquer
constater
correspondre (à)
crever° (de)
distraire
divertir
(s') exprimer
forger
goûter
jaillir
luire
profiter
proposer
suffire
tuer

Noms

électrophone (m.)
pick-up (m.)
poste de télé (m.)

auberge (f.)
auberge de jeunesse (f.)
campagne (f.)
mets (m. pl.)
plat (m.)
propriétaire (m.)

ambiguïté (f.)
brièveté (f.)
côté (m.)
danseur (m.)
enfer (m.)
fait (m.)
fanatique (m.)
forgeron (m.)
foyer (m.)
franchise (f.)
frugalité (f.)
habit (m.)
jugement (m.)
moine (m.)
moyen (m.)
oisiveté (f.)
peine (f.)
proverbe (m.)
similitude (f.)
tact (m.)
trait (m.)
valeur (f.)

Adjectifs

académique	**hypocrite**
commun	ordinaire
discret	**profitable**
disponible	savoureux
exquis	situé
fréquenté	succulent
hospitalier	**tolérant**

Pronom

autrui

Adverbes

chaleureusement	**ouvertement**
chaudement	**purement**

Expressions utiles

(un) dîner d'adieu	profiter de la bonne chère
en revanche	réputé pour
faire des progrès	sans équivoque
grâce à	tenir parole
mon vieux!	venir à point

Scénario 24: Dîner d'adieu

QUATRIEME ETAPE

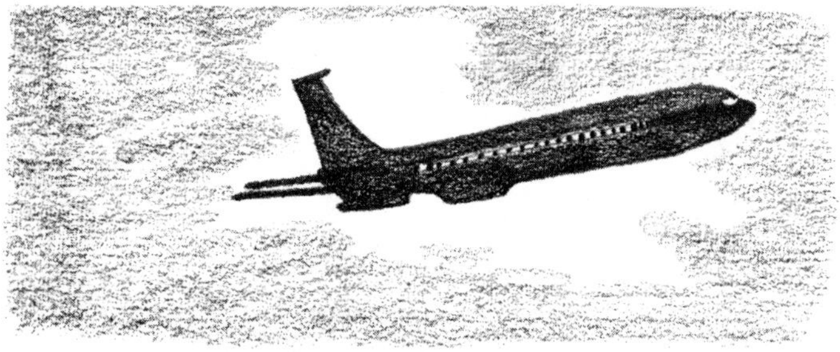

CHAPITRE 25

QUATRIEME REVISION

QUATRIEME REVISION: QUATRIEME ETAPE

Study the pictures on the preceding page. Select one and prepare your own *scénario*, using your imagination. Be as natural as possible. Try to incorporate as many structures as you can in your presentation.

REVISION GENERALE DES CHAPITRES 20 A 24

We have now covered all the important grammatical structures in the French language. In this **révision générale** we shall not only review all the material in the preceding five chapters, we shall also recall some basic points made previously.

I. INDEFINITE ADJECTIVES do not refer to anything in a specific way:

Je vais vous parler de **certaines** choses.
I am going to speak to you about certain things.

II. INDEFINITE PRONOUNS do not refer to anyone or anything in a specific way:

Nul n'est prophète dans son pays.
No one is a prophet in his country.

III. The SUBJUNCTIVE is used as follows:

A. It is used **automatically** after certain set verbal expressions and conjunctions:

Je veux que tu le fasses.
Il faut que tu y ailles.
Il vaut mieux que tu le dises.
Bien qu'il pleuve, il arrivera à l'heure.

These are basic usages and you should master them without difficulty.

Indeed, as you learn how to use the subjunctive you also learn how to avoid it. The verb **devoir** gets you out of many such situations, as does the use of infinitives:

Il faut que vous le fassiez.
or: **Vous devez** le faire.

Also: Do *not* say: **Je** veux que **je** le fasse.
Do say: Je veux le faire.
Do *not* say: **Je** voudrais que **je** sois riche.
Do say: Je voudrais être riche.

B. The tenses of the SUBJUNCTIVE are as follows:

In spoken French there are two possibilities of usage of the subjunctive in *subordinate clauses:*

MAIN CLAUSE	SUBORDINATE CLAUSE
1. Je suis heureux	que vous y alliez.
2. Je serai heureux	que vous y alliez.
3. Je serais heureux	que vous y alliez.

The action in the subordinate clause occurs at the same time as the action in the main clause or in the future:

1. *I am happy*	*that you are going there.*
I am happy	*that you will go there.*
2. *I will be happy*	*that you go there.*
3. *I would be happy*	*that you go there* (*were you to go there*).

In the cases where the action is in the past in the subordinate clause or occurs simultaneously in the past with the action in the main clause, use the perfect subjunctive:

Je suis heureux	que vous y soyez allé.
I am happy	*that you went there.*
J'étais heureux	que vous y soyez allé.
I was happy	*that you went there.*
I was happy	*that you had gone there.*

C. The ethical **ne** occurs after certain verbs and certain conjunctions:

J'ai peur que vous **n'y** alliez.
Je ne doute pas que vous **n'**y alliez.
A moins qu'il **ne** pleuve, nous partirons.

IV. Rire (*to laugh*) is an irregular verb:

je ris	nous rions
tu ris	vous riez
il rit	ils rient

V. Plaire (*to please*) is an irregular verb:

je plais	nous plaisons
tu plais	vous plaisez
il plaît	ils plaisent

VI. Ouvrir (*to open*) is an irregular verb:

j'ouvre	nous ouvrons
tu ouvres	vous ouvrez
il ouvre	ils ouvrent

VII. The PASSE SIMPLE is a literary tense. You are expected to recognize it when you encounter it in literature or in oratory:

Il eut la réponse.

VIII. NEGATIONS: There is a relationship between the use of negations with a conjugated verb form and with an infinitive:

A. Je **ne** le fais **pas.**
Je **ne** l'ai **pas** fait.
Il m'a dit de **ne pas** le faire.

Thus, all negations of the type **ne . . . pas,** behave similarly:

ne . . . plus
ne . . . jamais
ne . . . rien
ne . . . guère

B. The type **ne . . . que** has a different set of relationships:

Je **ne** bois **que** du vin.
Je **n'**ai **bu** que du vin.
Il m'a dit de **ne** boire **que** du vin.

Similar in usage to **ne . . . que** are:

ne . . . personne
ne . . . ni . . . ni
ne . . . aucun
ne . . . nul

IX. NUMBERS: We saw the ***cardinal*** numbers: **un, deux, trois . . .**
We saw the ***ordinal*** numbers: **premier, deuxième, troisième . . .**

The addition of the suffix **-aine** to certain *cardinal* numbers renders those numbers approximations:

Une **dizaine** d'étudiants sont partis.

However, ***specificity*** may also be indicated by some of these forms:

Elle a acheté une **douzaine** d'œufs.

X. The PASSIVE VOICE: The *passive voice* may be considered the third type of verb in French to take **être** as an auxiliary verb in compound tenses. Thus, the three types or categories of verbs requiring **être** as an auxiliary to form past compound tenses are:

A. **Intransitive verbs of motion** not showing how action was performed (see verbs associated with **Chez Mme Etre**):

Elle est arrivée à dix heures.

B. **Pronominal verbs:**

> **Il s'est levé** de bonne heure.

C. **Passive voice:**

> **Elle est aimée** de tous les étudiants.

To form the passive voice use the past participle of any *transitive* verb with any tense of the verb **être:**

> **Elle est flattée** des étudiants.
> **Elle a été flattée** des étudiants.
> **Elle fut flattée** des étudiants.
> **Elle était flattée** des étudiants.
> **Elle sera flattée** des étudiants.
> **Elle serait flattée** des étudiants.
> Il ne veut pas qu'**elle soit flattée** des étudiants.

XI. The PLUPERFECT TENSE indicates an action which precedes another past action:

> **Nous avions déjà fini** le travail quand vous êtes arrivé.

XII. The PAST CONDITIONAL is used in contrary-to-fact hypotheses:

> Si elle avait été là, **tu ne l'aurais pas fait.**

XIII. The PRESENT PARTICIPLE has the following usages:

A. To show that an action either immediately precedes or follows another:

> Elle est sortie, **laissant** la porte ouverte.
> **Sachant** qu'elle était sortie, j'ai fermé la porte.

B. Together with the preposition **en,** to indicate that two actions are occurring simultaneously:

> Ils travaillaient **en chantant.**

C. **En** is the only preposition in French that is not followed by an infinitive form. **Tout** may be added before **en** to stress either the continuity of the action or the simultaneity of the two actions:

> Ils travaillaient **tout en chantant.**

D. As we saw much earlier, the participial forms (*present* or *past*) may also be used as *adjectives*—in which cases they show agreement in gender and number with the nouns they modify:

> J'ai acheté des **livres intéressants.**
> Elle nous a raconté des **histoires amusantes.**
> C'est un **monsieur distingué.**

XIV. The PERFECT INFINITIVE expresses a past action preceding another action in the past:

Après avoir fini le travail, nous sommes partis.

XV. The FUTURE PERFECT expresses past action in the future:

Tu l'auras fini quand nous arriverons.

XVI. The IMPERFECT SUBJUNCTIVE, like the **passé simple** is a literary tense whose forms you should be able to recognize.

Il aurait voulu qu'**elle le fît.**

There is also a PLUPERFECT SUBJUNCTIVE. It, too, is a literary tense. Its use in spoken French is exceedingly rare:

Il doutait que **je fusse parti.**

Like the pluperfect, it represents a past time which precedes another past action.

XVII. Like the pluperfect, the PASSE ANTERIEUR is a tense which indicates that one action preceded another:

Quand elle eut fini, nous partîmes.

XVIII. **Faire** may be used with an *infinitive* to show an action which one causes to be performed:

Je fais construire la maison.

In the past compound tenses the verb **faire** *never shows agreement* with a preceding direct object:

Je l'ai fait construire.

XIX. VERBS OF PERCEPTION also take infinitives without prepositional links:

Je vois venir les enfants.

Unlike the causative **faire,** verbs of perception *show agreement* with preceding direct objects:

Je **les** ai **vus** venir.

This agreement shows that *the subject of the infinitive* is also *the object of the verb of perception.*

XX. The PERFECT PARTICIPLE is another way of showing that one action has been clearly accomplished before another action occurred:

Ayant fait le travail, elle est sortie.

Exercices de transformation

Indefinite Articles, Adjectives and Pronouns

Modèle: Elle a vu *ces* boutiques. (*certaines*)
Elle a vu certaines boutiques.

1. Elle a vu *ses* amies.
   (*certaines, des, ces, quelques, plusieurs, ses*)
2. Elle a vu *ces* boutiques.
   (*certaines, quelques, des, plusieurs, ces*)
3. *Chacun* le fera.
   (*Quelqu'un, On, N'importe qui, Chacune, Quiconque, Chacun*)

The Subjunctive

Modèle: Il veut que vous le *fassiez*. (*choisir*)
Il veut que vous le choisissiez.

1. Il veut que vous le *choisissiez.*
   (*savoir, finir, prendre, manger, se couvrir, mettre, conduire, faire*)
2. *Afin que* vous le sachiez, je vous téléphonerai.
   (*Pour que, Quoique, Bien que, Avant que, A moins que, Sans que, Afin que*)
3. Je craindrai que vous ne le *disiez.*
   (*faire, lire, se lever, permettre, écrire, ouvrir, fermer, dire*)
4. Je ne doute pas qu'il ne *vienne.*
   (*partir, mentir, sortir, dormir, s'asseoir, se coucher, plaire, rire, venir*)
5. Elle est heureuse que nous l'ayons *fait.*
   (*dire, partir, mettre, descendre, monter, choisir, recevoir, lire, faire*)

Mixed: Subjunctive and Indicative

Modèle: Il est possible que vous le fassiez. (*Il est impossible*)
Il est impossible que vous le fassiez.

1. *Il est impossible* que vous le fassiez.
   (*Il est possible, Il semble, Il est juste, Il est naturel, Il est impossible*)
2. *Il est probable* qu'il pleut.
   (*Il est sûr, Il est évident, Il me semble, Il est certain, Il paraît, Il est probable*)
3. *Il est probable* que le garçon arrivera plus tard.
   (*Il est impossible, Il me semble, Il est juste, Il semble, Il est naturel, Il est sûr, Il est évident, Il est certain, Il paraît, Il est probable*)

Passé Composé

Convert the following verbs to the **passé composé** (books open for this drill):

A.	B.
Ils parlèrent à leurs amis.	Vous pûtes le faire.
Tu finis le devoir.	Vous vîntes me le dire.
Vous répondîtes à la femme.	Il eut la réponse.
Tu fis cela toi-même?	Nous craignîmes de le voir.
Nous sûmes conduire.	Vous vîtes l'horizon.
Tu bus le vin.	Ils dirent la vérité.
Ils le crurent.	Nous mîmes le livre là.

Negations

Modèle: Je bois du vin. (*ne . . . que*)
Je ne bois que du vin.

Il *ne* boit *que* du lait.
(*ne . . . jamais*, *ne . . . pas*, *ne . . . plus*, *ne . . . guère*)

Modèle: Il nous a dit de parler aux étudiants. (*ne . . . pas*)
Il nous a dit de ne pas parler aux étudiants.

Il nous a dit de parler aux professeurs.
(*ne . . . que*, *ne . . . jamais*, *ne . . . personne*, *ne . . . plus*)

Numbers

Modèle: J'ai environ dix livres.
J'ai une dizaine de livres.

1. Il vient dans une semaine.
2. J'ai douze œufs.
3. Il y a à peu près vingt étudiants dans la classe.
4. Nous avons environ cent francs.
5. Je serai de retour dans deux semaines.
6. Vous avez à peu près trente dollars.

The Passive Voice

Modèle: Les enfants regardent la télévision.
La télévision est regardée par les enfants.

1. Les spectateurs aiment cette actrice.
2. Les étudiants applaudissaient le conférencier.
3. Henry a envoyé le télégramme.
4. Le peuple avait construit la cathédrale.
5. Les étudiants auront lu le livre.
6. Les agents de police ouvriront les bagages.

The Perfect Subjunctive

Modèle: Elle aurait voulu qu'il l'ait fait. (*vendre*)
Elle aurait voulu qu'il l'ait vendu.

Elle aurait voulu qu'il l'ait *vendu.*
(*connaître*, *savoir*, *dire*, *pouvoir*, *vouloir*, *croire*, *mettre*, *ouvrir*, *tenir*, *vendre*)

Modèle: Elle doutait qu'il soit resté. (*venir*)
Elle doutait qu'il soit venu.

Elle doutait qu'il soit *venu.*
(*tomber*, *rentrer*, *sortir*, *naître*, *s'endormir*, *se réveiller*, *se laver*, *s'habiller*, *revenir*, *rester*)

The Pluperfect

Modèle: Quand vous êtes arrivé, nous étions déjà partis. (*téléphoner*)
Quand vous êtes arrivé, nous avions déjà téléphoné.

Quand vous êtes arrivé, nous avions déjà *téléphoné.*
(*finir*, *monter*, *s'habiller*, *boire*, *descendre*, *dormir*, *allumer*, *comprendre*, *partir*)

The Past Conditional

Modèle: Si nous avions eu le temps, nous l'aurions lu. (*finir*)
Si nous avions eu le temps, nous l'aurions fini.

Si nous avions eu le temps, nous l'aurions *fini.*
(*conduire*, *payer*, *offrir*, *boire*, *omettre*, *organiser*, *surprendre*, *construire*, *lire*)

Participles

Modèle: Elle est sortie. Elle a pleuré.
En sortant, elle a pleuré.

1. Elle est entrée dans la pièce. Elle a vu le monsieur.
2. Elle est passée devant la maison. Elle a vu la fenêtre ouverte.
3. Ils ont monté le Boulevard St. Michel. Ils sont parvenus à la Sorbonne.
4. Ils ont visité le Louvre. Ils ont vu «La Joconde».
5. Elle est partie. Elle a pleuré.

Faire + Infinitive

Modèle: Je fais faire le costume.
Je le fais faire.

1. Il s'est fait couper les cheveux.
2. Elles se font construire la piscine.
3. Nous faisons vérifier les bagages.
4. Le professeur fera étudier les verbes actifs.
5. J'ai fait écrire des pièces de théâtre.

Verbs of Perception

Modèle: J'ai laissé tomber l'assiette.
Je l'ai laissée tomber.

1. Nous avons regardé marcher les soldats.
2. J'ai entendu chanter la célèbre actrice.
3. Il a écouté parler ses copains.
4. J'ai senti sa main me toucher.
5. Elle a vu jouer les enfants.

The Perfect Infinitive

Modèle: Nous avons fini le travail, puis nous sommes rentrés.
Après avoir fini le travail, nous sommes rentrés.

1. Nous avons dîné, puis nous avons dansé.
2. Il est arrivé, puis il a ouvert ses bagages.
3. J'ai lu le livre, puis j'ai compris le message de l'auteur.
4. Elle s'est levée, puis elle a fait sa toilette.
5. Elle est montée, puis elle s'est couchée.

The Future Perfect

Modèle: Tu l'auras fait quand je te verrai. (*finir*)
Tu l'auras fini quand je te verrai.

Tu l'auras *fini* quand je te verrai.
(*dire*, *commencer*, *conduire*, *mettre*, *arrêter*, *apporter*, *essayer*, *faire*)

Passé antérieur

Modèle: Quand vous fûtes arrivé, nous commençâmes. (*manger*)
Quand vous eûtes mangé, nous commençâmes.

Quand vous eûtes *mangé*, nous commençâmes.
(*téléphoner*, *boire*, *allumer*, *comprendre*, *descendre*, *finir*, *partir*, *arriver*)

PAS A PAS

TO THE STUDENT: Keep your books opened on this page. Your teacher will describe one picture out of the four depicted. He or she will pause periodically to give you a chance to choose the picture you believe is being described.

A

B

C

D

CREATION ET RECREATION

1. Monique est de retour en France et parle de son «expérience américaine» à ses amis. Elle essaie de leur expliquer comment la connaissance des gens dans leurs pays élimine beaucoup de préjugés (*prejudices*), etc.

2. Comment peut-on distinguer entre la culture et la civilisation d'un pays? On peut dire tout simplement que la civilisation décrit des faits (côté historique) et que la culture offre un jugement de valeur.

A. Si cela est vrai, comment peut-on parler de la voiture dans la civilisation américaine?

B. Commentez les généralisations suivantes:
   a. Le Français aime la bonne cuisine.
   b. Le Français aime serrer la main d'un ami quand il le rencontre.
   c. La frugalité est un des traits principaux du caractère français.
   d. Le Français aime s'asseoir à la terrasse d'un café.
   e. Le Français n'est pas fanatique.

C. Discutez des dangers des généralisations exagérées en donnant des exemples de quelques-unes propres aux Etats-Unis.

APPENDICES

APPENDICE I — LISTE DES VERBES SUIVIS D'UN INFINITIF AVEC OU SANS PREPOSITION

1. PAS DE PREPOSITION

aimer *to like, love*
aller *to go*
compter *to count (on)*
croire *to believe*
désirer *to wish*
détester *to dislike*
devoir *to be supposed to*
espérer *to hope*
faire *to make, do*
falloir *to have to*
laisser *to let, leave*
penser *to think*
pouvoir *to be able*
préférer *to prefer*
se rappeler *to recall*
savoir *to know*
valoir (mieux) *to be better*
venir *to come*
voir *to see*
vouloir *to want*

2. VERBES SUIVIS DE LA PREPOSITION de + INFINITIF

accepter *to accept*
avoir besoin *to need*
avoir envie *to feel like*
avoir l'air *to seem*
avoir la patience *to be patient*
avoir l'habitude *to be accustomed to*
avoir l'intention *to intend to*
avoir peur *to be afraid of*
choisir *to choose*
craindre *to fear*
décider *to decide*
demander (à une personne) *to ask*
dire (à une personne) *to say*
se dépêcher *to hurry*
essayer *to try*
finir *to finish*
oublier *to forget*
permettre (à une personne) *to allow*
promettre (à une personne) *to promise*
prier (une personne) *to beg, ask*
refuser *to refuse*
regretter *to regret*
rêver *to dream*
venir *to have just*
il s'agit *it is a question of*

3. VERBES SUIVIS DE LA PREPOSITION à + INFINITIF

aider *to help*
apprendre *to learn*
arriver *to succeed*
avoir *to have to*
commencer *to begin*
continuer *to continue, go on*
s'habituer *to get used to*
hésiter *to hesitate*
se mettre *to begin*
penser *to think of (doing something)*
s'attendre *to expect (something)*
réussir *to succeed in*

4. VERBES INTRANSITIFS EN FRANÇAIS, MAIS TRANSITIFS EN ANGLAIS

entrer dans *to enter*
discuter de *to discuss*
plaîre à *to please (someone)*
obéir à *to obey*
répondre à *to answer*
se souvenir de *to remember*
téléphoner à *to telephone*

5. VERBES TRANSITIFS EN FRANÇAIS, MAIS INTRANSITIFS EN ANGLAIS

attendre *to wait for*
chercher *to look for, search*
demander *to ask for*
écouter *to listen to*
payer *to pay for*
regarder *to look at*

6. VERBES: penser à/penser de; parler à/parler de

penser à *to think about*
penser de *to think about (of) in a question*
parler à *to speak to*
parler de *to speak about*

APPENDICE II CONJUGATION OF REGULAR VERBS

SIMPLE TENSES

	Type ending **-er**	Type ending **-ir**	Type ending **-re**
Infinitive	parler	finir	vendre
Participles:			
Past	parl**é**	fin**i**	vend**u**
Present	parl**ant**	finiss**ant**	vend**ant**
Present Indicative	je parl**e** tu parl**es** il parl**e** nous parl**ons** vous parl**ez** ils parl**ent**	je fin**is** tu fin**is** il fin**it** nous fin**issons** vous fin**issez** ils fin**issent**	je vend**s** tu vend**s** il vend nous vend**ons** vous vend**ez** ils vend**ent**
Imperfect Indicative	je parl**ais** tu parl**ais** il parl**ait** nous parl**ions** vous parl**iez** ils parl**aient**	je finiss**ais** tu finiss**ais** il finiss**ait** nous finiss**ions** vous finiss**iez** ils finiss**aient**	je vend**ais** tu vend**ais** il vend**ait** nous vend**ions** vous vend**iez** ils vend**aient**
Passé Simple	je parl**ai** tu parl**as** il parl**a** nous parl**âmes** vous parl**âtes** ils parl**èrent**	je fin**is** tu fin**is** il fin**it** nous fin**îmes** vous fin**îtes** ils fin**irent**	je vend**is** tu vend**is** il vend**it** nous vend**îmes** vous vend**îtes** ils vend**irent**
Imperative	parl**e** parl**ons** parl**ez**	fin**is** fin**issons** fin**issez**	vend**s** vend**ons** vend**ez**
Future	je parler**ai** tu parler**as** il parler**a** nous parler**ons** vous parler**ez** ils parler**ont**	je finir**ai** tu finir**as** il finir**a** nous finir**ons** vous finir**ez** ils finir**ont**	je vendr**ai** tu vendr**as** il vendr**a** nous vendr**ons** vous vendr**ez** ils vendr**ont**

Conditional	je parler**ais**	je finir**ais**	je vendr**ais**
	tu parler**ais**	tu finir**ais**	tu vendr**ais**
	il parler**ait**	il finir**ait**	il vendr**ait**
	nous parler**ions**	nous finir**ions**	nous vendr**ions**
	vous parler**iez**	vous finir**iez**	vous vendr**iez**
	ils parler**aient**	ils finir**aient**	ils vendr**aient**
Present Subjunctive	je parl**e**	je finiss**e**	je vend**e**
	tu parl**es**	tu finiss**es**	tu vend**es**
	il parl**e**	il finiss**e**	il vend**e**
	nous parl**ions**	nous finiss**ions**	nous vend**ions**
	vous parl**iez**	vous finiss**iez**	vous vend**iez**
	ils parl**ent**	ils finiss**ent**	ils vend**ent**
Imperfect Subjunctive	je parla**sse**	je fini**sse**	je vendi**sse**
	tu parla**sses**	tu fini**sses**	tu vendi**sses**
	il parlâ**t**	il finî**t**	il vendî**t**
	nous parla**ssions**	nous fini**ssions**	nous vendi**ssions**
	vous parla**ssiez**	vous fini**ssiez**	vous vendi**ssiez**
	ils parla**ssent**	ils fini**ssent**	ils vendi**ssent**

COMPOUND TENSES

Perfect Participle	ayant parlé	ayant fini	ayant vendu
Passé Composé	j'ai parlé	j'ai fini	j'ai vendu
	tu as parlé	tu as fini	tu as vendu
	il a parlé	il a fini	il a vendu
	nous avons parlé	nous avons fini	vous avons vendu
	vous avez parlé	vous avez fini	vous avez vendu
	ils ont parlé	ils ont fini	ils ont vendu
Pluperfect	j'avais parlé	j'avais fini	j'avais vendu
	tu avais parlé	tu avais fini	tu avais vendu
	il avait parlé	il avait fini	il avait vendu
	nous avions parlé	nous avions fini	nous avions vendu
	vous aviez parlé	vous aviez fini	vous aviez vendu
	ils avaient parlé	ils avaient fini	ils avaient vendu
Future Perfect	j'aurai parlé	j'aurai fini	j'aurai vendu
	tu auras parlé	tu auras fini	tu auras vendu
	il aura parlé	il aura fini	il aura vendu
	nous aurons parlé	nous aurons fini	nous aurons vendu
	vous aurez parlé	vous aurez fini	vous aurez vendu
	ils auront parlé	ils auront fini	ils auront vendu

Conditional Perfect	j'aurais parlé	j'aurais fini	j'aurais vendu
	tu aurais parlé	tu aurais fini	tu aurais vendu
	il aurait parlé	il aurait fini	il aurait vendu
	nous aurions parlé	nous aurions fini	nous aurions vendu
	vous auriez parlé	vous auriez fini	vous auriez vendu
	ils auraient parlé	ils auraient fini	ils auraient vendu
Perfect Subjunctive	j'aie parlé	j'aie fini	j'aie vendu
	tu aies parlé	tu aies fini	tu aies vendu
	il ait parlé	il ait fini	il ait vendu
	nous ayons parlé	nous ayons fini	nous ayons vendu
	vous ayez parlé	vous ayez fini	vous ayez vendu
	ils aient parlé	ils aient fini	ils aient vendu
Past Anterior	j'eus parlé	j'eus fini	j'eus vendu
	tu eus parlé	tu eus fini	tu eus vendu
	il eut parlé	il eut fini	il eut vendu
	nous eûmes parlé	nous eumes fini	nous eûmes vendu
	vous eûtes parlé	vous eûtes fini	vous eûtes vendu
	ils eurent parlé	ils eurent fini	ils eurent vendu

CONJUGATION OF REGULAR -ER VERBS WITH STEM SPELLING CHANGES

1. Note that pronoun subjects are not shown below.

2. For formation of compound tenses see models under **parler, finir, vendre.**

3. The auxiliary verb for each verb is shown in parentheses.

4. Abbreviations used:

Present	*Pres.*
Participle	*Part.*
Imperfect	*Impf.*
Present Subjunctive	*Pres. subj.*
Imperative	*Impve.*
Future	*Fut.*
Conditional	*Cond.*
Passé simple	*P. simp.*
Imperfect Subjunctive	*Impf. subj.*

1. **commencer** = *to begin* (avoir)

Pres.: commence, commences, commence, commençons, commencez, commencent
Part.: *past:* commencé; *pres.:* commençant
Impf.: commençais, commençais, commençait, commencions, commenciez, commençaient
Pres. subj.: commence, commences, commence, commencions, commenciez, commencent
Impve.: commence, commençons, commencez
Fut.: commencerai, commenceras, commencera, commencerons, commencerez, commenceront
Cond.: commencerais, commencerais, commencerait, commencerions, commenceriez, commenceraient
P. simp.: commençai, commenças, commença, commençâmes, commençâtes, commencèrent
Impf. subj.: commençasse, commençasses, commençât, commençassions, commençassiez, commençassent

Verbs like **commencer: prononcer, remplacer**

2. **voyager** = *to travel* (avoir)

Pres.: voyage, voyages, voyage, voyageons, voyagez, voyagent
Part.: *past:* voyagé; *pres.:* voyageant
Impf.: voyageais, voyageais, voyageait, voyagions, voyagiez, voyageaient
Pres. subj.: voyage, voyages, voyage, voyagions, voyagiez, voyagent
Impve.: voyage, voyageons, voyagez
Fut.: voyagerai, voyageras, voyagera, voyagerons, voyagerez, voyageront
Cond.: voyagerais, voyagerais, voyagerait, voyagerions, voyageriez, voyageraient
P. simp.: voyageai, voyageas, voyagea, voyageâmes, voyageâtes, voyagèrent
Impf. subj.: voyageasse, voyageasses, voyageât, voyageassions, voyageassent

Verbs like **voyager: changer, manger, nager, neiger, obliger, partager**

3. **jeter** = *to throw away* (avoir)

Pres.: jette, jettes, jette, jetons, jetez, jettent
Part.: *past:* jeté; *pres.:* jetant
Impf.: jetais, jetais, jetait, jetions, jetiez, jetaient
Pres. subj.: jette, jettes, jette, jetions, jetiez, jettent
Impve.: jette, jetons, jetez
Fut.: jetterai, jetteras, jettera, jetterons, jetterez, jetteront
Cond.: jetterais, jetterais, jetterait, jetterions, jetteriez, jetteraient
P. simp.: jetai, jetas, jeta, jetâmes, jetâtes, jetèrent
Impf. sub.: jetasse, jetasses, jetât, jetassions, jetassiez, jetassent

Verbs like **jeter: appeler, épeler, (se) rappeler**

4. **essayer** = *to try* (avoir)

Pres.: essaie, essaies, essaie, essayons, essayez, essaient
Part.: past: essayé; *pres.:* essayant
Impf.: essayais, essayais, essayait, essayions, essayiez, essayaient
Pres. subj.: essaie, essaies, essaie, essayions, essayiez, essaient
Impve.: essaie, essayons, essayez
Fut.: essaierai, essaieras, essaiera, essaierons, essaierez, essaieront
Cond.: essaierais, essaierais, essaierait, essaierions, essaieriez, essaieraient
P. simp.: essayai, essayas, essaya, essayâmes, essayâtes, essayèrent
Imp. subj.: essayasse, essayasses, essayât, essayassions, essayassiez, essayassent

Verbs like **essayer: employer, payer**

5. **acheter** = *to buy* (avoir)

Pres.: achète, achètes, achète, achetons, achetez, achètent
Part.: past: acheté; *pres.:* achetant
Impf.: achetais, achetais, achetait, achetions, achetiez, achetaient
Pres. subj.: achète, achètes, achète, achetions, achetiez, achètent
Impve.: achète, achetons, achetez
Fut.: achèterai, achèteras, achètera, achèterons, achèterez, achèteront
Cond.: achèterais, achèterais, achèterait, achèterions, achèteriez, achèteraient
P. simp.: achetai, achetas, acheta, achetâmes, achetâtes, achetèrent
Impf. subj.: achetasse, achetasses, achetât, achetassions, achetassiez, achetassent

Verbs like **acheter: amener,** (se) **lever,** (se) **promener**

6. **préférer** = *to prefer* (avoir)

Pres.: préfère, préfères, préfère, préférons, préférez, préfèrent
Part.: past: préféré; *pres.:* préférant
Impf.: préférais, préférais, préférait, préférions, préfériez, préféraient
Pres. subj.: préfère, préfères, préfère, préférions, préfériez, préfèrent
Impve.: préfère, préférons, préférez
Fut.: préférerai, préféreras, préférera, préférerons, préférerez, préféreront
Cond.: préférerais, préférerais, préférerait, préférerions, préféreriez, préféreraient
P. simp.: préférai, préféras, préféra, préférâmes, préférâtes, préférèrent.
Impf. subj.: préférasse, préférasses, préférât, préférassions, préférassiez, préférassent

Verbs like **préférer: célébrer, espérer,** (s')**inquiéter, répéter**

CONJUGATION OF IRREGULAR VERBS

1. **avoir** = *to have* (avoir)

Pres.: ai, as, a, avons, avez, ont
Part.: *past:* eu; *pres.:* ayant
Impf.: avais, avais, avait, avions, aviez, avaient
Pres. subj.: aie, aies, ait, ayons, ayez, aient
Impve.: aie, ayons, ayez
Fut.: aurai, auras, aura, auront, aurez, auront
Cond.: aurais, aurais, aurait, aurions, auriez, auraient
P. simp.: eus, eus, eut, eûmes, eûtes, eurent
Impf. subj.: eusse, eusses, eût, eussions, eussiez, eussent

2. **être** = *to be* (avoir)

Pres.: suis, es, est, sommes, êtes, sont
Part.: *past:* été; *pres.:* étant
Impf.: étais, étais, était, étions, étiez, étaient
Pres. subj.: sois, sois, soit, soyons, soyez, soient
Impve.: sois, soyons, soyez
Fut.: serai, seras, sera, serons, serez, seront
Cond.: serais, serais, serait, serions, seriez, seraient
P. simp.: fus, fus, fut, fûmes, fûtes, furent
Impf. subj.: fusse, fusses, fût, fussions, fussiez, fussent

3. **aller** = *to go* (être)

Pres.: vais, vas, va, allons, allez, vont
Part.: *past:* allé; *pres.:* allant
Impf.: allais, allais, allait, allions, alliez, allaient
Pres. subj.: aille, ailles, aille, allions, alliez, aillent
Impve.: va, allons, allez
Fut.: irai, iras, ira, irons, irez, iront
Cond.: irais, irais, irait, irions, iriez, iraient
P. simp.: allai, allas, alla, allâmes, allâtes, allèrent
Impf. subj.: allasse, allasses, allât, allassions, allassiez, allassent

4. **battre** = *to beat* (avoir)

Pres.: bats, bats, bat, battons, battez, battent
Part.: *past:* battu; *pres.:* battant
Impf.: battais, battais, battait, battions, battiez, battaient
Pres. subj.: batte, battes, batte, battions, battiez, battent
Impve.: bats, battons, battez
Fut.: battrai, battras, battra, battrons, battrez, battront
Cond.: battrais, battrais, battrait, battrions, battriez, battraient
P. simp.: battis, battis, battit, battîmes, battîtes, battirent
Impf. subj.: battisse, battisses, battît, battissions, battissiez, battissent

Verbs like **battre: abattre, combattre, se battre**

5. **boire** = *to drink* (avoir)

Pres.: bois, bois, boit, buvons, buvez, boivent
Part.: *past:* bu; *pres.:* buvant
Impf.: buvais, buvais, buvait, buvions, buviez, buvaient
Pres. subj.: boive, boives, boive, buvions, buviez, boivent
Impve.: bois, buvons, buvez
Fut.: boirai, boiras, boira, boirons, boirez, boiront
Cond.: boirais, boirais, boirait, boirions, boiriez, boiraient
P. simp.: bus, bus, but, bûmes, bûtes, burent
Impf. subj.: busse, busses, bût, bussions, bussiez, bussent

6. **conduire** = *to drive* (avoir)

Pres.: conduis, conduis, conduit, conduisons, conduisez, conduisent
Part.: *past:* conduit; *pres.:* conduisant
Impf.: conduisais, conduisais, conduisait, conduisions, conduisiez, conduisaient
Pres. subj.: conduise, conduises, conduise, conduisions, conduisiez, conduisent
Impve.: conduis, conduisons, conduisez
Fut.: conduirai, conduiras, conduira, conduirons, conduirez, conduiront
Cond.: conduirais, conduirais, conduirait, conduirions, conduiriez, conduiraient
P. simp.: conduisis, conduisis, conduisit, conduisîmes, conduisîtes, conduisirent
Impf. subj.: conduisisse, conduisisses, conduisît, conduisissions, conduisissiez, conduisissent

7. **connaître** = *to know, to be aware of* (avoir)

Pres.: connais, connais, connaît, connaissons, connaissez, connaissent
Part.: past: connu; *pres.:* connaissant
Impf.: connaissais, connaissais, connaissait, connaissions, connaissiez, connaissent
Pres. subj.: connaisse, connaisses, connaisse, connaissions, connaissiez, connaissent
Impve.: connais, connaissons, connaissez
Fut.: connaîtrai, connaîtras, connaîtra, connaîtrons, connaîtrez, connaîtront
Cond.: connaîtrais, connaîtrais, connaîtrait, connaîtrions, connaîtriez, connaîtraient
P. simp.: connus, connus, connut, connûmes, connûtes, connurent
Impf. subj.: connusse, connusses, connût, connussions, connussiez, connussent

Verb like **connaître: reconnaître**

8. **craindre** = *to fear* (avoir)

Pres.: crains, crains, craint, craignons, craignez, craignent
Part.: past: craint; *pres.:* craignant
Impf.: craignais, craignais, craignait, craignions, craigniez, craignaient
Pres. subj.: craigne, craignes, craigne, craignions, craigniez, craignent
Impve.: crains, craignons, craignez
Fut.: craindrai, craindras, craindra, craindrons, craindrez, craindront
Cond.: craindrais, craindrais, craindrait, craindrions, craindriez, craindraient
P. simp.: craignis, craignis, craignit, craignîmes, craignîtes, craignirent
Impf. subj.: craignisse, craignisses, craignît, craignissions, craignissiez, craignissent

Verbs like **craindre: éteindre, joindre, plaindre, se plaindre**

9. **croire** = *to believe* (avoir)

Pres.: crois, crois, croit, croyons, croyez, croient
Part.: past: cru; *pres.:* croyant
Impf.: croyais, croyais, croyait, croyions, croyiez, croyaient
Pres. subj.: croie, croies, croie, croyions, croyiez, croient
Impve.: crois, croyons, croyez
Fut.: croirai, croiras, croira, croirons, croirez, croiront
Cond.: croirais, croirais, croirait, croirions, croiriez, croiraient
P. simp.: crus, crus, crut, crûmes, crûtes, crurent
Impf. subj.: crusse, crusses, crût, crussions, crussiez, crussent

10. **devoir** = *to owe, to ought to* (*must*), (avoir)

Pres.: dois, dois, doit, devons, devez, doivent
Part.: *past:* dû; *pres.:* devant
Impf.: devais, devais, devait, devions, deviez, devaient
Pres. subj.: doive, doives, doive, devions, deviez, doivent
Impve.: —
Fut.: devrai, devras, devra, devrons, devrez, devront
Cond.: devrais, devrais, devrait, devrions, devriez, devraient
P. simp.: dus, dus, dut, dûmes, dûtes, durent
Impf. subj.: dusse, dusses, dût, dussions, dussiez, dussent

Verbs like **devoir: apercevoir, s'apercevoir, recevoir**

11. **dire** = *to say, to tell* (avoir)

Pres.: dis, dis, dit, disons, dites, disent
Part.: *past.:* dit; *pres.:* disant
Impf.: disais, disais, disait, disions, disiez, disaient
Pres. subj.: dise, dises, dise, disions, disiez, disent
Impve.: dis, disons, dites
Fut.: dirai, diras, dira, dirons, direz, diront
Cond.: dirais, dirais, dirait, dirions, diriez, diraient
P. simp.: dis, dis, dit, dîmes, dîtes, dirent
Impf. subj.: disse, disses, dît, dissions, dissiez, dissent

12. **dormir** = *to sleep* (avoir)

Pres.: dors, dors, dort, dormons, dormez, dorment
Part.: *past:* dormi; *pres.:* dormant
Impf.: dormais, dormais, dormait, dormions, dormiez, dormaient
Pres. subj.: dorme, dormes, dorme, dormions, dormiez, dorment
Impve.: dors, dormons, dormez
Fut.: dormirai, dormiras, dormira, dormirons, dormirez, dormiront
Cond.: dormirais, dormirais, dormirait, dormirions, dormiriez, dormiraient
P. simp.: dormis, dormis, dormit, dormîmes, dormîtes, dormirent
Impf. subj.: dormisse, dormisses, dormît, dormissions, dormissiez, dormissent

Verbs like **dormir: mentir, sentir, servir** (avoir) and **partir, sortir** (être)

13. **écrire** = *to write* (avoir)

Pres.: écris, écris, écrit, écrivons, écrivez, écrivent
Part.: *past:* écrit; *pres.:* écrivant
Impf. écrivais, écrivais, écrivait, écrivions, écriviez, écrivaient
Pres. subj.: écrive, écrives, écrive, écrivions, écriviez, écrivent
Impve.: écris, écrivons, écrivez
Fut.: écrirai, écriras, écrira, écrirons, écrirez, écriront
Cond.: écrirais, écrirais, écrirait, écririons, écririez, écriraient
P. simp.: écrivis, écrivis, écrivit, écrivîmes, écrivîtes, écrivirent
Impf. subj.: écrivisse, écrivisses, écrivît, écrivissions, écrivissiez, écrivissent

Verb like **écrire: décrire**

14. **faire** = *to do, to make* (avoir)

Pres.; fais, fais, fait, faisons, faites, font
Part.: *past:* fait; *pres.:* faisant
Impf.: faisais, faisais, faisait, faisions, faisiez, faisaient
Pres. subj.: fasse, fasses, fasse, fassions, fassiez, fassent
Impve.: fais, faisons, faites
Fut.: ferai, feras, fera, ferons, ferez, feront
Cond.: ferais, ferais, ferait, ferions, feriez, feraient
P. simp.: fis, fis, fit, fîmes, fîtes, firent
Impf. subj.: fisse, fisses, fît, fissions, fissiez, fissent

15. **falloir** = *must, to be necessary* (avoir); with impersonal subject pronoun

Pres.: il faut
Part.: *past:* fallu;
Impf.: il fallait
Pres. subj.: il faille
Impve. —
Fut.: il faudra
Cond.: il faudrait
P. simp.: il fallut
Impf. subj.: il fallût

16. **lire** = *to read* (avoir)

Pres.: lis, lis, lit, lisons, lisez, lisent
Part.: *past:* lu; *pres.:* lisant
Impf.: lisais, lisais, lisait, lisions, lisiez, lisaient
Pres. subj.: lise, lises, lise, lisions, lisiez, lisent
Impve.: lis, lisons, lisez
Fut.: lirai, liras, lira, lirons, lirez, liront
Cond.: lirais, lirais, lirait, lirions, liriez, liraient
P. simp.: lus, lus, lut, lûmes, lûtes, lurent
Impf. subj.: lusse, lusses, lût, lussions, lussiez, lussent

17. **mettre** = *to place, to put on* (avoir)

Pres.: mets, mets, met, mettons, mettez, mettent
Part.: *past:* mis; *pres.:* mettant
Impf.: mettais, mettais, mettait, mettions, mettiez, mettaient
Pres. subj.: mette, mettes, mette, mettions, mettiez, mettent
Impve.: mets, mettons, mettez
Fut.: mettrai, mettras, mettra, mettrons, mettrez, mettront
Cond.: mettrais, mettrais, mettrait, mettrions, mettriez, mettraient
P. simp.: mis, mis, mit, mîmes, mîtes, mirent
Impf. subj.: misse, misses, mît, missions, missiez, missent

Verbs like **mettre: admettre, commettre, omettre, permettre, promettre, remettre, soumettre**

18. **mourir** = *to die* (être)

Pres.: meurs, meurs, meurt, mourons, mourez, meurent
Part.: *past:* mort; *pres.:* mourant
Impf.: mourais, mourais, mourait, mourions, mouriez, mouraient
Pres. subj.: meure, meures, meure, mourions, mouriez, meurent
Impve.: meurs, mourons, mourez
Fut.: mourrai, mourras, mourra, mourrons, mourrez, mourront
Cond.: mourrais, mourrais, mourrait, mourrions, mourriez, mourraient
P. simp.: mourus, mourus, mourut, mourûmes, mourûtes, moururent
Impf. subj.: mourusse, mourusses, mourût, mourussions, mourussiez, mourussent

19. **naître** = *to be born* (être)

Pres.: nais, nais, naît, naissons, naissez, naissent
Part.: *past:* né; *pres.:* naissant
Impf.: naissais, naissais, naissait, naissions, naissiez, naissaient
Pres. subj.: naisse, naisses, naisse, naissions, naissiez, naissent
Impve.: nais, naissons, naissez
Fut.: naîtrai, naîtras, naîtra, naîtrons, naîtrez, naîtront
Cond.: naîtrais, naîtrais, naîtrait, naîtrions, naîtriez, naîtraient
P. simp.: naquis, naquis, naquit, naquîmes, naquîtes, naquirent
Impf. subj.: naquisse, naquisses, naquît, naquissions, naquissiez, naquissent

20. **ouvrir** = *to open* (avoir)

Pres.: ouvre, ouvres, ouvre, ouvrons, ouvrez, ouvrent
Part.: *past:* ouvert; *pres.:* ouvrant
Impf.: ouvrais, ouvrais, ouvrait, ouvrions, ouvriez, ouvraient
Pres. subj.: ouvre, ouvres, ouvre, ouvrions, ouvriez, ouvrent
Impve.: ouvre, ouvrons, ouvrez
Fut.: ouvrirai, ouvriras, ouvrira, ouvrirons, ouvrirez, ouvriront
Cond.: ouvrirais, ouvrirais, ouvrirait, ouvririons, ouvririez, ouvraient
P. simp.: ouvris, ouvris, ouvrit, ouvrîmes, ouvrîtes, ouvrirent
Impf. subj.: ouvrisse, ouvrisses, ouvrît, ouvrissions, ouvrissiez, ouvrissent

Verbs like **ouvrir: couvrir, découvrir, offrir, souffrir**

21. **plaire** = *to please* (avoir)
Pres.: plais, plais, plaît, plaisons, plaisez, plaisent
Part.: *past:* plu; *pres.:* plaisant
Impf.: plaisais, plaisais, plaisait, plaisions, plaisiez, plaisaient
Pres. subj.: plaise, plaises, plaise, plaisions, plaisiez, plaisent
Impve.: plais, plaisons, plaisez
Fut.: plairai, plairas, plaira, plairons, plairez, plairont
Cond.: plairais, plairais, plairait, plairions, plairiez, plairaient
P. simp.: plus, plus, plut, plûmes, plûtes, plurent
Impf. subj.: plusse, plusses, plût, plussions, plussiez, plussent

Verbs like **plaire: déplaire, se taire**

22. **pleuvoir** = *to rain* (avoir); with impersonal subject pronoun

Pres.: il pleut
Part.: *past:* plu: *pres.:* pleuvant
Impf.: il pleuvait
Pres. subj.: il pleuve
Impve.: —
Fut.: il pleuvra
Cond.: il pleuvrait
P. simp.: il plut
Impf. subj.: il plût

23. **pouvoir** = *to be able* (avoir)

Pres.: peux, peux, peut, pouvons, pouvez, peuvent
Part.: *past:* pu; *pres.:* pouvant
Impf.: pouvais, pouvais, pouvait, pouvions, pouviez, pouvaient
Pres. subj.: puisse, puisses, puisse, puissions, puissiez, puissent
Impve.: —
Fut.: pourrai, pourras, pourra, pourrons, pourrez, pourront
Cond.: pourrais, pourrais, pourrait, pourrions, pourriez, pourraient
P. simp.: pus, pus, put, pûmes, pûtes, pussent
Impf. subj.: pusse, pusses, pût, pussions, pussiez, pussent

24. **prendre** = *to take* (avoir)

Pres.: prends, prends, prend, prenons, prenez, prennent
Part.: *past:* pris; *pres.:* prenant
Impf.: prenais, prenais, prenait, prenions, preniez, prenaient
Pres. subj.: prenne, prennes, prenne, prenions, preniez, prennent
Impve.: prends, prenons, prenez
Fut.: prendrai, prendras, prendra, prendrons, prendrez, prendront
Cond.: prendrais, prendrais, prendrait, prendrions, prendriez, prendraient
P. simp.: pris, pris, prit, prîmes, prîtes, prirent
Impf. subj.: prisse, prisses, prît, prissions, prissiez, prissent

Verbs like **prendre: apprendre, comprendre, surprendre**

25. **rire** = *to laugh* (avoir)

Pres.: ris, ris, rit, rions, riez, rient
Part.: *past:* ri: *pres.:* riant
Impf.: riais, riais, riait, riions, riiez, riaient
Pres. subj.: rie, ries, rie, riions, riiez, rient
Impve.: ris, rions, riez
Fut.: rirai, riras, rira, rirons, rirez, riront
Cond.: rirais, rirais, rirait, ririons, ririez, riraient
P. simp.: ris, ris, rit, rîmes, rîtes, rirent
Impf. subj.: risse, risses, rît, rissions, rissiez, rissent

Verb like **rire: sourire**

26. **s'asseoir** = *to sit down* (être)

Pres.: m'assieds, t'assieds, s'assied, nous asseyons, vous asseyez, s'asseyent
Part.: *past:* assis; *pres.:* s'asseyant
Impf.: m'asseyais, t'asseyais, s'asseyait, nous asseyions, vous asseyiez, s'asseyaient
Pres. subj.: m'asseye, t'asseyes, s'asseye, nous asseyions, vous asseyiez, s'asseyent
Impve.: assieds-toi, asseyons-nous, asseyez-vous
Fut.: m'assiérai, t'assiéras, s'assiéra, nous assiérons, vous assiérez, s'assiéront
Cond.: m'assiérais, t'assiérais, s'assiérait, nous assiérions, vous assiériez, s'assiéraient
P. simp.: m'assis, t'assis, s'assit, nous assîmes, vous assîtes, s'assirent
Impf. subj.: m'assisse, t'assisses, s'assît, nous assissions, vous assissiez, s'assissent

27. **savoir** = *to know* (avoir)

Pres.: sais, sais, sait, savons, savez, savent
Part.: *past:* su; *pres.:* sachant
Impf.: savais, savais, savait, savions, saviez, savaient
Pres. subj.: sache, saches, sache, sachions, sachiez, sachent
Impve.: sache, sachons, sachez
Fut.: saurai, sauras, saura, saurons, saurez, sauront
Cond.: saurais, saurais, saurait, saurions, sauriez, sauraient
P. simp.: sus, sus, sut, sûmes, sûtes, surent
Impf. subj.: susse, susses, sût, sussions, sussiez, sussent

28. **suivre** = *to follow* (avoir)

Pres.: suis, suis, suit, suivons, suivez, suivent
Part.: *past.:* suivi; *pres.:* suivant
Impf.: suivais, suivais, suivait, suivions, suiviez, suivaient
Pres. subj.: suive, suives, suive, suivions, suiviez, suivent
Impve.: suis, suivons, suivez
Fut.: suivrai, suivras, suivra, suivrons, suivrez, suivront
Cond.: suivrais, suivrais, suivrait, suivrions, suivriez, suivraient
P. simp.: suivis, suivis, suivit, suivîmes, suivîtes, suivirent
Impf. subj.: suivisse, suivisses, suivît, suivissions, suivissiez, suivissent

29. **venir** = *to come* (être)

Pres.: viens, viens, vient, venons, venez, viennent
Part.: *past:* venu: *pres.:* venant
Impf.: venais, venais, venait, venions, veniez, venaient
Pres. subj.: vienne, viennes, vienne, venions, veniez, viennent
Impve.: viens, venons, venez
Fut.: viendrai, viendras, viendra, viendrons, viendrez, viendront
Cond.: viendrais, viendrais, viendrait, viendrions, viendriez, viendraient
P. simp.: vins, vins, vint, vînmes, vîntes, vinrent
Impf. subj.: vinsse, vinsses, vînt, vinssions, vinssiez, vinssent

Verbs like **venir: devenir, revenir** (être) and **appartenir, détenir, maintenir, obtenir, prêvenir, tenir** (avoir)

30. **vivre** = *to live* (avoir)

Pres.: vis, vis, vit, vivons, vivez, vivent
Part.: *past:* vécu; *pres.:* vivant
Impf.: vivais, vivais, vivait, vivions, viviez, vivaient
Pres. subj.: vive, vives, vive, vivions, viviez, vivent
Impve.: vis, vivons, vivez
Fut.: vivrai, vivras, vivra, vivrons, vivrez, vivront
Cond.: vivrais, vivrais, vivrait, vivrions, vivriez, vivraient
P. simp.: vécus, vécus, vécut, vécûmes, vécûtes, vécurent
Impf. subj.: vécusse, vécusses, vécût, vécussions, vécussiez, vécussent

31. **voir** = *to see* (avoir)

Pres.: vois, vois, voit, voyons, voyez, voient
Part.: *past:* vu; *pres.:* voyant
Impf.: voyais, voyais, voyait, voyions, voyiez, voyaient
Pres. subj.: voie, voies, voie, voyions, voyiez, voient
Impve.: vois, voyons, voyez
Fut.: verrai, verras, verra, verrons, verrez, verront
Cond.: verrais, verrais, verrait, verrions, verriez, verraient
P. simp.: vus, vus, vut, vûmes, vûtes, vurent
Impf. subj.: vusse, vusse, vût, vussions, vussiez, vussent

Verb like **voir: prévoir**

32. **vouloir** = *to want* (avoir)

Pres.: veux, veux, veut, voulons, voulez, veulent
Part.: *past:* voulu; *pres.:* voulant
Impf.: voulais, voulais, voulait, voulions, vouliez, voulaient
Pres. subj.: veuille, veuilles, veuille, voulions, vouliez, veuillent
Impve.: veuille, veuillons, veuillez
Fut.: voudrai, voudras, voudra, voudrons, voudrez, voudront
Cond.: voudrais, voudrais, voudrait, voudrions, voudriez, voudraient
P. simp.: voulus, voulus, voulut, voulûmes, voulûtes, voulurent
Impf. subj.: voulusse, voulusses, voulût, voulussions, voulussiez, voulussent

GLOSSARY OF GRAMMATICAL TERMS

Adjective: A word used to modify, describe, or limit a noun or pronoun.
Adverb: A word used to modify a verb, an adjective, or another adverb.
Antecedent: The word, phrase, or clause to which a pronoun refers.
Auxiliary Verb: A verb that helps the main verb to express an action or a state (**avoir** or **être**).
Clause: A group of words containing a subject (noun or pronoun) and a verb. A main clause can stand alone and is called an independent clause. A subordinate clause cannot stand alone and is called a dependent clause.
Comparison: The change in the form of an adjective or adverb showing degrees of quality: positive (*big*, *useful*), comparative (*bigger*, *more useful*), superlative (*biggest*, *most useful*).
Compound Tense: A verb form consisting of more than one word.
Conjugation: The change of the verb in relation to its subject, tense, or mood.
Conjunction: A word used to connect words, phrases, or clauses.
Demonstrative Adjective: Indicates or points out the person or thing referred to (*this*, *that*, *these*, *those*).
Direct Object: A noun or pronoun which receives the action of the verb directly.
Disjunctive Pronoun: A pronoun separated from the verb in the sentence.
Gender: Gender indicates whether the nouns or pronouns are masculine or feminine.
Imperative: The mood of the verb expressing a command.
Indirect Object: A noun or pronoun toward whom or toward which the action expressed is directed.
Infinitive: The form of the verb that expresses the general meaning of the verb.
Interrogative: An adjective or a pronoun used to ask a question.
Intransitive Verb: A verb that does not require a direct object to complete its meaning.
Invariable: Does not change form.
Inversion: Reversal of the normal order of words and phrases in a sentence.
Mood: The form the verb assumes to express the speaker's attitude or feeling toward what he says.
Noun: A word used to name a person, place, thing, or quality.
Number: The form of a noun, pronoun, or verb indicating one (singular) or more than one (plural).
Participle: A verb form used as an adjective or verb. As a verb form it may be the *past participle* (**parlé**), or the *present participle* (**parlant**).
Partitive: An indefinite quantity or part of a whole, expressed through a partitive article.
Person: The characteristic of a verb or pronoun indicating whether the subject is the speaker (first person), the person spoken to (second person), or the person spoken about (third person).
Possessives: Adjectives or pronouns used to show possession or ownership.
Preposition: A word used to show relationship to some other word in the sentence: **chez** moi.
Pronoun: A word used in place of a noun.
Pronominal Verb: A verb that needs a pronoun which refers the action back to the subject.
Relative Clause: A clause introduced by a relative pronoun.
Relative Pronoun: A pronoun which connects the dependent clause with the main clause by referring directly to the antecedent noun or pronoun in the main clause.
Simple Tense: A verb form consisting of one word.
Stem: That part of an infinitive or a conjugated verb obtained by dropping the ending.
Subjunctive: The mood which expresses wishes, doubts, necessity, or what is possible rather than certain.
Tense: The form of the verb showing the time of the action or state of being.
Transitive Verb: A verb that takes a direct object.
Verb: A word that expresses an action or a state of being.
Voice: The form of the verb indicating whether the subject acts (active) or is acted upon (passive).

VOCABULAIRES

Abbreviations

abbreviation	*abbr*
adjective	*adj*
adverb	*adv*
article	*art*
aspirate *h*	*(asterisk)
conjunction	*conj*
contraction	*contr*
demonstrative	*dem*
direct object	*dir obj*
feminine	*f*
indicative	*ind*
indirect object	*indir obj*
infinitive	*inf*
interrogative	*interrog*
masculine	*m*
noun	*n*
past participle	*p part*
person	*pers*
plural	*pl*
possessive	*poss*
preposition	*prep*
present	*pr*
pronoun	*pron*
relative	*rel*
singular	*sg*
subjunctive	*subj*
word to be used with discretion; slang or familiar usage.	

FRANÇAIS–ANGLAIS

a: il a (*pr ind 3rd sg of* **avoir**)
à at, to, in, into, for, by; **à dimanche** see you Sunday
abord: d'abord first, at first
absent absent
absenter: s'absenter to absent oneself
absolument absolutely
absurde absurd
académique academic
accent (*m*) accent
accepter (de) to accept
accompagner to accompany, to go with
accord: d'accord in agreement (with), O.K., agreed
accoutumer: s'accoutumer à to get used to
accueillir to welcome
acheminer: s'acheminer to proceed
acheter to buy
acteur (*m*), **actrice** (*f*) actor
actif, active active
activement actively
actualités (*f pl*) news
actuellement at present, now
admettre to admit
admirer to admire
adorer to worship
adresse (*f*) address
adresser: s'adresser à to address oneself to
adversité (*f*) adversity
aérogare (*f*) air terminal
aéroport (*m*) airport
affaires (*f pl*) things
affectueux affectionate
affirmativement affirmatively
affoler: s'affoler to panic
afin de (+ *inf*) in order to
afin que in order to
Afrique (*f*) Africa
agacé irritated
âge (*m*) age; **quel âge avez-vous?** how old are you?; **d'un certain âge** elderly
agent de police (*m*) policeman
agir: s'agir de (*impers*) to be a question of
agit: il s'agit de it is a question of
agneau (*m*) lamb (young)
aide (*f*) help
aider to help
ailleurs elsewhere; **d'ailleurs** besides
aimable kind, nice
aimer to like, to love; **aimer bien** to like, to be fond of; **aimer mieux** to prefer
aîné, aînée elder (of two), eldest (of more than two)
affamé hungry; **être affamé** to be hungry
ainsi so, thus
air (*m*): **avoir l'air** to look, to seem
ajouter to add
Allemagne (*f*) Germany
allemand German
aller (simple) (*m*) one way ticket
aller et retour (*m*) round trip ticket
aller to go; **aller bien** to feel well; **comment allez-vous?** how are you?; **aller à pied** to walk; **aller chercher** to go and get; **s'en aller** to go away; **comment ça va?** how are you?; **aller de pair** to go together
alors then
ambiguïté (*f*) ambiguity
ambition (*f*) ambition
américain, américaine American
Amérique (*f*) America
ami (*m*), **amie** (*f*) friend
amical friendly
amitié (*f*) friendship
amusant amusing
amuser: s'amuser to enjoy oneself
an (*m*) year; **tous les ans** every year; **le jour de l'an** New Year's Day
ancien, ancienne former; old
anglais, anglaise English
Angleterre (*f*) England
animal (*m*) animal

animer to animate: **s'animer** to come alive
année (*f*) year
anniversaire (*m*) birthday, anniversary
annuaire de téléphone (*m*) telephone directory
anxieux, anxieuse anxious
août (*m*) August
apercevoir to catch sight of; **s'apercevoir** to realize, to notice
apéritif (*m*) appetizer (drink)
appartement (*m*) apartment
appartenir (à) to belong to
appeler to call; **s'appeler** to be called, to be named; **comment vous appelez-vous?** what's your name?; **je m'appelle** my name is
applaudir to applaud
apporter to bring
apprécier to appreciate
apprendre to learn; **apprendre par cœur,** to learn by heart
après after; **d'après** according to
après-midi (*m or f*) afternoon; **l'après-midi** in the afternoon
arbre (*m*) tree
arbre généalogique (*m*) genealogical tree
arc-en-ciel (*m*) rainbow
archéologique archeological
archéologue (*m*) archeologist
argent (*m*) money; silver
armoire (*f*) wardrobe
arrêter to stop; **s'arrêter** to stop oneself
arrivée (*f*) arrival
arriver to arrive; **arriver à temps** to arrive in time
arroser to water; (special occasion) to toast
art (*m*) art
artère (*f*) artery
artichaut (*m*) artichoke
article (*m*) article
artiste (*m*) artist
artistique artistic
aspect (*m*) aspect
asperge (*f*) asparagus
aspirateur (*m*) vacuum cleaner
aspiration (*f*) aspiration
aspirine (*f*) aspirin
assembler: s'assembler to gather
asseoir: s'asseoir to sit down
assez enough
assiette (*f*) plate
assistance (*f*) attendance, spectators
assister (à) to attend
atteindre to reach, to attain
attendre to wait, to wait for, to await; **s'attendre à** to expect
attention (*f*) attention; **faire attention** to pay attention
attitude (*f*) attitude
au (*contr of* **à + le**) to the, in the, at the; **au bout de** at the end of; **au début** in the beginning
auberge (*f*) inn; **auberge de jeunesse** youth hostel
aubergine (*f*) eggplant
aucun, aucune none; **ne . . . aucun(e)** no
aujourd'hui today; **d'aujourd'hui en huit** a week from today; **c'est aujourd'hui samedi** today is Saturday
auparavant before, previously
auquel, à laquelle, auxquels, auxquelles (*rel pron*) to whom, to which; **auquel? à laquelle? auxquels? auxquelles?** (*interrog pron*) to whom? to which one? to which ones?
aussi also, so, as, thus, therefore; **aussi . . . que** as . . . as
aussitôt immediately; **aussitôt que** as soon as
autant as much; **autant que possible** in so far as possible
auteur (*m*) author
auto (*f*) auto, automobile, car
autobus (*m*) bus; **en autobus** by bus, on the bus
autocar (*m*) tourist bus
automne (*m*) fall, autumn
automobile (*f*) auto, automobile, car
autour de around
autre other
autrefois formerly
autrement otherwise
autrui (*m*) others, other people
avaler to swallow
avancer to advance
avant before
avec with
avenir (*m*) future
aventurer: s'aventurer to venture, to take risks
avenue (*f*) avenue
avertir to warn, to notify
avertisseur (*m*) horn
avion (*m*) airplane
avis (*m*) opinion, advice; **être de l'avis de quelqu'un** to agree with someone
aviser to notice
avocat (*m*), **avocate** (*f*) lawyer
avoir to have; **avoir besoin de** to need; **avoir chaud** to be warm; **avoir droit à** to have the right to; **avoir envie de** to want to; **avoir faim** to be hungry; **avoir froid** to be cold; **avoir l'air de** to look like; **avoir l'habitude de** to be used to; **avoir la patience** to have the patience; **avoir lieu** to take place; **avoir mal à la tête** to have a headache; **avoir peur** to be afraid; **avoir raison** to be right; **avoir soif** to be thirsty; **avoir sommeil** to be sleepy; **avoir tort** to be wrong; **il y a** there is, there are; **il y a cinq ans** five years ago
avouer to acknowledge
avril (*m*) April

bagages (*m pl*) luggage
baguette (*f*) bread (a stick of)

bain (*m*) bath; **salle de bains** (*f*) bathroom
balayer to sweep
balcon (*m*) balcony
ballet (*m*) ballet
banane (*f*) banana
bandes dessinées (*f pl*) comic strips
banque (*f*) bank
barbe (*f*) beard
bas (une paire de) (*m pl*) stockings
bas, basse low; **à voix basse** in a low voice
base-ball (*m*) baseball
basket (*m*) basket
bateau (*m*) boat
bâtiment (*m*) building
bâtir to build
battre to beat; **se battre** to fight
bavard talkative, loquacious
bavarder to chatter
beau, bel, belle, beaux, belles beautiful, nice; **il fait beau** the weather is nice
beaucoup much, very much; **beaucoup de monde** a lot of people
Belgique (*f*) Belgium
besogne (*f*) work, task
besoin (*m*) need; **avoir besoin de** to need
bête (*f*) beast, animal
bêtises (*f pl*) stupidities
beurre (*m*) butter
bibliothèque (*f*) library
bicyclette (*f*) bicycle
bien (*adv*) well, indeed, very; **eh bien?** well?; (*conj*) **bien que** although; **bien entendu** of course; **bien sûr!** surely!
bientôt soon
bière (*f*) beer
bifteck (*m*) steak
bijou (*m*) piece of jewellery
billet (*m*) ticket, banknote, bill; **billet aller et retour** round trip ticket
biologie (*f*) biology
biologiste (*m*) biologist
bistro(t) (*m*) café
blâme (*m*) blame
blanc, blanche white
blé (*m*) wheat
blesser to wound
bleu blue
blond blond
bœuf (*m*) beef, ox
boire to drink
bois (*m*) wood; park
boisson (*f*) drink
boîte (*f*) box; **boîte aux lettres** mail-box; **boîte de conserve** can (tin) of preserved food
bon, bonne good; **de bonne heure** early
bonheur (*m*) happiness
bonjour (*m*) good morning
bonsoir (*m*) good evening
bottes (*f pl*) boots
bottin (*m*) telephone directory
bouche (*f*) mouth
boucher (*m*) butcher
boucherie (*f*) butcher shop
bouger to move
boulanger (*m*) baker
boulangerie (*f*) bakery
boules (*f pl*) bowls (a game)
boulevard (*m*) boulevard
bouleverser to upset
boulot° (*m*) work
bouquet (*m*) bouquet
bout (*m*) end; **au bout de** at the end of
bouteille (*f*) bottle
boutique (*f*) shop
bras (*m*) arm
brave brave, good, worthy
brièveté (*f*) shortness, brevity
brosser: se brosser to brush
brouillard (*m*) fog
bruit (*m*) noise
brûler to burn
brun, brune brown; dark hair
brusque abrupt
brusquement abruptly
bulletin (*m*) bulletin
bureau (*m*) office; desk
bureau de poste (*m*) post office
bureau de tabac (*m*) tobacco shop
but (*m*) goal

c' *see* **ce**
ça (*contr of* **cela**) that; **c'est ça** that's right, that's it; **ça alors!** well! **ça ne fait rien** it doesn't matter; **ça ne vaut pas la peine** it's not worth the trouble **ça y est!** O.K
cabine téléphonique (*f*) telephone booth
cadeau (*m*) gift
cadet (*m*), **cadette** (*f*) (the) younger, the youngest (of a family)
café (*m*) coffee, café
cahier (*m*) notebook
caisse (*f*) cashier's window
calendrier (*m*) calendar
calme (*m*) calm
camarade (*m* or *f*) friend, pal
camembert (*m*) Camembert (a cheese)
camion (*m*) truck
campagne (*f*) country, countryside
Canada (*m*) Canada
canadien, canadienne Canadian
capable capable
capitale (*f*) capital
car for, because
car (*m*) tourist bus
caractère (*m*) character
carotte (*f*) carrot
carrière (*f*) career
carte (*f*) card, map; **jouer aux cartes** to play cards; **carte postale** post card; **carte de débarquement** debarkation card

catégorie (*f*) category
cathédrale (*f*) cathedral
catholique catholic
cause (*f*) cause; **à cause de** because of
cave (*f*) cellar
ce, cet, cette; ces (*adj*) this, that; these, those; **ce chapeau-ci** this hat; **ce chapeau-là** that hat
ce (*pron*) he, she, it, they, that; **ce qui, ce que** what
ceci this
ceinture (*f*) belt
cela (ça) that
célèbre famous
célébrer to celebrate
celui, celle; ceux, celles the one; the ones; **celui-ci** this one; **celui-là** that one
cent a hundred
centaine (*f*) about a hundred
centième hundreth
cependant however
cerise (*f*) cherry
certain, certaine certain
certainement certainly
chacun, chacune each, each one
chaîne (*f*) channel
chaise (*f*) chair
chaleureusement warmly
chambre (*f*) bedroom
champ (*m*) field
chanson d'amour (*f*) love song
chanter to sing
chapeau (*m*) hat
chapitre (*m*) chapter
chaque each
charabia (*m*) nonsense; jargon
charcuterie (*f*) pork-butcher's shop
charcutier (*m*) pork-butcher
chariot (*m*) carriage
charité (*f*) charity
charmant charming
chat (*m*), **chatte** (*f*) cat
château (*m*) castle
chaud warm; **il fait chaud** it is warm; **j'ai chaud** I am warm
chaudement warmly
chauffeur (*m*) chauffeur
chaussette (*f*) sock
chaussure (*f*) shoe
chef d'orchestre (*m*) orchestra leader
chemin (*m*) road; **chemin de fer** railroad
cheminée (*f*) fireplace
chemise (*f*) shirt
cher, chère dear, expensive
chercher to look for, to seek; **aller chercher,** to go and get; **venir chercher** to come for
cheval, chevaux (*m*) horse, horses
cheveu, cheveux (*m*) hair
chevelure (*f*) head of hair
cheville (*f*) ankle
chez at the house of, at the shop of; **chez moi** at my house; **chez eux** at their house; **chez le pharmacien** at the pharmacist's
chic! great! fine! neat!
chien (*m*), **chienne** (*f*) dog
chiffre (*m*) number
chimie (*f*) chemistry
Chine (*f*) China
chinois Chinese
choisir to choose
choix (*m*) choice
chose (*f*) thing; **quelque chose** something; **autre chose** something else
chouette! great! fine! neat!
chuchoter to whisper
ciel (*m*) sky
cinéma (*m*) movie
cinq five
cinquantaine (*f*) about fifty
cinquante fifty
cinquième fifth
circonstance (*f*) circumstance
circulation (*f*) traffic
citron (*m*) lemon
civilisation (*f*) civilization
clair clear, light colored
clarinette (*f*) clarinet
classe (*f*) classroom; **première (classe)** first class; **seconde (classe)** second class
classique classic
cochon (*m*) pig, pork
code (de la route) (*m*) traffic rules
cœur (*m*) heart
coiffure (*f*) hair-do
coin (*m*) corner
collant (*m*) pantyhose
collection (*f*) collection
collège (*m*) secondary school
combat (*m*) combat
combattre to fight
combien how much, how many; **combien de temps?** how long?
comble (*m*) height
comédie (*f*) comedy
comédien (*m*) comedian
commander to order, to command
comme as, like; **comme d'habitude** as usual; **comme si** as if
commencer (à) to begin
comment how; **comment allez-vous?** how are you?; **comment vous appelez-vous?** what's your name?
commenter to comment on
commettre to commit
commode (*f*) chest of drawers
commun common
communiquer to communicate
compartiment (*m*) compartment
compétent able
complet (*m*) man's suit
complet, complète complete, full
compliment (*m*) compliment
compliqué complicated

composer: composer le numéro dial the number
compositeur (*m*) composer
comprendre to understand
compte-rendu (*m*) report
compter to count
concert (*m*) concert
concombre (*m*) cucumber
condition (*f*) condition
conduire to drive (an auto)
conférence (*f*) lecture
conférencier (*m*) lecturer
confesser to confess
confortable comfortable
confus confused
connaître to know, to be acquainted with
considérable considerable
considérer to consider
constamment constantly
constater to ascertain, to state
construire to build
consulter to consult
contenir to contain
content glad
continuer (à) to continue
contraire contrary (*adj*); opposite (n m); **au contraire** on the contrary
contre against
convenir (à) to suit, to be appropriate
conversation (*f*) conversation
copain (*m*), **copine** (*f*) pal
corps (*m*) body
correctement correctly
correspondre to correspond
corriger to correct
corvée (*f*) chore
costaud rugged
côté (*m*) side; **à côté de** near, beside
coton (*m*) cotton
cou (*m*) neck
coucher: se coucher to lie down, to go to bed
coude (*m*) elbow
couleur (*f*) color
coup: tout à coup suddenly
couper to cut
courageux courageous
courir to run
courrier (*m*) mail
cours (*m*) course; **au cours de** during
court short
cousin (*m*), **cousine** (*f*) cousin
couteau (*m*) knife
coûter to cost; **coûter moitié prix** cost half price
couvert cloudy
couverture (*f*) blanket
couvrir to cover
craindre (de) to fear
crainte (*f*) fear
cravate (*f*) necktie
crayon (*m*) pencil
créer to create
création (*f*) creation
crème (*f*) cream
crémerie (*f*) store for dairy products
crémier (*m*), **crémière** (*f*) dairy-man, dairy-woman
crevé° bushed, tired
crever (de) to burst, to die
crier to shout
croire (à) to believe (in)
croissant (*m*) crescent roll
croix (*f*) cross
croyable believable
cruel cruel
cuillère (*f*) spoon
cuir (*m*) leather
cuisine (*f*) kitchen
cuisse (*f*) thigh
cultiver to cultivate, to grow
curé (*m*) priest

d' *see* **de: d'abord** at first; **d'après** according to **d'autre part** on the other hand; **d'habitude** as usual
dans in, into
danser to dance
danseur (*m*) dancer
date (*f*) date
dater (de) to date (from)
davantage more
de of, from
debout standing, upright
début (*m*) beginning
décéder to die
décembre (*m*) December
décevoir to deceive
décider (de) to decide
déconcerté disconcerted, taken aback
décontracté relaxed, "hang-loose"
découverte (*f*) discovery
découvrir to discover
décrire to describe
décrocher to lift (telephone receiver)
dedans inside
définir to define
dehors outside
déjà already
déjeuner (*m*) lunch; **petit déjeuner** breakfast
déjeuner to have lunch, to lunch
délicat delicate
délicieux delicious
demain tomorrow; **après-demain** day after tomorrow
demander to ask; **se demander** to wonder
demeurer to live, reside
demi half; **une demi-heure** a half hour; **une heure et demie** half past one
dénouement (*m*) ending (of plot, story)
dent (*f*) tooth
dentifrice (*m*) toothpaste
dentiste (*m*) dentist

départ (*m*) departure
dépêcher: se dépêcher (de) to hurry: **dépêche-toi** hurry up
dépendre (de) depend (on)
dépense (*f*) expense
dépenser to spend
déplaire (à) to displease
depuis since: **depuis combien de temps? depuis quand?** how long?
déraisonnable unreasonable
déranger to disturb, inconvenience
dernier, dernière last: **samedi dernier** last Saturday
derrière behind
dès since; **dès que** as soon as
désappointé disappointed
descendre to go down, to take down
désir (*m*) desire, wish
désirer to desire, to wish
désolé sorry
désorienté disoriented, puzzled, bewildered
dessert (*m*) dessert
dessous under
dessus on, upon
destination (*f*) destination
détenir to hold, to be in possession
détester to hate, to detest
détruire to destroy
deux two
deuxième second; **le deuxième étage** the third floor
devant in front of, before
devenir to become
dévisager to stare at
devoir to owe, must, be supposed to, ought to, etc.; **je dois** I must, I am supposed to; **je devais** I was supposed to; **j'ai dû** I must have, I had to; **je devrais** I should; **j'aurais dû** I should have
devoir (*m*) homework
dévouement (*m*) devotion
Dieu (*m*) God
différent different
difficile difficult
différé delayed
dignité (*f*) dignity
dimanche (*m*) Sunday; **le dimanche** on Sunday(s); **à dimanche** see you Sunday
diner to dine
diner (*m*) dinner
dire to say, to tell; **vouloir dire** to mean, **c'est-à-dire (c-a-d)** that is to say
directement directly
disciple (*m*) disciple
discours (*m*) discourse, speech
discret, discrète discreet
discussion (*f*) discussion
discuter (de) discuss
disparaître disappear
disparition (*f*) disappearance
disponible available
disque (*m*) record
distance (*f*) distance: **à quelle distance?** how far?
distingué distinguished
distraire to distract, to divert
distribution du courrier (*f*) mail delivery
divertir: se divertir to amuse oneself
dix ten
dix-huit eighteen
dixième tenth
dix-neuf nineteen
dix-neuvième nineteenth
dix-sept seventeen
dizaine (*f*) about ten
docteur (*m*) doctor
document (*m*) document
documentaire (*m*) documentary
doigt (*m*) finger
dollar (*m*) dollar
donc then, therefore
donner to give: **donner une poignée de main à** give a handshake to; **donner un coup de fil** to telephone
dont of whom, of which, whose
dormir to sleep
doublé: version doublée dubbed version
douche (*f*) shower
douleur (*f*) pain
doute (*m*) doubt; **sans doute** probably
douter (de) to doubt: **se douter de** to suspect
doux, douce sweet, soft
douzaine (*f*) dozen; **une demi-douzaine** a half-dozen
douze twelve
douzième twelfth
dramatique dramatic
drapeau (*m*) flag
droit (*m*) straight, right; **tout droit** straight ahead; **à droite** to (on) the right
du (*contr of* **de + le**) of the, from the, some, any
dû (*p part of* **devoir**)
duquel, de laquelle, desquels, desquelles (*Rel pron*) of which, of whom; **duquel? de laquelle? desquels? desquelles?** (*interrog pron*) of which one? of which ones?
dur hard
durable lasting
durant during
durer to last

eau (*f*) water; **eau minérale** mineral water
échanger to exchange
écharpe (*f*) scarf
éclair (*m*) éclair (pastry)
école (*f*) school
écouter to listen to
écouteurs (*m/pl*) earphones
écrier: s'écrier to cry (out)

écrire to write
édifice (*m*) building
éducation (*f*) education
effet (*m*) effect; **en effet** indeed
effort (*m*) effort
égal equal; **ça m'est égal** I don't care
église (*f*) church
Egypte (*f*) Egypt
égratigner to scratch; **s'égratigner** to scratch oneself
eh bien! well!
élancer: s'élancer to dash, to spring
électrophone (*m*) phonograph, record player
élégamment elegantly, gracefully
élémentaire elementary
éléphant (*m*) elephant
élève (*m or f*) pupil
elle she, it
elles they
embarrassé embarrassed
embellir to beautify
embêtant° annoying, boring
embêter° to bore, to take along
embrasser to kiss, to embrace
émission (*f*) emission
emmener to carry, to take along
empêcher to prevent
employé (*m*) employee
employer to employ, to use
emporter to take along, to carry along
emprunter to borrow
ému moved, touched
en (*prep*) in, into, at, to, by; **en** (*pron*) some, any, of it, of them, **en attendant que** (+ *subj*) till, until; **en avance** early; **en bas de** at the foot of; **en dépit de** in spite of; **en tout cas** in any case; **en voie de** in the process of
enchanté delighted
encore yet, still, again; **pas encore** not yet; **encore plus** still more; **encore une fois** once more
endormir: s'endormir to fall asleep
endroit (*m*) place
enfant (*m or f*) child
enfer (*m*) hell
enfin finally, at last
ennuyer to bother; **s'ennuyer** to be bored
ennuyeux boring
énorme enormous
énormément enormously
ensemble together
ensoleillé sunny
ensuite then, afterwards
entendre to hear; **entendre parler de** to hear of; **entendre dire que** to hear that
entendu (*p part of* **entendre**) **c'est entendu** agreed, all right; **bien entendu** of course
enthousiasme (*m*) enthusiasm
enthousiasmer: s'enthousiasmer to be enthusiastic
entourer to surround
entre among, between; **entre autres** among others
entrée (*f*) entrée
entrée d'agglomération (*f*) entrance into city
entrer (dans) to enter, to go in
enveloppe (*f*) envelope
envie (*f*) envy, desire; **avoir envie de** to feel like
environ about
envisager to face
envoyer to send; **envoyer chercher** to send for; **faire envoyer** to have (something) sent
épais, épaisse thick
épatant wonderful
épaule (*f*) shoulder
épicerie (*f*) grocery
épicier (*m*), **épicière** (*f*) grocer
époque (*f*) epoch, time; **à la même époque** at the same time
épousseter to dust
épuisé exhausted
erreur (*f*) mistake; **faire erreur** to make a mistake
escalier (*m*) stairway
espace (*m*) space
Espagne (*f*) Spain
espagnol, espagnole Spanish
espérer to hope; **je l'espère** I hope so
esprit (*m*) spirit, mind
essayer to try, to try on
essence (*f*) gasoline
essoufflé out of breath
est (*m*) East
estomac (*m*) stomach
et and; **et cætera** etc.
état (*m*) state; condition
Etats-Unis (*m pl*) United States
été (*m*) summer; **été** (*p part of* **être**)
éteindre to extinguish
éternel eternal
étoile (*f*) star
étonnant surprising, astonishing
étonner to surprise; **s'étonner de** to wonder at
étranger, étrangère (adj) foreign; (n) foreigner; **à l'étranger** abroad
être to be; **c'est** it is; **est-ce?** is it? **qu'est-ce que c'est que** . . . ? what is . . . ?; **c'est-à-dire** that is to say; **il est une heure** it is one o'clock; **c'est aujourd'hui samedi** today is Saturday; **être à** to belong to
étudiant (*m*), **étudiante** (*f*) student
étudier to study
Europe (*f*) Europe
évidemment evidently
évidence (*f*) obviousness
évident evident
éviter to avoid
exact exact
exactement exactly

examen (*m*) examination, test
examiner to examine
exaspéré aggravated
excellent excellent
excuser to excuse; **s'excuser** to apologize
exemple (*m*) example; **par exemple** for example
exercer to exercise; **s'exercer (à)** to practice
exercice (*m*) exercise
expédier to forward
expérience (*f*) experience
explication (*f*) explanation
expliquer to explain
explorer to explore
exprimer: s'exprimer to express
exquis, exquise exquisite
extraordinaire extraordinary

fabriquer to make
face (*f*) face; **en face de** opposite
fâché sorry, angry
fâcher to anger
fâcheux, fâcheuse annoying
facile easy
facilement easily
facteur (*m*) mailman
faible feeble, weak
faim (*f*) hunger; **avoir faim** to be hungry
faire to do, to make; **faire attention à** to pay attention to, to watch out; **faire couper les cheveux** to have one's hair cut; **faire de l'auto-stop** to hitchhike; **faire de la bicyclette** to go by bicycle; **faire de la natation** to swim; **faire de la voile** to go sailing; **faire des progrès** to make progress; **faire du ski** to go skiing; **faire la connaissance de** to make someone's acquaintance; **faire la cuisine** to cook; **faire la queue** to line up; **faire la vaisselle** to do the dishes; **faire le numéro** to dial a number; **faire le plein** to fill (it) up; **se faire mal (à)** to hurt (something); **faire sa toilette** to wash up; **faire ses études** to study; **faire un tour** to go for a walk (or a ride); **faire une promenade** to take a walk; **faire venir** to have . . . come; **faire envoyer** to have . . . sent; **quel temps fait-il?** what kind of weather is it?; **il fait beau** it is nice; **il fait du vent** it is windy; **ça ne fait rien** it doesn't matter; **ne vous en faites pas** don't worry; **faire penser** to remind; **faire peur** to frighten
falloir (*impersonal verb*) to have to; **il faut** one must, it is necessary; **il fallait, il a fallu** it was necessary; **il faudra** it will be necessary
famille (*f*) family
fanatique fanatic
fantastique fantastic
farce (*f*) farce
fatigué tired
faute (*f*) fault, error
fauteuil (*m*) armchair
faux, fausse false
favori, favorite favorite, preferred
favoris (*m/pl*) sideburns
femme (*f*) woman, wife
fenêtre (*f*) window
fente (*f*) slot
fermer to close
féroce ferocious
fête holiday, anniversary
fêter to celebrate
feu (*m*) fire
feuille (*f*) leaf, page
février (*m*) February
fiche (*f*) registration form
figure (*f*) face
fille (*f*) daughter, girl, **jeune fille** girl; **petite fille** little girl
film (*m*) film; **film policier** detective film
fils (*m*) son
fin (*f*) end
finalement finally
finir (de) to finish
flèche (*f*) arrow
fleur (*f*) flower
fois (*f*) time; **la première fois** the first time; **plusieurs fois** several times
foncer to rush, to charge
font (*pr ind 3rd pl of* **faire**) equals
fontaine (*f*) fountain
football (*m*) soccer
forger to forge, to make
forgeron (*m*) blacksmith
formidable formidable
formule (*f*) formula
fort strong
foulard (*m*) scarf
foule (*f*) crowd
fourchette (*f*) fork
foyer (*m*) home
frais, fraîche cool
fraise (*f*) strawberry
franc (*m*) franc (money)
français, française French
France (*f*) France
franchise (*f*) frankness
frapper to hit
freiner to brake
fréquemment frequently
fréquenté popular, frequented
fréquenter to frequent, to visit
frère (*m*) brother
fric (*m*)° money
froid cold; **il fait froid** it is cold; **avoir froid** to be cold
fromage (*m*) cheese
front (*m*) forehead
frugalité (*f*) frugality
fruit (*m*) fruit
furieux, furieuse furious

gagner to earn
galimatias (*m*) nonsense
gant (*m*) glove
garage (*m*) garage
garçon (*m*) boy, waiter
garder to keep
gardien (*m*) guard
gare (*f*) railroad station
gas-oil (*m*) diesel fuel
gaspiller to waste
gâteau (*m*) cake
gauche (*f*) left; **à gauche** to the left
geler to freeze
gêné uneasy, embarrassed
gêner to embarrass
général: en général in general
généralement generally
généreux, généreuse generous
génial brilliant
genou (*m*) knee
genre (*m*) genre, type
gens (*m or f pl*) people
gentil, gentille nice
gentiment nicely
géologie (*f*) geology
géologue (*m*) geologist
gigantesque gigantic
gigot (*m*) leg of lamb
girafe (*f*) giraffe
glacé iced
gorge (*f*) throat; **avoir mal à la gorge** to have a sore throat
gothique gothic
goût (*m*) taste
goûter to taste
grâce (à) thanks (to)
gramme (*m*) gram
grand tall, large, great
grand-mère (*f*) grandmother
grand-père (*m*) grandfather
grandiose grandiose
grandir to grow tall
gras, grasse fat
grave grave, serious
grec, grecque Greek
Grèce (*f*) Greece
gris grey
gros, grosse big
grossir to grow bigger
groupe (*m*) group
guère: ne . . . guère scarcely, hardly
guerre (*f*) war
guichet (*m*) ticket window
guide (*m*) guide
guitare (*f*) guitar
gymnase (*m*) gymnasium

habiller to dress; **s'habiller** to get dressed
habit (*m*) dress, costume
habitant (*m*) inhabitant
habitude (*f*) habit; **comme d'habitude** as usual; **d'habitude** usually
habituer: s'habituer (à) to get used to
***haricot** (*m*) bean
***harpe** (*f*) harp
***haut** high, top; **en haut de,** at the top of
***hautbois** (*m*) oboe
héberger to lodge
hélas alas
***héros** (*m*) hero
heure (*f*) hour, time: **quelle heure est-il?** what time is it?; **il est dix heures** it is ten o'clock; **une demi-heure** a half-hour; **à l'heure** on time; **de bonne heure** early; **tout à l'heure** in a while; **à tout à l'heure** see you later
heureusement happily, fortunately
heureux, heureuse happy
hier yesterday: **hier soir** last night
histoire (*f*) story, history
historien (*m*) historian
hiver (*m*) winter
homme (*m*) man: **jeune homme** young man
honneur (*m*) honor
horloge (*f*) clock
***hors d'haleine** out of breath
***hors-d'œuvre** (*m sg or pl*) hors d'œuvres, appetizer (*food*)
hospitalier hospitable
hôtel (*m*) hotel
hôtesse de l'air (*f*) flight attendant, stewardess
huile (*f*) oil
***huit** eight; **huit jours** a week
***huitième** eighth
humide humid
humilier to humiliate
hypocrite hypocritical

ici here
idée (*f*) idea
idéal ideal
identifier to identify; **s'identifier (à)** to identify oneself, to become identified (with)
identique identical
identité (*f*) identity; **carte d'identité** identity card
idiot idiotic
il (*m*) he, it
ils (*m pl*) they
image (*f*) picture
imaginer to imagine
immédiatement immediately
immense immense
immeuble (*m*) apartment house
immortel immortal
impair odd (of numbers)
imparfait imperfect

(Words beginning with an aspirate *h* are indicated by an *.)

impatient impatient
imper (*m*) raincoat
imperméable (*m*) raincoat
important important
imposant imposing
impossible impossible
impressionant impressive
impressionner to impress, affect, move; **s'impressionner** to be strongly affected
incroyable unbelievable
indéfini indefinite
indiquer to indicate
infinitif (*m*) infinitive
infirmière (*f*) nurse
informations (*f pl*) news
ingénieur (*m*) engineer
inimaginable unimaginable
inquiet, inquiète worried
inquiéter: s'inquiéter (de) to worry
insister to insist
installer; s'installer to settle (in)
instituteur (*m*), **institutrice** (*f*) elementary school teacher
intelligent intelligent
intéressant interesting
intéresser: s'intéresser (à) to be interested (in)
intérieur (*m*) interior, inside; **à l'intérieur** inside
interrogatif, interrogative interrogative
interrompre to interrupt
intimidé intimidated
intimider to intimidate
intrigue (*f*) plot
intriguer to intrigue
inviter to invite
irrité irritated
irriter to irritate
Italie (*f*) Italy
italien, italienne Italian

j' *see* **je**
jaillir to spring (up), to gush
jamais never, ever; **ne . . . jamais** never
jambe (*f*) leg
janvier (*m*) January
Japon (*m*) Japan
japonais (*m*) Japanese
jardin (*m*) garden
jaune yellow
je I
jeter to throw (away)
jeton (*m*) slug, token
jeu (*m*) game
jeudi (*m*) Thursday
jeune young; **jeune fille** girl; **jeunes gens** young people
joie (*f*) joy
joindre: se joindre (à) to join
joli pretty
joue (*f*) cheek
jouer to play; **jouer à** + (sports), **jouer de** + (musical instrument)
joueur (*m*) player
jour (*m*) day, daylight; **jour de congé** holiday (vacation); **jour de l'an** New Year's Day; **huit jours** a week; **quinze jours** two weeks; **tous les jours** every day; **par jour** per day
journal, journaux (*m*) newspaper, newspapers; **journal parlé** news (on radio or television)
journée (*f*) day (all day); **toute la journée** all day
joyeux, joyeuse happy, merry
jugement (*m*) judgment
juif (*m*) Jew
juillet (*m*) July
juin (*m*) June
jupe (*f*) skirt
jus (*m*) juice
jusqu'à until, up to, as far; **jusqu'à ce que** until
juste right, just, fair
justement rightly, exactly

kilo (*m*) kilo (2.2 lbs)
kilogramme (*m*) kilogram
kilomètre (*m*) kilometer (about 5/8 mile); (*abbr*) **km**

l' *see* **le, la**
la (*def art*) the; (*pron*) her, it
là there; **là-bas** over there; **là-dessus** on that, thereupon; **là-haut,** up there; **ce jour-là** that day
labeur (*m*) labor
laid ugly
laine (*f*) wool
laisser to let, to leave; **laisser couler l'eau** to let the water run; **laisser faire** to let (do something)
lait (*m*) milk
laitue (*f*) lettuce
lampe (*f*) lamp
langue (*f*) tongue, language
laquelle *see* **lequel**
lavabo (*m*) sink
laver to wash; **se laver** to wash oneself
le (*def art*) the; (*pron*) him, it
leçon (*f*) lesson
lecture (*f*) reading
légume (*m*) vegetable
lendemain (*m*) the next day
lent slow
lentement slowly
lequel, laquelle, lesquels, lesquelles (*rel pron*) which; who, whom; **lequel? laquelle? lesquels? lesquelles?** (*interrog pron*) which? which one? which ones?
les (*def art*) the; (*pron*) them
lettre (*f*) letter

leur (*pers pron*) to them, them; **leur, leurs** (*poss adj*) their; **le leur, la leur, les leurs** (*poss pron*) theirs
leveé du courrier (*f*) pick-up of mail
lever: se lever to get up, to rise; **lever le doigt** to raise your hand
lèvre (*f*) lip
liberté (*f*) liberty
librairie (*f*) bookstore
libre free
librement freely
lieu (*m*) place; **avoir lieu** to take place
linguiste (*m*) linguist
lion (*m*) lion
lire to read
liste (*f*) list
lit (*m*) bed
litre (*m*) liter (1.0567 qts liquid)
littérature (*f*) literature
livre (*m*) book
loger to lodge
logique (*f*) logic
loin far; **loin de** far from
long, longue long
longtemps a long time
lorsque when
lourd heavy
lui him, to him, to her, to it
luire to shine
lumière (*f*) light
lundi (*m*) Monday
lune (*f*) moon
lunettes (*f pl*) glasses; **lunettes de soleil** sunglasses
lycée (*m*) secondary school
lyrique lyrical

M. *abbr of* **Monsieur** Mr.
ma *see* **mon**
madame (*f*) madam; (*abbr*) **Mme** Mrs.; **mesdames** (pl)
mademoiselle (*f*) miss; (*abbr*) **Mlle** Miss; **mesdemoiselles** (pl)
magasin (*m*) store
magazine (*m*) magazine
magnifique magnificent
mai (*m*) May
maigre thin, skinny
maigrir to grow thin
main (*f*) hand
maintenant now
maintenir to maintain
maire (*m*) mayor
mais but
maison (*f*) house; **à la maison** at home
maîtresse d'école (*f*) school teacher
majestueux, majestueuse majestic
mal (*adv*) badly; **pas mal** not bad
mal (*m*) pain; **mal de tête** headache; **avoir mal à la tête** to have a headache; **se faire mal** to hurt oneself
malade sick
malgré in spite of
malheureusement unfortunately
malheureux, malheureuse unfortunate
malle (*f*) trunk
manger to eat
manquer to miss
manteau (*m*) coat
marcher to walk
mardi (*m*) Tuesday
mari (*m*) husband
marron brown
mars (*m*) March
mathématicien (*m*) mathematician
mathématiques (*f pl*) mathematics
matin (*m*) morning; **le matin** in the morning; **tous les matins** every morning
matinée (*f*) morning
mauvais bad, wrong
me me, to me
mécontent dissatisfied
médecin (*m*) doctor
médicament (*m*) medication
meilleur, meilleure, meilleurs, meilleures (*adj. comparative of* **bon**) better; **le meilleur, la meilleure, les meilleurs, les meilleures** (*superlative of* **bon**) best
même (*adv*) even, itself; **tout de même** nevertheless, any way; (*adj and pron*) **le même, la même, les mêmes** the same
mené directed
mentir to lie
menton (*m*) chin
menu (*m*) menu
mer (*f*) sea
merci thanks
mercredi (*m*) Wednesday
mère (*f*) mother
merveille (*f*) marvel, wonder
mes *see* **mon**
mésaventure (*f*) misadventure
mesurer to measure
météo (*f*) meteorology
métier (*m*) profession, occupation
mètre (*m*) meter (39.37 inches)
métro (*m*) subway
mets (*m pl*) food
metteur en scène (*m*) director
mettre to put, to place; **se mettre à** to begin; **mettre la table** to set the table
meuble (*m*) piece of furniture; **meubles** (pl) furniture
Mexique (*m*) Mexico
microbe (*m*) microbe
midi (*m*) noon; **après-midi** afternoon

mien: le mien, la mienne, les miens, les miennes mine
mieux (*adv, comparative of* **bien**) better; **aimer mieux** to prefer; **tant mieux** so much the better; **le mieux** (*superlative of* **bien**) the best
milieu (*m*) middle: **au milieu de** in the middle of
mille a thousand
millième (*m*) a thousandth
million (*m*) million
mince thin
minuit (*m*) midnight
minute (*f*) minute
mobylette (*f*) moped
moi I, me, to me
moindre lesser; **le moindre, la moindre, les moindres** the least, the slightest
moine (*m*) monk
moins less; **moins que** less than; **à moins que** unless; **une heure moins le quart** quarter to one; **du moins, au moins** at least
mois (*m*) month; **au mois de janvier** in the month of January
mollet (*m*) calf
moment (*m*) moment, time; **à ce moment-là** at that time; **au moment de** at the time of; **au même moment** at the same time; **au moment où** at the time when
mon, ma, mes my
monde (*m*) world, people; **tout le monde** everyone
monnaie (*f*) change (money)
monsieur (*m*) Mr., gentleman, Sir
monstre monstrous
monter to go up; **monter à bicyclette** to ride on a bicycle
montre (*f*) watch
montrer to show
monument (*m*) monument
mortel mortal
mot (*m*) word
motard (*m*) motorcycle policeman
moteur (*m*) motor
mouchoir (*m*) handkerchief
mourir to die; **mourir de faim** to die of hunger
mousse au chocolat (*f*) chocolate mousse
moustache (*f*) moustache
moutarde (*f*) mustard
mouton (*m*) sheep, mutton
moyens (*m pl*) means
mur (*m*) wall
murmurer to murmur
musée (*m*) museum
musicien (*m*), **musicienne** (*f*) musician
musique (*f*) music
mystère (*m*) mystery

n' *see* **ne**
nager to swim
naître to be born
natation (*f*) swimming
nationalité (*f*) nationality
ne not; **ne . . . pas** not, no; **ne . . . plus** no longer, no more; **ne . . . que** only; **ne . . . ni . . . ni** neither . . . nor; **ne . . . aucun(e)** none; **ne . . . guère** scarcely, hardly; **ne . . . jamais** never; **ne . . . personne** no one; **ne . . . rien** nothing; **n'importe qui** no matter who; **n'importe quoi** no matter what
nécessaire necessary
nef (*f*) nave
neige (*f*) snow
neiger to snow
nettoyer to clean
neuf, neuve new
neuf nine
neuvième ninth
ni neither; **ne . . . ni . . . ni** neither . . . nor; **ni l'un ni l'autre** neither
niais simple-minded
nièce (*f*) niece
niveau (*m*) level
Noël (*m*) Christmas
noir black
nom (*m*) name
nombre (*m*) number
nombreux, nombreuse numerous
non no; **non plus** either
nord (*m*) north
normalement normally
note (*f*) grade
notre, nos (*adj*) our; **le nôtre, la nôtre, les nôtres** (*pron*) ours
nourriture (*f*) food
nous we, us, to us
nous-mêmes ourselves
nouveau, nouvelle, nouveaux, nouvelles new; **de nouveau** again
nouvelle (*f*) piece of news; **nouvelles** (*pl*) news
novembre (*m*) November
nuage (*m*) cloud
nuit (*f*) night
nul, nulle no, no one; **nulle part** nowhere
numéro (*m*) number; **numéro de téléphone** telephone number
nylon (*m*) nylon

obéir (à) to obey
obéissant obedient
objet (*m*) object
observer to observe
occasion (*f*) occasion, bargain
occupation (*f*) occupation
occupé busy
octobre (*m*) October
odeur (*f*) odor
œil (*m*) eye; **yeux** (pl)
œuf (*m*) egg
œuvre (*f*) work
offrir to offer

oignon (*m*) onion
oiseau (*m*) bird
oisiveté (*f*) idleness
omelette (*f*) omelet
omettre to omit
on, l'on one, they, someone
oncle (*m*) uncle
onze eleven
onzième eleventh
opinion (*f*) opinion
orange (*f*) orange
ordinaire ordinary; **d'ordinaire** usually
ordre (*m*) order
ordures (*f pl*) garbage
oreille (*f*) ear; **tout oreille** all ears
oreiller (*m*) pillow
orgue (*m*) organ
original original, unusual
oseille° (*f*) money
ou or
où where, where?; in which, when; **où que** (+ *subj*) wherever
oublier (de) to forget
ouest (*m*) west
oui yes
ouïe (*f*) (sense of) hearing; **être tout ouïe** to be all ears
ouvert open
ouvertement openly
ouvreuse (*f*) usher
ouvrir to open

pain (*m*) bread; **pain de mie** white bread
pair even (number)
paire (*f*) pair
paix (*f*) peace
palais (*m*) palace
pâle pale
pantalon (*m*) trousers, pants
panneau indicateur (*m*) road sign
papier (*m*) paper
Pâques (*m pl*) Easter; (*f sg*) Passover
paquet (*m*) package
par by, through; **par avion** by plane; **par jour** per day, a day; **par le train** by train
paraître to appear
parce que because
pardessus (*m*) overcoat, topcoat
pardon (*m*) pardon
pareil, pareille same
parent (*m*) parent, relative
parfait perfect
parfaitement perfectly
parfois sometimes
parisien, parisienne Parisian
parler to speak; **parler à** to speak to; **parler de** to speak of; **entendre parler de** to hear of
parmi among
part (*f*) share; **nulle part** nowhere
partager to share, to divide
participer (à) to participate (in)
particulier: en particulier in particular
particulièrement particularly
partie (*f*) part, party
partir to leave
partout everywhere
pas not; **ne . . . pas** no, not; **pas encore** not yet; **pas du tout** not at all; **pas mal de** a lot; **pas un** not one
pas (*m*) step
passage à niveau (*m*) railroad crossing
passage clouté (*m*) pedestrian crossing
passer to pass, to spend; **passer un examen** to take a test; **se passer: qu'est-ce qui se passe?** what's happening?; **passer un film** to show a film
pasteur (*m*) pastor
pâté (*m*) pâté
patient patient
pâtisserie (*f*) pastry, pastry shop
pâtissier (*m*), **pâtissière** (*f*) pastry cook
pauvre poor
payer to pay
pays (*m*) country
paysage (*m*) landscape
paysan (*m*) farmer
peau (*f*) skin
pédagogie (*f*) pedagogy
peindre to paint
peine (*f*) trouble, pain; **ce n'est pas la peine** it's not worthwhile, don't bother; **à peine** scarcely
pendant during; **pendant que** while
penderie (*f*) closet
pendule (*f*) clock
penser to think, to believe; **penser à** to think of; **penser de** to have an opinion about; **faire penser** to remind
perdre to lose
père (*m*) father
permettre (de) permettre
permis de conduire (*m*) driver's licence
persister to persist
personnage (*m*) person (usually in the theater)
personne (*f*) person
personne no one; **ne . . . personne** nobody, no one
petit small, little; **petit déjeuner** breakfast; **un petit mot** a note; **petits pois** green peas; **un peu** a little; **à peu près** about; **peu après** a little later, soon after; **peu de** a little; **un peu plus tard** a little later
peuple (*m*) people
peur (*f*) fear; **avoir peur de** to be afraid of; **avoir peur que** (+*subj*) to be afraid that; **de peur que** for fear that
peut-être perhaps
pharmacie (*f*) pharmacy
pharmacien (*m*) **pharmacienne** (*f*) pharmacist

philosophe (*m*) philosopher
philosophie (*f*) philosophy
photo (*f*) photo
photographie (*f*) photo
phrase (*f*) sentence
piano (*m*) piano
pièce (*f*) room; **pièce de théâtre** play; **pièce de monnaie** coin
pied (*m*) foot
piéton (*m*) pedestrian
piger° to understand
pile: cinq heures pile five o'clock precisely
pire worse; **le pire, la pire, les pires** the worst
pis: tant pis so much the worse, too bad
piscine (*f*) swimming pool
placard (*m*) closet
place (*f*) square, space, room, seat
placer to place
plafond (*m*) ceiling
plaindre to pity; **se plaindre (de)** to complain (about)
plaire (à) to please; **s'il vous plaît** please
plaisanter to joke
planter to plant
plat (*m*) dish
plateau (*m*) tray
plein full
pleurer to weep, to cry
pleuvoir to rain; **il pleut à verse** it's pouring
pluie (*f*) rain
plupart: la plupart most
pluriel (*m*) plural
plus more; **ne . . . plus** no more, no longer; **plus de** more than; **plus fort** louder; **plus tard** later; **plus que** more than; **plus ou moins** more or less
plusieurs several
pneu (*m*) tire
point (*m*) period; **point de vue** point of view
poire (*f*) pear
pois (*m pl*) peas
poitrine (*f*) chest
poivre (*m*) pepper
police (*f*) police; **un agent de police** a policeman
politique political
pomme (*f*) apple; **pomme de terre** potato; **pommes frites** French fries
pont (*m*) bridge
populaire popular
porc (*m*) pig, pork
portail (*m*) portal
porte (*f*) door
porter to carry, to wear: **porter un toast** to toast
porte-serviettes (*m*) towel rack
portière (*f*) door (of a vehicle)
poser to set, to place; **poser une question** to ask a question
posséder to possess
possible possible
poste (*f*) post office
poste (*m*) **de télévision** television set; **poste de radio** radio
poule (*f*) chicken, hen
poulet (*m*) chicken
pour for, in order to, to; **pour que** (+*subj*) in order that, so that
pourboire (*m*) tip
pourquoi why; **pourquoi pas?** why not?
pourvu que (+*subj*) provided that
pouvoir to be able to, can, could, may, might; **pouvoir compter** to be able to count
précédent preceding
précipitamment headlong
précipiter to rush
précis precise
précisément precisely
préféré preferred
préférer to prefer
préjugé (*m*) prejudice
premier, première first; **le premier août** the first of August; **le premier étage** the second floor
premièrement at first, firstly
prendre to take; **prendre le petit déjeuner** to have breakfast; **prendre soin de** to take care of; **prendre une douche** to take a shower
près near, nearby; **près de** near; **à peu près** about
présent present
présenter to introduce; **présenter quelqu'un à quelqu'un** to introduce someone to someone; **se présenter à quelqu'un** to introduce oneself to someone
presque almost
prêt (à) ready
prêtre (*m*) priest
prévenir to warn
prévoir to foresee
prier to pray; **je vous en prie** please
principe (*m*) principle
printemps (*m*) spring
priorité (*f*) priority; **priorité à droite** right of way
privilège (*m*) privilege
prix (*m*) price
prochain next; **la semaine prochaine** next week
prodigieux, prodigieuse prodigious, stupendous
professeur (*m*) professor
profession (*f*) profession
profiter (de) to take advantage (of)
programme (*m*) program
progrès (*m*) progress
projet (*m*) project
promenade (*f*) walk, drive; **faire une promenade** to take a walk
promener to walk (something); **se promener** to take a walk

promettre (de) to promise
pronom (*m*) pronoun
proposer to propose
propos: à propos de by the way
propre clean; own
propriétaire (*m*) proprietor
protestant (*m*) Protestant
proverbe (*m*) proverb
province (*f*) province
provincial provincial
psychologie (*f*) psychology
psychologue (*m*) psychologist
public, publique public
publicitaire advertising
puis then
puisque since
pull-over (*m*) pullover
punir to punish
pur pure
purement purely

qu' *see* **que**
quai (*m*) platform
qualité (*f*) quality
quand when, when?; **depuis quand?** how long? since when?; **quand même** even if
quarante forty
quart (*m*) quarter; **trois heures et quart** a quarter past three; **trois heures moins le quart** a quarter to three
quartier (*m*) quarter, part of a city
quatorze fourteen
quatre four
quatre-vingt-dix ninety
quatre-vingts eighty
quatrième fourth
que (*rel pron*) whom, which; **ce que** that which, what; **que? qu'est-ce qui? qu'est-ce que?** what? **qu'est-ce que c'est que . . . ?** what is . . . ? **que** (*conj*) that
quel? quelle? quels? quelles? (*interrog adj*) what?; **quel . . . !** what a . . . !
quelque, quelques some, a few; **quelque chose** something
quelquefois sometimes
quelques-uns, quelques-unes some, a few
quelqu'un somebody, some one
question (*f*) question
qui (*rel pron*) who, whom, which; **ce qui** what; **qui?** (*interrog pron*) who? whom? **qui est-ce qui?** who? **qui est-ce que?** whom? **à qui . . . ?** to whom? whose . . . ?
quiconque whoever
quinzaine (*f*) about fifteen
quinze fifteen; **quinze jours** two weeks
quinzième fifteenth
quitter to leave
quoi what, what?; **à quoi bon?** what's the use?; **il n'y a pas de quoi** you are welcome
quoique (+*subj*) although

rabbin (*m*) rabbi
raconter to tell, to narrate
radio (*f*) radio
raffiné refined
raison (*f*) reason
rajeunir to grow young
ramasser to pick, to pick up, to gather
ranger to put back in its place
rappeler to remind; **se rappeler** to remember
rapport (*m*) report
rasoir° boring
réaction (*f*) reaction
réaliste realistic
récemment recently
récepteur (*m*) receiver (of the phone)
recevoir to receive
récolte (*f*) harvest
reconnaître to recognize
rédactrice de journal (*f*) newspaper editor
redonner to give again
redouter to dread, to fear
réel, réelle real
refuser (de) to refuse
régaler to entertain, to feast (one's friends)
regarder to look at
région (*f*) region
règle (*f*) rule
regrettable unfortunate
regretter (de) to regret, to be sorry for
religieux religious
remettre to put back
remplir to fill up
rencontre (*f*) meeting
rencontrer to meet
rendre to give back; **se rendre à** to proceed; **se rendre compte** to realize
renommé renowned, famed
renseignement (*m*) information
renseigner to inform
rentrer to return, to return home
renvoyer to send back
repas (*m*) meal
répéter to repeat
répondre (à) to answer
réponse (*f*) answer
reportage (*m*) report
repos (*m*) rest, repose
reposer: se reposer to rest
reprendre to take again; to start again; **reprendre la parole** to start to talk again
réputé pour well known for
responsable responsible
ressembler (à) to resemble, to look like
restaurant (*m*) restaurant
rester to stay, to remain

retard (*m*) delay, lateness; **en retard** late
retenir to hold back
retour (*m*) return; **aller et retour** round trip; **être de retour** to be back
retourner to go back; **se retourner** to turn around
retrouver to find again, to meet
réunion (*f*) meeting
réunir: se réunir to meet
réussir (à) to succeed in
revanche: en revanche in compensation
réveiller: se réveiller to wake up
réveillon (*m*) meal eaten on Christmas Eve after midnight Mass
revenir to return
rêver (de) (à) to dream about
revoir to see again; **au revoir** good-bye
revue (*f*) review, magazine
rez-de-chaussée (*m*) ground floor
riche rich
ridicule ridiculous
rien nothing; **ne . . . rien** nothing; **de rien** you are welcome; **rien d'intéressant** nothing interesting
rire (de) to laugh (at)
robe (*f*) dress
robuste robust
roi (*m*) king
rôle (*m*) role, part; **à tour de rôle** each one in turn
roman (*m*) novel
rond round
rose rosy, pink
rouge red
rouler to roll along
route (*f*) road
roux, rousse red (hair)
rue (*f*) street
rural rural
russe Russian
Russie (*f*) Russia
rythme (*m*) Rythm

s' *see* **si** *or* **se**
sa *see* **son**
sac (*m*) bag; **sac de couchage** sleeping bag
sage good, wise
saisir to seize
saison (*f*) season
salade (*f*) salad; lettuce
sale dirty
salé salty
salle (*f*) room; **salle de bains** bathroom; **salle de classe** classroom; **salle à manger** dining room
salon (*m*) living room
saluer to salute, to greet
samedi (*m*) Saturday
sans without; **sans doute** probably; **sans aucun doute** without a doubt; **sans équivoque** without ambiguity; **sans que** without
santé (*f*) health; **à votre santé, à ta santé** to your health
sardine (*f*) sardine
saucisse (*f*) sausage
saucisson (*m*) salami
sauter to jump
savant (*m*) learned man
savoir to know, to know how
savon (*m*) soap
savoureux tasty
sciences (*f pl*) sciences
sciences politiques (*f pl*) political science
se oneself, himself, herself, themselves; to oneself, etc.
séance (*f*) session, meeting
sec, sèche dry: **il fait sec** it is dry
second second; **seconde** (f) second class
sécurité routière (*f*) road safety
seize sixteen
séjour (*m*) stay, visit
sel (*m*) salt
selon according to
semaine (*f*) week; **la semaine prochaine** next week; **la semaine dernière** last week
semblable similar
sembler to seem
semer to sow
semeuse (*f*) sower
Sénégal (*m*) Senegal
sens (*m*) sense, direction
sentir to smell; **se sentir** to feel
sept seven
septembre (*m*) September
septième seventh
sérieux, sérieuse serious
sérieusement seriously
serrer to shake (hands)
service de bagages (*m*) baggage service
serviette (*f*) towel; napkin
servir (à) to serve; **se servir de** to use; **se servir** to help oneself
ses *see* **son**
seul alone, single
seulement only, but
shampooing (*m*) shampoo
si if, whether, so; yes
siècle (*m*) century; **au douzième siècle** in the twelfth century
sien: le sien, la sienne, les siens, les siennes (*poss pron*) his, hers
signal de localisation (*m*) place marker
signalisation (*f*) road sign system
similitude (*f*) similarity
simple simple
situé situated
six six

sixième sixth
ski (*m*) ski; **faire du ski** to ski
sœur (*f*) sister
soie (*f*) silk
soif (*f*) thirst; **avoir soif** to be thirsty
soir (*m*) evening; **le soir** in the evening; **hier soir** last night
soirée (*f*) evening; evening party
soit: il soit (*3rd sg pr subj*) **soit . . . soit** either . . . or
soixante sixty
soixante-dix seventy
solde (*f*) sale
soleil (*m*) sun, sunshine: **il fait du soleil** the sun is shining
solide solid
sommeil (*m*) sleep; **avoir sommeil** to be sleepy
sommet (*m*) summit
son, sa, ses (*poss adj*) his, her, its
songer (à) to dream (of)
sophistiqué sophisticated
sorte (*f*) sort, kind; **de sorte que** so that
sortie (*f*) exit
sortir to go out, to leave
sot foolish
soucoupe (*f*) saucer
soudain sudden
soudainement suddenly
souffrir to suffer
soulager to relieve
soulier (*m*) shoe
soumettre to submit
sourire (*m*) smile
sourire to smile
sous under: **sous forme de** in the form of
sous-sol (*m*) basement
soutien (*m*) support
souvenir (*m*) souvenir
souvenir: se souvenir (de) to remember
souvent often
spécial special
spécialement specially
spécialiser: se spécialiser (en) to major (in)
statue (*f*) statue
stupide stupid
style (*m*) style
subitement suddenly
subtilité (*f*) subtlety
succès (*m*) success
succulent tasty, succulent
sucre (*m*) sugar
sud (*m*) south
Suède (*f*) Sweden
suédois, suédoise Swedish
sueur (*f*) sweat, perspiration
suffire to suffice
suffisamment sufficiently
Suisse (*f*) Switzerland
suite: tout de suite right away, immediately
suivant following
suivre to follow; **suivre un cours** to take a course
sujet (*m*) subject; **au sujet de** about
sur on, upon
sûr sure
sûrement surely, certainly
surmené overworked
surprendre to surprise
surpris surprised
surtout especially, above all
symbole (*m*) symbol
sympa friendly, nice
sympathique friendly, nice
système (*m*) system; **système métrique** metric system

tabac (*m*) tobacco; **bureau de tabac** tobacconist's shop
table (*f*) table
tâcher (de) to try
tact (*m*) tact
tailleur (*m*) woman's suit
taire: se taire to keep quiet
tambour (*m*) drum
tandis que while
tant so much, so many; **tant mieux** so much the better; **tant pis** so much the worse
tante (*f*) aunt
tapis (*m*) rug
tard late; **plus tard** later
tarder (à) to delay, to put off
tasse (*f*) cup
taxi (*m*) taxi
taxiphone (*m*) pay phone
te to you, for you (**familiar)**
tel: un tel, une telle, de tels, de telles such a, such
tel que, telle que, tels que, telles que such as, like
télé (*f*) television
télégramme (*m*) telegram
téléphone (*m*) telephone
téléphoner to telephone
télévision (*f*) television

témoigner (de) to testify, to bear witness
température (*f*) temperature
temps (*m*) time; weather; **quel temps fait-il?** how's the weather?; **combien de temps?** how long?; **avoir le temps de** to have the time to; **de temps en temps** from time to time; **en même temps** at the same time
tenace tenacious
tendance (*f*) tendency
tenir to hold, to keep: **tenir parole** to keep (one's) word
tennis (*m*) tennis; **jouer au tennis** to play tennis

terminer to finish
terrain de sports (*m*) sports field
terrasse (*f*) terrace
terre (*f*) earth, ground
terre-à-terre earthy
tête (*f*) head
thé (*m*) tea
théâtre (*m*) theater
tien: le tien, la tienne, les tiens, les tiennes yours (*familiar*)
tiens! indeed, well!
tignasse (*f*) crop of hair
tigre (*m*) tiger
timbre (*m*) stamp; **timbre-poste** postage stamp
tirer to pull: **tirer au sort, tirer au hasard** to draw by chance, by lot
tiroir (*m*) drawer
toi you (*familiar*)
toilettes (*f pl*) toilet
tolérant tolerant
tomate (*f*) tomato
tomber to fall
ton, ta, tes your (*familiar*)
tonalité (*f*) dial tone
tort (*m*) wrong: **avoir tort** to be wrong
tôt soon; **plus tôt** sooner; **le plus tôt possible** as soon as possible
toujours always, still
tour (*m*) turn: **faire un tour** to take a walk (a ride); **à tour de rôle** each one in turn
touriste (*m*) tourist
tourne-disque (*m*) record player
tourner to turn
tout, toute, tous, toutes (*adj*) all, every; **toute la journée** all day; **tous les jours** every day; **tout le monde** everybody
tout, toute, tous, toutes (*pron*) all, everybody, everything
tout (*adv*) all, quite, completely; **tout à fait** quite; **tout à coup** suddenly; **tout de suite** immediately, right away; **à tout à l'heure** in a while; **pas du tout** not at all; **tout de même** all the same; **rien du tout** nothing at all
tragédie (*f*) tragedy
train (*m*) train; **en train de** in the act of
trait (*m*) gulp; **d'un trait** at one gulp
traiter to treat
trajet (*m*) journey, distance
tranquille quiet
travail (*m*), **travaux** (*pl*) work
travailler to work
traverser to cross
treize thirteen
treizième thirteenth
trente thirty
très very, very much
tricot de corps (*m*) T-shirt
triste sad
trois three
troisième third
trombone (*m*) trombone
tromper: se tromper to be mistaken
trompette (*f*) trumpet
trop too, too much, too many
troublé confused, upset
trouver to find; **se trouver** to be located
trucs (*m pl*) things
truquage (*m*) trick shots (film)
tu you (*familiar*)
Turquie (*f*) Turkey
tutoyer to use **"tu"**
type (*m*) type, guy
typique typical

un (*m*) a, an; one; **l'un** one
une (*f*) a, an; one, **l'une** one
unité (*f*) unity
université (*f*) university
uns; les uns, les unes some; **les un(e)s . . . les autres** some . . . the others; **les un(e)s . . . d'autres** some . . . others
user to wear out
usine (*f*) factory, plant
utile useful

vacances (*f pl*) vacation, holiday; **en vacances** on vacation
vache (*f*) cow
valeur (*f*) value
valise (*f*) suitcase
valoir to be worth; **il vaut mieux** it is better; **ça ne vaut pas la peine** it is not worth the trouble
vase (*m*) vase
veau (*m*) veal
vélo (*m*) bicycle; **faire du vélo** to go bicycling
vendre to sell
vendredi (*m*) Friday
venir to come; **venir de** to have just; **il vient de dormir** he has just slept; **il venait de dormir** he had just slept; **venir à point** to come at the right moment
vent (*m*) wind; **il fait du vent** it is windy
ventre (*m*) abdomen
vérifier to check
véritable true
vérité (*f*) truth
verre (*m*) glass
vers toward, about
vert green
veste (*f*) (short) jacket
veston (*m*) man's jacket
vêtements (*m pl*) clothing
viande (*f*) meat
victoire (*f*) victory
vide empty

vider to empty
vie (*f*) life
vieillir to grow old
vieux (*m*), **vieil** (*m*), **vieille** (*f*), **vieux** (*m/pl*), **vieilles** (*f pl*) old; **mon vieux** old man
village (*m*) village
ville (*f*) city, town; **en ville** downtown
vin (*m*) wine
vingt twenty
violence (*f*) violence
violet purple
violon (*m*) violin
violoncelle (*m*) cello
visage (*m*) face
visiter to visit (a place)
vite fast
vitrail (*m*), **vitraux** (*pl*) stained-glass window
vivement quickly
vivre to live
voici here is; **le voici, la voici** here it is, here he is, here she is
voilà there is; **le voilà, la voilà** there it is, there he is, there she is
voile (*f*) sail; **faire de la voile** to sail
voir to see
voiture (*f*) car
voix (*f*) voice; **à voix basse** in a low voice
voler to fly
volontiers willingly
vos *see* **votre**
votre, vos (*poss adj*) your
vôtre: le vôtre, la vôtre, les vôtres (*poss pron*) yours
vouloir to want, to wish; **vouloir bien** to be willing **je voudrais bien** I would like; **vouloir dire** to mean
vous you, to you
voyage (*m*) trip
voyager to travel
vrai true
vraiment truly
vue (*f*) view, sight; **point de vue** point of view

W.C. *abbr of* water-closets (toilet)
water-closets (*m/pl*) toilet
wagon (*m*) car (train)
week-end (*m*) weekend

y to it, at it, to them, at them, there; **il y a** there is, there are; **y a-t-il?** is there? are there? **il y avait** there was, there were; **il y a quinze ans** fifteen years ago; **il y a vingt minutes que j'attends** I have been waiting for twenty minutes; **qu'est-ce qu'il y a?** what is the matter?
yeux (*pl of* **œil**) eyes

zéro (*m*) zero
zoologie (*f*) zoology

ANGLAIS–FRANÇAIS

a un, une
abdomen ventre (*m*)
able (*adj*) compétent; **to be able** pouvoir
about (*prep*) (time) vers; (*adv*) (approximately) à peu près, environ; (*prep*) à propos de
above all surtout
abrupt brusque
abruptly brusquement
absent: to be absent s'absenter
absolutely absolument
absurd absurde
academic académique
accent accent (*m*)
accept accepter
accompany accompagner
according to d'après, selon
account compte-rendu (*m*), rapport (*m*)
acknowledge avouer
acquainted: to be acquainted with connaître
active actif, active
actively activement
actor acteur (*m*), actrice (*f*); comédien (*m*)
add ajouter, joindre
address adresse (*f*); **to address** adresser; **to address someone, to speak to someone, to appeal to someone** s'adresser à quelqu'un
admire admirer
admirer admirateur (*m*)
admit admettre, avouer
adore adorer
adorn embellir
adversity adversité (*f*)
advise: to advise aviser, conseiller
affectionate affectueux
after après
afternoon après-midi (*m or f*)
again encore
age âge (*m*); **how old are you?** quel âge avez-vous?
ago il y a; **two years ago** il y a deux ans
air mail par avion
airplane avion (*m*)
airport aéroport (*m*)
air terminal aérogare (*f*)
alas hélas
alive: to come alive s'animer
all tout, toute, tous, toutes; **not at all** pas du tout; **all at once** d'un seul coup; **all right** bien entendu; **and all that** et tout ça
almost presque
alone seul
already déjà
also aussi
although bien que, quoique
always toujours
ambiguity ambiguïté (*f*)
ambition ambition (*f*)
America Amérique (*f*)
American Américain (*m*), Américaine (*f*); (*adj*) américain, américaine
amuse amuser; **to amuse oneself** s'amuser, se divertir
amusing amusant
ancient ancien, ancienne
anger: to anger fâcher; **to become angry** se fâcher
angry fâché, furieux, furieuse
animal animal (*m*)
ankle cheville (*f*)
anniversary anniversaire (*m*)
annoy embêter
annoyed fâché; **annoying** fâcheux
answer: to answer répondre (à)
answer réponse (*f*)
anxious anxieux, anxieuse; inquiet, inquiète
any un, une; quelques-uns, quelques
anybody quiconque
anyone quelqu'un; **not . . . anyone** ne . . . personne
anything quelque chose; **not . . . anything** ne rien
apartment appartement (*m*)
appear paraître, sembler
appetizer hors-d'œuvre (*m*)
applaud applaudir
apple pomme (*f*)
appreciate apprécier
April avril (*m*)
archeologist archéologue (*m*)
archeology archéologie (*f*)
arm bras (*m*)
arrival arrivée (*f*)
arrive arriver; **to arrive in time** arriver à temps
arrow flèche (*f*)
art art (*m*)
artery artère (*f*)
artichoke artichaut (*m*)
artist artiste (*m or f*)
artistic artistique
as comme, pendant que; **as if** comme si; **as soon as** dès que, aussitôt que; **as soon as possible** aussitôt que possible
ask demander; **to ask a question** poser une question
asparagus asperge (*f*)
aspect aspect (*m*)
aspirin aspirine (*f*)
at à, chez; **at the** au, à la, à l', aux; **at Jacqueline's** chez Jacqueline; **at any rate** en tout cas; **at first** d'abord; **at least** au moins, du moins; **at that moment** à ce moment-là; **at the end of** au bout de; **at the same time** en même temps; **at the top of** en haut de

attend (a school) faire ses études
attention attention (*f*)
attitude attitude (*f*)
August août (*m*)
aunt tante (*f*)
auto auto (*f*), automobile (*f*), voiture (*f*)
autumn automne (*m*)
available disponible, libre
avenue avenue (*f*)
await attendre
award prix (*m*)

bad mauvais
badly mal
bag sac (*m*); **sleeping bag** sac de couchage (*m*)
baggage service service des bagages (*m*)
baker boulanger (*m*), boulangère (*f*)
bakery boulangerie (*f*)
balcony balcon (*m*)
ballet ballet (*m*)
banana banane (*f*)
bank banque (*f*)
bank note billet de banque (*m*)
bar bistro(t) (*m*), café (*m*)
basement sous-sol (*m*)
bathroom salle de bains (*f*)
be être; **to be afraid** avoir peur; **to be all ears** être tout oreilles, être tout ouïe; **to be angry** être en colère; **to be at the table** être à table; **to be called** s'appeler; **to be cold** avoir froid; **to be hungry** avoir faim, être affamé; **to be late** être en retard; **to be right** avoir raison; **to be sleepy** avoir sommeil; **to be thirsty** avoir soif, être assoiffé; **to be warm** avoir chaud; **to be wrong** avoir tort
bean *haricot (*m*)
beard barbe (*f*)
beat: to beat frapper, battre
because parce que; **because of** à cause de
become devenir; **to become animated** s'animer
bed lit (*m*); **to go to bed** se coucher
bedroom chambre à coucher (*f*)
beef bœuf (*m*)
been été (*p part of* être)
beer bière (*f*)
before (time) avant, avant de, avant que; auparavant; (place) devant
begin commencer (à)
beginning début (*m*)
behind derrière
Belgium Belgique (*f*)
believable croyable
believe croire, penser (à)
belong appartenir à; être à
belt ceinture (*f*)
benefit: to benefit profiter
beside à côté de
besides puis, d'ailleurs
best (*adj*) le meilleur, la meilleure, les meilleurs, les meilleures; (*adv*) le mieux
better (*adj*) meilleure, meilleure, meilleurs, meilleures; (*adv*) mieux; **so much the better** tant mieux; **it is better to** il vaut mieux; **it would be better** il vaudrait mieux
bicycle bicyclette (*f*), vélo (*m*)
big grand, gros
biologist biologiste (*m*)
biology biologie (*f*)
bird oiseau (*m*)
birthday anniversaire (*m*)
black noir
blacksmith forgeron (*m*)
blame: to blame blâmer
blanket couverture (*f*)
blond blond
blue bleu
blunt brusque
boat bateau (*m*)
body corps (*m*)
book livre (*m*)
bookstore librairie (*f*)
boots bottes (*f pl*)
bore ennuyer, embêter°; **to be bored** s'ennuyer
boring ennuyeux, rasoir°
born né; **to be born** naître
borrow emprunter
bosom poitrine (*f*)
botanist botaniste (*m*)
botany botanique (*f*)
bother: to bother ennuyer, déranger
bothersome embêtant
bottle bouteille (*f*)
boulevard boulevard (*m*)
box caisse (*f*), boîte (*f*)
boy garçon (*m*), jeune homme (*m*)
brake: to brake freiner
brave courageux, brave
bread pain (*m*), baguette (*f*); **white bread** pain de mie
breakfast petit déjeuner (*m*)
breath souffle (*m*); **out of breath** à bout de souffle, hors d'haleine
brevity brièveté (*f*)
bridge pont (*m*)
bring apporter
brother frère (*m*)
brown brun, brune, marron
brush: to brush brosser
budge bouger
build construire; **to have built** faire construire
building édifice (*m*), bâtiment (*m*)
bulletin bulletin (*m*)
burst crever
bus autobus (*m*), car (*m*)
busy occupé
but mais
butcher boucher (*m*), bouchère (*f*)
butchershop boucherie (*f*); **pork butcher** charcutier (*m*), charcutière (*f*); **pork butcher's** charcuterie

butter beurre (*m*)
buy: to buy acheter
by par, de

café café (*m*)
cake gâteau (*m*)
calf mollet (*m*)
call: to call appeler; **to be called** s'appeler
calm calme
camembert camembert (cheese) (*m*)
can (tin of food) boîte de conserve (*f*)
Canada Canada (*m*)
Canadian canadien, canadienne
candor franchise (*f*)
capable capable
capital (city) capitale (*f*)
car bus (*m*), wagon (train) (*m*)
card carte (*f*); **to play cards** jouer aux cartes
care: to take care of s'occuper de
career carrière (*f*)
careful: to be careful faire attention
carpet tapis (*m*)
carrot carotte (*f*)
cart chariot (*m*)
case cas (*m*); **in any case** en tout cas
cash monnaie (*f*); **cashbox** caisse (*f*)
castle château (*m*)
cat chat (*m*), chatte (*f*)
category catégorie (*f*)
cathedral cathédrale (*f*)
catholic catholique
ceiling plafond (*m*)
celebrate: to celebrate célébrer, fêter, arroser
cellar cave (*f*)
cello violoncelle (*m*)
century siècle (*m*)
certain certain
certainly certainement
channel (T.V.) chaîne (*f*)
chair chaise (*f*)
champagne champagne (*m*)
character personnage (*m*), caractère (*m*)
characteristic caractéristique (*f*)
charmed enchanté
charge: to charge (to rush in) foncer
charity charité (*f*)
charming charmant
château château (*m*)
check: to check the oil vérifier l'huile
cheek joue (*f*)
chemistry chimie (*f*)
cheese fromage (*m*)
cherry cerise (*f*)
chest poitrine (*f*)
chest (of drawers) commode (*f*)
chicken poulet (*m*)
child enfant (*m or f*)
chimney cheminée (*f*)
chin menton (*m*)
China Chine (*f*)
Chinese chinois, chinoise
chocolate chocolat (*m*); **chocolate mousse** mousse au chocolat (*f*)
choice choix (*m*)
choke: to choke étrangler
choose: to choose choisir
chore corvée (*f*)
Christmas Noël (*m*); **Christmas Eve midnight party** réveillon (*m*)
church église (*f*)
cinema cinéma (*m*)
circulation circulation (*f*)
circumstance circonstance (*f*)
city cité (*f*), ville (*f*)
civilization civilisation (*f*)
classical classique
classroom salle de classe (*f*)
clean: to clean nettoyer; (*adj*) **clean** propre
clear clair
clever savant, intelligent
clock pendule (*f*), horloge (*f*)
close: to close fermer; **closed** fermé
closet penderie (*f*), placard (*m*)
clothing vêtements (*m pl*); habit (*m*)
cloud nuage (*m*)
coat (women's) manteau (*m*); (men's) pardessus (*m*)
coffee café (*m*); **coffee with cream** crème (*m*)
coin pièce de monnaie (*f*)
cold (temperature) froid; **it is cold** il fait froid; **I am cold** j'ai froid; (illness) rhume (*m*)
collect: to collect ramasser
collection collection (*f*)
college collège (*m*)
color couleur (*f*)
colossal colossal
combat combat (*m*)
combat: to combat combattre
come: to come venir, arriver; **to come at the right moment** venir à point; **to come back** revenir; **to have (someone) come** faire venir (quelqu'un)
comedian comédien (*m*)
comedy comédie (*f*)
comfortable confortable
comic (strips) bandes dessinées (*f pl*)
command: to command commander
comment: comment commenter
commit: to commit commettre
common commun; **common sense** bon sens (*m*), sens commun (*m*)
communicate: to communicate communiquer
compartment compartiment (*m*)
competent compétent
complain: to complain about se plaindre de
complete complet
completely complètement, tout à fait
complicated compliqué
compliment compliment (*m*)
composer compositeur (*m*)

concede: to concede admettre
condition condition (*f*)
conditional conditionnel (*m*)
conference room salle de conférence (*f*)
confess: to confess confesser; se confesser
confusion brouhaha (*m*)
consider: to consider considérer
constantly constamment
consult: to consult consulter
contain: to contain contenir
continue: to continue continuer
contrary contraire (*m*); **on the contrary** au contraire
contribute: to contribute contribuer
conversation conversation (*f*)
cook: to cook faire la cuisine
cool frais (*m*), fraîche (*f*)
corner coin (*m*)
correct: to correct corriger
correctly correctement
correspond: to correspond écrire
cost: to cost coûter; **to cost half price** coûter moitié prix
cotton coton (*m*)
count: to count compter
country campagne (*f*)
course cours (*m*)
cousin cousin (*m*), cousine (*f*)
cover: to cover couvrir
cow vache (*f*)
cramp: to cramp gêner
crazy déraisonnable
cream crème (*f*)
create: to create créer, forger
crescent roll croissant (*m*)
criticize: to criticize critiquer
cross croix (*f*)
cross: to cross traverser
crowd foule (*f*)
cruel cruel, cruelle
cry: to cry out s'écrier; **to cry** pleurer
cucumber concombre (*m*)
culmination comble (*m*)
cup tasse (*f*)
cut: to cut couper

dairy crémerie (*f*)
dairyman crémier (*m*), crémière (*f*)
dance: to dance danser
dancer danseur (*m*)
dark sombre
dart: to dart forth s'élancer
date date (*f*)
date: to date dater
daughter fille (*f*)
day jour (*m*), journée (*f*); **all day** toute la journée; **every day** tous les jours; **the next day** le lendemain; **day after tomorrow** après-demain; **New Year's Day** le jour de l'an; **day off** jour de congé
daydream: to daydream (about) songer (à)
dead mort
deal: a great deal, a good deal beaucoup; **a great deal of** beaucoup de
dear cher, chère
debarkation card carte de débarquement (*f*)
deceive: to deceive tromper
December décembre (*m*)
decide: to decide décider (de), vouloir
declare: to declare constater, déclarer
define: to define définir
delay retard (*m*)
delicate délicat
delicious délicieux
delighted enchanté
dentist dentiste (*m*)
departure départ (*m*)
depart: to depart partir
depend: to depend dépendre (de)
derange: to derange déranger
descend: to descend descendre
describe: to describe décrire
desk bureau (*m*)
dessert dessert (*m*)
destroy: to destroy détruire
detective movie film policier (*m*)
detest: to detest détester
dial cadran (*m*); **to dial the number** faire le numéro, composer le numéro; **dial tone** tonalité (*f*)
die: to die mourir, décéder; **he died** il est mort; **to die of hunger** mourir de faim; **to die from** crever de°
difference différence (*f*)
different différent
difficult difficile
dignity dignité (*f*)
dine: to dine dîner; (*n*) dîner (*m*)
dining room salle à manger (*f*)
directly directement
director metteur en scène (*m*)
dirt boue (*f*), ordure (*f*)
disappearance disparition (*f*)
disappoint: to disappoint décevoir, désappointer
disappointed déçu, désappointé
disciple disciple (*m*)
disconcerted déconcerté
discover: to discover découvrir
discovery découverte (*f*)
discreet discret
discuss discuter
discussion discussion (*f*)
dish plat (*m*); plat (de viande); mets (*m pl*)
disoriented désorienté
displease: to displease déplaîre (à)
distance distance (*f*)
distance marker borne kilométrique (*f*)
distinguished distingué

distract: to distract distraire
district quartier (*m*)
disturb: to disturb inquiéter, troubler, déranger
divert: to divert divertir
do faire; **do you** . . . ? est-ce que . . . ? **don't you? doesn't it?** n'est-ce pas?; **I did** j'ai fait; **how do you do?** comment allez-vous? **all you have to do** . . . vous n'avez qu'à . . .
doctor médecin (*m*), docteur (*m*), doctoresse (*f*)
document document (*m*)
documentary documentaire (*m*)
dog chien (*m*), chienne (*f*)
dollar dollar (*m*)
door porte (*f*)
doubt doute (*m*); **doubtless, no doubt** sans doute
doubt: to doubt douter (de); **to doubt strongly** douter fort
down en bas; **to go down** descendre; **downtown** en ville; **down-to-earth** terre à terre
dozen douzaine (*f*)
draft beer bière pression (*f*)
dramatic dramatique
to draw by chance tirer au hasard; **to draw by lot** tirer au sort
drawer tiroir (*m*)
dream: to dream rêver (de *or* à)
dress robe (*f*); **to dress** habiller; **to get dressed** s'habiller
drink: to drink boire; (*n*) **drink** boisson (*f*)
drive: to drive conduire; **to drive a car** conduire; **to drive fast** foncer
driver chauffeur (*m*); **driver's licence** permis de conduire (*m*)
driving rules code de la route (*m*)
drugstore pharmacie (*f*)
drum tambour (*m*)
dubbed (film) film doublé (*m*)
during durant, pendant
dust poussière (*f*); **to dust** épousseter
duty devoir (*m*)

each (*adj*) chaque; (*pron*) chacun, chacune; **each one** chacun, chacune
ear oreille (*f*); **earphones** écouteurs (*m pl*)
early de bonne heure, en avance, tôt
easily facilement
East est (*m*)
Easter Pâques (*m*)
easy facile
eat: to eat manger; **to eat breakfast** prendre le petit déjeuner
éclair éclair (*m*)
education éducation (*f*)
effort effort (*m*)
egg œuf (*m*)
eggplant aubergine (*f*)
eight *huit; **about eight** huitaine (*f*)
eighteen dix-huit
eighth *huitième
eighty quatre-vingts
either: either . . . or soit . . . soit; **not . . ..either** ne . . . non plus; **nor I neither** (ni) moi non plus
elbow coude (*m*)
elder aîné, aînée; **elderly** d'un certain âge
eldest aîné, aînée
elegantly élégamment
elementary élémentaire
elephant éléphant (*m*)
eleven onze
eleventh onzième
else: something else autre chose; **nothing else** rien d'autre
embarrass: to embarrass gêner
embarrassed embarrassé, confus, gêné
embrace embrasser
employ employer
employee employé (*m*)
empty vide; **to empty** vider
enchanted enchanté (de faire votre connaissance)
end fin (*f*), bout (*m*); **at the end of the street** au bout de la rue; **to end** finir, terminer; (*n*) **end** (of a play) dénouement (*m*)
engineer ingénieur (*m*)
England Angleterre (*f*)
English anglais, anglaise
enjoy: to enjoy apprécier, aimer; **to enjoy the good meal** profiter de la bonne chère
enormous énorme, vaste
enormously énormément
enough assez (de)
entertain régaler, divertir, amuser
enthusiasm enthousiasme (*m*); **to be enthusiastic** s'enthousiasmer
entire entier, entière
entirely entièrement, tout à fait
entrance into city entrée d'agglomération (*f*)
entrée entrée (*f*)
envy envie (*f*)
equal égal, pareil; (addition) font
equivalent équivalent (*m*)
errand course (*f*); **to do errands** faire des courses
error erreur (*f*)
erudite savant (*m*)
especially surtout, spécialement
eternal éternel
Europe Europe (*f*)
European européen, européenne
even pair (of numbers)
even même
evening soir (*m*), soirée (*f*); **in the evening** le soir; **every evening** tous les soirs; **good evening** bonsoir; **evening party** une soirée
ever jamais
every chaque, tout; **every day** tous les jours
everyone tout le monde, chacun

everything tout
everywhere partout
evidence évidence (*f*)
evidently évidemment
exact exact; **exact time** l'heure pile, l'heure tapante
exactly exactement
exaggerate exagérer
examination examen (*m*)
examine examiner
example exemple (*m*); **for example** par exemple
exasperated exaspéré
excellent excellent
excited agité, excité
excuse: to excuse excuser
exercise exercice (*m*); **to exercise** exercer
exhausted épuisé, crevé° éreinté
exit sortie (*f*); **exit from city** fin d'agglomération (*f*)
expect s'attendre à
expenditure dépense (*f*)
expensive cher, chère
experience expérience (*f*)
experiment expérience (*f*)
explain expliquer
explanation explication (*f*)
express express (*m*); **to express** exprimer; **to express oneself** s'exprimer
exquisite exquis
extinguish éteindre
eye œil (*m sg*), yeux (*pl*)

fabricate fabriquer
face visage (*m*), figure (*f*), face (*f*); **face** (of a clock) cadran (*m*)
fact fait (*m*)
factory usine (*f*)
fall automne (*m*); **in the fall** en automne; **to fall** tomber; **to fall asleep** s'endormir
family famille (*f*)
famous célèbre; **famous for** réputé pour
fanatic fanatique (*m*)
fantastic fantastique
far loin; **far away** loin; **far from** loin de
farewell dinner dîner d'adieu (*m*)
farm ferme (*f*)
fast vite
fat gras, grasse
father père (*m*)
fault faute (*f*)
favorite favori, favorite
fear peur (*f*); **to fear** craindre, redouter, avoir peur de (que); **for fear that** de peur que, de crainte que
feast fête (*f*)
February février (*m*)
feel: to feel sentir; (health) se sentir; **to feel pain in** avoir mal à + (partie du corps); **to feel like** avoir envie de
feet pieds (*m pl*), pied (*sg*)
fence faire de l'escrime
ferocious féroce
few peu de, quelques; **a few** (*pron*) quelques-uns, quelques-unes
fewer moins
field champ (*m*); **field** (for sports) terrain de sports (*m*)
fierce féroce, furieux
fifteen quinze; **about fifteen** une quinzaine
fifteenth quinzième
fifth cinquième
fifty cinquante; **about fifty** une cinquantaine
fight: to fight combattre, se battre
fill remplir; **to fill up** (gas tank) faire le plein
film film (*m*)
finally finalement, enfin
find trouver; **to find again** retrouver
fine beau; **it is fine weather** il fait beau
finger doigt (*m*)
finish finir, terminer
fire feu (*m*)
firm ferme
first (*adj*) premier, première; (*adv*) premièrement; **at first** d'abord; **first class** première classe
five cinq
floor parquet (*m*), étage (*m*); **the second floor** le premier (étage); **the third floor** le deuxième (étage)
flower fleur (*f*)
fly voler
follow suivre
follower disciple (*m*)
following suivant
fond: to be fond of aimer
foolish bête, sot, sotte
foolish acts bêtises (*f pl*)
foot pied (*m*)
football football (*m*)
for pour, depuis, pendant; **for fear that** de peur que; **I have been here for a half hour** je suis ici depuis une demi-heure
foreigner étranger (*m*), étrangère (*f*)
foresee prévoir
forestall prévenir
forge forger
forget oublier (de)
fork fourchette (*f*)
former ancien, ancienne
formerly autrefois
formidable formidable
formula formule (*f*)
forty quarante
fountain fontaine (*f*)
four quatre
fourth quatrième
franc franc (*m*)
France France (*f*)

free libre
freely librement
freeze geler
French français (*m*) française (*f*)
fréquent fréquenter
frequently fréquemment
Friday vendredi (*m*)
fried potatoes pommes frites (*f pl*)
friend ami (*m*), amie (*f*)
friendly amical, aimable
friendship amitié (*f*)
from de, depuis, d'après; **from the** du, de la, de l', des; **from time to time** de temps en temps
front: in front of devant
frugality frugalité (*f*)
fruit fruit (*m*)
full plein
fun: to make fun of se moquer de
furious furieux
furnished meublé
furniture meubles (*m pl*); **a piece of furniture** un meuble
future futur (*m*)

game jeu (*m*); (sports) match (*m*)
garage garage (*m*)
garden jardin (*m*)
gasoline essence (*f*)
gather réunir
genealogical tree arbre généalogique (*m*)
generally généralement
generous généreux, généreuse
genial génial
gentle doux, douce
genuine véritable
geologist géologue (*m*)
geology géologie (*f*)
germ microbe (*m*)
get avoir, obtenir, prendre, recevoir; **to get in** entrer; **to get out** sortir; **to get to** arriver à, se rendre à; **to get up** se lever; **to get on a bicycle** monter à bicyclette; **to get down** descendre; **to get used to** s'habituer à, s'accoutumer à; **to get on one's nerves** embêter
gift cadeau (*m*)
gigantic gigantesque
giraffe girafe (*f*)
girl fille (*f*), jeune fille (*f*); **little girl** petite fille; **girl-friend** amie, copine
give donner
glad content, heureux
gladly volontiers, avec plaisir
glass verre (*m*)
glove gant (*m*)
go aller simple (*m*); **to go** aller; **I go, I am going** je vais; **I shall go** j'irai; **to go away** s'en aller; **to go in** entrer; **to go out,** sortir; **to go up** monter; **to go down** descendre; **to go to bed** se coucher; **to go with** fréquenter, accompagner; **to go bike riding** faire de la bicyclette; **to go** (vehicle) rouler
goal but (*m*)
good bon, bonne, sage; **good-bye** au revoir; **good day, good morning** boujour; **good evening** bonsoir; **good grief!** mon Dieu! **what a good idea!** quelle bonne idée!
gothic gothique
gram gramme (*m*)
grandfather grand-père (*m*)
grandmother grand-mère (*f*)
grapes raisin (*m sg*)
grasp saisir
gray gris
great! chic! chouette!
Greek grec, grecque
green vert
grocer épicier (*m*)
grocery épicerie (*f*)
ground floor rez-de-chaussée (*m*)
group groupe (*m*)
grow pousser; **to grow bigger** grossir; **to grow old** vieillir; **to grow tall** grandir; **to grow thin** maigrir; **to grow up** grandir
guard gardien (*m*)
guide guide (*m*)
guitar guitare (*f*)
gush forth jaillir
guy (familiar) type (*m*)
gymnasium gymnase (*m*)

habit habitude (*f*); (clothes) habit (*m*)
habitually habituellement
habituate s'habituer
had eu (*p part of* avoir)
hair cheveu (*m*), cheveux (*pl*); **hairdo,** chevelure (*f*), tignasse (*f*)
half demi, demie; **half past six** six heures et demie; **a half hour** une demi-heure
hand main (*f*); **handshake** une poignée de main; **to hand in** remettre
handkerchief mouchoir (*m*)
happily heureusement
happiness bonheur (*m*)
happy heureux, heureuse; content, joyeux, joyeuse
hard dur, difficile
hardly à peine, ne . . . guère
harp *harpe (*f*)
harvest récolte (*f*), moisson (*f*)
hat chapeau (*m*)
hate: to hate détester
have avoir; **I have** j'ai; **I haven't** je n'ai pas; **do you have?** avez-vous? **to have to** avoir à, devoir, il faut . . . , avoir besoin de, être obligé de; **to have a headache** avoir mal à la tête; **to have a toothache** avoir mal aux dents;

to have patience avoir de la patience; **to have control** détenir: **to have one's hair cut** faire couper les cheveux; **to have the habit of** avoir l'habitude de; **to have the right to** avoir droit à
he il, lui, ce, c'
head tête (*f*); **head of hair** chevelure (*f*)
healthy robuste
hear entendre; **to hear of** (about) entendre parler de; **to hear that** entendre dire que
heart cœur (*m*)
hearty appetite bon appétit (*m*)
heat chaleur (*f*)
hell enfer (*m*)
hello bonjour (*m*)
help: to help aider; **to help oneself** se servir
hen poule (*f*)
her (*pers pron*) la, lui, elle; **to her, for her** lui; (*poss adj*) son, sa, ses
here ici; **here is, here are** voici; **here it is** le (la) voici; **here they are** les voici; **here!** tiens!, tenez!
hers le sien, la sienne, les siens, les siennes
high *haut
him le, lui; **to him, for him** lui
historian historien (*m*)
history histoire (*f*)
hitchhike faire de l'auto-stop
hold: to hold tenir
holiday fête (*f*); **Easter holidays** vacances de Pâques (*f pl*)
home maison (*f*), foyer (*m*); **she is at home** elle est chez elle; **to go home, to get home** rentrer
homework devoir (*m*)
honor honneur (*m*)
hope: to hope espérer; **I hope so** je l'espère
horn avertisseur (*m*)
hors-d'œuvres hors-d'œuvre (*m sg or pl*)
horse cheval (*m sg*), chevaux (*pl*)
hospitable hospitalier
host: to host héberger
hot chaud; **it is hot** il fait chaud
hotel hôtel (*m*)
hotly chaudement, avec chaleur, vivement
hour heure (*f*); **a half hour** une demi-heure
house maison (*f*); **at our house** chez nous; **at their house** chez eux
how comment; **how much, how many** combien; **how much is it?** combien est-ce?; **how long?** combien de temps? **how is the weather?** quel temps fait-il?; **how old are you?** quel âge avez-vous?
however cependant, pourtant
huge monstre
humble humble
humid humide
humiliate humilier
hundred cent; **about a hundred** une centaine
hunger faim (*f*)
hungry: to be hungry avoir faim
hurry: to hurry se dépêcher; **hurry!** dépêche-toi!, dépêchez-vous!; **to be in a hurry** être pressé
hurt: to hurt blesser; **to hurt oneself (in)** se blesser, se faire mal à
husband mari (*m*)
hypocritical hypocrite

I je, moi
iced glacé
idea idée (*f*)
ideal idéal
identical identique
identification identité (*f*)
identify identifier
idiotic idiot, absurde
idleness oisiveté (*f*)
if si
ill malade (*m*); **to be ill** être malade
incomprehensible talk charabia (*m*)
immediately immédiatement, tout de suite
immense immense
immortal immortel
impart communiquer
impatient impatient
important important
imposing imposant
impossible impossible
impress impressionner
impression impression (*f*)
impressive impressionnant
in dans, en, à; **in front** devant; **in Paris** à Paris; **in France** en France; **in Canada** au Canada; **in the month of May** en mai; **in the spring** au printemps; **in summer** en été; **in the morning** le matin; **at ten o'clock in the morning** à dix heures du matin; **in general** en général; **in it** y; **in order that** afin que, pour que; **in order to** afin de (+ inf), pour (+ inf); **in particular** en particulier; **in return** en revanche; **in spite of** malgré, en dépit de; **in such a case** alors; **in the form of** sous forme de; **in the process of** en voie de
insane fou (*m*), folle (*f*)
indeed en effet, vraiment
indicate indiquer
inform renseigner
information renseignements (*m pl*)
inhabitant habitant (*m*)
inn auberge (*f*)
inside intérieur (*m*); à l'intérieur
insist insister
instructor instructeur (*m*)
intend to avoir l'intention de
interest: to interest intéresser
interesting intéressant
interior intérieur

interrogative interrogatif, interrogative
interrupt interrompre
intimidate intimider
intimidated intimidé
into dans
intrigue: to intrigue intriguer
introduce présenter à; **to introduce someone to** présenter quelqu'un à; **to introduce oneself to** se présenter à
invite inviter
irritate irriter
irritated irrité
is est; **it is** c'est, il est, elle est; **is it?** est-ce? est-ce que c'est? **there is** il y a; **is there?** y a-t-il? **it is ten o'clock** il est dix heures; **it is cold** il fait froid **it** (*subj*) il, elle, ce; **it is** c'est, il est, elle est; (*dir obj*) le, la, l'; (*ind obj*) y; **of it** en
Italian italien, italienne
Italy Italie (*f*)
its son, sa, ses

jacket veste (*f*), veston (*m*)
January janvier (*m*)
jargon jargon (*m*)
jewel bijou (*m*)
jeweler bijoutier (*m*)
Jewish juif, juive
job besogne (*f*), travail (*m*)
join joindre; **to join someone** se joindre à
joke: to joke plaisanter
joy joie (*f*)
judgment jugement (*m*)
juice jus (*m*)
July juillet (*m*)
jump: to jump sauter
June juin (*m*)
just seulement; **to have just** venir de (+ *inf*); **I have just studied** je viens d'étudier; **just as much, just as many** autant de

keep: to keep garder, tenir, retenir; **to keep on** continuer à; **to keep one's promise, word** tenir (sa) parole
keeper gardien (*m*)
keepsake souvenir (*m*)
kill: to kill tuer
kilogram kilogramme (*m*), kilo
kilometer kilomètre (*m*), km
kind sorte (*f*), genre (*m*), espèce (*f*)
kindness bonté (*f*)
king roi (*m*)
kiss: to kiss embrasser
kitchen cuisine (*f*)
knee genou (*m*)
knife couteau (*m*)
knock down abattre
know connaître, savoir; **I know** je connais, je sais; **do you know;** connaissez-vous? savez-vous?; **I shall know** je saurai; **I should know** je saurais; **to know how to** savoir (+ *inf*)

labor labeur (*m*)
lack: to lack manquer
lady dame (*f*); **young lady** demoiselle (*f*)
lamb (young) agneau (*m*), mouton (*m*)
lamp lampe (*f*)
land terre (*f*)
landscape paysage (*m*)
language langue (*f*)
large grand, gros, grosse
last dernier, dernière; **last week** la semaine dernière, la semaine passée; **last night** hier soir; **to last** durer
late tard, en retard; **later** plus tard; **to be late** être en retard
Latin latin (*m*); **Latin Quarter** quartier latin
laugh: to laugh rire; **to laugh at** rire de
lawyer avocat (*m*), avocate (*f*)
lead: to lead mener, conduire; **to lead away** emmener
leaf feuille (*f*)
learn apprendre; **to learn by heart** apprendre par cœur
least: the least le moins, la moins, les moins
leather cuir (*m*)
leave: to leave partir, quitter, s'en aller; laisser
lecture conférence (*f*)
lecturer conférencier (*m*)
left gauche; **to the left** à gauche
leg jambe (*f*); **leg of lamb** gigot (*m*)
lemon citron (*m*)
lemonade limonade (*f*)
length longueur (*f*)
less moins; **less . . . than** moins . . . que; (numbers) moins de; **more or less** plus ou moins
lesson leçon (*f*)
let permettre, laisser; **let the water run** laisser couler l'eau
letter lettre (*f*)
lettuce salade (*f*)
level niveau (*m*)
library bibliothèque (*f*)
lie: to lie mentir
lie: to lie down se coucher
life vie (*f*)
light lumière (*f*)
like comme
like: to like aimer, aimer bien; **do you like it?** est-ce qu'il vous plaît?; **how do you like it?** comment le (la) trouvez-vous?; **I would like,** je voudrais
linguist linguiste (*m*)
lion lion (*m*)
lip lèvre (*f*)
list liste (*f*)
listen: to listen écouter

literature littérature (*f*)
little petit; (*adv*) peu; **a little** un peu (de)
live: to live vivre; **to live at** demeurer à, habiter à
living room salon (*m*)
located situé
lodge: to lodge loger, héberger
logic logique (*f*)
long long, longue; (*adv*) **a long time** longtemps; **no longer,** ne . . . plus; **all day long** toute la journée; **how long?** combien de temps?; **for a long time** depuis longtemps, pendant longtemps
look regard (*m*), coup d'œil (*m*)
look: to look at regarder; **to look for** chercher; **to look like** ressembler (à)
lose: to lose perdre
lost perdu
lot: a lot of, lots of beaucoup de
love and kisses bons baisers (*m pl*)
love song chanson d'amour (*f*)
lovable aimable
low bas, basse
luck chance (*f*); **to be lucky** avoir de la chance
lunch déjeuner (*m*); **to have lunch** déjeuner
lyrical lyrique

Madam madame (*f*); (*abbr*) Mme; mesdames (*pl*)
magazine revue (*f*), magazine (*m*)
magnificent magnifique
mail courrier (*m*); **mail box** boîte aux lettres (*f*); **to mail** mettre (une lettre) à la poste
mail delivery distribution du courrier (*f*)
mail pick-up levée du courrier (*f*)
mailman facteur (*m*)
maintain: to maintain maintenir
majestic majestueux, majestueuse
make: to make faire, fabriquer; **to make one think** faire penser; **to make progress** faire des progrès; **to make the acquaintance (of)** faire la connaissance (de); **to make a toast** porter un toast
man homme (*m*)
many beaucoup; **so many** tant; **too many** trop (de); **how many?** combien?
March mars (*m*)
marvel merveille (*f*)
mathematics mathématiques (*f pl*)
mathematician mathématicien (*m*)
matter: what's the matter? qu'est-ce qu'il y a? **what's the matter with you?** qu'est-ce que vous avez?; **nothing is the matter with me** je n'ai rien
May mai (*m*)
may (pouvoir) I may, je peux, je pourrai; **may I?** est-ce que je peux?, puis-je?
maybe peut-être
mayor maire (*m*)
me me, moi
meal repas (*m*)
mean: to mean vouloir dire
means moyens (*m pl*)
measure: to measure mesurer
meat viande (*f*)
medicine médicament (*m*)
meet: to meet rencontrer, faire la connaissance (de); **I met him** j'ai fait sa connaissance; **to meet again** retrouver, se retrouver
meeting rencontre (*f*)
memory souvenir (*m*)
menu menu (*m*)
merry joyeux, joyeuse
meter mètre (*m*)
Mexico Mexique (*m*)
middle milieu (*m*); **in the middle of** au milieu de
midnight minuit (*m*)
milk lait (*m*)
million million (*m*)
mine le mien, la mienne, les miens, les miennes; **it is mine** c'est à moi; **a friend of mine** un de mes amis
mineral water eau minérale (*f*)
minute minute (*f*)
mishap mésaventure (*f*)
Miss mademoiselle (*f*); (*abbr*) Mlle; mesdemoiselles
miss: to miss manquer
mistake faute (*f*)
mistaken: to be mistaken se tromper
moment moment (*m*); **a moment ago** il y a un moment; **at the moment when** au moment où; **at the moment of** au moment de
Monday lundi (*m*)
money argent (*m*)
monk moine (*m*)
monster monstre
month mois (*m*)
monument monument (*m*)
moon lune (*f*)
mop (of hair) tignasse (*f*)
moped mobylette (*f*)
more davantage, plus; **not any more** ne . . . plus; **more than** plus que; (numbers) plus de; **no more** ne . . . plus de; **more or less** plus ou moins; **some more** encore, d'autres
morning matin (*m*); **good morning** bonjour; **every morning** tous les matins; **in the morning** le matin
mortal mortel
most la plupart
mother mère (*f*)
motor moteur (*m*)
moustache moustache (*f*)
mouth bouche (*f*)
move: to move bouger; **to move forward** avancer; **to move in** s'installer; **moved** (*adj*) ému
movie film (*m*), cinéma (*m*)

Mr. monsieur (*m*); (*abbr*) M.; messieurs (*pl*)
Mrs. madame (*f*), (*abbr*) Mme; mesdames (*pl*)
much beaucoup; **very much** beaucoup; **so much** tant; **too much** trop (de); **how much?** combien? **not much** pas beaucoup
murmur: to murmur murmurer
museum musée (*m*)
music musique (*f*)
musician musicien (*m*), musicienne (*f*)
must (devoir, falloir) **I must** je dois, il faut que je . . .
mustard moutarde (*f*)
my mon, ma, mes
mystery mystère (*m*)

name nom (*m*); **what's your name?** comment vous appelez-vous?; **my name is** je m'appelle; **to be named** s'appeler
napkin serviette (*f*)
narrate: to narrate raconter
narrow étroit
national national
nationality nationalité (*f*)
nauseated: to be nauseated avoir mal au cœur
nave nef (*f*)
near près de; **near here** près d'ici
nearly presque
necessary nécessaire; **it is necessary** il faut que; **to be necessary** falloir
neck cou (*m*)
necktie cravate (*f*)
need: to need avoir besoin (de)
negative négatif, négative
neither . . . not ne . . . ni . . . ni
nephew neveu (*m*)
never ne . . . jamais
new nouveau, nouvelle
newcomer nouveau (*m*)
news nouvelles (*f pl*), informations (*f pl*), actualités (*f pl*)
newspaper journal (*m*), journaux (*pl*)
next (*adv*) ensuite, puis
nice gentil, gentille; aimable
nicely gentiment
niece nièce (*f*)
night nuit (*f*); **last night** hier soir; **tonight** ce soir; **at night** la nuit
nine neuf
nineteen dix-neuf
ninety quatre-vingt-dix
no non, ne pas . . . de; **no one** personne, ne . . . personne, nul, nulle; nul . . . ne **no matter what** n'importe quoi; **no matter who** n'importe qui; **no more** ne . . . plus
noise bruit (*m*); brouhaha (*m*)
none aucun, aucune; ne . . . aucun(e)
noon midi (*m*)
nor ni; **neither . . . nor** ne . . . ni . . . ni
normally normalement
North nord (*m*)
nose nez (*m*)
not ne . . . pas; **not any, not one** aucun(e), pas un, ne . . . aucun(e); **not anymore** ne . . . plus; **not at all** pas du tout; **not much** pas beau coup, pas grand' chose
note: to note noter
notebook cahier (*m*)
nothing rien, ne . . . rien; **nothing at all** rien du tout; **nothing interesting** rien d'intéressant; **nothing else** rien d'autre
notify avertir, aviser
noun nom (*m*)
nourishment nourriture (*f*)
novel roman (*m*)
November novembre (*m*)
now maintenant
nowhere nulle part
number nombre (*m*), numéro (*m*)
numerous nombreux
nurse infirmière (*f*)
nylon nylon (*m*)

obedient obéissant
obey obéir à
object objet (*m*)
oboe haut-bois (*m*)
observe observer
occasion occasion (*f*)
occupation occupation (*f*)
o'clock heure (*f*); **it is six o'clock** il est six heures
October octobre (*m*)
odd impair (numbers)
of de; **of the** du, de la, de l', des; **of it, of them** en; **of course** bien entendu
offer: to offer offrir, proposer
office bureau (*m*)
often souvent
oil huile (*f*)
O.K. entendu, d'accord, d'ac., O.K.
old vieux, vieil (*m*), vieille (*f*), vieux (*m pl*), vieilles (*f pl*); ancien, ancienne; **how old are you?** quel âge avez-vous?; **old man, old chap** mon vieux
omit omettre
on à, dans, en, sur; **on the train** dans le train; **on time** à l'heure; **on Sunday** dimanche
once une fois; **once more** encore une fois; **once a week** une fois par semaine
one un, une; (*pers pron*) on, l'on; (*dem pron*) **the one, the ones** celui, celle, ceux, celles; **this one,** celui-ci, celle-ci; **that one** celui-là, celle-là; **no . . . one** aucun(e), ne . . . aucun(e); **I have one** j'en ai un(e); **one after the other** à tour de rôle
onion oignon (*m*)
only (*adj*) seul; (*adv*) ne . . . que, seulement
open ouvert (*adj and p part of* ouvrir); **to open** ouvrir

openly ouvertement
opinion avis (*m*), opinion (*f*)
opposite opposé (*m*), contraire (*m*); (*adv*) en face de
or ou; **either . . . or** soit . . . soit
orange orange (*f*)
orchestra orchestre (*m*); **orchestra leader** chef d'orchestre
order ordre (*m*); **in order to** afin de, pour; **to order** commander
ordinary ordinaire
organ orgue (*m*)
original original
other autre; **the other one** l'autre; **others, other people** autrui
otherwise autrement
ought (devoir): **you ought to leave** vous devriez partir; you **ought to have left** vous auriez dû partir
our notre (*sg*), nos (*pl*)
ours le nôtre, la nôtre (*sg*), les nôtres (*pl*)
ourselves nous-mêmes
out **to go out** sortir; **out of breath** essoufflé
outcome dénouement (*m*)
outside dehors, en dehors
over sur; **over there** là-bas
overcoat manteau (*m*), *pardessus* (*m*)
overworked surmené
owe devoir
own propre
owner propriétaire (*m*)
ox bœuf (*m*)

package paquet (*m*)
pain mal (*m*), douleur (*f*); **pains** peine (*f*)
paint: to paint peindre
pair paire (*f*)
pal copain (*m*), copine (*f*)
palace palais (*m*), château (*m*)
pale pâle
panic: to panic s'affoler
pants pantalon (*m*)
paper papier (*m*); **newspaper** journal (*m*), journaux (*pl*)
pardon pardon (*m*); **to pardon** pardonner; **pardon me** pardon
parent parent (*m*)
Parisian parisien, parisienne
part partie (*f*), rôle (*m*); **part of town** quartier (*m*)
participate (in) participer (à)
particular particulier, particulière; **in particular** en particulier, notamment
particularly particulièrement
party soirée (*f*)
pass: to pass passer
pâté pâté (*m*)
pastor pasteur (*m*)
pastry pâtisserie (*f*), gâteau (*m*)
pastry cook pâtissier (*m*), pâtissière (*f*)
pastry shop pâtisserie (*f*)
patient malade (*m or f*); client (d'un médecin) (*m*); (*adj*) patient, patiente
pay: to pay payer; **to pay for** payer; **to pay attention** écouter; **don't pay attention** ne fais pas attention
pear poire (*f*)
peas petits pois (*m pl*)
peasant paysan (*m*), paysanne (*f*)
pedagogy pédagogie (*f*)
pedestrian piéton (*m*); **pedestrian walk** passage clouté (*m*)
pencil crayon (*m*)
people gens (*pl*), monde (*m*); **too many people** trop de monde; (*pron*) on
pepper poivre (*m*)
per **25 kilometers per hour** 25 kilomètres à l'heure; **per week** par semaine
perfect parfait
perfectly parfaitement
performance jeu (*m*), représentation (*f*)
perhaps peut-être
period époque (*f*), période (*f*)
permission permission (*f*)
permit: to permit permettre (à quelqu'un de)
persist: to persist persister (à)
person personne (*f*)
perspiration sueur (*f*)
pharmacist pharmacien (*m*), pharmacienne (*f*)
pharmacy pharmacie (*f*)
philosopher philosophe (*m*)
philosophy philosophie (*f*)
phone booth cabine téléphonique (*f*)
phone number numéro de téléphone (*m*)
photograph photographie (*f*), photo (*f*)
piano piano (*m*)
pick: to pick cueillir, ramasser; **to pick up** (telephone receiver) décrocher
picture photographie (*f*), photo (*f*), tableau (*m*); **to take a picture** prendre une photo
pig cochon (*m*), porc (*m*)
pillow oreiller (*m*)
pink rose
pity: to pity plaindre
place endroit (*m*), lieu (*m*), place (*f*); **to take place** avoir lieu; **to place** placer, poser, mettre
plainly évidemment
plan: to plan avoir l'intention de
plane avion (*m*)
plant: to plant planter
plate assiette (*f*)
platform quai (*m*)
platter plat (*m*)
play pièce (*f*); **to play** jouer; **to play** + (sport) jouer à; **to play cards** jouer aux cartes; **to play** + (musical instrument) jouer de
player joueur (*m*)
pleasant agréable

please s'il vous plaît, je vous prie, je vous en prie; **to please** plaire à; **please receive** veuillez agréer; **pleased to meet you** enchanté
plot intrigue (*f*); **to plot** intriguer
plural pluriel (*m*)
pocket poche (*f*)
poem poème (*m*)
policeman agent de police (*m*)
polish polir
polite poli
political politique
political science sciences politiques (*f pl*)
poor pauvre
pork porc (*m*); **pork-butcher** charcutier (*m*); **pork-shop** charcuterie (*f*)
portal portail (*m*)
possess: to possess posséder
possible possible
post card carte postale (*f*)
postman facteur (*m*)
post office bureau de poste (*m*), poste (*f*)
postpone remettre
potato pomme de terre (*f*)
pound livre (*f*)
pour verser; **it is pouring** il pleut à verse
practice: to practice exercer
pray prier
preceding précédent
precipitously précipitamment
precisely précisément
prefer préférer, aimer mieux
preferred préféré
present (*adj*) présent, actuel; **to present** présenter à; **to present oneself at** (**before**) se présenter à
pretty joli
previously auparavant
price prix (*m*)
priest curé (*m*), prêtre (*m*)
principle principe (*m*)
privilege privilège (*m*)
prize prix (*m*)
probably sans doute
proceed acheminer
prodigious prodigieux
producer (theater) metteur en scène (*m*)
profession profession (*f*), métier (*m*)
professor professeur (*m*)
profit: to profit (by) profiter (de)
profitable profitable
program programme (*m*); (radio) émission (*f*)
progress progrès (*m*)
project projet (*m*)
promise: to promise promettre (de)
pronoun pronom (*m*)
propose proposer
protestant protestant
proverb proverbe (*m*)
provided that pourvu que
province province (*f*)
provincial provincial (*m*)
psychologist psychologue (*m*)
psychology pschologie (*f*)
public public, publique
pupil élève (*m or f*)
punish: to punish punir, châtier
pure pur
purely purement
purple violet
put mettre, poser; **to put in order** ranger; **to put off** différer; **to put on** (clothes) mettre

quality qualité (*f*)
quarter quart (*m*), quartier (*m*); **a quarter past five** cinq heures et quart; **a quarter of eight** huit heures moins le quart; **the Latin Quarter** le quartier latin
queen reine (*f*)
question question (*f*); **it is a question of** il s'agit de
quickly vite, rapidement; vivement
quiet tranquille

rabbi rabbin (*m*)
radio radio (*f*)
railroad chemin de fer (*m*), **railroad station** gare (*f*)
railroad crossing passage à niveau (*m*)
rain pluie (*f*); **to rain** pleuvoir
rainbow arc-en-ciel (*m*)
raincoat imperméable (*m*), imper (*m*)
rare rare
rather plutôt, assez
reach: to reach atteindre
reaction réaction (*f*)
read lire; **I have read** j'ai lu
ready to prêt à
real réel
realistic réaliste
realize se rendre compte de (que)
really vraiment; **really!** tiens!
reason raison (*f*)
recall: to recall rappeler
receive recevoir; **I have received** j'ai reçu
recently récemment
recognize reconnaître
record disque (*m*)
record player tourne-disque (*m*), pick-up (*m*)
recount raconter
recover retrouver
red rouge; **red wine** vin rouge; **red hair** roux, rousse
refined raffiné
refuse refuser
regarding à propos de
region région (*f*)
regret: to regret regretter(de)
regrettable regrettable
relate raconter
relative parent (*m*), parente (*f*)

relax: to relax s'amuser, se détendre
relaxed décontracté
relieved soulagé
religious religieux
remain: to remain rester; **to remain silent** se taire
remember se rappeler, se souvenir de
remembrance souvenir (*m*)
renovate rajeunir
renowned renommé
repair réparation (*f*); **to repair** réparer
repeat répéter
replace remplacer
reply: to reply répondre à
report compte-rendu (*m*), rapport (*m*)
resemble ressembler
resident habitant (*m*)
responsible responsable
rest reste (*m*), repos (*m*); **to rest** se reposer
restaurant restaurant (*m*)
retain retenir
retake reprendre
return: to return retourner, rendre; **to return home** rentrer (à la maison); **to be back** être de retour
rhythm rythme (*m*)
rich riche
ride promenade (*f*) (à bicyclette, en auto); **to ride** aller en auto, en mobylette
ridiculous ridicule
right droit (*m*); **on, to the right** à droite; **to be right** avoir raison; **right away** tout de suite; **right of way** priorité (*f*); **right of way** priorité à droite
rise: to rise se lever
road route (*f*); **country road** chemin (*m*); **road safety** sécurité routière; **road sign** panneau indicateur; **road sign system** signalisation (*f*)
robust robuste
role rôle (*m*)
roll petit pain (*m*); **crescent roll** croissant (*m*)
room pièce (*f*), salle (*f*); **bathroom** salle de bains (*f*); **dining room** salle à manger (*f*); **bedroom** chambre (*f*) **living room** salon (*m*);
round rond; **round trip** aller et retour (*m*)
route: to route (*mail*) acheminer
rubbish ordures (*f pl*)
rug tapis (*m*)
run: to run courir; **my watch doesn't run well** ma montre ne marche pas bien
rush: to rush se précipiter, foncer
Russia Russie (*f*)
Russian russe

sad triste
sadness tristesse (*f*), douleur (*f*)
sail voile (*f*); **to sail** faire de la voile
saint saint (*m*)
salad salade (*f*)
salami saucisson (*m*)
salt sel (*m*); **to salt** saler
same même
sardine sardine (*f*)
Saturday samedi (*m*)
saucer soucoupe (*f*)
sausage saucisse (*f*)
savory savoureux
say dire; **they say** on dit; **how does one say?** comment dit-on?; **that is to say** c'est-à-dire
scarcely à peine, ne . . . guère
scarf écharpe (*f*), foulard (*m*)
schedule emploi du temps (*m*), horaire (*m*)
scent odeur (*f*)
school école (*f*); **secondary school** lycée (*m*), collège (*m*); **school teacher** maîtresse d'école (*f*)
science sciences (*f pl*)
scratch: to scratch s'égratigner
sea mer (*f*)
search: to search chercher
season saison (*f*)
seat place (*f*)
second second(e), deuxième; **second class** seconde (*f*), deuxième (classe) (*f*); **the second floor** le premier étage
secondary secondaire; **secondary school** lycée (*m*), collège (*m*)
see: to see voir; **I see** je vois; **I saw** j'ai vu; **I will see** je verrai; **let's see** voyons; **see you soon, see you later** à bientôt
seed graine (*f*); **to seed** semer
seek chercher
seem: to seem sembler; **to seem** avoir l'air de
seen vu (*p part of* voir)
seize saisir
sell vendre
send envoyer; **to send away, to send back** renvoyer; **to send for** envoyer chercher; **to send** (mail) expédier
sensible sensitive
sentence phrase (*f*)
September septembre (*m*)
serious sérieux, sérieuse; grave
seriously sérieusement
serve servir; **to serve oneself** se servir
session séance (*f*)
set: to set mettre, poser; **to set the table** mettre la table
settle in s'installer
seven sept
seventeen dix-sept
seventeenth dix-septième
seventy soixante-dix
several plusieurs; **several times** plusieurs fois
shade ombre (*f*)
shake: to shake serrer; **to shake hands** serrer la main (à *or* de)
shampoo shampooing (*m*)
she elle, ce

sheep mouton (*m*)
ship bateau (*m*)
shoe chaussure (*f*), soulier (*m*)
shoot: to shoot out s'élancer
shop boutique (*f*), magasin (*m*); **to shop** faire des courses
short court
should (devoir) **you should** vous devriez; **you should have** vous auriez dû
shoulder épaule (*f*)
shout: to shout crier
show: to show montrer
shower douche (*f*)
shut fermé
side côté (*m*)
sideburns favoris (*m pl*)
sidewalk trottoir (*m*); **sidewalk café** la terrasse d'un café
silent silencieux, silencieuse
silk soie (*f*)
silver argent (*m*)
similar semblable
similarity similitude (*f*)
simple simple, niais; terre à terre
since dès, depuis, puisque; **since when . . . ?** depuis quand . . . ?
sing: to sing chanter
single seul
sink lavabo (*m*)
Sir Monsieur, M. (*abbr*)
sister sœur (*f*)
sit: to sit down s'asseoir, être assis; **sit down** asseyez-vous; **to sit down at the table** se mettre à table
six six
sixteen seize
sixth sixième
sixty soixante
ski: to ski faire du ski
skilful habile
skin peau (*f*)
skirt jupe (*f*)
sky ciel (*m*); **the sky is overcast** le ciel est couvert
slang argot (*m*), jargon (*m*)
slapstick comedy farce (*f*)
sleep: to sleep dormir, s'endormir; (*n*) sommeil (*m*)
slot fente (*f*)
slow lent; **to slow down** freiner
slowly lentement
small petit
smell odeur (*f*); **to smell** sentir
smile sourire (*m*); **to smile** sourire
snow neige (*f*); **to snow** neiger
so alors, aussi, si (+*adj*); **so much the better** tant mieux; **so that** afin que, pour que
soap savon (*m*)
sock chaussette (*f*)
soft doux, douce
sojourn séjour (*m*)
solid solide
some du, de la, de l', des; (*adj*) quelque (*sg*), quelques (*pl*); (*pron*) en; quelques-uns, quelques-unes; les uns, les unes; **some of them** quelques-uns; **some more** encore, d'autres
someone quelqu'un
something quelque chose; **something else** autre chose
sometimes parfois, quelquefois
somewhere quelque part
son fils (*m*)
soon bientôt, tôt; **as soon as possible** le plus tôt possible; **see you soon** à bientôt
sophisticated sophistiqué
sore: to have a sore throat avoir mal à la gorge
sorry désolé, fâché; **I am sorry** je regrette, je suis désolé
sort espèce (*f*), sorte (*f*)
South sud (*m*)
souvenir souvenir (*m*)
sow semer
sower semeur (*m*), semeuse (*f*)
space espace (*m*)
Spain Espagne (*f*)
Spanish espagnol, espagnole
speak parler; **do you speak?** parlez-vous? **I speak** je parle; **to speak loudly** parler fort; **to speak again** reprendre la parole
special spécial
specialize se spécialiser (en) (dans)
specially spécialement
speed vitesse (*f*)
speech discours (*m*)
spend dépenser (money); passer (time)
spirit esprit (*m*)
spoon cuillère (*f*); **teaspoon** cuillère à café
spring printemps (*m*); **in the spring** au printemps; **to spring out** s'élancer
square place (*f*)
stained-glass window vitrail (*m*), vitraux (*pl*)
staircase escalier (*m*); (flight of) **stairs** escaliers (*pl*)
stamp timbre (*m*), timbre-poste (*m*)
stand: to stand in line faire la queue
standing debout
star étoile (*f*)
stare: to stare at dévisager
start départ (*m*); **to start** commencer, se mettre à
state état (*m*); **to state** constater
station gare (*f*)
statue statue (*f*)
stay séjour (*m*); **to stay** rester
steak steak (*m*)
step pas (*m*)
stewardess hôtesse de l'air (*f*)
stir bouger

stirred ému
stockings bas (une paire de) (*f*); bas (*m s or pl*)
stomach estomac (*m*)
stop arrêt (*m*); **to stop** arrêter, s'arrêter
store magasin (*m*)
story histoire (*f*)
straight droit; **straight ahead** tout droit
strawberry fraise (*f*)
street rue (*f*); **street level** rez-de-chaussée (*m*)
strike battre
strong fort
struggle: to struggle se battre, combattre
stubborn tenace, têtu
student étudiant (*m*), étudiante (*f*)
study étudier; **to study at a school** faire des études
stupid stupide
stupidities bêtises (*f pl*)
style style (*m*)
submit soumettre
subtlety subtilité (*f*)
subway métro (*m*)
succeed (in) réussir (à)
success succès (*m*)
succulent succulent
such un tel, une telle, de tels, de telles; **such a father** un tel père
suddenly soudain, soudainement, tout à coup, subitement
suffer souffrir
suffice suffire
sugar sucre (*m*)
suggest suggérer
suit (men's) complet (*m*), (women's) tailleur (*m*); **to suit** convenir (à)
suitable convenable
suitcase valise (*f*)
summer été (*m*); **in summer** en été
summit sommet (*m*)
sun soleil (*m*); **sun-filled** ensoleillé
Sunday dimanche (*m*)
sunglasses lunettes de soleil (*f pl*)
sunny ensoleillé
support appui (*m*), soutien (*m*)
sure sûr
surely sûrement
surprise surprise (*f*); **to surprise** surprendre
surprised surpris
surprising étonnant, surprenant
surround entourer; **to surround with** entourer de
suspect: to suspect se douter de
swallow avaler
sweater chandail (*m*), tricot (*m*)
sweep: to sweep balayer
sweet doux, douce
swim: to swim faire de la natation, nager
swimming natation (*f*)
swimming-pool piscine (*f*)
Switzerland Suisse (*f*)
symbolize symboliser
system système (*m*); **metric system** système métrique

T-shirt tricot de corps (*m*)
table table (*f*)
tact tact (*m*)
tailor tailleur (*m*)
take emporter, prendre; **to take along** emmener, emporter; **to take again** reprendre; **to take a shower** prendre une douche; **to take a test** passer un examen; **to take a tour** faire un tour; **to take a walk** se promener, faire une promenade; **I take** je prends; **I took** j'ai pris; **how long does it take?** combien de temps faut-il?; **to take care of** prendre soin de; **to take risks** s'aventurer
talk: to talk parler; **to talk again** reprendre la parole
talkative bavard
tall grand
task besogne (*f*)
taste goût (*m*); **to taste** goûter
taxi taxi (*m*)
tea thé (*m*)
telegram télégramme (*m*)
telephone téléphone (*m*); **to telephone** téléphoner (à). donner un coup de fil; **telephone directory** annuaire de téléphone (*m*), bottin (*m*); **telephone receiver** récepteur (*m*)
television télévision (*f*), télé (*f*)
tell dire, raconter; **to tell about** parler de
temperature température (*f*)
ten dix
tenacious tenace
tendency tendance (*f*)
tennis tennis (*m*); **to play tennis** jouer au tennis
tenth dixième
terrace terrasse (*f*)
terrific formidable
test expérience (*f*)
testify (to) témoigner (de)
text texte (*m*)
thank remercier; **thank you** merci; **thanks to** grâce à
that (those) (*dem adj*) ce, cet (*m*), cette (*f*), ces (*pl*); ce . . .-là, cette . . .-là, ces . . .-là; **that** (*dem pron*) celui (*m*), celle (*f*), ceux (*m pl*), celles (*f pl*), cela; **that is to say** c'est-à-dire; **that** (*rel pron*) qui, que, lequel, laquelle, lesquels, lesquelles; **all that** tout ce qui, tout ce que; **that** (*conj*) que
the le, la, l', les; **the best** le mieux (*adv*), le meilleur (*adj*); **the worst** le pire
theater théâtre (*m*)
their (*poss adj*) leur (*sg*), leurs (*pl*)
theirs (*poss pron*) le leur, la leur, les leurs
them les, leur; eux, elles; **of them** en
then alors, ensuite, puis

there là, y; **there is, there are** il y a, voilà; **is there? are there?** y a-t-il? **there he is** le voilà; **there they are** les voilà; **there is a crowd** il y a foule (du monde); **there you are!** ça y est!
therefore aussi
thereupon là-dessus
these (*dem adj*) ces, ces . . .-ci; (*dem pron*) ceux-ci (*m*), celles-ci (*f*)
they ils, elles, on
thick épais, épaisse
thigh cuisse (*f*)
thin maigre, fin
thing chose (*f*); **many things** beaucoup de choses; **things,** affaires (*f pl*), (*familiar*) trucs (*m pl*)
think penser (à), penser (de), croire; **to think of** songer à; **not to think so** douter de; **I think about my sister** je pense à ma sœur; **what do you think of Nicole?** que pensez-vous de Nicole?; **I think so** je crois que oui
third troisième
thirst soif (*f*); **to be thirsty** avoir soif
thirteen treizième
thirty trente
this (*dem adj*) ce, cet (*m*), cette (*f*); ce . . .-ci, cet . . .-ci, cette . . .-ci; (*dem pron*) celui (m), celle (*f*), celui-ci, celle-ci; ceci; **this one,** celui-ci, celle-ci
those (*dem adj*) ces, ces . . .-là; (*dem pron*) ceux-là (*m*), celles-là (*f*)
thousand mille
three trois
throat gorge (*f*)
through à travers, par
throw: to throw away jeter
Thursday jeudi (*m*)
ticket billet (*m*); **ticket window** guichet (*m*)
tidy up ranger
tie cravate (*f*)
tiger tigre (*m*)
till jusqu'à; **till Saturday** jusqu'à samedi
time fois, heure (*f*), moment (m), temps (*m*); **what time is it?** quelle heure est-il?; **at what time?** à quelle heure?; **the first time** la première fois; **several times** plusieurs fois; **to have time** avoir le temps; **on time** à l'heure; **in time** à temps; **at that time** à ce moment-là; **to have a good time** s'amuser; **from time to time**, de temps en temps; **at the time when** au moment où; **at the time of**, au moment de; **some time ago** il y a quelque temps
tip pourboire (*m*)
tire pneu (*m*)
tired épuise, fatigué, crevé°
to à, chez, en, jusqu'à, pour; **to the** au, à la, à l', aux; **it is ten minutes to seven** il est sept heures moins dix; **to the left** à gauche; **to the right** à droite; **to the top of** en haut de; **to, in the middle of** au milieu de; **to the United States** aux Etats-Unis; **to Paris** à Paris; **to the Fourchets** chez les Fourchet; **to our house** chez nous; **to the country** à la campagne; **to your health!** à votre santé! à ta santé!
tobacco tabac (*m*); **tobacco shop** bureau de tabac (*m*)
today aujourd'hui; **today is Thursday** nous sommes jeudi aujourd'hui, c'est jeudi aujourd'hui, c'est aujourd'hui jeudi
together ensemble
toilet water-closets (*m pl*), (abbr) W.C. (*m pl*)
token jeton (*m*)
tolerant tolérant
tomato tomate (*f*)
tomorrow demain; **day after tomorrow** après-demain
tongue langue (*f*)
tonight ce soir
too aussi, trop
tool outil (*m*)
tooth dent (*f*); **to have a toothache** avoir mal aux dents; **tooth paste** dentifrice (*m*), pâte dentifrice (*f*)
top *haut (*m*), sommet (*m*); **at the top of** en *haut de
tour tour (*m*)
tourist touriste (*m or f*)
towards vers
towel-rack porte-serviettes (*m*)
tower tour (*f*); **the Eiffel tower** la tour Eiffel
town ville (*f*); **downtown** en ville
trade métier (*m*)
tragedy tragédie (*f*)
train train (*m*)
trait trait (*m*)
tranquil tranquille
travel: to travel voyager
tray plateau (*m*)
treat: to treat traiter
tree arbre (*m*)
trick shots (film) truquage (*m*)
trip voyage (*m*); **round trip** aller et retour; **to take a trip** faire un voyage
trombone trombone (*m*)
trouble peine (*f*); **it is not worth the trouble** ça ne vaut pas la peine
troubled troublé
truck camion (*m*)
true réel, véritable, vrai
truly réellement, vraiment
trumpet trompette (*f*)
trunk malle (*f*)
truth vérité (*f*)
try: to try essayer (de), tâcher (de)
Tuesday mardi (*m*)
turn: to turn tourner; **to turn around** se retourner
T.V. télévision (*f*), télé (*f*); **T.V. set** poste de télévision (*m*)

twelfth douzième
twelve douze; **twelve o'clock** (noon) midi (m); **twelve o'clock** (midnight) minuit (m)
twenty vingt; **twenty-one** vingt et un
twice deux fois
two deux
type type (*m*)
typical typique

ugly laid
unbelievable incroyable
uncle oncle (*m*)
under sous, dessous
understand comprendre; **I understand** je comprends; **do you understand?** comprenez-vous?; **to understand** (*familiar*) saisir, piger°
underwear slip (*m*)
uneasy inquiet
unexpectedly subitement
unfortunately malheureusement
unhappily malheureusement
unhappy malheureux, malheureuse; mécontent
unimaginable inimaginable
unite joindre (à)
United States Etats-Unis (*m pl*)
university université (*f*)
unless à moins que
unreasonable déraisonnable
until jusqu'à, jusqu à ce que; **until tomorrow** à demain
up en haut; **up there,** là-haut; **to go up** monter
uproar brouhaha (*m*)
upset bouleversé, déconcerté; **to upset** déranger
use emploi (*m*); **to use** employer, utiliser, se servir de; **to be used for** servir à; **used to** (*expressed by imperfect ind*): **I used to go** j'allais; **to be used to** avoir l'habitude de; **to get used to** s'habituer à; **to use "*tu*"** tutoyer
usherette ouvreuse (*f*)
usually d'habitude, d'ordinaire, habituellement

vacation vacances (*f pl*); **on vacation** en vacances
vacuum cleaner aspirateur (*m*); **to clean with the vacuum cleaner** passer l'aspirateur
value valeur (*f*); **to be valuable** avoir de la valeur
vase vase (*m*)
veal veau (*m*)
vegetable légume (*m*)
vehicle voiture (*f*)
venture s'aventurer
very très, même
victory victoire (*f*)
view vue (*f*); **point of view** point de vue (*m*)
village village (*m*)
violence violence (*f*)
violent violent
violin violon (*m*)
virtue vertu (*f*)
visit visite (*f*); **to visit** (a place) visiter
voice voix (*f*); **in a low voice** à voix basse
void vider

wait: to wait for attendre; **to wait for their turn** attendre leur tour
waiter garçon (*m*)
wake up se réveiller
walk: to walk marcher, se promener; aller à pied, faire un tour
wall mur (*m*)
want: to want vouloir, avoir envie de; **I want** je veux; **do you want?** voulez-vous?; **to want to** avoir envie de
war guerre (*f*)
wardrobe (closet) armoire (*f*)
warm chaud; amical; **it is warm** il fait chaud; **I am warm** j'ai chaud
warmly chaleureusement
warn prévenir, avertir, aviser
was: I was j'étais, j'ai été; **I was born in Paris** je suis né à Paris
wash: to wash laver; **to wash one's hands** se laver les mains; **to wash the dishes** laver la vaisselle
waste gaspiller
watch montre (*f*); **to watch out** faire attention
water eau (*f*); **to water** arroser
way moyen (*m*); **on the way** en route
we nous, on
weak faible
weather temps (*m*); **how is the weather?** quel temps fait-il?; **the weather is fine** il fait beau; **weather bureau** météo (*f*), **weather report** météo (*f*)
Wednesday mercredi (*m*)
week semaine (*f*); **in a week** dans huit jours; **in two weeks** dans quinze jours; **last week** la semaine dernière; **a week from today** d'aujourd'hui en huit
welcome bienvenue (*f*); **you are welcome** de rien, il n'y a pas de quoi; **to welcome** accueillir
well bien; **well!** eh bien!; **I am well** je vais bien; **well built** bien bâti; **well directed** (film) bien mené; **well-behaved** sage
were: you were vous étiez, vous avez été; **where were you born?** où êtes-vous né?
west ouest (*m*)
what? (*interrog adj*) quel? quelle? quels? quelles?; **what?** (*interrog pron*) qu'est-ce qui? qu'est-ce que? quoi?; **what is . . . ?** qu'est-ce que c'est que . . . ?; **what** (*rel pron*) ce qui, ce que
whatever quelconque, quoi que
wheat blé (*m*)
when lorsque, quand; où; **when were you born?** quand êtes-vous né?

whenever quand
where où
wherever où que
which? (*interrog adj*) quel? quelle? quels? quelles?; **which?** (*interrog pron*) lequel? laquelle? lesquels? lesquelles?; **which one** lequel? laquelle?; **which ones** lesquels? lesquelles?; **which** (*rel pron*) qui, que, lequel, laquelle, lesquels, lesquelles; **of which** dont; **in which** où
while pendant que; **see you in a while** à tout à l'heure; **while waiting for** en attendant que
whisper: to whisper chuchoter
white blanc, blanche; **white wine** vin blanc
who? (*interrog pron*) qui est-ce qui?; **who** (*rel pron*) qui, lequel, laquelle, lesquels, lesquelles
whoever quiconque
whom? (*interrog pron*) qui, qui est-ce que?; **whom** (*rel pron*) que, lequel, laquelle, lesquels, lesquelles; **of whom** dont, duquel; **to whom** à qui
whomever quiconque
whose? (*interrog pron*) à qui?; **whose shoes are these?** à qui sont ces chaussures?; **at whose house?** chez qui?; (*rel pron*) **whose** dont, de qui
why pourquoi; **why not?** pourquoi pas?
wife femme (*f*)
willing: I am willing je veux bien
win gagner
wind vent (*m*); **it is windy,** il fait du vent
window fenêtre (*f*); **ticket window,** guichet (*m*); **stained-glass window,** vitrail (*m*), vitraux (*pl*)
wine vin (*m*)
winter hiver (*m*); **in winter** en hiver
wire télégramme (*m*)
wise savant
wish: to wish désirer, souhaiter; **if you wish** si vous voulez; (*n*) **wish** désir (*m*)
wit esprit (*m*)
with avec
within dans
without sans, sans que; **without a doubt** sans aucun doute; **without ambiguity** sans équivoque
woman femme (*f*)
wonder: to wonder se demander
wonderful épatant
wood bois (*m*)
wool laine (*f*)
word mot (*m*)
work travail (*m*), œuvre (*f*), besogne (*f*); (disagreeable) **work** corvée (*f*); **to work** travailler
world monde (*m*)
worried inquiet, préoccupé
worry: to worry s'inquiéter; **don't worry about it** ne vous en faites pas
worse (*adj*) pire; (*adv*) pis
worship adorer
worth: to be worth valoir; **it is not worth the trouble** cela ne vaut pas la peine; (*n*) **worth** valeur (*f*)
write écrire
wrong mauvais, mal; **to be wrong** avoir tort

year an (*m*), année (*f*); **New Year's Day** le jour de l'an; **every year** tous les ans
yellow jaune
yes oui, si
yesterday hier
yet encore
you vous, tu, te, toi; **you are welcome** il n'y a pas de quoi, de rien
young jeune; **young people** jeunes gens (*m pl*)
youngest cadet (*m*), cadette (*f*)
your votre (*sg*), vos (*pl*); ton, ta, tes
yours le vôtre, la vôtre, les vôtres; **is it yours?** est-ce à vous? est-ce à toi?; **a friend of yours** un de vos amis, un de tes amis

zero zéro (*m*)
zoology zoologie (*f*)

INDEX

80 81 82 9 8 7 6 5 4 3 2 1

CARTE DES PAYS DE LANGUE FRANÇAISE
150°
120°
90°
60°
30°
0°
GROENLAND
Cercle pol
ISLANDE
ALASKA
CANADA
NO
60°
ILES BELCHER
QUEBEC
GRANDE
BRETAGN
EIRE
FRA
S'-PIERRE ET MIQUELON
ETATS-UNIS
ILES ACORES
PORTUGAL
ESPAGNE
MAROC
ALGE
ILES CANARIES
30°
Tropique du Cancer
RIO DE ORO
MEXIQUE
CUBA
REP. DOMINICAINE
S'-MARTIN
S'-BARTHELEMY
HAITI
DOMINIQUE
GUADELOUPE
S'-LUCIE
MARTINIQUE
GRENADE
S'-VINCENT
ILES HAWAI
HONDURAS ANGL.
HONDURAS
GUATEMALA
SALVADOR
NICARAGUA
COSTA RICA
PANAMA
ILES DU CAP VERT
MAURITANIE
MALI
SENEGAL
GAMBIE
HAUTE VOLTA
GUINEE
TOG
SIERRA LEONE
COTE D'IVOIRE
GHANA
LIBERIA
ILE CLIPPERTON
VENEZUELA
GUYANE EX-BRIT.
GUYANE
SURINAM
Equateur
ILE CHRISTMAS
ILES GALAPAGOS
COLOMBIE
EQUATEUR
0°
ILES MARQUISES
PEROU
BRESIL
ILES SAMOA
ILES DE LA SOCIÉTÉ
ILES TOUAMOUTOU
TAHITI
BOLIVIE
Tropique du Capricorne
ILES TOUBOUAI
ILES GAMBIER
PARAGUAY
CHILI
LEGENDE
URUGUAY
ARGENTINE
CHILI
Pays ou régions où le français est langue officielle et maternelle
Pays ou régions où le français est langue officielle
Iles où le français est langue officielle et maternelle
Iles où le français est langue officielle ou maternelle
Pays où le français est langue d'enseignement
Pays où l'influence culturelle française reste importante
Pays de langue romane
Minorités francophones
120°
90°
60°
30°